認識論［人間知性新論］(下)

Gottfried Wilhelm Leibniz

ライプニッツ著作集 第I期

5

［監修］下村寅太郎＋山本 信＋中村幸四郎＋原 亨吉
［訳］谷川多佳子＋福島清紀＋岡部英男

【凡例】

1―底本は、アカデミー版ライプニッツ全集第6部門第6巻(Gottfried Wilhelm Leibniz, *Sämtliche Schriften und Briefe*. Sechste Reihe Philosophische Schriften Sechster Band Nouveaux Essais. Herausgegeben von der Leibniz-Forschungsstelle der Universität Münster. Bearbeiter: André Robinet, Heinrich Schepers. Berlin 1962. 以下、この巻はA VI-6と略記。)を用いた。

2―フィラレートの発言の中で使われている〈 〉は、原文ではイタリック体で記された箇所であり、コストの仏訳の抜粋である。《 》は、原文では〈| |〉で括られた箇所であり、ライプニッツがロック哲学の考察をふまえて付け加えた部分を示す。

3―『 』は書名および雑誌名に用いる。とくにライプニッツの著作については、論文の場合もこの括弧で表記した。

4―( )は原文で使用されている括弧、または原語の引用である。

5―[ ]は、文意の通りがよくなるようにという配慮から訳者が補足した語句、または写字生が書き落とした語句(アカデミー版の編者がライプニッツの草稿に基づいて訂正した部分)を表わす。前者の場合、とくにアカデミー版の注記に基づいて補足したものには訳注を記した。後者の場合はそのつど訳注で示した。なお、原文では、写字生が書き落とした部分は[ ]で訂正されているが、綴りや句点の訂正箇所については訳注を省略した。

6―「 」は、文章・語句を強調した方がよいと思われる場合や、引用文であることが明らかな場合など、必要に応じて適宜使用した。

7―原文が隔字体の場合、訳文では傍点を付した。

8―原文中のラテン語およびイタリア語は片仮名で記した。

9―文章・詩句が原文ですでに段を下げて引用されている場合は、訳文でもそれに倣った。

10——は、訳文の修飾・被修飾関係を整えるために用いたもので、原文にはない。
11—人名・地名のカタカナ表記は、原則として慣用読みに従った。
12—聖書の各書名は、共同訳聖書実行委員会『聖書　新共同訳』（日本聖書協会、一九八七年）に拠った。
13—訳語の選定については、（いくつかの術語は別として）必ずしも一語一訳とはせず、文脈に応じて訳し分けた場合もある。ただし、少なくとも一七世紀における言葉の用法を重視することは、訳語選定の基本方針として堅持するように努めた。
14—翻訳に際して参照した主なテクスト、他国語訳、辞典等々は次のような略号で表記する。それ以外の文献についてはそれぞれの箇所で示す。

＊テクスト

A　Leibniz, G. W., *Sämtliche Schriften und Briefe*. Herausgegeben von der Deutschen Akademie der Wissenschaften zu Berlin. Darmstadt 1923f; Leipzig 1938f. Berlin 1950f.

GP　*Die philosophischen Schriften von Gottfried Wilhelm Leibniz* herausgegeben von C.I. Gerhardt, VII Bde. Berlin 1875–1890; Nachdruck Hildesheim 1965.

GM　G. W. Leibniz, *Mathematische Schriften* herausgegeben von C.I. Gerhardt, VII Bde. Berlin-Halle 1849–1863; Nachdruck Hildesheim 1962.

Dutens　*Gothofredi Guillelmi Leibnitii Opera Omnia*, Studio Ludovici Dutens, Genf 1768; Nachdruck Hildesheim 1989.

C　Louis Couturat, *Opuscules et fragments inédits de Leibniz*, Paris 1903; réimp. Hildesheim 1966.

Brunschwig　Gottfried Wilhelm Leibniz, *Nouveaux essais sur l'entendement humain*, chronologie et introduction par Jacques Brunschwig, Paris 1966.

Boutroux　Leibniz, *Nouveaux essais sur l'entendement humain* (avant-propos et livre premier), publiés avec introduction et notes par Emile Boutroux, Paris 1886.

＊他国語訳

Cassirer　G. W. Leibniz, *Neue Abhandlungen über den menschlichen Verstand*, übersetzt, eingeleichtet und erläutert von Ernst Cassirer, Hamburg 1915; Nachdruck 1971.

E & H　Gottfried Wilhelm Leibniz, *Neue Abhandlungen über den menschlichen Verstand*, herausgegeben und übersetzt von Wolf von Engelhardt und Hans Heinz Holz, Frankfurt am Main 1961; Darmstadt 1985.

Langley　*New Essays concerning Human Understanding* by G. W. Leibniz together with an Appendix consisting of some of his shorter pieces translated from the original Latin, French and German, with notes by Alfred Gideon Langley, 2nd edition, Chicago 1916.

R & B　G. W. Leibniz, *New Essays on Human Understanding*, translated & edited by Peter Remnant & Jonathan Bennett, Cambridge 1981.

A & G　G. W. Leibniz, *Philosophical Essays*, edited and translated by Roger Ariew and Daniel Garber, Indianapolis 1989.

Latta　Leibniz, *The Monadology and Other Philosophical Writings*, translated with introduction and notes by Robert Latta, Oxford 1898.

Loemker　Gottfried Wilhelm Leibniz, *Philosophical Papers and Letters*, A Selection translated and edited, with an Introduction by Leroy E. Loemker, 2nd edition, Dortrecht 1969.

M & P　Leibniz, *Philosophical Writings*, edited by G. H. R. Parkinson, translated by Mary Morris & G. H. R. Parkinson, London 1934; reprinted with revisions 1973.

米山訳　ライプニッツ著『人間知性新論』（米山優訳）、みすず書房、一九八七年。

河野訳　ライプニッツ著『単子論』（河野與一訳）、岩波文庫。

＊その他

AT　*Œuvres de Descartes* publiées par Ch.Adam et P.Tannery, nouvelle présentation, Paris 1964–1974.

Essay　John Locke, *An Essay Concerning Human Understanding*, edited with an Introduction, Critical Apparatus and Glossary by Peter H. Nidditch, Oxford 1975.

Coste　*Essai philosophique concernant l'entendement humain* par M.Locke, traduit de l'anglois par M. Coste, cinquième édition revue et corrigée, Amsterdam et Leipzig 1755; édité par Emilienne Naert, Paris 1983.

Essai philosophique concernant l'entendement humain, Traduit de l'Anglois de Mr. Locke, par Pierre Coste, Sur la Quatriéme Edition, revûë, corrigée, & augmentée par l'Auteur, Amsterdam 1700.

大概訳　ジョン・ロック著『人間知性論』(大槻春彦訳1—4)、岩波文庫。

LW　*The Works of John Locke*, 10 vols, London 1823; Nachdruck Aalen 1963.

Fur　Furtière, A., *Dictionnaire universelle contenant généralement tous les mots françois, tant vieux que modernes, et les termes de toutes les sciences et des arts...*, La Haye-Rotterdam 1690; réimp. Paris 1984.

Aca　*Le Dictionnaire de l'Académie Françoise*, Paris 1694; réimp. Tokyo 1967.

Ri　Richelet, P., *Dictionnaire de la langue françoise, ancienne et moderne*, d'après la nouvelle édition augmentée de 1759, Lyon; réimp. Kyoto 1987.

Richelet, P., *Dictionnaire françois contenant les mots et les choses, et plusieurs nouvelles remarques sur la langue françoise...*, Genève 1680; Hildesheim 1973.

Cl　*Dictionnaire du français classique*, par Jean Dubois, René Lagane et Alain Lerond, Paris 1971.

La　*Vocabulaire technique et critique de la philosophie*, par André Lalande, 12e édition Paris 1976.

XIXe L　Pierre Larousse, *Grand Dictionnaire universel du XIXe siècle*, Lacour, S. A 1990. Réimpression de l'édition de 1866–1876.

【目次】

第4部――認識について……121

【上巻—目次】

les suivantes : Ce qui est est ;
Quod scriptum est scriptum
Rien en vers
comme en prose
c'est être Rien
ou plus de chose

人間知性新論——予定調和説の著者による——

谷川多佳子＋福島清紀＋岡部英男＝訳

NOUVEAUX ESSAIS SUR L'ENTENDEMENT [HUMAIN]
par l'Auteur du Systéme de l'Harmonie preétablie [Été 1703-été 1705]

[第3部] 言葉について

LIVRE III. DES MOTS

1章——言葉あるいは言語一般について

〔1〕**フィラレート** 〈神は、人間を社会性ある被造物としてお造りになったので、人間に、同類の者たちとともに生きたいという欲望を吹き込み、またそうしなければならない必然のもとに人間をおいただけでなく、話す能力[1]をも人間に与えました。この能力は人間社会の重要な道具であり、共通の絆であったはずです。〉言葉はまさにここに由来し、諸観念を表現するのに役立ち、説明するのにも役立つのです。[2]

テオフィル あなたがホッブズ氏の見解[3]から隔たっていらっしゃるのが分り、私は嬉しく思います。彼は、人間が社会のために造られていることを認めませんでした。人は必要に迫られ、また同類の者たちの悪意によって、社会生活を強いられただけだ、と考えたからです。しかしホッブズ氏は、いかなる悪意ももたない最良の人々が、自分たちの目的をより良く達成するために一致協力することを考慮しなかったのです。それはさながら、鳥たちがより安全に一緒に旅するために群れをなしたり、ビーバーが少数では不可能な大きな堤を作るために何百匹も集まるようなものです。ビーバーにとってそうした堤は、貯水池つまり小さな湖を作り出し、そこで巣づくりをしたり食糧となる魚をとったりするために必要なのです。これこそそれぞれの動物社会の基礎であって、それは決して同類に対する恐れではありません。動物界にそのようなものはおよそ無いのです。

1——la faculté de parler. Locke: language. コストによる変更。(R & B)

2——「言葉は……役立つのです。」の部分はライプニッツによる付加。(R & B)

3——ホッブズは、生命体としての自己保存および自己拡張の欲求を人間にとって最も本質的なものとする。このことから、社会理論の原理的根拠をなす「自然権」の概念が導き出される。ホッブズによれば、「著述家たちが一般に自然権と呼んでいる自然の権利とは、各人が、かれ自身の自然すなわちかれ自身の生命を維持するために、かれの欲するままに自己の力を用いるという、各人のもつ自由である」(『リヴァイアサン〈国家論〉』水田洋・田中浩訳、河出書房「世界の大思想13」、八七頁)。人間がこのような「自然の権利 Right of Nature」をもつとき、人間は相互に孤立し敵視しあう。「万人の万人に対する戦い bellum omnium contra omnes」、「人間は人間にたいして狼である homo homini lupus est」という状態がそれである。そうした状態においては、人々は「かれら自身の強さや工夫によって与えられるもの」以外には何の保障ももたないから、「勤労の余地はない」。なぜなら、その成果が不確かだからである。したがって、「土地の耕作」も「航海」も「貿易」も行なわれず、「技術も文字も社会もない」(同八五頁)。この「自然状態」は人間の自己保存の欲求と矛盾し、自然権による目的追求がかえって目的に反する結果をもたらす。言い換えれば、自然権の行使が自然権の実現を不可能にするのである。しかし、ホッブズによれば、人はそこから脱却することはできるのであり、その可能性は、一部は「諸情念」に、一部は「かれの理性」に存する。人々を「平和」へと向かわせる「諸情念」は、「死への恐怖」、「快適な生活に必要なものごとを求める意欲」、「かれらの勤労によってそれらを獲得しようとする希望」であり、「理性」は、人々が「同意する気になれるような都合のよい平和の諸条項を示唆する」(同八七頁)。ホッブズにおいては、この「理性」が示唆する諸条項が「自然の法 Lex Naturalis

[A Law of Nature]」であり、「自然の法」が人々に権利の同時的・相互的譲渡つまり「契約」を要求し、そうした「契約」に基づいて「社会」が形作られる。
cf. *Méditation sur la notion commune de la justice*, Leibniz, *Hauptschriften zur Grundlegung der Philosophie*, Übersetzt von A. Buchenau, II, SS. 506ff. (Cassirer)

フィラレート　そのとおりです。そして、この社会をより良いものにするためにこそ、人間は、私たちが言葉と呼んでいる分節音を発するのにふさわしく整えられた器官を、生まれながらにしてもっているのです。

テオフィル　器官について言えば、猿は見たところ、言葉《パロール》を発するのに私たちと同じくらい適した器官をもっています。にもかかわらず、言葉《パロール》の形成へのわずかな歩みすら見出されません。ですから、目に見えない何かが猿には欠けているに違いありません。それにまた、分節音を形成せずに話す、つまり口からの音の高低によって意思を伝えることができることも考慮に入れなければなりません。音楽の音調がこのために用いられるならば、そうできるのです。けれども、音調の言語を発明するにはいっそうの技巧が必要でしょう。それに対して、言葉の言語は、自然な素朴さのうちにある人人が少しずつ形づくり完成することのできたものでした。しかしながら、中国人のように、少数の言葉しかもたず、それを音調やアクセントによって変化させる民族もいます。ですから、高名な数学者で諸言語に造詣の深いゴリウス氏[4]の考えるところによると、中国人の言語は人工的である、すなわち、私たちが中国と呼ぶあの大国に住む多くの異民族間に言葉《パロール》による交流関係を打ち立てるために、誰か有能な人がすべて一度に考案したのだというのです。もっとも、その言語は長く使用された結果、今では変化してしまっているかもしれませんが。

[1][5] **フィラレート**　《オラン・ウータンや他の猿たちが器官をもってはいても言葉を発しないように、オウムや他の何種類かの鳥たちは言葉をもってはいても言語はもたない、と言えます。》〈というのも、それらの鳥や他のいくつかのものはかなりはっきりと音声を発するように訓練できますが、こうした鳥には言語の能力がまったくないからです。（[2][6]）他の人々に内的概念を伝えるために、その内的概念の記号としてこうした音声を使用できるのは人間だけなのです。〉

4――ゴリウス Jacques Golius［Jacob Gohl］（1596-1667）はオランダの数学者、東洋学者。M. Martini の *Atlas Sinicus* の編集に協力した。（A. Brunschwig）ライデン大学のエルペニウス Erpenius のもとでアラビア語を修め、モロッコに赴き、帰国後、エルペニウスの後を継いで母校のアラビア語の教授となる（一六二四年）。小アジアや東洋に四年間滞在したのち、一六二九年に帰国。その際、貴重な写本のコレクションを持ち帰り、大学の図書館に収めた。主著は、*Lexicon Arabico-Latinum*（1653）。（Langley）
5――GP と Brunschwig では2。
6――R & B ではここから［2］。

テオフィル　確かに、人に理解されたいと望まなければ、私たちは言語を決して形成しなかっただろうと思います。ところが、いったん形づくられるや、言語はさらに人間が心のなかで熟考するのにも役立つのです。言葉によって人間は抽象的思考を心にとどめておくことができますし、また、記号や盲目的思考[7]を用いて推論するときに役立つからです。というのも、すべてを説明し常に名辞を定義に置き換えなければならないとすれば、あまりに時間がかかりすぎるからです。

［3］**フィラレート**　〈しかし、個々の事物の各々を指示するのに別々の名前が必要であったならば、言葉の数が増えて使用上の混乱をもたらしたでしょうから、一般的観念を意味表示する一般的名辞が用いられることによって、言語はさらに完成されたのです。〉

テオフィル　一般的名辞は言語の完成に役立つだけでなく、言語の本質的な構成にとっても必要です。というのも、個々の事物によって個体的なものが理解されるとして、もし固有名詞しかなく総称普通名詞がないとすれば、言いかえれば、個体に対する言葉しかないとすれば、話すことは不可能でしょうから。個体的な偶有性やとくに、最も頻繁に指示される個体的な働き[8]が問題になるとき、これではひと言ごとに新しいものから出直すことになるからです。しかし、個々の事物によって最下位の種 (species infimas) が理解されるとすれば、たいていの場合それを決定することが困難であるだけでなく、それはすでに、類似性に基づいた普遍であることは明白です。それゆえ、類や種について語る場合、類似性の拡がりの度合いのみが問題なのですから、あらゆる種類の類似や一致を指摘することは自然であり、したがって、あらゆる段階の一般的名辞を用いるのも自然なことなのです。それどころか最も一般的な名辞は、それが適合する個体に関して

7――「盲目的思考」については、『認識、真理、観念についての省察』(本著作集第8巻二八頁) 参照。

8――アカデミー版では、des individus des accidens, et particulièrement des actions であり、individus の後にヴィルギュル (,) がない。ここは Cassirer と E & H に依拠して訳した。GP と Brunschwig は individus の後にヴィルギュルを読むため、「個体や偶有性、そしてとくに働き」となる。

9――本書第2部8章 (A VI-6, 130)。(R & B)

10――Locke: stand for. Coste: signifier. Leibniz: former. (R & B)

11――アースレフによると、「私たちが生活の必要のために観念の自然の秩序から離れねばならなかった」というのは、人類が堕落の後に感覚界に追放されたことへの言及を含んでおり、「概念の起源ではなく、いわば私たちの発見の歴史を与える」というのは、ライプニッツ自身の予定調和の秩序に含まれているものの発見を示している (Hans Aarsleff, 'Leibniz on Locke on Language' in *From Locke to Saussure*, Minneapolis 1982, p. 68)。

はより包括的であるとはいえ、それが含む観念や本質に関しては内容が希薄なので、たいていはきわめて容易に形づくられ、またきわめて有益なのです。ですから、子供たちや、話したい言葉や話す題材を少ししか知らない人々が、自分の知らない固有名辞の代わりに、「もの」、「植物」、「動物」のような一般的名辞を用いるのもお分りでしょう。そして、すべての固有名詞つまり個体的名前がもともと総称名詞ないし一般名詞であったことは確実です。

〔4〕フィラレート 〈何らかの観念を意味表示するためではなく、ある観念の欠如ないし不在を意味表示するために人々が用いる言葉さえあります。たとえば、無、無知、不毛のように。〉

テオフィル 否定的真理があるように、というのも否定の行為は実定的ですから、なぜ欠如的観念があると言えないのか、私には分りません。それについて私はすでに少し触れました。[9]

〔5〕フィラレート 《その点は議論せずに[10]、》〈私たちのあらゆる概念や認識の起源にもう少し近づくためには、感覚からまったく離れた作用や概念を形づくるのに使われる言葉が、いかにして可感的観念からその起源を得ているかを観察するのが〉《いっそう有益でしょう。》〈その可感的観念から、言葉はより難解な意味へと移されるのです。〉

テオフィル それは、生活の必要のために、私たちが観念の自然の秩序から離れねばならなかった[11]からです。というのも、この秩序は、天使や人間やすべての知的存在者一般に共通でしょうし、もし私たちが自分の利益を考慮しなければ、それに従うはずでしょうから。それゆえ私たちは、私たち人類につきものの機会や偶発事が私たちにもたらす秩序に依拠しなければならなかったのです。でもこの秩序は、概念の起源を与えるのではなく、いわば私たちの発見の歴史を与えるのです。

フィラレート 《そのとおりです。その連鎖を名前そのものによって私たちに教えることができるのは言葉の分析です。概念の分析では、あなたが述べられた理由で、その連鎖を与えることはできません。》〈ですから次のような言葉、すなわち、想像する・理解する・専念する・考える・注ぎ込む・うんざりさせる・動揺・平静などは、すべて可感的な事物の作用からとられて、思考のある様態に応用されたものです。精神という言葉は、その最初の意味では気息のことであり、天使という言葉は使者を意味しています。ここから私たちは、最初にこれらの言語を話した人々がどのような概念をもっていたかを推測でき、そしてどのようにして人間のすべての認識の起源と原理を、自然が名前そのものによって思い

がけない仕方で人間に示唆したかを推測できるのです。〉

テオフィル　ホッテントット〔族〕の『使徒信経』では、聖霊が、穏やかで快い風のそよぎを意味する彼らの言葉で呼ばれたことについて、私はすでにあなたにお伝えしました。[12] 他の言葉の大多数についても同じことです。しかもそれは、必ずしも確認されるわけではありません。たいていの場合、真の語源が失われてしまっているからです。宗教をあまり重んじないあるオランダ人[13]は、この真理（神学・道徳・形而上学の術語はもともと野卑な事物に由来するという真理）を乱用して、フランドル語の小辞典のなかで神学とキリスト教信仰を嘲笑しました。その辞典のなかで彼は、術語の慣用的な使い方が要求するような定義や説明ではなく、言葉の語源的な意味が含んでいると思われる定義や説明を与えて皮肉ったのです。彼にはその他にも不敬虔の徴候がありましたから、牢獄（Raspel-huys）[14]に入れられて罰せられたという話です。けれども、転義の基礎となった、可感的なものと非可感的なものとの類比を考慮に入れるのは良いことでしょう。このことは、前置詞の用法が与えてくれる例のようなきわめて広く行き渡った例を考察すれば、もっとよく分るでしょう。たとえば、「に」(à)、「と共に」(avec)、「から」(de)、「の前で」(devant)、「において」(en)、「の外で」(hors)、「によって」(par)、「に向けて」(pour)、「の上に」(sur)、「の方へ」(vers)、のような前置詞はすべて、場所・距離・運動からとられ、その後、あらゆる種類の変化・秩序・結果・差異・適合へと移されました。「に」(à) は、「私はローマに (à) 行く」と言うときのように、近づくことを意味します。ところが、あるものを結び付けるには、それを結び付けたいものに近づけるので、私たちは、あるものが他のものに (à) 結び付けられる、と言うのです。そしてさらに、あることが精神的[15]理由によって別のことに続いて起こるとき、その両者にはいわば非物質的な結びつきがあるので、ある人の運動や意志から生起することは、それがこ

12――A VI-6, 104.（R & B）本書第1部3章8節参照。（Langley）

13――アカデミー版は、A. Koerbach, *Een Bloemhof* (1668) の参照を指示。クールバッハ Adriaan Koerbagh（?-1669）はオランダの法律家、医師。スピノザの友人であり、*Een bloemhof van allerley lieflijkheyd* の著者。これはスピノザ主義の感化を受けた哲学辞典であった。多くの余談に満ちた辞典であり、ベールの『歴史批評辞典』に似ている。同書を出版したため、著者は逮捕され裁判にかけられた。スピノザを連座させるための反対尋問が執拗に行なわれたが、それは不成功に終わった。クールバッハの書は発禁処分となり、彼は四〇〇〇フロリンの罰金に加えて二〇〇〇フロリンの訴訟費用の支払いを課せられた。一〇年間の禁固とそれに続く一〇年間の追放という判決が下ったが、一八か月後に獄死した。（R & B）

14――Raspel-huys という語は辞書で確認できなかったが、オランダ語で huis は家（ドイツ語 Haus）を意味し、raspel は rasp（やすり、鉄格子）、rasphuis は牢獄の意味である。Cassirer はこれを Raspelhaus とする。Raspelhaus はグリムの辞書では牢獄・懲役場と説明されている。E & H は訳文で Raspelhuys を用い、この語の後に Zuchthaus を括弧つきで挿入。

15――原語は morales。

16――A、GP、E & H では appartient à cette personne où y tient であるが、Brunschwig は où ではなく ou とする。R & B は or と英訳。Cassirer では oder。A に従う。

17――「これこれの言葉を……とする恣意的な設定」の原文は、une institution arbitraire... volontairement。Locke: a voluntary imposition... made arbitrarily. コストによる変更。コストは imposition を institution と仏訳。（R & B）

の人の傍らに、あるいは共に行こうとその人に狙いを定めているかのように、それが起因する当の人に(à)属する[16]、と私たちは言います。ある物体が他の物体と同じ場所にあるとき、それらは共に(avec)あります。しかしまた、ある事物は、同じ時にある事物や、同じ秩序もしくはその秩序の部分に属する事物、あるいは同じ活動に協力している事物と共にある、とも言います。人がある場所から(de)やって来る場合、その場所は、それが私たちにもたらした可感的事物によって私たちの対象であっただけでなく、今なお、それで満たされている私たちの記憶の対象なのです。対象が前置詞de〔から、の〕によって意味されるのはこのためです。たとえば、「それが(de)問題である」、「それについて(de)話す」と言うような場合であり、言い換えれば、あたかもそこから(de)やって来るかのように言われるのです。そして、ある場所ないしある全体の内に閉じ込められているものは、それに支えられ、それと共に取り除かれるので、偶有性は同様に主体の内に(dans)あるとみなされます。つまり、主体ノ内ニアル、主体ニ内属スル、のです。不変化詞sur〔の上に〕も同じように対象に適用されます。「これこれの題材について(sur)考えている」という言い方は、「職人が自分の切ったり形づくったりする木や石の上に(sur)いる」というのとほとんど同じです。そして、これらの類比はきわめて変わりやすく、ある一定の概念に依存しているわけではないので、言語は不変化詞や格の用法において多様に変化することになります。前置詞がそれらを支配したり、暗黙裡に了解されたものとして前置詞がそれらの内に潜在的に含まれていたりするのです。

2章——言葉の意味について

【1】**フィラレート** 《さて、言葉は人間の観念の記号として人々によって用いられていますが、そうした言葉がどのように決定されることになるのかを、まず問えるでしょう。そして、それは》〈一定の分節音と一定の観念との間に成り立つ自然的な結合関係によるのではなく(なぜなら、その場合には人々の間にただひとつの言語があるだけでしょうから)、これこれの言葉を任意にこれこれの観念の記号とする恣意的な設定[17]によっている〉、《ということは一致して認めら

れています。[18]》

テオフィル　言葉の意味は恣意的（制度的 ex instituto）であると、学院や他のいたるところで言われるのが慣わしであることは知っています。確かに言葉の意味は自然的必然性によって決定されるわけではありませんが、しかしやはり、偶然が幾分か左右するところでは自然的な理由によって、また、選択の余地のある場合には精神的な理由によって決定されるものなのです。まったく選択によっており完全に恣意的であるような人工言語もおそらくいくつかあるでしょう。たとえば、中国の言語がそうであったと信じられていますし、ゲオルギウス・ダルガルヌス[19]の言語や、チェスターの主教であった故ウイルキンズ氏[20]の言語がそうです。しかし、既知の言語から作られたことが分っている言語は、それが前提する言語のなかにある自然的なものや偶然的なものと選択との混合から成っています。盗賊たちが自分の仲間内だけに通じるように作り出した言葉がそうしたものです。それ［こうした隠語］をドイツ人はRotwelsch[21]と呼び、イタリア人はlingua Zergaと呼び、フランス人はNarquois[22]と呼んでいます。とはいえ、盗賊たちは通常、自分たちが知っている日常の言語をもとにして、言葉の一般に受け入れられている意味を隠喩によって変えたり、自分たちの流儀での複合や派生によって新しい言葉を作ったりして、そうした隠語を作っているのです。言語はまた、異なる民族の相互交流によっても作られます。

18——ラングリーは、言語の本性・起源とか言葉の自然性・人為性に関する古い時代の議論として、プラトンの *Kratylos* とアリストテレスの *De Interpret.*, 2, 16a, 19f. の参照を指示。ロックは言語に関しホッブズとともに、言葉と観念との結合関係は自然的なものではなく恣意的な設定によるという規約主義的な立場をとり、自然言語としてのアダムの言語を拒絶する。アシュワースによると、話された言語が自然的な意味表示をする可能性についての議論は一六・一七世紀の現象であり、それは、プラトンの『クラテュロス』や他の古典的源泉の再発見、魔術やカバラに対するルネッサンスの強い関心、および刷新された聖書研究のためであるという。というのは、中世、ルネッサンスの言語哲学は、二つの教説、すなわち、話された言語（の意味）は純粋に規約主義的なものであるという教説と、話された言語は自然的な意味表示をもつ心的言語に対応するという教説によって特徴づけられるからである（E. J. Ashworth, 'Traditional logic,' in *The Cambridge History of Renaissance Philosophy*, ed.by C. B. Schmitt & Q. Skinner, Cambridge 1988, pp. 155–7)。それゆえ、ロックの言語の恣意性という規約主義的な言語観は、一七世紀の特徴的な現象でもあるとはいえ、中世からアリストテレスに遡る連続的伝統と連携してもいるのである。ロック自身は明示していないが、その論拠の非常に多くは伝統的なものである。最初の典拠は、アリストテレス『命題論』（16 a 3）に述べられた、「音声のうちにあるもの［＝話された言葉］は、魂のうちなる様態［状態］（*παθημα*, passiones）の象徴である」という箇所である。『命題論』にはそれに続いて、「書かれたもの［＝文字化された言葉］は音声のうちにあるものの象徴である。そして、文字がすべての人々にとって同一ではないように、また音声も同一ではない。けれども、それら二つのものがそのしるしであるところの最初のもの、すなわち魂の様態［状態］はすべての人々にとって同一である」（16 a 4–8）とあり、ここに言語に関する先の二つの教説を認めることができる。それらはボエティウスの注解やアウグスティヌスの『三位一体論』（XV, 10–11）を経て中世にもたらされ、話された言葉と書かれた言葉は規約的な意味をもつが心的言語は共通の自然的意味をもつことが当然の前提とされた。こうした言語観は、その後若干の変更を加えられつつ一六・一七世紀に至り、そしてロックにも及んだ（cf. E. J. Ashworth, "Do Words Signify Ideas or Things?" The Scholastic Sources of Locke's Theory of Language,' in *Journal of the History of Philosophy*, Vol. XIX, 1981, repr. in *Studies in Post-Medieval Semantics*, London 1985, pp. 299–326)。それはロックの次のような基本的な言語観に認められる。①「言葉は……人々によってその観念の記号として使われるようになった」（Essay, 3·2·1, p. 405）②「言葉の効用は観念の可感的記号であることであり、言葉の表わす観念こそ言葉の本来かつ直接の意味表示である。」（ibid.）③「言葉はその一次的ないし直接の意味表示では、言葉を使う人の心にある観念を表わすだけである。」（Essay, 3·2·2, p. 405）④「言葉は任意の記号である。」（ibid.）（cf. J. W. Yolton, *A Locke Dictionary*, Oxford 1993, p. 117）なお、話された言語が自然的な意味表示をもつ内的な心的言語に対応するという教説は、ロックにもライプニッツにも共通に受け入れられた。

19——アカデミー版は、G. Dalgarno, *Ars signorum*, 1661 と注記。ダルガーノは *Ars signorum, vulgo Character universalis et lingua philosophica* の著者。ライプニッツの類似の計画に確かな影響を与えた。(Brunschwig) cf. Couturat, *La Logique de Leibniz*, pp. 544–552.

20——ウィルキンズ John Wilkins (1614–1672) はロンドンの王立協会 Royal Society の書記。*Mercury* (1641) と題する暗号通信の手引き書の著者。*An essay towards a real character and a philosophical language* (1668) も著わし、同書でダルガーノの方法に改良を加えた。(Brunschwig) アカデミー版はこの *An essay* の参照を指示。cf. GP VII, 3f.; III, 216; Dutens VI, p. 262. (Langley) cf. Couturat, ibid.

21——cf. Avé-l'Allemant, *Das deutsche Gaunerthum*, Leipzig 1858–1862. (Cassirer) GP、Brunschwig、R & B では Rothwelsch、Cassirer では Rotwälsch、E & H では Rotwelsch。

22——Brunschwig は Argot, jargon と注記。中世フランス語 narquin (「除隊兵、盗人」) の異形。

23——アカデミー版は、おそらくアルメニアのアプラクニック修道院のアントワーヌ・ナザレアン Antoine Nazarean 神父のことであろう、と注記。彼は一六七四年の二月にパリに滞在した。lingua franca はすでに一四世紀にユニテリアン派が使用していた。(A VI-6, 279) ジャン・ペロ『言語学』(文庫クセジュ)、白水社、四三頁参照。(米山訳)

24——ラベ神父 Le Père Labbé (1607–1667) はフランスの著名な碩学。ライプニッツがここで暗に引き合いに出しているのは、*Grammatica linguae universalis* (1663)。(Brunschwig) アカデミー版も同書の参照を指示。cf. GP VII, 36. (Cassirer, Langley)

25——原語は Theotisque。Brunschwig は、Tudesque, ancien allemand (古ドイツ語) と注記。ドイツ語を意味する最古の形である theodicus というラテン語形より派生したフランス語の形 (Littré, *Dictionnaire de la Langue française*, Tome 7, 1967)。cf. Grimm, *Deutsches Wörterbuch*, sub "Deutsch." (Langley)

[たとえば、] 近隣の言語を無頓着に混ぜ合わせたり、あるいは最も頻繁に起こるのは、ひとつの言語を基にしてそれを歪め、変質させ、混ぜ合わせ、そしてその言語が守っているものを無視したり変えてしまい、さらに他の言葉をつぎ合わせたりして、崩してしまうのです。地中海貿易で使われている lingua Franca [国際混成語] はイタリア語から作られており、しかもそれは文法規則など考慮していません。あるアルメニア人のドミニコ会士[23]と私はパリで話をしましたが、彼はラテン語から作った一種の lingua Franca を自分で作り上げたか、あるいはおそらく同僚から学んだかしていました。格も時制も他の屈折もないにもかかわらず、私は十分理解できましたし、彼はそれに慣れており、流暢に話していました。大変博識なフランスのイエズス会士で、他の多くの著作で名を知られていたラベ神父[24]は、ラテン語を基にして、私たちのラテン語よりも易しく規則に縛られることは少ないものの、lingua Franca よりは規則だった言語を作りました。彼はそれについて特に一書を著わしました。古い昔に作られて存続している言語について言えば、今日大きく変化していないものはほとんどありません。このことは、今なお残っている古い書物や遺物と比べてみれば一目瞭然です。古フランス語はプロヴァンス語やイタリア語にいっそう近いものでした。西ローマ皇帝ルートウィヒ寛厚王 [敬虔王] の王子たちの宣誓文書には、紀元後九世紀の形のチュートン語[25]が、当時のフランス語あるいはむしろロマンス語 (かつては lingua Romana rustica [俗ロー

マ語」と呼ばれていたもの）とともに見られます。それは、彼らの親族のニータルト[26]によって保存されたのです。これほど古いフランス語、イタリア語、スペイン語は、他にはまず見つかりません。しかし、チュートン語つまり古ドイツ語に関しては、同時代のヴァイセンブルクの修道士オトフリート[27]の『福音書』があります。それは、フラキウスによって出版され、シルター氏が再刊しようとしたものです。大ブリテン島に渡ったサクソン人たちは、さらにいっそう古い本を私たちに残しています。カドモンという人[28]によって作られた、『創世記』冒頭や聖書の他のいくつかの部分の翻訳ないし釈義がいくらか残っており、ベーダがすでにそれについて言及しています。しかし、ゲルマン語だけでなく、ギリシア語とラテン語を除くすべてのヨーロッパ語で書かれた本のなかで、最も古いものは黒海[29]のゴート族の福音書で、『銀文字写本（Codex Argenteus）[30]』の名で知られています。きわめて特殊な文字で書かれたその本は、ウェストファリア地方のヴェルデンのベネディクト会の古い修道院で見つけられ、スウェーデンに運ばれました。この訳は東ゴート族のために作られたもので、スカンディナヴィアのゲルマン語とはかなり隔たった方言で書かれていますが、フィレンツェの『ローマ法典』の原本と同じように、当然のことながら、そこに丁重に保存されています。しかしそれ［丁重に保存されているの］は、おそらく黒海のゴート族はもともとスカンディナヴィアからやって来たか、あるいは少なくともバルト海から来たらしいと、ある程度信

26——ニータルト［ニタール］Nithard（790-843）はフランク王国の歴史家。シャルルマーニュの外交官を務めていたアンギルベルト Angilbert（745?-814）とシャルルマーニュの娘ベルタ Bertha［Berthe］の子。八四二年、ロテール Lothaire との間で分割統治の取決めを行ない、宣せられた誓約——シャルル禿頭王とドイツ王ルートウィヒ［ルイ］とが取り交わしたストラスブルクの誓約 *Serments de Strasbourg*（842）——をロマンス語と古ドイツ語で報じた。ロマンス語と古ドイツ語で文言が交わされたのは、その内容が配下の者たちにも分るようにとの配慮からであった。アカデミー版は、一五七八年J・ボダンによって出版された *Rêpublique*, livre V を参照文献として挙げる。（cf. A. Brunschwig）cf. Dutens VI, Pt. II., pp. 141-144.（Langley）

27——Otfried de Wissembourg［Otfrid moine de Weissenbourg］（810頃-880）は Raban Maur の弟子。八六八年、福音書の翻訳・釈義を古ドイツ語で完成し、これをプロテスタントの神学者・歴史家フラキウス Flacius Illyricus（1520-1575）が一五七一年にバーゼルで出版した。シェルツ J. G. Scherz は、ドイツの歴史家・法律家シルター Johann Schilter（1632-1705）によるラテン語訳を付して改訂版を一七二六年に出版した。このラテン語訳はすでに一六九八年に発表されていたが、アカデミー版は、おそらくライプニッツはラテン語訳を知らなかったであろうと注記。シェルツが一七二六年に出したシルターの作品の表題は *Thesaurus antiquitatum teutonicarum*。（A. Brunschwig）この *Thesaurus* は、カロリング朝時代のドイツの歴史を知る上で貴重な記録である、とラングリーは注記。cf. Dutens VI, Pt. II., p. 222.（Langley）

28——アカデミー版は Caedmon の *Paraphrasis poetica Geneseos*（éd. Fr. Junius 1655）を参照文献として挙げ、その抜粋と内容に関する注は Bède le Vénérable の *Historia ecclesiastica gentis anglorum*, liv. IV, ch. 24 にある、と注記。（A. Brunschwig）

29——原語は Pont Euxin。黒海の古代名。（米山訳）

30——これはアリウス派の司教ウルフィラス Ulfilas が四世紀に黒海のゴート族のために福音書をゴート語へ翻訳したものの写本。この写本はおそらく、東ゴート族のいるイタリアから六世紀にもたらされたものであり、紫色のベラム紙に銀と金のインクを用いて、ギリシア文字・ルーン文字（古代北欧文字）・ラテン文字に基づく文字——ウルフィラスによって考案されたと言われる——で書かれている。黒海のゴート族は、彼ら自身の伝説によれば、スウェーデン周辺からポーランドのヴィストラ川を経由して来た。この写本はおそらく八世紀後半にヴェルデンに達して、そこで一六世紀半ばまで忘れられたままになっていたであろう。一六〇〇年にはプラハのハプスブルク皇帝の所有となっていたが、一六四八年スウェーデン人がプラハを占領したとき、クリスティーナ女王のもとに送られた。一六五二年オランダの古典学者イサーク・フォス Isaac Voss（1618-1689）がクリスティーナ女王の宮廷司書の職を辞した際にそれをオランダに持ち帰った。ライプニッツによれば、フォスは「それを彼女の蔵書から釣り上げた」（A I-7, 397）のである。一六六二年スウェーデンの大法官マグヌス・ド・ラ・ガルディ Magnus de la

Gardie は、それをフォスから買い戻し、銀のケースに入れて女王に返した。女王はそれをウプサラ大学の図書館に寄託し、以来そこに保管されている。(R & B)

じられているからです。ところで、古代ゴート人の言語ないし方言は、近代ゲルマン語とは同一の言語的基盤を有するとはいえ、非常に異なっています。古代ゴール語は、真のゴール語に最も近い言語つまりウェールズやコルヌアイユ[31]の言語および低地ブルターニュ語から判断すると、近代ゲルマン語とはよりいっそう異なっていました。しかし、アイルランド語[32]はもっと著しく異なっていて、そこにはさらにもっと古い英語、ゴール語、ゲルマン語の痕跡が見られます。けれども、これらの言語はすべてひとつの源から発しており、ケルト語と呼びうる同一の言語が変化したものと考えられるのです。だから古代人たちは、ゲルマン人のこともゴール人のことも、ケルト人と呼んでいたのです。さらにさかのぼって、ケルト語の起源、およびゲルマン諸語あるいはケルト諸語と多数の共通語根をもっているラテン語とギリシア語の起源[33]を知ろうとすれば、それは、黒海からドナウ河とビスワ河を渡ってやって来たスキタイ人の子孫であるこれらすべての民族の共通の起源から発していると推測できます。その一部がおそらくギリシアに行き、他の者たちはゲルマニアとガリアの地に広がったのでしょう。これは、ヨーロッパ人がアジアから来たとする仮説の帰結するところです。サルマチア語は(それがスラヴォニア語[34]だと仮定すれば)、少なくとも半分は、ゲルマン語起源かゲルマン語と共通の起源をもっています。フィンランド語のなかにさえ同様のことが見られるようです。フィンランド語は、最古のスカンディナヴィア語に属し、ゲルマン民族すなわちデンマーク人、スウェーデン人、ノルウェー人が海に最も近い最良の場所を占める前のものです。そして、フィン人たちの言語、あるいはヨーロッパ大陸[北東部][35]の言語は、今日もラップ人たちの言語ですが、ゲルマンの海、というよりもむしろノルウェーの海からカスピ海まで(その二つの間に入り込んだスラヴォニア民族によって遮られながらも)広がっています。そしてその言語は、現在では一部モスクワ人たちの支配下にある国々に由来するハンガリー語と関係があ

31――ブルターニュ半島南西部、カンペールを中心とした地方。

32――原語は le Hibernois。Brunschwig は Irlandais と注記。cf. ラテン語:hibernus(冬の)

33――原文では、les origines tant du Celtique et Latin que du Grec, qui ont beaucoup de racines communes avec les langues Germaniques ou Celtiques となっているが、R & B は、tant... Grec の部分を tant du celtique que du latin et grec の書き違いであるとする。

34――古スラヴ語の一種で、スラヴォーニャ地方やハンガリー中部、セルビアの一部などで用いられた。(XIXe L) なお、現代では、古代教会スラヴ語の流れをくむスラヴ地域正教会の典礼言語であるスラヴ文語を意味する。

35――A では Nordest[北東]、GP では Nordouest、Brunschwig では Nord-Ouest[北西]。

ります。しかし、アジアの北東部を占めたタタール語およびその同系言語は、ウズベク人ないしトルコ人の言語や、カルムイク人、モンゴル人[36]の言語と同様、フン族やクマン族[37]の言語であったようです。ところで、これらのスキタイの言語はすべて、互いに多くの共通語根をもち、私たちの言語とも多くの共通語根をもっています。アラビア語でさえ（その下には、ヘブライ語、古代フェニキア語、カルデア語、古典シリア語、アビシニア人のエチオピア語が含まれるべきです）、私たちの諸言語ときわめて多くの共通語根をもちきわめて明らかな一致を示していることが分っているので、それを単なる偶然に帰したり単なる交渉のためとするわけにはいかないでしょう。むしろそれは民族の移動に帰しうるでしょう。したがって、そこには、あらゆる民族は共通の起源をもち、ひとつの根源的で原初的な言語があるという見解と衝突したり、それをむしろ支持しなかったりするようなものは何もありません[38]。ヘブライ語やアラビア語がそうした言語に最も近いとしても、少なくともそれはかなり変わってしまっているにちがいありません。チュートン語は、自然的なもの、そして（ヤコプ・ベーメ[39]の言葉でいえば）アダムの言語をより多く残していると思われます。なぜなら、もし私たちに原初的な言語が純粋の状態で残っているか、元の状態が分るほど十分に保存されていたならば、自然的な連結[40]であれ、あるいは賢明で最初の作者にふさわしい恣意的設定[41]による連結であれ、連結の理由がそこに現われているはずでしょうから。しかし、私たちの諸言語が派生的なも

36——原語は Calmucs et Mugalles。Brunschwig は、Kalmouks et Mongols と注記。

37——タタール人を祖とするアジア系民族。ビザンチンでは Ouze、アラビアでは Gousses、ハンガリーでは Coumi、などと呼ばれた。一一世紀以前はヴォルガ河の向こう岸に住んでいたが、一一世紀に黒海北岸を西進、南ロシアに建国（1154–1222）。モンゴルに滅ぼされた。

38——ラングリーは、ライプニッツはヨーロッパの諸言語さらには他の諸言語にも血縁関係があると予測して言語の比較研究と取り組んだ最初の人物であると注記し、ライプニッツの言語学的な仕事として、Dutens V; VI を挙げる。

39——Jacob Boehme（1575–1624）。ドイツの哲学者・神秘主義者。アダムの言語とは、アダムが地上の楽園で定めた語彙のこと。アカデミー版は、ベーメの *Mysterium magnum* (1640), ch. XIX, 22; XXXV, 12, 48–57 および *Von dem dreyfachen des Menschen* (1660), ch. V, 85–86 の参照を指示。cf. GP VII, 184, 198, 204; *Leibnitius de connexione inter res et verba seu potius de linguarum origine* (Couturat, pp. 151f.). (Cassirer) ラングリーは、ライプニッツのベーメに対する評価について、Dutens V, p. 406 を参照箇所として挙げる。一六・一七世紀には言語の起源と本性に対する関心が高まり、中世にはなかった新しい言語観が生まれた。それは、神がアダムに与えた（あるいはアダムが自らつくった）がその後失われた純粋で根源的な言語、普遍的な自然言語を想定する考え方である。ある者はヘブライ語からそれを解読しようとし、またある者は独自に普遍言語を構築しようと考えた（cf. ノウルソン『英仏普遍言語計画』［浜口訳、一九九三年、工作舎］; A. Coudert, 'Some Theories of a Natural Language from the Renaissance to the Seventeenth Century', in *Studia Leibnitiana Sonderheft* 7, 1978, pp. 56–114; M. M. Slaughter, *Universal languages and scientific taxonomy in the seventeenth century*, Cambridge 1982.)。「人々はすでにピュタゴラス以来、数に大いなる神秘が隠されていると確信してきた。……しかし、この神秘の真の鍵は知られなかったので、好奇心が人一倍強いものたちは無意味なことや迷信に陥ってしまった。そこで、ある種の通俗的な、真の思想からはほど遠いカバラの説が生まれたのである。……その間、その神秘は、数によって、あるいは記号によって、あるいはまたある人たちがアダムの言語と呼び、ヤコプ・ベーメが自然の言語（die Natur-Sprache）と呼ぶある新しい言語によって発見されうると信ずる傾向が人々にずっと植えつけられた。」（本著作集第10巻二八〇頁：GP VII, 184）こうした普遍的な自然言語では、言葉と事物の間に規約によるのではない自然的な調和があり、言葉が事物の本質的特徴を表わしている固有名をもつとされた。名前の音声から事物の本性が知られ、言葉の特有性を知れば事物の特有性が知られるとされたのである。「各事物（ないし観念）の名がその十全で透明なシンボルであり、いわば論理的符号になっているような命名法は、プラトンが『クラテュロス』において夢みたように、明らかに一種の自然言語を構成するだろうし、神秘家たちが言うように、それはアダムの言語であろう。」

(L. Couturat, *La Logique de Leibniz*, 1901, réimp. Hildesheim 1985, p. 77)。

バベル以前のアダムの言語という言い方は『創世記』Ⅱ、19に基づき、その後ヤコプ・ベーメ（cf. A. Koyré, *La philosophie de Jacob Boehme*, Paris 1979 3ᵉ éd. pp. 457–462）らが自らの仕方で展開した言語観であるが、そうしたアダムの言語（の神話）はライプニッツの普遍言語の企図のうちに反復されるといえよう（J.-F. Courtine, 'Leibniz et la langue adamique', in *Revue des sciences philosophiques et théologiques*, Tome 64 N° 3, 1980, p. 374)。だが同時にライプニッツのうちには原初の言語（の痕跡）をドイツ語に認めようとする試みもあり、そうした二つの志向は一見異なった方向性をもっている。というのも、バベル以後の混乱を救済すべく考案された普遍言語・普遍的書記法の計画は、対立するさまざまな源泉——たとえば、ルルスの伝統（cf. W. Risse, *Logik der Neuzeit I*, Stuttgart 1964, pp. 532ff.; M. D. Johnston, *The Spiritual Logic of Ramon Llull*, Oxford 1987）や、エジプトのヒエログリフや中国の漢字などの文字や暗号の解読術（cf. M. V.-David, *Le Débat sur les écritures et l'hiéroglyphe aux XVIIᵉ et XVIIIᵉ siècles*, Paris 1965）等々——をもっているのに対して、ライプニッツはそうした先行者から自らの歩みを根本的に切り離すことをたえず強調するからである（Courtine, op. cit., p. 375, 381）。ライプニッツ自身の普遍言語は哲学的で実在的で理性的なものと規定されるからである。それゆえ、それは単にユートピア的なものではなく、マテーシスに基づくア・プリオリな数学的企図でなければならない。「ライプニッツはこの基礎言語、神秘主義者やヤーコプ・ベーメの古い表現によって彼がそう名づけているこの lingua Adamica［アダムのことば］を、人類のパラダイス的な過去に置きもどすのではなく、われわれの認識が客観性と普遍妥当性という目標に到達するために着々と近づいてゆかねばならない一つの純粋な理想概念と考えている。彼の考えでは、この究極にして最高の姿、その最終的な姿においてはじめて、言語は本質的なかたちで立ちあらわれることになろう。」（E. Cassirer, *Die Philosophie der symbolischen Formen Bd. I. Die Sprache*, Berlin 1923. S. 72: カッシーラー『シンボル形式の哲学』［一］第一巻 言語［生松・木田訳］、岩波文庫、一九八九年、一二五頁）言い換えれば、アダムが事物に与えた最初の命名は恣意性を免れており、名はそれに対応する事物を表現する自然本性ないし本質を示していたのだが、それは最初の人間アダムが完全な知を有していたからである。アダムの最初の命名は、事物を見てなされた感覚的な現象ではなく、事物の本質のみに関わるア・プリオリな設定である。それゆえ、原初の言語がヘブライ語かあるいは何か他の言語かということは二次的な問題にすぎない。つまり原初の言語は実在的かつ理性的言語でなければならないが、それは必ずしも人工言語と対立しない。というのも、そうした言語の表現する「観念の自然の秩序は……天使や人間やすべての知的存在者一般に共通であろう」（第3部1章5節）からである。

ここに自然的なものと恣意的なものとの関係が逆転する。「（一七世紀以降）……古典主義時代において、記号を用いることは、もはやそれ以前の世紀におけるように、永遠に語られ語りなおされる言説の原初的テクストを記号のもとに再発見しようとこころみることではなく、自然をみずからの空間のなかで展開させることを可能にする恣意的言語、自然の分析における最終的な項、そして自然の合成法則を、発見しようとつとめることである。知はもはや、古い〈言葉〉を、それがかくされているかもしれぬ未知の場所から掘りおこすのではない。知はいまやひとつの言語を創りださねばならないのであって、その言語はよくできたもの——すなわち、分析と組みあわせとをおこなう、まことの計算言語であることが必要なのだ。」（M. Foucault, *Les mots et les choses*, Paris 1966, pp. 75ff.: ミッシェル・フーコー『言葉と物』渡辺・佐々木訳、新潮社、一九七四年、八六—八八頁、訳文は一部変更した）したがってライプニッツにとって、理性的で実在的な言語の設定においてアダムの言語の伝統と普遍言語の企図とが一致する（Courtine, op. cit., p. 381)。というのも、原初の言語はたとえかつて存在していたとしても、われわれには与えられていない以上、まったく人為的に再構成しなければならないからである。

クルティヌによれば、ライプニッツの立場は、事物の名はその事物の本質を表現しているというクラテュロスと、名はまったく恣意的なものであるとするヘルモゲネス（＝ロック）との中間的な立場である（Courtine, op. cit., p. 383)。「言葉と事物の間にはある一定の確定された結合関係があると主張することはできない。しかしながら、その事象は純粋に単なる恣意的なものでもなく、なぜ一定の音声が一定の事物に帰されるかの理由が根底にあるのでなければならない。」（C, p. 151）アダムの言語とは神が設定し、それによってアダムが発見したものにほかならない。ライプニッツにとって、こうした解釈をするに際し中国語が人為的に設定された言語のモデルになっている。言語の起源の問題は、言語の理性的体系性の問題として捉え直されるのである。そして次に、歴史的事象としての原初の言語と派生した諸言語との関係が問題となり、命名の理由や根源語が探求されることになる。これに関してはRとL、KやSの音の特性が述べられ（Dutens IV, Pt. II, p. 27)、「ヨーロッパのいかなる言語もドイツ語ほど、生きた言葉によって哲学的教説を検査し調べるのに適しているものはない、と私はあえて言いたい。というのも、ドイツ語は他のあらゆる言語がうらやむほど、現実的なものに関しては最も豊かで完全だからである。……」（GP IV, 144）とドイツ語が称賛される。「実際、諸言語は規約によって増えたのでも、いわば契約に基づくのでもなく、人間の一種の自然的躍動［飛躍］によって生まれたのであり、それが音声を人間精神の性状や運動に適合するようにさせている。ウィルキンズの言語や、ゴリウスの推測によれば中国の言語のような人工言語は例外だが、無視できないものと思われる。そうしたものも神が人間に教えた言語である。」（Dutens IV, Pt. II, p. 187）ライプニッツは言語の起源について、合理性という論理的起源と歴史的起源という二つの起源を考えており、各々が普遍言語の企図と諸言語の実証的研究とに対応する。確かに両者の体系的関係を決定するのは困難であるが、ともに不完全な両者は互いに含み合い協力し合いながら完成をめざしていると言えよう（Courtine, op. cit., p. 390; cf. Paolo Lossi, *Clavis Universalis*, Bologna 1983, p. 271: P・ロッシ『普遍の鍵』清瀬訳、一九八四年、国書刊行会、三二一頁)。それゆえ、ライプニッツの普遍言語の企図は、デカルトのように「真の哲学に依存」（AT I, 80–82）はせず、その完成を待つことなく（C, p. 27f.）自由に前進すると言えよう。

40——原語は physique。本書第2部の訳注197参照。

41——本章1節のフィラレートの発言（A VI–6, 274, l. 14）参照。

のだとしても、それでもその根底には何か原初的なものを自らのうちにもっているのです。それは、偶然とはいえ自然的な理由に基づいて後になってその言語に形成された新しい根本語に関連して、私たちの言語に加わったものです。動物の鳴き声を意味する言葉やそれに由来する言葉が、その例としてあげられます。たとえば、蛙に割り当てられた coaxare〔ケロケロ鳴く〕というラテン語は、couaquen あるいは quaken というドイツ語と関連があります。ところで、こうした動物の出す音は、ゲルマン語の他の言葉の原初の語源であるようです。というのも、こうした動物はとても騒がしく鳴くので、今日ではそうした騒がしい音は、喧しい無駄話をする人[42]やおしゃべりな人を指すのに使われ、そうした人は指小辞を伴って quakeler と呼ばれているからです。しかし、この同じ quaken という言葉は以前は良い意味に使われ、話される言葉《パロール》さえ含めて、人の口から出るすべての種類の音声を意味していたらしいのです。そして、動物のこれらの音や鳴き声は生命の証しであり、それによって何か生き物がいることが見る前に分るので、そこから、古いドイツ語で quek は生命あるいは生き物を意味するようになったのです。その例は、最古の書物のなかに認めることができ、現代語にもその名残りがあります。というのも、quek-silber[43] は水銀（vif-argent[44]）のことですし、erquicken とは力づけることで、何か衰弱したり大変な労働をしたあとに蘇生させる、あるいは元気づかせるというような意味だからです。また、低地ドイツ語ではある種の雑草を Quäken と呼びますが、それはドイツ語で言えば、畑に容易に広がって繁殖し穀物を害する、いわば活力があり素早く広がる雑草です。そして英語の quikly[45] は、素早く、生き生きとしてということを意味しています。ですから、これらの言葉に関するかぎりゲルマン語を原初的とみなしうる、と判断できます。古代〔ゲルマン〕人たちは、蛙の鳴き声に似た音を他の言語から借りてくる必要はなかったのです。同じような例は他にもたくさんあります。というのも、古代

42——A では diseurs de rien だが、GP と Brunschwig では discours de rien。quakeler が人を指す語なので、アカデミー版の方が一貫している。それに従う。

43——他の諸版では Quecksilber。

44——vif-argent. R & B はこれを quicksilver と英訳し、英語の quick と同様に仏語の vif は alive を意味する、と注記。

45——他の諸版では quickly。

のゲルマン人、ケルト族や彼らと近縁の他の諸民族は、自然的な本能によってRという文字を激しい動きやその字音のとおりの噪音を意味するのに用いていたようだからです。[46] これは以下の語に現われています。ῥέω, fluo, rinnen, rüren (fluere) [流れる]、[47] ruhr (fluxion) [充血・鬱血・有害な体液の流れ][48]、le Rhin [ライン河]、Rône[49] [ローヌ河]、Rour[50] [ルール河]、(Rhenus [ライン河]、Rhodanus [ローヌ河]、Eridanus [ポー河]、Rura [ルール河])、rauben (rapere, ravir) [奪い取る・強奪する]、radt (rota) [車輪]、radere (raser) [削る、剃り落とす]、rauschen [ざわめく] (フランス語には訳し難い言葉で、風や動物が通りすぎるときに起こす葉や木々の音とか、着物の裾を引きずるときに出る音を意味します)、reckken (乱暴に広げる)。ここから、reichen は到達するとなり、der rick[51] は、低地ドイツ語の一種つまりブラウンシュヴァイクの近くで話されている低地サクソン語では、何かを吊るすための長い棒とか竿を意味するようになりました。rige [隊列]、reihe [系列]、[recta [まっすぐ]、][52] regula [定規]、regere [正しく導く] は、長さとかまっすぐな進行と関係があります。そして reck は非常に広くて長い事物あるいは人、殊に巨人を表わし、それから権力と富のある人物を意味しました。たとえば、ドイツ人 [ドイツ語] の reich という言葉や、ラテン系諸民族 [ロマンス語系] の riche とか ricco という言葉に現われています。スペイン語では、ricos hombres は貴族や有力者を意味します。こうしたことから同時にまた、隠喩や提喩や換喩によって言葉がどのようにしてひとつの意味から他の意味に移行していったかが理解されますが、常にその変遷の跡をたどることができるとはかぎりません。また、同様の騒音と激しい動きは Riss[53] (切断) に認められ、この語とラテン語の rumpo、ギリシア語の ῥήγνυμι、フランス語の arracher、イタリア語の straccio とは関連があります。[54] ところで、Rという文字が自然に激しい動きを意味するのと同様に、Lという文字はより穏やかな動きを示します。そこで、Rを発音するのがあまりに厄介で難しい子供たちや他の人々は、その代わりにLの文字を置きかえてしまう

46――ラングリーは、プラトンの *Kratylos*, 434f. を参照箇所として挙げ、ライプニッツによってここでなされているのと類似した試み、すなわち言葉の形成における単一文字の原初的な意味を定着させる試みはすでにプラトンによってなされている、と注記。

47――他の諸版では rutir。

48――cf. Ri. Fur. Cl.

49――他の諸版では Rhône。

50――他の諸版では Ruhr。

51――他の諸版では Rick。

52――[　] の部分は編者による訂正箇所。

53――他の諸版では riss。

54――音声と事物との結びつきに影響関係を見る考え方をライプニッツはここで用いているが、これは言語の起源を説明しようとする際にいつも大きな役割を果たすものである (cf. Aarsleff, op. cit., p. 65)。そしてこうしたやり方でアダムは事物に名を与えた、とライプニッツは考えた。彼は次のように述べている。「……しかし少しずつ形成された言語において、言葉は折々に、事物の知覚に伴う精神の性状と音声との類比 (アナロギア) から生じた。アダムは他のいかなる仕方でも名を与えなかっただろう、と私は思っている。」(Dutens IV, Pt. II, p. 187; cf. Aarsleff, op. cit., pp. 65f.)

のが見られます。たとえば、mon levelend pele［神父さま］と言ったりすることです。.この穏やかな動きは、次のような語に現われています。leben（生きる）、laben（力づける、生気を与える）lind［穏やかな］、lenis［平静な］、lentus（緩慢な）、lieben（愛する）、lauffen（流れる水のようにすばやく滑るように進む）、labi（滑る、油ヲ塗ラレタ船ガ浅瀬ヲ縫ッテ滑ルヨウニ進ム）[55]、legen（穏やかに置く）。そしてここから次の語が出てきます。liegen（横になる）、lage あるいは laye（床、たとえば石床、lay-stein、岩層、粘板岩層）、lego［拾い集める、読む］、ich lese［拾い集める、読む］（置かれたものを私は拾い集める、それは「置く」の反対。そしてそれから「私は読む」の意味になり、ついにはギリシア人においては「私は話す」の意味になる）、laub（葉、容易に動くもの。lap［膝］、lid［瞼］、lenken［導く］もそれに関連がある）、［laube（木の葉の屋根）、］luo, *λύω*（solvo［私ハ解ク］）、leien（低地サクソン語で、溶ける、雪のように溶ける）[56]。ここから Leine というハノーファーの河の名前が起こりました。その河は山岳地方から流れ出て、雪溶け水によって大きく増水します。言葉の起源に何か自然なものがあることを証明する同じような名づけが、他にも無数にあることは言うまでもありません。その自然なものは、事物と発声器官の音や動きとの関連を示しています。こうしたことのためにまた、Lという文字は、ラテン諸語、ロマンス語、高地ドイツ語では、他の名と結びついて指小辞をつくります。けれども、こうした関係があらゆる場合に確認できると主張すべきではありません。なぜなら、lion［ライオン］も lynx［大山猫］も loup[57]［狼］もおとなしいどころではないからです。しかし、別の付帯的特性を引き合いに出すことはできたでしょう。それは、これら動物たちの速さ（lauf）であり、それが恐怖をひき起こしたり他のものが逃げざるをえなくさせるのです。そのような動物を見た人が他の人々に lauf（逃げろ）と叫ぶようなものです。その他にも、大部分の言葉は多くの偶発事や変化によって、その元々の発音や意味から著しく変わり遠ざかってしまったのです。

55——出典はウェルギリウスの『アエネイス』VIII, 91°（A. Brunschwig）
56——E & H に従い括弧の位置を変更。
57——le loup. R & B は leopard と英訳。
58——A と Cassirer では *ἀτμός*。他の諸版では *ἄτμος* とあるが、おそらく誤植と思われる。
59——他の諸版では wehen。
60——他の諸版では wind。
61——他の諸版では water。
62——Aix-la-Chapelle. (Langley)
63——Aquis Granum. (Langley)
64——北部ゲルマニアの河。現在の Weser 河。（米山訳）

フィラレート　《もう一例あげていただければ、さらに分りやすいのですが。》

テオフィル　次の例はかなり明瞭で、他の多くの例を含んでいます。oeil〔目〕という言葉とその同系語がそれに役立ちうるものです。それを示すために、少し遡って説明を始めましょう。弱い気音をともなったA（アルファベットの最初の文字）はAhとなります。これはかなり明瞭な音で始まりそれから消えていくような空気の発出であるので、この音はaとhがあまり強くないときには自然と弱い息（spiritus lenis）を意味します。これが、ἄω〔息を吹く・吐く〕、aer〔空気〕、aura〔微風〕、haugh〔息〕、halare〔匂いを発する〕、haleine〔息〕、ἀτμὸς[58]〔蒸気・霞〕、athem〔息〕、odem〔呼気〕（ドイツ語）の起源なのです。しかし、水もまた流体で音を出すので、重複によってより粗い音になったAh、つまりAhaないしahaは水とみなされるようになった（ようです）。チュートン族と他のケルト族は、その動きをもっとよく示すために、両語の前にWをつけました。そういうわけで、Wehen[59]、Wind[60]、vent〔風〕は空気の動きを示し、waten〔水の中を歩いて渡る〕、vadum〔浅瀬〕、Water[61]は水の動きまたは水の中の動きを示します。ところで話をAhaに戻しますと、それは（私が述べたとおり）水を意味する一種の語根のようなものであると思われます。スカンディナヴィア系の古いチュートン語の言い回しを幾分保持しているアイスランド人は、水のことを気音をなくしてしまってaaと言っています。Aken[62]（Aix. Aquae grani[63]を意味する）という言葉を使う他の民族は、気音を増やしました。たとえば、ラテン民族はaquaという語においてそうしており、ある地方のドイツ人たちは複合語のなかで水を示すのにachと言っています。Schwarzachは「黒い水」を意味し、Biberachが「ビーバーの水」を意味するような場合がそうです。そして、WiserあるいはWeserの代わりに、古い証書ではWiserahaと言われていましたし、昔の住人たちはWisurachと言っていました。この語からラテン民族はVisurgis[64]を作りました。これはIler、IlerachからIlargusを作ったのと同様です。aqua、aigues、auueからフランス人はeau〔水〕を最後につくりましたが、それはoo〔オ〕と発音され、その起源を示すものはもはや何も残っていません。ゲルマン人のAuwe、Auge〔草地〕は、今日では、しばしば浸水することもある放牧に適した場所（locus irriguus pascuus）のことですが、もっと特別な場合は、ライヒェナウ（Reichenau）（Augia dives）の修道院の名をはじめ他の多くの名にあるように、それは島を意味します。こうしたことは、チュートン系やケルト系の民族の多くに起こったにちがいありません。というのも、一種の平原のようなところのなかでいわば孤立しているすべてのものがAugeないしOoge, oculus〔目〕と名づけられたのは、こうした理由によるからです。かくしてドイツ人は、水に浮かぶ脂の玉をそう呼ぶのです。また、スペイン人は ojo を穴という意味に使っています。しかし、Auge, ooge, oculus, occhio などは、もっと特別な場合はとりわけ目に、つまり顔のなかで輝いている孤立したあの穴に適用されてきました。フランス語の oeil［目］もそれに由来することは疑いありませんが、私が今述べた脈絡に沿って進むのでなければ、その語源はまったく見分けることができません。ギリシア語の ὄμμα［目］と ὄψις［眼に映る姿、眼］も同じ源泉に由来するようです。北方の人々の間で Oe ないし oe-land は島のことですし、その痕跡はヘブライ語にも残っていて、אי（Ai）は島を意味します。ボシャール氏[65]は、フェニキア人たちは島の多いエーゲ海（Aegée）[66]に、以上の源泉から引き出してその［島の多い海という］名を与えた、と考えました。Augere つまり「増加」もまた、auue あるいは auge つまり水の流出に由来します。同じく ooken、auken は古代サクソン語で「増加する」ことであり、皇帝［の名］について言われる場合の Augustus[67] は ooker と訳されていました。ハルツ山地から流れ出る、したがって突然に増水しやすいブラウンシュヴァイクの川は Oocker と呼ばれており、以前は Ouacra と呼ばれていました。ついでに言うと、川の名は普通、知られる最も古い時代から伝わっているので、古い言語や遠い昔の住人のことを最も良く示しています。そのため、川の名は特別な研究に値するでしょう。また一般に言語というものは、文書や芸術以前の民族の最も古い遺物であるので、民族の起源や血族関係や移動[68]を最も良く示しています。そういうわけですから、当を得た語源研究は興味深いものであり、また重要でしょう。しかし、いくつもの民族の言語を結び付けるべきであり、きちんとした検証もしないでひとつの民族から他の遠く隔たった民族へと飛躍しすぎてはなりません。そうした検証にはとりわけ、両者の間にいる諸民族が証人として役立ちます。そして一般に、多数の符合する証拠があるときしか、語源研究をいくらか信ずるに足るものとしてはならない

65——Samuel Bochart (1599–1667). フランスの碩学、改革派の神学者。アカデミー版は、その著書 *Geographia sacra* (1646), p. 434, pp. 436–438 の参照を指示。ボシャールはヘブライ語、古代シリア語、アラビア語なども含めてオリエントの主要言語に精通し、言語学の研究に熱中した。彼のいちばん好きな研究対象はフェニキア語であり、あらゆる言語を語源的にヘブライ語ないしフェニキア語から引き出そうとした。cf. Dutens VI, Pt. II., pp. 223, 226. (Langley, Cassirer)

66——他の諸版では Egée。

67——他の諸版では augustus。

68——A では、l'origine, cognations et migrations であるが、GP・Brunschwig では、l'origine des cognations et migrations（「民族の血族関係と移動の起源」）となっている。

69——Johan van Gorp (1518–1572). フランドルの医者、文献学者。何年間かアントワープで医業にたずさわったのち、古代文化の研究に専念。彼は著書 *Origines Antverpianae* (1569) の中で、アントワープ方言こそがアダムとイヴが楽園で話していた人類の最初の言語であると主張した。(R & B, Langley) アカデミー版は参照箇所を、*Opera*, 1580; *Hermathena*, p. 25, *Linguae cimbricae excellentia* と記す。同書では、ゲルマン諸語が古くからあることについての研究がなされている。(Brunschwig)

70——Johann Clauberg (1622–1665). ドイツの論理学者、哲学者。デカルトの思想をドイツに広めた。マルブランシュの形而上学に近い機会原因論的な学説を主張。(Brunschwig) アカデミー版は、ライプニッツが *Collectanea etymologica* (1717) に収めたクラウベルクの *Ars etymologica Teutonum* (1663) を参照文献として挙げ、*De causis linguae germanicae* という草案を公表したと注記。ラングリーによれば、ライプニッツはクラウベルク

のです。そうでなければ、それはゴロピゼ（Goropiser）になってしまいます。

フィラレート　ゴロピゼ？　それはどういう意味ですか。

テオフィル　それは、一六世紀の博識な医者ゴロピウス・ベカーヌス[69]が奇妙でしばしば荒唐無稽な語源解釈をしたことから、ことわざ風に作られた言葉です。もっとも、その他の点では、彼がキムリー語と呼んでいるゲルマン語が、ヘブライ語とさえ同じくらいの、あるいはそれよりも多くの何か原初的なものの徴《しるし》を有しているという主張は、それほど誤っていたわけではありません。卓越した哲学者であった故クラウベルク氏[70]がゲルマン語の起源について小論を著わしたのを、私は覚えています。彼がこの主題について［書くと］予告したことが果たされなかったのは残念です。私自身もそれについて若干の考えを述べました[71]。さらにまた、私はブレーメンの神学者故ゲルハルト・マイヤー氏[72]にその研究を勧め、彼はそれに取りかかりましたが、死によってその完成は妨げられました。けれども、私は、いつの日か彼の研究がやはり世の人々の役に立つであろう、と期待しています。また同じくつい最近亡くなった、ストラスブールの有名な法学者シルター氏[73]の同種の研究もそうあってほしいものです。少なくとも、チュートン族の言語と遺物が、ヨーロッパ人の起源・慣習・遺物の研究の大部分に関わってくることは確かです。私は、学識ある人たちがワロン語[74]、ビスカヤ語[75]、スラヴォニア語、フィン語、トルコ語、ペルシア語、アルメニア語、グルジア語やその他の言語についても同様の研究を行なうよう願っています。それらの間により良い仕方で調和を発見すれば、私が先ほど述べたように、そうした調和は諸民族の起源を明らかにするのにとりわけ役立つことでしょう。

［2］**フィラレート**　《その企図は重要ですが、今は言葉の質料的なものから離れて、形相的なもの、すなわち、さ

に敬意を払い、しばしば彼の著作に言及している。cf. Dutens VI, Pt. I., p. 311; Pt. II., p. 28, 179, 220.

71――アカデミー版は、一六九七年に書かれたものと推定される *Unvorgreifliche Gedancken, betreffend die Ausübung und Verbesserung der Teutschen Sprache*（Dutens VI, Pt. II, 6–51）であろうと注記。

72――Gerhard Meier (1646–1703[8]). ドイツの数学者、歴史家、言語学者、神学者。ブレーメンの牧師。彼は一六九〇年ハノーファーを訪れたときライプニッツに会い、以後マイアーの死に至るまで二人は定期的に文通した。初めのころ、マイアーはライプニッツとホイヘンスの文通の仲介も行なった。ライプニッツとマイアーの文通で取り上げられている事柄は、デカルト哲学、神学、ドイツ史、そしてとりわけドイツ方言の歴史に及んでいる。ライプニッツは、この文通の中から選んだものを、彼自身の *Unvorgreifliche Gedanken* やウィットセンとの往復書簡の抜粋、およびクラウベルクの *Ars etymologica Teutonum* などとともに『語源集』*Collectanea etymologica*（1717）に収めた。マイアーは未完の作品 *Glossarium linguae Saxonicae* を残しており、ここで言及されているのはおそらくそれであろう。（R & B）cf. Dutens VI, Pt. II., pp. 145ff.

73――ライプニッツがシルターの死（一七〇五年五月一四日）にもマイアーの死にも触れているということは、『知性新論』の執筆時期に関して興味深いデータを提供している。（Brunschwig）この部分はマイアーの死よりも前に書かれ、その後書き直されたとも考えられる。（A）

74――la langue Wallienne. Cassirer はウェールズ語とするが、R & B と Langley はワロン［ワルーン］語とする。（米山訳）

75――バスク語の一種。

まざまな諸言語に共通である意味というものへと戻るべきときです。》さて、〈ある人が他人に話をするとき、自分の知らない事物に言葉を適用することはできないのですから、その人が徴を与えたいのは、自分自身のもつ観念についてである〉ということに、あなたはまず同意してくださるでしょう。〈そして自分自身の内奥から観念を得るまでは、その観念が事物の性質や[76]他人の考えと合致していると仮定することはできないでしょう。〉

テオフィル　けれども、自ら進んで考えていることよりもむしろ他の人々の考えていることの方をたいていの場合指し示す、と言われるのも確かです。たとえば、それは黙従的信仰の平信徒にごく普通に起こることです。しかしながら、思考がいかに盲目的で洞察を欠いたものであっても、常に何か一般的なものが理解されていることは認めます。そして少なくとも、人は他の人々の慣習に従って言葉を並べるよう注意を払い、言葉の意味を必要に応じて学び知ることができると信じることで満足しています。かくして人は、ときとして思想の代弁者ないし他人の言葉《パロール》の伝達者でしかありません。ちょうど手紙のようなものです。しかも、自分が思っている以上にしばしばそうなのです。

[3] **フィラレート**　《どんなに愚かな人であれ、人は常に何か一般的なものを理解している、とあなたが付け加えられたのはもっともです。》〈子供は、金と呼ばれるのを聞いたもののうちに、輝く黄色しか認めないので、孔雀の尾に見えるその同じ色に金という名を与えます。他の人々は、大きな重さや可融性や展性を付け加えるでしょう。〉

テオフィル　そのとおりです。しかし、人が話す対象についてもっている観念は、しばしばそうした子供の観念よりもさらに一般的です。[生まれつき][77]盲目の人が色について適切に語ることができ、自分の知らない光を誉め賛える演説をなしうることを、私は疑いません。というのは、盲目の人は光の効果やそれが生じる条件を学んで知っているからです。

76——「事物の性質や qualités des choses ou aux」は、ライプニッツによる付加。(R & B)
77——「[　]」の部分は編者による訂正箇所。

【4】**フィラレート** 《あなたのご指摘は本当にもっともです。人々が自分の思考を事物よりもむしろ言葉に従わせることはしばしば起こります。それどころか、言葉が意味する観念を知るよりも前にそれらの言葉の大部分[78]を習得するので、子供だけでなく成人した大人も、往々にしてオウムのように喋りがちなのです。[79]【4】[80]けれども、人々は自分自身の思想を表現していると普通は主張し、そのうえ、》〈他人のもつ観念や事物そのものとの秘かな関連を言葉に帰しています。なぜなら、もし［ある言葉の］音が、私たちが話しかけている相手の人によって別の観念に結び付けられてしまうならば、それは二つの言語を話していることになるでしょうから。確かに、人は他の人々の観念がどんなものであるか検討するために立ち止るようなことはあまりありませんし、私たちの観念はその国の世間の人たちや学殖豊かな人々が同じ言葉に結び付けている観念であると仮定しているのです。【5】[81]こうしたことは、とくに単純観念と様態についてあてはまりますが、実体については、言葉は事物の実在性をも意味表示すると、さらにとりわけ考えられています。

テオフィル 実体と様態とは等しく観念によって表現されます。いずれの場合も、観念と同様に事物も言葉によって示されるのです。ですから、実体的事物の観念と可感的性質の観念がより確固としたものであることのほかには、そこに私はあまり差異を認めません。さらにまた、私たちの観念と思考が私たちの話の題材となったり、私たちの意味表示したい事物そのものとなることも時折あります。反省的概念は人が思う以上に事物の概念のうちに入り込んでいるのです。ときには言葉自身[82]が質料的に語られます。そうした場合には、言葉を意味に、あるいは観念や事物との関係に精確に置き換えることはできません。これは、人が文法家として語るときだけでなく、名前の説明を与える際に辞書編纂者として語るときにも起こることです。

78——原語は la plus part。Locke: many. コストによる変更。(R & B)
79——『知性論』では7節。(R & B)
80——他の諸版では5。
81——他の諸版では6。
82——アカデミー版では mêmes であるが、他の諸版では même。

3章——一般的名辞について

[1] **フィラレート** 〈個別的な事物〉しか存在しないのに、〈言葉の大部分はやはり一般的名辞です。なぜなら、[2] 個々の事物がそれぞれ個別的で別個の名前をもつことは不可能だからです。さらにそのためには驚異的な記憶力が必要となるでしょう。それに比べれば、すべての兵士を名前で呼ぶことのできた何人かの将軍の記憶力など取るに足らぬものでしょう。もしすべての動物、すべての植物、それどころか植物の一枚一枚の葉、一粒一粒の種、そしてついには砂の一粒一粒に至るまで、名を呼ぶ必要があるかもしれないすべてのものが自分の名をもたねばならないとしたら、事態は無限にさえ至ってしまうでしょう。[83]〉《また、水や鉄のような感覚的には一様な事物の諸部分はどのように呼べばよいのでしょう。》[3]〈その上、言語の主要目的は、私の言うことを聴いた人の精神に私の観念と同じような観念を喚起することです[84]から、そうした個別的な名前は無用なものでしょう。〉《したがって、一般的名辞によって表わされる類似性で十分なのです。》[4]〈また個別的な言葉だけでは私たちの認識を広げるのに役立たず、〉《過去によって未来を判断したり、ある個体によって他の個体を判断したりするのにも役立たないでしょう。》[5]〈けれども、とりわけ私たちの種［人類］については、しばしばある個体の名を言う必要があるので、固有名詞が使われます。固有名は国や都市や山や、その他の場所の区別にも与えられています。そして、アレクサンドロス大王が自分の馬にブーケパロスという名をつけたように、馬商人は

83——「無限」への言及はライプニッツによる付加。(R & B)

84——ロックが言葉ないし記号に認める役割は、第一に伝達機能であった。「言葉は、思想伝達に必要な可感的記号である。……およそ社会の楽しみと利益は思想の伝達がなければえられるはずがないから、人間は、自分の思想をつくる目に見えない観念を他人に知らせることのできる、ある外的可感的記号を見出す必要があった。」(Essay, 3·2·1, p. 405: 大槻訳三、八四頁、同、三七一頁［訳者解説］参照）確かに、『知性論』第3部9章1節では伝達機能のほか記憶を助ける働きも言葉に認められてはいるものの、それはロックにとって二次的な機能にすぎない。ダスカルによれば、こうした言語観はロックだけでなく、たとえばコルドモワなどにも見られるが、ホッブズはそうした序列を逆転させて記憶のための機能を第一のものとし、ライプニッツもそれに続いた (M. Dascal, *La sémiologie de Leibniz*, Paris 1978, pp. 137f.)。本書第3部の訳注285参照。

85——Cicero. Brunschwig では Cicéron。

86——ラテン語の caesus は cut を意味する、と R & B は注記。

87——Jean Bauhin (1541-1613). スイスの植物学者。同じ家系から何人かの博物学者が輩出。ここで言われている書は *De plantis absynthii nomen habentibus* (1593)。(A. Brunschwig, Langley)

自分の馬にまで固有名を付けていますが、それは馬が視界から離れたときに、あれこれの個々の馬を区別することができるためです。〉

テオフィル　そうしたご指摘はもっともです。私が今しがた指摘したことと一致するものもあります。しかし、すでに述べてきたことに従えば、ブルートゥス、カエサル、アウグストゥス、カピトー、レントゥルス、ピーソー、キケロ[85]、エルベ、ライン、ルール、レーヌ、オカー、ブーケパロス、アルプス、ブレンナー、ピレネーのような、固有名詞は普通その起源においては総称名詞つまり一般名詞であった、ということを付け加えたいと思います。というのも、次のことは周知のとおりだからです。すなわち、最初のブルートゥスというのはその外見が愚鈍であったためその名を与えられたのですし、カエサルとは母親の胎内から切開によって生まれた子という名であったのであり[86]、アウグストゥスは尊称で、カピトーはブーケパロスと同様に大きな頭という意味であり、レントゥルス、ピーソー、キケロというのは、初めはある種の野菜を特に栽培していた人たちに与えられた名でした。ライン、ルール、レーヌ、オカーという河の名が何を意味しているかはすでに述べました。スカンディナヴィアではすべての河がいまだにエルベと呼ばれているのは周知のとおりです。最後に、アルプスは雪に覆われた山々（album つまり白いはそれに応ずるものです）のことであり、ブレンナーやピレネーは非常な高さを意味しています。というのも、ケルト語の bren は高いあるいは（ブレンヌス Brennus のような）首長を意味していましたし、同様に低地サクソン語の brink も高さを意味しているからです。ガリアとスペインの間にピレネーがあるように、ドイツとイタリアの間にブレンナー峠があります。このように、ほとんどすべての言葉はもともとは一般的な名辞であると私はあえて言いたいと思います。というのは、ある個物を指し示すために理由もなくわざわざ名前を発明することなどきわめてまれにしか起こらないでしょうから。それゆえ、個物の名前は種の名前であった、と言うことができます。種の名前がある個体に、その種の最も典型的なものとして与えられたか、あるいは他の理由で与えられたのです。たとえば、大頭という名前が、町中で最も大きな頭をもつ人や、あるいは知るかぎり頭の大きさで最高とみなされる人に与えられたようなものです。まさにこのようにして、類の名は種に与えられます。つまり、種差を気にかけないときには、より特殊な種を指示するのに、より一般的な、あるいはより曖昧な名辞で人は満足することになるのです[87]。たとえば、ニガヨモギには非常に多くの種類があり、ボーアン一族の一人がそれについて特別に本一冊を著わしたくらいなのですが、ニガヨモギという一般的な名で人は満足しているようなものです。

〔6〕**フィラレート**　固有名の起源についてのあなたの考察はたいへん的を射たものです。しかし、総称名詞あるいは一般的名辞の起源へと進むためには、あなたは次のことに疑いなく同意されるでしょう。すなわち、〈言葉は、一般的観念の記号であるとき一般的となること、そして観念は、時間や場所から、あるいは観念をあれこれの個別的な存在に限定できる他のそうした状況から、抽象によって切り離されたとき一般的となるということです。〉

テオフィル　私は、抽象のそうした用い方を否定はしませんが、それは個物から種へ遡る場合よりもむしろ種から類へ遡る場合にあてはまります。なぜなら、（どんなに逆説的に見えようとも）私たちにとって、個体の認識をもつことや、どんな事物《もの》でもその個体性を正確に規定する手段を見出すことは、その事物自身を保持しないかぎり[88]不可能だからです。というのも、あらゆる状況は再び起こりうるし、きわめて小さな差異は私たちには感じられないからです。それに、場所や時間はそれ自身によって規定されるどころか、それらが内包する事物によって規定される必要があるのです。この点について最も重要なことは、個体性は無限を包蔵しているということです。無限を理解することのできる者だけが、これこれの事物の個体化の原理の認識をもちうるのです。このことは、宇宙のすべての事物が互いに及ぼし合っている（正しく理解された意味での）感応力に起因しています。確かに、デモクリトスのアトムが存在するとすれば、そのようにはならないでしょう。しかしその場合にはまた、同じ形・同じ大きさをもった二つの異なった個体の間に差異がないことになってしまいます。

〔7〕**フィラレート**　〈けれども、子どもたちが自分の交わる人物について抱く観念（この例だけにとどめるとして）はその

88――原文では、à moins que de la garder elle même。R & B はこの部分を except by keeping hold of the thing itself と英訳し、これは except by keeping it unchanged の意味であろうと注記。

人物自身に類似しており個別的なものでしかないことは、まったく明白です。乳母や母について子どもがもつ観念は子どもの精神にとても強く刻まれていて、子どもが使う乳母とかママという名は、もっぱらそうした人物に結びついています。その後時をへて、子どもは、自分の父や母に似た他の多くの存在がいることを見知ったとき、そうした個々のすべての存在が等しく与ると思われるひとつの観念を形成し、それに他の人たちと同様に人間という名前を与えます。[8] 同じようにして、子どもはより一般的な名や概念を獲得します。たとえば、動物という新しい観念は、何ら付け加えることによって形成されるのではなく、ただ人間の姿やその固有な特性を取り除いて、生命と感覚と自発的運動を伴った身体を保持することによって形成されるのです。〉

テオフィル　そのとおりです。しかしそれは、私がつい先ほど述べたことを示すだけです。というのも、子どもは、抽象によって人間という観念の観察から動物という観念の観察に進むのと同様に、母親や父親やその他の人物に認めたより特殊な［種的な］観念から人間本性の観念に到達したからです。なぜなら、子どもが個体の精確な観念をもってはいなかったと判断するには、子どもは大雑把な類似によって容易に欺かれ、母親ではない別の女性を自分の母親と取り違えてしまうことを考慮すれば十分だからです。偽マルタン・ゲール●89の話をあなたはご存じでしょう。彼は本物のマルタン・ゲールの妻自身と近親者たちを空似と巧妙さで欺き、本物が現われた後でさえ、長らく裁判官をてこずらせたということです。

[9] **フィラレート**　〈ですから、スコラ派であれほど騒がれたとはいえ、それ以外のところでは当然のことながらほとんど顧みられない、類と種のあの神秘全体は、多かれ少なかれ拡がりをもち一定の名前を与えられるような抽象的観

89――マルタン・ゲール Martin Guerre はバスク人の冒険家。ゲールが何年も消息を断っている間に、アルノー・デュ・ティル Arnaud du Tilh という人物が首尾よくゲールになりすまして、ゲールの家に入り込み、その家族にも本人と認めさせた。本もののゲールが帰ってくると訴訟騒ぎになり、この身元詐称が審議された結果、にせのゲールは絞首刑に処せられた。(A) 一五六〇年に起こった有名な訴訟事件の主人公、と Brunschwig は記す。ライプニッツは『弁神論』の『信仰と理性の一致についての緒論』四二節（本著作集第6巻八〇頁）でも、この事件に簡単に言及している。この事件については、ナタリー・Z・デーヴィス『マルタン・ゲールの帰還――一六世紀フランスの偽亭主事件』（成瀬駒男訳、平凡社、一九八五年）参照。

念を形成することにもっぱら還元されるのです。[90]〉

テオフィル　諸事物を類と種とに整理する技術は、決して瑣末なことではなく、判断にも記憶にも大いに役立ちます。植物学においてそれがいかに重要であるかはご存じでしょう。動物やその他の実体については言うまでもありませんし、ある人たち[91]が名付けたような道徳的存在や概念的存在についても言うまでもないことです。秩序のかなりの部分はそうした分類術に依存しています。多くのすぐれた著作家は、自分の論述全体が類や種に関連する方法に従って区分ないし再区分されうるような仕方で書いています。この方法は、諸事物を保持するのに役立つだけでなく、諸事物を見出すのにさえ役立ちます。[92]ですから、すべての種類の概念を細分された一定の項目ないし範疇の下に配列した人たちは、きわめて有益なことを行なったわけです。

〔10〕フィラレート　〈私たちは言葉を定義する際、類つまり最も近い一般的名辞を用います。それは、その類が意味表示するさまざまな単純観念を数え上げる労を省くためか、あるいは、ときにはそうした列挙ができない恥ずかしさを免れるためかもしれません。しかし、定義を行なう最短の道は、論理学者が言うように類と種差によるものでしょうが、私の考えではそれが最良の道であるかどうかは疑わしいと思います。少なくとも、それが唯一の道ではありません。「人間は理性的動物である」という定義（この定義は最も正確なものではないかもしれませんが、当面の目的には十分よく役立ちます）において、動物という言葉の代わりにその定義を置くこともできるでしょう。そしてこのことは、定義は類と種差から成らなければならないという規則[93]の必然性の乏しさと、その規則を厳格に遵守することの利益の乏しさを示しています。また、言語は、各々の名辞の意味が［類と種差という］他の二つの名辞で正確に明晰に表現できるほど、必ずしも論理学の諸規則に従っ

90――ロック哲学とライプニッツ哲学は、類と種の問題や普遍の実在の問題に関して鋭い対照を示す。ロックによれば、こうした問題は、スコラ哲学が行なった無益な議論を受け継ぐものであり、まったく無意味な問題でしかなく、一般名辞とか普遍は、抽象における人間の恣意的な活動の所産にすぎない。これに対して、ライプニッツの考えでは、普遍は事物の内的本質であり、一般名辞の形成は単なる思考手段ではなく、真なるものや実在的なものについての正当な理解である。（Langley）

91――アカデミー版もR & BもヴァイゲルErhard Weigel（1625–1699）の名を挙げる。ヴァイゲルはイエナの数学教授で、いわゆる何でも屋であった。同僚たちは、彼がいつもドイツ語で講義するなど、自分たちの規律を侵害する傾向があることに異議を唱えた。ヴァイゲルは、数学が道徳的に良い影響力をもつ点でとくに数学を重視した。ライプニッツとプーフェンドルフはともに彼の教えを受けており（ライプニッツは一六六三年の夏）、彼はこの二人に大きな影響を与えたようである。一六七九年ライプニッツは、数学と教育改革に関してヴァイゲルと文通を始めた（A II-1, 485ff.）。この文通は一六九七年まで断続的に続く。しかしライプニッツは、「彼は私を門外漢と考えていることが分りました。実際、公刊された作品だけで私を知っている者は私を本当は知らないのです。」（Dutens VI, Pt. I, pp. 64f.）と述べている。ライプニッツによれば（A VI-1, 94）、ヴァイゲルは「自然的、道徳的、概念的という、三つの最も高度な存在の類を確立した」。この点については、本書第4部3章20節（A VI-6, 385）参照。ヴァイゲルの最も重要な貢献は、プロテスタントのドイツに改革派の暦の採用を促したこと（その暦は彼の死後採用された）、そしてその暦の製作と同時にドイツで国営事業によって天文台もしくは科学的な団体のための基金が提供されるべきであるという提案

て形づくられているわけではありません。ですから、この規則を作った人たちは、それに適合するほんのわずかの定義しか私たちに与えないという誤りを犯したのです。〉

テオフィル　あなたのご指摘に賛成です。けれども、定義が二つの名辞から成りたちうるとすれば、多くの理由で好都合でしょう。それは疑いなく定義を非常に短縮するでしょうし、あらゆる区分は二分法に還元されうるでしょう。二分法は最良の種類の区分法であり、発見や判断や記憶に大いに役立ちます。けれども、類や種差がただひとつの言葉によって表現されることを、論理学者が常に要求しているとは私は思いません。たとえば、正多角形という名辞は正方形の類とみなすことができます。また、円形の場合は、類は曲線的平面図形となりうるでしょうし、種差は周線上の［すべての］点がある中心点から等距離にあるということでしょう。それに、類が種差になったり種差が類になったりすることが非常にしばしば起こりうることも、指摘しておいた方がよいと思います。たとえば、正方形は四つの辺をもつ等辺等角図形［正図形］であるか、あるいは等辺等角の四辺形であるかです。したがって、類や種差は実詞［名詞］と形容詞として異なるにすぎないと思われます。これはちょうど、人間は理性的動物であると言う代わりに、人間は動物的な理性的存在者、すなわち、動物的本性を賦与された理性的実体であると言っても、言語がそれを許容するようなものです。それに対して精霊[94]は、その本性が動物的ではない、すなわち、動物と共通する本性をもたないような理性的実体です。そして類と種差とのこうした交換は、再区分の秩序に変化をもたせることに依存しているのです。

［11］フィラレート　〈私が今述べてきたことの結果として、一般的とか普遍的と呼ばれるものは、事物の現実存在に属するのではなく、知性の所産[95]であるということになります。［12］そして、各々の種の本質は抽象的観念にすぎないの

（ライプニッツがこれを取り上げた）を行なったことであろう。（R & B）

92——ラングリーは、GP VII, 67; Dutens V, p. 405, 567 の参照を指示。

93——アリストテレスの *Topica*, VI., 4, 141b26; I., 8, 103b15 参照。（Langley）

94——天使と大天使。（Langley）

95——原語は un ouvrage。Locke: inventions and creatures. コストによる変更。（R & B）

です。〉

テオフィル　そういう結論になるのがよく分りません。というのは、一般性は個別的な事物相互間の類似にあり、この類似はひとつの実在であるからです。

〔13〕フィラレート　私自身、〈それらの種とは類似[96]に基づいている〉と言おうとしていたのです。

テオフィル　ではどうしてそこにまた類や種の本質も探さないのですか。

〔14〕フィラレート　〈異なる人たちの精神のうちではしばしば単純観念の異なった集合体であるような複合観念が少なくとも存在し、したがって、ある人の精神において吝嗇であるものが他の人の精神においてはそうでない、こうしたことを考慮に入れれば、先の［種の］本質が知性の所産であると私が言うのを聞いても、人はあまり驚かないでしょう。〉

テオフィル　実を言うと、あなたの推理の力がこんなに納得できない点はこれまでめったにありませんでした。これは困りました。人々が名称の点で意見が異なるならば、それによって事物やその類似性が変化するのでしょうか。ある人が吝嗇という名をある類似性に適用し、他の人がその名を別の類似性に適用するとすれば、それは同じ名で指示された二つの異なる種になってしまうでしょう。

フィラレート　〈私たちにとって最も親しく[97]、私たちが最も親密な仕方で認識している実体［人間］の種において、ある女性が生んだ胎児が人間であるかどうか幾度も疑われたことがあり、その子を育てて洗礼を授けるべきかどうかの議論までされました。もし人間という名が属する抽象観念ないし本質が自然の作品であって、知性が寄せ集め、そして抽象

96——原語は les ressemblances。Locke: similitude. Coste: ressemblance.（R & B）
97——アカデミー版では、［la］ plus familière。定冠詞 la を写字生が書き落とす。
98——「そして……結び付けたような」の部分は、ロックでは and then abstracting it。コストによる変更。（R & B）
99——dans le fonds となっているが、この fonds を fond と読む。
100——est ce qu'elles [ressemblances] en sont moins dans la nature? R & B、Cassirer に従い en を de l'intérieur とり、E & H、Langley は en を des ressemblances de l'intérieur （内部の）ととる。「……そのために自然において内部の類似性がいっそう少ないのでしょうか」とする。
101——原語は、l'espèce de chaque chose。Locke: sorts of things. コストによる変更。（R & B）
102——Locke: simple ideas coexisting.（R & B）
103——「種」の原語は espèce。Locke: sort. コストによる変更。（R & B）
104——「種的な」の原語は spécifique。Locke: sortal (if I may have leave so to call it from *sort*, as I do *general* from *genus*.). コストによる変更。（R & B）

化という手段によって一般化した後に名を結び付けたような[98]、単純観念の変わりやすく不確実な集合ではないとすれば、そのようなことは起こりえないでしょう。したがって、実は[99]、抽象によって形成された別々の各観念は別々の本質なのです。〉

テオフィル　申しわけありませんが、あなたのおっしゃることには当惑してしまいます。筋道が見出せないからです。私たちが内部の[100]類似性を外から必ずしも判断できないからといって、そのために内部の本性において類似性がいっそう少ないのでしょうか。奇形の者が人間かどうか疑われるのは、理性をもっているかどうか疑われるからです。理性をもっていることが分れば、神学者はその者に洗礼を授けるよう命ずるでしょうし、法律家は養育するよう命ずるでしょう。確かに、論理的な意味で解された最下位の種については議論になることもあります。それは、自然学的な同一種ないし同一血統のなかで偶有性によって異なるものです。しかし、そうした最下位の種を決定する必要などありません。それを無限に多様化させることさえできるのです。これは、専門家が名づけて区別することのできる、オレンジやライムやレモンの多様な変種において見られるところです。チューリップやカーネーションの花が流行したときにもそれらについて同じことが認められました。それに、人間がこれこれの観念を結合するか否かということや、それどころか自然がそれらを実際に結合するか否かということは、本質・類・種とは何の関係もありません。本質・類・種においては、私たちの思考からは独立した諸可能性だけが問題だからです。

〔15〕フィラレート　〈各々の事物の種[101]の実在的構成が通常前提されており、その事物のうちに共在する単純観念ないし性質[102]の各集合が基づいているに違いない実在的構成があるはずだ、という点には疑問の余地がありません。しかし、事物は、私たちがある名を結び付けた一定の抽象的観念と一致するかぎりでのみ、その名の下に種ないしスペキエスに分類されることは明白なのですから、各々の類あるいは種[103]の本質とは、そのように一般的あるいは種的な[104]名が意味する抽象的観念にほかならないということになります。そしてこれこそ、本質という言葉が最も普通の使われ方に従って含意しているものであるのが分るでしょう。これら二種の本質を二つの異なった名で指示し、前者を実在的本質、後者を名目的本質と呼ぶのも悪くはないだろうと思います。〉

テオフィル　あなたの言葉づかいは表現の仕方がきわめて革新的であるように私には思われます。名目的定義や因果的ないし実在的定義[105]についてはこれまでよく語られてきました。しかし私の知るかぎり、実在的本質以外の本質について語られたことはありません。そのようなものは、名目的本質として、虚偽の不可能な本質、つまり本質であるように見えるが実はそうではないもの、が考えられるのでなければありえないのです。たとえば正十面体、すなわち十の平面ないし表面で囲まれた正立体の本質のようなものです。本質とは結局のところ、熟考〔呈示〕されるものの可能性にほかなりません。可能であると想定されるものは、定義によって表出されます。しかしその定義は、同時にその可能性を表出していなければ名目的なものにすぎません。というのも、そういう場合、その定義が何か実在的なもの、すなわち可能的なものを表出しているかどうか疑いうるからです。この疑いは、経験が私たちの助けになり、その事物が世界に実際に見出されるときに、その実在性をア・ポステリオリに知らせるまでは解消しません。〔けれども〕定義された事物の原因ないしその可能な生成を示すことによってア・プリオリにその実在性を知らせる理由がない場合には、それで十分です。それゆえ、諸観念を私たちの良いと思うように結び付けることは、その結合が可能であることを示す理由によってか、あるいは、それが現実的であり、したがって可能的でもあることを示す経験によって正当化されない限りは、私たちに任されているのではありません[106]。また本質と定義をよりよく区別するためには、事物の本質はひとつしかないけれども、同一の本質を表出するいくつもの定義があることを考慮に入れなければなりません。ちょうど、同一の構造や同一の都市も、それをさまざまな方面から眺めるに従って、さまざまな遠近画によって表現されうるようなものです。

〔18〕フィラレート　あなたは次のことに同意してくださると思い[108]ます。すなわち、〈単純観念と様態の観念[107]において実在的なものと名目的なものとは常に同じであるけれども、実体の観念においては両者は常にまったく異なっていると

105——実在的定義と名目的定義（因果的定義）との区別については、本書第2部の訳注146参照。カッシーラーは、『認識、真理、観念についての省察』と*De Synthesi et Analysi universali seu Arte inveniendi et judicandi*（GP VII, 292f.）の参照を指示。

106——cf. *Dialogus de connexione inter res et verba* (GP VII, 190f.). (Cassirer)

107——「の観念」の部分はライプニッツによる付加。(R & B)

108——「の観念」の部分はライプニッツによる付加。(R & B)

109——原語は l'or。Locke: that parcel of matter, which makes the ring on my finger. (R & B)

110——Locke: [It is this collection of qualities] which makes it to be gold, or gives it a right to that name, which is therefore its nominal essence. (R & B)

111——cf. Plinius Major, *Naturalis Historia*, XXXVI, chap. 66. (Langley)

112——原語は intime。Cassirer は genaue と独訳。

113——本書の序文と第4部6章7節、『認識、真理、観念についての省察』(GP IV, 422) 参照。(Langley)

いうことです。三本の線で空間を境界づける図形というのは、三角形の名目的本質だけでなく実在的本質でもあります。というのも、それは一般名が結びつけられた抽象的観念であるだけでなく、事物の本質ないし固有の存在、あるいはその事物の固有性がそれから生じそこに結び付けられている根拠でもあるからです。しかし、金[109]については事情はまったく別です。色・重さ・可融性・不変性などが依存する、金の諸部分の実在的構成は私たちに知られていませんし、私たちはそれについての観念をもっていないため、観念の記号である名前ももっていないのです。けれども、その物質が金と呼ばれるようにするのはそれらの性質であり、そうした性質が金の名目的本質、すなわち金という名をもらう権利を与えるものです[110]。〉

テオフィル　私はむしろ世間一般に受け入れられている用い方に従って、金の本質とは金を構成するもの、金に先の可感的諸性質を付与するものであると言いたいのですが。その可感的諸性質が、金が金であることを知らせ、金の名目的定義をなすのです。これに対して、もしその組織ないし内的構成を説明することができれば、私たちは実在的で因果的な定義を手にすることでしょう。しかしながら、名目的定義は、（その物体の可能性や生成をア・プリオリには示さないので）定義それ自身によってではなく、経験によって、ここでは実在的でもあるのです。なぜなら、私たちは、それらの諸性質が一緒に見出されるような物体があるのを経験するからです。そうでなければ、これほどの重さがこれほどの展性と両立するかどうか疑いうるでしょう。冷たいままで展性のあるガラスが自然において可能かどうか今でも疑えるのと同じです[111]。それに、述語の定義（すなわち様態の定義および単純観念の対象の定義）は常に同時に実在的かつ名目的だが、実体の定義は名目的でしかないかのように考えて、この問題に関して実体の観念と述語の観念の間に違いがあるとする、あなたのご意見には同意できません。実体的存在者である物体の実在的定義を得るのは、その組織がそれほど可感的ではないのでいっそう難しいという点には、私も同意します。しかし、すべての実体[112]についても同様だというわけではありません。というのも、私たちは、様態の大部分についてもっているのと同じくらい内的な認識を、（神や魂のような）真の実体ないし一性についてもっているからです。さらに、物体の組織と同じくらい知られていない述語があります。たとえば「黄色」や「苦い」[113]は単純な観念や想像の対象ですが、それにもかかわらず人はそれについて錯然とした認識しかもっていないからです。数学においてさえそうであり、そこではひとつの同じ様態が名目的定義も実在的定義ももちうるのです。これら二つの定義の違いがどこにあるのかを正しく説明した人は少ししかいませんが、二つの定義の違いによって本質と固有性も区別されるはずです。私の考えでは、その違いは、実在的定義は定義されるものの可能性を示すが、名目的定義は示さないということです。[114]［たとえば］二本の平行線の、それは同一平面上にあって無限に延ばされても交わらない、という定義は名目的でしかありません。なぜなら、まずそれが可能かどうか疑いうるからです。しかし、平行線を描いていくペンの先が与えられた直線と常に等距離を保つよう注意しさえすれば、与えられた直線に平行な直線を平面上に引きうることを理解したときには、同時に、それが可能であることと、平行線は決して交わらないというこの固有性をどうしてもつのかが分ります。この固有性は平行線の名目的定義を成しているとはいえ、それは二本の線が直線であるときしか平行の指標ではありません。これに対して、少なくとも一本の線が曲線であれば、二本の線は決して交わりえないという性質をもちうるとはいえ、一本の線が曲線であるために平行ではなくなるでしょう。[115]

【19】フィラレート 〈もし本質が抽象的観念とは別のものであるとすれば、本質は生成しえないものや消滅しえないものではなくなってしまうでしょう。一角獣もセイレンも厳密な円も、この世にはおそらく存在しません。〉

テオフィル すでに申し上げたように、本質は可能的なものにのみ関わるがゆえに恒久的なのです。

4章——単純観念の名称について

114——cf. GP IV, 424; GP VI, 405; GP VII, 194; Dutens I, p. 439; Dutens VI, p. 44. (Langley)

115——『形而上学叙説』二四節参照。(Cassirer)

116——『形而上学叙説』二六節以下参照。(Langley)

117——「デカルト派」については、本書序文の訳注37参照。

118——本書第2部8章21、24節および第4部11章参照。cf. GP VII, 319f. (Langley)

119——『認識、真理、観念についての省察』(一六八四年)を指す。(A. Brunschwig)

［2］**フィラレート**　実を言うと私は、様態を形成することは恣意的であるとずっと思っていました。けれども、単純観念と実体の観念に関しては、〈それらの観念は〉可能性だけでなく〈現実の存在をも意味表示しているに違いない〉、と確信するようになりました。

テオフィル　そこには何の必然性もないと思います。神は、それらの観念の対象を創造する以前にそれについての観念をもっており、神が理知的な被造物にそうした観念を伝達することもまたできるのを妨げるものは何もありません。私たちの感覚の対象や、感覚が私たちに提示する単純観念の対象が、私たちの外にあることを証明する厳密な論証さえないのです[116]。そしてこのことは、可感的性質についての私たちの単純観念は、私たちの外にあり対象の内にあるものとの何の類似性ももたないと、デカルト[117]派やあの名高い著者とともに信じている人々に対してとりわけあてはまります。それゆえ、これらの観念が何らかの現実の存在に基づいていることを強いるものは何もないでしょう[118]。

［4・5・6・7］**フィラレート**　単純観念と複合観念の間には、〈単純観念の名は定義されえないのに対して、複合観念の名は定義されうる〉、というあのもうひとつの差異があることは少なくとも認めてくださるでしょう。〈というのも、定義というのはひとつより多い名辞を含むはずであり、各名辞はひとつの観念を意味表示しているからです。こうして、何が定義でき、何が定義できないか、どうして定義は無限に進むことができないかが分るのです。私の知るかぎり、このことは今まで誰も指摘しなかったことです。〉

テオフィル　私も、二〇年ほど前に『ライプツィヒ学報』に掲載された観念についての小論で[119]、単純な名辞は名目的定義をもちえないことを指摘しました。しかし、私はそれと同時に次のように付け加えました。すなわち、（私たちが、名辞を構成する要素的表象に至るまで名辞を分析する手段をもたないため）名辞が私たちにとってしか単純でない場合は、そうした名辞、たとえば暑い、寒い、黄色い、緑色というような名辞は、その原因を説明する実在的定義を受け入れる余地があるということです。かくして、緑の実在的定義は、青と黄色がよく混じり合ってできるもの、ということになります。もっとも、青や黄色よりも緑を認知させる名目的定義を緑がもちうるというわけではありませんが。これに対して、それ自体において単純である名辞、つまりその概念が明晰かつ判明である名辞は、名目的であれ実在的であれ、いかなる定義も受け入れることができないのです。あなたは、『ライプツィヒ学報』に載ったこの小論のうちに、知性に関して概略的に説明された学説の大部分の基礎を見出されるでしょう。

【7・8】フィラレート　その点を説明し、何が定義でき、何が定義できないかを指摘されたのは適切でした。そして、このことに注意を払わないために、しばしば大論争が起きたり、人々の言説のなかに多くの訳の分らない話が入ってきてしまうのだ、と私は考えたくなります。[120]〈スコラ派においてあれほど騒がれたかの有名な煩瑣な議論は、観念にあるこうした差異に注意を払わなかったことに起因しています。［定義する］技術において最も偉大な巨匠たちでさえ、単純観念の大部分を定義せぬままにしておかざるをえませんでしたし、定義しようとしても少しも成功しませんでした。たとえば、運動とは可能的なものとしてのかぎりにおける可能的な存在の現実態である、というアリストテレスの[121]［運動の］あの定義に含まれているものよりも結構な御託を編み出す手段など、人間の精神がもちえましょうか。**【9】**また、運動をひとつの場所から他の場所への移行であると定義する現代の人たちの方は、ひとつの言葉の代わりに他の同義語を置いているにすぎないのです。〉

テオフィル　私は先の私たちの対話のひとつで、あなたは単純ではない多くの観念を単純とみなしてしまっていることをすでに指摘しました。運動はそのうちのひとつです。それは定義されうると思います。また、運動とは場所の変化であるという定義は軽視すべきではありません。アリストテレスの定義は人が思うほど不条理なものではありません。そう思うのは次のことを理解しないからです。すなわち、アリストテレスにおいてギリシア語のキネーシス（*κίνησις*）は、私たちが運動と呼ぶものを意味しているのではなく、私たちが[122]変化という言葉で表現するであろうようなものを意味しており、その結果彼はそれにあれほど抽象的で形而上学的な定義を与えているのです。それに対して、私たちが運動と呼ぶも

120——ここまでR & Bは［4］とする。
121——「運動とは……である Le mouvement est」と「アリストテレスの d'Aristote」はライプニッツによる付加。（R & B）アカデミー版は、アリストテレスの *Physica*, III, 1, 201a9–11 と *Metaphysica*, XI, 9, 1065b14–16 を参照箇所として挙げる。本書第2部21章1節参照。（Langley）
122——cf. *Physica*, III, 201a10.（R & B）

のは、アリストテレスではポラ（φορά）、ラティオ（latio）［移動］と呼ばれ、変化の諸々の種類（τῆς κινήσεως）のうちに見出されるものなのです。[123]

【10】フィラレート　しかし、少なくとも、あなたは〈同じ著者の光の定義、すなわちそれは透きとおっているものの現実態[124]であるという定義〉は弁護なさらないでしょう。

テオフィル　私もあなたと同じく、それはまったく無益だと思います。彼は現実態という術語をあまりに使いすぎますが、それは私たちにあまりたいしたことも教えてくれません。彼にとって透明なものとは、それを通して見ることが可能になる媒体であって、光とは、彼によれば、［透明なものの特性の］現実態への移行のうちにあるものなのです。[125]結構な説明です。

【11】フィラレート　ですから、〈私たちの単純観念は名目的定義をもちえない〉という点[126]では、私たちは意見が一致しています。〈それは、事物を耳で味わうことができるのでなければ、私たちは、旅行者の見聞からパイナップルの味を知ることができないようなものです。噂によってドゥルシネア姫を見る能力をもっていたサンチョ・パンサ[127]のようには、あるいは、真紅の鮮やかさについて人が話すのをよく聞いていて[128]、それはトランペットの音に似ているに違いないと思ったというあの盲人のようには、事物を耳で味わうことはできないのですから。〉

テオフィル　そのとおりです。世界中のすべての旅行者が私たちに報告してくれたとしても、この国のひとりの紳士がしてくれたことには及びもつかなかったでしょう。彼は、ハノーファーから三里の、ヴェーセル川の河畔付近でパイナップルの栽培に成功し、その増産法を見つけたので、私たちはおそらくいつの日か、ポルトガルのオレンジと同じくら

123――cf. *Physica*, VII, 2, 243a6f. (Langley)

124――Locke: the act of perspicuous, as far forth as perspicuous. Coste: l'acte du transparent en tant que transparent. Leibniz: l'acte du transparent. (R & B) cf. *De anima*, II, 7, 418b9; 419a11. (Langley)

125――アカデミー版は、10節のフィラレートの発言からここまでの参照箇所として、アリストテレスの *De anima*, II, 7, 418b4, 418b10, 419a11 を挙げる。「光とは、彼によれば、［透明なものの特性の］現実態への移行のうちにあるものなのです。」の箇所は E & H を参考にして訳した。Cassirer は「それによって透明なものがその現実態へと移行することのうちにあるのです」とし、R & B は「［媒質を通しての透明なものの］現実的移行のうちにあるものだというのです」としている。なお、アリストテレスにとって光とは、物体ではなく、透明なものとしての透明なものの現実態と言われる。言い換えれば、光る物体からの物質的流出物でも、光の伝達のために必要な透明な媒体の継起的変様でもない。つまり、プロセスないし運動であるというよりも、媒体［＝透明なもの］が現実化した状態、媒体が光る物体から一挙に獲得した状態ないし性質である。（Aristotle, *De anima*, II, 7., *De sensu*, VI.）

126――アカデミー版は、「ロックはアムステルダムで印刷された *La Relation du Voyage de M. de Gennes* の七九頁を余白で挙げている」と注記。

127――セルヴァンテス Cervantes (1547–1616),『ドン・キホーテ』*Don Quixote*, Pt. 2, chap. 9; Pt. 1, chap. 31. (Langley)

128――「真紅の鮮やかさ（l'éclat d'ecarlatte）について人が話すのをよく聞いていて」という部分はライプニッツによる付加。R & B は、フランス語の éclat は閃光もしくは突然聞こえる物音を意味することがあると注記。

いどっさりと国産のパイナップルを得るかもしれません。多分味はいささか落ちることになりそうですが。

【12・13】フィラレート 〈複雑観念については、事情はまったく異なります。盲人も彫像がどんなものか分りますし、虹を一度も見たことがない人でも、虹を構成する種々の色を見たことがあるならば、それがどんなものか理解することができるでしょう。**【15】**しかしながら、単純観念は説明不可能であるとはいえ、それでもやはり疑わしさが最も少ないものなのです。〉《なぜなら、経験は定義以上のことをなすのですから。》

テオフィル けれども、私たちの見地からのみ単純である観念については少し困難があります。たとえば、青と緑の境界を精確に示したり、一般に非常に類似した色どうしを識別するのは難しいでしょう。それに対して、算術や幾何学で用いられる名辞については、私たちはその精確な概念をもつことができます。

【16】フィラレート 〈単純観念にはさらに次のような特殊な点があります。すなわち、最下位の種から最高類に至る、論理学者が範疇系列［賓辞系列］と呼ぶもの[129]において、単純観念は従属関係をほとんどもたないということです。というのは、最下位の種はただひとつの単純観念にすぎないので、何もそれから取り去ることができないからです。たとえば、白と赤の観念から取り去ることができ、そこでそれらの観念が一致する共通の現われ[130]が保持されるようなものは何もありません。そのために、それらは黄や他のものとともに色という類ないし名のもとに包括されるのです[131]。そして、音や味や触覚的性質をも包括するなおいっそう一般的な名辞を形成したいときは、性質という一般的名辞が、次のような意味で用いられます。すなわち、ひとつ以上の感覚によって精神に働きかけ精神に観念を導き入れる延長・数・運動・快・苦から、先の諸性質を区別するために、性質という一般的名辞に通常与えられる意味で用いられるのです。〉

テオフィル そのご指摘についてもう少し述べたいことがあります。［私が反論するのは］ひねくれた精神からではなく、テーマがそれを要求していると思われるからだということを、ここでも他の箇所でも分っていただきたいと思います。可感的性質の観念が従属関係をほとんどもたず、また再区分をほとんど受け入れないということは、利点ではありません。というのも、それは単に私たち[132]が可感的性質の観念についてほとんど知らないということに由来するにすぎないからです。しかしながら、すべての色には、目によって見られ、すべて物体に入り込んでそのいくつかは通り抜けると見え、色を通さない物体の光沢のある表面からは反射される、という共通点があり[133]、このこと自体が、色について私たちがもっている観念から何ものかを取り去りうることを示しています。色を両極のもの（一方は積極的な色すなわち白、他方は欠如的な色すなわち黒）と中間のものとに分けることさえできるのも、まったくもっともなことです。後者すなわち中間色は、より狭い意味でもまた色と呼ばれるもので、屈折によって光から生じます。そしてそれをさらに再区分して、屈折した光の凸面側の色と凹面側の色とに分けることもできます。色のこうした区分や再区分は、かなり重要なものです。

フィラレート　《しかし、そうした単純観念のうちにどのようにして類を見出すことができるのでしょうか。》

テオフィル　それらの単純観念は見かけの上でのみ単純であるにすぎません。ですから、それらと関連をもつ諸状況を伴っています。もっとも、そうした関連は私たちに知られるようなものではありませんが。それでもその随伴する状況は説明可能で分析を許す何ものかをもたらしてくれますし、それがまた、それらの現象の理由をいつか見出しうるとい

129——ラングリーは「論理学者」としてPorphyrios（233-304）、Lambert de Auxerre（c. 1250）、Petrus Hispanus（c. 1226-1277）、Raymundus Lullus（1234-1315）を挙げる。「範疇系列［賓辞系列］Ligne prédicamentale」というのは、いわゆる「ポルピュリオス［ポルフィリウス］の樹」のこと。ポルピュリオスは『イサゴーゲー（アリストテレスのカテゴリー論入門）』（ポルピュリオス『イサゴーゲー』世界の名著・続2所収、水地訳、一九七六年、四二二—四三九頁）で、五つの客位語［賓辞］に関して、最高類から最下位の種に至る——そしてその間に同時に類でもあり種でもある下位の種が入る——すべての類と種を二分法によって区分し配列した。ポルピュリオス以後スコラの論理学者たちも、最高類から最下位の種に至るすべての類と種を論理的従属関係のもとに並べるための論理的図表を求め、それは中世以降「ポルピュリオス［ポルフィリウス］の樹」と呼ばれ、最高類から最下位の種に至るその系列はlinea praedicamentalis（praedicabilis）と呼ばれた。（Langley）たとえば、「実体」という範疇［賓位語］を例にとれば次のような図になる。

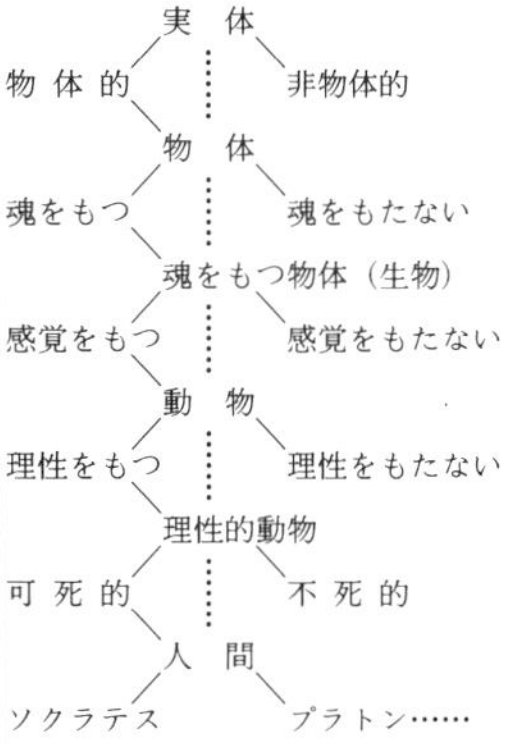

130——「共通の現われ」の原語はla commune apparenceであり、定冠詞laが使われているが、『知性論』ではaが使われている。（R & B）

131——人々はそれらの観念をすべて「色」の名称のもとに理解しようとすれば、それらが心の中に入ってくる仕方を示すだけのある言葉によって理解しなければならない、というのがロックの発言の趣旨。（R & B）

132——「色」については、本書第2部の訳注57参照。

133——アカデミー版ではtous、quelques uns、renvoyésは男性形になっているが、R & Bは、これらの語はcouleursに合わせて女性形にすべきであったと注記。Brunschwigはtoutesを使い、GPとE & Hはtousを使う。Brunschwig、GP、E & Hいずれも、quelques unsについてはAと同様だが、「反射される」という語は女性形になっている。

ういくらかの希望を与えてもくれます。こうして、私たちが可感的性質についてもつ表象にも可感的物塊についてもつ表象にも一種の贅語法があることがあります。その贅語法とは、同じ主語についてひとつより多い概念を私たちがもつということです。金はいく通りもの仕方で名目的に定義することができます。それは、私たちの物体のうちで最も重いものであるとか、最も展性があるとか、灰吹法や硝酸に侵されない可融性をもつ物体であるなどと言うことができます。これらの特徴の各々は適切なものであり、少なくとも暫定的に、そして私たちに知られている物体が現在の状態であるなら[134]、金であると認めるには十分なものです。いく人かの錬金術師が賢者の石がそうだと主張しているような、もっと重い物体が見つかるまでは、あるいは、あの不変の銀（Luna fixa）、つまり、ボイル閣下[135]が作ったと言っているらしい、銀色をしているが、金の他のほとんどすべての性質をもっていると言われる金属が人の目に触れるようになるまでは、そうなのです。ですから、これは私がすでに先に述べたと思いますが[136]、私たちが経験的にしか知らない事柄については、私たちの定義はすべて仮のものにすぎない、と言うことができます。それゆえ、確かに私たちは次のことが可能かどうか論証的に知っているわけではありません。ひとつの色が屈折なしにただ反射だけで産出されうるかどうか、今まで通常の屈折角の凹面に観察された色が、これまで知られていない屈折の仕方で凸面に見出されるのかどうか、またその逆のことが起こるかどう

134――dans l'estat présent de nos corps. この部分は、「私たちの身体の現在の状態では」と訳すこともできる。（cf. 米山訳）

135――ボイルについては、本書序文の訳注40参照。Lune は錬金術師たちが銀に与えた名称。（Brunschwig）確信的なベーコン主義者であったボイルは、自然的質の「自然誌」を編纂し、体系的で正確に記録された実験という考えを推進した。彼はまた錬金術師でもあり、キリスト教の有神論と両立すると言われる機械論的原子論の唱道者でもあった。不変の銀の製造についての説明は、バーチ T. Birch 編『ボイル著作集』（一七七二年）第四巻に収められた *An historical account of a degradation of gold, made by an anti-elixir: a strange chemical narrative*（1678）に見られる。それは明らかに空想科学小説であり、銀を含有する不変の金属へと金を減成しうる神秘的な粉末をもった東方からの旅行者を描いている。（R & B）cf. *Fratris Basilii Valentini Benedictiner Ordens Chymische Schrift.*, Hamburg, 1700, Pt. I, p. 272; Pt. II, p. 381.（Langley）ボイルは「不変の銀（Luna fixa）」について、たとえば『形相と質の起源――形相の本性について』では次のように述べている。「……大多数の医化学派の人々はもとより、さまざまな哲学者とそのうえスコラ哲学者自身までもが、卑金属を金に変換することが可能であると主張している。すなわち、もし一塊の物質を黄色に、可鍛性に、非常に重く、水中や灰吹皿上でも不変に、かつ強水［硝酸］中でも不溶にさせることができるならば、つまり偽の金を本物の金と区別するこれらの偶有性のすべてが同時に生じるならば、彼らはためらうことなくそれを本物の金と見なすと主張するであろう。……事実、定まった物体の種は、すべて一つ以上の質が存在するから、多くの質の集合は、たいてい金のような物体にとっては本質的であるために、それらの質のうちのどれか一つを欠いても、その物体をその種から十分除外できるのである。したがって、ある種類の物体を、世界のその種類に属さないすべての物体からはっきり区別するのに、それ以上のことは必要なかろう。例えば、金の持っている黄色以外の重さ、展性、不変性などの他の性質を欠いていない不変の銀［luna fixa］（黄色でないから白金と呼ばれている）は、色が欠けているために本物の金から容易に区別できるのである。……」（*Selected Philosophical Papers of Robert Boyle*, ed. by M. A. Stewart, Manchester 1979, pp. 38–39; 科学の名著Ⅱ―8『ボイル』赤平訳、朝日出版社、一九八九年、五一頁）

136――R & B は pp. 400f.? と注記。

137――この点については、『知性論』第2部22章4、6節参照。（R & B）

138――こうした「能力・態勢としての観念」という意味がライプニッツ本来の「観念 idée」の用法であるが、本書においてそうした用例はそれほど多くなく、むしろ「思考内容」、「人が思考するとき知性の対象であるものすべて」（Essay, 1·1·8, p. 47）というロックの用法の方が逆に多い。それは、ライプニッツが『知性新論』を著わす際もとに

か、ということについては。そういうわけで、青の単純観念は、私たちが自分の経験に基づいてそれに与えてきた類のなかには入らないことになるでしょう。しかしながら、私たちがもっている青とそれに伴う諸状況とに留まっておく方が賢明です。類と種をつくるのに必要なものをそうした諸状況が私たちに与えてくれるだけでも大したことなのです。

【17】フィラレート　でも、〈単純観念は事物の現実存在からとられており、少しも恣意的なものではないのに対して、混合様態の観念は完全に恣意的であり、実体の観念は幾分恣意的である〉、という先ほどの指摘についてはどう思われますか。

テオフィル　恣意性はもっぱら言葉にだけあり、観念にはまったくない、と私は思います。なぜなら、観念は可能性だけを表出するからです。したがって、親殺しというものがかつて一度もなかったとしても、また、すべての立法者がソロンがしたと同様にそれについて語ろうとほとんど思わなかったとしても、親殺しは可能な罪でしょうし、その観念は実在的でしょう[137]。というのも、観念は永遠の昔から神のうちにあり、さらにまた、私たちが現実にそれを考える前に私たちのうちにもあるからです[138]。これは、私がこの対話の最初で明らかにしたとおりです[139]。もし誰かが観念を人間の現実的思考と解したいというなら、それは許されますが、一般に受け入れられている言葉使いに理由もなく対立することになるでしょう。

した『知性論』のコスト訳、そしてその原著であるロックの『知性論』における「観念」の用法の影響が顕著であるためであろう。因みに、ロックの『知性論』においてIdeaという語は、ロック自身弁明しているように（Essay, 1·1·8）圧倒的な頻度で用いられており、類似した意味の語と比較してもそれは著しい。ロックの『知性論』においてconception(s)が二八回、notion(s)が一八七回用いられているのに対して、Idea(s)の頻度は三四〇〇回を超えている。ロックにおける「観念」の意味は、アルノーの「観念」の理解、さらにはアルノーによるデカルトの「観念」の理解のほぼ延長線上にあると言ってもよいであろう。たとえば、観念は「精神の内に思念的に［心的対象としてobjectively］あるもの」（Essay, p. 13）という表現にそれを見て取ることができる。アルノーにおいては、知覚という語は知覚する魂を直接的に意味し、観念という語は精神の内に思念的にある対象を直接的に意味するという違いはあるにせよ、アルノーは観念を、神の精神の内にある特殊な対象というマルブランシュの観念のようにではなく、精神の様態であり対象の実在性を担うものと理解し、観念と知覚とを同一視した（Arnauld, A., *Des vraies et des fausses idées*, Def. 3, ch. 5）。観念と知覚とのこうした同一視は、ロックの『知性論』のなかに数多く見られる（1·4·20, 2·1·9, 2·23·1, etc. cf. J. W. Yolton, *A Locke Dictionary*, Oxford 1993, pp. 88-93）。ロックには知性の作用と精神の内の対象という「観念」の二つの概念があり、「両概念は観念に表現機能を与えている。……通常ロックに帰せられているのは第二の概念であるが、二つの概念が『知性論』のなかに見出されうる。」（J. W. Yolton, *The Locke Reader*, Cambridge 1977, p. 110）デカルト、アルノー、マルブランシュ、ライプニッツにおける「観念」の意味については、本書第2部の訳注2参照。

139——本書序文、第1部1章1節参照。(Langley)

5章——混合様態と関係の名について

［2・3以下］**フィラレート** 〈でも、精神は実在的範型を必要とせずに、自ら適当と思うように単純観念を寄せ集めて混合観念を形成するのに対して、単純観念は事物の実在的存在によって選択の余地なく精神にもたらされるのではありませんか。精神はしばしば、事物が現実存在する前に混合観念を見るのではないでしょうか。〉

テオフィル 観念を現実的思考と解するならば、あなたの言うとおりです。しかし、そうした思考の形相そのもの、あるいは可能性に関わるものに、あなたの区別を適用する必要はないと思います。そうではなく、それは現実存在する世界とは区別された観念的世界において問題とされる事柄です。必然的ではない存在者の実在的な存在は事実ないし歴史の問題ですが、可能性や必然性の認識は（必然的とはその反対が可能でないということですから）論証的な知を成しているのです。[140]

フィラレート 〈しかし、殺すという観念と人間の観念の間には、殺すという観念と雌羊の観念の間よりも強い連結があるのでしょうか。親殺しというものを構成する諸概念は、嬰児殺しを構成する諸概念に比べて、より強く連結しているのでしょうか。また、イギリス人が刺殺（stabbing）と呼んでいるもの、つまり、突きによる殺人、すなわち剣先で突いて人を殺すことは、剣の刃で斬って殺す場合よりもイギリス人の間では重い罪とされていますが、[141] こうした刺殺というものが、たとえば雌羊を殺すとか人を斬って殺すという行為には認められなかった名や観念に値した、というのはより自

140——本書序文参照。(Langley)

141——「つまり」からここまでは、コストが記した脚注に基づいてライプニッツが付け加えた部分。(R & B)

142——ライプニッツの草稿では9。(A)

143——Versura は、人がお金を借りて別の所からの負債を償却するための手続き。Corban は、神に捧げられる供物。この概念はタブーの概念にほぼ対応するように思われる、と Brunschwig は注記し、『マルコによる福音書』VII, 11–13 を参照箇所として挙げる。cf. Cicero, *Epist. ad Atticum*, 5, 15, 2; Tacitus, *Ann.*, 6, 16; Terentius, *Phormio*, 5, 2, 15; *Lactantius*, 2, 8, 24. (Langley)

然なことなのでしょうか。〉

テオフィル　もし可能性のみが問題であるとすれば、そうした観念はすべて等しく自然的です。雌羊が殺されるのを見たことがある人なら、たとえその行為の観念に名を与えることがなくとも、また注意を払うに値するとは思わなくても、思考のうちにその行為の観念をもつのです。それでは、観念そのものが問題である場合にはなぜ名前にとどまり、これら観念一般が問題である場合にはなぜ混合様態の観念の重要性にこだわるのでしょうか。

[8][142] **フィラレート**　〈人々は任意に種々の混合様態を形成するので、その結果として、ある言語のうちには、他の言語のうちで対応するものがまったくないような言葉が見出されることになります。ローマ人たちの間で使われたVersura［借金返済のため他から借金すること］という言葉とか、ユダヤ人たちが用いたCorban［神への聖なる不可触の供物］という言葉に対応する言葉は、他の言語にはありません。[143]ラテン語のhora、pes、libraという言葉は、heure［時間］、pied［足］、livre［本］という言葉に大胆にも訳されますが、ローマ人のもっていた観念は、私たちのものとはたいへん違っていました。〉

テオフィル　観念そのものやそれの種類が問題であった際私たちが議論した多くの事柄が、そうした観念の名のおかげで今再び問題になっているのが分ります。名前や人々の慣習に関しては、ご指摘はもっともなのですが、知識や事物の本性については何の変化ももたらしません。確かに、普遍的文法を書こうとする人は、諸言語の本質からそれらの現実存在へと移り、多くの言語の文法を比較するのがよいでしょう。同様に、理性から引き出された普遍的法学を書きたいと望む著述家は、それに諸国民の法律と慣習との並行関係を結び付けるとよいでしょう。これは、実践にだけでなく観想にも役立つでしょうし、それがなければ看過してしまうであろう多くの考察に思い至る機会を著述家自身に与えてくれるでしょう。けれども、［普遍的法学という］学問の歴史やその現実存在［への適用］から切り離された、学問そのものにおいては、諸国民が理性の命じるところに従ってきたか否かは重要なことではありません。

[9] **フィラレート**　〈種という言葉の意味が疑わしいために、混合様態の種が知性によって形成されると言われるのを聞いて、ある人たちはショックを受け［気分を害し］てしまいます。しかし、各々のsorte［種］あるいはEspèce［種］の限界を定めるのは誰なのか、考えてもごらんなさい。というのも、これら二つの言葉は私にとってまったく同義語だからです。〉

テオフィル　諸々の種のそうした限界、たとえば人間と動物の限界とか、剣先と刃の限界、を通常定めるのは事物の本性です。けれども、本当に任意なところをもつ概念があることは認めます。たとえば、一ピエを確定するのが問題であるような場合です。というのも、直線は一様であり限定されていないので、自然はそこに何の限界も示さないからです。また、臆見が介入している漠然として不完全な本質もあります。たとえば、禿でないためには人間に少なくともどれくらいの毛髪が残っていなければならないか、を問うような場合です。これは、古代の人々が論敵を、

堆積物ノ議論ニヨッテ欺カレ降参シ倒レルマデ[144]

追い詰めるのに用いた詭弁のひとつでした。しかし、本当の答えは、自然はこの概念を決定しておらず、臆見がそれには関与しているということです。つまり、禿であるか否か疑われうる人たちもいるし、ある人たちの目から見れば禿と思われ他の人たちの目から見ればそうではないといった曖昧な場合もあるのです。それは、オランダでは小さいとされる馬がウエールズでは大きいとみなされるだろう、とあなたが指摘されたのと同じことです。[145]単純観念のうちにはこうした本性をもった何らかのものがありさえします。というのも、色の最終的な限界が疑わしいのは指摘したばかりですから。[146]また、真に半-名目的な本質もあります。名が事物の定義の内に入っている場合です。たとえば、博士、騎士、大使、王の位や資格は、その名を用いるための認められた権利を人が獲得したときに知られるのです。ですから、外国からの公使がどんなに強力な権力をもちどんなに多くの供を従えていても、信任状によって大使の名を与えられていなければ、大使と

144——ホラティウス『書簡詩集』II, I, 47 からの引用。(A, Brunschwig)

145——本書第2部26章5節のフィラレートの発言参照（A VI-6, 229）。(R & B) カッシーラーによれば、「堆積物」に関するこのような議論はエレアのゼノンにまで遡るものであり、禿頭の議論をディオゲネス・ラエルティウス（II, 108）はメガラ派のエウブリデスに帰している。

146——本書第3部4章15節のフィラレートの発言に続くテオフィルの発言参照（A VI-6, 298）。(R & B)

147——5章で vague［漠然とした］への言及がなされていると言える根拠は『知性論』にもコスト訳にも見当たらない。douteuse［疑わしい］に関しても同様である。douteuse は5章9節（A VI-6, 302）に出ているが、これはほとんど関係がなく、5章の douteuse はおそらく4章15節（A VI-6, 298）の douteuse とつながっているであろう。(R & B)

148——原文では les Essences mêmes dépendent du choix et des noms であるが、この et が GP、Brunschwig、E & H では脱落し、「本質そのものが名の選択（choix des noms）に依存する」となっている。

149——コストの欄外の注に基づく。『知性論』第2部22章2節参照。(R & B)

150——原語は ces êtres de morale。

しては通らないでしょう。しかし、これら本質と観念は、あなたが言及されたのとは少し違った意味で、漠然として、疑わしく、任意であり、名目的なのです[147]。

［10］フィラレート　〈しかし名は、あなたが任意ではないと思っておられる混合様態の本質をしばしば保持しているように思われます。たとえば、凱旋式という名がなければ、そうした場合にローマ人のところで行なわれたことの観念を私たちはもたないでしょう。〉

テオフィル　事物に注意を向けたり、事物の記憶や現実的認識を保存したりするのに名が役立つことは認めます。でも、それは問題の点には何の影響も与えませんし、本質を名目的にするわけでもありません。あなた方がどうして本質そのものが選択と名に依存[148]すると強硬に主張されるのか、私には分りません。あの名高い著者が、そんなことに固執する代わりに、むしろ観念や様態のよりいっそうの細部に入り込み、それらを整理してその多様性を発展させてくれたら良かったのですが。私は喜んで彼に従ってその道を進み、成果を上げたでしょう。なぜなら、彼は疑いなく私たちに多くの光明をもたらしてくれたでしょうから。

［12］フィラレート　〈馬とか剣について語るとき、私たちはそれらを、私たちの観念の根源的な原型を私たちにもたらしてくれる事物と考えています。しかし、私たちが混合様態について、あるいは少なくともその様態の最も重要なものである精神的存在、たとえば正義や感謝について語るときには、私たちはそれらの根源的な範型が精神の内に存在すると考えます。そういうわけで、私たちは正義の概念、節制の概念とは言っても、馬の概念、石の概念とは言わないのです[149]。〉

テオフィル　それらのうち、一方の観念の原型は他方の観念の原型と同じくらい実在的です。精神の諸性質は物体の諸性質に劣らず実在的なのです。確かに正義は馬のように目に見えはしませんが、それに劣らず知解されますし、あるいはむしろよりよく知解されます。人が考慮しようがしまいが、直進性や傾斜性が運動の内にあるのと同様に、正義は行為の内にあるのです。人々が私と同意見であること、しかも人間的な事柄について最も有能で経験豊かな人々でさえそうであることをあなたに示すには、他のすべての法律家が従ってきたローマの法律家たちの権威に訴えるだけで足りるのです。彼らはそれらの混合様態ないし精神的存在[150]を事物、そしてとくに非物体的事物と呼んでいます。なぜなら、たとえば地役権[151]（隣人の土地の通行地役権のような）は彼らによれば res incorporales［非物体的事物］であって、それには所有権があり、長期の使用によって獲得され、所有することも取り戻し請求をすることもできるからです。概念（Notion）という言葉について言えば、非常に学識ある人々がこの言葉を観念（Idée）という言葉と同じくらい広い意味に解してきました。ラテン語の用法はそれに対立してはいません。イギリス人やフランス人の用法がそれに反しているかどうかは知りません。[152]

〔15〕フィラレート　〈人々は混合様態の観念よりも前に名を知ることもさらに指摘しておくべきです。名はその観念が注視されるに値することを知らせるからです。〉

テオフィル　正しいご指摘です。もっとも、確かに、今日では子供たちは語彙集の助けをかりて、通常事物よりも前に様態の名ばかりでなく実体の名も知りますし、それどころかむしろ様態の名よりも実体の名を学びさえします。というのは、名詞だけが載っていて動詞が載っていないのが、まさにそうした語彙集の欠陥だからです。動詞は様態を意味するとはいえ、個別的な実体を表わす大部分の名詞よりも会話においてはより必要なものであることが考慮されていないのです。

6章——実体の名について

〔1〕フィラレート　〈実体の類［ゲヌス］と種［スペキエス］は、他の存在者のそれと同様、［英語の］sort［種類］でしかあ

151——cf. Sanders, *Institutes of Justinian*, Lib. II, Tit. III, p. 118, 8th ed., London 1888. (Langley)

152——本書第2部22章2節、『形而上学叙説』二九節参照。(Langley)

153——「個体に……ありません」は4—6節に関するロックの欄外の要約。(R & B)

りません。たとえば、太陽は星の一種、言い換えれば恒星です。適正な距離に位置している人には、各々の恒星が太陽であることが知られるだろう、と考えるのも理由なきことではないのですから。［2］ところで、各々の種を限定するのはその本質です。［3］本質は、構造の内部か外的な徴のいずれかによって認識されます。それらの徴が私たちに本質を認識させ、それを一定の名で呼ばせる。かくして、人はストラスブールの時計を、それを作った時計師として、あるいはその結果を見る見物人として知りうるのです。〉

テオフィル　そういう風におっしゃるなら、何ら異存ありません。

［4］**フィラレート**　私たち相互の異論を蒸し返さぬような仕方で私見を述べてみましょう。今回つけ加えておきますが、〈本質は種にしか関わらず、個体に本質的なものは何もありません。●153 事故ないし病気が私の顔色とか姿を変えるかもしれない。高熱とか［高所からの］落下が私から理性と記憶を奪い去ってしまうかもしれず、卒中が私を感覚も知性も生命ももたぬ状態にしてしまうかもしれない。理性をもつことが私にとって本質的かどうか問われれば、否と私は答えるでしょう。〉

テオフィル　個体にとって本質的な何ものかがある、それも人が考えているより多くのものがある、と私は思います。作用することが実体には本質的ですし、被造的実体には作用を被ることが、精神には思考することが、物体には延長をもち運動することが、本質的です。言い換えれば、個体がひとたびそれになれば、自然界にいかなる変動が起ころうとも、（少なくとも自然的には）そうであるのをやめえないような種ないしスペキエスがあるのです。しかし、種ないしスペキエスのなかには、それである個体に偶有的なものもあり（このことを私は認めます）、個体はそうした種であるのをやめうるのです。ですから、健康であるとか美しいとか物知りであるとかは終わりうるし、可視的で触知できることさえ終わりうるけれども、生命・身体器官・表象はもち続けます。生命と思考はとにかく持続し結果をもたらすにもかかわらず、人々にはそれらが終わることがあるように見えるのはなぜか、これについては先に十分述べておきました。

［8］**フィラレート**　〈共通の名の下に整理され、唯一のスペキエスに属するものと考えられる多くの個体は、それでも（個別的な）実在的構成に依存する著しく異なった諸性質をもっています。これは自然的物体を吟味するすべての人々が造作なく観察することですし、しばしば化学者は、アンチモンや硫黄や硫酸塩の一片の内に、これらの鉱物の他の部分

に見出した諸性質を探しても見出せず、不愉快な気持ちでそのことを納得するのです。〉

テオフィル　それほど確かなことはありません。それについては私自身も耳新しい話をお知らせできます。何しろ『化学ノ実験ノ不確実ナ成果ニツイテ』[154]という特別に書かれた本があるのですから。でも要は、物体は思っている以上に混合されているのに、均質ないし一様であると考えて間違うということです。というのも、不均質な諸物体においてであれば、個体間に差異が認められても驚かないし、医者たちは、人体の体質や素質がどんなに異なっているかをいやというほど知っているからです。ひと言で言えば、先にすでに指摘したように[155]、論理的な最下位の種は決して見出されないでしょうし、同一種に属する実在的ないし完足的な二つの個体であっても決して完全には同じではないのです[156]。

【9】フィラレート　〈私たちはそれらすべての差異に気づくわけではありません。なぜなら、微小な部分を私たちは認識しないし、したがって事物の内的構造も認識しないからです。ですから、私たちはそれらを用いて事物の種ないしスペキエスを決定するのではありません。そしてもし私たちがこれらの本質によって、あるいはスコラ派が実体的形相と呼ぶものによって、その決定をしようとすれば、私たちは色によって物体を分類しようとする盲人のようになってしまうでしょう。**【11】**多くの種の精神がある[157]にちがいないことはよく知っているとはいえ、私たちは精神の本質さえ認識していませんし、天使についてさまざまな種的観念を形成することもできません。それに、私たちは自分のもつ観念においては、神に無限を帰属させることを除けば、単純観念のどんな数によっても、神と諸精神との間にいかなる差異も置いていないように思われます。〉

テオフィル　私の説では、神と被造的精神との間にはさらに別の差異があります。つまり、すべての被造的精神

154――ボイルの *Two Essays concerning the Unsuccessfulness of Experiments* (*Certain Physiological Essays* [1661] 所収) のラテン語訳 *Tentamina quaedam de infido experimentorum successu* (1667) 参照。(A. Brunschwig)

155――本書第3部3章で15節に入る前にテオフィルが発言 (A VI-6, 293)。(R & B)

156――本書序文、第2部27章、*De ipsa natura*, §13 (GP IV, 512)、『モナドロジー』九節、ライプニッツのクラーク宛第四書簡四節以下、同第五書簡二一節参照。(Langley)

157――Locke: distinct. Coste: diverses. Leibniz: différentes. (R & B)

は、まさに私たちの魂がそうであるように、身体をもっていると思うのです。[158]

【12】フィラレート　少なくとも私が思うには、〈物体と精神との間には〉あの類比があります。すなわち、〈物体界の多様性には空虚がないのと同様に、知的被造物においてもそれに劣らぬほどの多様性があるということです。私たちから始めて最も下位の事物に至るまで、その下降はきわめて小さな段階を経て事物の連続的系列によってなされます。この系列は、各々の隔たりにおいて互いにごく僅かしか異なっていません。翼をもち大気と無縁でない魚もいますし、水に棲み魚のように血が冷たく、肉の味が魚にとても似ているので、生真面目な者でも精進日にそれを食べるのが許されるような鳥もいます。鳥の種と獣の種にきわめて近くて双方の中間を占める動物もいます。両棲動物は陸棲動物と水棲動物を等しく繋ぎます。アザラシは陸にも海にも棲み、イルカ（その名は海の豚を意味しています）[159]は豚のように温かい血と内臓をもっています。人魚について報じられている事柄は言うまでもありません。人間と呼ばれる動物と同じくらいの知識と理性を具えているように見える動物もいます。動物界と植物界とは非常に近いので、動物の最も不完全なものと植物の最も完全なものをとると、両者の間に著しい差異はほとんど認められないでしょう。こうして、物質の最低位の最も非有機的な部分に達するまで、種が繋がりあっていてほとんど感知できない程度にしか異ならないのを、私たちは至る所で見出します。そして、すべての事物の作り主の無限な知恵と力能を考慮すれば、被造物のさまざまな種が私たちからこの創造主の無限な完全性に向かって少しずつ昇ってもいくのは、宇宙の壮大な調和と至高の創造主の大いなる意図ならびに無限な慈愛に相応しいことだ、[160]と私たちが考えるのも当然です。ですから、私たちの上にある被造物の種は下にあるものよりもはるかに多いと確信してよいのです。なぜなら、私たちは完全性の程度において、無に最も近いものからよりも神の無限な

158——本書序文、第2部1章12節、同15章4節参照。(Langley)
159——ライプニッツによる付加。(R & B)
160——「宇宙の壮大な調和」に「相応しいことだ」という部分をライプニッツは強調している、とR & Bは注記。

存在からの方がずっとかけ離れているからです。それでも私たちは、これらさまざまな種のすべてについて明晰判明な観念を少しももっていません。〉

テオフィル　今あなたがおっしゃったのと近いことを私は別の所で述べるつもりでした。でも、私がそうしようと望んでいたよりもうまく事柄を述べてくださっているのを見ると、先を越されてよかったと思います。学殖豊かな哲学者[161]たちが、「形相ノ空虚ハアルカドウカ[162]」というこの問い、言い換えれば、可能的ではあるが現実存在しておらず、自然が忘れてしまったようにも見えうる諸種があるかどうかについて論じてきました。宇宙が、同時に共に存在する事物に関してだけでなく、さらに事物の系列全体に関していかに大きくても、すべての可能的種が宇宙において共可能的なわけではない、と考えるべき理由があります。言い換えれば、神が選んだ被造物のこの系列と両立しないがゆえに、かつて存在しなかったしこれからも存在しないであろう種が必然的にある、と私は思うのです。しかし、宇宙の完全な調和が受けいれうるすべての事物が、宇宙にはあると思います。隔たった被造物の間に中間的被造物があるというのは、この同じ調和に相応しいことです。もっとも、それが常にひとつの同じ天体もしくは系の内にあるとはかぎりません。それに時には、二つの種の中間にあるものも、ある事情に関してはそうであっても、他の事情に関してはそうではない。鳥は、他の点では人間とかなり異なっていますが、言葉をもつ点で人間に似ています。でも、猿がオウムのように話せたら、［もっと］人間に近づくでしょう。連続律は、自然がそれの従う秩序に空虚を残さないことを示しています[163]が、いかなる形相ないし種もそれぞれの秩序に属しているわけではありません。諸精神ないし諸霊について言えば、すべての被造的な知性的存在者は有機的身体をもち、その完全性は、予定調和[164]のゆえにこの身体の内にある知性的存在者ないし精神の完全性に対応する、

161――『弁神論』一四節、ライプニッツのベール宛返書（GP IV, 570）、Dutens I, p. 131参照。（Langley）

162――自然の中に飛躍を認めない「連続律」を支持するライプニッツの立場からすれば、形相間に空虚はないということになろう（本書第4部16章12節のテオフィルの発言［A VI-6, 473］参照。cf. M & P, p. 84; Loemker, p. 588）。しかしライプニッツはまた偶然性の原理をも認めている。この原理に従えば、現実化されていない可能性というものがあり（cf. Loemker, pp. 263f.）、このことは、「かつて存在しなかったしこれからも存在しないであろう種が必然的にある」（本書のここでのテオフィルの発言［A VI-6, 307］）ことを意味する。ライプニッツはこれらの制約をともに満たすべく、問題が本来両義的であると主張する。現実に存在する事物の種は連続的な系列を構成しているから、もし形相における空虚が、その系列に適合しうる例示されない種であるならば、形相の空虚はない。しかしそれにもかかわらず、例示されない種はある。というのも、内的に可能な事物であっても、現実に存在する種もしくは形相の系列と「共可能的」でない事物があるからである。「すべての可能的種が宇宙において共可能的なわけではない」。それぞれの種は何らかの系列ないし秩序に属しているが、「いかなる形相ないし種もそれぞれの秩序に属している」というわけではない。そして特に、実際に例示されているのではない種が、現実世界が明示する秩序に適合することはありえなかったであろう。そういうわけであるから、形相や種が現実世界に不在であっても、そのことが空虚ないし非連続を生み出すのではない。ライプニッツによれば、神が何か別の系列よりもむしろこの系列を選んだのは、それが「あらゆる可能的系列のうちで最も偉大」だからである（M & P, p. 146; cf. A VI-6, 323f.）。これが有名なライプニッツの「最善観」である。しかし、そこにはひとつの問題が潜んでいる。すなわち、なぜ神はこの系列に属

と私は考えています。ですから、私たちの上位にある諸精神の完全性について何事かを理解するには、私たちの身体を超えた身体の諸器官の内にも完全性を思い描くことが大いに役立つと思うのです。そうした点で、自己を超えたところへと私たちを高めるのに最も時宜にかなっているのは、この上なく潑剌として豊かな想像力、他にうまく表現できないのですがイタリア語を用いるなら inventione la piu vaga[165] でしょう。それに、[166]私の調和説は人が思い至っていたこと以上に神の完全性を称揚するものですが、その説の正しさを立証すべく私が述べたこと[167]は、これまで私たちが観念を抱いてきた被造物よりも比較できぬほど偉大な被造物の観念をもつのにも役立つでしょう。

〔13〕[168] **フィラレート** 〈実体においてさえ種がいかに僅かしか実在性をもたないか、という話に戻りますと、水と氷は異なった種に属するかどうか、あなたに伺いたいものです。〉

テオフィル 私の方は私の方でお聞きしたい。るつぼの中で溶かされている金と冷やされて鋳塊になった金は同一の種に属するかどうか。

フィラレート それでは答えになりません。別の問いを立てるのですから。〔曰く〕

争イヲモッテ争イヲ解決スル者。[169]

〈しかしながら、事物を種へ還元することは、私たちが種についてもつ観念にのみ関わるのであって、それらの種を名によって区別するにはそれで十分であるということ、これは分ってくださるでしょう。けれども、この区別は種の実在的で

していない種をさらに例示しないのか。言い換えれば、可能的種がひとつの与えられた世界と共可能的でないことをライプニッツはいかにして説明しうるのか。この問いに対してはライプニッツは次のように答えるかもしれない。もし種がこれ以上に例示されるならば、個別的事実の豊かさが増しても償われない一般法則の単純性が失われるであろう、つまり、この世界が結果的により悪い世界になるであろう、と。(R & B)

163——カッシーラーは、ライプニッツのヴァリニョン宛書簡（Leibniz, *Hauptschriften* II. SS. 74ff.; SS. 556ff.）の参照を指示。ラングリーは『弁神論』三四八節、一六八七年七月の『学芸共同体通信』に掲載されたベール宛書簡（GP III, 52）、一六九〇年のアルノー宛書簡（GP II, 136）、*Animadversiones in partem generalem Principiorum Cartesianorum* (GP IV, 375)、本書序文、第4部16章12節等々を参照箇所として挙げる。

164——ライプニッツの言う「予定調和」については、本書第1部の訳注23参照。

165——A とR & B では inventione であるが、イタリア語では invenzione。GP、Brunschwig、Cassirer、E & H、米山訳は invenzione とする。

166——テオフィルがライプニッツの代弁者であるならば、「彼の son」とすべきであろう。両者の距離が消失している。

167——アカデミー版は『新説』の参照を指示。

168——GP、Brunschwig、E & H、Cassirer では14。内容的には13。

169——ホラティウスの『諷刺詩』II, 3, 103 からの引用。(A. Brunschwig)

内的な構成に基づいており、私たち自身があれこれの名称で事物を種に区別するのと同じ仕方で、自然が、現実存在する事物をその実在的本質によって同数の種に区別する、と想定してしまうと、大きな思い違いを免れないでしょう。〉

テオフィル　種という術語ないし異なった種に属するという術語には幾分両義性があり、それがそうした紛糾全体をひきおこすのです。その両義性を私たちが取り除いてしまえば、もはやおそらく名に関する争いしかないでしょう。種は数学的にも自然学的[170]にも解することができます。数学的な厳密さにおいては、どんな小さな差異であっても、二つの事物があらゆる点で似ているわけではなくなり、それらは種を異にしていることになる。かくして、幾何学においては、すべての円は同一種に属する。それらはすべて完全に似ているのですから。同じ理由で、すべての放物線も同一種に属します。しかし、楕円と双曲線についてはそういうわけにいかない。というのも、それらには無数の種ないしスペキエスがあるからですが、各々のスペキエスにも無数の構成要素があるのです。焦点間の距離の、頂点間の距離に対する比が同じであるような無数の楕円はすべて、同一種に属します。けれども、これらの距離の比は大きさが異なるだけなので、楕円のこれら無数の種のすべてはただひとつの類しか成さず、もはや再分割はないことになります。それに対して、三つの焦点をもつ卵形[171]ならば、そうした類を無数にさえもつでしょうし、種の数は無限に無数でしょう。各々の類は単に無数の種をもっているだけですから。このように、二つの自然学的個体は決して完全に「ひとつの種に属してはいないでしょう。それらは決して完全に」似てはいないでしょう「から」[172]。さらに言えば、同一の個体が種から種へと移り行くのです。なぜなら、それは一瞬よりも長く自己自身にすべての点で似ているということは決してないからです。しかし、人々は自然学的種を立てるに際して、そうした厳密さには固執しない。それに、人々が自分自身で最初の形態に戻しうる物塊は、彼らにとって同一種、

170——原語は physiquement。ライプニッツにおける physique の用法については、本書第2部の訳注197参照。ここでは、分類への「数学的」アプローチとの対比で用いられている。

171——デカルトの卵形［楕円形］で、同一直線上にある三つの焦点のうちの二つに関して、x + ny = k（x と y は二つの焦点までの距離）という形式の二極方程式をもつ。デカルトの『幾何学』IIの後半にその説明がある。（R & B）

172——二箇所の括弧は編者による訂正箇所。

173——本書第3部3章14節参照。（Langley）

174——アカデミー版の挙げる参照箇所は、E. Mariotte, *Essays de physique*, 4me essais, *De la nature des couleurs*, 1681, 8me apparence, *L'Arc-en-ciel*, pp. 307f.。Brunschwig も同じ文献を挙げる。マリオットについては、本書第2部の訳注34参照。

175——「現象 phénomènes」については、本書第2部の訳注92参照。

176——カッシーラーは、Jean Bauhin, *Historia plantarum universalis* を挙げる。

177——ライプニッツ自身の植物学の方法は、一七〇一年四月二三日付のライプニッツのガッケンホルツ Gackenholtz 宛書簡（Dutens II, Pt. II., pp. 169ff.）で述べられている。（Cassirer）

にとどまる、と言うのは彼ら次第です。ですから、水、金、水銀、食塩は同一種にとどまり、通常の変化においては装いを変えるだけだ、と私たちは言うのです。しかし、有機体においては、あるいは植物や動物の種においては、私たちは発生によって種を定義する。したがって、同一の起源ないし種子に由来しているか由来しうるあの似たものは同一種に属するでしょう。[173]人間の場合は、人間的発生に加えて、理性的動物という性質に注目します。そして、一生涯動物に似た状態にとどまる人々がいるとはいえ、それは能力ないし原理の欠如のせいではなく、この能力を束縛する障害によるものだ、と推定されるのです。でも、この推定を下すのに十分だと考えたいすべての外的条件に関しては、まだ決定されていません。しかしながら、人々が彼らの命名と、名に与えられる権利とにどんな規則を設けようとも、彼らの規則が首尾一貫しているか脈絡があって知解できさえすれば、それは実在に基づいているでしょう。人々は、可能性までも含む自然が彼らよりも先に作ったかあるいは区別した種しか思い描くことができますまい。内部について言えば、内的構成に基づいていないような外的現われはないのに、それにもかかわらず、時には同一の現われが異なった二つの構成から帰結することもありうるのは確かです。それでも、何か共通なものはあるでしょう。それこそ哲学者たちが形相的近接原因と呼んでいるものです。しかし、たとえそうではなくて、マリオット氏[174]の言うように虹の青はトルコ石の青とはまったく異なった起源をもち、共通の形相的原因はないとしても（この点に関して私は彼の見解に同意しません）、そして、私たちに名をつけさせる見かけ上のある本性は何ら共通の内的なものをもたないことに同意したとしても、私たちの定義が実在的種に基づいていることに変わりないでしょう。[175]現象そのものが実在なのですから。それゆえ、私たちが誠実に区別したり比較するすべてのことを、自然もまた区別したり一致させる、と言えるのです。とはいえ自然は、私たちが知らず、私たちのものより優れているかもしれない区別や比較をもっています。ですから、自然にごく近い仕方で類や種を設定するには、さらに多くの注意と経験が必要でしょう。現代の植物学者たちは、花の形態からとられた区別が自然の秩序に最も近いと考えています。[176]しかしそれでも、そこにはまだ幾多の困難があります。私が今述べた、花からとられる根拠は、学習者にとって許容できる便利な説のためにはおそらくこれまでで最も適切なものですが、そうした唯一の根拠に従うだけでなく、植物の他の部分や要素からとられた別の諸根拠にも従って、比較や整理をするのが賢明というもの。[177]比較の各根拠はそれぞれ一覧表を作るに値するのであって、それなくしては、多くの下位の類や多くの有益な比較・区別・観察が見落とされてしまうでしょう。しかし、種の発生をいっそう深く究明し、整理に際して、発生に必要な諸条件に従えば従うほど、私たちは自然の秩序に近づくでしょう。そういうわけですから、もし事情に通じた何人かの人々[178]の次のような推測が正しければ、すなわち、植物には、種子つまり動物の卵に相当する周知の種《たね》に加えて、男性の名に値する別の種《たね》があるという推測、言い換えればそれは粉（花粉）[179]であり（たいていは目に見えるけれども、ある植物では種子でさえそうであるように時にはおそらく目に見えない）、風とか他のありふれた偶発事によってまき散らされて種子と結びつき、その種子は時には同一の植物のもの、時にはさらに（大麻のように）同一種で似通った別の植物のものであり、花粉をまき散らす植物は、したがって雄と類比をもつとはいえ、雌もおそらくこの同じ花粉をまったく欠いているわけではないという推測、（今言った）その推測が本当であるとしたら、そして植物の発生の仕方がもっとよく知られるようになったとしたら、そこに認められる多様性がきわめて自然な区分にひとつの基礎をもたらすことを、私は疑いません。そしてもし私たちが、ある上位の諸霊に具わった洞察力をもち、諸事物を十分に認識するならば、おそらくそこに各々の種のための確固たる属性を見出すでしょう。それらの属性は、その種に属するすべての個体に共通であり、どんな変質ないし変形が生じようとも、常に同じ有機的生命体の内で存続します。たとえば、自然学的種のなかで最もよく知られている、人間という種においては、理性がそういう確固とした属性であり、それは個体の各々に適合し、常に失われることなくあるのです。もっとも、それは必ずしも気づかれうるわけではありません。しかしこうした認識を欠いているため、私たちは、事物を区別し比較するのに、ひと言で言えば事物のスペキエスないし種をそれと認めるのに最も便利に見える属性を用いますし、これらの属性は常に実在的な基礎をもっているのです。

178——アカデミー版は、R. J. Camerarius と J. H. Burckhard の名を挙げ、一七〇一年四月二三日付のライプニッツのガッケンホルツ宛書簡（Dutens II, Pt. II., p. 173）を参照箇所として記す。

179——原語は Pollen。この語は一七世紀の後半になってからフランス語になった。ここでは、「粉」を意味するラテン語が使われている。（R & B）

180——原文では、Pour distinguer les êtres substantiels。コスト訳にある en espèces が削除されている。R & B はこの部分を補って、To distinguish substantial beings into species と英訳。

181——『知性論』では、species の後に according to the scholastic notion of the word species という語句が付け加えられている。（R & B）

【14】**フィラレート**　〈事物の一定の正確な本質ないし形相があって、それによってすべての現実存在する個体は自然に種に区別される、とするありふれた想定に従って実体的存在者を区別するには、[180]次のことが確定されなければならないでしょう。第一に、【15】自然は事物の産出に際して常に、事物が範型に与るのと同様に規則立っていて確立された一定の本質に与るよう意図していること、そして第二に、【16】自然は常にこの目標に到達していること。しかし、[181]奇形はこの双方について疑う理由を私たちに与えます。【17】第三に、これらの奇形が本当に別個の新しい種であるかどうか決定しなければならないでしょう。というのも、これら奇形のなかには、その起源がそれに由来し生まれからいってそれに属すると思われる種、そういう種の本質から結果すると想定される諸性質を、ほんの少ししかもたないか、あるいはまったくもたないものがあるからです。〉

テオフィル　奇形が一定の種に属するかどうかが問題になると、人はしばしば推測を余儀なくされます。このことは、そういう場合に人は［論点を］外部だけにとどめないことを示しています。なぜなら、そうした種に属する個体に共通の内的本性（たとえば人間における理性のような）が、当の種に通常見出される外的特徴の一部を欠いた個体にも（出生が推定させるように）適合するかどうか、人は推察したいからです。しかし私たちの不確実性は、事物の本性を何ら左右するものではない。もしそのような共通の内的本性があるとしたら、私たちが知っていようといまいと、奇形の内に見出されるか、または見出されないかでしょう。そしていかなる種の内的本性もそこに見出されないなら、奇形はまさにそれ自身の種に属しているのかもしれません。しかし、問題の種にそういう内的本性がなく、出生も気にかけないとしたら、そのときは、外的特徴だけが種を決定するでしょうし、奇形は、それが逸脱している種を少し漠然とした仕方でいくぶんゆるく解するのでないかぎり、当の種には属さないでしょう。そしてその場合もまた、私たちが種を推察しようとしても徒労に終わるでしょう。おそらくひとえにそのことをおっしゃりたくて、あなたは内的実在的本質から引き出される種に異議を唱えておられるのでしょう。それゆえ、外面全体が共通でない場合は種的に共通な内部はないということを、あなたは証明しなければなりますまい。しかし、人間という種においては反対のことが見出され、何らかの奇形をもつ子供がある年齢に達して理性の働きを示すことも時にはあるのです。だとすれば、どうして他の種において似たことがありえないのでしょう。確かに、私たちはそれらを知らないので種を定義するためにそれらを用いることはできませんが、外面がその代わりになります。もっとも、正確な定義をもつにはそれでは十分でなく、こうした場合には名目的定義さえ推測によるものでしかないことは分っています。名目的定義が時にはいかに仮のものにすぎないか、私はすでに先に述べておきました。[182] たとえば、既存のすべての検査に合格するように金を偽造する手段が見つかるかもしれない。しかしその時は新たな検査法も発見されて、自然の金を人工の金から区別する手段を与えてくれるかもしれない。古文書はこの両方〔の発見〕をザクセン選帝侯アウグスト[183]に帰していますが、私はこの事実を保証する立場にはありません。それでも、もしそれが本当なら、私たちが現在もっている定義よりももっと完全な定義を金についてもちうるでしょうし、錬金術師たちが主張するように、人工の金が大量にかつ安く造れたら、この新たな検査法は重要でしょう。というのも、耐久性があり、一様で、分割したり見分けたりしやすい、少量でも高価な物質を私たちにもたらすことによって、人は自分の有する手段で、自然の金がその稀少性のゆえに通商において私たちに与える利益を、人類に残してくれるでしょうから。私はこの機会を利用してひとつの困難を取り除きたいと思います（『知性論』の著者においては、実体の名についてという章の50節を見てください）。次のような反論がなされています。すなわち、いかなる金も不変[184]であると言う場合、金という観念[185]で、不変性を含むような何らかの性質の集まりを理解しているとしたら、不変なものは不変だと言うかのように、自同的で空疎な命題しか作っていない。しかし、一定の内的本質をもち、不変性をその帰結とする実体的存在者を理解しているとしたら、知解できる語り方ではあるまい。この実在的本質はまったく知られていないのだから、と。私の答えはこうです。そういう内的構成を具えた物体は、不変性〔不揮発性〕が含まれていない別の外的特徴によって示されるのであり、あたかも誰かが、すべての物質のうちで最も重いものは最も不変なもののひとつでもあると言うかのようだ、と。しかし、そのことはすべて暫定的でしかあり

182——本書第3部5章の17節に移る前のテオフィルの発言（A VI-6, 300）。

183——アウグスト一世（1526-1586）は錬金術に没頭した。（Brunschwig）アカデミー版は、一六七八年一二月一七（二七）日付のライプニッツのクリスチャン・フィリップ Christian Philipp 宛書簡（A I-2, 396）の参照を指示。

184——原語は fixe。化学用語としては「不揮発性の」という意味をもつ。すなわち、「容易には揮発させられない」、「火の影響のもとでも重量を失わない」の意。（R & B）

185——原文では l'idée となっているが、R & B はこれをコスト訳の le mot の書き誤りとみなして、the word と英訳。『知性論』50節の該当箇所に idea という語はない。

ません。なぜなら、金よりも重く、鉛が私たちの知っている水銀に浮くのと同様金がそこに浮く、新たな水銀があるかもしれないように、いつの日か揮発性をもった物体が見出されるかもしれないからです。

【19】フィラレート 〈金そのものの本質を知っているのでなければ、その仕方では、金の実在的本質に依存する固有性の数を私たちは正確に知りえない[186]。それは確かです。**【21】**《けれども、もし私たちが正確に一定の固有性に限定するなら、現時点で私たちに役立つ厳密な名目的定義を手にするには十分でしょう。ただし、何らかの新しい有用な区別が見出されたら、名の意味表示を私たちが変えることはありえます。》〈しかし、少なくとも、この定義は名の用法に対応し、名の代わりに置かれうるのでなければなりません。このことは、延長が物体の本質をなすと主張する人々を反駁するのに役立ちます。というのも、ある物体が他の物体に衝撃を与えると言われるとき、［物体の］代わりに延長を置いて、ある延長が衝撃によって別の延長を動かすと言われたら、明らかに不合理でしょう。さらに固体性[187]が必要なのですから。同様に、理性あるいは人間を理性的にするものが、会話をする、とは言われないでしょう。なぜなら、理性も、人間の本質全体をなすのではなく、互いに会話をするのは理性を具えた動物だからです。〉

テオフィル 正しいと思います。抽象的で不完全な観念の諸対象は、事物のすべての作用の主体を与えるには不十分だからです。けれども、会話はすべての精神にふさわしいと思います。それら精神は自分たちの考えを相互に伝達しうるのです。スコラ派の人々は、天使がどのようにしてそれをするのかずいぶん悩まされていますが、古代の人々に倣って私がするように、天使たちに高度な身体を認めれば、もはやそうした困難は残りますまい[188]。

【22】フィラレート 〈私たちに姿は似ているけれども、毛深くて、言語と理性を使用しない[189]被造物がいます。私た

186——原文では、connoitre précisément le [nombre...]。Locke: know what are the precise. Coste: connaître quel est précisément le. (R & B)

187——原語は la solidité。ロックは「固体性 solidity」についてではなく「延長した固い事物 an extended, solid thing」について語っている、と R & B は注記。

188——本書序文、第3部6章、一七〇六年一〇月四日付のデ・ボス宛書簡（GP II, 316, 319）参照。(Langley)

189——原文では、'...n'ont point l'usage de la parole, et de la raison.'。l'usage 以下の部分は『知性論』では language, and reason であり、コストがこれを l'usage de la parole, et de la raison と訳す。(R & B)

ちのなかにも白痴[190]がいます。姿は完全に私たちと同じですが、理性を欠いていて、なかには言語を使えない者たちもいるのです。人が言うには、言語と理性を使用し[191]、他の点では私たちの姿と似ていて、尾に毛のはえた被造物がいるとのこと。少なくともそういう被造物がいるのは不可能ではない。ほかにも、男性にひげがない被造物や女性にひげのある被造物がいる［というのです］。これらすべての被造物が人間であるか否か、人間という種に属するかどうか問われれば、問題はただ名目的定義[192]にのみ、あるいはこの名で名目的定義を示すために私たちが作る[193]複雑観念にのみ関わるのは明らかです。なぜなら、内的本質は私たちには絶対に知られないからです。もっとも、能力ないし外的形状があまりにも異なっていれば内的構成は同じでない、と考える理由はありますけれど。〉

テオフィル　人間の場合には、実在的であると同時に名目的であるような定義を私たちはもっていると思います。というのも、理性以上に人間に内的なものは何もないでしょうし、普通、理性はよく知られるからです。そういうわけですから、ひげや尾は理性と同日には論じられないでしょう。森の人[194]は、毛がはえていますが、見分けはつくでしょう。尾なし猿に毛があるからといって、［尾なし猿から］排除されるわけではありません。白痴には理性使用が欠けています。けれども私たちは経験によって次のことを知っています。理性はしばしばつなぎとめられていて、現われることができず、しかもそれは、理性の働きを示したことがありこれからも示すであろう人々にも起こることです。ですから、白痴についても、別の指標に基づいて、言い換えれば身体的な形状に基づいて、おそらく同じ判断を下します。子供たちが人間であり、理性の働きを示すだろうと推測されるのは、出生と結びついたこれらの指標によってでしかないのです。そしてそれについて私たちが誤ることはめったにありません。しかし、もし私たちの外形と些か異なった理性的動物がいたら、私た

190——原語は imbécilles。ロックは現在では廃語となっている naturals を使う。(R & B)
191——原文では、avec l'usage de la parole et de la raison。l'usage 以下の部分は『知性論』では language, and reason。コストによる変更。(R & B)
192——原語は la définition nominale であるが、この définition は『知性論』では essence。(R & B)
193——「この名で……作る」の部分はロックよりもむしろライプニッツの考えを示す、とR & Bは注記。
194——オランウータンのこと。本書第2部27章8節のテオフィルの発言（A VI-6, 234）参照。(A)

ちは当惑するでしょう。これは、私たちの定義は物体の外部に依存しているときは不完全で仮のものであることを示しています。もし誰かが、自分は天使だと称して、私たちをはるかに凌ぐほどに物事を知っているか、あるいは為しうるとしたら、信じてもらえるでしょう。もし他の誰かが、ゴンサレスのように何らかの驚くべき機械を用いて[195]月からやって来て、自分の生まれ故郷について信憑性のあることを私たちに語るならば、月世界の人として通るでしょう。しかしそれでも、彼は人間という資格で〔私たちの間での〕居住権と市民権を与えられるかもしれません。われらの地球にとってはよそ者だとしてもです。しかし、もし彼が洗礼を授けてほしいと願い、私たちの信仰[196]の新改宗者として受け入れられることを望むなら、神学者たちの間に大論争が起こるだろうと私は思います。そして、ホイヘンス氏[197]によれば地球の人々によく似ているというこれら惑星の人々との交流がもし開かれたなら、その問題は、信仰を伝える仕事を私たちは地球の外にまで広げなければならないかどうかを知るために、公会議を催すに値するでしょう。これについては、疑いなく何人もの人々が、それらの国の理性ある動物はアダムの子孫ではないから、キリストによる贖罪には与からないと主張するでしょう。しかし他の人々はおそらく、アダムがずっとどこにいたのかを私たちは十分に知らないし、アダムの全子孫によって何がなされたかも知らない、と言うでしょう。なにしろ、月が天国の場所だったと信じる神学者たち[198]さえいたのですから。そしておそらく、多数決によって、最も確実なことを支持する結論が下され、そうした疑わしい人々でも洗礼を受け入れうるならば、条件付きで洗礼を施すことになるでしょう。しかし、いつか彼らをローマ教会の司祭にしようとするかどうかは疑問です。なぜなら、彼らの聖別は〔何らかの啓示があるまで〕[199]ずっと疑わしいでしょうし、この教会の仮説によれば、人人を質料的な偶像崇拝の危険にさらすことになるからです。幸いにして、私たちは事物の本性によってこれらすべての困

195――コペルニクス以来の新しい天文学的知見が人々の天体への関心を喚起したことについては、本書第2部の訳注307参照。なお、本文にある「ゴンサレス」なる人物は、ゴドウィン Francis Godwin（1562-1633）主教の幻想的小説『月の人』*The Man in the Moone: or a Discourse of a Voyage Thither*（一六三八年〔ボードワン Jean Baudoin による仏訳は一六四八年〕）に登場する主人公（Domingo Gonsales）。彼は移動する一群の白鳥が引く精巧な装置に乗って月に運ばれ、そこで月世界のユートピアを見出すが、白鳥たちが移動して地球に帰るときに残念ながらそこを去る、という物語である。（R & B）

196――原語は loy。GP、Brunschwig も同様。R & B はこの loy を foi と読み、faith と英訳。ここでは R & B に従う。

197――ホイヘンスについては、本書第2部の訳注97参照。本文中の、「地球の人々」によく似た「惑星の人々」は、世界の複数性を論じた彼の『宇宙を観る人』（一六九八年）で取り上げられている。（A. Brunschwig）

198――cf. Albertus Magnus, *Summa theologiae*, p. II, tr. 13, qu. 79. (A)

199――jusqu'à quelque révélation. 〔　〕の部分は編者による訂正箇所。

惑を免れています。それでも、こうした奇妙な虚構は、私たちの観念の本性をよく知るための思弁においてはそれなりの使い道があるのです。

[23] フィラレート[200] 神学上の諸問題においてだけでなく、他の機会にも、ある人々はおそらく血統に依拠して次のように言いたがるでしょう。すなわち、〈動物においては雄と雌との交尾による繁殖が、植物においては種子による繁殖が、想定された実在的な種を別個にかつ全体として保存するのだ、と。しかしそれは、動物や植物の種を定めることにしか役立たないでしょう。その他についてはどうすべきでしょうか。動物に関してさえ、それは〔実在的な種を定めるには〕十分でない。というのも、記録を信じるべきだとしたら、人間の女性が尾なし猿[201]によって妊娠したからです。そしてこれは新しい問題です。そのようにして生まれたものはどの種に属すべきか、ということです。騾馬やジュマール（メナージュ氏の語源辞典を見てください）[202]はしばしば見られます。騾馬は驢馬と牝馬から、ジュマールは牡牛と牝馬から生まれます。猫と鼠の子で、この二つの動物の明らかな特徴をもつ動物を見たことがあります。これに奇形に生まれたものを付け加えれば、人は発生〔生殖〕によって種を決定するのは容易でないことに気づくでしょう。そして発生〔生殖〕によってしか種を決定できないとしたら、インドまで出かけて、虎の父と母を見たり、紅茶を作る植物の種子を見たりしなければならないのでしょうか。インドから私たちにもたらされる諸個体がそういう種に属するかどうか、別の仕方で判断できないのでしょうか。〉

テオフィル 生殖ないし血統は少なくとも強い推定（言い換えれば暫定的な証明）をもたらします。それにすでに私が述べたように、私たちの知っている徴は、たいてい推測に基づくものでしかありません。子が父や母に似ていないとき、血

200——ここまで、ライプニッツによる付加。(R & B)

201——原語は Magots。ロックは、現在では廃語となっている drills を使う。R & B は baboons と英訳。

202——括弧内はコストによる指示。メナージュ Gilles Ménage（1613–1692）は著名な碩学。その主著が *Dictionnaire étymologique*（1650, rééd. 1694）。(A. Brunschwig) cf. GP II. 530; Dutens V, pp. 350, 543; VI, Pt. II., p. 21. (Langley)

203 ——子宮にできる肉の塊を意味し、場合によってはそれが転じて虚偽概念の意味にもなる。(Brunschwig, R & B) cf. L. Lemnius, *De occultis naturae miraculis*, 1574, I, ch. 8, p. 34. (A)

204 ——Jean II Casimir (在位 1648–1668). (A)

205 ——紀元前一世紀のギリシアの地理学者。その著書 *Res geographicae*, XII, 11 参照。(A. Brunschwig)

206 ——アカデミー版は、北京からライプニッツに送られた一七〇一年一一月四日付のブーヴェ J. Bouvet の書簡 (Dutens VI, Pt. I., p. 161) を挙げる。

207 ——Theodor Kerckring [Kerckrinck] (1640–1693). オランダの解剖学者、胎生学者。その著書 *Anthropogeniae ichnographia, sive conformatio foetus ab ovo* (1671) で「卵子論者」(本書第3部の訳注210参照) の理論が述べられている。(A. Brunschwig) cf. Dutens V, pp. 173, 199. (Langley)

208 ——アカデミー版は、Hieronymus, Epist. 133 adversus Pelagium ad Ctesiphontem の参照を指示。プリスキリアヌス主義者とは、アヴィラの異端の司教であったプリスキリアヌス (340–385) の信奉者を指す。彼の教義は、禁欲的でマニ教の色合いがあった。その信奉者たちは結婚は避けたが、自由恋愛は実行したと考えられている。聖ヒエロニムスによれば、彼らは酒神祭でウェルギリウスの詩句を歌っていたという。(R & B) 四世紀末スペインに出現し、六世紀半ば頃まで残存。その教説はキリスト教とグノーシス主義とマニ教の混合である、とラングリーは注記。

統は形状によって欺かれることがあります。形状が混ざり合っていても、血統が混ざり合っていることの徴であるとはかぎらないのです。なぜなら、雌が、別の種に属するように見える動物を産むかもしれないし、母親が想像しただけでもこういう逸脱が生じるかもしれないからです。奇胎[203] (Mola) と呼ばれるものについては言うまでもありません。しかしそれでも、人は血統によって種を暫定的に判断するのと同様に、種によって血統を判断します。というのも、熊に混じって捕えられた森の子供がポーランド王ヤン・カジミエシュ[204]の御前に連れてこられたとき、その子は熊のような振舞い方をかなり示していたのですが、結局、理性ある動物であることが分り、人々はためらいなく彼をアダムの血統に属するものと信じて、ヨゼフという名の下に洗礼を施したのです。とはいえ、おそらくローマ教会の慣例に従って、汝ガ未ダ洗礼ヲ受ケテオラヌノナラという条件つきでしょう。彼は洗礼を受けた後に熊に連れ去られたかもしれないのですから。動物の交雑がもたらす結果についてはまだ十分に知られてはいません。それに、奇形の者はめったに長生きしないというだけでなく、人はしばしば奇形の者を育てないでその命を奪ってしまいます。交雑された動物は繁殖しないと考えられていますが、それでもストラボン[205]は、カッパドキアの牡騾馬は繁殖すると言っていますし、中国から私に手紙をくれた人[206]によれば、近隣のタタール地方には純血種の牡騾馬がいるとのこと。また、植物の交配によって新しい種が保存されうるのを私たちは知っています。いずれにせよ、動物については、種を最も決定づけるのは雄なのか雌なのか、両方なのか、どちらでもないのかを、私たちはよく知らないのです。故ケルクリング氏[207]によって有名になった、人間の女性の卵子についての学説は、植物については雄を、雨を含んだ空という条件に還元するように見えました。その条件が、種子の発芽と大地での生長を促すのです。プリスキリアヌス主義者[208]たちが好んで引用したウェルギリウスの詩句によれば、

ソノトキ全能ナル父エーテル、豊饒ヲモタラス雨ニテ、
歓喜セル妻ノ内懐ニ降リ来タリテ、
大イナルママ妻ノ大ナル身体ト交ワリ、
スベテノ胚芽ヲ育ム。[209]

要するに、この仮説に従えば、雄は雨以上のことはなさぬも同然でしょう。しかし、レーウェンフック氏[210]は男性を復権させました。そして、もう一方の性は今度は、種子に関してそれらに場所と養分を与えるという土の役割しか果さないかのように、貶められてしまいました。これは、たとえ卵子論を主張したとしても起こりうることです。しかし、だからと言って、女性の想像力[211]が胎児の形状に大きな影響力をもたないということにはなりません。動物はすでに雄からやって来ていると仮定したとしてもです。なぜなら、それは通常の大きな変化を受けるはずの状態にあり、しかもそれ以上に、尋常ならざる変化をも受け入れうる状態にあるのですから。ある身分の高いご婦人が、不具者を見て衝撃を受け、その想像力

209——ウェルギリウスの *Georgica*, II, 325–327 からの引用。(A. Brunschwig)

210——Antoni van Leeuwenhoek (1632–1723). 有名なオランダの生物学者、道具製作者。彼は、当時の最も高品質のレンズと最も高性能な顕微鏡を製作し、それを用いて特に卵子と精子の結合を観察した。新しい有機体の生命と遺伝形質は精子を介して雄の親からくると考えて、灰色の雄のウサギと白い雌のウサギを交配させて灰色の子をつくることによってそれを証明しようとした。「精子論者」と「卵子論者」との論争——後者としては、卵子を生命と遺伝形質の源と考えるケルクリングがいた——は一世紀のあいだ激しく続いた。ライプニッツはレーウェンフックによる微細生命の発見を、どんな動物の誕生もすでに生きている動物の「変態」にすぎないとする自説を証拠づけるものとして歓迎した。ライプニッツは一六七六年、パリからハノーファーに向かう途中デルフトにレーウェンフックを訪ねているが、現存する彼らの往復書簡は一七一五—一六年の日付になっている。ライプニッツは動物の変態という自分の理論をレーウェンフックに知らせ、「人知の宝庫を豊かにするために」(Bodemann, *Der Briefwechsel des Gottfried Wilhelm Leibniz*, Hannover 1895, S. 133) 諸々の発見をさらに発表し顕微鏡検査法の学校の設立を考慮するよう促している。(cf. R & B. Brunschwig) Cassirer はこの論争に関する参照文献として、前出のガッケンホルツ宛書簡と一七一五年八月五日付のブルゲ Bourget 宛書簡 (GP III, 579) を挙げ、レーウェンフックについては、Leibniz, *Hauptschriften* II, SS. 247, 262, 364、および王立協会の *Philosophical Transactions*（一六七七年一二月—一六七八年二月）に掲載された彼の論文 *De natis e semine genitali animalculis* を記している。アカデミー版も同じ論文を挙げる。

211——一七世紀のヨーロッパにおいて、「想像力」は初め、精神的な機能だけでなく肉体的ないし生理的機能ももっていた。たとえば、一七世紀前半に読まれ大きな影響を与えていた、ヴァニーニの『女王にして女神なる自然の驚嘆すべき秘密について』（一六一六年）には、「妊婦は体内の胎児に自分の欲していることの像を刻印する」とあり、想像力によって表わされるイメージ＝像は、それを引き起こした対象と連続していくような、物質的次元のものでもあった。モンテーニュも『エセー』で、「想像力の力」を示す多くの例を挙げている——闘牛見物に興奮したあまり、その夜じゅう頭に角をはやした夢をみて、翌日、想像力の力で本当に頭に角がはえていたイタリア王キップス、結婚式の日に女から男に変わったルキウス・コッシティウスを見たプリニウス、等々（第一部二一章）。デカルトもまた、母親の想像力が胎児に及ぼす力と影響を——ただし機械論と運動によって——考察している（『動物の生成についての第一考察』[AT XI, 515f.]）

の働きが、出産間近に胎児の手を切ってしまい、この手が後産の中にその後見つかったとのことです。でもこの話は確認を要します。魂は一方の性にしか由来しえないにもかかわらず、次のように言いにくる人もおそらくいるでしょう。すなわち、両方の性が何か有機的なものをもたらし、二つの身体からひとつのものができるのだ、と。蚕は二重の動物のごときもので、芋虫という形態の下に、飛ぶことのできる微小生物[212]を含んでいるのが見られるのと同様に、というわけです。これほど重要な問題について私たちは今なおかくも蒙昧な状態にあるのです。植物との類比が、おそらくいつの日か私たちに光明をもたらすことでしょう。しかし現在のところは、植物そのものの発生について［よく］[213]知っているわけではない。男性の精液に対応しうるものとして注目されている花粉についての推測も、未だ十分には解明されていない。それに、植物のひこばえが新しい完全な植物を生み出しうるのは珍しくないけれども、動物ではこれに類することはまだ観察されていない。ですから、木の各枝が個々に実を結びうる植物に見えるようには、動物の足は動物であると言うことはできないのです。さらに、種の交雑、そして同一種の内での諸変化も植物ではしばしば非常に首尾よく行なわれます。おそらくいつか宇宙のどこかに、現在私たちの間にあるものよりも変化を受けやすい動物の種があるか、あったか、あるでしょう。そして、ライオン・虎・山猫のような、猫に似たところをもつ多くの動物は、同一の種族に属していたのかもしれず、猫の古い種の新たな再区分として今あるのかもしれません。こうして私は常に、一度ならず述べたことに戻ります。すなわち、自然学的種についての私たちの規定は暫定的であり、私たちの知識に釣合っている、ということです[214]。

[24] フィラレート　私たちがいる[215]〈世界のこの［ヨーロッパという］ただひとつの場所でスコラの言語を学んだ者を除いて、少なくとも、人々は種を区分するに際して実体的形相など考えもしませんでした。〉

212——原語は insecte。本書第2部の訳注158参照。

213——［　］の部分は編者による訂正箇所。

214——ライプニッツのヴァリニョン宛書簡（Leibniz, *Hauptschriften* II, SS. 74ff., 556ff.）参照。（Cassirer）

215——où nous sommes はライプニッツによる付加。（R & B）

テオフィル　実体的形相の名は、最近、ある人々の目から見ると面目を失い、口にするのも恥ずかしいもののようです[216]。けれども、おそらくそうした見方には、理性によるものというよりは流行によるものもあります。スコラ派は、個々の現象を説明すべきときに、時宜をわきまえず一般的概念を使ったのですが、この濫用が事物〔そのもの〕を壊してしまうわけではありません。私たち現代人の中には、人間の魂というものによって確信がややぐらついている人々がいます。人間の魂は人間の形相であることを認める人々もいますが、彼らはまた、人間の魂は知られた自然の唯一の実体的形相だと言いたいのです。デカルト氏はそれについてこのように語っていますし、レギウス氏が魂にこの実体的形相という性質を認めず、人間がソレ自身ニヨル一（unum per se）、真の一性を具えた存在者であるのを否定したことに関して、デカルト氏は修正を促しました[217]。ある人々は、この卓越した人物〔デカルト〕は策としてそういうことをしたのだと信じています。私はそれについてはいささか疑いをもっています。その点ではデカルト氏は正しかったと思うからです。しかし、あたかも自然が乱雑に造られているかのごとく、この特権を人間だけに与えるべきではありません。無数の魂、あるいはもっと一般的に言えば、表象と欲求に類比的な何ものかをもつ原初的エンテレケイアがあり[218]、それらはすべて〔現に〕身体の実体的形相であり、いつまでもそのままである、と判断する理由はあるのです。確かに、風車や時計がソレ自身ニヨル一で

216——このテオフィルの発言に示されている「実体的形相」の捉え方は、ライプニッツにおける実体概念の生成と構造を知る上で少なからず重要である。一七一四年一月のニコラ・レモン宛書簡の中で、ライプニッツは自分の来し方を次のように述懐している。「子供の頃、私はアリストテレスを学びました。スコラ派さえ、私を決してしり込みさせませんでした。今そのことを少しも悔やんでいません。……瑣末学派から解放されて、私は現代の学者たちに就きました。今でも覚えていますが、一五歳〔カービッツの考証によれば、一九歳〕のときに、ローゼンタールと呼ばれる小さな森の中をひとりで散歩しながら、実体的形相の考え方を保持すべきかどうか思案にくれていました。そのあげく、機械論（le mécanisme）が優位を占め、数学の方へと私は赴きました。学問の最奥に参入したのは、パリでホイヘンス氏と話をして以後のことであったのは確かですが、機械論の究極の理由と運動法則そのものを探求するにいたって、それらを数学に求めるのが不可能であり、形而上学に立ち戻らねばならぬことを知って驚きました。こうしたことがきっかけで、私はエンテレケイアへと立ち戻りました。つまり、質料的なものから形相的なものに立ち戻ったのです。」(GP III, 606) かくしてライプニッツは、かつてデカルトが自然学の領域から追放し、自らも一度は棄て去っていた「実体的形相」を復活し、これを手がかりとして実体の本性を「力」に求めていく。「実体的形相」は元来、無規定な質料と結合して「実体」を構成する形相を意味していたが、近代の自然学は、学としての自立性を獲得するためにはこれを粉砕しなければならなかった。その限り、「実体的形相」を呼び戻したライプニッツの哲学は、一七世紀当時の思想の支配的傾向に逆行するモティーフを孕んだ哲学であった。しかしライプニッツ哲学において「実体的形相」の復活は、スコラ哲学への単なる逆転ではなかった。ライプニッツは、「自然においてはすべてが機械的になされる」のであり、「個々の現象（たとえば重力とか弾性）を厳密かつ完全に説明するには形と運動だけを用いれば十分である」と考えていた（『新説』最初の草稿〔GP IV, 471〕）。しかも彼は、ほとんど追放の憂き目にあっていた「実体的形相」の復権を図ることが「大きな逆説」を持ち出すものであることを知っていた（『形而上学叙説』一一節〔GP IV, 435: 本著作集第8巻一五八頁〕）。だからこそ、新たな実体概念を形成するための手がかりをスコラ哲学の「実体的形相」の思想に求めるに際して、その正当な用法と「これまでの誤用」とを峻別しなければならなかったのである（『新説』三節〔GP IV, 479: 本著作集第8巻、七五頁〕）。ライプニッツが機械論の立場を択びとって以来の実体概念の形成史を、彼自身の内面史の観点から見れば、それはスコラ哲学への逆転のプロセスであったが、翻って論理的に見れば、スコラ的実体概念の近代的改作のプロセスであったと言えよう。

217——レギウス Regius は通称で、本名はヘンリック・ファン・ローイ Henrik van Roy (1598-1679)。オランダの医者、哲学者であり、一時期デカルト主義者であった。人間の魂は明白に創造されたものであり、身体から全く独立した本性をもち、身体から離れ

ありえないのと同様に、真にソレ自身ニヨル一（すなわち、真の一性ないし全体的活動原理を成す不可分な存在者、を具えた物体）でない種があるように見えます。諸々の塩、鉱物、金属はこうした本性をもつもの、言い換えれば、何らかの規則性のある単なる組織ないし塊でありうるでしょう。しかし、どちらの物体も、すなわち生命のある物体［身体］も生命なき組織も、内的構造によって種別化されるでしょう。生命のあるものにおいてさえ、魂と機械[219]がそれぞれ別々でも決定には十分[220]だからです。というのも、それらは完全に一致しており、一方が他方に直接的な影響力はもたないにもかかわらず、互いに表出しあい、一方は、他方が多に分散させたすべてのことを完全な一性に集中するのです。かくして、種の整理が問題であるときは、実体的形相について議論しても無駄というもの。もっとも、それがあるかどうか、どのようにしてあるのかを知るのは、別の理由からはよいことなのです。それなくしては人は叡知的世界の中の異邦人になってしまうでしょう。それに、ギリシア人たちやアラブ人たちもヨーロッパ人同様、これらの形相について語りました。一般の人がそれについて語らないとすれば、一般の人は代数や無理数についても語らないのです。

【25】フィラレート　〈諸言語は学問［の形成される］よりも前に形成されましたし、無知無学な人々が事物をいくつかの種に還元したのです。〉

テオフィル　おっしゃる通りです。しかし、そうした題材を研究している人々が通俗的な概念を正します。試金者は金属を識別し分離する正確な手段を見出しました。植物学者は植物についての学説を驚くほど豊かなものにし、微小生物に対して行なわれた実験は、動物についての認識へのある新しい端緒を私たちにもたらしてくれました。しかしながら、私たちはまだ道程の半ばからもほど遠いところにいるのです。

て存在しうる、というデカルトの強力な主張（『方法叙説』V）に基づいて、レギウスは次のように説いた。すなわち、人間は魂と身体の結合体であるがゆえに偶然的な存在であり、魂がその形相であるような真の実体ではない、と。この軽率な発言は神学的な騒動を引き起こしてデカルトを困惑させた。デカルトは一六四一年一二月に始まる一連の書簡で、哲学や兵学について助言していたが、最後には彼との関係を否認しなければならないと考えるようになった。（R & B, Brunschwig）アカデミー版は、一六四一年一二月半ばに書かれたデカルトのレギウス宛書簡（AT III, 459-462）の参照を指示。cf. GP VI, 547, 550f. (Langley)

218——「エンテレケイア」については、本書第1部の訳注27参照。

219——原語はmachine。ラングリーは、デカルトの用語法によれば「身体」のことであると注記。

220——R & B は、sufficient... to determinate [the species] とする。

理解されるはずはないでしょう[222]。

【26】フィラレート 〈もし種[221]というものが自然の作品であるとしたら、さまざまな人たちにこれほど違った仕方で理解されるはずはないでしょう[222]。人間は、ある者には、羽毛のない、二本足の、平たい爪の動物であり、別の者はもっと深く検討した後、それに理性を付け加えます。けれども、多くの人々は出生によってよりも外的形態によって動物の種を決定します。なぜなら、ある人間の嬰児に洗礼を施すべき[223]か否かが、その外的形状が子供の通常の姿形とは異なるという理由だけで、別の［普通の］形に生まれた子供たちと同じように理性を行使しえないかどうかを知ることなしに、一度ならず問題にされたのですから。後者の［普通の姿形に生まれた］子供たちの中にも、是認される姿形であるとはいえ、猿とか象に見られる程度の理性の働きを一生の間に示すことができず、理性的魂によって導かれているいかなる徴も与えない者がいるのです。ここから明らかなのは、人がただ難癖をつけ[224]ただけの外的な姿形が、人間という種にとって本質的とされたのであって、時期が来ても欠如することになるのかどうか誰も知りえない推理の能力が本質的とされたのではない、ということです。そしてこうした場合、この上なく学殖豊かな神学者や法律家は、理性的動物[225]という聖なる定義を棄てて、人間という種の何か別の本質を代置しなければなりません。メナージュ氏（Menagiana、第一巻、一六九四年のオランダ版の二七八頁）[226]はサン・マルタンのある大修道院長の、注目に値する実例を私たちに提供しています。彼が言うには、サン・マルタンのこの大修道院長が生まれたとき、むしろ奇形の体つきに近いと言えるほど、人間の形をしていなかったそうです。洗礼を受けさせるべきかどうか、しばらく討議されました。けれども、洗礼を施され、仮に、つまり時がたって彼が何であるかが分るまで、人間であると宣言されたのです。彼は自然によってひどく不格好に造られたので、一生涯、Abbé Malotru すなわち不格好な大修道院長と呼ばれました。彼はカンの人でした。以上の通り、ただその姿形のせいで人間という種から

221——les espèces. Locke: essences. (R & B)

222——Leibniz: ne pourroient pas être conceuës si différement. Locke: could not be so… different. (R & B)

223——Locke: whether several human foetus should be preserved, or received to baptism. コストは preserved, or を削除。

224——原文では trouvée à dire。Locke: found wanting. コストによる変更。（R & B）

225——animal raisonnable. Locke: animal rationale. コストはラテン語をフランス語に代えている。（R & B）

226——R & B はこの部分をロックに倣って〈… He was of Caen.〉の後に挿入（cf. Essay, p. 454）。コストはこの部分を脚注で記す（Coste, p. 366）。

227——l'en auroit privé pour jamais. Locke: had cast him. コストによる変更。（R & B）

228——Fortunio Liceti (1577–1657). イタリアの医者で、*De Monstrorum caussis, natura et differentiis*（1616）の著者。（A. Brunschwig）ピサで論理学を、パドヴァとボローニャで哲学を、最後にパドヴァで医学理論を教えた。アリストテレスを讃美し、彼の学説以外には何も認めようとしなかった。（Langley）

229——Pierre Alliot. フランスの医者。腐蝕剤を用いて癌の治療を行なった。ライプニッツはパリでアリオと出会っている。（A. Brunschwig）フランス王妃 Anne d'Autriche（ルイ一四世の母）も彼の患者であり、一六六五年にパリで王妃に治療を施したがうまくいかなかった。失敗にもかかわらず、彼は王の侍医に任じられた。（Langley）

あやうく排除されかかった子供がいるのです。実際辛うじて排除を免れたのであって、もう少し奇形であったなら、彼は［人間という種の特権を］永久に奪われ、[227] 人間とみなされてはならない存在者として命を絶たれてしまったのは確実です。けれども、顔だちがもう少し変えられていたら理性的魂はなぜ彼に宿れなかったか、もう少し長い顔つき、もっと低い鼻、もっと大きな口が、彼の他の醜い形と同様に、どんなに異形であっても教会内で高位に就けるようにした魂や資質と共存しえなかったのはなぜか、これについてはいかなる理由も与えることができないでしょう。〉

テオフィル　今までのところ、私たちと著しく異なった外的な形状をもつ理性的動物は見つかっていません。そういうわけで、子供に洗礼を施すことが問題であるとき、血統や形状は、理性的動物であるか否かを判断するための指標としてしか考えられませんでした。ですから、神学者や法律家は、それを理由に自分たちの聖なる定義を放棄する必要はなかったのです。

[27] フィラレート　〈しかし、もし、リケトゥス[228]が第一巻第三章で語っている、人間の頭と豚の身体をもった化け物、あるいは人間の身体に犬や馬などの頭のついた他の化け物が生きながらえて、話すことができたとしたら、困難はもっと大きいでしょう。〉

テオフィル　それは認めます。もしそんなことが起こり、誰かが、ある作家つまりハンス・カルプ（ジャン・ル・ヴォー）と呼ばれる昔の修道士のようになったとしたら、彼は自著で、牛の頭をもち手に羽毛が生えた姿に自分を描きだしていて、そのためある人々は愚かにも、この作家が本当に牛の頭をしていると信じてしまったのですが、今言ったようなことが起こったとしたら、人は奇形を抹殺するのを今後はもっと差し控えるでしょう。というのも、形状や、さらには解剖学が医者たちにもたらす諸々の差異にもかかわらず、神学者や法律家においては理性が優位を占めているようですから。解剖学的差異が人間の性質をあまり損なわないのは、人間の内臓の位置が逆であってもそれをあまり損なわないのと同様です。私の知人たちはそういう人物の解剖をパリで見ており、その解剖は評判になりました。父親の方の故アリオ氏[229]（有名な医者です。癌の治療に長けていると目されていましたから。）がこの驚嘆すべきことに関して彼なりに詩句を私に示してくれましたが、そのいくつかについての私の記憶が正しければ、そこでは自然は、

あまり賢くもなく、疑いなく放縦により、
肝臓を左側に置き、
そして同じように逆に、
心臓を右側に置いたのだ。

理性的動物において〔身体の〕構造の多様性がそれほどでもなく、動物たちがしゃべっていた時代に戻るのでないならば、それは分りきったことです。というのも、その時には私たちは理性を優先的に相続しているという特権を失うでしょうし、アダムの血統に属する者たちを、アフリカの猿の王ないしある地域の〔猿の〕族長の血筋を引いているかもしれない者たちから識別しうるように、以後、出生や外見にいっそう注意深くなるでしょう。かの学殖豊かな著者が（29節で）指摘したのも当然で、仮にバラームの牝驢馬[230]が、その主人と一度談話したように、一生涯理性的に談話したとしても（それは予言的幻視でなかったとして）、女性たちの仲間として認められるのは常に難しかったでしょう。

フィラレート　冗談をおっしゃっておられますね。おそらく例の著者も冗談を言っていたのでしょう。しかし真面目に言えば、あなたもお分りでしょうが、〈種の確固たる境界は必ずしも設定できません〉。

テオフィル　それはすでに認めました。というのも、虚構や、事物の可能性が問題になる場合、種から種への移行は感じ取れないかもしれないし、それらを識別しようとすれば、時として、人間が禿でないためには毛をどれだけ残しておかねばならないかを決められないのとほぼ同じ事態になってしまうからです。たとえ問題になっている被造物の内部を

230——Locke: ass... man. Coste: ânesse... homme. Leibniz: ânesse... femmes.（R & B）アカデミー版は、『民数記』XXV [Brunschwig は XXII]. 28–30 の参照を指示。

231——Locke: mixed. Coste: mixtes. Leibniz: composés. フィラレートの発言に出てくるこの語については、いずれも同様の変換が施されている。（R & B）

232——les idées Physiques. R & B は ideas of real things と英訳し、idées physiques は「自然科学に関わる諸観念 ideas pertaining to natural science」を意味することもあった、と注記。

233——平らな物体の重心が、その面積を二回あるいはそれ以上二等分しても見出されえないということは、ライプニッツがホイヘンスから最初に学んだ事柄のひとつであった。ライプニッツが一六九二年のある書簡（A I-8, 196f.）でより詳しく説明しているように、もし平らな物体がいくつかの異なった仕方でナイフの刃の上で釣り合うならば、その釣り合う線はすべて物体の表面上のある一点を通るであろう。他方、平らな物体の面積を二等分するすべての線は必ずしも唯一の点を通るとは言えない。（R & B）

234——R & B は le premier... l'autre の語順を逆にして英訳する。

私たちが完全に知っているとしても、そうした非決定は当てはまるでしょう。しかし、この非決定は、事物が知性から独立に実在的本質をもち、私たちがそれらを認識することを妨げうるとは思いません。確かに、種の名や境界は時として度量衡の名のごときものであり、そこでは確固とした境界をもつには選択しなければなりません。けれども通常は、そんな心配は無用です。あまりに近い諸種が一緒に見出されることはめったにないのですから。

[28] フィラレート　言葉は多少違っても、私たちはこの点に関して根本では一致しているようです。〈実体の規定においては、[231]複合様態の名においてよりも恣意的なところが少ない〉ことも認めます。〈というのも、人は羊の鳴き声を馬の姿と結びつけたり、鉛の色を金の重さや不変性と結びつけたりしようとはほとんど思わないし、自然に倣って模写することの方を好むからです。〉

テオフィル　それは、実体においては実際に存在するものだけが考慮されるからというよりは、自然学的諸観念[232]（これについての理解は徹底していません）においては、保証として現実的存在がないときには、それら諸観念の結合が可能で有益であるかどうか確信がないからなのです。しかし、これは様態においても起こることです。自然学において時折起こるように様態の曖昧さが私たちには窺い知れないときだけでなく、幾何学にかなりの例があるように、曖昧さを洞察するのが容易ならざるときにも起こります。なぜなら、これらの学問のいずれにおいても、私たちの思うままに集成を作ることはできないからです。そうでなければ、私たちは正十面体について語る権利をもつでしょうし、半円にその重心があるのと同様に大きさの中心[233]を探すでしょう。半円には前者はあるのに後者はありえない[234]というのは、なにしろ意外なことですから。ところで、様態において集成が必ずしも任意ではないように、反対に、実体においては時として任意である場合があります。集成の可能性を判断しうるほどに諸性質が理解されていれば、経験に先立って実体的存在者をも定義するためにこれらの性質の集成を作るのは、しばしば私たちに依存します。かくして、オレンジ栽培用の温室に精通している庭師は、何らかの新種を作りだしてそれに前もって名をつける仕事を引き受けうるのは当然であり、また首尾よく引き受けうるでしょう。

[29] フィラレート　種を定義する段になると、〈集成される諸観念の数は、当の集成をなす者のさまざまな専心・器用さ・思いつきに依存する〉、とにかくこのことは認めてくださるでしょう。植物や動物の種を決定するためにたいて

いの場合基準とされるのは形状であり、これと同様に、種子によって産出されない自然的[235]物体の大部分に関しては、最も重視されるのは色です。[30] 実を言えば、それらは多くの場合、錯然とした粗雑で不正確な概念でしかなく、そうした種ないし名に属する単純観念とか性質の正確な数について人々の意見が一致するにはほど遠いのです。なぜなら、恒常的に結合している単純観念を見出すには労苦、巧みさ、時間が必要だからです。それでも、これら不正確な定義を構成する性質がごく僅かでも、日常の会話には十分です。しかし、類や種について騒ぎ立てたにもかかわらず、スコラ派[236]であれほど語られた形相は空想でしかなく、種的本性の認識にまで私たちを踏みこませるのに何ら役立たないのです。〉

テオフィル　誰であれ可能的集成をなす者は、そうすることでは誤らないし、当の集成に名を与える際にも誤りません。しかし、自分の考えていることは、もっと精通した他の人々が同じ名の下に、あるいは同じ物体において考えているすべてのことであると信じると、誤るのです。彼はおそらく、より種的な別の類の代わりにあまりに共通の類を考えているのでしょう。こうしたすべてのことには、スコラ派と対立するものは何もありません。類や種や形相に反対する主張をなぜあなたがここで繰り返されるのか、私には分りかねます。あなた自身、類や種、さらには内的本質ないし形相をさえ容認しなければならないのですから。私たちはそれらをまだ知らないことを認めているときには、それらを用いて事物の種的本性を認識すべきだとは主張しませんけれども。

[30] **フィラレート**　〈私たちが種に設ける境界が、自然によって定められた境界と正確には、一致しないことは、少なくとも明らかです[237]。というのも、私たちは現在使うために一般名を必要とするのであって、事物の最も本質的[238]な差異と合致をよりよく知らせるそれら[種]の性質を発見しようと努めるわけではないからです。そして私たちは、もっと容易

235——「自然的 naturels」は、ライプニッツによる付加。(R & B)

236——「スコラ派で dans les écoles」は、コストによる付加。(R & B)

237——Locke: I cannot see how it can be properly said, that nature sets the boundaries of the species of things: or if it be so, our boundaries of species, are not exactly conformable to those in nature. (R & B)

238——essentielles. Locke: material. コストによる変更。(R & B)

239——ロックの「記号」の考え方はきわめて広く、言語[＝観念の記号]ばかりでなく、類や種といった抽象観念[＝事物の記号]も含まれる。それに対してライプニッツの「記号」概念は(少なくとも本書では)より狭く、もっぱら(他人への伝達のための記号としての)言葉のことである(その証拠にテオフィルは記号であるところの名目的本質を認めない)。ライプニッツの前期思想では「記号(signum)」がより広い意味で用いられていたが、「表出(expressio)」概念の発展とともに、「表出」が「記号」にとって代わり広く用いられたようである。ライプニッツとロックの記号概念の異同のために生じた対立もあり、こうした用語上の食い違いを差し引けば、実際にはそう対立していない箇所も見られる。

に他の人々と意思を通じあえるように、皆の目をひく一定の現われによって、私たち自身事物を種に区別するのです。〉

テオフィル　もし私たちが、両立する諸観念を集成すれば、私たちが種に設ける境界は常に自然と正確に一致しています。そして、現実に一緒に見出される諸観念を集成するように注意すれば、私たちのもつ概念は経験にも一致します。実際の物体について、すでになされた経験ないしなすべき経験がもっと多くのことを発見してくれるという条件つきで、それら概念をただ仮のものとして考え、当の名で公けに理解されていることに関して何らかの正確さを期すべきときに専門家に頼れば、私たちはそこでは誤らないでしょう。かくして、自然はより完全でより好都合な観念をもたらしうるのですが、私たちがもつ観念を否認することはないでしょう。私たちがもつ観念は、おそらく最良で最も自然なものというわけではないにしても、良いものであり自然なものなのです。

［32］**フィラレート**　〈たとえば金属の観念のように、実体について私たちのもつ類観念は、自然によってそれに提示される範型に正確には従いません。展性と可融性だけを含み他の諸性質をもたぬいかなる物体も見出しえないでしょうから。〉

テオフィル　そのような範型を人は求めませんし、そうする理由もないでしょう。そういうものは最も判明な概念の内にも見出されません。多一般のほかに見るべきものは何もないような数も、延長しかない延長物も、固体性しかなく他の諸性質のない物体も、決して見出されないのです。種差が積極的で対立しているときは、類がそれら種差のなかから選択しなければなりません。

フィラレート　〈それゆえ、人間・馬・動物・植物などは自然が形成した実在的本質によって区別される、と思っている者がいるとしたら、彼は、自然は実在的本質についてとても気前がよいと考えなければなりません。すなわち、自然は物体のために実在的本質をひとつ作ると、動物のために別なのを作り、馬のためにさらに別なのを作る、そしてこれらすべての本質を自然は気前よくブーケパロスに与える、というように。これに対して、類や種は多かれ少なかれ拡がりをもった記号[239]でしかありません。〉

テオフィル　もしあなたが、実在的本質を実体的範型と解し、これら範型は物体であってそれ以上のものでなく、動物であって種的にはそれ以上のものでなく、個体的性質なしの馬であるとするなら、それらを空想として扱うのももっともです。そして、思うに、かつての最大の実念論者[240]でさえ、実体を類的なものに限ったとしても類と同じ数だけ実体があると主張した者は誰もいませんでした。しかし、一般的本質[241]はそういうものでないとしたら単に記号である、ということにはなりません。なぜなら、あなたに再三伝えたように、一般的本質は類似の可能性[242]だからです。これは、色というものが必ずしも実体ないし抽出しうる染料ではないからといって、それらが架空のものということにはならないのと同様です。それに、自然は気前がよすぎると考えることはできますまい。自然は私たちが創りだしうるすべてのものを超えて、気前がよいのです。そして、優勢な両立する可能性はすべて、自然の表現という大舞台で実現されています。かつて哲学者たちの間には二つの公理がありました。実念論者たちの公理は、自然を浪費家にするようでしたし、唯名論者たちの公理は、自然は吝嗇家であると宣言するもののようでした。一方は、自然は空虚を許容しないと言い、他方は、自然は何も無駄なことをしないと言う。知解されさえすれば、これら二つの公理は正しいのです。自然はすぐれた節約家のようなもので、必要な場合は節約し、然るべき機会に気前よく振舞うのですから。自然は結果においては気前がよく、そこで用いる原因においては節約するのです。

[34] フィラレート　実在的本質についてのこの論議にこれ以上時間を費やさなくとも、私たちの考えを要約して示すという、言語の目的、言葉の使用の目的を達成するだけで十分です[243]。〈身長は三ないし四ピエ、皮膚は羽と毛の中間のようなもので被われ、暗褐色で、翼はないがその代わりにエニシダの枝に似た二、三の小枝状のものをもち、それらが身体の下の方へ垂れ下がり、長い大きな脚で脚先には三つの爪だけがついていて、尾はない、そういう一種の鳥について私が誰かに話したいとしたら、こういう記述をしなければならず、それによって他の人々に私の言うことを理解させうるの

240——実念論者については、本書第2部の訳注186参照。
241——A VI-6, 292-4, 309 であろうか。(R & B)
242——R & B は、possibilities [inherent] in resemblances と英訳。
243——この「言語の目的」に関する見解は、大筋としては『知性論』33節の冒頭部分に基づく。(R & B)
244——ここまではライプニッツによる付加。「たとえば」以下が35節。(R & B)
245——このことは『知性論』35節で言及されている。(R & B)
246——ライプニッツの最初の草稿では36。(A) GP、Brunschwig、E & H、Cassirer はいずれも36とする。
247——写字生は nature とする。編者による訂正箇所。
248——本書第3部6章13節のテオフィルの発言 (A VI-6, 308ff.) 参照。(R & B)

です。しかし、この動物の名はヒクイドリだと告げられたなら、それなら私はこの名を使って、そうした複合観念全体を言説の中で指し示すことができます。〉

テオフィル　おそらく、皮膚を被っているもの、あるいは何か他の部分についての非常に正確な観念であれば、それだけでも、この動物を他のすべての知られている動物から識別するには十分でしょう。ちょうどヘラクレスがその残した足跡で知られたように、またラテン語の諺に言う、ライオンは爪で知られるように。しかし、［個々の］諸事実を集めれば集めるほど、定義が暫定的である度合いは少なくなります。

[35] フィラレート　〈この場合、私たちは、事物は損なわずに観念から［何かを］取り除くことができます。けれども自然が事物から［何かを］取り除くとなると、種が元のままであるかどうかは問題です[244]。たとえば、展性を除く金のすべての性質をもつような物体があったとしたら、それは金でしょうか。それを決定するのは人間にかかっています。それゆえ、事物の種を決定するのは人間なのです。〉

テオフィル　決してそうではありません。人間が決定するのは名だけでしょう。でもそういう経験によって私たちは、展性というものが、一緒になった金の他の諸性質と必然的な結びつきをもたないことを知るでしょう。それゆえ、その経験は新たな可能性、したがって新たな種を私たちに教えてくれるでしょう。鋭い金すなわち脆い金について言えば[245]、そのことは混入物のせいでしかないし、金の他の諸試験には耐えないのです。灰吹法とアンチモンが金からこの脆さを取り除いてしまうのですから。

[38][246] フィラレート　〈私たちの学説から、とても奇妙に思われることが生じています。つまり、一定の名をもつ各各の抽象的観念は別個の種を形成するということです。しかし、もし［真理が］[247]それをそういう風に望むのだとしたら、どうすればよいのでしょうか。長い縮れ毛の小犬とグレーハウンド犬とは、なぜスパニエル犬と象の場合と同じように別個の種でないのか、私はぜひ知りたいものです。〉

テオフィル　種という言葉のさまざまな意味の取り方を私は先ほど[248]区別しました。この言葉を論理学的に、あるいはむしろ数学的に取れば、ほんの僅かな相違でも十分です。ですから、各々の異なった観念は別の種を与えるでしょうし、その観念が名をもつか否かはどうでもよいのです。しかし自然学的に言えば、すべての相違に注意が向けられるわけではありません。現われしか問題でないときにはきっぱりと語られ、事物の内的真理が問題であるときには、人間において理性がそうであるような本質的で不易の何らかの本性を事物に仮定して、推測的に語られます。それゆえ、水と氷、流動的な形態での水銀と昇華したそれのように、偶有的変化によってしか異ならないものは同一の種に属する、と仮定されるのです。そして有機体においては、普通、発生ないし血統の内に同一種の暫定的な徴が置かれます。より均質な［ものたち］[249]において生殖にそういう徴が置かれるようにです。確かに、事物の内奥を知らなければ正確に判断することはできますまい。しかし、私が一度ならず述べたように、人は暫定的に、そしてしばしば推測によって判断するのです。それでも、確実なこと以外は何も言わないように[250]、外部についてしか語りたくないとしたら、そこには自由があります。その場合、差異が種的であるか否かを議論することは名について議論することです。この意味では犬の間にも非常に大きな差異があるので、イギリスの番犬とブーローニュの犬とは別々の種に属すると言うのも至極もっともなのです。けれども、それらの犬が隔たった同一ないし類似の血統に属しており、かなり遡りうるならその血統が見出され、そして、それらの祖先は似ていたか、あるいは同一であったけれども、大きな変化の後に、とても大きくなった子孫もいればとても小さくなった子孫もいる、ということはありえないことではありません。それらが共通に、ひとつの内的、恒常的、種的本性をもっていると、理性には反することなく信じることさえできます。当の本性はもはやそのように[251]再分割されず、あるいはここで他の多くのそうした本性の内にあるのでもなく、したがって偶有性によってしかそれ以上変化させられない。とはいえ、私たちが最下位の種（species infima）と呼ぶすべてのものにおいて必然的にそのようでなければならない、と判断させるものは何もないのです。しかし、スパニエル犬と象とが同じ血統に属し、そしてそれらがそのような共通の種的本性を

249——［ ］の部分は編者による訂正箇所。

250——アカデミー版の脚注によれば、ライプニッツの最初の草稿では pour ne rien de dire que de seur となっていたが、これを写字生が de peur de ne rien dire que du seur という表現に変えた。アカデミー版は後者の表現を採用。（A VI-6, 325）R & B はこの部分を so as to say nothing that isn't certain と英訳。

251——ainsi が使われているが、R & B は ici の誤りとみなして in our world と英訳。

252——本書第2部33章18節のテオフィルの発言（A VI-6, 271）参照。

253——この部分はライプニッツによる付加。（R & B）

254——『知性論』ではこの後に、and distinct complex ideas, to which those names belong が挿入され、to him they are different species へとつながっている（Essay, p. 463）。（R & B）

255——quelqu'une.『知性論』では、are any, or all of these…? となっている。（R & B）

もつというのは、ありそうもないことです。ですから、さまざまな種類の犬においては、外的現われについて言えば種を区別できるのですが、内的本質について言えば〔区別を〕ためらうでしょう。しかし、犬と象を比較するに際して、それらが同一種に属すると信じさせるものを外的あるいは内的にそれらに帰する理由はないのです。ですから、その推定に対して未決状態に留まる理由は何もありません。人間においても、論理学的に言えば種を区別できるでしょうし、外部に注目するなら、自然学的に言って、種的なものとして通用しうるような差異がさらに見出されるでしょう。だからこそ、黒人、中国人そしてアメリカの原住民が互いに同一人種に属しているのではなく、私たち〔ヨーロッパ人〕に似た諸民族とも同一人種ではない、と考える旅行者もいたのです。しかし、人間の本質的内部、すなわち同じ人の内に留まりすべての人人の内に見出される理性は知られていないし、更なる分割を形成する確固とした内的なものは私たちには何も見出されないのですから、人々の間には内的[252]なものの真理に従って本質的種差がある、と判断するいかなる理由も私たちはもっていません。これに対して、私が先に説明したことに従って、獣は経験的でしかないと仮定すれば、人間と獣との間には本質的種差が見出されます。実際、私たちが経験するところでは、それについて別様に判断する理由はないのですから。

〔39〕フィラレート 〈内的構造が私たちに知られている人工物を例にとりましょう[253]。時を示すだけの時計と時を打つ時計とは、それらを指す[254]のにひとつの名しかもたぬ人々にとっては、唯一の種にしか属しません。しかし、前者を指すのに懐中時計、後者を意味表示するのに掛け時計という名をもつ人にとっては、それらはその人にとって異なった種です。新たな種を作るのは名であって、内的態勢ではありません。そうでなければあまりに多くの種があることになりましょう。四つの平衡輪をもつ時計もあれば、五つの平衡輪をもつ時計もある。紐と円錐滑車をもつ時計もあれば、それらをもたない時計もある。ある時計は平衡輪が自由で、他の時計は螺旋ばねで制御され、また別の時計は豚の剛毛で制御される。これらのもののどれか[255]が、種差をなすのに十分でしょうか。これらの時計が名において一致しているかぎり、私は否と言いたい。〉

テオフィル 私なら十分だと言います。名に拘泥せずに、技法の多様性それもとくに平衡輪の差異を私は考察したいからです。平衡輪にばねが応用され、そのばねが自分の振動に従って平衡輪の振動を制御し、これによって振動がより等しくなって以来、懐中時計は面目を一新し、比較にならぬほど正確さを増したのですから。時計に応用されうる別の等しさの原理を、かつて[256]私は指摘したことさえあります。

フィラレート 〈もし誰かが、内的布置で知っている差異に基づいて区分をしたければ、そうしてよいのです。けれども、そういう構造を知らない人々にとっては、それは別個の種ではないでしょう。〉

テオフィル どうしてあなた方はいつも、徳や真理や種を私たちの臆見とか認識に依存させようとなさるのか、私には分りかねます。徳や真理や種は自然の内にあるのです。私たちがそのことを知っていようといまいと、認めようと認めまいと。それらについて別の語り方をするとなれば、事物の名と一般に受け入れられている語法を、いかなる理由もなしに変えることになります。これまで人々は、いくつもの種類の掛け時計や懐中時計があると思ってはいましたが、どんな仕組みになっていて、どのように呼んだらよいのか、知らなかったのです。

フィラレート 《それでも、外的現われによって自然学的種を区別したいとき、適当と思われる任意の仕方で、つまり、差異が多かれ少なかれ重要と思われるのに応じて、また目的に応じて、限界を設けるということを、あなたはつい先ほど[257]お認めになりました。それに、あなた自身、度量衡の比喩を用いられましたが、それは人々の恣意に従って定められ、名を与えられるのです。》

テオフィル あなたのおっしゃることがやっと[258]分ってきました。いかに偶有的なものであれ、与えうる定義にほんの僅かな変異でもあれば十分な、まったく論理学的な種差と、本質的なものないし不変なものに基づいた、まったく自然学的な種差との間には、中間〔的差異〕を置くことができます。でもそれを正確に決定することはできますまい。そうした中間を扱うに際して、私たちは完全には不変でなくとも容易には変化しないような最も重要な現われに準拠します。ある

256——アカデミー版は、一六七五年三月『学術雑誌』に掲載された *Extrait d'une Lettre... touchant le principe de justesse des Horloges portatives* の参照を指示。

257——本書第3部5章9節のテオフィルの発言（A VI-6, 302）および6章の28節に入る前のテオフィルの発言（A VI-6, 321）参照。（R & B）

258——アカデミー版では depuis le temps であるが、アカデミー版の脚注によれば、ライプニッツ自身が書いた最初の草稿では depuis quelque temps となっている。（A VI-6, 327）

259——本書第3部3章18節のテオフィルの発言（A VI-6, 295）参照。

260——『知性論』では、it seldom happens, that Men have occasion to mention often this, or that particular, when it is absent というように、when it is absent が付け加えられている。（R & B）

現われは他の現われよりも本質的なものに近いのです。そして、専門家はまた他の人々を凌ぐことができるので、事柄は任意であるように見えますし、人々と相関的です。そのため、名を定めるにもそれら主要な差異に従うのが好都合のようです。それゆえ、私が先に[259]名目的定義と呼んだ事柄と混同してはならないのは、常用の種差および名目的な種であり、名目的定義は論理学的種差においても自然学的種差においても生じる、と言えるでしょう。なおまた、通俗的用法に加えて、法律そのものが言葉の意味表示を正当化しうるし、そのときには、nominati と呼ばれる契約、すなわち特定の名によって指し示される契約においてそうであるように、種は法律上のものになるでしょう。そしてこれはローマ法が満一四歳を以て結婚年齢の始まりとするのと同様です。こうした考察全体は軽視すべきものではありません。けれども、ここではさほど役立たないと思います。というのも、少しも役立たないときにあなたが何度かそういう考察を適用なさっているように私には見えたばかりか、再分割において適当と思うところまで事を行ない、後の差異を捨象するのは人々次第であってその差異を否定する必要はない、と考えたり、名を与えることによって何らかの概念や尺度を定めるために、不確実なものの代わりに確実なものを選ぶのも人々次第だ、と考えたとしても、人はほとんど同じ結果を手にすることになるでしょうから。

フィラレート　《ここではもはや見かけほどの見解の隔たりはないので嬉しく思います。》【41】何人かの哲学者の見解には反しますが、私の見るかぎり、〈人工的な事物にも自然物と同様に種がある〉こともあなたは認めてくださるでしょう。【42】〈しかし、実体の名［という話題］を離れる前に、私たちのもつさまざまな観念全体で固有名ないし個体名をもつのは実体の観念だけである、と付け加えておきましょう。というのも、人々が何らかの個体的性質ないし何か別の偶有的な個体に頻繁に言及する必要が生じることはめったにない[260]からです。その上、個体の活動は直ちに消滅し、そこでなされる諸事情の集成は実体においてのようには存続しないのです。〉

テオフィル　それでも、個体的偶有性を思い出す必要があってそれに名をつけた、という場合があります。ですから、あなたの規則は普通は当てはまりますが、例外を許すのです。宗教がそういう例外を提供してくれます。たとえば、毎年私たちはイエス・キリスト生誕の記念行事を行ないますが、ギリシア人たちはこの行事を Theogonia ［降誕祭］と呼び、東方の三博士による礼拝の行事を Epiphaneia ［神現祭］と呼んでいました。またヘブライ人たちは、ヘブライ人の長男には手出しせずにエジプト人の長男を死に至らしめた天使の通過を、特にPassah〔過ぎ越し〕と呼びます。彼らヘブライ人はこの出来事を記念して毎年厳かに祝うのが当然とされていたのです。人工的事物の種について言えば、スコラの哲学者たちはそれを彼らの言う範疇に入れるのに難色を示しました。しかし彼らの慎重さはあまり必要ではなかったのです。そうした範疇表は、私たちのもつ諸観念の一般的な検討をするのに役立つに違いないのですから。それでも、完全な実体と、自然もしくは人工的手段によって複合された[261]実体的存在者である実体の寄せ集まり（aggregata）との差異を認めるのは良いことです。というのも、自然もまたそういう寄せ集めをもっているからです。たとえば身体がそうです。哲学者たちの言葉で言えば、その混合は不完全であり（imperfecte mixta）、ソレ自身ニヨル一を成さず[262]、自己の内に完全な一性をもたない。けれども私は、哲学者たちが元素と呼び単純であると信じている四つの物体[263]と、諸々の塩、諸金属、そして、完全に混合されていると彼らが考え、しかも平衡を保っていることを認める他の諸物体も、ソレ自身ニヨル一ではないと思います。それらは見かけの上でしか一様で均質ではなく、均質な物体といえどもやはり集まりである、と判断すべきであるだけに尚更です。一言で言えば、完全な一性は、生命ある物体ないし原初的エンテレケイアを具えた物体に取っておくべきなのです。なぜなら、これらエンテレケイアは魂と類比をもち、魂と同じく不可分で不滅だからです。私が別の所で示した[264]ように、それらエンテレケイアの有機的身体は実際には機械であるけれども、自然的な機械の発明者が私たちを凌駕しているのと同じように、それらは私たちの発明による人工的な機械を凌駕しています。というのも、これら自然の機械は魂自身と同様に不滅であり、動物はその魂と共に永久に存続するからです。（滑稽ではあっても取っつきやすい事柄でもっとうまく説明するとそれは、舞台の上でアルルカン[265]の服を脱がせようとしても、ずいぶん沢山の衣服を重ね着しているのでいつまでたっても

261――原語はcomposés。R & Bは、この語はcompositeという形容詞の意味をもつこともあると注記し、put togetherと英訳。

262――原文ではqui ne font point. Brunschwigは、qui ne sont pointと読むべきであろうと注記。

263――ラングリーは、ライプニッツはここでエンペドクレスの四元素を示唆していると注記し、参照箇所のひとつとしてGP IV, 207を挙げる。

264――アカデミー版は『新説』一〇節を参照箇所として挙げる。R & Bも同じ論文の参照を指示。

265――Harlequin. 一六―一八世紀のイタリア即興喜劇コメディア・デラルテの道化アルレッキーノのこと。色とりどりのひし形模様のタイツをはき、木剣をもつ。アンリ三世の時代にパリにやってきた有名なイタリアの喜劇役者がHarlay氏の館に頻繁に出入りしたことから、Harlequino（=petit Harlay）と呼ばれたことに由来する。コメディア・デラルテはライプニッツの時代、イタリアにとどまらずヨーロッパ中で大流行したが、啓蒙思想の進展とともに次第に衰退し、一八世紀の終りにはほとんど歴史の表舞台から姿を消した。アルルカンはライプニッツの著作ではたびたび言及されるが、カントの著作ではほんの数回（『人間学』等で三回）出てくるにすぎない。

終わらないようなものです。とはいえ、自然の技巧はまったく別の精妙さをもっているので、ひとつの動物の内にある有機的身体の無限の入れ子状態は、衣服のように互いに似ているわけではなく、互いに重なり合っているわけでもありません。こうしたすべてのことが示しているのは、哲学者たちが、人工物と真の一性を具えた自然物との間にかくも距離を置くのはあながち誤りではなかった、ということです。しかし、この神秘を解明し、その重要さと帰結を理解させて、真に自然的で私たちが経験によって知ったり知解したりしうるものに適合する仕方で、自然神学や精神学[266]と呼ばれるものを首尾よく打ち立てることは、私たちの時代にのみ相応しいことでした。そうした仕方は、自然神学や精神学がもたらすはずの重要な考察の何ものをも私たちに失わせず、むしろ、予定調和の説のようにその諸考察をいよいよ高めるものなのです。そして、実体の名についてのこの長い議論をそれ以上にうまく終結させることはできないと私は思います。

7章——不変化語について

【1】**フィラレート** 〈観念に名をつけるのに役立つ言葉に加えて、諸観念ないし諸命題の結合を意味表示する言葉が必要です。である、でない、は肯定ないし否定の一般的な徴です。しかし、精神は、命題の部分だけでなく文全体あるいは命題全体をも結びつけます。[267]【2】さまざまな肯定と否定のこの連結を表出する言葉を用いてです。そしてそれらの言葉は不変化語と呼ばれるものであり、うまく語る術は主としてそれら不変化語の正しい使用に存するのです。[268] 推論が理路

266——la Pneumatique. 本書序文の訳注55参照。

267——『知性論』2節の冒頭は、'The words, whereby it [the mind] signifies what connection it gives to the several affirmations and negations, that it unites in one continued reasoning or narration, are generally called particles.' (Essay, p. 471) となっており、「心」が signify の主語である。コストによる変更。(R & B)

268——「うまく語る術」以下は、ロックによる欄外の要約。(R & B)

整然としていて方法的であるためにこそ、結合・制限・区別・対立・強調などを示す言葉が必要なのです。そこで思い違いをすると、聞く者を当惑させてしまいます。〉

テオフィル　不変化語[269]が大いに役立つことは認めますが、うまく語る術が主としてそこに存するかどうかは、私には分りません。大学において、あるいは法律家たちの間で逐条的通達文書と呼ばれるものにおいて、あるいはまた証人に提示される条項において、しばしばなされるように、アフォリズムないし箇条書きしか口に出さない人が仮にいたとしましょう。その場合、これらの命題[270]がうまく整理されさえすれば、自分の言うことを理解してもらうについては、それらを連結し不変化語を置いたのとほぼ同じ効果があるでしょう。なぜなら、読者が補うからです。しかし、不変化語の置き方がまずいと、読者は困惑し、不変化語を省くよりもはるかに困惑するであろうことは認めます。不変化語は、諸命題から成る言説の諸部分や諸観念から成る命題の諸部分を結びつけるだけでなく、他の諸観念の集成によって多くの仕方で複合される観念の諸部分をも結びつけるようにも思われます。そして前置詞によって示されるのはこの最後の連結です。それに対して、副詞は動詞の内にある肯定ないし否定に影響力をもっており、接続詞はさまざまな肯定ないし否定の連結に影響力をもっています。でも、そうしたことすべてはあなた自身が指摘されました。それを疑うものではありません。あなたの言葉《パロール》は別の事柄を述べているように見えはしますが[271]。

[3] **フィラレート**　〈不変化語を扱う文法のこの部分は、格・性・法・時制・動名詞・to付き不定詞を順序立てて表現する部分ほどには修められてきませんでした。確かに、ある言語では不変化語もまた、きわめて正確であるように見えるはっきりした再分割によって諸項目の下に整理されました。しかし、それらの目録にざっと目を通すだけでは十分で

269——les particules. ライプニッツの最初の草稿では、この後に qui lient les propositions があった。写字生がこれを書き落とす。(A)
270——propositions. ライプニッツの最初の草稿では positions が使われていた。写字生が変更。(A)
271——ライプニッツ自身、「不変化語の分析」を普遍文法の課題とした。cf. C, pp. 287ff. (Cassirer)

はありません。[272] 論じるに際して精神がとる形態を観察すべく、自分自身の思考を反省しなければならないのです。不変化語はすべて精神の働きの徴なのです[273]から。〉

テオフィル　不変化語についての学説が重要であるのはまさしく本当です。その細部にもっと踏み込んでいく人がいたらよかったのですが。知性のさまざまな形態を認識させるのにこれ以上適したものは何もないでしょうから。[文法上の]性は哲学的文法においては何の役割も果たしませんが、格は前置詞に対応し、その際しばしば前置詞は名詞に含まれいわば吸収されるのです。他の不変化語は動詞の屈折に隠れています。

【4】フィラレート　〈不変化語を正しく説明するには、（普通、辞書でなされているように）[274] それらを最も近い別の言語の言葉で表わすのでは足りません。なぜなら、ある言語でも他の言語でも、言葉の正確な意味を理解するのは同じように容易ならざることだからです。のみならず、二つの言語において近い言葉の意味表示が必ずしも正確に同じでなかったり、同一の言語において異なったりもするのです。ヘブライ語には、たったひとつの文字から成る不変化語で五〇以上の意味表示が数えられるもの[275]があると記憶しています。〉

テオフィル　学識ある人々は、ラテン語やギリシア語やヘブライ語の不変化語について特別に論考を書こうと努めてきました。著名な法律家ストラウキウス[276]は、法律学における不変化語の用法について一冊の本を著わしました。法律学では[言葉の][277]意味表示が少なからず重要です。しかしながら、それらを説明しようとする際には別々の概念よりもむしろ実例や同義語によるのだと、普通は思われています。ですから、一般的な、あるいは故ボーリウス氏[278]が名づけたような形相的な意味、すべての実例に当てはまりうる意味を、それらについて必ずしも見出せるわけではありません。しかしそれ

272――この一文はコストによる付加。
273――この部分は『知性論』4節に基づく。(R & B)
274――「正確な précis」はコストによる付加。(R & B)
275――アカデミー版は、おそらく5であろうと注記。
276――イエナとギーセンの法学の教授であった Johann Strauch (1614-1679) を指す。彼はライプニッツの母方の叔父。一六六四年、ライプニッツは母の死後まもなく、遺産の分け前が得られると思ってシュトラウフを訪ねたが、それは成功しなかったようである。一六六五年ライプニッツはシュトラウフに *De conditionibus* という自分の論文の写しを送り、丁重な返事を受け取った (A II-1, 4) が、二人の間にはそれ以上の接触はなかった。ここで言及されている著作は、*Lexicon particularum juris sive de usu et efficacia quorundam syncategorematum et particularum indeclinabilium* (1671)。(R & B. Brunschwig)
277――[　] の部分は編者による訂正箇所。
278――Samuel Bohl (1611-1639). ポメラニア人の神学者、ヘブライ語研究者。聖書解釈のために意味作用の形相的要素を引き出すことを主題とする一連の論文を執筆・編集した。(Brunschwig) アカデミー版は、参照文献として *Disputationes* XIII (1637-1638) を挙げる。cf. Dutens V, p. 190. (Langley)

にもかかわらず、ひとつの言葉のすべての用法は一定数の意味に常に還元されうるでしょう。そしてそれこそ為すべきことなのです。

[5]●[279] **フィラレート**　実際、意味の数は不変化語の数をはるかに超えています。英語では、butという不変化語は非常に異なったいくつかの意味をもっています。①but to say no more、つまり「しかし、それ以上言わずに」と私が言うとき、この不変化語は、精神がその道筋で終わりにたどり着く前に止まることを示しているかのようです。しかし、②I saw but two planets. つまり「私は二つの惑星だけを見た。」と言えば、精神は言いたいことの意味を、他のすべてのものを排除して表現されたものに制限しています。そして、③You pray, but it is not that God would bring you to the true religion, but that he would confirm you in your own. つまり「あなたは神に祈る。しかし、神があなたを真の宗教を知ることに導こうとしているのではなく、神があなたの宗教を堅固なものにしているということなのだ。」と私が言う場合、これらのbutすなわち「しかし」の最初のものは、あるべきものと別であるような、精神の内での想定を指し、第二のものは、帰結となるものと先行するものとの間に精神が直接的対立を置くことを示します。④All animals have sense, but a dog is an animal. つまり「すべての動物は感覚をもつ。ところで、犬は動物である。」ここでは、不変化語は第二の命題が第一の命題に結びつけられていることを意味表示しています。

テオフィル　フランス語のMaisは、第二の場合を除いて、それらすべての箇所で置き換えができました。しかし、不変化語と解されたドイツ語のalleinは、maisとseulementとが混ぜ合わされたものを意味表示し、最後の例を除くそれらすべての例において、疑いなくbutの代わりに置くことができます。最後の例では少々迷いが生じるかもしれません。

279――このパラグラフに関しては、ライプニッツはコスト訳を避けて自分で英語から翻訳している。実際、コストは仏訳の注で、フランス語の mais は英語の but に対応するわけではなく、著者の挙げる but の用例をフランス語に翻訳することはできないので、部分的には『アカデミー・フランセーズ辞典』*Dictionnaire de l'Académie Françoise* に依拠して用例を変えた、と注意を促しており（Coste, p. 382）、ライプニッツはコストが変更した元の事例に立ち戻っている。（cf. A）

280――R & B は、more を意味するラテン語、と注記。

281――原文では l'usage des langues [y] varie... となっている。［　］の部分は編者による訂正箇所。

mais はまたドイツ語で、あるときは aber に、あるときは sondern に翻訳されますが、後者は分離ないし隔離を示し、allein という不変化語に似ています。不変化語をきちんと説明するには、ここでしてきたような抽象的説明をそれについてするのでは十分でなく、定義が定義されるものの代わりに置かれうるように、代置されうるパラフレーズにまで達しなければなりません。すべての不変化語において、それらが受け入れるかぎりそうした代置できるパラフレーズを探して決定するよう努めれば、そのときには、不変化語の意味表示を整理できているでしょう。先ほどの四つの例でそこに近づく努力をしてみましょう。第一の例で言おうとしているのは、「それについて語られるのはここまでだけで、それ以上は語られない（non più）」ということ。第二の例では、「私は二つの惑星だけを見たのであり、それ以上ではない」こと。第三の例では、「あなたは神に祈り、それだけであって、すなわちあなたの宗教において堅固にされるためであって、それ以上ではない、等々」ということ。第四の例では、「すべての動物は感覚をもっている、そのことだけを考察すれば十分であり、それ以上は必要でない」と言われているかのようです。犬は動物である。ゆえに、犬は感覚をもつ。かくして、これらすべての例は、事物においてであれ言説においてであれ、限界を、そして non plus ultra［極点］を示しているのです。but はまた［フランス語では］目的、道程の終わりでもあります。「止まろう。さあ着いた。目的地に着いた。どうしてこれ以上進むのか。」と考えるかのようです。But、Bute はチュートン系の古い言葉で、何か固定したもの[280]、住居を意味表示します。Beuten（古めかしい言葉で、教会のいくつかの歌にはまだ見られます）は留まることです。mais は magis に起源をもっており、「余分に関しては、残しておかなければならない。」と誰かが言うようなものです。これは、「それ以上は必要ない。十分だ。別のものへ行こう。」あるいは「それは別物だ。」と言うのと同じです。しかし、［不変化語においては］[281]言語の用法は奇妙な仕方で変化しますから、不変化語の意味表示を十分に整理するには諸々の例の細部にまで深く立ち入らなければなりますまい。フランス語では mais を繰り返すのを避けて、cependant を用います。「あなたは祈る。しかしながら（cependant）、それは真理を獲得するためではなくて、（mais）あなたの意見を堅固なものにするためである。」と言うことになるでしょう。ラテン人の言う sed は、かつてはしばしば ains で表現されていました。それはイタリア人の言う anzi です。フランス人はその言葉を廃棄して、ひとつの有益な表現を自分たちの言語から奪ってしまいました。たとえば、「確実なものは何もなかった。しかしながら（cependant）、私があなたに知らせた事柄を人々は確信していた。なぜなら、人々は自分たちが望む事柄を信じたいからだ。けれども（mais）そうでないことが分かった。いや（ains）むしろ、云々」、という表現がそうです。

［6］フィラレート 〈この題材についてはほんの軽く触れるつもりしかありませんでした。恒常的に、あるいは一定の構文内で、不変化語はしばしば命題全体の意味を含むということを、私はつけ加えておきましょう。〉

テオフィル しかし、それが完全な意味であるときには、一種の省略によるものだと思います。そうでなければ、私が思うに、それは単なる間投詞であって、それ自身で存立しうるのであり、ah! hoi me!（ああ痛い）のように一語ですべてを語るのです。Mais と言って他のことをつけ加えないなら、それは、「しかし様子を見よう。糠喜びは控えよう。」と言うときのような省略だからです。ラテン人の言う nisi にも、それと似通ったところがあります。すなわち、si nisi non esset、「もし、しかし（Mais）がなかったら」というように。いずれにせよ、不変化語の用法に見事に現われている、ものの考え方の細部にもう少し深く立ち入ってくださったらよかったと思います。でも、言葉についてのこの探求を終えて、事物に立ち戻るために急ぐ理由がありますから、これ以上あなたを引き止めようとは思いません。とはいえ、言語は人間精神の最良の鏡であり、言葉の意味表示の正確な分析は、知性の諸作用について他のいかなるものよりも良く知らせるのだ、と私は心底思っているのです。

8章——抽象的名辞と具体的名辞について

282——アカデミー版では、この一文の後コロンが使われているが、『知性論』では、each abstract idea being distinct..., が the mind will 以下を説明する構造になっている。（R & B）

283——deux de ces idées. Locke: two whole Ideas. コストによる変更。（R & B）

284——Chacun voit d'abord. Locke: Every one, at first hearing, perceives. コストによる変更。（R & B）

〔1〕**フィラレート**　〈名辞は抽象的か具体的かのいずれかであることにも注意すべきです。各々の抽象的観念は別別であり、したがってその二つのうちの一方は決して他方ではありえません。[282] 精神は、それらの間にある差異をその直観的認識によって明確に知覚しなければなりません。それゆえ、これら〔抽象的〕観念のうちの二つ[283]は決して相互に肯定されえないのです。「人間性は動物性あるいは理知性である」という命題の虚偽性は、誰にでも即座に分ります。[284] このことは、最も一般的に容認されている公準のどれとも同じほど大きな明証性をもっているのです。〉

テオフィル　しかし、〔それについては〕言うべきことがあります。正義は徳であり、習態（habitus）であり、美質であり、偶有性である、等々は衆目の一致するところです。したがって、二つの抽象的名辞は互いに言表されうるのです。それに私は日頃、二種の抽象的名辞を区別しています。論理的な抽象的名辞があり、実在的な抽象的名辞もある。実在的な抽象的名辞、あるいは少なくとも実在的と考えられた抽象的名辞は、本質と本質の部分か、あるいは偶有性、すなわち実体に付加された存在者です。論理的な抽象的名辞は、名辞へと還元された述定です。人間であること、動物であること、と私が言うときのように。そしてこの意味で私たちはそれらを互いに言表することができ、「人間であることは動物であることだ」と言うのです。しかし、現実の事物ではそんなことは起こりません。なぜなら、人間全体の本質である人間性ないし（もしおっしゃりたければ）人間であること性（hommëité）が動物性であるとは言えないからです。動物性はそうした本質の一部でしかありません。しかしながら、実在的な抽象的名辞によって意味表示されるこれらの抽象的で不完全な存在者もまた類と種をもち、その類と種も同様に、実在的な抽象的名辞によって表出されます。ですから、正義と徳の例で私が示したように、それらの間には述定があるのです。

〔2〕**フィラレート**　〈それでもやはり、実体はごく僅かの抽象的な名しかもたないと言えます。かろうじてスコラで人間性・動物性・物体性が語られた程度です。しかしそれは世に認められはしませんでした。〉

テオフィル　それは、例として役立ったり一般概念を解明したりするには、これらの名辞のごく僅かしか必要ではなかったということであり、それらをまったくなおざりにするのは適切ではなかったのです。古代の人々が、人間性（humanité）という言葉をスコラの意味で使ってはいなかったとしても、彼らは人間本性（nature humaine）と言っていたのであり、それは同じことなのです。古代の人々が神性ないし神的本性と言っていたのも確かです。そして神学者たちはこれら二つの本性と実在的偶有性について語る必要があったので、哲学的・神学的な学派ではこれら抽象的存在性に執着したのです。それもおそらく度を越すほどに。

9章——言葉の不完全性について

[1] **フィラレート** 〈私たちはすでに言葉の二重の用途については話してきました。ひとつは、私たちの思考を記録して記憶を助けることであり、これによって私たちは自分自身に語るのです。もうひとつは、言葉《パロール》[発話]という手段によって、私たちの思考を他人に伝達することです。これら二つの用途が、私たちに言葉というものの完全性ないし不完全性を知らせてくれます。[2] 私たちが自分自身にしか語らないときには、言葉の意味が記憶されていてそれが変化しないのなら、どんな言葉が使われようと構いません。しかし、[3] 伝達という用途はさらに、市民的と哲学的の二種から成ります。市民的な用途は、市民生活の会話と慣用にあります。哲学的な用途は、正確な概念を与え、確実な真理を一般的命題で表出するためになさねばならないような、言葉の用途です。〉

テオフィル そのとおりです。言葉《パロール》は他の人々にとって記号であるのと同様に、私たちにとって（数という記号ないし代数学の記号がそうでありうるように）徴[符号]（Notae）なのです。●285 記号としての言葉《パロール》の使用は、一般的な原則を日々の生活や個人に適用すべきときにも、これらの原則を見出したりあるいは確証したりすべきときにも、生じます。記号の第一の用法

285——言葉が他者にとっては記号であり、自分にとっては徴[符号]であるということは、言葉が他者に対しては伝達の機能をもつもの[=記号]として働き、自分自身に対しては記憶の機能をもつもの[=徴、符号]として働くということである。こうした言い方は他にも多く見られる（M. Dascal, op. cit., p. 138, 168）。たとえば、「自分自身にとって記憶の徴である言葉は、他者にとっては判断の記号である。」(GP IV, 143) あるいは、「名は自分自身にとって想起するための徴であり、他者にとっては教えられるための記号である。」(A VI-2, 447) 等々。ライプニッツにおいて、言葉(paroles)と徴[符号](marques, Notae)とは区別されている。「徴[符号]とはわれわれの以前の思考の記号、すなわち記憶の記号である。」(A VI-2, 500) 記号[言葉]と徴[符号]とを区別するのは、それぞれが向けられる対象（他者か自分自身か）、およびそれぞれが関わる時間性である。つまり、他者に向けられる記号は伝達機能をもち、自分自身に向けられる徴は記憶の機能をもつ。「言葉は、他者にとって私の現在の思考の記号であるだけでなく、トマス・ホッブズが示したように、自分自身にとっては私の過去の思考の徴でもある。」(A VI-1, 278) こうした「記号」と「徴[符号]」の区別はホッブズ『物体論』に由来する。「人間の思考がどれほど不安定で消えてなくなるものか、その反復がどれほど偶然によるか、きわめて確実な経験によって知らない人はいない。というのも、誰しも可感的で現前する尺度なしに性質を、可感的で現前するパターンなしに色を、順番に並べられ空で覚えた数の名前なしに数を思い出せないからだ。……哲学の獲得のためにはある可感的な徴表(monimenta)が必要で、それによってわれわれの過去の思考は呼び戻されるだけでなく、それ自身の秩序で記録されうる。そうした徴表をわれわれは徴[符号](nota)と呼ぶ。すなわち、われわれの恣意によって適用される可感的なもの、したがって、それを感覚することによって魂のうちに思考——それを適用

は市民的であり、第二のものは哲学的です。

[5] **フィラレート**　〈ところで、主として次のような場合には、各々の言葉が意味表示する観念を学び保持するのは困難です。①これらの観念が非常に複合的である場合、②新たなひとつの観念を複合するこれら諸観念が相互に[286]自然的連結をもたず、したがって、自然の内にはそれらの観念を修正したり規制したりするいかなる確固たる基準も範型もない場合、③その範型を知るのが容易ならざる場合、④言葉の意味表示と実在的本質とが正確には同じでない場合。様態の規定が疑わしくかつ不完全なものになりやすいのは、初めの二つの理由からであることの方が多く、実体の規定がそうなりやすいのは、後の二つの理由からであることの方が多いのです。[6] 様態の観念が、大部分の道徳的名辞の観念のように非常に複雑な場合、二人の異なる人物の精神において規定が正確な同じ意味表示をもっているのは稀です。[7] 範型の欠如もこれらの言葉を曖昧[287]にしています。brusquer［そっけなく扱う］という言葉を最初に創り出した人は、自分が適当だと考えたことをその言葉で理解したのであり、彼と同じようにその言葉を用いた人々が、彼の正確に言おうとしたことを知らされたわけではなく、彼がその人々に何らかの恒常的な範型を示したわけでもないのです。[8] 共通の用法は、日常会話のためには言葉の意味をかなりよく規制しますが、正確なものは何もありません。ですから、言語の的確さに最も適った意味表示について毎日議論されるのです。多くの人々が栄光について語りますが、一人が他の人と同じようにそれを解することはほとんど無いのです。[9] これらのものは、多くの人々の口にあっては単なる音でしかないか、あるいは少なくとも意味表示がきわめて不確定です。そこで、名誉・信仰・恩寵・宗教・教会について語られる言説ないし対話において、そしてとくに論争において、人々が同じ名辞に当てはめるさまざまな概念をもっているのがすぐに分るでしょう。そ

するための思考と似た思考――を呼び覚ますような可感的なものである。」（T. Hobbes, *De Corpore*, I, 2, 1., in *Opera Latina* I, pp. 11f., *English Works* I, pp.13f.）記憶のための徴［符号］（nota）が私的なものであるのに対して、自分の思考を表示し他者に伝達する共通の徴は記号（signa）と言われる（Hobbes, *De Corpore*, I, 2, 2）。本書第3部の訳注239、第4部の訳注19参照。

286　――アカデミー版では avec elles となっているが、R & B はこれを entre elles の誤りとみなして with one another と英訳。

287　――équivoques. Locke: various and doubtful. Coste: équivoques. (R & B)

れに、現代の人々が使う名辞の意味を理解するのが難しいならば、古い時代の書物[288]を理解するのはなおさら困難というもの。私たちが信ずべきあるいは為すべきことを含んでいるとき以外は、それら［古い時代の書物］なしで済ませられるならその方がよいのです。〉

テオフィル　すぐれたご指摘です。でも、古い時代の書物について言えば、私たちはとりわけ聖書を理解する必要がありますし、ローマ法はヨーロッパのかなり広い地域で今なお大いに役立っていますから、そのこと自体が私たちを、ラビや教父さらには世俗の歴史家が書いた他の多くの古い時代の書物を参照することへと向かわせるのです。それに、古代の医者たち［の見解］もまた理解に値します。ギリシア人の医療行為はアラブ人から私たちに伝わりました。［ギリシア人という］泉の水はアラブ人という小川で濁らされ、ギリシアの源流に遡り始めたときに、多くの事柄において浄化されたのです。しかし、これらアラブ人といえどもやはり有益なことをしているのです。たとえば、エベンビタル[289]は薬草に関する自著のなかでディオスコリデス[290]を引用しており、ディオスコリデス［の思想］を解明するのにしばしば役立っていると言われています。書き残された古代の人々の伝統や一般に他の人の観察が役立ちうるのは、宗教と歴史に次いで、とりわけ、経験的である限りでの医学においてであるとも思います。ですから、古代の学問にも精通した医者たちを私は常に高く評価してきました。このどちらの分野でも卓越していたレイネシウス[291]が、自然について古代の人々がもっていた知識の一部を復権させるよりも、彼らの儀式や歴史の解明へと向かったのはとても残念でした。彼が示してきたかぎりでは、そうした知識の復権も見事に果たしえたでしょうに。ラテン人、ギリシア人、ヘブライ人、アラブ人たちがいつの日か研究され尽くしたとしても、まだ古い書物をもっている中国人に出番が巡ってくるでしょうし、彼ら中国人が現代の批評家たちの

288——ロックは特に聖書と法典について語っている、とアカデミー版は注記。

289——植物学者・薬理学者であったスペインのイスラム教徒 Ibn al-Baitar (c. 1195–1248)。彼の主要な業績は、「単一の薬剤と栄養素の集成」（アラビア語で Kitab al-jami）である。これはディオスコリデスとガレノスの業績を取り入れてはいるが、地中海のイスラム教圏全域にわたる著者自身の植物採集に依拠したものでもある。フランス語への抄訳が一七世紀になされた——訳者は Antoine Galland (1646–1715)——が、出版には至らなかった。アカデミー版は、*Traité des simples*, imprimé en 1874–75 et traduit en français en 1877–83 と注記。(R & B, A)

290——一世紀ギリシアの著名な医者・植物学者。アカデミー版は、***Simplicium medicamentorum, reique medicae libri* VI** を参照文献として挙げる。(Brunschwig, A)

291——Reinesius (1587–1667) はドイツの医者、碩学。文献学、碑銘学、語彙記述の研究のために医学を放棄した。(Brunschwig) 一六七二年一月二一／三一日付トマジウス宛書簡 (GP I, 38f.)、Dutens V, p. 501; VI, Pt. II., p. 194 参照。(Cassirer)

292——本書第3部2章 (A VI-6, 285)。(R & B)

293——本書第3部6章参照。(Langley)

好奇心に素材をもたらしてくれるでしょう。ペルシア人、アルメニア人、コプト人、バラモンたちのいくつかの古い書物は言うまでもありません。それらは時がたつにつれて発掘され、古代が学説の伝承や諸事実の歴史によってもたらしうるいかなる光もなおざりにしないですむでしょう。そして、検討すべき古い書物がもはやなくなったとしても、言語がその代わりをするでしょう。言語は人類の最も古い遺物なのです。時がたつにつれて世界のすべての言語が記録され、辞書や文法書に記されて、相互に比較されるでしょう。こうしたことは、（さまざまな民族における植物の名称によって分るように）名がしばしば事物の固有性に対応しているがゆえに事物の認識に大いに役立つのと同様に、私たちの精神の認識および精神の働きの驚嘆すべき多様性の認識にも役立つでしょう。諸民族の起源については言うまでもありません。それは、諸言語の比較が最もよく与えてくれるしっかりした語源学を通じて知られるでしょう。しかし、これについてはすでにお話ししました。[292]そしてこうしたすべてのことは、批評というものの有用性と射程を示しています。何人かの哲学者は、他の点ではとても学殖豊かなのに、批評を軽視しており、ラビたちの書いた本による学問や一般に文献学について臆面もなく軽蔑的な言辞を弄しています。批評家たちはまだ当分の間、成果を上げるに足る題材には事欠かないし、些事には拘泥しすぎない方がよい、ということも分っています。扱うのにもっと当を得た対象はたくさんあるのですから。とはいえ、些事であっても、いっそう重要な知識を発見するために批評家たちにおいてたびたび必要であることは、私は十分承知しています。そして、批評というものは、大部分、言葉の意味表示や著作家、それもとくに古代の著作家の解釈に関して展開されるのですから、言葉についてのこうした議論は、あなたが古代の人々についてなさった言及と相俟って、この重要な論点に触れるよう私を促したのです。しかし、あなたの言われる、名付けることの四つの欠陥に話を戻すと、文字が発明されて以来とくに、それらはすべて直しうるし、それら欠陥が存続するのは私たちの怠慢によるものでしかない、と申し上げたい。というのも、何らかの学問語において意味表示を確定し、その意味表示を認めてこのバベルの塔を破壊するのは私たち次第だからです。けれども、直すのがもっと難しい二つの欠陥があります。ひとつは、経験が諸観念をすべて同一の主体の内に集成されたものとしてはもたらさないとき、それら諸観念が両立しうるかどうかについて疑いが生じること。もうひとつは、可感的事物についてより完全な定義を手に入れるのに十分な経験を人がもっていないとき、当の可感的事物の暫定的な定義を作る必要があることです。しかし、これらの欠陥のいずれについても、私は一度ならず述べてきました。[293]

フィラレート 《私がこれからお話ししようとしている事柄は、今あなたが指摘された欠陥をいくらか解明するのにも役立つでしょう。私が示した欠陥のうち第三のものが、それらの定義を暫定的なものにしているように思われます。それは、私たちが可感的な範型を、すなわち物体的本性をもつ実体的存在者を、十分には認識していない場合です。この欠陥はまた、自然が集成しなかった可感的諸性質を集成することが許されるかどうか、私たちには分らなくしてしまいます。そうした諸性質は徹底的に知解されているわけではないのですから。》**〔11〕**〈ところで、複合様態のために役立つ言葉の意味表示が、その同じ複合を提示する範型の欠如ゆえに疑わしいとしたら、実体的存在者[294]の名の意味表示は、正反対の理由で疑わしいことになります。なぜなら、それらは事物の実在に合致していると想定されるものを意味表示しなければならず、自然によって形成された範型に関係づけられねばならない[295]からです。〉

テオフィル そのことは実体の観念にとって本質的ではありません。これは今までの対話の中で私がすでに一度ならず指摘した通りです。でも、自然に倣って作られた観念が最も確実で最も有用であることは認めます。

〔12〕 フィラレート ところで、まったく自然によって作られた範型に人が従い、想像力はその範型の表現を保持しさえすればよいときには[296]、〈実体的存在者[297]の名は、私がすでに示したように、通常の用法では二重の関連をもっています。第一には、それらの名は事物の内的[298]実在的構成を意味表示します。しかし、この範型は知られえないし、したがって意味表示を規制するのに役立つこともできないでしょう。〉

テオフィル ここではそういうことが問題なのではありません。私たちが範型をもっている観念について語っているのですから。内的本質は事物の内にあります。けれども、それが原型として役立ちえないことについては衆目の一致す

294——Etres substantiels. Locke: substances.
295——doivent... se raporter. 『知性論』では are referred であり、have to be referred ではない。(R & B)
296——ライプニッツによる付加。(R & B)
297——Etres substantiels. Locke: substances. (R & B)
298——「内的 interne」はライプニッツによる付加。(R & B)
299——Etres substantiels. Locke: substances. (R & B)
300——l'eau Régale. 硝酸と塩酸の混合物。金や白金といった貴金属を溶かす力をもつことから「王水」と呼ばれる。(R & B)
301——équivoque. Locke: mistakes. Coste: équivoque. (R & B)

るところです。

【13】フィラレート　〈それゆえ第二の関連は、実体的存在者[299]の名が実体の内に同時に現実存在している単純諸観念に直接的にもっている関連です。しかし、同一の主体の内で結合しているこれら諸観念の数は多いので、人々がこの同じ主体について語ろうとしても、著しく異なった諸観念を形成してしまいます。それは人々が単純諸観念の異なる集成を作ることにもよるし、物体の性質の大部分が、他の物体の内に変化を生み出したり他の物体から変化を受け取ったりする力能だからでもあります。卑金属のひとつが火の作用によって被りうる変化や、他の諸物体の使用によってその卑金属が化学者の手でさらに多く受ける変化が、その証拠です。それに、ある人は金を認識するのに重さと色で満足しますが、別の人はさらに可延性、不変性をそこに持ち込むし、第三の人は金を王水[300]中で溶かしうることを考慮に入れさせようとするのです。【14】また事物はしばしば相互に似ていますから、厳密な差異を指し示すのは時として困難です。〉

テオフィル　実際に物体は変質させられ、姿を変えられ、変造され、偽造されやすいので、それらを区別し見分けることができるのは重要なことです。金は溶液の中に隠されますが、沈殿させたり水を蒸留したりしてそこから取り出すことができます。そして、偽造されたり混ぜ物をした金は試金者の技術によって見分けられたり純化されたりします。そうした技術は皆に知られているわけではないので、人々がすべて必ずしも金について同じ観念をもっていなくても不思議ではありません。また、通常、物質について十分に正確な観念をもっているのは専門家だけです。

【15】フィラレート　〈けれども、そういう多様性は、世俗の交流においては、哲学的探求の場合ほど混乱をひきおこすわけではありません。〉

テオフィル　その混乱は、実生活に影響がなければもっと許容できるでしょう。実生活においては、思い違いをしないこと、したがって事物の徴を知っていること、あるいは徴を知っている人々が身辺にいること、がしばしば肝心です。そしてそのことは、高価で、重要な機会に必要になるかもしれない薬剤や材料に関してはとくに肝心です。哲学における混乱はむしろ、もっと一般的な名辞の用法で気づかれるでしょう。

【18】フィラレート　〈単純観念の名が曖昧[301]になる度合いはもっと少ないのです。白い、苦い等々の言葉について思い違いをすることはめったにありません。〉

テオフィル　でも、それらの言葉が完全に不確実さを免れているわけではないことは確かです。隣接する色の例を私はすでに指摘しました。[302] それらの色は二つの種類の境目にあり、その種類が疑わしい[303]のです。

[19] フィラレート　〈単純観念の名に次いで、単純様態の名は最も疑わしくないものです。たとえば[304]形状や数の名がそうです。しかし、**[20]** 複合様態と実体はあらゆる紛糾をひきおこします。**[21]** これらの不完全性を言葉のせいにする代わりに、むしろ私たちの知性に責任を負わせるべきだ、と人は言うでしょう。しかし私はこう答えます。言葉は私たちの精神と事物の真理との間に相当入り込んでいるので、言葉を、可視的事物からの光線[305]が通過する媒体に譬えることができ、それがしばしば私たちの目を雲で覆ってしまうのだ、と。それで私は、もし言語の不完全性がもっと徹底的に検討されたなら、論争の大部分はひとりでにおさまり、認識への道は、そしておそらく平和への道も、人々にいっそう開かれることだろうと、信じたくなるのです。〉

テオフィル　文書による議論においてなら、そういうことは今からすぐにでもなし遂げうると思います。もし人々が一定の規則に関して合意し、それを注意深く実行しようと欲するならば。しかし、口頭でしかも即座に正確に事を行なうためには、言語の変革が必要でしょう。その検討を私は別のところで[306]しました。

[22] フィラレート　そういう改革は［まだ］[307]そうすぐには準備できないでしょうが、それまでは[308]、〈とりわけ、私たちが古代の著述家たちに帰している意味を他の人々に押しつけることに関しては、言葉のこの不確実さは私たちに節度を保つよう教えるに違いありません。ギリシアの著述家たちは、ほとんど誰もが別個な言語を語っているのが見出されるのですから。〉

302——本書第3部4章15節のフィラレートの発言に続くテオフィルの発言（A VI-6, 298）参照。（R & B）

303——原語は douteux。doubtful という語は、『知性論』18節の欄外の要約に出てくる。（R & B）

304——comme par exemple. Locke: especially.（R & B）

305——原文では les rayons des objets visibles であるが、rayons des の部分はコストによる付加。（R & B）

306——アカデミー版は、『結合法論』*De arte combinatoria*, Usus XI (1666, A VI-1, 201f.) の参照を指示。cf. Couturat, *La Logique de Leibniz*, ch. 3.（Cassirer）ラングリーは GP III, 216; IV, 27f.; VII, 3f. および本書第4部6章2節、同17章13節の参照を指示。

307——［　］の部分は編者による訂正箇所。

308——ここまで、ライプニッツによる付加。（R & B）

309——Locke: These, for the most part, the several sects of philosophy and religion have introduced. コストによる変更。（R & B）

310——R & B は、この部分はロックに対する誤解に基づくものであり、ここで言われていることに関してロックは明確ではない、と注記。

テオフィル　私はむしろ、ホメロス、ヘロドトス、ストラボン、プルタルコス、ルキアノス、エウセビオス、プロコピオス、ポティオスのような、時と場所に関して互いにかくも隔たったギリシアの著述家たちが非常に似通っているのを見て驚きました。それに対して、ラテンの著述家たちはずいぶん変わりましたし、ドイツ人、イギリス人、フランス人ははるかにそれ以上です。しかしそれは、ホメロスの時代以来、そしてさらにアテナイという都市が栄えていたときにも、ギリシア人には優れた著述家が輩出し、後世の人々が少なくとももものを書く際に彼らを模範と考えたということなのです。というのも、疑いなくギリシア人の俗用語は、ローマ人の支配下ですでに著しく変化せざるをえなかったからです。そして同じ理由から、イタリア語はフランス語ほどには変化しませんでした。イタリア人にはより早くから定評のある作家たちがいて、ダンテ、ペトラルカ、ボッカチオその他の作家たちを模倣していましたし、今なお高く評価しているのですが、同じ時代のフランスの作家たちはもはや読まれもしないからです。

10章――言葉の誤用について

［1］**フィラレート**　〈言語の自然的な不完全性に加えて、気まぐれで、不注意に由来する不完全性があります。言葉をそれほどまずく使うことは、言葉を誤用することです。第一の、最も明白な誤用は、（［2］）言葉に明晰な観念を結び付けないことです。それらの言葉については、二種類あります。一方は、その起源においても通常の用法においても、定まった観念をもったことのないものです。哲学や宗教の諸派の大部分はそういう言葉をもちこんで、●309 ある奇妙な意見を支持したり、自分たちの説の何らかの弱点を覆い隠したりしました。にもかかわらず、それらは、党派の人々の言い分によれば弁別的特徴なのです。［3］ほかにこういう言葉があります。すなわち、初めの共通した用法においては何らかの明晰な観念をもっているけれども、以後、いかなる確定された観念にも結び付けられずに、きわめて重要な題材に当てはめられてきた言葉です。●310 知恵・栄光・恩寵といった言葉がしばしば人々の口に上るのはこのようにしてなのです。〉

テオフィル　意味をもたない言葉はあなたが考えるほど多くはないと思いますし、少々注意を払い、積極的な意欲を以てすれば、そうした空白を埋めたり、不確定性を取り除くことはできると思います。知恵は至福についての知にほかならないようです。恩寵とは、それを受けるに値しなかったけれどもそれを必要とする状態にある者たちに与えられる恵みです。そして栄光とは、ある者の卓越性の評判です。

【4】フィラレート それらの定義について言うべきことがあるかどうか、今は検討したくありません。むしろ言葉の誤用の原因を指摘したい。〈第一に、人々は言葉に属する観念を知る前に言葉を習います。子供たちは揺りかごの時代からそのことに慣れて、一生涯、言葉を同じように使うのです。彼らは会話において、自分たちの観念を確定しないまま、自分の言いたいことを他人に理解させるためにさまざまな表現を使い、とにかく自分の考えを分らせるものですから、なおさらです。けれども、そのことはしばしば彼らの言説を多くの空しい音声で満たしてしまう。とりわけ道徳的問題においてそうです。人々は隣人たちの間で使われているのが見出される言葉を取り上げて、その意味表示するところを知らないと思われないように、確定された意味を与えもせずに自信をもってそれらを使うのです。[311] この種の言説で彼らの言い分が正しいということはめったにありませんが、それと同様に、自分たちが誤っていると納得することもめったにありません。ですから、そういう人々を誤謬から救い出そうとするのは、浮浪者から所有物を奪おうとするに等しいのです。〉

テオフィル 実際、名辞ないし言葉を理解するのに必要な労を厭わないのはきわめて稀ですから、子供たちがあまりにも早く言語を学びうることや、大人であっても依然として非常に正しく話すことに、私は一度ならず驚きました。子供たちを母語で教育する努力はほとんどなされないし、明確な定義を手に入れようとはほとんど思わない人々もいるから

311——原文では、Les hommes prennent... pour ne pas paroître.... et ils les employent avec confiance, sans... であるが、『知性論』では Men take...; and that they may not seem.... use them confidently, without...。(R & B)

312——この部分は『知性論』8節に基づく。ルキアノスはローマ帝政期のギリシアの諷刺作家 Lukianos（120?–195?）を指す。シリアのサモサテに生まれ、アテナイに定住。諷刺対話八〇余篇を書き、社会のさまざまな愚昧を批判した。『神々の対話』『遊女の対話』『本当の話』などで有名。ルネッサンス以降現代に至るまでヨーロッパの諷刺文学に与えた影響（エラスムス、ラブレー等）は測りしれない。A も Brunschwig も *Dialogues des morts* を参照文献として挙げる。

313——これについては、本書第1部の訳注15参照。一七世紀当時の「ペリパトス派」にはライプニッツの師ヤコプ・トマジウスのような優れた人物もおり、ライプニッツ自身もある意味では「ペリパトス派」であると言えるが、本文のここでは、同派の煩瑣な研究が言葉の意味表示に混乱をもたらしてきた点で、その欠陥が指摘されている。

314——アカデミー版は、デカルト派を指すと注記し、ライプニッツの『形而上学叙説』一八節の参照を指示。

315——Locke: the... mechanic. Coste: la mécanique. Leibniz: les hommes mécaniques. (R & B)

です。学院で教わる諸定義は、普通、世間で使われている言葉を考慮しないのですから。それに、真剣に議論し、自分の考えに従って語っているときでさえ、誤りを犯してしまうのは人間にはありがちだということも認めます。しかしながら、これも私が再三指摘してきたように、精神の領域に属する題材に関する思弁的な議論においては、人々が他人の意見を誤解して相互の対立が生じる場合を除いて、彼らは両方の側とも皆、正しいのです。そうした誤解は、名辞の悪しき使い方や、時にはまた反抗心、優位に立とうと望む気持ちに由来します。

[5] フィラレート 〈第二に、言葉の用法は時として変わりやすいということです。これは学者たちの間であまりにも頻繁に起こります。けれども、それは明らかな欺瞞であり、もし意図的なものであれば、愚行ないし悪意です。勘定に際して言葉をそんな風に（一〇を五とするように）使う者がいたら、誰がそういう者を相手にするでしょうか。〉

テオフィル そうした誤用は、学者の間だけでなく世間一般においてもごく普通に見受けられるので、私は、その誤用をひきおこすのは悪意というよりはむしろ悪しき慣習や不注意だと思います。普通、同一の言葉のさまざまな意味表示は何らかの類縁性をもっています。そのため、ひとつのものが別のものとして通用してしまい、人は自分の語ることを、望ましいあらゆる厳密さを以て考察するための時間を費やさないのです。人々は転義法や文彩に慣れていますし、何らかの上品な言い回しとかうわべだけの輝きによって、私たちはまんまと騙されてしまいます。というのも、たいてい、真理よりも楽しみや気晴らしや見かけが求められるからです。それに加えて虚栄もそこに混じっています。

[6] フィラレート 〈第三の誤用は、わざと装った曖昧さであり、通常用いられていない意味表示を慣用的な名辞に与えるか、説明抜きで新しい名辞を導入するか、そのいずれかによって生じます。〉ルキアノスが愚弄するのも至極当然の、古代のソフィストたちは、すべてについて語るのだと主張して、自分たちの無知を言葉の曖昧さという覆いの下に隠蔽していました[312]。〈哲学者の諸学派のなかではペリパトス派[313]がこの欠陥によって目立ちましたが〉、現代の学派の間でさえ、〈他の諸学派がそれをまったく免れているわけではありません。たとえば、延長という名辞を誤用して、それを物体という名辞とひとつにする必要があると考える人々[314]がいるのです。[7] 論理学、すなわち論争術は、とても高く評価されてきましたが、それが曖昧さを維持するのに役立ったのです。[8] そういうことに没頭した人々は、社会にとって無用というよりむしろ有害です。[9] それに対して、学者からひどく蔑まれている職人たち[315]こそ、人間の生活に有用だったので

す。それでも、これら難解な博士たちは無学な人々から敬服されてきました。博士たちは、入り込むのが苦痛な茨や刺を備えていたがゆえに、無敵と思われたのです。不条理を防衛するのに役立ちうるのは曖昧さだけですから。【12】困ったことに、言葉を曖昧にするこのような術は、人間の活動の二大規則、すなわち宗教と正義を紛糾させてしまったのです。〉

テオフィル　お嘆きの大方はもっともです。それでも、稀ではありますが、許せる曖昧さ、さらには称賛すべき曖昧さがあることは本当です。たとえば、謎めいていることを誰かが公言し、謎が時宜にかなっているときがそうです。ピュタゴラス[316]は謎をそのように使いましたし、東方の人々のやり方もどちらかと言えばそんな風です。奥義を極めた者と自称する錬金術師たちは、秘術の子たちにしか理解してほしくないと言明しています。でも、いわゆる秘術の子たちが暗号の鍵を握っているならそれも良いでしょう。ある程度の曖昧さなら許されうるでしょうが、それでも、当の曖昧さは解かれるに値する何かを隠していなければならないし、謎は解読されうるのでなければなりません。しかし、宗教と正義は明晰な諸観念を必要とします。それらを教える際に秩序が欠けていたため、それらについての教説が混乱してしまったようです。そして、おそらく曖昧さよりも名辞の不確定のほうがもっとそれらに害を及ぼしたのでしょう。ところで、論理学は思考の秩序と脈絡を教える術ですから、論理学を非難する理由が私には分りません。それどころか、人々が誤るのは[むしろ][317]論理学が欠けているからなのです。[318]

【14】フィラレート　〈第四の誤用は、言葉を事物とみなすこと、言い換えれば、名辞が実体の実在的本質に対応すると考えることです。ペリパトス派の哲学に育てられて、範疇[319]を意味表示する一〇個の名が事物の本性と正確に合致すると考えない者がいるでしょうか。実体的形相・植物的霊魂・真空嫌悪・志向的形象などが何か実在的なものであると考え

316――ライプニッツのピュタゴラスへの言及については、GP VII, 147 参照。(Langley)
317――［　］の部分は編者による訂正箇所。
318――一六九六年の Gabriel Wagner 宛書簡（GP VII, 512f.）、Guhrauer, *Leibniz Deutsche Schriften* I, 374f. 参照。(Langley)
319――les prédicamens. ロックは predicaments を categories の意味に用いているが、現在はほとんどそういう意味には用いられていない、と R & B は注記。カテゴリーは中世では praedicamentum とラテン訳され、ロックの用法はそれに従った（当時としては普通のもの。

ない者がいるでしょうか。プラトン主義者たちは世界霊魂［という考え方］をもち、エピクロス派は、静止時における原子の運動への傾向［という考え方］をもっています。モア博士の言う[320]空気状媒質ないしエーテル状媒質が世界のどこかで受け容れられていたなら、それは同じように実在的と信じられたでしょう。〉

テオフィル　正確に言えば、それは言葉を事物とみなすことではなくて、真でないものを真と考えることです。これはすべての人々にあまりにありがちな誤謬ですが、言葉の誤用だけによるのではなく、まったく別の事柄から成っています。範疇という構想はすこぶる有用であり、それら範疇を斥けることよりも修正することを考えるべきです。実体・量・質・能動ないし受動、そして関係、すなわち存在者の五つの一般的な表題とそれらの複合から形成される表題があれば足りうるでしょう。それにあなた自身、諸観念を整理する際に［それらを］範疇として提示しようとなさったのではありませんか。実体的形相については先に[321]お話ししました。また、植物的霊魂[322]を斥けるだけの十分な理由があるかどうかは、私には分りません。かなり経験に富んだ分別ある人物たちが、植物と動物との間に強い類比を認めていますし、あなたは動物の魂を認めておられたようですから。真空嫌悪は正しく理解することができます。言い換えれば、自然がかつて諸空間を満たしていて、物体は不可入的で不可凝縮的であると仮定すると、自然は空虚を認めることはできますまい。私はこれら三つの仮定には十分な根拠があると思います。しかし、魂と身体とを交渉させるはずの志向的形象[323]はそうではありません。もっとも、対象から出て、離れた器官まで行く可感的形象は、運動の伝達が暗に了解されていればおそらく許容できるでしょう。プラトンの言う世界霊魂はないことを私は認めます。[324]というのも、神は世界を超えている extramundana intelligentia（世界外知性体）、あるいはむしろ supramundana（超世界的知性体）なのですから。[325]エピクロス派の言う原子の運動へ

320——モアについては、本書第1部の訳注12、38参照。アカデミー版は、モアの著作『魂の不死性』*The Immortality of the Soul*（一六五九年）II, 14 および III, 1 の参照を指示。

321——本書第3部6章24節のテオフィルの発言（A VI-6, 317f.）参照。（R & B）

322——les âmes végétatives. スコラ哲学は、植物・動物・人間という三段階の生命に対応するものとして三種の霊魂、すなわち、「植物的霊魂 anima vegetabilis［栄養的霊魂 anima nutritiva］」、「感覚的霊魂 anima sensibilis［sensitiva］」、「知性的霊魂 anima intellectiva［理性的霊魂 anima rationalis］」を認めた。これらの中で「植物的霊魂」が最低位にあり、「感覚的霊魂」がその上位に、「知性的霊魂」が最上位にある。上位の形態は下位の従属的形態とその働きを潜在的に含む。「植物的霊魂」の働きは栄養作用・成長・生殖、「感覚的霊魂」では感覚・欲求・知覚作用、「知性的霊魂」においては理性と意志の活動である。人間の場合、これらの働きがすべて知性的霊魂ないし理性的霊魂において結合している。（Langley）

323——これについては、本書序文の訳注90参照。カッシーラーとラングリーはクラークへの第五書簡八四節（GP VII, 410: 本著作集第9巻三七一頁）の参照を指示。

324——クラークへの第五書簡四三節以下、八二節、八六節以下参照。（Cassirer）

325——『弁神論』二一七節（GP VI, 248）参照。（Langley）

の傾向というもので、彼らが原子に帰属させていた重さをあなたが考えておられるかどうか、私には分りませんが、それは確かに根拠のないものでした。なぜなら、物体はすべて自ら同一の方向へ進むと彼らは主張していたからです。イギリス国教会の神学者、故ヘンリー・モア氏は、学殖豊かではありませんでしたが、[326]知解できず明白でもない仮説を立てるのに些か安易すぎる態度を示していました。物質の原質料的原理（principe Hylarchique）がその証拠です。それは重さの原因、弾性の原因、そこに見出される他の不思議なことの原因なのです。彼のエーテル状媒質についてはあなたに言うべきことは何もありません。その本性を私はまだ検討していないのです。

【15】フィラレート　〈物質という言葉に関する例を取りあげれば、あなたはもっと私の考えに立ち入ってくださるでしょう。［物質という言葉は物体[327]とは別個の観念を意味表示するところから、］[328]物質は自然の内に現実に存在する、物体とは別個の存在者[329]と考えられています。そのことは実際、この上なく明証的です。そうでなければ、これら二つの観念の一方を他方の代わりに無差別に置くことができるでしょう。なぜなら、ただひとつの物質がすべての物体を構成するとは言えますが、ただひとつの物体がすべての物質を構成するとは言えないからです。それにまた、私が思うに、ひとつの物質が他の物質より大きいとは言われないでしょう。物質は物体の実体と固体性を表現しています。ですから、私たちがさまざまな物質を考えないのは、さまざまな固体性を考えないのと同じです。それでも、こうした厳密さの下に存在する何ものかの名として物質が解されるや、そういう思考は第一質料に関する、知解できない言説や紛糾した論争を生み出してきたのです。〉

テオフィル　その例は、ペリパトス派の哲学を非難するよりもむしろ弁護するのに役立つように私には思われます。もしいかなる銀も形を成すのだとすれば、あるいはむしろ、いかなる銀も自然もしくは人為によって形を成している

326——GP VII, 339、一六九〇年九月八日付プラッキウス Placcius 宛書簡（Dutens VI, p. 48）、一六九七年八月二四日付トマス・バーネット宛書簡（GP III, 217）参照。（Langley）
327——corps. Locke: the idea of body.（R & B）
328——［　］の部分は編者による訂正箇所。
329——un Etre réellement existant dans la nature, distinct du corps. Locke: [a] thing really in nature, distinct from body. コストによる変更。（R & B）
330——［　］の部分は編者による訂正箇所。
331——アカデミー版は、一六九八年九月の『ライプツィヒ学報』に掲載された *De ipsa natura, sive de vi insita*（GP IV, 510）の参照を指示。その他、『弁神論』三〇節（GP VI, 119）、『動力学試論』（GM VI, 234f.）、GP IV, 464–7、アントニオ・アルベルティ宛書簡（GP VII, 447–9）、クラークへの第五書簡一〇二節（GP VII, 414）等々参照。（Langley）
332——R & B は、『形而上学』*Metap. Z*, 1029a と記す。
333——「展性が……と主張して」の部分を除いてここまではロックの考え方が不正確に表現されている、と R & B は注記。
334——『ニコマコス倫理学』I, 6, 1098a12–14 参照。（A）
335——ここで言われている定義は *Horoi*, 415a に見られる。（A. Brunschwig）

という理由で、銀は（厳密な意味にとって）食器ないし硬貨と別個の、自然の内に現実に存在する存在者である、とは言い難くなるのでしょうか。［そして、銀は重さ・音・色・可融性その他、硬貨のいくつかの性質を表出しているとはいえ。］[330] そのために銀は硬貨のいくつかの性質にほかならないとは言わないでしょう。ですから、一般自然学において第一質料を論じてその本性を確定し、それが常に一様かどうか、（実際私がケプラーに倣って、慣性と呼ばれうるものをそれはさらにもっていることを示したように）[331] 不可入性以外の何らかの特有性をもつかどうか、などを知ることは人が思うほど無益ではありません。もっとも、第一質料はまったく裸の状態では決して見出されないのですが。たとえ純銀が私たちのもとになく、銀を精錬する手段を私たちがもたなくても、純銀を論じることは許されるだろう、ということと事情は同じです。それゆえ、私はアリストテレスが第一質料について語ったのを非とするものではありません。[332] しかし、それに拘泥しすぎた人々、この哲学者の言葉を誤解して幻影を捏造した人々は非難せざるをえないでしょう。おそらくこの哲学者もまた、時として、そうした誤解やわけの分らぬ話を招来するきっかけを与えすぎたのです。でも、この高名な著者の難点をあまり仰々しく強調すべきではありません。なぜなら、周知のように、彼の著作の多くは彼自身によって完成されたわけでも出版されたわけでもないからです。

【17】フィラレート　〈第五の誤用は、言葉が決して意味表示してもいないし意味表示することもできない事物の代わりに、当の言葉を置くことです。それは、展性が金の実在的本質に依存することを理解させるのだと主張して、「私が金と呼ぶものには展性がある」ということ以上の何かを、（その場合、根本では金は展性のあるもの以外のものを意味表示していないのに）実体の名によって言おうとするときに生じます。[333] かくして私たちは、アリストテレスのように[334] 人間を「理性的動物」と定義するのは適切で、プラトンのように[335]「毛がなくて幅の広い爪をもつ二本足の動物」と定義するのはまずい、と言うのです。**【18】**そうした特有性が依存している実在的本質をもつひとつの事物をこれらの言葉が意味表示している、と仮定しない人はほとんどいません。けれども、これは明白な誤用というもの。その言葉で意味表示される複雑観念の内にはそれは含まれていないのですから。〉

テオフィル　私ならむしろ、この共通の用法を非難するのが間違っているのは明白だと考えるでしょう。金の複雑観念の内には、それが実在的本質をもつ事物であり、展性のような諸性質がその本質に依存することを除けば、当の本質の構成は詳しくは私たちに知られていない、ということが含まれているのはまったく本当だからです。しかし、同一性に頼らずに、また贅語法ないし反復法の欠陥[336]（第6章[337]【18】[338]参照）をもつことなく、金の展性について述べるには、この事物を色や重さのような他の諸性質によって見分けなければなりません。そしてそれは、可融性で黄色くてとても重い、金と呼ばれるある物体が、ハンマーで叩くと非常に軟らかくて極端に薄くされうる性質をもそれに与える本性をもっている、と言うかのようにです。プラトンに帰せられる人間の定義についていえば、彼はそれを練習としてしか作らなかったようですし、あなた自身、一般に受けいれられている定義と本気で比較しようとはなさらないと思いますが、［プラトンの］その定義が少々外面的で暫定的すぎることは明白です。というのも、先ほど（第6章【34】）あなたが話しておられたあのヒクイドリが、もし幅の広い爪をもっているのが見出されたとしたら、それは人間になってしまうでしょうから。ディオゲネス[339]がプラトン的人間にしようと思ったと言われている鶏のように、羽をむしりとる必要はヒクイドリにはないでしょうから。

【19】フィラレート　〈複合様態においては、そこに入るひとつの観念が変えられるやいなや、それは別物であることが認められます。このことは以下のいくつかの言葉に明らかに現われています。すなわち、殺人（murther）は〉、《ドイツ語のMordtのように》、〈英語では予謀された計画的な殺人を意味し、故殺（manslaughter）（語源においては殺人に合致する言葉）は、殺意はもっていても予謀されたのではない殺人を意味します。過失殺人（chancemedly）〉《言葉の意味に従えば、偶然に起こった乱闘》〈は図らずも為された殺人です[340]。それらの名で表現される事柄と、事物の内にあると私が思っている事柄（以前私が、名目的本質・実在的本質と呼んでいたもの）とは同じものだからです。しかし、実体の名においては事情が違います。というのも、ある人が金の観念には入れないもの、たとえば不変性や王水の中での可溶性を他の人が入れたとしても、だからといって種が変わったとは人々は考えず、彼らが金という名を帰している隠れた実在的本質を成すものについて、一方

336——coccysme は鳥のカッコウのギリシア名に由来し、同じことを繰り返すという欠陥を指しており、今日では贅語法（pléonasme）と言われる、と Brunschwig は注記。
337——GP、Brunschwig、E & H は8、Cassirer は3、Langley は6か10であるとする。
338——R & B は17とする。
339——cf. Diogène Laërce, VI, 2: *Diogène de Sinope*, 40. (A)
340——これら三つの英語の単語の定義はコストによるもの。Mordt に言及し、manslaughter の語源と chance-medley の文字通りの意味を説明しているのはライプニッツ。chance-medley に関してはコストもライプニッツも誤っていると R & B は指摘し、OED の参照を指示。
341——本書第3部6章の28節に入る前のテオフィルの発言（A VI-6, 321）参照。（R & B）
342——de difficile discussion. この discussion はおそらくラテン語の discussere（break up とか scatter の意）に由来するであろう、と R & B は注記し、which are difficult to dissect と英訳。

の人が他方の人よりも完全な観念をもっていると考えるだけだからです。もっとも、このような隠れた連関は無用であり、私たちを困惑させることにしか役立たないのですが。〉

テオフィル　そのことはすでに述べた[341]と思います。でもここでもう一度、あなたが今おっしゃったことは実体的存在者においてと同様に様態においても見出されること、内的本質へのこの連関を非難する理由はないこと、を明らかに示しておきましょう。ここにそのひとつの例があります。放物線は、幾何学者たちの使う意味では、一定の直線に平行なすべての光線が反射によって一定の点すなわち焦点に集まる図形である、と定義できます。しかし、この観念ないし定義によって表出されているのは、この図形の内的本質ないしこの図形の起源を即座に知らせうるものというよりは、むしろ外面であり結果なのです。人が望み、この結果をもたらすはずのそうした図形が可能なものであるかどうかを、初めに疑うことさえできます。そしてそれこそが、私にとっては、ひとつの定義がただ名目的であって諸々の特有性からとられたものであるのか、それとも実在的でもあるのか、を認識させるものなのです。けれども、放物線の名を挙げる者が、私が今述べた定義によってしか放物線を知らなくても、彼がそれについて語る際には、一定の構造ないし構成をもつひとつの図形を理解しているのです。彼はそれ［の何たるか］を知ってはいませんが、描けるようになるためにそれを知ろうと望むのです。別の人はそれについてもっと深く掘り下げて何か他の特有性を付け加え、たとえば、問題の図形においては、曲線の同じ点に引かれた縦座標と垂線とで切り取られた軸の部分は、常に一定であり、頂点と焦点との間の距離に等しいことを発見するでしょう。かくして、彼は最初の人よりも完全な観念をもつでしょうし、たとえまだその図形を描くには至っていなくとも、それを首尾よく描くのがより容易になるでしょう。それでも、それは同じ図形ではあるがその構成は依然として隠されているということで、意見は一致するでしょう。ですから、実体的事物を意味表示する言葉の用法においてあなたが見出し、部分的には非難しているすべてのことが、複合様態を意味表示する言葉の用法においても見出され、明らかに正当なものとされているのはお分りですね。しかし、どうしてあなたが実体と様態との間には差異があると思われたのかといえば、検討するのが難しい[342]叡知的様態をここで考慮されなかったからです。そうした様態は、この点で物体に似ているのが分りますが、物体を認識する方がさらに難しいのです。

【20】フィラレート　そうすると、〈私が誤用だと考えていたことの原因〉について言おうと思ったことを、引っ込

めなければならないかもしれませんね。〈自然は常に規則的に働き、私たちが種というものに暗に想定し、常に同じ種的な名に伴うあの種的な本質ないし内的な構成によって、自然は種の各々に限界を設ける、と私たちが誤って考えるせいであるかのように［思われました］。〉

テオフィル　ですから、幾何学的様態を例にとれば、内的で種的な本質を引き合いに出すことはさほど間違っていないのが、あなたにはお分りでしょう。もっとも、実体であれ様態であれ、私たちが暫定的な名目的定義しかもたず実在的定義をもつことが簡単には望めないような可感的事物と、検討するのが難しい叡知的様態との間には、著しい差異があります。私たちは最終的には、幾何学的図形の内的な構成に到達しうるのですから。

[21] フィラレート　《ようやく分りました。内的な本質や構成への関係づけは私たちの言葉を無ないし未知のものの記号にしてしまうという口実で、この関係を非難していたら、私は間違っていたでしょう[343]。というのも、ある点からすれば未知であるものも、他の仕方で知られうるし、内的なものも、それから生じる現象によって部分的には知られるからです。そして、奇形に生まれた子は人間であるか否か[344]という問いについて言えば、それを直ちには決定できないとしても、種がそれ自身で十分に確定されることに変わりはありません。私たちの無知は事物の本性に何の変化ももたらさないのですから。》

テオフィル　実際、きわめて学殖豊かな幾何学者たちであっても、主題を汲み尽くしていると思われるいくつもの特有性を認識していながら、当の図形が何であるかを十分に知らなかったということもありました。たとえば、真珠線と呼ばれる線[345]があり、その求積法や表面積の求め方や回転によってできる立体さえも明らかになっていたのですが、それは

343——ライプニッツはこのようにフィラレートに譲歩させているが、アースレフによると、ロックがこうした譲歩をすることはほとんどありそうもないという（Aarsleff, op. cit., p. 52）。

344——これは『知性論』21節でのロックの問題提起であるが、この譲歩的な言葉づかいはライプニッツによるもの。（R & B）

345——デカルトの一般方程式、$x^p(ax+b)^q=y^r$ で表わされる曲線。この曲線は、一六五七年から五九年にかけてスリューズ René François Walter de Sluse（1612–1685）、パスカル、ホイヘンスの間で交わされた書簡で議論されたものである。パスカルがこれを「真珠線」と名付けた（一六五九年七月のスリューズのホイヘンス宛書簡［*Oeuvres complètes de Christian Huygens*, II, p. 438］参照）。（R & B）アカデミー版は、cf. R. F. Slusius, *Correspondance*, éd. Le Paige, 1884, p. 472 と記す。一六七〇年七月のライプニッツのホッブズ宛書簡（GP VII, 573）参照。（Langley）

346——「絶えず sans cesse」はコストによる付加。（R & B）

347——本書第3部6章の25節に入る前のテオフィルの発言および6章最後のテオフィルの発言（A VI-6, 318, 328f.）参照。（R & B）

348——entendre. Locke: known.（R & B）

349——Locke: convey the knowledge. Coste: faire entrer dans l'esprit... la connaissance. Leibniz: donner entrée dans la connaissance.

当の線がいくつかの三次放物面の合成でしかないことが知られる前でした。そういうわけですから、以前これら真珠線が特殊な種と考えられていた際には、それらについて暫定的な認識しかもたれていなかったのです。もしそういうことが幾何学において起こりうるとしたら、それより比較にならぬほど複合的な物体的自然の種を決定するのが難しいのは、驚くべきことなのでしょうか。

[22] フィラレート 〈枚挙を始めて〉、そのうちのいくつかは削除すべきだということはよく分りましたが、〈このまま続けて第六の誤用に進みましょう。この一般的だけれどもほとんど気づかれない誤用は、人々が長い間使うことで一定の観念を一定の言葉に結び付けてしまい、この結合が明白であってそれについては皆が合意していると思い込む、というものです。そのため、人々は自分たちが使っている言葉の意味を問われると、その問いが絶対に必要なときでさえ、とても不思議に思ったりするのです。生命について語るときに何を理解しているかと問われて、それを侮辱と考えないような者はごく僅かしかいません。それでも、種子の内ですでに形成されている植物は生命をもつかどうか、まだ孵っていない卵の中のひな、あるいは失神して感覚もなく運動もしていない人間はどうか、を知ることが問題であるときには、人々が生命についてもちうる漠然とした観念では不十分です。そして、人々は、使われている言葉[346]の説明を求める必要があるほど知力が劣っているとかしつこいとか思われたくないし、使われる言葉の用法について絶えず他人を正すほど気難しく批判的だとも思われたくないにもかかわらず、それでも、厳密な探求が問題になるときには、説明に取りかからねばなりません。よくあることですが、さまざまな派の学者たちが互いに相手に対して示す推論においては、さまざまな言語を話しているだけであり、観点はおそらく異なっているにせよ、彼らは同じ[347]ことを考えているのです。〉

テオフィル 生命の概念については私は十分に説明したと思います。生命は魂においては常に表象を伴っているはずです。そうでないと、それは見かけでしかなくなるでしょう。アメリカの原住民が懐中時計とか掛け時計にあるとみなしていた生命、あるいは町で初めて操り人形の興行をした者を魔術師として罰しようとしたとき、悪魔によって生気を吹き込まれているのだと信じて、あの司法官たちが操り人形にあるとみなした生命[348]のように。

[23] フィラレート 〈結論[349]として言えば、言葉は、①私たちの思考を理解させること、②それを容易に行なうこと、③事物の認識への端緒を与えること、に役立ちます。第一の点で人が失敗するのは、言葉の確定的で恒常的な観念をもた

ず、他人に受け容れられたり理解されている観念ももたないときです。[24][350] 容易さの点で失敗するのは、非常に複雑な観念をもちながら、はっきりした名をもたないときです。多くの場合それは、名をもたない言語そのものの欠陥ですが、名を知らない人間の欠陥であることもしばしばです。そういうときには長いパラフレーズが必要になります。[351] [25][352] しかし、言葉によって意味表示される観念が実在的なものと一致しないときには、第三の点で失敗します。[26] ①観念なしに言葉をもつ人は、書物の目録しかもたない人に似ています。[27] ②非常に複雑な観念をもつ人は、表題のない未製本の書物を沢山もっていて、紙片をばらばらに見せることでもしなければ書物を示しえない人と同類でしょう。[28] ③記号の使い方が一定していない人は、同じ名の下にさまざまな物を売る商人のようなもの。[29] ④一般に受け容れられている言葉に特殊な観念を結び付ける人は、自分のもちうる知識［の光］によって他の人々を啓発することはできますまい。[30] ⑤かつて存在したことのない実体の観念を頭の中で思い描く人は、実在的な認識へと進めないでしょう。[32][353] 第一の人は、タランチュラとか愛を口にしても無益というもの。第二の人は、新しい動物を見てもそれを容易に他人に知らせることはできない。第三の人は、物体を、あるときは固体的なものと、あるときは延長しかもたぬものと解する。([33][354]) そして彼は質素というもので、あるときは徳を、あるときはそれと隣り合わせの悪徳を指すでしょう。([32][355]) 第四の人は、牝騾馬を馬という名で呼ぶでしょうし、皆が浪費家と呼ぶ者は彼には気前がよいのでしょう。〉そして第五の人はヘロドトス[356]を典拠として、タタール地方に、ひとつの目しかもたぬ人々から成る民族を探すでしょう。[357]〈今述べた初めの四つの欠陥は、実体の名と様態の名に共通だけれども、最後のものは実体に固有であることを指摘しておきます。〉

テオフィル　ご指摘はとても有益です。ひと言だけ付け加えますと、偶有性とか存在の仕方について人々がもつ観

350——GP、Brunschwig、E & H、Cassirer では23。
351——この一文はライプニッツによる付加。(R & B)
352——GP、Brunschwig、E & H、Cassirer では24。
353——GP、Brunschwig、E & H、Cassirer では33。
354——この節番号は GP、Brunschwig、E & H、Cassirer にはない。
355——この節番号は GP、Brunschwig、E & H、Cassirer にはない。
356——*Historiai*.III, 116; IV,27. (A. Brunschwig)
357——最後の事例はライプニッツによるもの、と R & B は注記。ロックはケンタウルスの例を引く。(A)
358——Thomas Corneille の滑稽物田園劇（一六五三年）の題名であり、その主人公。(A. Brunschwig)
359——［　］の部分は編者による訂正箇所。
360——cf. Platon,『饗宴』*Symposion*, 180c–181d; Cicero,『神々の本性について』*De natura Deorum*, III, 59f. (A, R & B, Brunschwig)

念の内にも空想的なものがあるように私には思われ、したがって第五の欠陥も実体と偶有性に共通なのです。風変わりな羊飼い[358]が風変わりであったのは、木々の中に隠れているニンフがいると信じていたからだけではなく、常に数奇な冒険を待ち望んでいたからでもあるのです。

[34] フィラレート　結論にしようと思っていましたが、［さらに］[359]第七の、そして最後の誤用を思い出しました。それは、〈比喩的な名辞ないし引喩の誤用です。しかしながら、それを誤用とは考えにくいでしょう。なぜなら、才知や想像と呼ばれるものは無味乾燥な真理よりも受け容れやすいからです。人の気に入るように努めるだけの言説では事はうまくいきます。しかし根本では、秩序と明瞭さを除いて、修辞学のすべての技術、言葉の人為的・比喩的なすべての適用は、偽なる観念を巧みに忍び込ませ、情念をかき立て、判断を誤らせることにしか役立たず、まったくの欺瞞でしかない。それにもかかわらず、第一級の地位が与えられ報酬が与えられるのは、この、人を欺く技術に対してなのです。つまり、人間というものは真理などほとんど気にかけず、欺いたり欺かれたりするのを大いに好んでいるということです。これはまさに真実なので、私がこの技術に反対して今述べてきた事柄が極度の大胆さのなせる業とみなされることを私は疑いません。というのも、雄弁術は女性に似て、あまりに強烈な魅力を具えているため、それに逆らうことなど許されないほどですから。〉

テオフィル　真理へのあなたの熱意を非難するどころか、私はその熱意は正当なものだと思います。そして、その熱意が人を動かしうるのが望ましいのです。その望みを私はまったく絶っているわけではありません。なぜなら、あなたは雄弁術と戦うのに雄弁術自身の武器を以てなさっているようですし、そうした、人を欺く雄弁術に優る別種の雄弁術をおもちのようにさえ見えるからです。それはちょうど、神的愛の母ウラニア・ヴィーナスがいて、それを前にしては、盲目的な愛の母であるあの庶出の別のヴィーナスは、目隠しをされた自分の子供と共に敢えて現われはしなかった[360]のと同様です。しかし、まさにそのことが、あなたのテーゼはいくらか節度をもつ必要があることと、雄弁術のいくつかの飾りはエジプト人たちの壺のようなもので、真の神を礼拝するのに使用されうること、の証左なのです。誤用される絵画や音楽についても同じです。絵画はしばしば、グロテスクでさらに有害でさえある空想を表現するし、音楽は心を柔弱にする。そして二つとも徒に［人を］楽しませる。しかしそれらを有益に使うことはできるのです。一方は真理を明晰にするために、他方は真理を感動的なものにするために。そしてこの後者の効果は詩の効果でもあるはずですし、詩は修辞学や音楽にも通じるものがあります。

11章――前述の不完全性と誤用に構じうる矯正策について

［1］**フィラレート**　ここは真の雄弁術の使い方についてのそうした議論に深く立ち入る場所ではありませんし、ましてやあなたの心のこもったお言葉に応える場所ではありません。〈言葉について私たちが指摘してきた不完全性の矯正策を探して、言葉に関するこの主題に区切りをつけることを考えなければならない〉からです。〈［2］言語の改革を企てたり、自分たちのもっている認識の程度に応じた話しかしないように人々を仕向けたがるのは馬鹿げているでしょう。［3］しかし、真理の真面目な探求が問題であるときは、哲学者が厳密に語ることを求めるのは行き過ぎではありません。さもなければ、すべてが誤謬と強情と空しい議論に満ちたものになってしまいます。［8］第一の矯正策は、いかなる言葉も観念をそれに結び付けずには使わないということ。これに対して、しばしば本能・共感・反感といった言葉はいかなる意味も結び付けずに使われます。〉

テオフィル　すぐれた規則です。でも、そうした例が相応しいかどうかは分りかねます。本能というもので皆が理解しているのは、動物が理由を考えることもなく自分に適したものへと向かう傾向性であるように思われます。それに人

361――ライプニッツの念頭にあったのは、おそらくパリの外科医 Jean Devaux の著書 *Le médecin de soi-même, ou l'art de conserver la santé par l'instinct* (1682) であろう。(R & B, Brunschwig)
362――アカデミー版は、Plutarque,『英雄伝』*Vie des hommes illustres*, §15 を参照文献として挙げる。

間でさえこうした本能をあまりおろそかにすべきではありません。人間の不自然な生き方が本能の大部分をほとんど消し去ってしまっているとはいえ、本能は人間の内にまだ見出されるのです。『自己療法』●361［という著作］はそのことをうまく指摘しています。感応ないし反撥は、感覚を欠いた物体において、動物に見出されるような結びついたり離れたりする本能に対応するものを意味表示します。そして、私たちはこれらの傾向性ないし傾向の原因を知解するのが望ましいのですが、それができていないとはいえ、そうした原因について知的に納得のいくように語るには十分な概念をもってはいるのです。

[9] **フィラレート** 〈第二の矯正策は、様態の名の観念が少なくとも確定されていること、そして[10]実体の名の観念はさらに、現実存在するものと合致することです。誰かが、正義とは他人の財産に関する、法に適った振舞いだと言ったとして、法と呼ばれるものについていかなる判明な観念ももっていないのなら、この［正義という］観念は十分に確定されてはいないのです。

テオフィル 法は知恵がもたらした掟すなわち至福についての知がもたらした掟であると、ここでは言ってよいでしょう。

[11] **フィラレート** 〈第三の矯正策は、できる限り、一般に受け容れられた用法に従って言葉を用いることです。[12] 第四の矯正策は、言葉をどういう意味に解しているかを言明することです。新しい言葉を作ったり古い言葉を新しい意味で用いたりするにせよ、用法が意味表示を十分に定めてはいないことが見出されるにせよ、です。[13] しかし、［そこには］差異があります。[14] 定義されえない単純観念の言葉は、もっと知られている同義語があればそれによって、あるいは事物を示すことによって、説明されるのです。［フランス語を知らない］いなか者に、枯れ葉色（feuille-morte）とはどんな色であるかを、秋に落ちる枯れ葉の色だと言って理解させうるのはこうした手段によってなのです。[15] 複合様態の名は定義によって説明されるべきです。それはなされうるのですから。[16] 道徳が論証を容れるのもそのようにしてです。そこでは、外面的な形は気にもかけずに、人間は身体をもつ理性的な存在者と解されるでしょう。[17] というのも、道徳上の題材が明晰に論じられうるのは定義という手段によってだからです。精神の内にある観念に従って正義を定義する方が、アリステイデス●362のごとく私たちの外部に範型を探して正義の観念を形成するよりよいでしょう。[18] それに、複合様態の大部分

は一緒にはどこにも存在しないので、分散しているものを枚挙してそれらを定義することによってしか確定できません。〔19〕実体には普通、いくつかの主導的性質ないし特徴的性質があります。それらを私たちは種の区別を最もはっきり示す観念と考えており、種の複雑観念を形成する他の諸観念がそれらに結びついていると私たちは想定しているのです。それは、植物や動物では形状であり、生命のない物体では色であり、あるものでは色〔と〕形状を一緒にしたものです。そういうわけですから、〔20〕プラトンが与えた人間の定義はアリストテレスのそれよりも特徴を示しています。[363] そうでないなら、奇形に生まれた者たちを殺してはなりません。〔21〕そしてしばしば、視覚は他の吟味と同じくらい役立ちます。というのも、金を検査するのに慣れている人たちが、見ただけで、本物と偽物を、純粋なものと不純なものを区別するのはよくあることだからです。〉

テオフィル　すべては、原初的観念にまで達しうる定義に疑いなく帰着します。同一の主語がいくつもの定義をもちうるのですが、それらの定義が同じものに適合するのが分るには、理性を用いてひとつの定義を他の定義で論証するか、あるいは経験に照らしてそれら諸定義が常に一緒にあることを確かめることによって、学び知るのでなければなりません。道徳について言えば、その一部は全面的に理性に基づいています。しかし、経験に依存し、〔人々の〕気質に関係する別の部分もあります。実体を認識するに際しては、形と色、すなわち可視的なものが私たちに最初の諸観念を与えます。なぜなら、事物が遠くから知られるのはそのようにしてだからです。でもそうした最初の諸観念は普通、あまりに暫定的であり、私たちにとって重要な事物においては、もっと近くから実体を認識するよう私たちは努めるのです。それに、プラトンに帰される人間の定義にあなたがまたしても戻られるのは驚きです。あなた自身、道徳においては人間を、

363——plus caractéristique que celle. Locke: as good a definition [as]. (R & B) アカデミー版は、本書第3部10章17節（A VI-6, 345）の参照を指示。

364——アカデミー版の脚注によれば、ライプニッツの草稿では16。GP、Brunschwig、E & H は16とする。Cassirer には節番号自体がない。

365——Locke: if the formal constitution of [gold] lay open to our senses. (R & B)

366——corps. Locke: substances.

367——本書第2部22章最後のテオフィルの発言（A VI-6, 212）参照。(R & B)

368——フランスの数学者 Bernard Frénicle de Bessy（1605–1675）を指す。科学アカデミーの創立会員の一人。彼の最も優れた業績は、数論と魔方陣に関するものである。彼の業績はデカルトに称賛されるという希有の栄誉を受けた（一六三九年一月九日付フレニクル宛書簡参照）。一六七六年、マリオットは当時パリにいたライプニッツの援助を得てフレニクルの有理直角三角形に関する論考を編集した。(R & B) cf. GP IV, 319 (Langley); Cantor, *Gesch. der Mathematik*, II (Cassirer).

369——本書第1部1章（A VI-6, 78: 本著作集第4巻六六頁）参照。

370——この一文はライプニッツによる付加。(R & B)

外面的な形状を気にかけずに、身体をもつ理性的な存在者と解すべきだとおっしゃったばかり（[20]）[364]ですのに。いずれにせよ、豊富な実践は、他の人が骨の折れる試験によってかろうじて知りうる事柄を、目で見て識別するのに大いに資するのは確かです。そして、経験豊かな医師は、炯眼と抜群の記憶力の持ち主であり、別の医師が問診をしたり脈をとったりしてやっと病人から引き出すことを、しばしば当の病人を一目見ただけで知るのです。しかし、手にしうるすべての指標を一緒に合わせるのが賢明というものです。

[22] フィラレート　優れた試金者から金のすべての性質を教えられる者は、視覚が与えうる以上の認識を金についてもつであろうということ、それは認めます。〈しかし、もし私たちが金の内的な構成を学びうるならば[365]、金という言葉の意味は、三角形の意味と同じくらい容易に確定されるでしょう。〉

テオフィル　金という言葉の意味はまったく同じように確定されるでしょうし、もはや暫定的なものは何もないでしょう。しかしそれほど容易には確定されますまい。というのも、金の組織を説明するには少々冗長な定義が必要だろうと私は思うからです。幾何学においてさえ定義の長ったらしい図形があるのと同じです。

[23] フィラレート　〈身体から離れてある諸精神は、疑いなく私たちより完全な認識をもっています。とはいえ、そうした精神が認識を獲得しうる仕方について、いかなる概念も私たちはもっていません。けれどもそれらの精神は、私たちが三角形についてもっている観念と同じくらい明晰な諸観念を、物体[366]の根源的な構成についてもちうるでしょう。〉

テオフィル　すでに申し上げたように[367]、身体から完全に離れているような被造的精神などないと判断する理由を私はもっています。しかしながら、私たちのとは比較にならぬほど完全な器官と知性を具え、いかなる種類の把握力においても私たちを超えている被造的精神は疑いなくあるのです。その超え方は、フレニクル氏[368]とか先にお話ししたあのスウェーデンの少年[369]が、暗算による数の計算において常人を超えているのと同程度か、あるいはそれ以上です。

[24] フィラレート　私たちがすでに注目したことですが、〈名を説明するのに役立ちうる実体の定義は、事物の認識に関しては不完全です。というのも、普通、私たちは事物の代わりに名を置くからです。それゆえ、名は定義以上のことを語ります[370]。ですから、実体をきちんと定義するには自然誌を研究しなければなりません。〉

テオフィル　ですから、一例を挙げれば金という名は、それを発音する者がそれについて知っている事柄、たとえばとても重い黄色いものを意味表示するのみならず、その者が知らず別の人が知っているかもしれない事柄をも意味表示することはお分りでしょう。すなわち、それは内的な構成を具えた物体で、色や重さはその構成に由来し、専門家にはもっとよく知られることをその者が認めているような他の諸々の特有性も当の構成から生じる、ということです。

[25][371] **フィラレート** 〈こうなると、自然学的探求に精通した人々が、各々の種[372]の個体がそこにおいては恒常的に一致していると観察される単純観念を呈示しようとするのが望ましいでしょう。しかし、いわば自然誌を包含するこの種の辞典を編纂するには、あまりに多くの人手・時間・労苦・明敏さが必要でしょうから、そうしたひとつの作品はおよそ期待できないのです。それでも、外面的な形状によって知られる事物に関しては、言葉に小さな銅板画を添えるとよいでしょう。そういう辞典であれば、後世の人々に大いに役立ち、将来の批評家の労苦をかなり軽減してくれるでしょう。たとえばセロリ（apium）とかブクタン（ibex、野性の山羊の一種）の小さな挿絵は、この植物や動物についての長い記述よりずっと効果があろうというもの。そして、ラテン人たちが strigilis、sistrum、tunica、[toga][373]、pallium と呼んでいたものを知るには、それらをほとんど知らせてくれない馬ぐし・シンバル・長上衣・上衣・外套といったいわゆる同義語よりも、欄外の挿絵の方が比較にならぬほど役立つでしょう。もっとも、言葉の誤用に対する第七の矯正策[374]、すなわち同じ言葉を同じ意

371――アカデミー版の脚注によれば、ライプニッツの草稿では24。

372――espèce. Locke: sort. コストによる変更。（R & B）

373――［ ］の部分は編者による訂正箇所。

374――R & B は、cinquième（コスト訳）の誤りと解して fifth と英訳。

375――Claudio Filippo Grimaldi (1639–1712). イタリアの科学者、イエズス会の宣教師。彼は一六七一年、北京でイエズス会の伝道に加わり、一六八五年には（中国）帝国数学会議の議長になった。一年後には中国皇帝によって、北京とローマの間に交流の道を開きピョートル大帝に書簡を届けるべく派遣された。中国について学びたいと思っていたライプニッツは、一六八九年にローマで彼と話す機会があったが、ライプニッツはグリマルディが「中国を豊かにするためにヨーロッパを略奪する」（A I-7, 357）ことにのみ興味をもっていると不平をこぼした。グリマルディは、三〇人ないし四〇人のイエズス会の科学者、医者、職人を中国へ連れていくだけでなく、さらにはライプニッツの計算機をも含めて西欧の科学技術の成果を持ち帰る計画を立てた。彼の考えでは、一行の大部分を海路で送り、自分自身は六人の仲間とともに陸路モスクワを経由して行くつもりだった。プロテスタントの宣教師たちに同じルートで行ってほしいと思っていたライプニッツ（Grua, pp. 204f.）は、大いに興味を示した。結局グリマルディはロシアを通過する許可を得られず、ペルシアを通った後、ゴアから極東に向けて海路をたどった（A I-7, 398; I-8, 276f.）。ライプニッツは彼を追って書簡を送り、彼が旅した国々についてたくさんの質問をしている（A I-7, 617ff.）。グリマルディはその書簡を受け取った旨ゴアから簡潔に知らせた（A I-9, 628f.）。グリマルディの書簡は、中国に関する他の文書とともにライプニッツの『最新中国情報』*Novissima Sinica*（本著作集第10巻所収）に収められ出版された。（R & B）

Langley は GP III, 166, 174 を、Cassirer はグリマルディ宛書簡（*Epistola de Miscellaneis philosophicis et mathematicis* [Dutens V, pp. 75ff.]）を参照箇所として挙げる。

376――一七〇〇年にニュールンベルクで出版された、*Wörterbuchlein Lateinisch und Teutsch mit 6000 Figuren* を指す。（A. Brunschwig）

377――一七世紀の後半、科学的研究とその研究成果の相互伝達を促進するための公共機関が設立された。ロンドンの王立協会は、「自然に関する知見を向上させるために」、オックスフォードとロンドンの科学者たちの非公式な会合から発足し、一六六〇年に会員数五五名という規定でその設立が認可された。ライプニッツはその活動に注目し、そこには「人類の福祉をめざして改革される哲学」（A II-1, 10）という展望がもてると考え

た。一六七三年ライプニッツはロンドンを訪れて協会の会合に出席し、続いてそのフェローになった。

パリの科学アカデミーも、初めはマラン・メルセンヌの家での非公式な会合から出発してはいるが、会員の自己決定によって誕生した王立協会とは異なり、ルイ一四世直属の大臣コルベールによって押しつけられる形で一六六六年に設立された。その中心会員は約一二名の著名な科学者から成り、俸給や研究資金などは国王から給付されていた。ホイヘンスもその一人である。ライプニッツはパリ滞在中にアカデミーの会員たちの知遇を得て、その会合に出席した。一六七五年ロベルヴァルが死亡して欠員が生じたとき、ライプニッツは中心会員の地位を得たいと望んだが、それは実現しなかった。フォントネルは『ライプニッツ氏を讃える』*Eloge de Monsieur Leibniz* (1717) の中で、ライプニッツがもしカトリックへの改宗に同意したならばかの地位を獲得できたであろうにと述べている。

ドイツに科学協会を設立するという考えは、普遍的記号法の構想と結びついて早くからライプニッツの胸中に芽生えていた。ブラウンシュヴァイク公爵の協力を得て、彼はハルツ銀山の産出量を増やすことによってアカデミーに資金を供給するという計画に実際に着手したが、それを完遂することはできなかった。彼の弟子ゾフィー・シャルロッテがブランデンブルク選帝侯と結婚したとき、彼は再び希望を抱いた。ゾフィー・シャルロッテの尽力により選帝侯は説得され、一七〇〇年にライプニッツを会長とする王立科学協会がベルリンに設立される。協会は、改革派の暦の独占的生産・販売によって財政を維持していた（本書第3部の訳注91参照）。その紀要第一巻は、大部分をライプニッツが執筆して一七一〇年に出された。ライプニッツのたゆまぬ努力にもかかわらず、協会の活動は公式には一七一一年になるまで始まらなかった。その後まもなく、理解を示さぬフリードリヒ・ヴィルヘルム一世が即位すると、協会は衰退の道を辿ったが、結局フリードリヒ大王の援助でベルリン科学アカデミーとして再組織された。

ライプニッツは他にも三つのアカデミー設立計画に関わっている。一七〇四年、彼は絹織物工業の独占で資金を得てザクセン科学アカデミーを設立するという計画を携えて、ドレスデンに赴いた。また一七一一年には、ピョートル大帝の息子とブラウンシュヴァイクの王女との結婚式に出席した際、機会を捉えて、ツァーにアカデミー、図書館、博物館、大学等のネットワークを広大な領内に設立するよう進言した。大帝はその計画に賛同し、ライプニッツを科学と数学の責任者として私的顧問の地位に任じた。この計画は一七二五年、聖ペテルスブルク科学アカデミーの設立となって実現する。さらに一七一二—一四年には、ライプニッツはウィーンですごし、科学と数学だけでなく歴史や哲学をも研究するアカデミーの設立をハプスブルク皇帝に進言した。皇帝は熱心であったが、プロテスタントがアカデミーを運営することにイエズス会が執拗に反対したため、結局ライプニッツはハノーファーに戻り、彼の計画は一八四六年まで実施されなかった。（R & B）

味で常に用いること、もしくは意味を変えるときは予め知らせること、についてくどくど話すつもりはありません。それについては、私たちは十分に話してきたのですから。〉

テオフィル　北京の数学協会の会長である神父グリマルディ師[375]が私に語ったところによれば、中国人は絵入りの辞典をもっているとのこと。ニュールンベルクで印刷された小さな用語集[376]があり、そのなかでは各々の言葉にそういう挿絵がついていて、それらの挿絵はかなりよく出来ています。そうした絵入りの普遍的辞典が望まれていますし、それを作るのはさほど難しくないでしょう。種の記述について言えば、それはまさに自然誌であって、少しずつその努力がなされています。（王立協会や王立アカデミー[377]が初めて創立されて以来、ヨーロッパを混乱に陥れてきた）戦争がなければ、もっと進展がみられたでしょうし、人々はすでに私たちの仕事を利用する状態にあるでしょうに。しかし、お偉方はたいてい、そういう仕事の重要性を認識しておらず、確固とした認識の促進を怠ればどれほどの利益が失われるかも知らないのです。あまつさえ、彼らは普通、自分たちの関心をすぐには引かない事物について検討するには、あまりにも平和の喜びとか戦争の心配によって心を乱されているのです。

［第4部］認識について[1]

LIVRE IV. DE LA CONNOISSANCE

1章——認識一般について

【1】**フィラレート**　これまで私たちは、観念とそれを表現する言葉とについて話してきました。〈さてこれからは、観念が与えてくれる認識に話題を転じましょう。というのも、認識は私たちの観念にのみ関わるからです。【2】そして、認識とは、私たちのもつ観念の二つのもの[2]の間に見出される連結や一致、あるいは、対立や不一致を知覚することにほかなりません。想像するにせよ、臆測するにせよ、また信ずるにせよ、認識とはいつもそういうことなのです。この手段によって、たとえば、白は黒ではないこと、三角形の角とその内角の和が二直角に等しいことが必然的な連結をもつことなどに、私たちは気づくのです。〉

テオフィル　認識というのは、さらに一般的な意味にも理解されます。したがって、命題や真理に進む前に、観念や名辞の内にも認識は見出されるのです。さらに、動植物を描いた絵や機械の図、家や砦の描写や表現を、注意深くより多く見れば見るほど、また、創意に富んだ小説や数奇な話をより多く読んだり聞いたりすればするほど、その人は他の人よりも多くの認識をもつことになると言えるのです。彼がそこで見たり聞いたりしたことすべてのうちに、真理という言葉がひとつもないとしてもです。というのも、はっきりした現実的な多くの概念や観念を精神の内で思い描いてきたという習慣が、自分に差し出されるものをより良く理解できるようにするからです。そして、その話や表現において真実でな

1——DE LA CONNOISSANCE. Locke: Of Knowledge and Opinion. コストによる削除。(R & B)

2——deux はコストによる付加。(R & B)

3——ペトルス・ラムス（ピエール・ド・ラ・ラメ Pierre de la Ramée）Petrus Ramus (1515–1572) の学説を支持する人々を指す。ラムスはフランスの哲学者、論理学者。アリストテレス流の古い論理学に代わる新しい論理学を確立しようとした。彼はいかなる問題についても、健全な議論や推論の術に貢献しうる唯一の学を求めて、論理学と弁証論との区別を斥ける。その学は、精神の二つの基本的な活動に対応する二つの部分、すなわち発見と判断から成る（cf. A VI-6, 368, 476）。発見は、トポスに従って名辞のいろいろな組み合わせの可能的関係を扱い（cf. A VI-6, 488）、判断は議論の組み立てを扱う。弁証論は権威に依存する技巧なき説得には関わりをもたないので、判断が扱う議

いものを真実と取り違えさえしなければ、何も見たり読んだり聞いたりしたことのない他の人よりも、彼の方がよく知っており、より慣れており、よりすぐれているであろうことは確実です。それに確かにそのような印象は、彼が他のところで実在的なものを想像的なものから、現実存在するものを可能的なものから識別する妨げとはなりません。そういうわけで、ラムス派[3]から何らかのものを受け継いでいる、宗教改革の世紀のある論理学者たちが、次のように言うのも誤っていないのです。すなわち、事物や観念のような非複合的テーマを説明ないし詳細に叙述する際にも、主張や命題や真理のような複合的テーマを証明する際にも、トポス[4]つまり発見の場所（これを彼らは拠点 argumenta と呼んでいます）は等しく役立つということです。[5]そればかりか、ひとつの主張は、その真理や証明に関わることがなくても、その意味や力が十分に明らかになるように説明されうるのです。たとえば、聖書のある件《くだり》[6]を説明する説教や福音書講話のなかとか、真理であることが前提されているような市民法や教会法のある成文についての釈義や講義のなかに、そのことは見られるのです。さらに、観念と命題との中間に位置するテーマがあるとさえ言えます。すなわち、問いのことです。そのあるものは、答えとしてイエスかノーだけを求める問いであり、これは命題に最も近いものです。それに対し、「いかに」とか、詳細な状況などを求める問いもあり、そのような問いから命題をつくるにはさらに多くのことが補足されねばなりません。なるほど、描写

論は技巧的な議論である。ラムスはその著書『弁証論講義』*Scholae dialecticae*（1569）で、三段論法のさまざまな格による換位の論証を論じている。ラムスはコレージュ・ド・フランスの数学講座の教授に任ぜられていた。ライプニッツの言によれば、ラムスは遺言で、「その地位は最も相応しい候補者によって占められるべきであり、賞を獲得するのと同様に競争が正式に認可されるべきである」という指示をのこし、さらに次のように付け加えた。「一度就任した教授でも、その勤勉さが衰えてきた場合には、三年毎に誰でも競争する機会が与えられるべきである」と。ライプニッツはこの考え方に賛意を表明している（A III-1, 329）。一六三四年以来その講座を担当していたロベルヴァルが一六七五年に死亡したとき、ライプニッツは一時その講座担当を争う考えをもったこともある。なお、ラムスはプロテスタントの改宗者であり、サン・バルテルミーの大虐殺で亡くなった。（R & B）

4——古代ギリシアの修辞学者に由来する術語。彼ら修辞学者たちにとって、トポスは、話し手が自分の主題的な問題について述べるべき事柄を求めているとき、彼が自分の思考をそこへと導いていくことのできる「場所」であった。アリストテレスの『トピカ』は、一般の話者や弁証家のための非形式的論証の手引き書であるが（cf. A VI-6, 372, 466）、これに対して形式論理学についての彼の諸研究は哲学者たちのためのものである。弁証的な推論は、一般に受け入れられた意見、すなわち、「すべての人々とか大多数、あるいは賢明な人々の気に入る」意見から生じる（『トピカ』I, 100a30–100b22）。『トピカ』では数多くのトポスないし論証の準則が説明されており、三段論法的でない妥当な推理のための諸規則、特定のケースにのみ当てはまるもの、全くの詭弁に類するものなどがある。（トポスによる論証は、一定不変に真であるとはかぎらない公準に依存しており、したがって一定不変に妥当であるわけではなく、せいぜい大部分のケースにおいて真であることが期待されうる結論をもたらすだけである。cf. A VI-6, 483）キケロやボエティウスをはじめとして、のちの著述家たちは topoi ないし loci communes を、公準とではなく、公準がそのもとで分類されるようになった一般的項目［見出し］と同一視した（A VI-6, 466）。トピカと解析——前者は「発見の術」を、後者は「判断の術」を含む（Loemker, p. 88; Couturat, p. 37）——から成るライプニッツの新しい論理学のアウトラインは、その幾分かをラムスと彼の後継者たちに負うているように思われる。（R & B）

5——カッシーラーによれば、ライプニッツは、Johann Heinrich Alsted[t]（1588–1638）が *Systema logicae harmonium*（1614）で argumentum を argumentum simplex（ライプニッツはこれを thème incomplexe と呼ぶ）と argumentum complexum に区分している点を念頭に置いている。termini incomplexi と termini complexi の区別については、ライプニッツの *Generales Inquisitiones de Analysi notionum et veritatum* (1686), §61ff.（Couturat, pp. 371ff.）参照。（Cassirer）

6——原語は Répétitions。R & B は commentaries、Langley は instruction と英訳。

のうちには（単に観念的な事象の描写のうちにおいてさえ）、可能性の暗黙の肯定がある、と言えるでしょう。しかしまた、何か虚偽であることの説明や証明を企て、それがその虚偽性を反駁するのに時としていっそう役立つのですが、それと同様に、描写の術が不可能に陥ることもやはりありうる、これも確かなのです。たとえば、アリオスト[7]が借用したスカンディアノ伯爵[8]の作り話にも、『ガリアのアマディス』[9]や他の古い小説のうちにも見られますし、また、数年前に再び流行した妖精物語[10]や、ルキアノスの『本当の話』[11]や、シラノ・ド・ベルジュラック[12]の旅行記にも見られます。画家たちが描くグロテスク模様については言うまでもありません。私たちはまた、修辞学者たち[13]が寓話を訓練（progymnasmata）つまり予備練習のうちに入れていることも知っています。

しかし、認識をより狭い意味でとれば、つまり、あなたがここでとっているような、真理の認識という意味でとれば、なるほど真理とは、諸観念の一致もしくは不一致に常に基づいていると言えるでしょう。しかし一般的には、私たちの真理の認識がそのような一致ないし不一致の知覚であるとは言えません。というのも、私たちが真理を経験的にしか知らず、体験したことのうちで諸事象がどのように結合しどんな理由があるのかを知らないで体験した場合、その一致や不一致を自覚することなく錯然とした仕方で感覚している、と解する以外、私たちはそのような一致や不一致の知覚をもっていないのです。だが、あなたのあげる例は、結合や対立が自覚されている認識をあなたが常に要求していることを示している（ように思われます）。これが、あなたに同意できない点です。さらに、複合的テーマは、真理の証明を求めることによってだけでなく、別の仕方で、つまりすでに見たように、トポス的論拠[14]に従って真理を説明したり解明したりすることによっても論ずることができるのです。最後に、あなたの[15]定義についてもう一言申し上げたい。すなわち、あなたの言

7——Lodovico Ariosto (1474–1533). イタリアの詩人。枢機卿イポリット一世に仕え、将校および外交官として活躍。のちイポリット一世の弟フェララ公アルフォンソ一世に仕え、ガルファニャーナの総督となる。晩年に結婚し余生をフェララで送った。代表作はロマン詩『狂えるオルランド』Orlando furioso (1516)。アカデミー版は脚注でこの作品を挙げる。

8——イタリアの詩人 Matteo Maria Bojardo (c. 1434–1494) を指す。アカデミー版は彼の叙事詩 Orlando innamorato (1495) を参照文献として挙げる。

9——一六世紀から一七世紀初頭にかけて広範に読まれ影響力のあったスペインの騎士道物語（*Amadis de Gaula*）を指す。ドン・キホーテはこの物語やその模倣作を読みすぎて分別に混乱をきたした。アマディスの騎士道物語は、一四世紀のスペインやポルトガルに現われ、その後いろいろ付け加えられて次第に長大なものになる。一六世紀にスペインで印刷され、すぐにフランス語版、イタリア語版、英語版、ドイツ語版が印刷された。(cf. R & B, Brunschwig) アカデミー版は、この物語が N. de Herberay によって仏訳された (1540–1543) ことを記す。

10——アカデミー版は Le Tasse、Bojardo、Perrault、Spenser の名を挙げる。

11——*Verae Historiae*, trad. par Perrot d'Ablancourt, I, pp. 433f. (A)

12——『月諸国の滑稽譚』、『太陽諸国の滑稽譚』などの作品がある。(A. Cassirer) シラノについては、本書第2部の訳注307参照。

13——Brunschwig では les théoriciens。

14——原語は lieux Topiques。

15——Brunschwig では notre。

う定義は、主語と述語という二つの観念がある定言的真理にだけ適合するようだということです。しかし、仮言的真理の認識や、仮言的真理に還元されうるもの（選言的真理およびその他のもの）の認識もあり、そこには前件命題と後件命題の連結があります。したがって、そこには二つ以上の観念が入りうるのです。

[3] **フィラレート** 《ここでは真理の認識だけにとどめておきましょう。そして、観念の連結について述べられるであろうことを、命題の連結にも適用することにしましょう。そうすれば、定言的なものと仮言的なものとをいっしょに把握できます。》〈さて、この一致あるいは不一致を次の四種類にまとめることができると思います。すなわち、①同一性あるいは差異性、②関係、③共存あるいは必然的結合、④実在的存在、です。[4] というのも、ひとつの観念が他の観念ではないことや、白が黒ではないことに、精神は直接的に気づくからです。[5] 次いで[16]、精神は諸観念を互いに比較して、それらの関連に気づくのです。たとえば、二本の平行線の間にある底辺が等しい二つの三角形は等しい、というように[17]。[6] その次には、共存〉、《より正確には結合》〈があります。たとえば、不変性が金の他の諸観念に常に伴っている、というように。[7] そして最後に、精神の外の実在的存在があります。「神が存在する」、と言うときのようにです。〉

テオフィル 連結とは、関連[18]もしくは一般的な意味での関係にほかならない、と言えると思います。そして、関連

16——puis. GP、Brunschwig では puisque。
17——この部分は『知性論』7節から引かれたもの。(R & B)
18——R & B は、rapport は言及の仕方ないしひとつのものを他のものに関係づける仕方であると注記し、この部分を connection is nothing but relation taken in a general sense と英訳。

とはすべて、比較あるいは符合［協働］という関連だ[19]、と私は先に指摘しました[20]。比較という関連が、全体的あるいはある点での、差異性と同一性とをもたらし、このことから同一あるいは差異、類似あるいは非類似が成り立ちます。符合というのは、あなたが共存と呼ぶもの、つまり、現実存在の結合を含んでいます。しかし、ある事物が現実存在する、もしくは実在的存在をもつと言われるとき、この現実存在自身が述語なのです。つまり、この現実存在という概念は、問題となっている観念と結びついているのです。そして、この二つの概念の間に結合があるのです。ある観念の対象の現実存在は、その対象と私との符合と解することもできます。したがって、比較と符合だけしかない、と言えますが、同一性あるいは差異性を示す比較と、事象と私との符合とは、他のすべてのものから際立たせるに値する関連である、と言えると思います。もっと細密で深い探求もおそらくできるでしょうが[21]、ここでは論評を加えるにとどめます。

［8］フィラレート　〈諸観念の関連を現前的に知覚する現実的認識があり、また習慣的認識というものがあります。習慣的認識では、精神が諸観念の一致あるいは不一致をきわめて明証的に意識して記憶の内に位置づけたので、その命題を考えるに至るたびに、それが含む真理をすぐさま確信し、少しも疑うことがないのです。というのも、一度にはただひとつのものしか明晰かつ判明に思考できないので、もし人々が自分の思考の現実的対象しか認識しないとすれば、人々は

19——「比較」か「符合［協働］」かという「関係・関連」の分類はライプニッツ年来の記号論的考察を背景とし、可能的なものに関わる矛盾律の働く場面と、現実存在が関わる現実世界との区別に通じる。ダスカルによれば、関係のこうした区分は一六六七年ライプニッツ二一歳のとき書かれた『法学を学びかつ教えるための新方法』に見出される。「記憶術の基礎は、記憶すべきものとある関係によって結びついた、徴［符号］(Nota) と呼ばれるある可感的なものである。おそらくこの関係とは比較 (comparatio) の関係か結合 (connexio) の関係かである。前者は類似と非類似、後者は全体と部分、部分と共部分、原因と結果、記号と記号で示されるものの関係である。」(A VI-1, 277f.)「比較」と「結合」という二種類の関係は、人間精神の二つの活動に由来する。一方は「想像作用 (imaginare)」、他方は「感覚作用 (sentire)」である。「……多くの存在の同時的思考から関係、すなわち存在の変状が生まれる。実際、共‐想像性ないし共‐本質から比較が生まれ、それには同一・差異・類似・非類似・反対・類・種・普遍・個別が属する。共‐感覚性ないし共‐現実存在からは結合が生まれ、それには全体・部分・秩序・一・多・必然・偶然・結合・原因などが属する。」(A VI-1, 285) 共‐想像作用とは複数の存在を一緒に考えることであるが、考えられる事物の現実存在を要求しない、精神の純粋な活動である。それに対して、感覚作用は本質的に非意志的な本性をもち、現実存在との結合を含むその対象は精神に自らを押しつける。(M. Dascal, *La sémiologie de Leibniz*, Paris 1978, p. 108f.) つまり単に概念的ではなく実在的な本性をもつ。言い換えれば、想像作用は可能的なものに関わり、感覚作用は現実存在に関わる。こうした「比較」と「結合」という「関係」の区分は、本書では「比較」と「符合［協働］」として言い換えられているが、理性の真理が働く「比較」の関係と、事実の真理の働く「結合」ないし「符合［協働］」の関係という基本的区分に変更はない。なお、「比較」と「結合」という一六六七年の「関係」の区分は、その後一六九七年に少し訂正され、事物相互の関係（「比較」と「結合」）に「単なる偶然的ないし恣意的共存」が付け加えられた (Dascal, op. cit., p. 116)。ダスカルによれば、それらは次のように分類される。

シニフィアンとシニフィエは次のものによって結合する
- 単なる恣意的共存
- 関係
  - 比較の関係（隠喩）
    - 同一と差異
    - 類似と非類似
    - 等と不等
  - 結合の関係
    - 単純結合（提喩）
      - 全体と部分
      - 部分と他の部分
      - 場所、時、その他
    - 連結（換喩）
      - 原因と結果
      - 記号と意味

20——本書第2部11章4節のテオフィルの発言 (A VI-6, 142) 参照。(R & B)

21——la perception. Locke: view. コストによる変更。(R & B)

皆ひどく無知で、最も多くのことを認識している人もたったひとつの真理しか認識しない、ということになるでしょう。〉

テオフィル　なるほど、私たちの知[22]は、その最も論証的なものでさえ、たいていは、推断の長い連鎖をとおして獲得しなければなりません。そのためにその知は、結論が出されるときにはもはや判明にはっきり認められないような、過ぎ去った論証の想起を含んでいるにちがいないのです。そうでなければ、その論証を常に繰り返すことになるでしょう。それどころか、論証が続いている間でさえ、その論証全体を一度に把握することはできないでしょう。というのも、そのすべての部分が精神に同時に現前することはありえないからです。したがって、先だつ部分を心にたえず思い出していたのでは、結論をもたらす最後の部分まで進むことは決してないでしょう。このことのために、文字表現なしには学問を正しく確立することは難しい、ということにもなるのです。記憶は十分に確実ではないからです。しかし、長い論証も、たとえばアポロニオス[23]の論証のように書きとめておいて、あたかも鎖の環をひとつずつ点検するように部分ごとにすべてを見直してしまえば、人々はその推論を確信できます。吟味することもまたそのために役立ち、結果が最終的に全体を正当化するのです。けれども、このことから分るように、信念というものはみな、証明や理由を過去に見たという記憶から成り立っているため、信じるか信じないかは私たちの力のうちにあるのでも、私たちの自由意志[24]のうちにあるのでもないのです。というのも、記憶は私たちの意志に依存するものではないからです。

【9】フィラレート　〈確かに、私たちの習慣的な認識には二つの種類ないし程度があります。時には、記憶のなかに蓄えられた真理が、精神がその真理のなかに入っている諸観念[25]の関連を見るやいなや、精神に現前します。しかし時には、その証明を心にとどめていることなく、精神は確信したと想起することで満足してしまい、望むときにその証明を思

22——原語は nostre science。R & B は our systematic knowledge と英訳。

23——cf. *Conicorum*, libri IV, éd. Cl. Richard, 1655, et *Conicorum*, libri V–VII, éd. Borelli, 1661.（A）

24——原語は nostre franc arbitre。

25——entre les idées qui y entrent. Locke: between these ideas.（R & B）

Leibniz Manuskripte

NOUVEAUX ESSAIS SUR L'ENTENDEMENT HUMAIN

LH IV, V, 1, a

ESSAI SUR L'ENTENDEMENT

LIVRE QUATRIEME

DE LA CONNOISSANCE

CHAP. I. De la connoissance en general

§. 1. PHILAL. Jusqu'icy nous avons parlé des idées et des mots qui les representent, venons maintenant aux connoissances que les idées fournissent, car elles ne roulent que sur nos idées. §. 2. Et la connoissance n'est autre chose que la perception de la liaison et convenance, ou de l'opposition et disconvenance qui se trouve entre deux de nos idées. Soit qu'on imagine, conjecture ou croye, c'est tousjours cela. Nous appercevons par exemple par ce moyen que le blanc n'est pas le noir, et que les angles d'un triangle et leur egalité avec deux angles droits ont une liaison necessaire.

THEOPH. La connoissance se prend encor plus generalement en sorte qu'elle se trouve aussi dans les idées ou termes, avant qu'on vienne aux propositions ou verités. Et l'on peut dire que celuy qui aura vû attentivement plus de pourtraits de plantes et d'animaux, plus de figures de machines, plus de descriptions ou representations de maisons ou de forteresses, qui aura lû plus de Romans ingenieux, entendu plus de narrations curieuses, celuy là, dis-je, aura plus de connoissance qu'un autre, quand il n'y auroit pas un mot de verité en tout ce qu'on luy a depeint ou conté; car l'usage qu'il a de se representer dans l'esprit beaucoup de conceptions ou idées expresses et actuelles le rend plus propre à concevoir ce qu'on luy propose. Et il est seur qu'il sera plus instruit et plus capable qu'un autre qui n'a rien vû ny lû, pourvû que dans ces histoires et representations il ne prenne point pour vray ce qui n'est point, et que cela ne l'empeche point d'ailleurs de discerner l'existent de l'imaginaire. C'est pourquoy certains Logiciens du siecle de la Reformation, qui tenoient quelque chose du parti des Ramistes, n'avoient point de tort de dire que les Topiques ou les Lieux d'invention (Argumenta comme ils les appelloient) servoient tant à l'explication ou description bien circonstanciée d'un Theme incomplexe, c'est à dire d'une chose ou idée, qu'à la preuve d'un Theme complexe, c'est à dire d'une These ou proposition ou verité. Et même on peut dire qu'il y a des Themes qui sont moyens entre une idée et une proposition, ce sont les questions [illegible]. Il est vray qu'on peut dire que dans les descriptions des choses purement ideales il y a une affirmation tacite de la possibilité. Mais il est vray aussi que [illegible] on peut encor tomber sur l'impossible, comme dans les fictions du comte de Scandiano suivi par l'Arioste, et dans l'Amadis des Gaules et autres vieux Romans, dans les contes des Fées qui estoient redevenus à la mode il y a quelques années, dans les veritables histoires de Lucien, et dans les voyages de Cyrano de Bergerac, pour ne rien dire des grotesques des peintres. Aussi sçait on que chez les Rhetoriciens les Fables sont du nombre des progymnasmata ou exercitations preliminaires.

Mais prenant la connoissance dans un sens plus retressi, c'est à dire pour la connoissance de la verité, comme vous faites icy, Monsieur, je dis qu'il est bien vray que la verité est tousjours fondée dans la convenance ou disconvenance des idées, mais il n'est point vray generalement, que nostre connoissance de la verité est une perception de cette convenance ou disconvenance. Car

car lors que nous ne savons la verité qu'empiriquement, pour l'avoir experimentée, sans savoir la raison ou la connexion des choses et la raison qu'il y a dans ce que nous avons experimenté, nous n'avons point de perception de cette convenance ou disconvenance, si ce n'est qu'on l'entende que nous la sentions confusement sans nous en appercevoir. mais vos exemples marquent, (ce semble) que vous demandés une connoissance où l'on s'apperçoit de la connexion ou de l'opposition. # De plus on peut traiter un theme complexe non seulement en cherchant les preuves de la verité, mais encor en l'expliquant et eclaircissant autrement selon les lieux topiques. Enfin j'ay encor une remarque à faire sur vostre definition, Monsieur. C'est qu'elle paroist seulement accommodée aux verités categoriques, où il y a deux idées, le sujet et le predicat; mais il y a encor une connoissance des verités hypothetiques, ou qui s'y peuvent reduire (comme les disjonctives et autres) où il y a une liaison entre la proposition antecedente et la proposition consequente; ainsi il y peut entrer plus de deux idées.

§. 3. PHILAL. Bornons nous icy à la connoissance de la verité, et appliquons encor à la liaison des propositions ce qui sera dit de la liaison des idées, pour y comprendre les categoriques et les hypothetiques. Or je crois # qu'on peut reduire cette convenance ou disconvenance à quatre especes, qui sont: (1) identité ou diversité, (2) relation (3) coexistence ou connexion necessaire, (4) existence reelle. §. 4. Car l'esprit s'apperçoit immediatement qu'une idée n'est pas l'autre, que le blanc n'est pas le noir. §. 5. puis il s'apperçoit de leur rapport en les comparant ensemble, # par exemple que deux triangles dont les bases sont egales et qui se trouvent entre deux paralleles, sont egaux. §. 6. Apres cela il y a coexistence [ou plustost connexion] comme la fixité accompagne tousjours les autres idées de l'or. §. 7. Enfin il y a existence reelle hors de l'esprit, comme lors qu'on dit: Dieu est.

THEOPH. Je crois qu'on peut dire que la liaison n'est autre chose que le Rapport ou la Relation prise generalement. Et j'ay fait remarquer cydessus, que tout rapport est ou de comparaison, ou de concours. Celuy de comparaison donne la diversité, et l'identité, le même ou le divers, le semblable ou dissemblable ou en tout ou en quelque chose. Le concours contient ce que vous appellés coexistence, c'est à dire connexion d'existence. Mais lors qu'on dit qu'une chose existe ou qu'elle a l'existence reelle, cette existence même est le predicat, c'est à dire elle a une notion liée avec l'idée dont il s'agit, et il y a connexion entre ces deux notions. # On peut aussi concevoir l'existence de l'objet d'une idée, comme le concours de cet objet avec moy. Ainsi je crois qu'on peut dire qu'il n'y a que comparaison ou concours; mais que la comparaison qui marque l'identité ou diversité, et le concours de la chose avec moy sont les rapports # qui meritent d'estre distingués parmy les autres. On pourroit faire peutestre des recherches plus exactes et plus profondes, mais je me contente icy de faire des remarques.]

§. 8. PHILAL. il y a une connoissance actuelle qui est la perception presente du rapport des idées, et il y a une habituelle, lorsque l'esprit s'est apperçu si evidemment de la convenance ou disconvenance des idées, et l'a placée de telle maniere dans sa memoire, que toutes les fois qu'il vient à reflechir sur la proposition il est asseuré d'abord de la verité qu'elle contient sans douter le moins du monde. Car n'estant capables de penser clairement et distinctement qu'à une seule chose à la fois, si les hommes ne connoissoient que l'objet actuel de leur pensées, il seroient tous fort ignorans, et celuy qui connoistroit le plus, ne connoistroit qu'une seule verité.

THEOPH. [il est très vray que nostre science, même la plus demonstrative, se devant acquerir fort souvent par une longue chaine de consequences, doit envelopper le souvenir d'une demonstration passée qu'on n'envisage plus distinctement ‡ ... ce seroit la repeter ... jamais aller plus loin s'il falloit repeter. Ce qui fait que sans l'ecriture il seroit difficile de bien establir les sciences, la memoire n'estant pas assez seure. Mais ayant mis par ecrit une longue demonstration ‡ et ayant repassé par toutes ses parties, comme si l'on examinoit une chaine, anneau par anneau, les hommes se peuvent asseurer de leur raisonnemens; à quoy servent encor les epreuves, et le succes enfin justifie le tout. Cependant on voit par là que toute croyance consistant dans la memoire de la veue passée des preuves ou raisons, il n'est pas en nostre pouvoir ny en nostre franc arbitre, de croire ou de ne croire pas, puisque la memoire n'est pas une chose qui depende de nostre volonté.]

[marge : et même pendant qu'elle dure on ne la ...]

‡ comme sont par exemple celles d'Apollonius,

§. 9. PHILAL. il est vray que nostre connoissance habituelle est de deux sortes ou degrés. quelques fois les verités mises comme en reserve dans la memoire ne se presentent pas plustost à l'esprit qu'il voit le rapport qui est entre les idées qui y entrent; mais quelques fois l'esprit se contente de se souvenir de la conviction sans en retenir ‡ des preuves. on pourroit s'imaginer que c'est plustost croire sa memoire que de connoistre la verité en question, et il m'a paru autres fois, que c'est un milieu entre l'opinion et la connoissance, et que c'est une asseurance qui surpasse la simple croyance fondée sur le temoignage d'autruy. Cependant je trouve apres y avoir bien pensé, que cette connoissance renferme une parfaite certitude. je me souviens, c'est à dire je connois (le souvenir

‡ même souvent sans pouvoir se les remettre quand il voudroit.

n'estant que le renouvellement d'une
chose passée) que j'ay esté une fois asseuré de la
verité de cette proposition: que les trois angles
d'un triangle sont egaux à deux droits, or l'immutabilité des
mêmes rapports entre les mêmes choses immuables
est presentement l'idée mediate qui me fait voir
que s'ils ont esté une fois egaux, ils le seront encor.
C'est sur ce fondement que dans les mathematiques
les demonstrations particulieres fournissent des connoissances generales,
autrement la connoissance d'un Geometre ne s'étendroit pas au delà
de cette figure particuliere qu'il s'estoit tracée en demonstrant
la perception et l'assemblage de cette admirable
idées qui paroist dans l'excellent ouvrage de M. Newton surpasse
la comprehension de la plupart des lecteurs; mais une memoire
qui seroit capable de retenir une telle enchainure de verité
est au delà des facultés humaines. Cependant cela fait
voir que la connoissance intuitive est plus profonde demonstrative
et bien plus imparfaite que la connoissance intuitive
l'idée mediate dont vous parlés, Monsieur, supposé la fidelité du souvenir. Mais
THEOPH. il arrive quelquesfois que nostre souvenir nous
trompe, et que nous n'avons point fait toutes les diligences necessaires
quoyque nous le croyions maintenant: cela se voit clairement dans les
revisions des comptes. Il y a quelques fois des Reviseurs en titre
d'office, comme aupres de nos mines du Harz, et pour rendre les
receveurs des mines particulieres plus attentifs on
mis une taxe d'amende pecuniaire sur
chaque erreur de calcul, et neantmoins il s'en trouve malgré
qu'on en ait. Cependant plus on y apporte de soin, plus
on se peut fier aux raisonnemens passés. J'ay projetté une maniere
de d'écrire les comptes en sorte que celuy qui ramasse les sommes des colonnes
laisse sur le papier les traces des progrés
de son raisonnement de telle maniere, qu'il ne
fait point de pas inutilement. Il le peut tousjours revoir,
et corriger les dernieres fautes sans qu'elles influent sur
les premieres: la revision aussi de ceux qui
qu'un autre en veut faire ne couste presque point de peine, par ce qu'il peut examiner les mêmes traces à veue d'oeil.
Outre les moyens de verifier encor les compte de chaque article par une sorte d'epreuves tres commode
sans que ces observations augmentent considerablement le travail
du compte. Et tout cela fait bien comprendre que les hommes
peuvent avoir des demonstrations rigoureuses sur le papier,
et en ont sans doute une infinité. Mais il n'en sauroit avoir
dans leur esprit qu'une certitude morale, le passé dependant
tousjours de la fidelité de la memoire. Comment même tout ce qui
depend des sens ne sauroit avoir une certitude absolument
rigoureuse et metaphysique. Et ainsi comme l'idée immediate
dont vous venés de parler, Monsieur, suppose le souvenir
la certitude ne peut aller. Mais il sans se souvenir d'avoir usé
d'une parfaite rigueur on ne sauroit avoir cette cette rigueur consiste dans un reglement
certitude dans l'esprit. Et à l'egard du tout
dont l'observation sur chaque partie soit une asseurance
comme dans l'examen de la chaine par anneaux,
ou visitant chacun pour voir s'il est fermé et
prenant des mesures avec la main pour n'en sauter aucun, on est asseuré de la bonté
de la chaine. Et par ce moyen on a toute la
certitude dont les choses humaines sont capables. Mais je ne demeure point
d'accord, qu'en mathematiques les demonstrations particulieres sur la figure
qu'on trace, fournissent cette certitude generale, comme vous semblés de le prendre). Car il faut savoir
que ce ne sont

nous
convainent qu'on n'a
fait aucune faute en
calculant

que ce ne sont pas les figures qui donnent la preuve chez les Geometres * [la force de la demonstration est] independante de la figure tracée, qui n'est que pour faciliter l'intelligence de ce qu'on veut dire, et fixer l'attention; ce sont les propositions universelles, c'est à dire les definitions, les axiomes et les theoremes deja demonstrés qui font le raisonnement et le soutiendroient quand la figure n'y seroit pas. C'est pourquoy un savant Geometre nommé Scheubelius a mis les figures d'Euclide sans leurs lettres, qui les puissent lier avec la demonstration; et un autre nommé Herlinus a reduit les mêmes demonstrations en syllogismes et prosyllogismes.]

CHAP. II. Des Degrés de nostre Connoissance

§. 1 PHILAL. La connoissance est donc intuitive lors que l'esprit apperçoit la convenance ou disconvenance de deux idées immediatement par elles mêmes sans l'intervention d'aucune autre. En ce cas l'Esprit ne prend aucune peine pour prouver ou examiner la verité. C'est comme l'oeil voit la lumiere, que l'esprit voit que le blanc n'est pas le noir, qu'un cercle n'est pas un triangle, que trois est deux et un. Cette connoissance est la plus claire * dont la foiblesse humaine soit capable; elle agit d'une maniere irresistible sans permettre à l'esprit d'hesiter. C'est connoistre que l'idée est dans l'esprit telle qu'on l'apperçoit. Quiconque demande une plus grande certitude ne sait pas ce qu'il demande.

THEOPH. [Les verités primitives qu'on sait par intuition sont de deux sortes comme les Derivatives. Elles sont des Verités de Raison, ou des Verités de Fait. Les verités de Raison sont necessaires, et celles de Fait sont contingentes. Les verités primitives de Raison sont celles que j'appelle d'un nom general identiques, parce qu'il semble qu'elles ne font que repeter la meme chose, sans nous rien apprendre. Elles sont affirmatives ou negatives. Les affirmatives sont comme les suivantes: Ce qui est, est; Chaque chose est ce qu'elle est; et dans autant d'exemples qu'on voudra, A est A, B est B. * Le rectangle equilateral est un rectangle equilateral; et avec diminution le rectangle equilateral est un rectangle, l'animal raisonnable est toujours un animal. Et dans les hypothetiques: si la figure reguliere de quatre costés est un rectangle equilateral, cette figure est un rectangle. Les copulatives, les disjonctives, et autres propositions sont encor susceptibles de cet identicisme, et je compte même parmi les affirmatives Non-A est non-A, et cette hypothetique si A est non-B, il s'ensuit que A est non B. Item si non-A est BC, il s'ensuit que non A est B. Si une figure qui n'a point d'angle obtus peut estre un triangle regulier, une figure sans angle obtus peut estre reguliere. Je viens maintenant aux identiques Negatives qui sont ou du principe de contradiction, ou des Disparates.

* quoyque le style Ecthetique le fasse croire

* et la plus certaine

* Quod scripsi, scripsi. je seray ce que je seray. j'ay écrit ce que j'ay écrit. Et rien en vers comme en prose c'est estre rien ou peu de chose.

Le principe de contradiction qui est en general ~~est~~

~~tel n'est pas tel, ne sauroit ne pas estre~~ ~~estre tel item~~ une proposition est ou vraye ou fausse, ce qui renferme deux enontiations, l'~~une qu'elle ne sauroit estre vraye et fausse en même temps, à la fois~~, l'autre ~~qu'il n'y a point~~ l'une, que le vray ~~et le~~ faux ne sont point compatibles dans une même proposition, ou qu'une proposition ne sauroit estre vraye et fausse à la fois. l'autre, ~~que~~ que l'opposé ~~de ceux et du faux~~ ou la negation du vray et du faux ne sont pas compatibles, ou qu'il n'y a point de milieu entre le vray et le faux ou bien, ~~qu'il ne se~~ il ne se peut pas qu'une proposition soit ny vraye ny fausse. Or tout cela est encor vray dans ~~tou~~ toutes les propositions imaginables en particulier. ~~C'est~~ comme ce qui est A ne sauroit estre non A item AB ne sauroit estre non A, ~~un animal~~ rectangle equilateral ne sauroit ~~avoir de costé plus~~ estre non-rectangle. # On peut varier ces ~~choses~~ enontiations de bien des ~~...~~ façons et les appliquer aux ‡ copulatives, disjonctives et autres.

Quant aux Disparates ce sont ces propositions, qui disent ~~que le blanc n'est pas le noir que la couleur n'est pas la couleur~~ que l'objet d'une idée n'est pas l'objet d'une autre idée, ~~ou que les abstraits ne sont pas les uns les autres~~, comme que la chaleur n'est pas la même chose que la couleur ~~Car dans les concrets les enontiations la couleur~~ # ~~ce qui n'est pas proprement~~ opposition. ~~Car~~ ~~et n'en depend~~ point, ~~comme dans les concrets~~ ~~... à ces negations sans ... qui se reduit enfin au principe de contradiction ... l'homme n'est pas l'animal. ou l'homme et l'animal n'est pas le même~~ item l'homme et l'animal n'est pas le même, quoyque tout homme soit un animal

tout cela se peut asseurer indépendamment de toute preuve ou de la reduction à l'opposition ou au principe de contradiction ~~lorsqu'on entend ... l'analyse~~ lorsque ces idées sont assez entendues pour n'avoir point besoin ici d'analyse: autrement on est sujet à se meprendre car disant le Triangle et le trilatere n'est pas le même, on se tromperoit ‡ ~~cependant que le triangle~~ et disant le rectangle ~~equilateral~~ quadrilatere, et le rectangle n'est pas le même, on se tromperoit encor. Car il se trouve que la seule figure à quatre costés peut avoir tous ses angles droits. Cependant on peut tousjours dire dans l'abstrait, que la triangularité n'est pas la trilaterité; ou que les raisons formelles du triangle et du trilatere ne sont pas les mêmes, comme parlent les philosophes; ce sont des differens rapports d'une même chose. Mais quelqu'un

---

item: Il est vray que Tout homme est un animal donc il est faux que quelque homme se trouve qui n'est pas un animal

hypothetiques,

~~# c'est à dire en concevant l'un je conçois autre chose qu'en concevant l'autre~~

‡ puisqu'en le bien considerant on trouve que les trois costés et les trois angles vont tousjours ensemble.

ライプニッツ手稿

人間知性新論

（第4部1章1節—第4部2章1節）

◉

ニーダーザクセン州立図書館提供

い出すことさえしばしばできません。それは、当の真理を実際に認識するというよりも、むしろ自分の記憶を信じている、と思っていいでしょう。そして、それは臆見と認識との中間であり、他人の証言に基づく単なる信念[26]を超えたひとつの確信だ、と以前は私には思われました。けれども、よく考えてみると、この認識は完全な確実性を含んでいると私は思います。三角形の三つの角〔の和〕は二直角に等しい、というこの命題の真理を私がかつて確信したことを、私は覚えています。つまり、私は認識しています（というのも、想起とは、ある過ぎ去った事象[27]の蘇生でしかないからです）。さて、不変的な同じ事象の間のその同じ関連の不変性が、今や媒介的観念であり、それが、かつて三角形の三つの角〔の和〕が二直角に等しかったならばこれからもやはり等しいであろう、と私に思わせるものなのです。このような根拠に基づいてこそ、数学において個々の論証が一般的認識を与えるのです。そうでなければ、幾何学者の認識は論証するとき描かれる個々の図形を超えて広がることはないでしょう。〉

テオフィル　あなたのおっしゃる媒介的観念は、私たちの想起[28]の正確さを前提しています。しかし時には、私たちの想起が私たちを欺くこともありますし、しかるべき細心の注意をすべて払ったと今は思っていても、そうでなかった、ということもあります。このことは、検算をしてみれば明らかになります。私たちのハルツ鉱山[29]でのように、公けの検査役が時には任命されます。そして、個々の鉱坑の会計係をより注意深くさせるために、計算間違いをするごとに罰金を科しました。しかしそれでも、計算間違いは起こります。けれども、注意をより注げば注ぐほど、過去の推論をより信頼することができます。私が計算のある書き方を考案したのは、縦の列を合計する者が、無駄な歩みをしないように、自分の推論の進展の跡を紙の上に残しておくためです。彼はいつでもこれを、見直したり、先頭の方に影響を及ぼすことなく最

26——Locke: belief, for that relies on. Coste: croyance qui est fondée sur. Leibniz: croyance fondée sur.（R & B）

27——d'une chose passée. Locke: of some past knowledge. コストによる変更。（R & B）

28——原語は souvenir。R & B は、前節に出てきた mémoire ではないと注記。

29——ハルツ山中にあるブラウンシュヴァイク公爵の銀山。一六七九年ライプニッツは、この銀山での採掘を容易にするために水をくみ出すより効果的な方法を見つけようと企てた。それによる増収を活用して、ハノーファーでの設立を提案していた科学アカデミーを財政的に支えたいと望んでいたのである。乾燥した天候のもとでは力を発揮しない水力に代わるものとして、自分が設計した風車が生み出す風力でポンプを駆動させようとした。数年間ポンプと風車の設計・製作に骨を折った——彼の企てのひとつは、圧縮空気によってエネルギーを風車からポンプへ伝えることに関するものであった（A I-3, 211）——が、不運が重なり、十分な材料が入手できなかったり鉱夫たちの反対運動が強まるなど、計画は絶えず実現を阻まれ、はては一六八五年に新公爵によって中止のやむなきにいたった（A I-4, 189, 205f.）。しかしこの間ライプニッツは、採鉱と製錬のあらゆる局面、地質学から貨幣鋳造や簿記にいたるまで専門的な知識に精通していった（A VI-6, 206f, 360）。彼の地質学に関する諸発見は『プロトガイア』*Protogaea*（1691: 本著作集第10巻所収）の中で発表されている。（R & B）なおライプニッツのアカデミー建設計画については、本書第3部の訳注377参照。

後の方の誤りを直したりすることができます。また、誰か他の者が見直したい場合も、このやり方ならほとんど労を要しません。彼は眼で見てその同じ跡を調べることができるからです。その上それは、非常に便利な一種の検算によって、各項目の計算を確かめる手段を与えてくれ、このようなことを遵守することで計算の労力が著しく増大することはありません[30]。そして、こうしたことすべては、次のことをはっきり理解させてくれます。人々は紙の上では厳密な論証をもつことができ、しかも疑いなく無数の論証をもっている、ということです。しかし、完全な厳密さを用いたと想起することがなければ、精神のうちにこのような確実性をもつことはできないでしょう。そして、この厳密さとはある規則性のうちに存しており、各部分でそれを遵守することが全体に関する保証となるのです。たとえば、鎖の環をひとつずつ調べる場合、環がしっかりしているかどうか見るために各々の環を検査し、ひとつも間をとばさないように手で測ることによって、その鎖の良質さが保証されるのです。そしてこのような手段によって、私たちは人間的事象がもちうるすべての確実性を獲得します。けれども、あなたが思っているようなこと、つまり、数学では描かれる図形についての個別的論証があの一般的確実性を与えてくれる、ということに私は同意いたしません。あなたはそう思っているようですが。というのも、幾何学者が証明を引き出すのは図形ではない、ということを知らなければならないからです。とはいえ、その説明の仕方[31]がそう思わせるのですが。論証の力というのは、描かれた図形からは独立しています。図形は、言いたいことや注意を向けたいことの理解を容易にするためのものにすぎません。推論を構成するのは普遍的命題です。つまり、定義と、公理と、すでに論証された定理なのです。しかも、推論に図形がたとえないとしても、それらが推論を支えているのです。そういうわけで、シェウベリウス[32]［という[33]］ある学識ある幾何学者は、ユークリッドの図形を、当の図形とそれに付け加えられた論

30——カッシーラーは、*De dyadicis* (GM VII, 228ff.) の参照を指示。

31——le Style Ecthétique. ひとつの一般的真理を、ある個別的な事例ないし図形に即して示すことによって、当の真理を提示する論証法。(Brunschwig)

32——Johann Scheybel (1494–1570). チュービンゲン大学の数学教授。ユークリッドの著作の注釈書 *Euclidis sex libri priores de Geometricis principiis* (1550) を著わす。(A. Brunschwig)

33——nommé. 写字生は comme とする。編者による訂正箇所。(A)

証とを結び付けうる文字なしに呈示しました。また、ヘルリヌス[34]〔という〕[35]他の幾何学者は、その同じ論証を三段論法と前三段論法[36]とに還元しました。

2章——私たちの認識の程度について[37]

［1］**フィラレート** 〈ところで、認識が直観的であるのは、精神が二つの観念の一致〔あるいは不一致〕[38]を、他のどんな観念も介在させることなくその二つの観念自身によって直接的に自覚する場合です。この場合、精神は、真理を証明したり調べたりする労をいささかも要しません。眼が光を見るように、精神は、白は黒ではなく、円は三角形ではなく、三は二たす一である、ということを知るのです。このような認識は、人間の弱さにできる最も明晰で最も確実なものであり、それは精神が躊躇するのを許さず抵抗できない仕方で働きます。それは、観念とは、人が気づくとおりに精神のうちにある[39]、ということを認識することです。これよりも大きな確実性を求める者は皆、自分が何を求めているのか分っていないのです。〉

テオフィル 直観によって知られる原初的真理には、派生的真理と同様に二種類のものがあります。それは、理性の真理か事実の真理かに属しています。理性の真理は必然的であり、事実の真理は偶然的です。理性の原初的真理とは、私が自同的という一般的な名称で呼ぶ真理のことです。というのは、それは同じことを繰り返すだけで、私たちに何も教

34——Christian Herlinus. 一六世紀の数学者。*Analyseis geometricae sex librorum Euclidis* (1566) の著者。(A, Brunschwig)

35——nommé. 写字生は comme とする。編者による訂正箇所。(A)

36——多数の三段論法が結合してひとつの推理の進行を構成するものは、複合三段論法と呼ばれるが、そこで結論が次の三段論法の前提となるものが前三段論法である。たとえば、二つの三段論法が結合した場合は次の前半部分。

AYP（すべてのYはPである）
AXY（すべてのXはYである）
ゆえにAXP（すべてのXはPである）——前三段論法
ASX（すべてのSはXである）
ゆえにASP（すべてのSはPである）

37——degré, gradus はデカルトやF・ベーコンにも見られる。ただし、用法は若干異なっている。デカルトは、「つねに段階的に知識を増しながら（gradatim semper augendo scientiam)……」(『精神指導の規則』Ⅳ [AT X, 372]) とか、「少しずつ、階段を昇るようにして、ついには複合度の高いものまで認識する……」(『方法序説』[AT VI, 18]) と言う。F・ベーコンについては *Novum Organum*, I, 19, 22 参照。

38——〔 〕の部分は編者による訂正箇所。(A)

39——アカデミー版の原文は l'idée est dans l'esprit となっているが、R & B はこの est dans l'esprit をコスト訳 dans l'esprit est の誤りと解して、in one's mind is と英訳。カッシーラーも同様に解する。

えない、と思われるからです。この真理は肯定的なものか、あるいは否定的なものかです。肯定的なものというのは、たとえば次のようなものです。すなわち、［「あるものはある」］[40]「各々のものはそれがあるところのものである」、といったものです。そして、お望みになるだけの多くの例のうちには次のようなものがあります。「AはAである」。「BはBである」。「私は私がなるであろうものになるであろう」。「私は私が書いたものを書いた」。また、「韻文においても散文においても、無は無である、もしくは取るに足りないものである」[41]。［「等辺長方形は等辺長方形である」。そして短縮すれば、］[42]「等辺長方形は長方形である」。「理性的動物は常に動物である」。このような例です。そして、仮言的なもののうちには次のような例があります。すなわち、「四つの辺をもつ正図形が等辺長方形であるならば、その図形は長方形である」。また、連言命題や選言命題、および他の諸命題もやはり、この同一性形式をもつことができます。それから、「非Aは非Aである」というものさえ、私は肯定的なもののうちに入れています。また、仮言命題には次のようなものがあります。すなわち、「もしAが非Bであるならば、Aは非Bであることが帰結する」。同じく、「もし非AがBCであるならば、非AはB[43]であることが帰結する」。「もし鈍角をもたない図形が正三角形でありうるならば、鈍角をもたない図形は等辺等角図形でありうる」。このような例です。さて今度は、否定的な自同的真理に行きましょう。これは矛盾原理かあるいは乖離性に属しています。矛盾原理とは一般的に言って、「ひとつの命題は真であるか偽であるかいずれかである」、ということです。そしてこれは二つの［真の］[44]陳述を含んでいます。一方は、「真と偽とは同一命題において両立しえない」、すなわち、「ひとつの命題は同時に真でありかつ偽ではありえない」、ということです。他方は、「真と偽との対立［対当］ないし否定は両立しえない」、すなわち、「真と偽との中間は存在しない」、あるいはさらに、「ひとつの命題が真でも偽でもないということはありえな

40――［　］の部分は編者による訂正箇所。(A) GP、Brunschwig にはない。

41――R & B は、And say it in prose or say it in rhyme, Nothing is nothing –most of the time と英訳。

42――［　］の部分は編者による訂正箇所。(A)「そして短縮すれば」は GP、Brunschwig にはない。

43――GP、Brunschwig では「非AはBCである」。

44――GP、Brunschwig にはあり、Aにはない。

い」、ということです。ところで、このようなことはすべて、想像しうるどんな個別的な命題においてもやはり真実なのです。たとえば、「Aであるものは非Aではありえない」、という場合です。同様に、「ABは非Aではありえない」や、「等辺長方形は非‐長方形ではありえない」、また、「人間はみな動物であるということは真である、ゆえに、動物でない人間がいるということは偽である」、という例もあげられます。このような陳述は多くの仕方で変化をもたせることができます。そしてそれを、〔仮言命題[45]〕連言命題、選言命題、および他の諸命題にも適用することができます。乖離的なものに関して言いますと、それは、ある観念の対象は他の観念の対象ではない、ということを言う命題のことです。たとえば、「熱は色と同じものではない」、というような場合です。同様に、「すべての人間は〔ある[46]〕動物であるとはいえ、人間と動物とは同じではない」、というのもその一例です。こうしたことはすべて、それらの観念がここで分析の必要がもはやないほど十分に知られている場合には、いかなる証明からも独立に、あるいは、対当関係[47]への還元ないし矛盾原理への還元からも独立に、確立されうるのです。そうでない場合には間違いやすい、ということになります。というのも、「三角形と三辺形とは同じではない」、などと言って誤ったりするからです。正しく考えてみれば、三つの辺と三つの角は常に相伴っていることが分るからです。また、「四辺長方形と長方形とは同じではない」、と言う場合も、やはり間違えることになります。というのも、四つの辺をもつ図形だけが、すべての角が直角でありうることが分るからです。けれども、抽象的なものにおいては、〔「三角形であることは三辺形であることではない」[48]〕あるいは、哲学者たちが語るように、「三角形の形相的理由と三辺形の形相的理由とは同じではない」、と常に言うことができます。それらは、ひとつの同じものへのさまざまな関わり方なのです。

　私たちがこれまで話してきたことを辛抱強く聞いたあとで、結局その根気を失い、私たちはくだらない陳述で時間をつぶしており、自同的真理など何の役にもたたない、と言う人がいるでしょう。しかし、こんな判断をしてしまうのは、このような事柄について十分に考えてこなかったためなのです。（たとえば）論理学の推断は、自同的原理によって論証されます。また、幾何学者は、帰謬法による彼らの論証において、矛盾の原理を必要とします。ここでは、推論の一貫性の論証において、自同的なものがどのように用いられるかを示すにとどめます。そういうわけで、私が言いたいのは、三段論法[49]の第二格と第三格とを第一格によって論証するには、矛盾の原理だけで十分であることです。たとえば、第一格

45——［　］の部分は編者による訂正箇所。（A）

46——［　］の部分は編者による訂正箇所。（A）

47——〈SはPである〉という命題は、質と量によって四種類に区別される。

A　全称肯定〈すべてのSはPである〉
E　全称否定〈すべてのSはPでない〉
I　特称肯定〈あるSはPである〉
O　特称否定〈あるSはPでない〉

ここで主語と述語を同じくする二つの命題の真偽関係を対当関係と言い、次の四種類に区別される。

A—O、E—I…矛盾対当
A—I、E—O…大小対当
A—E…………反対対当
I—O…………小反対対当

四種類の対当関係にはそれぞれ規則があり、それによってある命題の真偽が分ると、それと対当関係にある命題の真偽が知られる。これは「対当関係による直接推理」と言われる。

48——アカデミー版の原文では、la triangularité, n'est pas la trilaterité; であるが、写字生はこの部分を le triangle n'est pas le trilatere（「三角形は三辺形ではない」）とする。（A）GP、Brunschwig では「三角形は三辺形ではない」。

49——以下数頁にわたって展開される三段論法の格と式に関する議論は、次のような知識を前提している。三段論法とは、ひとつの命題が他の二つの命題から導出される推理であり、それぞれの命題は、「すべての……は……である」（A）、「ある……は……である」（I）、「すべての……は……でない」（E）、「ある……は……でない」（O）という形式をもつ。SとPをそれぞれ結論の主語と述語とし、Mを媒語——二つの前提では現われるが結論では現われない名辞——とすれば、四つの「格」は次のように表現される。

第一格	第二格	第三格	第四格
M—P	P—M	M—P	P—M
S—M	S—M	M—S	M—S
S—P	S—P	S—P	S—P

それぞれの格は数個の式から成り、式は上述の形式によって決定されるだけでなく、命題がA、I、E、Oのうちのいずれであるかという事実によっても決定される。これらの事実は式のラテン名によって示される。たとえば、原文三六六頁の Cesare はE—A—Eという母音をもっており、最初の前提がE、二番目の前提がA、結論がEという形式の三段論法であることを意味する。もし Cesare が第二格の式であるという事実がさらに与えられるならば、Cesare の三段論法は、

すべてのPはMでない
すべてのSはMである
―――――
すべてのSはPでない

という形式をもつことになる。原文三六六頁でライプニッツが第二格 Cesare 式として与えているものは、ちょうどこのS＝Mという特別の場合である。（R & B）

においてバルバラ（Barbara）［式］から次のような結論を出すことができます。すなわち、

すべてのBはCである、
すべてのAはBである、
ゆえに、すべてのAはCである。

結論が偽である（すなわち、あるAはCでない、が真である）、と仮定しましょう。すると、二つの前提のうち一方あるいは他方もまた偽である、ということになります。第二前提［小前提］が真であると仮定すれば、すべてのBはCである、と主張する第一前提［大前提］は偽となります。したがって、それに矛盾するものが真となります。すなわち、あるBはCでないとなります。そしてこれが、結論が偽であり、それに先行する前提のひとつが真であることから引き出される、新しい議論の

結論となるのです。その新しい議論とは以下のとおりです。すなわち、

あるAはCでない、

これは、偽と仮定された先の結論に対立するもの。

すべてのAはBである、

これは、真と仮定された先の前提。

ゆえに、あるBはCでない。

これは、偽である先の前提に対立する、真である今度の結論。

この議論は第三格のディサミス（Disamis）[50]式のうちにあり、矛盾の原理しか用いずに、第一格のバルバラ（Barbara）式からこのように明白にかつすばやく論証されます。そして、私は若い頃[51]このような事柄を詳しく調べたとき、次のことを仮定すればこの方法だけによって第二格と第三格のすべての式は第一格から引き出しうることに気づきました。すなわち、第一格の式が正しいと仮定し、したがって、結論が偽、すなわちそれに矛盾するものが真とされ、前提のうちひとつがまた真とされれば、他方の前提に矛盾するものは真でなければならない、と仮定すればよいのです。なるほど、論理学の教程では、主要な格である第一格[52]からあまり主要でない格を導くために、好んで換位[53]が使われます。学ぶ者にとってはその方がより適切であると思われるからでしょう。しかし、論証的理由――そこではできるだけ少ない仮定で済まさねばならない――を求める者は、原初的原理だけによって論証されうることを、換位を仮定することによって論証しはしないでしょう。原初的原理とは、矛盾の原理であり、何ものをも前提しない原理なのです。さらに私は、次のことに気づきました。これは注目すべきだと思われます。すなわち、いわゆる直接的な非主要格だけが、つまり第二格と第三格だけが、矛盾の原理のみによって論証されうるのであり、これに対して間接的な非主要格、つまり第四格には、この方法だけによって第一格つまり主要格からこれを導きだすことはできず、もうひとつの仮定、つまり換位をさらに用いなければならないという不都合な点がある、ということです。［ところで、］この第四格というのは、アラブ人がその発見をガレノス[54]に帰している

50――むしろBocardo。(A. Brunschwig)

51――cf. *Dissertatio de arte combinatoria* (1666), GM V, 33 (Cassirer); A VI-1, 184, GM V, 29-31 (A, R & B) A、R & Bは『結合法論』「問題IとIIの応用26、27節」をあげ、Cassirerは「同31節」をあげる。第一格から矛盾の原理だけを用いて（換位を前提せずに）第二・第三格を導出する方法は、『三段論法の数学的決定』では背進法（regressus）と呼ばれ詳論されている（C, pp. 412-415: 本著作集第1巻、二八一―二八四頁）。それによると、第一格の六つの式からそれぞれ第二格・第三格の式がひとつずつ、全部で一二の式が導かれる。たとえば、Barbaraからは次の図のように二つの式が導かれる。

Barbara 第一格	A C D	A B C	A B D
背進	A C D		O B D
ゆえに		O B C	
これより Baroco 第二格	A C D	O B D	O B C
Barbara 第一格	A C D	A B C	A B D
背進		A B C	O B D
ゆえに	O C D		
これより Bocardo 第三格	O B D	A B C	O C D

すると、第一格・第二格・第三格の合計は一八、四つの格の合計は二四となり、伝統的に教えられてきた一九の妥当な式の数と一致しないのだが、それは、第一格としてBarbari およびCelaro、第二格としてCamestros およびCesaroという実際上使用しない式も数に入っているからである。というのは、背進法という方法自体が式の数と格の数とを内含しているからである。先の図は質と量（A、E、I、O）を度外視すれば次のようになる。

第一格	CD	BC	BD
背進	CD		BD
ゆえに		BC	
これより第二格	CD	BD	BC
第一格	CD	BC	BD
背進		BC	BD
ゆえに	CD		
これより第三格	BD	BC	CD

つまり、この操作で行なわれているのは、結論と小前提あるいは結論と大前提の位置を入れ替えることだけである。ということは、第二格と第三格とはすでに第一格の内に構造的に含まれていると言えよう。それを示すこの証明方法は、「同時にそのアプリオリな起源、すなわちそれらの格の発見にいたった方法を含んでいる。これは最善なる証明法である。実際、総合すなわち結合法的であり分析論的ではない。」(C, p. 415: 本著作集第1巻二八四頁)

52――第一格が完全格とも呼ばれるのは、第一格の三段論法のうちには他の格にはない、概念間の連結関係の明らかな推移性が大前提・小前提・結論においてあるからである。(cf. G. Patzig, *Die aristotelische Syllogistik*, Göttingen 1963, S. 68)

53――三段論法のような間接推理よりも単純な直接推理のうちの変形推理のひとつ。原命題の主語と述語の位置を交換して、原命題と同じ意味を表わす新しい命題を（不当周延の誤謬を犯さずに）導く操作。四種類の命題はそれぞれ次のように換位される。

A（全称肯定命題）…すべてのSはPである⇩あるPはSである（限量換位）

E（全称否定命題）…すべてのSはPでない⇩すべてのPはSでない（単純換位）

I（特称肯定命題）…あるSはPである⇩あるPはSである（単純換位）

O（特称否定命題）…あるSはPでない⇩換位不可能

「単純換位」…量（すべて、ある）を変えない換位。

「限量換位［偶有性による換位］」…近世以降の伝統的論理学では「限量換位（conversion by limitation）」と言われるが、中世の論理学では「偶有性による換位（conversion per accidens）」とも言われた。というのは、全称肯定命題において《すべてのSはPである》が《あるPはSである》に換位されるとき、換位の結果生じた命題は特称的であるため、この新命題において述語Sは主語Pの一部分にしか適合しない、つまり偶有的にしか適合しないからである。

「換質換位」…原命題の述語の矛盾概念を主語とし、原命題と同じ意味を表わす新しい命題を導く操作。命題をまず換質し、次いで換位する。

54――Klaudios Galenos (c. 130–c. 210). 著名な医者、哲学者。*Institutio logica* という表題で知られる論理学の小論がある。しかし、彼が三段論法の第四格の考案者と考えられたのは、誤った証言に基づく。(Brunschwig)

ニールによると、「ガレノスは第二格と第三格の議論が第一格に還元されうることを示したあと、さらに、それ以外の格がなく、またありえないと言っている」(W. Kneale & M. Kneale, *The Development of Logic*, Oxford 1962, p. 183) という。「……これは、第四格の学説をガレノスに帰している伝統が誤っているに違いないことを示している。しかし、その学説がいつ誰によって最初に導入されたのかを知るのは難問である。ルネッサンスの学者ザバレラは、アラビアの哲学者アヴェロエスが『アリストテレス「分析論前書」注解 i. 8』でそれをガレノスに帰したと指摘し、アヴェロエスがガレノスのある著作――介在する幾世紀かの内に失われた――の中にそれを見出したと推測した。ザバレラの推測が誤りであるのをわれわれは今知っているが、ガレノスが三つよりも多くの格がありえないことを証明したと主張している仕方から見て、彼の時代よりも前に誰かが少なくともその問題を提起した、とおそらく結論づけてもよいだろう。しかし、中世の終わりまで四つの格の学説を弁護する者の痕跡がまったくないのは奇妙である。」(Ibid.) 実際、後期中世から近世にかけての論理学の標準的な教科書であったペトルス・ヒスパヌスの『論理学綱要』の内には、第四格は登場しないが、一七世紀の『ポール・ロワイヤル論理学』でははっきりと述べられている。

ものです。とはいえ、ガレノスのものとして私たちに残っている著作のうちにも、他のギリシアの著作家のうちにも、それについて何も見あたらないのですが。したがって、[55]第四格は、第二格・第三格が第一格から離れているよりも、さらに一段と第一格から離れており、第二格と第三格は同じ水準にあって第一格からは等距離にあります。これに対して第四格は、論証されるためには第二格・第三格をもまた必要としているのです。というのも、第四格が必要とするまさに換位自身が、私が今しがた示したように、[56]換位から独立に論証されうる第二格ないし第三格によって論証される、ということがきわめて適切であるからです。これらの第二格・第三格によって換位が論証されうることをすでに指摘したのはペトルス・ラムスです。[57]そして（もし私がまちがっていなければ）、彼は、換位を用いてこれらの格を論証する論理学者に対し、それが循環であると反駁しました。とはいえ、（論理学者はこれらの格を今度は換位を正当化するために用いたわけではない以上）彼が論理学者に対して反駁すべきであったのは、循環というよりもむしろ不当仮定の虚偽［倒逆論法］（hysteron proteron）[58]、つまり、前提と結論の順序を逆にしたこと、だったのです。というのも、これらの格が換位から論証されるというよりも、むしろ換位がこれらの格から論証されて当然だからです。しかし、換位をそのように論証することはさらに、何人もの人がまったく無駄なものとみなしている肯定的な自同的命題の有用さを示しているので、ここでそれを呈示することはいっそう時宜にかなっているでしょう。私は換質換位を含まない換位についてだけお話ししたい。私にとってここではそれだけで十分です。つまり、いわゆる単純換位もしくは限量換位［偶有性による換位］のことです。単純換位には次の二種類のものがあります。すなわち、［その一方は］全称否定の単純換位、たとえば、「いかなる正方形も鈍角的なものではない、ゆえに、いかなる鈍角的なものも正方形ではない」、というようなものであり、［他方は］特称肯定の単純換位、たとえば、「ある三角形は

55——アカデミー版では、De sorte qu'... となっていて、この前で文章が切れている。ゲルハルト版、ブランシュヴィック版では、,de sorte qu'... というように、文章が切れていないので、次の文も「私が気づいた」内容としてとれる。

56——カッシーラーは、コッホ Koch 宛書簡（GP VII, 477f.）の参照を指示。

57——ここで言及されている考え方は *Scholae dialecticae* (1569), livre VII, ch. 4, col. 211 に見られる。(A, Cassirer) cf. *De arte combinatoria*, GM V, 33; A VI-1, 186f. (A, Cassirer) cf. ***Animadversiones Aristotelicae*** (1548), pp. 388f. (Langley) ペトルス・ラムスが換位を第二格・第三格によって論証したことについては、次を参照。Nelly Bruyère, *Méthode et Dialectique dans l'oeuvre de La Ramée*, Paris 1984, pp. 371-375.

58——自然な順序では二番目にくるものを一番目に置くという推論の欠陥。(Brunschwig)

59——［　］の部分は編者による訂正箇所。(A) GP、Brunschwig では脱落。

鈍角三角形である、ゆえに、ある鈍角三角形は三角形である」、というようなものです。しかし、いわゆる限量換位は全称肯定に関わります。たとえば、「すべての正方形は長方形である、ゆえに、ある長方形は正方形である」、というようなものです。ここでは常に、長方形とはすべての角が直角の図形であり、正方形とは正四辺形である、と解しています。さて、次の三種類の換位を論証することが問題です。すなわち、

①いかなるAもBでない、ゆえに、いかなるBもAでない。

②あるAはBである、ゆえに、あるBはAである。

③すべてのAはBである、ゆえに、あるBはAである。

[以下が、正式のその論証です。[59]]

換位①は、第二格のひとつであるチェサーレ(Cesare)[式]において、次のように論証されます。

いかなるAもBでない、
すべてのBはBである、
ゆえに、いかなるBもAでない。

換位②は、第三格のひとつであるダティシ(Datisi)[式]において、次のように論証されます。

すべてのAはAである、
あるAはBである、
ゆえに、あるBはAである。

換位③は、第三格のひとつであるダラプティ(Darapti)[式]において、次のように論証されます。

すべてのAはAである、
すべてのAはBである、
ゆえに、あるBはAである。

このようなことは、最も純粋で最も役に立たないと見える自同的命題が、抽象的なもの・一般的なものにおいてはきわめて有用であることを示しています。そして、いかなる真理もないがしろにすべきではない、ということを私たちに教えて

くれるのです。

　あなたがまた、〔直観的認識の〕[60]一例として引合いに出された、「三は二たす一に等しい」というあの命題については、それは三という名辞の定義にすぎない、と私はあなたに申しあげたい。というのも、数の最も簡単な定義は次のようにして形作られるからです。すなわち、二は一たす一、三は二たす一、四は三たす一、以下同様です。確かに、私がすでに指摘した[61]ひとつの隠された主張、すなわち、それらの観念は可能である、という主張がその中には入っています。そして、それはここでは直観的に認識されます。したがって、直観的認識とは、その定義の可能性がすぐに明らかになる場合には、当の定義のうちに含まれていると言えます。そしてこのような仕方で、十全な定義はすべて、理性の原初的真理と、したがって直観的認識とを含んでいるのです。要するに、理性の原初的真理はすべて、観念の直接性のために直接的である、と一般的に言えるのです。

　事実の原初的真理はどうかというと、それは、意識の直接性のために直接的である、内的経験[62]です。そして、「私は思考する、ゆえに、私はある」、すなわち、「私は思考するものである」、というデカルト派の人たちや聖アウグスティヌス[63]の第一真理が、〔そのあるべき〕場をもつのはここなのです。しかし、次のことを知っていなければなりません。すなわち、自同的なものは一般的もしくは個別的であり、それはそのいずれの場合も同じく明晰であるのと同様に（AはAである、と言うことと、あるものはそれがあるところのものである、と言うこととは同じく明晰だからです）、事実の第一真理についてもまたそうである、ということです。というのも、「私は思考する」が私にとって直接的に明晰であるだけでなく、「私は異なったいくつもの思考をもつ」、つまり、あるときには私はAを思考し、またあるときには私はBを思考する等々もまた、私にと

60——アカデミー版の原文では de la connoissance intuitive であるが、この部分を写字生は des connoissances intuitives とする。

61——本書第3部6章28節以下（A VI-6, 321f.）のテオフィルの発言参照。(R & B)

62——Descartes, *Meditatio*, II, 3; *Principia*, I, 7.（A）デカルト派については、本書序文の訳注37参照。

63——Brunschwig は、デカルト的なコギトはアウグスティヌスのいくつかのテキスト、とくに『自由意志論』*De libero arbitrio*, II, 3 で予示されていると注記し、デカルトの『省察』に対するアルノーの論駁を参照文献として挙げる。cf. Augustinus, *De libero arbitrio*, II, 7; *Soliloquia*, II, 1, 1; *De vera religione*, XXXIX, 73; *De trinitate*, X, 10, 13; XV, 12, 21. (A)

ってまったく同じく明晰であるからです。[64] したがって、デカルトの原理は正当なものですが、それはその種の唯一のものではありません。このことから分るのは、理性の原初的真理ないし事実の原初的真理はすべて、それより確実な何らかのものによって証明することができないという共通点をもっていることです。

［2］**フィラレート**　私がただ触れたにすぎない直観的認識に関することを、さらに進めてくださりたいへん嬉しく思います。〈ところで、論証的認識というのは、媒介諸観念の全連結における、直観的認識の連鎖にすぎません。というのも、しばしば精神は、観念を相互に直接的に結び付けたり比較したり、あてはめ合ったりすることができず、求める一致や不一致を発見するためには、(ひとつのあるいはいくつもの) 他の中間観念を用いざるをえないからです。そして、これが推論すると呼ばれることなのです。たとえば、三角形の三つの［内］角［の和］が二直角に等しいことを論証する場合、三角形の三つの［内］角にも二直角にも等しいと認められる他の何らかの角を人は見出すのです。［3］介在するこのような観念は論拠と呼ばれ、それを見出す精神の敏捷さが聡明さです。[65] ［4］そして、たとえそのような観念が見出されたとしても、その認識を獲得できるのは苦もなく注意もせずほんの一瞥だけによって、というわけではありません。諸観念の少しずつ段々となされる進展に入り込まなければならないからです。［5］しかも、論証以前には懐疑があります。［6］論証は直観的認識ほど明晰ではありません。ちょうど、いくつもの鏡によって互いに反射し合っている像が、反射するたびに次第に弱まり、特に弱い眼には、もはやすぐにはそれと分らなくなってしまうようなものです。論拠の長い連なりによって生みだされる認識についても同様です。［7］しかも、論証する際に理性の歩む一歩一歩は、直観的認識すなわち一目で分る認識であるとはいえ、しかしそれにもかかわらず、論拠の長い連なりのなかでは、記憶は諸観念のこの脈絡をあまり正

64——cf. *Animadversiones* (GP IV, 354ff.). (Cassirer)
65——Locke: a quickness in the mind to find out. Coste: la disposition que l'esprit a à trouver promptement. Leibniz: la disposition de l'esprit à... trouver. (R & B)

確には保存していないために、人々はしばしば虚偽を論証と取り違えてしまうのです。〉

テオフィル　自然的な、あるいは訓練によって獲得される聡明さに加えて、中間観念（媒概念 le medium）を見出すある技法があります。それは解析〔分析〕[66]の技法です。さて、ここでは次のことに留意しておくべきです。すなわち、あるときには、所与の命題が真であるか偽であるか見出すことが問題であり、またあるときには、（他ノコトハ同ジトシテ）より難しい問いに答えることが問題である、ということです。前者は、「……かどうか（An）？」という問い、すなわち、そうであるのかそうでないのか、という問いに答えることにほかなりません。後者の場合には、たとえば、「誰によって、どのように」が問われたり、また、さらに補足すべきものがあるとかです。そして、数学者が問題と呼ぶのは、命題の一部が空白のままである、このような問いだけです。たとえば、太陽光線をすべて一点に集める鏡[67]を見出すことを求め、その形やどのようにそれを作るのかを問うような場合です。真偽だけが問題であり、主語や述語のうちに補足されるべきものが何もない初めの方の問いについていえば、少ないながらも発見があることはあり、そしてそれには判断だけでは十分でありません。なるほど、判断力のある人、つまり注意と思慮をもってことにあたることができ、精神の必要なゆとりや忍耐や自由をもっている人は、最も難しい論証もしかるべく提示されれば、それを知的に理解することはできるでしょう。しかし、この世で最も判断力のある人でも、他の助けを何もかりなければ、その論証を見つけだすことは必ずしもできないでしょう。そういうわけで、それにはなお発見というものも含まれているのです。そして、幾何学者の間には、かつては今よりも多くそうしたものがありました。というのも、解析がそれほど磨かれていなかったときには、〔問題の〕解析に到達するには、より多くの聡明さが必要であったからです。まさにこのゆえに、古いタイプのある幾何学者たちや、新しい方法にまだ十分にはつうじていない他の幾何学者たちはいまだに、他の人によって発見されたある定理の論証を見つけだすと、すばらしいことをしたと思っているのです。しかし、発見の技法に精通している者なら、どんなときにはそれが評価に値するか否かを知っています。たとえば、ある人が、一本の曲線と一本の直線とによって囲まれた空間の求積法[68]を公けにする場合、それがすべての切片について適用され、私が一般的と呼ぶものであるとすれば、私たちの方法に従ってその論証を見出すことは、労をとろうとしさえすれば、いつでも私たちにはできるのです。しかし、一定の部分の特殊な求積法があり、そのような場合には、問題は非常に錯綜して、さしあたってはそれを解明することが必ずしもできないこ

66――「解析［分析］analyse」という概念はライプニッツの著作の随所で多義的に使われている。それは、定義されうるすべての名辞を定義することや、原初的でないすべての公理を論証することを含む（A VI-6, 74f.）。ライプニッツは、「必然的であれ偶然的であれ、全称であれ特称であれ、すべての肯定命題においては、常に述語の概念はある意味で主語の概念に含まれている」（『アルノーとの往復書簡』参照）と考えて、一時はすべての真なる命題は同一性に還元されうると信じる傾向があった（Loemker, p. 283）。しかし一六八六年頃に、偶然的な真理にとっては「還元が無限に進み決して終結しない」（M & P, p. 75）、したがってわれわれが偶然的真理についてもつ確実性は「観念の分析と結合」とは別の何かに基づくのでなければならない、と考えるようになった（cf. A VI-6, 406）。

ライプニッツが「名辞」の定義について語る場合、「名辞」によって彼が意味しているのは、「名称ではなくて概念、すなわち名称によって意味表示されるもの、……思念、観念」（*Leibniz, Logical Papers*, G. H. R. Parkinson, 1966, p. 39）である。定義は、名目的であれ実在的であれ（A VI-6, 346）、観念を「まったく原初的で第一次的なもの」（A VI-6, 212; cf. 120）に至るまで分析することであり、さらにこれらの観念と密接に関連して、事物やその諸特性を内的本性と潜在的原因の点から分析することである（A VI-6, 297, 299）。内的本性と潜在的原因を理解するには、推論と観察のきめ細かい相互作用が必要である（A VI-6, 80, 267, 293f., 453f.; cf. Loemker, pp. 280ff.）。

数学の発達、とくに無限小計算の発明によって、自然を解読するわれわれの力は著しく増大する（A VI-6, 368, 478）。しかしライプニッツは、無限小計算をより包括的な分析装置の一部分にすぎないものとみなしており、彼の意図は、蓋然性の論理学を組み入れた「一般的な学」あるいは「発見の術」（A VI-6, 488）を仕上げることにある。デカルトと同様にライプニッツも、この術の幾分かはすでに古代ギリシアの数学者たちに知られていたと考えて、そのことによって鼓舞された（A VI-6, 488f.; cf. Descartes, *Regulae* IV）。「解析」と「総合」を結合した方法がそれである。この古代の方法に関する最も詳しい記述は、ユークリッドの『幾何学原論』のパッポスによる注釈にみられる。すなわち、解析とは、証明されるべき命題を仮定してそこから結論を演繹し、真であることが自体的に知られるものに至ることであり、総合とは、既知の真理から出発して以前は知られていなかった一連の結論を演繹することである。解析に関するライプニッツの指摘によれば（A VI-6, 450f., 484; cf. Loemker, pp. 187f.）、ひとつの命題から既知の真理を演繹することは、その演繹の各段階が真の双条件式に適合しているかぎりでのみ、当の命題の真理性を確立するであろう。この条件が満たされていれば、過程は逆転されうるのであり、総合によって既知の真理から当の命題に到達しうる。ライプニッツは、パッポスが解明しているよりも多くのことが古代の解析の方法には含まれていると信じていた（GP I, 395）。彼は「解析」と「総合」を共に組み入れた「はるかに高度な論理学」（AVI-6, 484）、すなわち「提示された真理を判断するためだけでなく、さらに隠れた真理を発見するために知性を使用する術」（Loemker, p. 463）の必要性に繰り返し言及している。（R & B）パッポスについては、本書第4部の訳注440参照。

67――ここで引かれている例は、一六八二年頃ライプニッツとチルンハウスとの間で行なわれた凹面鏡の設計に関する論争に由来すると思われる。当時チルンハウスは太陽炉を建設しようとしていた（*Der Briefwechsel von Gottfried Wilhelm Leibniz mit Mathematikern*, hrsg. C. I. Gerhardt, 1899, pp. 414ff.）。上述の論争は、一六九一年から翌年にかけてのライプニッツとホイヘンスの文通でも言及されている（op. cit., pp. 603, 647, 651f.）。（R & B）

68――「求積法 quadrature」は一般に、ひとつの曲線で囲まれた図形を面積の等しい方形で表現することである。プロクロスによれば、キオスのヒポクラテス（紀元前五世紀）が初めて半円形の特定の組み合わせを方形にした（cf. A VI-6, 455）。アルキメデスの証明によれば、「任意の円の面積は、ある直角三角形の直角を挟む二辺の一方がその円の半径に等しく、他方が円周に等しいとき、その直角三角形の面積に等しい」（『円の計測』）。このことから、円の面積は「その円の半径と半円周の等比中項を一辺とする正方形」に等しいというライプニッツの言明（A VI-6, 376）が帰結する。またアルキメデスの証明によれば、「渦巻き線の第一周の終点と始点とを結ぶ線と垂直に始点から引かれた線は、始点からの距離が渦巻きの『最初の円』の円周に等しい長さのところで、さきの終点における接線と交わるであろう」（『螺線について』命題一八、一九）。かくしてアルキメデスは円弧の長さを測定した。しかし、「円－方形」問題の最終目標、すなわち定規とコンパスだけを用いて、与えられた円に等しい面積の正方形を作図することは未解決のまま残った。

ホッブズとヨゼフ・スカリゲル（1540–1609）は共にこの試みに成功したと主張した（A VI-6, 95f.）。さらにスカリゲルは、その過程で、円に内接する多角形の周囲の長さはその円の円周より長く、しかも辺の数が多くなればなるほど益々そうであることを示したと主張し、このことから、ある定理は算術においては真であっても幾何学においては偽でありうると公表した。一七世紀に入ると、新たな目標が生まれる。すなわち、円の面積を有理数で表わすこと、あるいはそれができなければ通常の無理数によって表わすことが問題になってきたのである。ライプニッツがパリで行なった数学研究の最初の成果は、「変換定理」の発見を含んでいる。彼はそれを使って、サイクロイドと円の部分の求積法――円の算術的平方化――を見出した。円に関しては、四分円の面積とその半径の長さをもつ正方形との比は次のような有理数の無限級数によって表現されうることを示した。

$$\frac{1}{1}-\frac{1}{3}+\frac{1}{5}-\frac{1}{7}+\frac{1}{9}\cdots\cdots$$

ライプニッツはこれらの発見を一六七四年七月に公表したが（A III-1, 118ff.）、円の求積法の証明をホイヘンスに送ったのは一〇月になってからである（A III-1, 141ff.）。その年の夏から秋にかけて「ルドルフの数」（三五桁まで算出された円周率 π の値）を用いてかの平方化を試したのは、おそらくホイヘンスであったろうと言われている（本書第1部の訳注93、94参照）。ホイヘンスが平方化の級数は有理数の和をもつだろうと思っていたのに対して、ライプニッツはその可能性を否定したが（Loemker, p. 274）、いかなる次数の無理数が含まれるかは確証がないままであった（A VI-6, 377）。（R & B）

とがあるでしょう。また、その一般的理由がまだ発見されていない数や図形にあっては、帰納〔法〕が私たちに真理を提示してくれることもあります。幾何学や数論の解析が完成にいたるには、まだ程遠いからです。他の点では優れているものの、少しばかり急ぎすぎているか野心的すぎるある人たち[69]の大言壮語を真に受けて、多くの人は、解析が完成したと思い込んでしまっているのです。

しかし、他の人が発見してしまった真理の論証を見出すよりも、重要な真理〔自体〕を見出すことのほうがずっとむずかしく、また、求めているまさにそのときに、求めている事柄自体を作り上げる手段を見出すことのほうが、さらにずっとむずかしいのです。すばらしい真理は、単純なものから複合的なものへ向かうことにより、しばしば総合によって到達されます。しかし、目標とするものを作り上げる手段をまさに見出すことが問題である場合には、たいてい総合では不十分です。そして、必要なすべての組み合わせを作りだそうとすることは、海の水を飲みほすにしばしば等しいでしょう。とはいえ、その際しばしば、排除の方法の助けを借りて、無用な結合のかなりの部分を除外することができます。そして、多くの場合自然は他の方法を許容しません。しかし、この方法に正しく従う手段が必ずしも常にあるわけではありません。したがって、この迷宮のなかで〔導きの〕糸を、もしそれがありうるとすれば、私たちに与えるのは解析〔分析〕なのです。というのも、近道は必ずしも可能ではないので、問題のまさに本性そのものが、至る所を模索することを要求しているような場合があるからです。

[8] フィラレート　さて、論証を行なう際、直観的認識が常に前提されています[70]。このことが、すべての推論はすでに認識されたものと、すでに認められたものとからくる (ex praecognitis et praeconcessis)、というあの公理を生んだ、と思い

69——アカデミー版は、デカルト派を指すと注記し、マルブランシュの『真理の探求』II（一六七四年）を例として挙げる。

70——cf. Aristoteles, *Analytica Posteriora*, I. i. 71a 1.（Cassirer）

ます。[71] しかし、私たちは、この公理のなかにある誤りを話題とする機会があるでしょう。そのときには、誤って私たちの推論の根拠とみなされている公準を、私たちは話題としましょう。

テオフィル　きわめて理にかなっていると思われるような公理のうちに、あなたがどのような誤りを見出すことができるか、教えていただきたい。もしすべてのことを直観的認識に常に還元しなければならないとすれば、論証はしばしば耐え難く冗長なものになってしまうでしょう。そういうわけで、数学者たちはたくみに、難問を分割し、そのあいだに介在する諸命題を別々に論証してきました。そして、このことのうちにもまた技法があります。というのも、中間の真理（これは、問題の本筋からそれているように見える場合には、補助定理[72]「レンマ」と呼ばれます）はいくつもの仕方で与えることができるので、理解と記憶を助けるには次のようなものを選ぶのが良いからです。つまり、論証をおおいに短縮するもの、そして、記憶すべきでありそれ自身論証されるに値すると思われるものです。しかし、もうひとつの障害があります。すなわち、あらゆる公理を論証することと、論証を直観的認識に完全に還元することは容易ではない、ということです。そして、もし人々がそれを待とうとしていたなら、おそらく私たちは、幾何学の知識をまだもってはいないでしょう。しかし、それについては、最初の会話ですでに話題としましたし[73]、また、さらに多くを述べる機会もあるでしょう。

［9］フィラレート　まもなくそういうことになるでしょう。今は、私がすでに一度ならずふれたことを、また指摘しておきます。すなわち、〈論証的確実性をもちうるのは数学的諸学[74]だけであるというのが一般的見解だということ、しかし、直観的に認識[75]されうるような一致や不一致は、数と形の観念だけに与えられた特権ではない以上、［数学者だけが］[76]論証に到達したのは、おそらく私たちの側の適用が不足しているからであるということです。**［10］** これにはいくつもの理由

71——Locke: The necessity of this intuitive knowledge, in... demonstrative reasoning, gave occasion. コストによる変更。（R & B）

72——原語は Lemmes。補助定理、補題などと訳される。ヒースは次のように説明。「〈レンマ〉（lemma, *λῆμμα*）という語は、単に〈仮定されたあるもの〉を意味する。アルキメデスは、こんにちアルキメデスの公理として知られているもの、すなわちエウドクソスその他の人びとが取尽くし法で仮定した原理に、この語を用いている。しかしより一般的には、レンマとは、証明を要求する補助命題で使われるが、議論が中断されたり法外に長くならないために求められる場所に便宜上から仮定される。そうしたレンマは前もって証明されるかもしれないが、証明をあとにのこすことがしばしばあった。」（Sir Thomas Heath, *A History of Greek Mathematics*, New York 1981, Vol. I, p. 373. [rep. 1921], cf. T. L. ヒース『ギリシア数学史』I、平田訳・一九五九年、一七六頁）

73——A VI-6, 74ff?（R & B）

74——les Sciences Mathématiques. Locke: mathematics.（R & B）

75——Locke: perceived. コストは connaître を使う。（R & B）

76——写字生は Mathématiques とする。（A）GP、Brunschwig では Mathématiques。

が重なっています。つまり、数学的諸学は非常に一般的な有用性をもち、そこにおいては最小の差異もきわめて容易に見分けられる[77]のです。【11】私たちのなかにうみ出される現われないし〔感覚〕[78]である他の単純観念は、その異なる程度の厳密な尺度をなんらもってはいません。【12】しかし、たとえば、可視的性質[79]の差異が十分に大きく、青の観念と赤の観念のように明晰に区別される[80]諸観念を精神のうちに喚起しうる場合には、そのような観念は、数の観念や延長の観念と同様に論証されうるのです。〉

テオフィル　数学のそとに、論証のかなり注目すべき例があります。アリストテレスは『分析論前書』のなかでそのような例をすでにあげていた、と言うことができます。実際、論理学は、幾何学と同様に論証可能なものです。そして、幾何学者たちの論理、すなわち、ユークリッド[81]が比例論[82]を論述する際に説明し確立した論証様式は、一般的論理学のある拡張ないし特殊的発展である、と言えます。[83]私たちが手にしている書物の著者のうちで、アルキメデス[84]は、自然学に立ち入る際に論証の技法を適用した最初の人であり、彼は『平衡について』という書物のなかでそれを行なったのです。さらに、法律家に多くのすぐれた論証があると言えます。とりわけ、古代ローマの法律家についてはそうです。彼らの著作の断片は、『ローマ法典』のなかに保存されて私たちに残されてきました。私はロレンツォ・ヴァラ[85]とまったく同意見であり、彼がこれらの著者たちをどんなに誉めても誉めすぎにはならないのは、とりわけ次の理由からなのです。すなわち、彼らはみな、非常に正確かつ明瞭な仕方で語っており、しかも、論証にきわめて近い仕方で、そしてしばしばまったく論証的な仕方で実際に推論しているからです。したがって、ローマ人がギリシア人から受容したものに何か注目すべきことを付け加えたものとして、私は、法律と軍事以外、いかなる学知も知りません。

77——Locke: very... perceivable. コストは reconnoître を使う。(R & B)

78——ライプニッツの草稿とその写しには apparences ou situations produites と記されていたが、これをロックのテクストに基づいて修正。(A)　Aのほか Cassirer、R & B、E & H では sensations、GP と Brunschwig では situations〔位置〕。

79——「たとえば、可視的性質の」はライプニッツによる付加。(R & B)

80——distinguées. Locke: distinct. (R & B)

81——ライプニッツはユークリッドの『幾何学原論』に関しては主としてC・クラヴィウスの改訂版（一五七四年）に依拠していたと思われているが、アカデミー版の四一五頁と四五一頁以下で言及しているのはその第一部の定義、公理、公準である。ライプニッツも気づいていたように、クラヴィウス版のすべてが、そしてライプニッツが引用していることのすべてが『原論』の原典に見出されるわけではない。(R & B)

82——原語は proportions。GP、Brunschwig では propositions〔命題〕。

83——カッシーラーは、ライプニッツのワグナー Gabriel Wagner 宛書簡 (GP VII, 514ff.) の参照を指示。

84——ライプニッツはテクストの三七〇頁、三七六頁、四一五頁、四五一頁でそれぞれ『平面板の平衡について』、『円の計測』、『螺線について』（命題一八、一九）、『球と円柱について』（仮定二）、『球と円柱について』（仮定一）に言及している。なおアルキメデスのヒース T. L. Heath 版（一九一二年）には現存するアルキメデスの全著作の訳が収められている。(R & B)　アカデミー版は、*Planirum aequiponderantia seu centra gravitatum planorum, vel de aequiponderantibus* (ed. D. Rivalus. 1615. pp. 145f.) を挙げる。

85——Lorenzo della Valla (1406 [シチリア生]–1457 [ローマ没]). イタリアの文献学者・

人文主義者。*De elegantiis latinae linguae* (1435-44) で、中世式ラテン語を排し、キケロ的古典ラテン語を文法、文体その他の点から組織的に研究した。cf. *De linguae latinae elegantia libri* VI, 1526, livre 3, 序文. (A. Brunschwig)

汝ローマ人、忘ルルナカレ、汝ノ支配ニヨリ諸族ヲ治メンコトヲ。
コレコソ汝ノ技タルベシ、平和ノ法ヲ課シ、
服従セシ者ヲ赦シ、驕レル者ヲ打チヒシグコトガ。[86]

自らの見解を表明するこの精確な述べ方は、『ローマ法典』のうちのあのすべての法律家たちが、時代的には互いにかなり隔たっているにもかかわらず、皆ただ一人の著者であるように思わせます。もし書いた者の名前が抜粋文の初めになかったら、それを見分けるのにかなり苦労することでしょう。それは、ユークリッドとアルキメデスとアポロニオス[87]の三人が共に触れている問題について各々の論証を読み、その三人を識別するのに苦労するようなものです。数学においてギリシア人が、可能なあらゆる正確さをもって推論し、論証の技法のモデルを人類に残したことは認めなければなりません。というのも、バビロニア人やエジプト人が、経験を少し超えた幾何学をもっていたとしても、少なくともそれについて何も残っていないからです。しかし、この同じギリシア人たちが、哲学に至るために数や図形からほんの少しでも離れるや、ただちにあの高みからこれほどまでに下落してしまうのは、驚くべきことです。というのも、奇妙なことに、プラトンやアリストテレスのうちにも（ただし『分析論前書』は除きますが）、他のどんな古代の哲学者のうちにも、論証の影すら見えないからです。プロクロスはすぐれた幾何学者でした。けれども、哲学について語るときには別人のようです。[88] 数学において論証的に推論することをより容易にしたのは、主として、そこでは経験がたえず推論を保証しうるからなのです。こ

86——Vergilius, *Aeneis*, VI, 851–853. (A. Brunschwig, Cassirer)
87——本書第1部の訳注178参照。
88——カッシーラーは、一六九六年八月二三日付のベルヌーイ Johann Bernoulli 宛書簡 (GM III, 321) の参照を指示。

れは、三段論法の格においても同様に起こります。しかし、形而上学や道徳《モラル》においては、理由と経験とのこの並行論はもはや見出されません。また、自然学においては、経験［実験］は労力と費用を要します。さて、子供がよちよち歩くとき転ばないようにするあの小さな歩行車のように、人の歩みを助け支えてきた、経験のあの忠実な導きがないと、人はすぐに注意をゆるめて道に迷ってしまいます。何らかの代用策も[89]ありましたが、よく気づかれてもこなかったし、未だに十分には考えられていないものです。それについては、しかるべき場所でお話ししましょう。[90] なおまた、青や赤というものは、私たちがそれについてもっている諸観念をとおして、論証のための題材を提供することはできません。というのも、そのような観念は錯然としているからです。そして、これらの色は、何らかの判明な観念を伴っていることが経験によって見出されるかぎりにおいてのみ、推論に題材を提供するのです。しかし、その場合、色そのものの観念との連結ははっきりしたものではありません。

【14】**フィラレート** 〈私たちの認識の二つの階梯である、直観と論証とを除いて、その他のものはみな、所信ないし臆見であって、認識ではありません。少なくとも、すべての一般的真理に関してはそうなのです。しかし、精神はさらに、もうひとつの知覚をもっています。それは、私たちの外の有限な存在者の個別的存在に関わるもので、これが感覚的認識です。〉

テオフィル 真らしいものに基づいた臆見も、おそらく認識という名称に値するでしょう。そうでなければ、ほとんどすべての歴史的認識や、他の多くの認識が崩れ去ってしまうでしょう。しかし、名称については論じないにしても、蓋然性の程度の探求は[91]非常に重要であり、しかも私たちにはまだ欠けていて、このことは私たちの論理学の重大な欠陥で

89——原語は succedaneum。後期ローマの法律家の間でしばしば使われた表現。(Langley) R & B は、There has been an alternative ［method of keeping them from straying］ と英訳。
90——ライプニッツは普遍的記号法を考えている、とカッシーラーは注記。
91——本書第2部の訳注257、258参照。
92——ラングリーは、ケストナー Kestner 宛書簡 (Dutens IV, Pt. III, p. 264) の参照を指示。
93——Thyrso Gonzalez de Santalla (1624–1705). スペインの神学者、イエズス会第一三代総会長 (1687–1705)。cf. *Theologiae moralis fundamentum* (1694); *Synopsis tractatus theologici de recto usu opinionum probabilium, cui accessit logistica probabilitatum*, 3 éd. (1696). (A) ゴンサレスについては、本書第2部の訳注258参照。
94——ポール・ジャネ Paul Janet は、パスカルによって反駁された決疑論者たち (casuistes) のことであると指摘 (*Oeuvres philosophiques de Leibniz*, p. 334)。(米山訳) 決疑論については、本書第2部の訳注259参照。
95——cf. *Topica*, I, 1, 100b21–23. (A. Brunschwig)
96——cf. GP VII, 167, 188; GP III, 259; Couturat, ch. 6, §32. (Cassirer)

あると思います。[92]というのも、問題を完全には解決できない場合でも、所与カラ（ex datis）真らしさの程度を常に決定できるからです。したがって、どの方針が最もありそうなものであるのか、理性的に判断できるのです。そして、当代のモラリストたち（私はこの言葉を、イエズス会の現在の総会長[93]のような、最も賢い人たちと解しています）が、最も確実なものと最も蓋然的なものとを結び付けて、そのうえ、蓋然的なものよりも確実なものを優先させる場合でも、実際には、彼らは最も蓋然的なものから遠ざかっているわけではありません。というのも、ここで確実さの問題とは、恐れるべき悪の蓋然性がきわめて小さいという問題であるからです。この点に関し締りのないモラリストたち[94]が誤りを犯してしまったのは、主として、蓋然的なものに関してあまりにも狭くかつあまりにも不十分な概念を彼らがもってきたからです。このため彼らは、それをアリストテレスのエンドクサ[95]［Endoxa］［通念］、つまり、一般的見解［opinable］と混同してしまいました。というのは、アリストテレスは『トピカ』のなかで、雄弁家やソフィストたちがしたのと同様に、他の人たちの見解に従おうとしたにすぎないからです。彼にとってエンドクサとは、大多数の人々によって、あるいは、最も権威ある人々によって受け入れられているもののことです。彼がその『トピカ』をそれに制限したことは誤っています。そして、このような見方のために、あたかも、つまらない冗談や諺だけによって推論しようとしているかのように、彼はそこで、その大部分は曖昧な、受け入れられている公準にしか心を配らなかったのです。しかし、蓋然的なもの、もしくは真らしいものというのは、より拡いものです。つまり、それを諸事物の本性から引き出さなければなりません。そして、重みをなす権威をもった人の見解というものは、ある臆見を真らしくするのに貢献しうるもののひとつです。けれども、それは、本当らしさの全体を完成するものではありません。ですから、コペルニクスが［地動説という］その見解をもつほとんどただ一人の者であったときには、それでもやはり彼の見解が、人類のその他の人々の見解よりも、比類なき真らしさをもっていたのです。ところで、本当らしさを評価する技法を確立することが、私たちの論証的な知のかなりの部分よりも有益ではないかと私は思います。それについては一度ならず考えてきました。[96]

フィラレート　〈感覚的な認識、すなわち、私たちの外の個別的存在者の現実存在を確立するような認識は、単なる蓋然性を超えています。しかし、それは、先ほど話した二つの階梯の認識とまったく等しい確実性をもってはいません。私たちが外的対象から受けとる観念が私たちの精神のうちにあること、これ以上に確実なことは何もありません。これは直観的な認識です。しかし、私たちがそこから、その観念に対応する、私たちの外の何らかのものの現実存在を確実に推論できるかどうかを知ることは、ある人たちは疑問になりうると思っています。というのも、そのようなものが何も現実的には存在しない場合に、人々は精神に[97]そのような観念をもつことができるからです。けれども、私としては、疑いをもちえないと思わせるようなある程度の明証性があると思います。昼間太陽を眺めるようなときにもつ知覚と、夜その天体のことを考えるときにもつ知覚の間には大きな差異があるということは、誰でも納得せざるをえません。記憶の助けによって呼び覚まされる観念と、感覚を通じて現実的に私たちにやってくる観念とは、非常に異なっているのです。夢は同じ結果を生むかもしれない、とある人は言うでしょう。それに対して私は、第一に、その疑いを私が取り除くことはそんなに重要ではない、と答えます。というのも、もしすべてが夢にすぎないとすれば、推論は無益であり、真理や認識はまったく何ものでもない、ということになるからです。第二に、夢のことを主張する人も、火のなかにいると夢みることと、現実に火のなかにいることとの間の差異は認めるだろう、と私は思います。もし彼が懐疑的に見えることにあくまで固執するとすれば、私は次のように言いたい。すなわち、対象が現実のものであろうと、夢みられたものであろうと、ある対象が私たちを触発することにつづいて快や苦が起こると、私たちが確実に見出すことで十分だ、と。そして、その確実性は私たちの幸不幸と同じくらい大きく、[98]〔その確実性と幸不幸という〕この二つのものの彼方に、私たちはいかなる関心ももってはいないのだ、と。したがって、私たちは三種類[99]の認識、すなわち、直観的認識・論証的認識・感覚的認識という認識を数え上げることができる、と私は思います。〉

テオフィル　あなたの言うとおりだと思います。この種の確実性、あるいは、確実な認識に、あなたは真らしいも

97――原語は de leur esprit。GP、Brunschwig では dans leur esprit。

98――ロックは、because pleasure or pain follows..., therefore this certainty is as great... と言う。名詞節の並列ではない。(R & B)

99――sortes. Locke: degrees. コストによる変更。(R & B)

100――A VI-6, 296. (R & B)

101――Simon Foucher (1644-1696). フランスの哲学者、聖職者。アカデメイア派の伝統を踏まえた穏健な懐疑論者。デカルト主義に精力的に反対した。彼の主著『真理の探求

のの認識を付け加えることもできる、と私はさらに思います。そうすれば、二種類の証明があるのと同様に、二種類の認識があることになるでしょう。その一方は確実性を生みだし、他方は蓋然性だけに至るのです。しかし、私たちの外の事物の現実存在に関して、懐疑論者が独断論者と行なう論争に話題を転ずることにしましょう。私たちはそれについてすでに言及しましたが[100]、ここで立ち戻らなければなりません。私はその点について、ディジョンの参事会員であった今は亡きフーシェ師[101]と、口頭でも書簡でも、かつて大いに議論しました。彼は学識があり明敏な人でしたが、少しアカデメイア派に心酔しすぎていました。ガッサンディ氏[102]がエピクロス派を再び登場させたように、彼はこの学派を復興したかったようです。『真理の探求』に対する彼の批判、および、彼がそれに続いて印刷させた他の小論[103]によって、彼はかなり好意的な評判を得て、その名を高めました。彼はまた、私の予定調和説[104]に対する反駁を『学術雑誌』に載せました。それは、私が、公表することについて何年も熟慮したあと、ようやく予定調和説を読者に発表したときでした。しかし、彼が亡くなったために私の答弁[105]に対して反論してもらうことはできませんでした。先入観に用心し厳密にことにあたらなければならない、と彼はいつも力説していました。しかし、彼自身、十分に無理からぬこととはいえ、自分が勧めたことを実行する用意がなかっただけでなく、誰もそんなことはしないだろうという先入観を疑いなく抱いたために、他の人が実行するかどうか気にしていないように私には思われました。ところで、私が彼に伝えたのは次のことです。すなわち、可感的な事物の真理は、諸現象[106]の連結のなかだけにあり、この連結にはその理由がなければならず、このような連結が現象を夢から区別するものである[107]。しかし、私たちの現実存在の真理や諸現象の原因の真理は、それとは別の本性をもっている。というのも、そのような真理は実体を打ち立てるからである。懐疑論者たちは、よいことを言っているのに極論しすぎてそれ

の批判』*Critique de la recherche de la vérité* (1675) はデカルトとマルブランシュに対する批判。ライプニッツはパリで彼と知り合い、自然学と哲学に関する文通は一六七五年からフーシェの死まで続いた (GP I, 363ff.; cf. Loemker, pp. 151ff.)。一六九五年にライプニッツは初めて自分の予定調和説を『学術雑誌』で公表した (『新説』)。同じ年にフーシェはその批判を同誌に掲載し、ライプニッツは翌九六年のはじめに『新説の解明』をもって答えている。しかしフーシェはその年に亡くなってしまい、反論することはできなかった。このことは本書で述べられている通りである。(cf. A, R & B, Brunschwig) カッシーラーは、一六九七年のニケーズ Nicaise 宛書簡 (GP I, 356f.) の参照を指示。cf. GP I, 424; GP IV, 487, 493; Foucher de Careil, *Lettres et opuscules inédits de Leibniz*, 1854, pp. 24–131. (Langley)

102――ガッサンディについては、本書序文の訳注125参照。

103――ライプニッツはフーシェの五つの作品を読んでいる。cf. A. Robinet, *Malebranche et Leibniz, Relations personelles*, pp. 32–34, 71–75. (A)

104――ライプニッツの予定調和説については、本書第1部の訳注23参照。

105――『新説』の『解明』を指す。(R & B)

106――本書第2部の訳注92参照。

107――デカルトもまた『省察』末尾で、夢と現実の区別を問題にし、この世界についての観念が夢でないリアリティーをもつことを根拠づけて次のように言う。「私が事物をみとめ、それがやってきた場所、それが現れる時間を、私が判明に認識するとき、そして、その知覚がいかなる中断もなく、私の生の他のすべてに結び付けることができるとき、それらの事物は睡眠中にではなく覚醒時にみとめているのだ、と私は全面的に確信する」(AT IX-1, 71)。

を台無しにしており、直接的経験や幾何学的真理（これはフーシェ氏がしなかったことですが）、さらに、他の理性の真理（これはフーシェ氏が少しやりすぎたことです）にまで彼らの懐疑を広げようとさえしている。私が彼に知らせたのは以上です。ところで、話題をあなたの方に戻しますと、感覚作用と想像作用の間には一般に差異がある、とあなたが言うのはそのとおりだと思います。しかし、懐疑論者は、それは程度の違いであって種における違いではない、と言うでしょう。それに、感覚作用は想像作用よりもより生き生きしている[108]のが常であるとはいえ、それでもなお、想像力の豊かな人は、他の人が事物の真理から与えられるのと同様の、あるいはもしかしたらそれ以上の印象を自分の想像作用から与えられる場合があることが知られています。したがって、感覚の対象に関するその真の基準とは、諸現象の連結、すなわち、異なる場所と時間に、異なる人々の経験において生ずるものの結合なのです。異なる人々というのは、この問題に関してそれ自身互いに非常に重要な現象です。そして、光学の現象が幾何学によって解明されるように、私たちの外の可感的な事物に関する事実の真理を保証する諸現象の連結は、理性の真理によって確かめられるのです。[109]けれども、あなたがはっきり認めていたように、このような確実性はどれひとつとして最高度のものではないと認めなければなりません。というのも、形而上学的にいえば、一人の人間の生涯と同じくらいに一貫しかつ持続するような夢があることは不可能ではないからです。しかし、このことは、活字をごちゃまぜにして投げ出せば偶然本ができるという虚構と同じく、理性に反したものです。さらにまた、確かに、諸現象が連結しているかぎり、それらを夢と呼ぼうと呼ぶまいとたいしたことではありません。というのも、理性の真理にしたがって諸現象がとらえられるとき、私たちがその現象に基づいて講じる慎重な処置において誤ることはない、と経験が教えているからです。[110]

108——たとえばデカルトにおいては、心身結合に由来する観念は、「生き生きした vives」、「鮮明な expresses」ものである。デカルトは『省察』で言う、「私自身が省察をこらして作りあげた観念や、私が記憶のなかに刻み込まれているのを見出した観念の、いかなるものよりも、私が感覚をとおして受けていた観念はずっと生き生きして（vives）鮮明（expresses）であり、それなりの仕方でいっそう判明（distinctes）なので、それらの観念が私自身から出てくることはありえないように思われた」（AT IX-1, 60）と。

109——cf. Leibniz, *Hauptschriften* II, 402.（Cassirer）

110——cf. *De methodo distinguendi phaenomena realia ab imaginariis*（GP VII, 319ff.）.（Cassirer）本書第3部4章2節、第4部11章10節参照。（Langley）

111——qui frappent. Locke: present to. Coste: qui frappent.（R & B）

〔15〕**フィラレート**　〈さらに、観念が明晰であっても、認識は必ずしも明晰であるわけではありません。三角形の〔三つの〕角について、および、二直角との等しさについて、世のどんな数学者がもっているのとも同じく明晰な観念をもっている人が、それにもかかわらず、それらが一致することについてはきわめて曖昧な知覚をもっているかもしれないのです。〉

テオフィル　普通は、諸観念が完全に知解される場合、それらの一致や不一致は明白です。けれども、観念がきわめて複合的なために、そこに隠されているものを解明するには多くの注意が必要なことが時としてあるのは、私も認めます。この点からすれば、ある一致や不一致は、あいかわらず曖昧なままにとどまるかもしれません。あなたの出された例については、次のことを指摘しておきます。すなわち、三角形の角というものを想像作用のうちにもっているからといって、そのためにそれの明晰な観念をもつことにはならないのです。想像作用は、鋭角三角形と鈍角三角形とに共通なある像を、私たちに与えてくれることはできません。けれども、三角形の観念は、それらに共通なものです。したがって、この観念は像のうちにあるのではありません。そして、三角形の角を完全に知解することは、人が思うほど容易ではないのです。

3章　人間の認識の範囲について

〔1〕**フィラレート**　〈私たちの認識は、私たちの観念の彼方には及びません。〔2〕そして、諸観念の一致あるいは不一致の知覚の彼方に及ぶこともありません。〔3〕私たちの認識は、必ずしも直観的でありうるとはかぎりません。というのも、諸事物を直接的に比較することが、必ずしもできるわけではないからです。たとえば、同一の底辺上にある二つの、〔面積は〕等しいが非常に異なる三角形の大きさのような場合です。〔4〕また、私たちの認識は、必ずしも論証的でありうるわけではありません。というのも、中間観念を見出す●111ことが必ずしもできるとはかぎらないからです。〔5〕最後に、私たちの感覚的な認識は、私たちの感覚を現実に刺激する事物の現実存在にしか関わりません。〔6〕したがって、私

たちの観念が非常に限られているだけでなく、私たちの認識もまた観念以上に限られているのです。けれども、次のようにすれば、人間の認識はよりはるかに遠くまで達することができるであろうことを私は疑いません。すなわち、人が、真理を完成する手段を見出す[112]ことに精神の完全な自由をもって本気で専心しようとし、しかも、自分が賛意を表わした説や自分が関わっているある党派や利害を擁護したりするために、虚偽を粉飾したり支持したりすることに用いているような、あらゆる顧慮と努力とを傾けて専心しようとすればです。しかし、結局私たちの認識は、私たちのもっている諸観念に関して私たちが認識したいと望みうるすべてのことを包括することは決してでき[113]ないでしょう。たとえば、正方形と等しい円を見つけだすことや、そのようなものがあるかどうか[114]を確実に知ることは、私たちにはおそらく決してできないでしょう。〉

テオフィル　可感的なある性質の観念のように、錯然とした諸観念があります。そこでは、私たちは、完全無欠な認識を期待することはできません。しかし、観念が判明である場合には、すべてを期待してしかるべきです。円と〔面積が〕等しい正方形については、アルキメデス[115]がすでにそのようなものが存在することを示しました。というのは、そのような正方形とは、その一辺が円の半径と円周の半分との比例中項〔相乗平均〕であるような正方形であるからです。さらに、他の人たちが、クラヴィウス[116]をまったく満足させた求積法（Quadrature）、つまり、円積曲線（Quadratrice）[117]への接線を用いたように、アルキメデスは渦巻き線への接線を用いて、円周の長さに等しい線分を決定しさえしました。糸を円周のまわりに巻きつけ、それからその糸を伸ばすことや、円周が回転してサイクロイドを描き、そして直線に変わることについては、ここでは話さないことにしておきます。ある人たちは、作図は定規とコンパスだけを用いて行なうよう要求しています。しかし、幾何学の問題の大部分は、その方法で作図することはできないでしょう。したがって、問題はむしろ、正方形と円の間の比を見出すことなのです。しかし、そのような比は有限な有理数では表現できない以上、有理数だけを用いるためには、有理数の無限級数[118]によって表現することが必要でした。私はその級数をかなり簡単な仕方[119]で示したことがあります。さて今度は、この無限級数を表現しうるある有限な量が、単なる無理数的なものであるにしても、あるいは、無理数的なものを超える[120]ものであるにしても、そのような有限な量が存在しないのかどうか、つまり、その級数を精確に要約するものを見出すことができるのかどうか知りたくなるでしょう。しかし、有限な表現、それもとりわけ無理数的なもの

112——trouver les moyens de perfectionner. R & B はこれをコスト訳 perfectionner les moyens de découvrir の誤りとみなして、improving the means of discovery と英訳。

113——sauroit. Locke: would. コストによる変更。(R & B)

114——s'il y en a. Locke: that it is so. コストによる変更。(R & B)

115——*Circuli dimensio* (ed. Rivaltus, 1615, pp. 128–129). (A)

116——Christophoros Clavius (1537–1612). ドイツの数学者。ユークリッドの『原論』の編集者・注釈家。*Euclidis elementorum libri* XV, 1574, tome I: *De mirabili natura lineae cujusdam*, § V, *Dato circulo quadratum aequale constituere*. (A)

117——Quadratrice. 円積線、求積線とも訳される。紀元前五世紀のエリスのヒッピアスによって発明されたと言われる曲線。のちにその性質から「円積曲線（*τετραγωνίζουσα*, tetragonizousa）」として知られ、ラテン語では quadratrix と訳された。正方形ＡＢＣＤで、ＢＥＤはＡを中心とする四分円とする。円の半径ＡＢが等角速度でＡの周りをＡＢの位置からＡＤの位置まで回転する間に、線分ＢＣが等速度でＡＤの位置まで平行移動するとき、運動中は動線Ｂ′Ｃ′と動半径ＡＥは交わり、ＦまたはＬのような一点を決定する。これらの点の軌跡が円積曲線である。（⇩図）ヒッピアス自身は任意の角の三等分、または任意の角を任意の比に分割するために用いたと思われる。パッポスによれば、ディノストラトス、ニコメデス、その他それ以後の幾何学者たちがこの曲線を円の平方化に使った。(Heath. op. cit., pp. 225–230: T. L. ヒース、前掲書、一一七—一一八頁; ボイヤー『数学の歴史』1、加賀美・浦野訳、朝倉書店、一九八三年、九六—九七、一三六—一三八頁; Descartes, *La Géométrie*, Livre II, AT VI, 390: デカルト『幾何学』原訳・白水社・一九八三［一九七三］年、一七頁、訳者注八七頁、など参照)

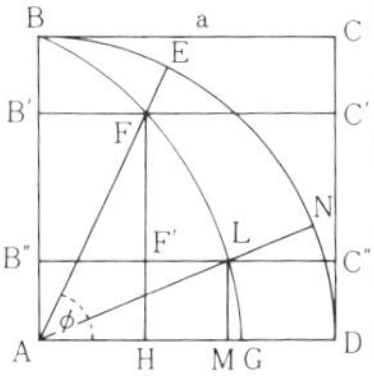

118——アカデミー版は、一六七三年にはライプニッツはかの級数 $\frac{\pi}{4}=\frac{1}{1}-\frac{1}{3}+\frac{1}{5}-\frac{1}{7}$ ……を考え出していたと注記し、一六七四年一一月七日付のホイヘンスのライプニッツ宛書簡を参照箇所として挙げる。

119——cf. *De Quadratura Circuli Arithmetica* (GM V, 93ff.); *De vera proportione circulii ad quadratum circumscriptum in numeris rationalibus expressa* (GM V, 118ff.).(Cassirer) ラングリーはコンリング Conring 宛書簡（GP I, 187）の参照を指示。本書第4部の訳注68参照。

120——plus que sourde. ライプニッツの言う「無理的なものを超える」量が何を意味しているか、彼自身は説明していない。しかし本書第4部3章のこの箇所（A VI-6, 377）にヒントはある。ここでライプニッツは、通常の方程式で表現できる無理性［無理数］と、無理数あるいは未知数そのものを羃指数に導入する特別な方程式を要求する無理性［無理数］とを区別している。また、一六九七年のウォリス Wallis 宛書簡では、「デカルトが幾何学の中に入れることを認めない……『幾何学的無理数 Geometrice-irrationalia』について語り、それには次のような二種類があるとする。「一定の次数をもってはいるが、その羃指数が無理数であるような無理数、たとえば$\sqrt{2}$のような数があり、これを私は Intercendentia と呼ぶ。その次数は有理数と有理数の間にあるからである。……またたとえばＸのような不定の次数をもつ数があり、これを私はより厳密に Transcendentia と呼ぶ」(GM IV, 27f.)。ライプニッツが『知性新論』の初期の草稿で、plus que sourdes, que j'appelle transcen と書いて最後の節を線で消している事実（A VI-6, 377）からみても、「無理的なものを超える」数とは Transcendentia のことではないかという推測は成り立つかもしれない。(cf. R & B)

は、もし無理数的なものを超えるものに至る場合にはきわめて多様な仕方の異なりをもちうるために、それを枚挙してすべての可能なものを容易に決定することはできません。それが無理数であることが、通常の方程式ないしは、冪指数のうちに無理数やさらに未知数自身を導入するような特別な方程式[121]によって説明できるはずだとすれば、そのような表現を枚挙しすべての可能なものを容易に決定する手段がおそらくあるかもしれません。とはいえ、さらにそのような方程式を完成させるには、多大な計算が必要となるでしょう。そしてその場合、そうした計算[122]から逃れるための短縮式がいつの日か見出されるのでなければ、問題は容易には解決されないでしょう。しかし、無限な表現をすべて排除できるわけではありません。そのことについては私自身が心得ています。そして、そのうちの最良のものをまさに決定することが大問題なのです。こうしたすべてのことが示しているのは、人間精神というのは、とりわけ無限が介入する場合、きわめて奇妙な問いを立てるために、その問いを解決するのに苦労するとしても驚くにはあたらない、ということです。とりわけ、幾何学のこのような問題において、すべてはしばしば簡略法に依存しているからです。しかも、ちょうど分数を最小の成分へ約分したり、数の約数を見出すことが必ずしもできるわけではないのと同様に、そのような短縮式は必ずしも常に期待できるとはかぎらないからなのです。なるほど、約数なら列挙が有限ですむために、ともかく可能であるとすれば見つけだすことが常にできるでしょう。しかし、無限に可変的であり、かつ、しだいに増大するようなものを調べねばならない場合には、人の望みどおりには扱えないのです。そして、さらに先へ進む必要性がないような短縮式や数列の規則に、方法的に到達しようとする試みのためになすべきすべてのことを行なうのは、きわめて骨の折れることです。しかも、有用性は労苦に対応してはいないために、その成功は後世に委ねられます。後世の人々は、時が経って新たな準備や解明が進み、

121――たとえば、$x^x+x=a$ のような方程式。cf. *De ortu, progressu et natura Algebrae, nonnullisque aliorum et propriis circa eam inventis* (GM VII, 215).（Cassirer）ラングリーは、ライプニッツのアルノー宛書簡（GP II, 61, 62）を参照文献として挙げる。

122――Cassirer と E & H は finies ではなく infinies とする。二つの独訳に従う。cf. GM V, 120f.（Cassirer）

123――Jan de Witt (1625–1672). オランダの政治家、数学者。一六五三年、二〇代にしてオランダ連邦総督（オランダ州長官）の地位につき、暗殺される直前まで二〇年間その地位にあって、政治・経済・軍事・外交の全権を掌握した指導者として一七世紀オラン

その労や煩わしさが軽減されるときに、それを享受することができるでしょう。ときどきこのような研究にたずさわる人人が、さらに先へ進むために必要なことを的確に行なおうとするならば、わずかの時間に大きく前進することも期待できるでしょう。また、すべてがなされていると思い込んではいけません。通常の幾何学においてさえ、問題が少し複雑であると、最良の作図を決定する方法もまだないのですから。それにもっとよく成功するには、私たちの解析〔分析〕は、ある程度の総合と結びつくべきでしょう。この問題については、デ・ウィット総督[123]が何らかの考察を行なった、という伝聞を耳にした覚えがあります。

フィラレート　〈純粋に[124]物質的な存在が思考するか否かを知るのは、もうひとつの難問です。おそらく私たちは、物質と思考の観念をもっているのに、それを認識することは決してできないでしょう。なぜなら、神が、よしとするとおりに配置したある物質の塊に、自覚し思考する力能を与えなかったかどうか、あるいは、そのような仕方で配置された物質と思考する非物質的な実体とを結合し結び付けなかったかどうかは、啓示なしで私たち自身の有する諸観念を観想することによっては発見できないからです。というのも私たちの概念に関しては、神は、もし望めば、私たちの物質の観念[125]に思考する能力を付加することができるとするほうが、神は物質に思考する能力をもった別の実体を結び付けると解するよりも、私たちにとって困難が少ないからです。私たちは、思考がどこに存するのかも、創造主の御心と慈愛とによって初めて被造的存在のうちにありうるこの力能を、この全能の存在がどんな種類の実体に授ける[126]のをよしとしたのかも、知らないのですから。〉

テオフィル　この問いは、確かに先の問いよりも比較にならないほど重要です。しかし、私は僭越ながら申し上げ

ダの黄金期を作り上げた。共和派、自由主義者。だが、一六七二年オランダはルイ一四世のフランスとイギリスの連合軍の侵入を受け、軍縮を進めたデ・ウィットはそうした事態を招いた責任を問われて、同年八月、オラニエ公によって公職を解かれ、その二週間後ハーグで彼は兄とともに街の暴徒に殺害された。それとともにオランダの共和制は崩壊。スピノザはデ・ウィットの政策を支持するために『神学・政治論』を執筆し、友人デ・ウィットの死に慟哭し怒りをあらわにした話は有名。スピノザは一六七六年に、「デ・ウィット兄弟が殺害された日の夜に出かけて殺害現場近くのどこかに『最も卑劣な野蛮人』と記した掲示を出すつもりだったが、宿の主人は私が八つ裂きにされる危険にあうと考えて、私を家に閉じ込めて外出させなかった」(*Die Lebensgeschichte Spinoza's*, ed. J. Freudenthal, Leipzig, 1899, p. 201) とライプニッツに語ったという (R & B)。またデ・ウィットはデカルトの友人イサーク・ベークマンのもとで数学を研究、若くしてデカルトの諸原理を円錐曲線論に適用して有名な『曲線の原理について』***De elementis curvarum linearum*** (1659) という論考を著わした。アカデミー版の三七七頁で言及されている「考察」は、おそらくこれに収められているものであろう。彼は、自ら「社会数学」と呼んだ分野の先駆者であり、オランダ政府が年金を宣伝する場合の手引き書として『償還年金に応じた終身年金の値』***Waerdije van Lijf-renten naar proportie van Los-renten*** (1671) と題する作品を書いた。ライプニッツは本書第4部16章9節 (A VI-6, 465) でこれに触れている。デ・ウィットは法律・哲学・数学などの高い教養をもち、確率論の応用を試みた最初の一人でもあった (本著作集第10巻二五二頁参照)。

124——原語は purement。Locke: mere. コストによる変更。(R & B)

125——「私たちの……の観念」はコストによる付加。(R & B)

126——原語は accorder。Locke: give. Coste: accorder. (R & B)

ましょう。この問いを確定することができると私たちが思うくらい容易に、魂をうごかしそれ自身の善へと向かわせ、身体を病気から回復させることができれば、と思います。私が少なくとも、謙虚さに反することもなく、確かな理由もなしに高圧的な言い方をすることもなく[127]このことを主張できることは、あなたも認めてくださると思います。というのも、私の述べていることはみな、一般に受けいれられている共通の見解にすぎず、さらに、私はそれに並々ならぬ注意を注いできたと思うからです。まず最初に、人々が通常もっているような、思考と物質との錯然とした観念しかもっていない場合には、そのような問いを解決する手段が見られないとしても、驚くにはあたらないことは認めましょう。それは、三角形の角の観念を、人が共通にもっている仕方でしかもっていない人は、三角形の角［の和］が常に二直角に等しいという発見に決して思い当たらないであろう、とさきほど私が指摘したことと同様です。[128]次のことを考察しなければなりません。すなわち、完全に充足した存在（換言すれば、純粋に受動的な何ものかであり、したがって不完全である第一質料に対立するものとしての第二質料）[129]とみなされた物質は、集まり、もしくはそれから帰結するものでしかないこと。そして、いかなる実在的な集まりも、単純実体、もしくは実在的な「一」を前提としていることです。さらに、そのような実在的な「一」の本性を成すもの、すなわち、表象とその継起を考察するときには、人はいわば別の世界へと運ばれる、つまり、その前には感覚の現象のうちにだけとどまっていたのに対して、実体の叡知的な世界のなかへと運ばれるのです。そして、物質の内的本性についてのこの認識によって、次のことがはっきりと分るのです。物質とは自然的には何ができるのか、また、神が物質に推論を表出するのに適した器官を与えるたびに、推論する非物質的実体もまた必ず物質に与えられるであろうことです。これは、実体のもうひとつの自然的帰結である、あの調和の力によるのです。非物質的実体がなければ、すなわち、「一」が

127——『知性論』6節に基づく。(R & B)

128——A VI-6, 375. (R & B)

129——cf.『動力学試論』*Specimen dynamicum* (GM VI, 234ff.).

130——en elles. この en の訳し方は R & B (amongst) に従う。Cassirer に従って en を dans のようにとれば、「実体が……対応もしくは調和を自らの内にもっている」とも読める。

131——服従の能力 (potentia obedientialis) はショーヴァンの『哲学辞典』では次のように説明されている。

なければ、物質は存続することができません。ですから、神は自由に、物質に非物質的実体を与えることも与えないこともできるのか、などともはや問うべきではないのです。そして、今しがたお話しした、対応もしくは調和がこのような諸実体の間[130]に認められないとすれば、神は自然的秩序に従って働いているのではないことになるでしょう。力能を与えるとか授けるということについて、まったく単純な語り方をすれば、スコラ派の裸の能力にたち戻り、鳩舎に出たり入ったりできる鳩のような、自存する小存在を思い描くことになるでしょう。それは、知らず知らずのうちに力能を実体にしてしまうことです。原初的な力は実体そのものを構成し、派生的な力、あるいはお望みなら能力といってもよいですが、そちらは存在の仕方にすぎません。これは、実体から派生しているはずであって、機械にすぎないかぎりでの物質、すなわち、第一質料という不完全な存在にすぎない、いいかえれば、まったく純粋に受動的なものにすぎないと抽象によって考えられるかぎりでの物質からは派生しえないのです。まったく裸の機械が、表象作用や感覚作用や理性を生じさせえないことは、あなたも同意していると私は思います。したがって、それらは、実体的な別の何かから生じるはずです。神が別の仕方で働き、実体から派生する存在の仕方や実体から派生する様態化ではないような偶有性を事物に与えると主張することは、奇蹟に訴えること、そして、スコラ派が一種の超自然的な高揚の意味で服従の能力（puissance obédientiale）[131]と呼んでいたものに訴えることです。たとえば、ある神学者たちが、地獄の火は離在的な魂を焼く、と主張するような場合です。このような場合、働いているのは火であるか、また、神が火の代わりに働いて同じ結果を生みださないのかどうか、と問うことさえできます。[132]

フィラレート　私はあなたの説明に少し驚いています。私たちの認識の諸限界についてお話ししようと思っていた

「服従の能力といわれるのは、被造物が、自分の本性よりも崇高な働き（effectus）に触れる、あるいは自分の本性を超えた何らかの現実態（actus）を得られるよう、神に従う能力である。こうした服従の能力によって、たとえば堕落し、罪において死んでいる人間においては信仰と回心がなされ、自然状態において死んでしまったものたちにおいては復活がなされ、生まれつき盲目のものたちにおいては視覚が得られ、水においてはブドウ酒になる。他方、この能力が服従の能力と言われるのは、この能力は事物の外にあり、またあらゆるものは自分自身の根源を神の全能性のうちに有していて、被造物はこの全能性の無限な力に服従すべきだからである。

また服従の能力は、極限的に（terminative）、そして内包的［共示的］に（connotative）超自然的だと言われる、すなわちそれは、この能力が超自然的な働き（effectus）に触れる、あるいは超自然的な現実態（actus）を得られるよう、神によって高められる限りにおいて超自然的だと言われるのであり、存在的に（entitative）超自然的なのではない。この能力は決して事物においてではなく、概念［理性］（ratio）においてのみ、自然的能力（potentia naturalis）から区別される。なぜなら、……被造物の服従の能力は、もしも被造物が超自然的な働き（effectus）にまで高まること、あるいは被造物が本質的に神に依存していることが、秩序のうちにおいて（in ordine）超自然的な働きに達するのでなければ、何ものでもないからである。事実、服従の能力は、この従属性（subjectio）が理解されると同時に、理解される。しかしこの依存性ないし従属性は、被造物にとって本質的なものであっても、被造物を超え、被造物から区別されるところの、何らかの存在性（entitas）なのではない。……」（Stephanus Chauvin, *Lexicon Philosophicum*, 1713, Nachdruck 1967, Düsseldorf, p. 504）

132——Leibniz, *Hauptschriften* II. S. 50; SS. 81ff.（Cassirer）

多くのことを、あなたは先取りして論じています。私があなたにお話しするつもりであったのは、次のことです。すなわち、〈私たちは、神学者の言うような[133]、見神の状態にいるのではないということ。多くの事象については信仰と蓋然性とで満足しなければならず、とりわけ、魂の非物質性に関してはそれで満足しなければならないということ。道徳《モラル》と宗教の偉大な目的はみな、哲学から導かれるこの非物質性の証明の助けがなくても、十分に確かな基礎のうえに確立されているということ。そして、私たちをこの世で感性的かつ理知的存在者として存続させはじめ、その状態に何年も保ってきた者は、来世[134]でも私たちに同様の感性的な状態を享受させることができ、またそれを意志しており、この世での行ないにしたがって人々に定めた応報を私たちがそこで受けとれるようにしうるし、またそれを意志している、ということは明白であること。最後に、これらのことより、魂の非物質性の賛否を決定する必要性は、自分自身の説に熱中しすぎている人が私たちを説得[135]しようとしてきたほどには大きなものではない、と判断しうること。以上です。〉《私はあなたにこのようなことすべてを、そしてさらに、この見地でもっと多くのことをお話しするつもりでした。しかし今は、自然的に私たちは感性的であり思考し不死であると言うことと、奇蹟によってはじめてそうであると言うことはどれほど異なっているのか分りました。もし魂が非物質的でないとすれば、確かに奇蹟を認めねばならないであろうことはよく分っています。しかし、奇蹟についてのこのような見解は、根拠を欠いているうえに、多くの人々の精神にあまりよい影響をもたらさないでしょう。それにまた、あなたのような事象のとらえ方をすれば、現在の問題を合理的に決定できることもよく分ります。これには、見神の状態に恵まれるようになる必要もなく、また、かの上位の霊たち、事物の内的構成をいっそう深く洞察し、その鋭敏でするどく射通すような眼力と広大な認識領域とによって、どれほどの幸福を享受しているにちがいないかを、私たちに臆測をとおして思い描かせうる霊たちの仲間入りをする必要もないのです。》私は、〈感覚作用を延長している物質と結び付けたり[136]、現実存在をまったく延長していないものと結び付けたりすることは、私たちの認識を完全に超え

133――comme parlent les Théologiens はコストによる付加。(R & B)
134――Locke: another world. Coste: l'autre monde. Leibniz: l'autre vie. (R & B)
135――R & B は、コスト訳は le (him) としておりライプニッツもこれを踏襲しているが、これは誤りであるとして、us と英訳。
136――allier. Locke: reconcil[e]. Coste: allier. (R & B)

137――Locke: cannot give perception and thought. コストによる変更。(R & B)

ている〉、と思っていました。〈そういうわけで、私は、このような問題で一方の立場をとる人たちは、事物がある一面から考察して不可解であると見られるならば、反対の立場も同じく理解しがたいにもかかわらず、よく考えもせずその反対の側についてしまうような者たちの不合理な方法に従っているのだ、と確信しました。私の考えでは、こうしたことは、いわば物質にはまりこみすぎる精神をもつ一方の人たちは、物質的でないものにはいかなる現実存在も容認することができず、思考が物質の自然的能力のうちには含まれていないと思う他方の人たちは、神でさえ、固体的実体に非物質的な実体を付加しないかぎり、生命と表象作用を固体的実体に与えることはできない[137]、と結論づけることに由来します。〉《それに対して、神がそうするとしても、それは奇蹟によってであり、魂と身体との結合の不可解さ、あるいは感覚作用と物質との結びつきの不可解さは、異なる実体間に予め定められた一致というあなたの仮説によって解消しそうだと、私はいま分りました。》

テオフィル　実際、この新しい仮説には理解しがたいものは何もありません。この仮説が魂と身体に帰しているのは、私たちが自分のうちで、そして魂と身体のうちで経験する変様だけだからであり、かつまたこの仮説は、その変様をこれまで考えられていたよりもより規則的でより連結あるものとして定めるだけだからです。困難は、音を見たり色を聞いたりすることを欲するかのように、叡知的でしかないものを想像しようと欲するような人たちにとってしか残りません。延長していないものすべてに現実存在を認めようとしないのはこのような人たちであり、そのために彼らは、神自身にさえ現実存在を拒まざるをえないでしょう。言いかえれば、変化の原因や理由を拒否せざるをえないでしょう。そしてとりわけ個別的変化の原因や理由を拒否せざるをえないでしょう。つまり、その理由というのは、延長や純粋に受動的な本性からくることもありえず、かといって、至高な実体の純粋かつ普遍的活動を欠いた、個別的で下位の能動的な本性からくることさえまったくありえません。

フィラレート　物質が自然的になしうることに関して、私にはまだひとつ反論があります。〈私たちが考えうるかぎりでは、物体はある物体に打ち当たり、それに作用することしかできず、運動は運動以外のものをつくりだすことはできません。したがって、私たちが、物体は快や苦をうみだす、あるいは、色や音の観念をうみだす、と考えるとき、私たちは自分の理性を放棄して私たち自身の諸観念の彼方に進み、それらがうみだされることを私たちの創造主の御心だけに帰さざるをえない、と思われます。[138] そうすると、物質における表象作用はそうでない、と結論づけるいかなる理由が私たちにあるのでしょう。〉それについてどのような答えが可能かは、だいたい分りますし、あなたは何度かある程度のことをすでにお話しになりました。とはいえ、私は今、これまでよりずっとあなたのおっしゃることがよく分ります。けれども、この重要な件であなたがそれにお答えになることを、もう一度伺えるとたいへん嬉しく思います。

テオフィル　あなたが正しく予想しておられるとおり、私は、物質は快や苦、つまり感覚を私たちのうちにうみだすことはできない、と言うつもりです。物質のうちに起こることに適合するように、魂自身がそれらをうみだすのです。当代の人たちのうちの何人かの学殖豊かな人たち[139]は、機会原因[140]を私のようにのみ解していると言明しはじめています。さて、そうであるとすれば、私たちは私たちの錯然とした表象のなかに入っているものすべてを区別できるわけではないということを除いて、理解しえないことは何も起こりません。錯然とした表象とは、無限なものを含んでさえおり、かつまた、物体のうちで起こることの細部の表出なのです。そして、創造主の御心に関しては、それは事物の本性に従って規定されている、と言わなければなりません。したがって、創造主は事物にふさわしいもの、そして、事物の本性によって少なくとも一般的に説明されうるものだけを、うみだし保存するのです。というのも、細部はしばしば私たちを超えているからです。それはちょうど、砂山の砂粒を形状の種類に従って並べる入念さと力が私たちには欠けているのと同様です。とはいえ、多数性ということを除けば、そこで解しがたいものは何もありません。他方、そのような認識がそれ自体において私たちを超えているとすれば、また、私たちが魂と身体との関連一般の理由を考えることさえできないとすれば、そして、神が事物にその本性から離れた、したがって理性一般から隔たった偶然的な力を与えているとすれば、そのこと

138——il semble que はライプニッツによる付加。(R & B)

139——A も R & B も P. Bayle と F. Lamy の名を挙げる。ベールについては、本書序文の訳注53および第1部の訳注19参照。ラミ François Lamy (1637–1711) は、フランスのベネディクト会士、哲学者。彼はその著書『自己認識について』*De la connaissance de soi-même* (1694–8) の第二論文を締めくくる「分析」の箇所で、ライプニッツの予定調和説について述べている。それによれば、彼が精神と身体の結合に関するライプニッツの説明を検討したとき、はじめは感銘を受けてとても喜ばしく思い、その説明を受入れそうになった。というのも、ライプニッツの学説はそれと競合する相互作用説や機会原因論よりも簡明で思慮深いものに見えたからである。しかしさらに注意深く考えてみると、その魅力は薄らいでしまった。そこでラミは一連の反論を書き始める。これに対するライプニッツの返答は GP IV, 572–95 に見られる。(R & B) 予定調和説の評価の仕方はさておき、ベールやラミはいずれも機会原因論に対して批判的な態度をとった点ではライプニッツと軌を一にしている。アカデミー版は、A. Robinet, *Malebranche et Leibniz, Relations personnelles*, pp. 362–378 の参照を指示。

140——精神と物体の相互作用に関してデカルトが説明困難な問題状況に陥ったため、何人かのデカルト主義者は「機会原因」の説を展開した。彼らの考えによれば、精神と物体の間にも物体と物体の間にも相互作用はありえず、しかるべき事情のもとで神が相互作用に似た結果をもたらす。たとえば、運動している粒子が別の粒子の近くにある点に到達すると、神はその第二の粒子を力学の法則に合致した速度で運動させる。この場合、第一の粒子の行動が第二の粒子の運動の機会原因と呼ばれるが、真の原因はといえば神なのである。同様に、精神的な出来事は身体の作用や感覚的印象の神経作用の

機会原因にすぎない。このような機会原因論に対するライプニッツの批判については、Loemker, pp. 444f., 457f. 参照。その他、GP IV, 483, 498 参照。

141——A も Brunschwig も出典不詳とする。

142——les dieux de Théâtre. 当時芝居などで用いられていた Deus ex machina（機械仕掛けの神）のことか。行き詰まった悲劇的事態に思いがけない解決をもたらす人物や出来事。由来はギリシア悲劇（筋と関係なく神が登場し、紛糾した事態に結末をもたらす）。

143——… dépendent de la grandeur[,] de la figure ou du movement. GP と Brunschwig はヴィルギュルを読まないので、「……形の大きさや運動に依存している」となる。

144——Lignum Nephriticum. その煎じ液は腎臓疾患の治療に使われた。アイザック・ニュートンによれば、「白檀のチンキ剤がそうであるように、ある種の光を豊富に伝えて別種の光を反射し、そのために光に対する目の位置に応じていくつかの色に見える液剤もある」（『光学』I. 2, Props. 10–11）。（R & B）

は、次のものを呼び戻す裏口となってしまうでしょう。すなわち、いかなる精神にも知的理解ができないあまりにも秘密に隠れた性質や、理性をまったく欠いた能力をもったあの小さな妖精や、

ソシテ、無用ナスコラ派ガ思イ描イタモノスベテヲ[141]。

それは、舞台での〔機械仕掛けの〕神々[142]のように、あるいはアマディスの妖精のように現われてきては、哲学者が欲するすべてのことを必要があれば遠慮なく道具もなしにやってしまう救いの妖精のことです。しかし、それの起源を神の御心に帰するのは、至高の理性である方にとってあまりふさわしくないことのように思われます。その方においてはすべてが規則的であり、すべてが連結しているのです。その御心（bon plaisir）は、神の力と知恵との間に絶えず並行関係があるのでなければ、善いもの（bon）でもなく喜び（plaisir）でもないでしょう。

【8】フィラレート 〈同一性と差異性とについての私たちの認識は、私たちの観念と同じくらい遠くに及びますが、私たちの観念の連結の認識は、【9・10】同一の主語のうちでの諸観念の共存については、きわめて不完全でありほとんど無に等しいのです。【11】とりわけ、色・音・味のような第二性質に関してそうなのです。【12】私たちが第二性質[143]と第一性質との結合を知らないからなのです。いいかえれば、【13】第二性質がどのように大きさ・形・運動に依存しているのかを知らないからです。【15】このような第二性質の両立不能性については、私たちはもう少し知っています。というのも、ひとつの主体はたとえば同時に二つの色をもつことはできないからです。また、オパールのなかや白檀[144]の煎じ薬のなかに二つの色が同時に見えるように思われる場合には、その二つの色は対象の違った部分にあるのです。【16】物体の能動的力能や受動的力能についても事情は同様です。このような場合の私たちの探求は、経験に依存しなければなりません。〉

テオフィル　可感的性質の観念は錯然としています。したがって、それをうみだすにちがいない力能も、錯然としたものが入っているような観念しか与えてくれません。ゆえにこのような諸観念の連結は、それらに随伴する判明な観念に還元するかぎりでのみ、経験によるのとは別なやり方で認識できるでしょう。（たとえば）虹の色とプリズムに関してなされたように。この方法は、自然学において大いに役立つ分析の、ある端緒を与えます。そして、その分析を続けることにより、医学は、特に世間一般がこれまでよりもう少しそれに関心を寄せれば、時とともに著しく前進するであろうことを私は疑いません。

【18】フィラレート　〈関連の認識についていえば、それは私たちの認識のうちで最も広大な領域をもっており、それがどこまで広がる可能性があるのかを確定するのは困難です。その進展は、中間観念を見出す聡明さしだいです。代数学に無知な人たちは、この学によってなされうるこの種の驚くべき事柄を想い描くことはできません。また、私たちの認識の他の諸部分を完成するどのような新たな手段が、明敏な精神によってさらに発明されうるかを確定するのは容易でないと思います。少なくとも、量に関わる観念が、論証[145]可能な唯一のものではありません。私たちの観想のおそらく最も重要な[146]部分を成す[147]他の諸観念にも論証可能なものがあり、そのような観念から確実な認識を演繹することができるでしょう。悪徳・情念・支配的な利害がそのような企ての遂行に直接対立する[148]のでなければ。〉

テオフィル　あなたがここで話されたことに優る真実はありません。真実そうであるとすれば、私たちが次のことについて確定してきた、と思われること以上に重要なことがあるでしょうか。すなわち、実体の本性について、一と多について、同一性と差異性について、個体の構成について、空虚と原子の不可能性について、凝集の起源について、連続性

145——démonstration. Locke: demonstration and knowledge. コストによる削除。（R & B）

146——la plus importante. Locke: more useful. コストによる変更。（R & B）

147——AとCosteではfont、GPとBrunschwigではsont。二つの独訳はausmachenとする。コストのテクストではこの部分はイタリックになっており、イタリックではsとfが似てしまうため、fontはsontの誤植であったのかもしれない。ロックの文章をそのまま用いているR & Bはこの部分を文章化していない。

148——s'opposoient. Locke: oppose, or menace. コストによる変更。（R & B）

149——cf. F. Lamy, *De la connaissance de soi-même*, tome. 2.（A）BrunschwigとR & Bもラミの名を挙げる。Cassirerはベールのことだとする。

150——R & Bによれば、第2部21章（A VI-6, 201）。

151——ロック自身は「所有権 property」「不正 injustice」「統治 government」「絶対的自由 absolute liberty」の「観念」に言及している。（R & B）

152——un droit. Locke: that right. コストによる変更。（R & B）

153——cf. *Méditation sur la notion commune de la justice* (Leibniz, *Hauptschriften* II, SS. 512ff.)（Cassirer）

154——共同相続人の一人が消去された場合、その取り分は他の相続人に分配される。ライプニッツが遠回しに語っている法律上の諸命題は一六七二年に*Specimina juris*として発表された。（Brunschwig）cf. Sanders, *Inst. of Justinian*. Lib. II, Tit. xx, 8 (p. 226, 8th ed., London 1888).（Langley）

の法則について、自然の他の諸法則について、とりわけ、事物の調和、魂の非物質性、魂と身体の結合、魂の死後の保存、さらには動物すらの死後の保存について、です。これらすべてのうちに、論証されていない、あるいは論証されえないものは何もない、と私は思います。

フィラレート　《なるほど、あなたの仮説はきわめて緊密な連結があり、かつまたすばらしい単純性をもつようです。それを論駁しようとしたフランスのある有能な人[149]は、それに強い印象を受けたことを公けに認めています。しかも、私の見たところでは、それはきわめて豊かな単純性です。追い追いその学説を公表していくといいでしょう。しかし、私たちにとって最も重要である事柄について語る際、私が考えていたのは道徳《モラル》でした。あなたの形而上学は、そのすばらしい基礎を与えていることを私は認めます[150]。しかし、それほど深く掘り下げなくても、道徳《モラル》は十分しっかりした基礎をもっています。とはいえ、（確かあなたが指摘されたように）道徳《モラル》の基礎は、あなたの言うような自然神学がその根底になければ、おそらくそれほどに広がることはないでしょう。けれども、この世の善を考察するだけでも、人間社会を規則づけるための重要な結論を確立するのに、すでに役立ちます。》〈正と不正とについては、数学における判断と同様に、議論の余地なく判断できます。たとえば、「所有権のないところに不正はありえない」[151]というこの命題は、ユークリッドのうちにあるどの論証とも同じく確実です。所有権とはある事物への権利であり、不正[152]は権利の侵犯です。「いかなる統治も絶対の自由を容認しない」、という命題についても同様です。統治とは施行を要求する一定の法律を制定することであり、絶対の自由とは、各人が何でも気ままになしうることであるからです。〉

テオフィル　ふつう所有権という言葉は、少し違った使い方をします。というのも、人はそれを、他者の権利の排除を伴った、事物に対するある人の権利、と解しているからです。したがって、すべてが共有であるために所有権がまったくないとしても、不正はそれでもありうるでしょう[153]。また、所有権の定義において、あなたは事物を、さらに働きも含んだものと解さなければなりません。そうでないと、事物についての権利がまったくない場合でも、人が行為する必要があるときにその行為を妨げると、やはり不正になってしまうからです。しかし、この説明に従えば、所有権がまったくないということは不可能です。統治と絶対の自由とが両立不能であるという命題についていえば、それは系に、すなわち、注意を促せば十分であるような命題に属しています。法律学にはもっと複合的な命題があります。たとえば、相続増加権[154]

と呼ばれるものに関する命題や、諸条件や他のいくつもの件に関する命題です。私がこのことを示したのは、若かったころ、条件に関する論文[155]を公表したときのことです。そのなかで、そうした命題のいくつかを論証しました。暇があれば、その論文にさらに手を加えたいところです。

フィラレート 《それは、興味のある人たちには嬉しいことでしょうし、手を加えないまま誰かがそれを再版してしまうかもしれないのも防ぐことになるでしょう。》

テオフィル それはまさに、すでに非難しておいたとおり、私の『結合法論』[156]に関して起こったことです。あれは、私のごく若いころの作品でした。けれども、だいぶたってから、私に相談もなく、それが再版であるということわりもないまま再版されてしまいました。[157] 迷惑なことにこのため、私が成熟した年齢になってあのような作品を出版できたと、何人かの人たちに思わせることになりました。それには、私が今なお是認しているいくぶん重要な思想が含まれているとはいえ、若い学徒にとってのみふさわしいような思想もまた含まれているからです。

[19] フィラレート 〈図形は言葉の不確実性に対するかなり有効な救済策だと思いますが、このような救済策が道徳的な諸観念にはありえません。さらに、道徳的な諸観念は、数学で通常考察される図形よりも複雑です。したがって、精神が、道徳的な諸観念に含まれているものの精確な組み合わせを、長い演繹を要する場合に必要なだけの完全な仕方で保持するのは困難です。また、算術においては、さまざまな段階が、精確な意味が認識されており存続して視界にとどまる徴［符号］によって指示されていないかぎり、長大な計算を行なうのはほとんど不可能でしょう。**[20]** 諸定義は、道徳《モラル》において恒久的に用いさえすれば、何らかの救済策を与えてくれます。また、代数やこの種の他の何らかの手段によっ

155——ライプニッツ一九歳のときに書かれた論文（『条件的なものについて』）で、条件的権利についての研究。あるものに対する権利が絶対的にある場合、絶対的にない場合、条件的な場合というように、蓋然性の程度、確率論の発想が見られる。ハッキングによれば、これは「もし……ならば、……（'if..., then...'）」という形式で書かれる条件的・仮言的命題に関する研究である。学生時代に法学を学んだライプニッツにとって、数学が必然的真理についての議論のモデルであったのと同じく、法学は偶然的なものについての考察のモデルであった。（I. Hacking, *The Emergence of Probability*, Cambridge 1986 [repr. 1975], pp. 85–91）
Disp. jur. de conditionibus, 1665; *Disp. jur. posterior de conditionibus*, 1665, cf. A VI-1, 97–150. (A) cf. *Specimen Certitudinis seu demonstrationum in jure exhibitum in doctrina Conditionum* (Dutens IV, Pt. 3, pp. 92f.) (Cassirer)

156——*Diss. de arte combinatoria* (1666).（A: 本著作集第1巻所収）この論考は一六九〇年にライプニッツの許可を得ずに再版され、彼は *Acta eruditorum*（1691）で抗議。(Brunschwig) cf. GP IV, 103ff.（Cassirer）

157——フランクフルトでH. C. Cröker が出版。（A）前注参照。

て、他の諸困難を除去するためにどのような方法が示唆されうるのかを予見するのは容易ではありません。〉

テオフィル　テューリンゲン地方のイエナの数学者であった、故エアハルト・ヴァイゲル氏[158]は、道徳的事象［entia moralis］を表現する図を巧みに考案しました。そして、彼の弟子であった故ザムエル・プーフェンドルフ氏[159]が、ヴァイゲル氏の思想に十分に適合した著作、『普遍法律学原理』を出版した際、その著作のイエナ版には、この数学者［ヴァイゲル］の『道徳球体について』が付加されました。しかし、このような図は、『ケベスの絵馬』[160]とほとんど同じような一種のアレゴリーです。とはいえ、これはそれほど通俗的なものではなく、またそれは、判断が論証的な認識を獲得するために役立つというよりも、むしろ記憶が諸観念を保持し整理するために役立ちます。けれどもこの図には、やはり精神を呼び覚ます効果があります。幾何学的図形は、道徳的事象よりも単純であるように見えますが、実はそうではありません。とい

158――ヴァイゲルについては、本書第3部の訳注91参照。cf. *Nouvelles lettr. et opus.*, pp. 146ff. (Cassirer)

159――Samuel Puffendorf (1632–1694). ドイツの法学者。自然法学派の最も重要な理論家の一人。(Brunschwig) ハイデルベルクとルントの法学教授。ハイデルベルクでは、「自然法と国際法」という講座が彼のために創設された。その種のものとしてはドイツで初めてである。スウェーデンの宮廷とブランデンブルク選帝侯の修史官となり、ブランデンブルク選帝侯には枢密顧問としても仕えた。彼の主要著書は *De jure naturae et gentium* (1672) である。イエナではヴァイゲルのもとでライプニッツの先輩格であった。一六五八年、コペンハーゲンにおいて政治的理由で投獄され、獄中で八か月を過ごした。その間ヴァイゲル、グロティウス、ホッブズなどの思想について思索を重ねていた。釈放されてのち、その研究成果を *Elementorum jurisprudentiae universalis* (1660) として発表。同書の定義17の注解は、ヴァイゲルの「道徳球体」を用いてさまざまな倫理的概念を解明しようとする試みである。ライプニッツは一六九〇年から九三年にかけて時々プーフェンドルフと文通したが、熱心ではなかった。彼らの政治的信念は根本的に対立しており、プーフェンドルフに対するライプニッツの評価は低かったのである。(R & B) なおプーフェンドルフの *Elementorum* は一六六〇年にデン・ハーグで出版されたが、一六六九年にはこれにヴァイゲルの *De sphaera morali* が補遺として付け加えられてイエナで出版された。(A. Brunschwig)

160――おそらく帝政ローマ期に成立した通俗的な道徳的寓意物語。ラテン語のほか各国語に訳され、一五世紀以降でも百度も版を重ねた (M. David, 'Leibniz et le《Tableau de Cébès》ou le problème du langage par images', in *Revue philosophique de la France et de l'Étranger*, Tome CL I, Paris 1961, p. 41)。内容は以下のとおり。クロノスの神殿の前に不思議なたとえ話が描かれた絵馬があり、その絵には人生を象徴する多くの囲いが描かれていて、そこに老人が案内役として登場する。最初の『人生』という囲いのなかには『あざむき』『意見』『欲望』『快楽』という女たちがおり、入ってくる者を連れていってしまい、『無知』と『誤謬』という飲物を飲ませる。その後もいくつもの囲い（『運命』『不幸』『偽の教養』『真の教養』『幸福』『徳』など）を通らねばならず、正しく導かれれば教養、思慮を手に入れて幸せになり救われるが、誤った道に進めば惨めな一生を送ることになると説かれる。（神谷美恵子訳『ケベースの絵馬』［神谷美恵子著作集2所収・みすず書房・一九八〇年］参照）こうした寓意物語は後のダンテの『神曲（煉獄篇）』やバニヤンの『天路歴程』にも通ずる。ライプニッツはここで一種のイメージ言語・グラフィック言語を考えており、それはライプニッツ自身の普遍的記号法とも関連する (M. David, op. cit., pp. 44–50)。アカデミー版は、Epictète, *Enchiridium una cum Cebetis Thebani Tabula* (1670) と注記。ラングリーは、Plato, *Phaedo*, 59c, 60csq., 63a を参照箇所として挙げる。

うのは、連続的なものは無限を含み、そこから選択をしなければならないからです。たとえば、互いに垂直な二本の直線によってひとつの三角形を等しい四つの部分に分割するという問題は、簡単そうに見えてかなり難しい問題です。道徳的な問題のほうは、それが理性だけで解決できる場合には、それほど難しくはありません。それに、ここは、論証的ナ学知ノ未開拓領域ヲ前進サセルコトニツイテお話ししたり、論証の技法を、これまで数学の領域の限界とほとんど同じであった古い限界の彼方に広げる、真の手段を提示したりする場所ではありません。神が私に、それに必要な時間をくださるならば、私はいつかそれに関する何らかの論文を発表し、原則にとどまらず、その手段を実際に用いたいと思います。[161]

フィラレート　《あなたがその計画を申し分なく実行されれば、私のようなフィラレートたち、すなわち、真理を認識することを心から望んでいる者たちに、非常に恩恵を与えてくださるでしょう。》〈[そして][162] 真理とは、精神にとってもともと快いものであり、うそほど知性にとって醜く相いれないものはありません。[163]けれども、人がそのような発見におおいに注目すると期待してはいけません。それに対して、名声や富や権力に対する欲望が、人々に流行によって権威づけられた説を信奉させ、それから、そのような説を好ましいものと思わせる議論や、その説を粉飾してその醜さを覆い隠すための議論を探させることになるでしょう。そして、さまざまな党派が、自分の支配下におきうるすべての人々に、自分の見解をその真偽を検討する[164]ことなく受けいれさせている間は、道徳《モラル》に属する知識においてどんな新しい[165]光明を期待できるでしょうか。もし主の光が、すなわち、人間の全能力をもってしても完全には消しさることのできない聖なる光が、それ自身人間の精神に現前しているのでないとすれば、隷属状態にある人類のこの部分は、世界のほとんどの場所で、道徳《モラル》のこの新たな光明の代わりにエジプトの闇と同じくらい深い闇にとどまらなければならないでしょう。〉

161——cf. *Préceptes pour avancer les sciences*, GP VII, 157f.; GP VII, 299–301. (Langley)
162——GP と Brunschwig では、la vérité のあとに Et（「そして」）がある。
163——A では、le désir de l'estime, des richesse ou de la puissance であるが、GP と Brunschwig では、le désir et l'estime des richesse ou de la puissance［欲望とか、富や権力の重視］と、de が et となっている。
164——examiner. Locke: permitting them to examine.（R & B）
165——nouvelle. Locke: greater. コストによる変更。（R & B）

テオフィル　もっと静穏な時世やもっと静穏な国では、人々がこれまでより多く理性に従うということについて、私は絶望してはいません。というのも、実際何についても絶望してはならないからです。人類には、悪への大いなる変化も善への大いなる変化も定められているでしょうが、結局は、悪よりもずっと善へと向かう、と私は思います。アッシリアやエジプトの古代の王のような、あるいは、もう一人のソロモンのような、ある偉大な君主がいつの日か現われて、その深い平和の治世は永きにわたると仮定してみましょう。そして、その君主は、徳と真理とを愛好し、偉大で揺るぎない精神に恵まれ、人々がより幸福に、互いにより協調し、自然に対してより強い支配力をもつようにさせたい、と心に決めているとします。そうすれば、彼はどれほどかすばらしいことをわずかな年月のうちに行なうのではないでしょうか。というのも、その場合には、事態が普通のペースのままなら百年、いやおそらく千年かかるであろうことよりも、より多くのことが十年で成し遂げられるのは確実だからです。しかし、そうではないとしても、道が一度開かれれば、幾何学者がそうしているように、多くの人たちがそこに入っていくでしょう。たとえそれが、自分たちの楽しみのためや栄誉を得るためでしかないとしても。社会がより文明化されれば、人々は、いつの日か今までよりずっと医学の進歩に注意を向けるでしょう。つまり、すべての国で博物誌が、年鑑のように、あるいは『メルキュール・ギャラン』(Mercures galans)[166]紙のように発行されるでしょう。しっかりした観察を記録しないままにしておくことはなくなり、[167]それに打ち込む人たちにとって役立つでしょう。そのような観察を行なう技術も、その観察を用いて一般原理（Aphorismes）を確立する技術も完成するでしょう。良い医者の数がより多くなり、そのときにはあまり必要ではなくなるようなある職業の人たちの数はそれに応じて減少し、人々が自然の探求や、とりわけ医学の進歩をより奨励するようなときが来るでしょう。そしてそのときに

166——一六七二年に創刊されたフランスの大衆紙。その後、*Mercure de France* と名称を変えて一九世紀半ばまで続いた。一六八六年三月四日の『学術雑誌』は、メルキュール・ギャランが科学的諸観念を大衆化することに成功しているさまを伝えている。それによれば、メルキュール・ギャランを通じて数学者たちやその専門用語が婦人たちの居間とか寝室にまで入りこみ、問題、系、定理、直角、鈍角、長斜方形、その他これに類すること以外は誰も話題にしなくなった。事態はさらに過激化し、パリでは、ある婦人はメルキュール・ギャランにしばしば掲載された望遠鏡の作り方を求婚者が習得するまで結婚の申込みには耳を貸さなかったり、別の婦人は、申し分なく尊敬に値する男性であるにもかかわらず、彼女が与えた時間内に円の方形化の問題に独創的な貢献をすることができなかったがために、結婚の申込みを断るほどであったという。(R & B) ラングリーは、ライプニッツのコルトホルト Sebastian Kortholt 宛書簡 (Dutens V, 315) の参照を指示。

167——R & B は巻末の注で、この言葉は「ヒポクラテスのアフォリズム」に由来し、自然科学の諸原理の警句的な陳述に転用されたという OED の記述を引いて、辞書やライプニッツの用法に従えばフランス語の aphorisme は厳密ないわゆる「原理」というよりもむしろ経験則を意味しているように思われる、と記す。

は、この重要な学は、現在よりもはるかに高い水準にたちまちのうちに到達し、みるみる発展するでしょう。実際私は、行政のこの部分は、統治する者にとって、徳の対象に次いで、最大の関心の対象になるはずであり、人々が今よりもずっと賢明になりはじめ、お歴々が自分自身の幸福のためにその富と権力とをよりよく用いることを学べば、良き道徳《モラル》もしくは良き政治の最大の収穫のひとつは、私たちにより良き医学をもたらすということであろう、と思います。

[21] フィラレート 〈(認識の第四の種類である) 実在的存在の認識については、私たちは、私たちの存在については直観的認識をもち、神[168]の存在については論証的認識をもち、他の事物については感覚的認識をもっている、と言わなければなりません。それについては後で[169]詳しく論じましょう。〉

テオフィル まさにその通りです。

[22] フィラレート 〈認識について話してきましたので、これからは、私たちの精神の状態をよりいっそう発見するために、精神の暗い側面を少し考察して、私たちの無知について検討するのが時宜をえていると思われます。というのも、私たちの無知は、私たちの認識より無限に広いからです。この無知の原因とは次のようなものです。[170]①私たちが観念を欠いていること。②私たちのもつ観念の間の連結を私たちが発見できないこと。③観念をたどって正確に観念を調べるのを私たちが怠ること。**[23]** 観念の欠如についていえば、私たちがもっている単純観念は、〉《内的あるいは外的》〈感覚に由来するものだけです。したがって、宇宙の無限の被造物やその性質に関しては、私たちは、盲人が色に対しているのと同様なのです。私たちは、それらを認識するのに必要であろう能力さえもってはいないからです。するとどう見ても、人間はすべての知的存在者のうちで最下位[171]を占めているのです。〉

168——de Dieu. Locke: of a God. コストによる変更。(R & B)
169——第4部10・11章 (A VI-6, 434–447)。(R & B)
170——exactement はコストによる付加。(R & B)
171——le dernier rang. Locke: one of the lowest. コストによる変更。(R & B)

172——この部分はロックの考え方を誤って表現している。(R & B)
173——de la grandeur et はライプニッツによる付加。(R & B)
174——この節はライプニッツによる付加。(R & B)

テオフィル　私たちより下位にも知的存在者がいないのかどうか、私には分りません。なぜ私たちは、必要もなく私たちを貶めようとすべきなのでしょうか。もしかしたら、私たちは、理性的動物のうちでかなり立派な地位を占めているのかもしれません。上位の諸霊は、異なった種類の身体をもっているかもしれず、したがって、動物という名はそれらの霊にはふさわしくないかもしれないからです。多くの他の太陽のうちで私たちの太陽にとっては、自分より優れたもののほうが劣ったものよりも多数あるかどうか、言うことはできませんし、私たちは太陽系のなかで良い位置にあるのです。というのも、地球は諸惑星の間で中間を占め、その距離は、そこに住むべき観想的な動物にとって申し分なく選ばれていると思われるからです。さらに、私たちは、自分の境遇を嘆くべき理由よりもそれを喜ぶべき理由を、比較できぬほど多くもっているのです。私たちの苦難の大部分が、私たちの過ちのせいであるからです。それもとりわけ、私たちが自分の認識の欠陥を嘆くことは、大きな誤りでしょう。私たちは、慈悲深い自然が私たちに提示してくれる知識のごくわずかしか役立てていないのですから。

【24】**フィラレート**　〈けれども、確かに、私たちの視野にある世界のほとんどすべての部分は、その絶大な距離のために、私たちの認識からのがれてしまいます。[172] そして明らかに、可視的世界は、この広大無辺な宇宙の小さな部分でしかありません。私たちは、空間の小さな片隅に、つまり私たちの太陽系のなかに閉じ込められているのです。しかしそれにもかかわらず、私たちには、私たちの地球と同じくこの太陽の周りを回っている、他の諸惑星で起こっていることさえ分りません。【25】そのような認識は、その大きさ[173]や遠さのために私たちには見逃されています。しかし一方、他の諸物体は、その小ささのために私たちから隠されています。そしてこれらは、私たちにとって認識するのが最も重要であるようなものなのです。[174] というのも、私たちはそれらの組織から、〉可視的なものの〈有用性と作用とを推理することができるでしょうし、また、なぜ大黄は下痢をおこし、毒人参は殺し、阿片は眠らせるのかを、知ることができるだろうからです。したがって、【26】人間の技量が、自然学的事物に関する経験的学問をどれほど進展させようと、私たちはこれらの問題について、学問的な認識には決して到達できないだろう、と私は思いたくなります。〉

テオフィル　望むほど遠くまでは私たちは決して進まないであろう、とは確かに思います。けれども、いくつかの現象の説明においては、時とともに何らかの重要な進展をみるだろう、と私には思われます。なぜなら、私たちがなしうる多数の経験は十二分のデータを与えてくれ、したがって、それらを用いる技術だけが欠けているからです。とはいえ、それについても私は希望を失っていません。無限小解析[175]が幾何学と自然学を結び付ける手段を私たちに与え、動力学(dynamique)が自然の一般的諸法則を私たちに与えてくれて以来、その小さな第一歩が推し進められるでしょうから。

[27] フィラレート 〈諸々の精神は、[176]私たちの認識からなおいっそう遠いところにあります。私たちは、それらのさまざまな位階についていかなる観念も形成することができません。けれども、叡知的世界は、物質的世界よりも確実に大きく、いっそう美しいものです。〉

テオフィル　この［二つの］世界は、作用因に関しては常に完全に並行していますが、目的因に関してはそうではありません。というのも、諸々の精神が物質において支配する程度に応じて、物質にすばらしい秩序をつくりだすからです。このことは、人間が、宇宙の偉大な建築家を模倣する小さな神のように、地上を美しくするために行なってきた変化から明白です。とはいえ、それも、物体とその法則を用いてはじめて行なわれたのですが。私たちを超える測り知れない多数の精神について、何が推測できないのでしょうか。諸々の精神はこぞって神の下で、統治が完全である一種の国家を形づくっているために、私たちは、その叡知的世界の体系を理解することからも、最も厳格な理性に従って当然受けるべき者に用意されている罰と報いとを考えることからも、そして、いかなる眼も見たことがなく、いかなる耳も聞いたことがなく、人間の心に一度も入ったこともないようなものを想い描くことからも、はるかに隔たっているのです。けれども、こうしたことすべてが示しているのは、私たちは、物体と精神を認識するのに必要な判明な観念はすべてもっているとはいえ、事実の十分な細部を認識するのに必要な判明な観念をもっておらず、錯然とした観念を解明するのに十分明敏

175——一六七三年の春までライプニッツは一七世紀における数学の進歩についてほとんど何も知らなかった。しかし一六七五年の秋には、微積分法の基本的な諸原理を発見していた。パリに到着して間もなく、彼はホイヘンスに励まされて級数に関心をもちその研究を行なった。その成果はすぐに現われた。分数の一定の無限級数の和を求めることに成功したのである（*The Early Mathematical Manuscripts of Leibniz*, tr. J. M. Child, 1920, pp. 60f.）。他の人たちもすでに同じ成果に到達していることを知り、またホイヘンスの『振り子時計』***Horologium oscillatorium*** (1673) の理論が理解できなかったこともあって、ライプニッツは数学の新しい発展について研究する気になり（Child, p. 215）、一六七三年中に幾何学で著しい進歩を示し、曲線の微小要素という概念を幾何学に適用した。一六七三年の末か翌年のはじめに、彼はサイクロイドの一部分の有理的求積法と円の算術的平方化を発見した（A VI-6, 85）。これらの発見は、一六七四年七月一五日付のライプニッツのオルデンブルク宛書簡（A III-1, pp. 119f.; Child, pp. 42ff.）に述べられている。一六七四年一〇月には、ライプニッツは次のことを認めるに至った。すなわち、「あらゆる図形の求積法は、接線を求めるのとは逆の方法から帰結する。かくして、和や求積の学全体は解析に還元されうる。これは以前には誰もその希望さえもたなかったことである」（Child, pp. 60f.）と。一年後、時計の設計や高次方程式の解法の研究に向かったあと、彼は接線を求めるのとは逆の問題に立ち戻る。この段階で彼は、∫とかdという記号を導入して和（あるいは積分）と微分の演算を示し、この新しい表記法で接線や求積に関する諸発見を表現しはじめた。この時期のライプニッツの数学的業績については、J. E. Hofmann, *Leibniz in Paris* 1672–1676 (1974) に詳細な叙述がある。（R & B）また本著作集第2巻参照。

176——ロックはこれに distinct をつける。（R & B）

な感覚、あるいは、それらすべてを明確に知覚するのに十分広い感覚が、私たちには欠けているということです。

[28] フィラレート 〈私たちがもっている諸観念のうちで私たちが認識を欠いている結合に関して、〉私が言いたかったのは、〈物体の力学的変状は、色・音・匂い・味・快苦のような観念とはいかなる連結ももっておらず、それらの結合は、神の御心と自由意志にしか依存していない、ということです。〉しかし、あなたは、必ずしもまったき類似ではないにしても、完全な対応がある、と思っておられるように記憶しています。けれどもあなたは、そこに含まれている微小な事物があまりに多数の細部をもっているために、私たちにはそこに隠されているものが解明できないことを認めていながら、私たちがそれにより近づくであろうと、なお希望をもっておられる。したがって、あなたは、人があの高名な著者とともに次のように言うのを望んではいないでしょう。すなわち、〈**[29]** そのような探求に専念するのは骨折り損である、と。それは、こうした信念が学問の進展を阻害するのを恐れてのことでしょう。私はまた、魂と身体との間にある結合を説明する際今まで生じてきた困難についても、お話しするつもりでした。というのは、思考が身体〔物体〕のなかに運動を作り出すことも、運動が精神のなかに思考を作り出すことも、理解しえないからです。〉《しかし、あなたの予定調和の仮説を理解して以来、解きえないと諦めていたこの困難が、一挙にそしてあたかも魔法のように取り除かれた、と私には思われました。》〈**[30]** それゆえ、私たちの無知の第三の原因が残ることになります。つまり、私たちは、自分がもっている、あるいはもちうる諸観念をたどらず、中間観念を見出すことに専念もしない、ということです。私たちの能力のうちにはいかなる不完全性もなく、事物自体のうちにはいかなる不確実性もないにもかかわらず、数学的真理に無知であるのは、まさにこのためなのです。言葉の誤った使用こそ、私たちが観念の一致と不一致とを見出すのを最も妨げてきた原因

です。そこで数学者たちは、名前から独立に思考を形成し[177]、かつまた、音の代わりに[178]観念そのものを自己の精神に現前させるのに慣れることで、大部分の障害を避けてきました。もし人々が、物質的世界の発見において、叡知的世界に関する発見においてやったようなことをして、不確実な意味をもった名辞の混沌のなかにすべてを混同していたとすれば、地帯・潮汐・船の建造・航路について際限なく討論したでしょうし、赤道を超えることもなく、対蹠人も、その存在を主張するのは異端であると宣告されていたときと同様に、相変らず知られていなかったでしょう。〉

テオフィル　私たちの無知のこの第三の原因は、非難すべきただひとつのものです。あなたは、そこにはより遠くへ進むことについての絶望が含まれている、と思っておいでです。そのような落胆はきわめて有害です。学識ある優れた人たちが、医学に取り組むのは骨折り損であるという誤った思い込みによって、医学の進歩を妨げてきたのです。昔のアリストテレス派の哲学者たちが、たとえば虹のような大気現象について語っているのをご覧になれば、この現象を判然と説明しようと考えることさえすべきではない、と彼らが思っていたのがわかるでしょう。そしてまた、マウロリコ[179]の企てや、それに続くマルコ・アントニオ・デ・ドミニス[180]の企てでは、虹のような大気現象はイカロスの飛行のようなものでした。けれどもその後、人々にその誤りが示されてきました。確かに、名辞の誤った使用は、私たちの認識のうちに生じる混乱の大部分をひきおこしてきました。それは、道徳《モラル》や形而上学、すなわち、あなたが叡知的世界と呼んでいるものにおいてだけでなく、医学においても同様です。医学では、名辞の誤用がますます増大しています。私たちは、幾何学におけるように、いつも図形の助けをかりることができるとはかぎらないのです。しかし、代数学は、事物の観念そのものに常に頼らなくても、大きな発見をなしうることを示しています。対蹠人についてのいわゆる異端に関して、ついでに言って

177——Locke: abstracting their thoughts from names. コストによる変更。

178——au lieu des sons. Locke: instead of them. (R & B)

179——Francesco Maurolyco [Maurolico] (1494–1575). フランスではしばしば Marulle の名で示されている。メッシナで生まれる。シチリアの数学者、自然学者。ベネディクト派の修道士となり、メッシナ大学で数学を教授。*Photismi de lumine et umbra* (1611) の補遺 *Problemata ad perspectivam et iridem pertinentia* で虹の問題を研究。(A. Brunschwig) ユークリッドの『天文現象』*Phaenomea* その他の古典をラテン語に翻訳。アポロニオス第5巻の復元に努めた。円錐曲線の接線および漸近線を研究してその結果を物理学・天文学に応用。

180——Marco Antonio De Dominis (1566–1624). ダルマチアの Arbe 島に生まれた。イエズス会士となり、数学・自然学・神学の才能を認められ、パドヴァ大学の教授となる。そこでの二〇年間になした研究のうち、虹の理論をまとめたものが *De radiis visus et lucis in vitris perspectiviis et iride Tractatus* (1611)。これについてニュートンは『光学』で賛辞をもって引いている。なお、デ・ドミニスはのち、スパラトロの大司教となるが、その神学的著作が異端審問にかけられ、一六二四年ローマの獄舎で死亡したと伝えられる。アカデミー版は上述の著作の一三章を参照箇所として挙げる。(cf. A. Brunschwig) cf. Dutens VI, p. 319. (Langley)

おきましょう。確かに、マインツの大司教ボニファティウス[181]は、この件でザルツブルクのウィルギリウス[182]に反対する手紙を教皇に書き、そのなかでウィルギリウスを告発しました。そして教皇は、ボニファティウスの意見をほぼ認めるように思わせる仕方で、それに答えています。しかし、この告発が何らかの結果をひきおこしたようには思われません。ウィルギリウスはその地位に相変らずとどまりました。二人の敵対者は、ともに聖人とみなされています。そしてまた、バヴァリアの学者たちは、ウィルギリウスをカリンティア[183]およびその近隣諸国の伝道者とみなし、その記憶を義認してきました。

4章——私たちの認識の実在性について

[1] **フィラレート** 〈正しい観念をもつことや、観念の一致や不一致を知解することの重要性を理解しないような人は、私たちはそれについてあれほど注意して推論しながら空中楼閣を築いているのであり、私たちの説全体のなかには観念的なものと想像的なものだけしかないと思うでしょう。想像力が沸き立ち常軌を逸した人が、より生き生きした観念、より多数の観念をもつ点で優れており、したがって、またより多くの認識をもつことになるのでしょう。狂信家が矛盾なく話すかぎり、その狂信家の幻想のうちには、良識をもった人の推論のうちにあるのと同じだけの確実性があることになるのでしょう。また、「ハルピュイアはケンタウロスではない」と言うことは、「正方形は円ではない」と言うことと同様に真である、ということになるのでしょう。**[2]** ［それに対して］私は、私たちの観念は事物と一致する、と答えます。

181——cf. *Epistolae S. Bonifacii*, éd. N. Serarius, 1605, ép. 134 et 140. (A)

182——Virgilius (Salzbourg の) (c. 700–784). アイルランドの聖職者、学者。聖ボニファティウス（マインツの大司教）は、彼の科学的理論のみならず、彼が聖別されぬままザルツブルク教区を管理していることにも異議を唱えた。七四八年聖ボニファティウスはローマ教皇に書簡をしたためて、ウィルギリウスの地球球体説や対蹠地説などの異端的見解を告発した。しかしその告発にもかかわらず、ウィルギリウスは結局聖別された。七七二年に彼はカリンティアのスラヴ人たちをキリスト教に改宗させ、一二三三年に聖人の列に加えられた。(R & B) なお聖ボニファティウスとウィルギリウスの論争は、聖ボニファティウスの書簡一四〇で言及されている。(Brunschwig)

183——北限をザルツブルクとするオーストリア南部の公国。七世紀にはフランク族の首長により統治されていた。八世紀になるとバヴァリア［バイエルン］の諸公に征服され、七八八年にカール大帝に征服された。

【3】しかし、その基準が何かと問われるでしょう。【4】私はさらに、次のように答えます。まず第一に、この一致は、私たちの精神の単純観念に関しては明らかです。というのも、精神は自分自身では単純観念を形づくることができない以上、その単純観念は、精神に作用する事物によって産出されなければならないからです。そして第二に、【5】私たちのすべての複雑観念は、（実体の観念を除いて）精神が自分自身で形づくった原型であり、いかなるものの写しであるように決められているわけでも、その源泉としてのいかなるものの現実存在に関連しているのでもない以上、実在的認識にとって必要な事物との[184]すべての適合性を欠いていることはありえません。〕

テオフィル　私たちの確実性が、感覚に由来する根拠以外に単純観念の根拠をもたないとすれば、その確実性は小さい、あるいはむしろ何もない、ということになります。観念がもともと私たちの精神のうちにあり、他の被造物が精神に対して直接的な作用力をもちうることなく、私たちの思考でさえ私たち自身の根底から私たちにやって来ることを、私がどのように示したかを、あなたはお忘れですか。さらに、普遍的かつ永遠の真理に関する私たちの確実性の根拠は、感覚から独立に観念そのもののうちにあるのです。それはちょうど、純粋で叡知的な観念、たとえば「存在」・「一」・「同じ」等々という観念もまた、感覚に依存していないのと同様です。しかし、色・味等々のような、（実際には幻影にすぎない）[185]可感的性質の観念は、感覚から、すなわち、私たちの錯然とした表象から私たちにやって来るのです。そして、偶然的で個別的な事物の真理の根拠は、まさに叡知的真理が要求するように、感覚の諸現象が連結しているようにさせる結果のうちにあるのです。以上が行なうべき区別であり、それに対して、あなたが単純観念と複合観念との間にもうけている区別や、実体に属している複合観念と偶有性に属している複合観念との間にもうけている区別は、根拠を欠くように私には思

184——avec les choses はライプニッツによる付加。（R & B）
185——R & B は A VI-6, 404f. の参照を指示。

186——GP と Brunschwig では 5。
187——choses. R & B は、コスト訳の connaissance の誤りとみなして knowledge と英訳。
188——*De officiis* はキケロの道徳に関する主要著作のひとつ。（Brunschwig）
189——R & B は、A VI-6, 251f. とする。cf. *Méditation sur la notion de la justice* (Leibniz, *Hauptschriften* II. SS. 506ff.).（Cassirer）
190——R & B にのみ節番号 12 が入っている。

われます。というのも、あらゆる叡知的な観念は、その原型を事物の永遠の可能性のうちにもっているからです。

［6］[186] **フィラレート** 〈なるほど、私たちの複合観念が精神の外に原型を必要としているのは、このような複雑観念とそれを構成する単純観念とを私たちの外で実際に結合させているに違いない、現実存在する実体が問題である場合だけなのです。数学的真理の認識は実在的なものです。とはいえ、その認識は、私たちの観念にしか基づいてはおらず、正確な円はどこにも見られません。けれども、原型において仮定されているものが現実存在していると分るにつれて、現実存在する事物は私たちの原型に一致するだろう、と確信しうるのです。［7］このことは、道徳的な事柄[187]の実在性を正当化するのにもまた役立ちます。［8］そして、キケロが私たちに描いたような善き人の模範どおりに厳格に生活を律するような人が世の中に一人もいないからといって、キケロの『義務論』[188]が真理に適合していることに変わりありません。［9］しかし、道徳的観念が私たちの考え出したものであるとすれば、正義や節制について、どんなに奇妙な概念をもつことになるだろう（と言われるでしょう）。［10］私は、不確実性は言語のうちにしかない、と答えます。というのも、人は自分が言うことを必ずしも常に理解しているわけでも、同じように理解しているわけでもないからです。〉

テオフィル あなたはそれ以外にも、もっとうまくお答えになれたのでは、と思います。つまり、正義や節制の観念は、円や正方形の観念と同様に、私たちの考え出したものではないということです。そのことは十分に申し上げたと思います。[189]

［11］**フィラレート** 〈私たちの外に現実存在する実体の観念については、私たちの認識は、その原型に適合しているかぎり実在的なものです。そして（［12］[190]）この点から見て、精神は諸観念を恣意的に結合させるべきではありません。とりわけ、可感的観察によって明らかになるものを超えて、自然のなかで共に存在できるか否かについて、私たちが確信しうるような単純観念がきわめて少ししかないだけに、なおさらそうすべきではないのです。〉

テオフィル 私が一度ならず言いましたように、そのような観念は、理性がその両立可能性や結合について判断できない場合には、錯然としているからです。たとえば、感覚の個々の性質の観念がそのようなものです。

［13］**フィラレート** 〈現実存在する実体に関しては、名称や、あるいは名称によって確定されていると思われる種だけに限らない方がさらに望ましいでしょう。これは、人間の定義に関して、私たちがかなりしばしば議論してきたこと

に私をたち戻らせます。つまり、理性のいささかのしるしさえ見せずに四〇年間生きてきた白痴について、その者は人間と獣との中間を占めている、とは言えないでしょうか。それは、かなり大胆な逆説、あるいはさらに、たいへん危険な帰結をともなう虚偽とさえ、思われるかもしれません。〉けれども、〈それは次のような先入観のためにすぎない〉、とかつて私には思われました。〈すなわち、人間と獣という二つの名称は、自然のうちの実在的本質によってきわめてはっきりと区別される別々の種を意味しているので、あたかもすべての事物がまさにその本質の数だけに応じて型に入れられているかのように[191]、両者の間に他のいかなる種も介入することができない、というあの誤った想定に基づいた先入観のためにすぎないのです。〉そして、私がまだ誤りを正すことのできない何人かの友人は、いまでもそう思っています。【14】その友人たちは、〈その白痴は人間でも獣でもないとすれば、どんな種類の動物なのか〉、と問われると、〈それは白痴であり、それで十分である、と答えます。さらに、白痴は来世ではどうなるのか、と問われると、そんなことについて知ったり探求したりすることは重要ではない、と答えます。彼らが立つのも倒れるのも、その主人によるのである（ローマの信徒への手紙一四・四）。この主人とは、善なる方・信義あつき方であり、私たちの思考や個々の思いなしの狭い限界に従って被造物を意のままにするのでもなく、また、私たちが好きなように思い描く名称や種に従って被造物を区別するのでもない、と。また、教えをうけることのできる者が、いつか呼び出されてその行ないを報告し、この世の肉体をまとい自分の行なったことに応じて（コリントの信徒への手紙二、五・一〇）その報いを受ければ、私たちには十分なのだ、と。〉【15】さらに彼らの理屈の残りを示しておきましょう[192]。〈（彼らが言うには、）痴愚者から来世の状態を奪わねばならないかどうかという問題は、二つのともに誤った仮定に基づいている。その第一の仮定とは、人間の外面的な姿・現われをもっているいかなる存在

191——R & B は、これではほとんど理解不可能であるとしてロック自身の明快な表現に立ち戻り、as though there were a certain number of these essences, wherein all things, as in moulds, were cast and formed と英訳。

192——deux suppositions. Locke: one of two suppositions. (R & B)

193——et la seconde. Locke: or secondly. (R & B)

194——vous verrez que はコストによる付加。(R & B)

195——Mais... secours はライプニッツによる付加。(R & B)

196——Locke: you are at a stand. Coste: vous voilà tout-à-fait indéterminé. Leibniz: vous voilà tout à fait déterminé. R & B は déterminé をコスト訳の indéterminé の誤りと解して、and then you are at a stand と英訳。しかしこの R & B の注は正確ではない。というのは、déterminer には arrêter（「止める」）の意味があるので、ロックのコストが indéterminé と訳し、それをライプニッツが déterminé としても、ここではほとんど偶然のように、意味の違いがあまり生じていないからである。つまり、be at a stand は「立ち止る・当惑する」の意であり、indéterminé では「当惑する・迷っている」となり、déterminé では「立ち止る」となる。

197——Locke: which [shall be] the utmost bounds of that shape, that carries with it. (R & B)

198——A VI-6, 234f., 311, 313f., 317-20, 326. (R & B)

も、この世の後には不死の状態へと定められている、というもの。そして第二の仮定[193]とは、人間の生まれをもつものはすべてこの特権を享受するにちがいない、というもの。このような想像を取り去れば、この種の問題は滑稽で根拠がないことが分るだろう[194]、と。実際、第一の仮定は認められない、と私は思います。また、永遠の生命は物質塊の何らかの形状に起因し、したがって、その塊がある特定の形状に型どられたからには永遠に感覚をもつにちがいない、と思うほど十分に物質に深く入る精神を人はもたない、と私は思います。[16] しかし、第二の仮定が助けに来ます[195]。つまり、その白痴は理性的な両親から生まれたのであり、したがって、理性的な魂をもっていなければならない、と言うのです。どんな論理規則によってそのような帰結を打ち立てることができるのか、そしてそうした主張の後どうして、欠点のある形で奇形の姿に生まれた者の命をあえて奪おうとするのか、私には分りません。そうだ、それは化け物だ、と言われるかもしれない。よろしい、そうだとしましょう。しかし、いつも手に負えないこの白痴とは何なのでしょう。身体の欠陥が化け物をつくり、精神の欠陥はつくらないのでしょうか。これは、外面的なもので十分であるという、すでに反駁した第一の仮定に戻ることです。姿の良い白痴は人間であると思い、現われていないとはいえ、理性的な魂をもっている、と。しかし、通常より耳を少し長くして尖らせ、鼻を少し平たくすれば、あなたはためらい始める。顔をより狭く、平たく、長くすれば、これであなたはすっかり立ち止ってしまう[196]。そして、頭が完全にある動物の頭であれば、それは疑いなく化け物である、ということになるでしょう。そしてこれがあなたにとって、それは理性的な魂をもたず、その命を奪うべきである、という論証なのです。ではうかがいます。正しい尺度をどこに認めるのでしょう、理性的な魂を伴うぎりぎりの限界[197]をどこに認めるのでしょう。人間の胎児では、半分が獣で半分が人間というのがいますし、ほかに四分の三の部分が一方に属し、四分の一の部分が他方に属しているのもいます。理性を印しづける輪郭を、どのようにして正確に決めるべきでしょう。さらに、この化け物は、人間と獣の中間の種ではないのでしょうか。そして、問題の白痴とは、まさにそのようなものなのです。〉

テオフィル　私たちはその問題を十分に、それも一度ならず[198]検討してきました。あなたがその問題に戻られること、そして、あなたの友人たちをうまく説得しなかったことには驚きます。私たちが、推論する能力によって人間と獣とを区別するとすれば、それらの中間はありません。問題の動物は、それをもつかもたないか、そのいずれかでなければなりません。しかし、この能力は時として現われないために、その理性が姿を見せるまでは、真理に関して決定的でない指標によってそれについて判断するのです。というのも、理性を失った人や理性を行使することをついに獲得した人の経験から、理性の働きは一時中断することがありうることが知られているからです。生まれや形状によって、隠されているものを推定することはできるでしょう。しかし、生まれによる推定は、人間的なものからきわめて異なる形状によって消されてしまいます（eliditur）。たとえば、レヴィヌス・レムニウスの作品[199]（第一巻第八章）に記された、ゼーラント州[200]の女性から生まれた動物の形状がそうでした。それは、鈎型に曲がった鼻、長くて湾曲した首、きらめいている眼、先のとがったしっぽ、をもって生まれ、すぐにとても敏捷に部屋を走り回りました。しかし、人間の形状にさらに似た化け物、つまり、ロンバルディアの兄弟（これは、ロンバルディアの女性がこの種の出産をしやすいと言われたために、医者がかつてそう呼んだのです）がいる、と言われるでしょう。よろしい、そうだとしましょう。では、人間とみなされるべき形状の正確な境界をどのようにして確定できるのか（とあなたは言われるでしょう）。私は、臆測的な事柄においては精確なものをもつことはできない、と答えます。そして、問題はそれで終りなのです。人は次のように反論します。すなわち、白痴は理性を示さず、にもかかわらず人間とみなされている。しかし、白痴が化け物の形状をしていたら、そうはみなされない。したがって、理性よりも形状をよりいっそう考慮しているわけです[201]。しかし、この化け物は理性を示すのでしょうか。疑いなく、否です。したがって、お分りのように、それは白痴よりも多くのものを欠いています。理性を行使することの欠如は、しばしば一時的なものです。しかし、犬の［ような］頭をもつ者の場合、その欠如は終わることがありません。さらに、人間の形状をしたこの動物が人間ではない場合、それの運命が不確実である間は、それを保護することにたいした不都合はありません。そし

199——Levinus Lemnius（1505–1568）. オランダの自然学者。cf. *De miraculis occultis naturae*, 1574, livre I, ch. 8, p. 38.（A）このレムニウスの著作は一五五九年に出版され、何度も版を重ねた。（Brunschwig）

200——オランダ南西部の州。南はベルギーの東フランドル川に接する。

201——GP と Brunschwig では、文章の終わりに？が付され疑問文になっている。

202——アースレフによると、この主張はライプニッツのロックに対する誤解であるという。「真理は、本来は命題だけに属し、その命題には、普通に使われる記号に二種類すなわち観念と言葉があるので、二種類の真理すなわち心的と言辞的とがある。」（Essay, 4·5·2: p. 574）というロック（フィラレート）の主張に対して先のライプニッツ（テオフィル）の主張がなされるのだが、ここでロックが意味しているのは「音声としての言葉ではなく、観念を束ねる結び目としての言葉」（Aarsleff, op. cit., p. 81）、つまり音声言語が意味表示するものなのだから、「同一の意味も、ラテン語・ドイツ語・英語・フランス語で表現されると、同一の真理でなくなる」ということにはならない。

203——*De corpore*（1655）, ch. 3, §8.（A, Brunschwig）cf. *Dialogus de connexione inter res et verba*（Leibniz, *Hauptschriften* I, SS. 26f.）（Cassirer）; cf. *De stylo philos. Nizolii*, §28, GP IV, 158; GP VI, 388–399.（Langley）

204——神の認識は十全な直観的認識であるのに対して、直観的でない記号的認識は人間に特有のものである。解説参照。

て、それが理性的な魂をもっているにせよ、理性的でない魂をもっているにせよ、神は理由もなくそれをつくったのではないでしょう。生まれたばかりの状態と類似した状態に常にとどまる人々の魂については、次のように言われるでしょう。その者たちの運命は、ゆりかごのなかで死ぬ赤子の魂の運命と同じかもしれない、と。

5章――真理一般について

［1］**フィラレート** 〈真理とは何か、と人は何世紀も問うてきました。〉［2］私の友人たちは、〈真理とは事物そのものが相互に一致するあるいは一致しないことに応じた、記号の結合もしくは分離である〉と思っています。〈記号の結合もしくは分離とは、別名命題と呼ばれるものと理解しなければなりません。〉

テオフィル しかし、付加形容詞は命題をつくりません。たとえば、「賢い人」という場合です。けれども、［そこには］二つの名辞の結合があります。否定もまた分離とは別のものです。なぜなら、「人間」と言い、それから少し間をおいて「賢い」と言っても、否定することにはならないからです。さらにまた、一致や不一致も、厳密には命題によって表現されるものではありません。二つの卵の間には一致があり、二人の敵の間には不一致があります。ここで問題なのは、一致や不一致のまったく特殊なあり方です。したがって、［あなたの］その定義は問題となっている点を説明していない、と私は思います。しかし、あなたの真理の定義のなかで最も賛同しがたいと思うのは、真理を言葉のなかに求めていることです。これでは、同一の意味も、ラテン語・ドイツ語・英語・フランス語で表現されると、同一の真理ではなくなるでしょう。[202] そして、ホッブズ氏[203]とともに、真理は人間の恣意に依存する、と言わなければならないでしょう。これは実に奇妙な言い方です。真理は神にさえ帰されており、神は記号をまったく必要としない[204]ことをあなたは認められる（と私は思います）。要するに、本質・種・真理を名目的なものとして楽しんでいるあなたの友人たちの態度には、私はすでに一度ならず驚いています。

フィラレート あまり急がないでください。彼らは記号のもとに観念を理解しています。ですから、〈記号の種類

に従って、真理は心的であるか名目的であるかのいずれかでしょう。[205]〉

テオフィル　では、記号によって真理を区別しなければならないとすれば、さらに文字による真理も私たちはもつことになり、それはまた、紙の真理か羊皮紙の真理、通常の黒インクの真理か印刷用インクの真理へと区別できるでしょう。それゆえ、観念の対象の間の関係のうちに真理を位置づける方がよいのです。これによって、ひとつの観念は他の観念のうちに含まれる、あるいは含まれない、ということになるのです。この関係は言語に依存せず、神や天使を含めて私たちにとって共通なものです。ですから、神が私たちに真理を示すとき、私たちは神の知性のうちにある真理を獲得するのです。というのも、神のもつ観念と私たちのもつ観念の間には、完全性と拡がりに関して無限の差異があるとはいえ、その同一の関係において一致することは常に真実だからです。それゆえ、この関係にこそ真理を位置づけなければなりません。そして私たちは、私たちの恣意から独立している真理と、私たちが自分によいと思われるように発明する表出とを区別することができるのです。

[4][206] **フィラレート**　〈人々が、観念が複雑で未決定である場合はとりわけ、精神のなかでさえ事物の代わり[207]に言葉を用いるのは、まったく当然のことです。〉しかし確かにまた、あなたが指摘されたように[208]、そのような場合精神は、真理をさしあたりまだ知的に理解せず、単に注目することで満足し、意のままにいつでも理解できると思い込んでいます。さらに、〔5〕〈肯定や否定をするときになされるはたらきは、言葉で説明するよりも、私たちのうちに生じていることについて反省することによって理解する方が容易です。〔6〕ですから、もっとよい言い方がないために、「連結する」とか「分離する」と言われてきたことを、悪くとらないでいただきたい。[8] 少なくとも命題は言辞的なものと呼ばれう

205——ロックの記号概念は、言葉を論じた第3部ではなぜか主題的には述べられず、ここで初めていわゆる「観念＝記号説」が説明される。すなわち、言葉は人為的な設定による記号であるのだが、同時に観念も記号とされる。ただそれは事物の記号である。というのは、知性には事物そのものは現われず心自身にしか現われないので、心が観察する事物は当の事物の代わりとして働く記号として知性に現われ、これが観念にほかならない。思考の対象としての観念は記憶という不確実な貯蔵庫に蓄えるしかないので、思考を自ら記録するためにも、他人と伝達し合うためにも、観念の記号が必要となり、これが言葉にほかならない。

206——GP、Brunschwig、Cassirer、E & H では3。

207——R & B は choses をコスト訳の idées の誤りと解して ideas と英訳。

208——第3部2章2節（A VI-6, 286）。(R & B)

209——これは『知性論』8節を誤って表現したもの。8節では real truth と only verbal truth とが区別されている。(R & B)

210——idées que nous en avons. Locke: the ideas to which we have annexed their names. (R & B)

211——A VI-6, 269. (R & B) ラングリーは、本書第2部32章、第3部3章、第4部1章の参照を指示。

212——「記号」については、本書第1部の訳注65、68参照。

ること、および、命題は真である場合には、言辞的でありかつ同時に実在的でもあること〉[209]を、あなたも容認されるでしょう。〈というのも、[9] 虚偽性とは、観念の一致や不一致とは別に、名称を結びつけることに存しているからです。少なくとも、[10] 言葉は真理の重要な伝達手段です。[11] また、精神的な真理もあります。これは、私たちの精神の信念に従って事物について語ることに存しています。そして最後に、形而上学的真理があります。これは、私たちがもっている観念[210]に適合する事物の、実在的な現実存在のことです。〉

テオフィル　精神的真理は、ある人たちには誠実さと呼ばれています。形而上学的真理は、形而上学者によって一般に存在者の属性と解されています。しかし、それはまったく無益でほとんど意味のない属性です。私たちは真理を、精神のうちにある命題とそれが関わる事物との対応に求めることで満足しましょう。なるほど、観念は真である、あるいは偽であるといって、私は真理を観念にも帰しました[211]。しかしその際、それによって私が実際に解しているのは、観念の対象の可能性を肯定する命題の真理なのです。そして、この同じ意味で、ある存在者は真である、と言うこともできます。すなわち、その存在者の現実的な存在、あるいは少なくとも可能的な存在を肯定する命題は真である、ということです。

6章　普遍的命題、その真理と確実性について

[2] **フィラレート**　〈私たちのすべての認識は、一般的真理か個別的真理かに属しています。一般的真理は最も重要なものですが、言葉《パロール》で考えたり表現したりしないかぎり、私たちは、それを正しく知的に理解させることは決してできないし、また、私たち自身、きわめてまれにしかそれを理解できないでしょう。〉

テオフィル　他の徴もまたこの効果を出せると私は思います。中国の文字がそれを示しています[212]。そして、言葉の代わりに小さな図を用いれば、彼らのものよりもずっと通俗的でもっと優れた普遍記号を導入できるでしょう。これらの図は、目に見えるものをその略図で表現し、目に見えないものをそれに随伴する目に見えるものによって表現します。そしてまた、語形変化や小辞を分らせるのにふさわしい、ある一定の付加的徴を付け加えるのです。これはまず、遠く離れ

た国の人々と容易に交流するのに役立つでしょう。しかし、それを私たちの間に、しかも通常の文字法を放棄せずに導入する場合もまた、そのような書き方を用いることは、想像力を豊かにしたり、私たちが現在もっている思考ほど盲目的でも言辞的でもない思考を生みだすのに、大いに役立つでしょう。なるほど、その描き方はすべての人に知られているわけではない以上、この仕方で印刷された書物は別として（その読み方は誰でもすぐに覚えるでしょう）、一種の印刷による場合でしか、すべての人がこのような描き方を利用しうるわけではないでしょう。つまりその印刷の仕方とは、紙に図を印刷するばかりに彫りあげた図版を手にもち、それで刻印したあとその図に語形変化［や］[213]小辞の徴をペンで付け加えるのです。しかし時とともにすべての人が、この形象的文字の便利さを身につけるように、描き方を若いころから習うことでしょう。この形象的文字はまさしく目に訴えるものであり、民衆のとても好むものとなるでしょう。たとえば、実際農民たちは、自分たちの知りたいことの大部分を言葉《パロール》なしで教えてくれる、ある暦をすでにもっています。また私は、判じ絵のような諷刺的な銅版画を見たのを覚えています。そこには、言葉《パロール》に混じって、それ自身で意味を表わす図がありました。それに対して、私たちの文字や中国の文字は、人間の意志［による設定］によって（ex instituto）のみ意味を有しているのです。

［3］フィラレート　《あなたの考えはいつか実現するだろう、と私は思います。そのような文字法は、快く、自然に思われるからです。その文字法は、私たちの精神の完全性を増大させ、私たちの考えをより実在的にするのに、少なからぬ結果をおよぼすように思われます。》しかし、一般的認識とその確実性にもどるためには、〈真理の確実性と認識の確実性とがあることを指摘しておくのが賢明でしょう。言葉が、一致や不一致[214]を実際どおりに正確に表出するような仕方で、命題のなかで結合している場合、これが真理の確実性です。認識の確実性は、観念の一致や不一致を、それが命題の

213――［　］の部分は編者による訂正箇所。(A)

214――la disconvenance.『知性論』ではこのあとに of the ideas they stand for が入る。コストによる削除。(R & B)

215――être certain d'une proposition. Locke: knowing, or being certain of the truth of any proposition. (R & B)

216――les Espèces des substances ne sont autre chose que la réduction des individus substantiels. Locke: species of things are [nothing] but the sorting of them. コストは things と them の代わりに substances とする。(R & B)

217――bien connue comme il faut. ロックの原文にもコスト訳にもない。(R & B)

うちに表出されているかぎりにおいて、明確に知覚することにあります。これは、命題について確実である、[215]と私たちが通常呼んでいることです。〉

テオフィル　実際、その後者の確実性は、言葉を用いなくても十分でしょうし、真理の完全な認識にほかなりません。それに対して、前者の確実性は、まさに真理そのものであると思われます。

[4] フィラレート　〈ところで、私たちは、一般的命題を構成する名辞の意味の精確な限界を認識しなければ、どんな一般的命題の真理についても確信することはできない以上、各々の種の本質を認識することが必要でしょう。これは、単純観念と様態に関しては難しくありません。しかし、名目的本質とは違った実在的本質が種を確定すると想定されている実体においては、一般的名辞の範囲はきわめて不確実です。というのも、私たちはこの実在的本質を認識していないからです。したがって、この意味において私たちは、このような実体に関してつくられる、どんな一般的命題についても確信することはできないでしょう。しかし、実体の種とは、実体的個体を、さまざまな一般的名称のもとに類別される一定の種類へと、私たちが一般的名称で指示しているさまざまな抽象的観念にそうした種類が一致するのに従って還元することにほかならない[216]と仮定する場合、しかるべく十分に認識された[217]命題が真であるか否かを疑うことはできないでしょう。〉

テオフィル　私たちの間で十分に議論され、済んだと思っていた点に、あなたがどうしてまた戻られたのか、私には分りません。でも、それならそれで結構です。なぜなら、あなたは私に、再びあなたの誤りを正すのにおあつらえむきの（と私には思われる）機会を与えてくれたからです。そこで私が言いたいのは、たとえば、金に関して数知れぬ真理を私たちは確信しうるということです。すなわち、この物体は、その内的本質がこの世で知られている最大の重さないしは最大の可延性によって、あるいは他の徴によって知られているのです。というのも、知られている最大の可延性をもった物体はまた、知られているすべての物体のうちで最も重い、と私たちは言えるからです。確かに、金についてこれまで認められてきたすべてのことが、他の新たな性質によって識別される二つの物体のうちにいつの日か見出され、したがって金は、これまで仮に考えられてきたような最も下位の種ではもはやなくなることもありうるでしょう。また、その一方の種類が稀少なままであるのに、他方の種類がありふれているとすれば、稀少な種に特有な新たな検査法によってそれを通貨として用い続けるために、稀少な種のみに真の金という名称をとっておくのが適切と判断されることもありえます。そうなれば、それら二つの種の内的本質が異なっていることを疑う人もいないでしょう。そして、現実に存在する実体の定義が、すべての点で十分に確定されているわけではないとしても（実際、人間の定義は外的な形状に関して確定されてはいないように）、それでもやはり、その実体に関して無数の一般的命題をもつことができ、それらは理性や当の実体に認められる他の諸性質から生じるものです。このような一般的命題について言いうるすべてのこととは、人間を最も下位の種とみなし、人間をアダムの末裔に限定する場合、「人間は唯一の理性的動物である」と仮に言うよりほか、人間のどんな固有性も示しえないであろうということなのです。つまり、「第四ノ様態（in quarto modo）[218]」と呼ばれる固有性、あるいは、可換的命題もしくは単純換位可能な命題により人間について陳述しうる固有性を、人は示しえないであろうということです。そして、「人間」を私たちの種族の者とすれば、その暫定性は、人間が私たちに知られているもののうちで唯一の理性的動物であることを暗に意味していることにあるのです。というのも、私たちがこれまで人間について指摘してきたすべてのことを、現在の人間の子孫と共有しながら他の起源をもつような他の動物が、いつの日か現われるかもしれないからです。それはあたかも、想像上のオーストラリア人が、私たちの国に押しよせてくるような場合です。けれどもその場合でも、彼らを私たちから区別する何らかの手段は見つかるでしょう。しかしそうでない場合、神がこれら両種族の混淆を禁じ、イエス・キリストは私たちの種族だけを贖ったとすれば、両種族を互いに区別するためには、人工的な徴をつけるように努めなければならないでしょう。疑いなく内的差異があるのでしょうが、それは識別できないので、生まれという単なる外的規定[219]を当てにしなければならないでしょう。そして、この外的規定に、内的規定と、私たちの種族と他の種族を識別する恒久的手段とを与えてくれるような、持続的な人工的徴を伴わせるよう努めるべきでしょう。これらはいっさい虚構で

218——文字通りには「第四の仕方で」を意味する。三世紀の哲学者ポルピュリオスの『アリストテレス範疇論入門』*Eisagoge eis tas Aristoteles kategorias* は、アリストテレスの考え方を改変して客位語つまり「主語と相関的に見られた述語の部類ないし種類」（OED）として、「類」・「種」・「種差」・「固有性」・「偶有性」の五つを挙げている。この第四の「固有性」は、「主語の本質ではないがその種だけに属し、主語について換位的に叙述される」（W. and M. Kneale, *The Development of Logic*, 1962, p. 35）ような述語を含む。（R & B）ラングリーは、*Eisagoge*, ch. 4, 4a14 を参照箇所として挙げる。

219——「規定 dénomination」については、本書第2部の訳注6参照。

220——［　］の部分は編者による訂正箇所。（A）

す。というのも、私たちは、この地球の唯一の理性的動物であるため、このような区別に訴える必要がないからです。けれども、このような虚構は、実体の観念の本性および実体に関する一般的真理の本性を認識するのに役立ちます。しかし、「人間」が、最も下位の種とも、アダムの血を引いた理性的動物という種ともみなされず、その代わり「人間」が、今は知られているただひとつの種族に属している種であるが、たとえばあの虚構のオーストラリア人のように、生まれ〔だけ〕[220]によって区別しうるか、あるいは他の自然的な徴によってさえ区別しうるような、他の種族にも属しうる、いくつもの種に共通の類を意味しているとすれば、その場合には、その類は可換的命題をもつでしょうし、人間の現在の定義は暫定的ではなくなるでしょう。金についても同様です。というのも、いつの日か識別しうる二種類〔の金〕を手にすることになり、一方はこれまでに知られている稀少なもので、他方は時のたつうちに見出されるであろう、ありふれたおそらく人工的なものだとしましょう。さらに、金という名称は、それを用いてこの物質の稀少性に基づく金貨の便利さを保つために、現在の種つまり自然的で稀少な金にとっておくべきだ、としましょう。するとこの場合、内的規定によってこれまで知られてきた金の定義は、単に暫定的なものにすぎず、稀少な金すなわち古い種の金を新しい人工的な金から区別するためには、新たな徴が発見され、それによってその定義を補充しなければならないでしょうから。しかし、金という名称がその場合二つの種に共通のままでなければならないとすれば、すなわち、「金」によって、私たちがこれまでその再分割を知らず、当面最も下位の種（しかし再分割が知られるまでの暫定的なものにすぎないが）と解しているような類が意味されており、新しい種、つまりつくるのが容易で共通なものとなりうる人工的な金がいつか見出されるとすれば、この意味でこの類の定義は、暫定的なものではなく永続的なものとみなされなければならない、と私は言いたいのです。そのうえ、「人間」や「金」という名称にこだわることなく、類や知られている最下位の種にどんな名称が与えられるとしても、そして、それらに名称をまったく与えないとしても、今しがた言ってきたことは、類や種の観念について常に真であるでしょう。種とは、時として類の定義によって暫定的にしか定義されないでしょう。けれども、可換的命題によって、類であれ種であれそれに属している実在的な内的本質があると解することは、常に許容されかつ理にかなっているでしょう。そしてこの本質は、外的な徴により知るところとなるのです。私はこれまで、種族というものは退化も変化もしない、と仮定してきました。しかし、同一の種族が他の種に移行するとすれば、種族を当てにすることなく、他の徴や内的もしくは外的規定にいっそう頼らなければならないでしょう。

フィラレート 【7】〈私たちが実体の種に与えている名称によって示される[221]複雑観念とは、私たちが実体と呼ぶ知られざる基体のなかに共存する、と私たちが認めてきたようなある一定の諸性質の観念の集[222]まりです。しかし、私たちは、他のどんな諸性質がこのような集成と必然的に共存するのか、第一性質に対するそれらの依存関係を発見しうるのでなければ、確実に認識することはできないでしょう。〉

テオフィル 同じことが偶有性の観念のうちに認められることを、私はかつてすでに指摘しました[223]。偶有性の本性とは、たとえば幾何学の図形のように少々難解なものです。というのも、たとえば、すべての平行光線を焦点としての一点に集めるような鏡[224]の形状が問題である場合、その作図〔の仕方〕を知る前に鏡のいくつもの固有性を見出すことはできます。しかし、実体の内的構成に対応するものをその鏡のうちに見出すまで、つまり鏡のその形状の作図の仕方を見出すまでは、それがもちうる多くの他の変状については不確実でしょう。そしてこの作図の仕方こそ、更なる認識へのいわば鍵となるのです。

フィラレート しかし、私たちがその物体の内的構成を認識したとしても、私たちがそこに見出すのは、第一性質、つまりあなたが明白と呼ぶ性質のもちうる依存関係だけでしょう。すなわち、どのような大きさ・形状・運動力がそれに依存するのかは認識されるでしょう。しかし、〈第二性質もしくは錯然とした[225]性質、つまり、色・味などのような可感的性質に対して、第一性質がもちうる結合が認識されることはないでしょう。〉

テオフィル ですからあなたは、これらの可感的性質、あるいはむしろ、私たちがそれについてもっている観念

221——justifient. R & B は、コスト訳の signifient の誤りと解して stand for と英訳。
222——des idées はライプニッツによる付加。(R & B)
223——第3部10章19節 (A VI-6, 346)。(R & B)
224——本書第4部の訳注67参照。
225——ou confuses はライプニッツによる付加。(R & B)
226——第2部8章13—24節 (A VI-6, 131–3)。(R & B)
227——ラングリーは、ライプニッツのバーネット宛書簡 (GP III, 256) の参照を指示。
228——ここでは imagination ではなく phantaisie が使われている。R & B は imagination と英訳。
229——原語は image ではなく phantôme [fantôme]。R & B は、fantôme は image には欠ける幻想性 (illusoriness) の意味を含んでいる、と注記。
230——本書第2部の訳注57参照。

は、自然的には形状や運動に依存せず、私たちにそれらの観念を与える神[226]の御心にのみ依存している、とまだ仮定しているのです。どうやら、私がそのような見解に対して何度も繰り返したことを、あなたはお忘れのようです。そのような感覚的観念は形状や運動の細部に依存し、私たちの感覚を刺激する機械的作用があまりにも多数でかつまた小さいために、私たちはその細部を錯然状態において識別することができないとはいえ、感覚的観念は形状や運動を正確に表出していることを分ってもらうために、言葉をつくしたつもりでしたが。けれども、私たちがいくつかの物体の内的構成に到達すれば、その物体がいつそれらの〔可感的〕性質をもたねばならないかもまた分るでしょう。私たちに対する物体の作用の錯然とした結果であるその感覚的観念のなかに、叡知的理由を可感的に見分けることは決して私たちにはできないとしても、そのような〔可感的〕性質はそれ自身自己の叡知的理由に還元されるからです。たとえば、いま私たちは、緑を青と黄とに完全に分析しており、それに関して問うべきことは、その成分について以外もはやほとんどありません。しかしながら、私たちの緑の感覚的観念のなかで、青の観念と黄の観念とを識別することは、まさにその緑の感覚的観念が錯然とした観念であるために、私たちには不可能なのです[227]。これは次のような場合と似ています。すなわち、私が時計師のところで気づいたように、歯車の速い回転は人工的透明さの表象を生じさせ、その場合歯車の歯の観念すなわちその原因の観念を識別することはできません。速い回転は歯を消えさせ、その代わり想像的な連続的透明さを出現させるからです。この透明さは、歯とその間隙との継起的現われから成っているとはいえ、その継起があまりに速いために、私たちの想像力[228]はそれを区別できないのです。それゆえ、これらの歯が見出されるのは、この透明性の判明な概念のうちであって、このような錯然とした感覚的表象のうちではありません。後者の本性は、錯然としていること、そして錯然としたままであることです。そうではなくもしその錯然性が止むとすれば、（たとえば、運動が十分に遅くなってその諸部分やそれらの継起を観察しうるようになる場合）その表象はもはや同じものではない、つまり、それはもはや透明性というあの幻影[229]ではないでしょう。そこで、神は自己の恣意によって私たちにこの幻影を与えているとか、この幻影は歯車の歯とその間隙との運動から独立しているなどと想い描く必要はまったくありません。そして反対に、それは、その運動のうちに生ずるものの錯然とした表出にすぎない、と考えられます。すなわち、継起的な事物が、見かけの同時性において混同されることのうちに存する表出なのです。したがって、色[230]や味などのような、私たちがまだそれほどその完全な分析をもっていない他の感覚的幻影についても同様であろう、と容易に判断することができます。というのも、真実を言えば、それらは「性質」あるいはさらに「観念」という名称よりも、むしろ「幻影」という名称に値するからです。そして、それらをあの人工的透明さと同様に解すれば、私たちにはあらゆる点で十分であり、さらに認識しようとすることは、理にかなってもおらず可能でもないのです。そのような錯然とした幻影が持続しつつ、それにもかかわらず想像力[231]自身によってその諸成分が識別されるように欲することは、相矛盾しているからです。それは、ある心地好い展望に喜んで欺かれたいと欲し、眼が同時にその錯覚を見たいと欲することです。これでは当の錯覚が虚無と化するでしょう。要するに、これは次のような事態なのです。

汝ハサラニ先ヘ達スルコトハナイデアロウ、
理性的ニ狂オウトシナイカギリ[232]。

しかし、人はしばしば、不可能なことを求めそのあとで自分の無力さと自分の洞察力の限界とを嘆くことによって、灯心草ニ節ヲ探[233]しありもしないところに困難をつくりだすものです。

[8] フィラレート 〈「すべての金は不変的である」というのは、私たちがその真理を確実に認識することのできない命題です。というのも、金というものが、自然がそれに与えた実在的本質によって区別されるような、ある種の事物を意味しているとすれば、どんな個々の実体がこの種に属するかは分からないからです。したがって、金については何も確実[234]に肯定することができないでしょう。そこで、金は一定の黄色をして展性をもち溶けやすく、他の既知の［どんな］物体よ

231——原語は phantaisie。R & B は imagination と英訳。
232——Terentius, *Eunuchus*, I. i. 17–18.（A. Cassirer）
233——Plautus, *Menaechmi*, 247.（A）
234——un autre corps connu. R & B は、ここで使われている un をコスト訳の aucun の誤りとし、any と英訳。
235——Locke: or any other simple idea of our complex one. コストによる拡大解釈。ただし、que j'ay supposé はライプニッツによる付加。（R & B）
236——Locke: no necessary connection, that we can discover. Coste: aucune connexion nécessaire. Leibniz: aucune connexion nécessaire connue.（R & B）
237——fixe. 本書第3部の訳注184参照。
238——鉛や他の卑金属から金や銀を分離して取り出すための製法。卑金属は灰吹皿（木灰や骨灰から作られた容器）の中で熱せられると酸化して、鉛の酸化物は他の卑金属の酸化物を吸収し、その鉛の酸化物は骨灰によって吸収される。そして、金とか銀あるいはそれらの混合物が灰吹皿の中に残る。本書第2部31章冒頭のテオフィルの発言（A VI-6, 267）参照。
239——［　］の部分は編者による訂正箇所。（A）
240——corps. Locke: substances.（R & B）
241——弦の振動数は張力の平方根に比例するので、en raison sousdoublée は「二分の一・一対二の比」（二つの独訳、米山訳）とはとらず、R & B に従って「平方根」とした。

りも重い物体であるとすれば、何が金であるか、あるいは金でないか、を認識するのは困難ではありません。しかしそれにもかかわらず、この観念との間に発見しうる結合もしくは非両立性をもつもの以外、金については他のいかなる性質も確実に肯定も否定もできません。ところで、不変性は、色や重さに対しても、また、金について[236]私たちがもっている複雑観念を成していると私が想定してきた他の単純観念に対しても[235]、既知の〔必然的〕結合をいささかももたないので、「すべての金は不変的である」というこの命題の真理を、私たちが確実に認識することは不可能です。〉

テオフィル　私たちは、この世に知られているあらゆる物体のうちで最も重いものは不変的[237]であることを、明日夜が明けるであろうことと、ほとんど同じくらい確実に知っています。というのは、それが数知れず何度も経験されてきたからです。私たちは、不変性とこの物体のもつ他の諸性質との連結を認識していないとはいえ、それは経験的で事実的な確実性です。さらに、[238]互いに一致し同じものに帰する二つの事物を対立させるべきではありません。私が、同時に黄色で溶けやすくかつ灰吹き法に耐えるような物体を考えるとき、次のような物体のことを考えているのです。すなわち、その種的本質が、その内部は〔私にとって〕[239]知られていないとはいえ、これらの諸性質をその根底から発出させ、少なくとも錯然とそれ自身から自己を認識させるような物体です。これには難点も、非難をそれほどしばしば繰り返すに値するものも、何もない、と私は思います。

[10] フィラレート　〈今のところ私には、最も重い物体が不変的であるというこの認識[240]は、観念の一致あるいは不一致によって私たちに認識されるのではない、ということで十分です。そして、思うに、物体の第二性質とそれに関わる力能のうちで、〉「白いものは黒くない」と言えるときのように、〈同一の感覚に属し互いに必然的に排除し合うような性質以外、必然的共存あるいは両立不能性が確実に認識されうるような、二つのものの名を挙げることはできないでしょう。〉

テオフィル　けれども、そのようなものはおそらく見つかるだろうと思います。たとえば、触知できる（つまり触覚によって感覚することのできる）すべての物体は可視的です。[241]すべての硬い物体は、空気中でたたくと音をたてます。弦や糸の音高は、その張力を生ずる重さの平方根に比例しています。とにかく、あなたの求めていることが成功するのは、錯然とした感覚的観念と結びついた判明な観念を考えるかぎりにすぎない、ということは確かです。

【11】**フィラレート** 〈物体は他のものから独立にそれ自身によって自分の性質をもつ、と必ずしも考える必要はありません。金の一片を他のすべての物体の圧力や感応力から分離してしまえば、それはその黄色い色や重さをすぐに失うでしょうし、おそらくまたもろくなりその展性を失うでしょう。植物と動物が、大地・空気・太陽にどれほど依存しているかは周知のことです。きわめて遠くの恒星が私たちになお感応力を及ぼしていないかどうか、私たちは知りえないのです。〉

テオフィル ご指摘はきわめて適切です。私たちがあるいくつかの物体の組織を認識しても、それに接触したりそれを貫いたりする諸物体の内的本性を知らなければ、その物体のもつ結果について十分に判断することはできないでしょう。

【13】**フィラレート** 〈けれども、私たちの判断は、私たちの認識よりも遠くへ及ぶことができます。というのも、観察に専念している人々は、より先を洞察することや、正確な観察といくつかの適切に集められた現象から得られる[242]ある程度の蓋然性によって、経験が彼らにまだ知らせていないことについて、しばしば正しく推測できるからです。しかし、それは常に推測にすぎません。〉

テオフィル しかし、経験がそのような推断を恒久的な仕方で正当化するとすれば、その手段によって確実な命題を獲得できる、とは思われませんか。確実、と私が言うのは、たとえば、私たちに知られている最も重い物体は不変的[不揮発的]であり、それに次いで重い物体は揮発性があることを述べる命題と、少なくとも同じくらい確実ということです。というのも、経験だけから学び、観念の分析や連結から学んだのではない命題の確実性（これは実践的あるいは自然学的な[243]

242——「正確な観察……から得られる」の原語は d'une observation exacte。R & B は、コスト訳の déduites が削除されているのは誤りであるとして、taken from wary observation と英訳。

243——原語は physique。本書第2部の訳注197参照。

ものと解されます）[244]は、私たちの間に当然確立されるとはいえ、必然性（すなわち形而上学的確実性）は確立されない、と私には思われるからです。

7章——公準あるいは公理と名づけられる命題について[245]

【1】**フィラレート** 〈公準あるいは公理という名称のもとに、諸学の原理として通用している一種の命題があります。その命題はそれ自身で明証的であるために、人はそれを生得的と呼ぶことに満足してきました。私の知るかぎり、いわば私たちにその命題に同意するように強いるほどの極度の明晰さの理由や根拠[246]を誰も示そうとはせずにです。けれども、そうした探求を進め、その大いなる明証性がこの命題にだけ特有であるのかどうかを見たり、どこまでその命題が私たちの他の認識に貢献する[247]のかを調べたりするのは、無益なことではありません。〉

テオフィル そのような探求はとても有益であり、また重要でさえあります。しかし、その探求がまったくなおざりにされてきた、と思うべきではないでしょう。そのような命題はその名辞を解するや否や、名辞カラ（ex terminis）明証的である、とスコラ派の哲学者たちが言ってきた多くの箇所をあなたは見出すでしょう。したがって、彼らは、確信させる力は名辞の理解、つまり、その命題をつくる諸観念の連結に基づいていると信じていたのです。でも幾何学者たち[248]はさらに先まで進みました。つまり、彼らは、そのような命題を論証することをしばしば試みたのです。プロクロスはすで

244——ラングリーは、本書第2部21章8節、13節の参照を指示。
245——Locke: Of maxims. コストによる変更。(R & B)
246——la raison et le fondement... nôtre consentement. Locke: the reason and foundation of their clearness or cogency. コストによる拡大解釈。(R & B)
247——contribuent à. Locke: influence and govern. コストによる変更。(R & B)
248——プロクロスによれば、タレスは円を分割する二つの部分の等しさを論証した。この命題——直径は円を二つの等しい部分に分けるということ——はユークリッドの『原論』の定義17に見られる。cf. *In primum Euclidis elementorum* (ed. Friedlein, 1873, p. 157). (A. Brunschwig) プロクロスについては本書第1部の訳注179参照。

に、ユークリッドが明証的なものと後に仮定した命題を論証しようとした功績を、古代の有名な幾何学者の一人であるミレトスのタレスに帰しています。アポロニオス[249]は他の公理を論証し[250]、プロクロスもまた論証を行なったと言われています。故ロベルヴァル氏[251]は、すでに八〇歳くらいのときに、新しい『幾何学原論』を出版しようとしていました。それについては、すでにあなたにお話ししたと思います[252]。おそらく、その当時評判になっていたアルノー氏[253]の『新原論』がそれに寄与したのでしょう。彼はその一部を王立科学アカデミー[254]に提出しましたが、次のように文句をつける人も幾人か出てきました。すなわち、彼は、「等しい大きさを等しいものに加えれば等しいものが生じる」というあの公理を仮定して、それと同様に明証的と思われる、「等しい大きさを等しいものから引けば等しいものが残る」という他の公理を論証していた、というのです。彼らが言うには、二つとも仮定するか、二つとも論証すべきだ、というわけです。しかし、私はその意見には従いかねました。常に公理の数は減らすに越したことはないのです。そして疑いなく、加法は減法より先であり、しかもより単純です。というのも、二つの項が加法では同じように用いられるのに対して、減法ではそうではないからです。アルノー氏[255]が行なったのは、ロベルヴァル氏と反対のことでした。彼はユークリッドよりもずっと多くのものを仮定しました。これは、精密さのために立ち往生してしまう初学者には役立ちうるでしょうが、学問の確立が問題である

249――たとえば、「ひとつの同じものに等しいいくつかのものは、互いに等しい」というユークリッドの第一公理。cf. Proclus, ***In primum Euclidis elementorum*** (ed. Friedlein, 1873, p. 174). (A) アポロニオスについては本書第1部の訳注178参照。

250――もっとも、ヒースによれば、「アポロニオスが公理を証明しようとした企ては、(プロクロスが、アポロニオスによる公理第1の証明として引用しているものから判断してよいならば) まったく彼の誤認であった」という (Sir Thomas Heath, ***A History of Greek Mathematics***, New York 1981, Vol. I, p. 358 [rep. 1921]; cf. T・L・ヒース『ギリシア数学史』I、平田寛訳、一九五九年、一六六―一六七頁)。

251――アカデミー版は、一六七五年一二月二八日付のライプニッツのオルデンブルク宛書簡 (GM I, 144) を参照文献として挙げる。ロベルヴァルについては本書第1部の訳注177参照。

252――本書第1部3章24節 (A VI-6, 107f.)。(A, R & B)

253――Antoine Arnauld (1612-1694). フランスの神学者、哲学者、数学者。一六四〇年代に彼はパスカルやニコル (本書第4部の訳注473参照) と交わってジャンセニストのリーダーとなった。ジャンセニストはアウグスティヌスの恩寵論を重要視して、とくにイエズス会と蓋然説 (本書第2部の訳注258、259参照) に対立した。アルノーはデカルトの『省察』に対して「第四論駁」(1641) を書き、ニコルと共同で、強い影響力をもつことになる『ポール・ロワイヤル論理学』***Logique, ou l'art de penser*** (1642) を著わした。さらにアルノーの著作としては、テクストの四〇七頁に出てくる『新幾何学原論』***Nouveaux élémens de géométrie*** (1667) や、五一八頁で言及されている『カトリック教会の信仰の永続性』***La perpétuité de la foi de l'Église catholique*** (1669-1674) というニコルとの共著もある。ライプニッツはパリを訪れる前の一六七一年にアルノーに書簡を送り (A II-1, pp. 169ff.; tr. in part Loemker, pp. 148ff.)、パリで彼の知遇を得た。一六八六年から九〇年にかけての両者の文通は、ライプニッツ哲学の生成過程できわめて重要な意義をもっており、ライプニッツ自身それを出版しようと考えたほどであった。(R & B)

だが、個体概念に属する「述語は主語に内在する」という、『形而上学叙説』の論理的テーゼのもつ決定論的傾向が、アルノーには理解されなかった (「自由」や「偶然性」という問題は、ライプニッツがアルノーとの論争で批判された問題であった)。このことは、『形而上学叙説』および『アルノー書簡』の公刊がライプニッツの生前実現しなかった理由のひとつである。またそれは、本書の出版が意外なほどあっさりと放棄されたこととも関連するのかもしれない。cf. ***Nouveaux élémens de géométrie***, Axiome XVIII, p. 5. (A)

254――本書第3部の訳注377参照。

255――ここからGP, Brunschwig はテクストが異なり、「公準についていえば、それはときとして、明証的であるか否かを問わず、確定された命題と解されています。これ

は、精密さのために立ち往生してしまう初学者には役立ちうるでしょうが、学問の確立が問題である場合は話が別です」、となっていて、「したがって、両氏とも正しかったかもしれません」の文章はGPとBrunschwigでは欠落している。

256——本書第4部の訳注4参照。
257——アカデミー版はライプニッツの『認識、真理、観念についての省察』を参照文献として挙げる。R & B は A VI-6, 293f. の参照を指示。
258——第4部2章1節（A VI-6, 361）。（R & B）
259——la connexion. Locke: coexistence.（R & B）
260——A VI-6, 367.（R & B）

場合は話が別です。したがって、両氏とも正しかったかもしれません。公準についていえば、それはときとして、明証的であるか否かを問わず、[256]確定された命題と解されています。そういうわけで、公準はしばしば、道徳のうちや、論理学者の間でさえ諸々のトポスにおいては用いられています。そしてそこには確定的命題のかなり十分な蓄えが含まれていますが、一部にはかなり曖昧で漠然としたものが入っています。それに、かなり前から私は、私たちのすべての二次的公理を論証することは重要であると、公けにも個人的にも言ってきました。[257]二次的公理とは、それを原初的公理、つまり直接的で論証しえない公理に還元することによって、通常用いられるものです。私は、それを先ごろ他のところで[258]自同的なものと呼びました。

〔2〕**フィラレート**　〈諸観念の一致あるいは不一致が直接的に明確に知覚される場合、認識はそれ自身で明証的です。〔3〕しかし、公理とは認められないまでも、それ[259]自身で明証的な真理があります。少し前に（第1章〔3〕と第3章〔7〕）私たちの論じた四種類の一致、すなわち、同一性・結合・関係・実在的存在が、それを私たちに与えてくれるかどうか見てみましょう。〔4〕同一性あるいは差異性についていえば、私たちは、判明な観念をもつのと同じだけ多く明証的命題をもっています。というのも、「人間は馬ではない」とか、「赤は青ではない」と言う場合のように、私たちは一方の観念について他方の観念を否定することができるからです。さらに、「有るものは有る」と言うことは、「人間は人間である」と言うことと同じくらい明証的です。〉

テオフィル　なるほど、私がすでに指摘したように[260]、実例を示す仕方で「AはAである」と個別的に言うことは、「人はその人があるところのものである」と一般的に言うのと同じくらい明証的です。しかし、これもまた私がすでに指摘したように[261]、二つの異なる観念の主体に関して互いに他を否定することは、常に確実であるとはかぎりません。たとえば、実際三辺形であることは三角形であることではない以上、三辺形（すなわち、三つの辺をもつもの）は三角形ではない、と誰かが言おうとするような場合です。同様に、スリューズ氏の真珠線[262]（これについては少し前にあなたにお話ししました）は三次放物線ではない、と誰かが言ったとすれば、それは誤りになります。けれども、それは多くの人々にとっては明証的に思われたことでしょう。パリのシャトレ裁判所判事にしてすぐれた幾何学者・東洋学者であり、古代の幾何学者たち[263]に精通し、またユークリッドの『ダタ』[264]に対するマリノス[265]の注釈を出版した故アルディ[266]氏は、楕円と呼ばれる円錐の断面は円柱の斜断面とは異なるという強い先入観をもっていたので、彼にはセレノス[267]の論証が誤謬推理と思われたのです。私は彼に忠告しましたが、無駄でした。また、私が彼に会ったとき、彼はほぼロベルヴァル氏の年齢でしたが、私の方はまだほんの若輩でした。年齢の開きがありすぎて、私は彼に対して強い説得力を示しえなかったのです。とはいえ、他の点では彼ととてもうまくいきました。因みに、この例からも、先入観の力が学識ある人々に対してもなお及ぶことが分ります。というのも、アルディ氏は、実際学識ある人物でしたし、デカルト氏の書簡のなかで尊敬をもって語られているからです。しかし私が彼を引き合いに出したのは、ただ、観念を必要なだけ十分に深く掘り下げない場合、一方の観念について他方の観念を否定する際どれほど誤りやすいかを示すためでした。

[5] フィラレート　〈結合あるいは共存に関して、私たちは、それ自身で明証的な命題をきわめてわずかしかもっていません。とはいえ、あることはあります。「二つの物体が同じ場所にあることはできない」というのは、それ自身明証的な命題であるように思われます。〉

261——A VI-6, 363. (R & B)

262——本書第3部の訳注345参照。cf. A VI-6, 348. (A, R & B, Brunschwig)

263——Géomètres. 米山訳とE & Hは「幾何学」とする。

264——『原論』以外のユークリッドの著作のひとつ。「ダタ (Data)」とは「与えられたもの」という意味のラテン語で、それはこの著作の議論が「……が与えられたとき、……もまた与えられる」という形で述べられていることに由来する。ギリシア語で『デドメナ』、内容的に『補助論』とも言われる。『ダタ』において公式化された命題様式の目的は、「解析 (analysis)」というギリシア数学特有の技法を明らかにすることである。「解析」とは、求める結果がすでに得られていると仮定して、その仮定から得られるものを問題の前提に結びつけて、いわば逆向きに解法を発見しようとする手続きである。「この形式の諸命題を収集しているのは、明らかに、問題または証明に対する予備的分析の手続きを簡単にするためである。パッポスがその『解析論宝典』のなかにユークリッドの『ダタ』を入れたのは、疑いもなくこの理由からである。」（T・L・ヒース『ギリシア数学史』I、二〇七頁: Sir Thomas Heath, op. cit., p. 422）

265——Marinus (440頃生). ギリシアの数学者でプロクロスの弟子。ユークリッドの *Data* への序論 *Protheoria* の著者。(Brunschwig)

266——Claude Hardy (c. 1605–1678). フランスの数学者、言語学者、弁護士。パリでメルセンヌのグループ——科学アカデミーの中核となった——に所属していた。デカルトはアルディと懇意で、手紙の中でしばしば彼のことに触れており、彼の能力を高く評価していた。アルディはユークリッドの *Data* のラテン語版 (1625) をマリノスの注釈（五世紀）とともに公刊。ライプニッツはパリでアルディを知った。意見の不一致は、円錐と円柱の斜断面はともに楕円になるというアンティノエイアのセレノス（四世紀

テオフィル　すでに指摘しましたように[268]、多くのキリスト教徒はそれについてあなたと意見を異にしています。アリストテレスや、彼に従って実在的で厳密な凝縮作用を認めている者たちも、あなたとは意見が一致するはずがありません。凝縮作用というのは、同一の物体全体を、それが以前占めていた場所よりも小さな場所に圧縮することです。それにまた、亡きコメニウス氏[269]がとくに小冊子のなかで提起したように、空気銃の実験で今日の哲学を覆したと主張する者たちも、あなたの意見に同意するはずがありません。あなたが物体を不可入的な物塊とみなしているとすれば、あなたの陳述は真であることになるでしょう。というのも、それは自同的なもの、あるいはほぼそれに近いものだからです。しかし、実際の物体がそのようなものであることを人は認めないでしょう。少なくとも、神は物体を別の仕方でつくることができた、と人は言うでしょう。したがって、この不可入性は単に、神が定め経験が私たちに確信させてきた、事物の自然的秩序に適合するもの、と認められるでしょう。とはいえ、さらに、その不可入性はまた理性にきわめて適合していることも、承認しなければならないでしょう。

［6］フィラレート　〈様態の関係についていえば、数学者たちは、等しさというただひとつの関係に関していくつもの公理を形成してきました。たとえば、あなたが先ほど話された、「等しいものから等しいものを引けば残りは等しい」という公理がそのひとつです。しかし、次のような場合も同様に明証的であると私は思います。すなわち、「一たす一は二に等しい」や、「一方の手の五本の指から二本を取り除き、他方の手の五本の指から二本を取り除けば、残った指の数は等しいであろう」、という場合です。〉

テオフィル　「一たす一は二である」というのは、厳密に言えば真理ではなく、「二」の定義なのです。とはいえ、

頃）の論証に関わる。（R & B）アカデミー版は、*Data Euclidis*（1625）を挙げる。

267——三世紀から四世紀の数学者。Serenus d'Antinoé.『円柱と円錐の斜断面について』*De sectione cylindri et coni, libri duo*, 1566.（A）

268——A VI-6, 82.（R & B）

269——Jan Amos Comenius (Komensky) (1592–1670). ボヘミアの教育改革者、モラヴィア兄弟団の監督。晩年はヨーロッパをくまなく放浪し、最後はアムステルダムで永遠の眠りについた。ベールによれば、当地で彼は「黄金のにわか雨に見舞われたため、そこに留まって余生を過ごさなければならなかった」（『歴史批評辞典』、「コメニウス」の項）。彼は次第に確信を深めて、千年王国は間近に迫っており、教皇制度とハプスブルク帝国を打倒することによって導かれるのだと考えるようになった。そこで彼はプロテスタントの運動を鼓舞すべく、著書『闇の中の光』*Lux in tenebris*（1657）でクリストファー・コッター、クリスティーナ・ポニアトゥスカ、ニコラス・ドラビクらの予言的啓示を公けにした（A VI-6, 508）。コメニウスの作とされている匿名の書 ***Cartesius cum sua naturali philosophia a mechanicis eversus***（1659）は、アムステルダムの二人の職人が組み立てた空気銃について記述し、物質の濃縮化も希薄化もありえないとするデカルト的原理はこれによって反駁され、デカルトの学問体系は覆されると論じている（A VI-6, 409）。一六七一年、ライプニッツはコメニウスの諸著作に対する好意的批評——大部分はコメニウスの「百科全書」の計画に関するもの——と追悼の詩を書いた（A II-1, 199ff., 201）。(R & B) cf. J. A. Comenius, ***Physicae ad lumen divinum reformatae Synopsis***, 1633, ch. 8.（A）同書で彼は、アリストテレスとパラケルススの錬金術的教説を調停しようとする。(Brunschwig)

それが可能的事象の定義であるということは、真であり明証的です。ユークリッドの公理が手の指に適用されたことについては、あなたが指について言われることを理解するのは、AやBに対してそれ［その公理］を考えることと同じくらい容易である、ということは認めたいと思います。しかし、同じことを何度も繰り返さないためには、その公理を一般的に示し、そしてその後で包摂[270]をすれば十分です。そうでなければ、普遍的規則よりも個別的な数の計算の方を好むようなものであり、それによって得られるものは、可能なはずのものに及ばないでしょう。なぜなら、和が10で差が6になるような二つの数を単に探すよりも、和がある所与の数であり、差もまたある所与の数である二つの数を見つけるという、一般的問題を解く方がよいからです。というのも、私が最初の問題を文字と数が混じった代数的手法［記号代数[271]と数的代数とが混じった仕方］で処理すれば、計算は次のようになるからです。すなわち、

$a+b=10$　そして、$a-b=6$　であるとする。

それゆえ、左辺どうし右辺どうしを加えると、次のようになる。

$a+b+a-b=10+6$　すなわち（$+b$と$-b$は相殺されるので）

$2a=16$　つまり、$a=8$　が生ずる。

そして、左辺どうし右辺どうしを引くと（$a-b$を引くことは、$-a+b$を加えることであるので）、次のようになる。

$a+b-a+b=10-6$　すなわち、$2b=4$　つまり、$b=2$

このようにして、私が求めているaとb［という数[272]］、すなわち8と2が実際に得られ、それは問いを満たしています。つまり、和が10で差が6である数なのです。しかし、そこから、10や6の代わりに置きたい、あるいは置くことが可能な、

270——原語は subsomtions。他の諸版では subsomptions。R & B は substitutions（代入・置換）と英訳。

271——spécieuse. Brunschwig は Algèbre fondée sur l'emploi des lettres（文字使用に基づく代数）と説明。spécieuse とは、ヴィエトによって創始され一七世紀の数学者たちによって用いられた「記号代数学」を指す。リシュレは「記号代数（L'Algèbre spécieuse）は単に spécieuse とも呼ばれる」と記す。ヴィエトは、「代数学の包含する広大な領域をはっきりと認識し、未知量といってもとくに一つの数とか幾何学的長さである必要はないことにも気づいていた」（ボイヤー『数学の歴史』3、加賀美・浦野訳、朝倉書店、一九八四年、五五頁）。従来「既知とされている量を求める未知量から区別する方法は何もなかった。そこでヴィエトは、きわめて有効でかつ簡便な約束ごとを考え出したのである。すなわち彼は、未知または未定とされる代数的量を表すのに母音文字を用い、既知または定められている大きさや数を表すのに子音文字を用いたのであった。そしてここに代数学ではじめて、パラメーターという重要な概念と未知量の概念との間に明確な区別がおかれたのである。」（ボイヤー、前掲書、五四頁）彼は古い「数計算術」に対して代数学を「すばらしい計算術（logistica speciosa）」と呼び、『解析法序説』で、「数計算（logistica numerosa）は数によって行なわれ、記号［種］計算（logistica speciosa）は記号［種］、すなわち事象の形相（species seu rerum formas）によって行なわれる、たとえばとりわけアルファベットによって。」と述べている（Lalande, p. 1017）。「未知のもの」を指す「ヴィエトの species［種・記号］という用語は、それが含む未知量の特殊な力に関して、おそらくディオパントスの eidos の翻訳であろう」（D. J. Struit, ed., *A Source Book in Mathematics 1200–1800*, Princeton 1986 [repr. 1969], p. 76, footnote）が、数や線の長さだけでなく、およそ意味をもつあらゆるものを表示することができ、

何らかの他の数のための一般的方法は得られません。とはいえ、10と6の代わりにxとvを置けば、この方法は、8と2という二つの数の場合と同じく容易に見出されるでしょう。先ほどと同じように処理すれば、次のようになるからです。すなわち、

$$a+b+a-b=x+v、すなわち、2a=x+v、つまり、a=\frac{1}{2}(x+v)$$

そしてまた、

$$a+b-a+b=x-v、すなわち、2b=x-v、つまり、b=\frac{1}{2}(x-v)$$

そしてこの計算は、次のような定理もしくは一般的規範を与えてくれます。すなわち、和と差とが与えられている二つの数を求める場合、求められている大きい方の数は与えられた和と差の値の合計の半分をとり、小さい方の数は与えられた和と差の値の差の半分をとりさえすればよい、というものです。また、次のようにすれば、文字なしですますことができたことも分ります。すなわち、数を文字のように扱い、$2a=16, 2b=4$ と置く代わりに、$2a=10+6$、そして、$2b=10-6$、と書けば、$a=\frac{1}{2}(10+6)$、そして $b=\frac{1}{2}(10-6)$ が与えられたでしょう。したがって、10と6というこの符号を、xとvという文字であるかのように一般的数とみなすことにより、個別的計算はそれ自身のなかに一般的計算を含んでいたのです。より一般的な真理ないし方法を得るために、そして、10と6というこの同じ記号を、それが[273]通常意味する数としてもみなすことによって、可感的であり検算としてさえ役立ちうる一例を出してみましょう。ヴィエトが、より大きな一般性を得るために数の代わりに文字を置いたように、私は、数記号を再導入したかったのです。というのは、記号代数においてさえ[274]、文字よりも数記号の方が適切だからです。私は、それ［文字の代わりに数を用いること］が長い計算において大いに役

それはさらにデカルトによって改良され、ライプニッツはそれをいっそう普遍的な形式にもたらそうとした。ライプニッツの試みについては、本書第4部の訳注621参照。(cf. 中村幸四郎『近世数学の歴史』、日本評論社、一九八〇年、三一―四九頁; Michael S. Mahoney, 'The Beginnings of Algebraic Thought in The Seventeenth Century', in Gaukroger, S. [ed.], *Descartes Philosophy, Mathematics and Physics*, Brighton 1980, pp.143-146; マイケル・S・マホーニィ『歴史における数学』佐々木訳、一九八二年、一五六―一六三頁; D. T. Whiteside, 'Patterns of Mathematical Thought in the Later Seven-teenth Century', in *Archive for History of Exact Science*, Vol. 1,No. 3, 1961, pp. 179ff.)

272――［　］の部分は編者による訂正箇所。(A)

273――François Viète (1540–1603). 著名なフランスの数学者・法律家。代数学の創始者。初め弁護士、ついでブルターニュ高等法院顧問（1567）、王室陪審長（1580）。文字記号を使用して方程式の解の基本的演算方式を確立。三角法の形態を整えた。cf. *Opera mathematica* (ed. F. Schooten, 1646), *De recognitione aequationum*, pp. 84-161. (A) Brunschwig は' Couturat, *La logique de Leibniz*, Appendice III. の参照を指示。

274――dans la spécieuse même. R & B は even in algebra と英訳。

立つことに気づきました。文字の代わりに数しかない場合、誤りを避けるためにも[275]、また、結果を待たずに計算の途中で検算——たとえば九の検算[276]——をするためにも役立つのです。数字の〔並ぶ〕位置を巧みに利用する場合は、しばしばこのようなことが可能です[277]。したがって、個々の例において、仮定が真であると判明するのです[278]。さらにそれは、文字だけでは精神が必ずしもうまく解明できない連結や秩序を見つけるのにも役立ちます。他のところで示しましたように、よい記号法[279]は人間精神の最大の助けのひとつである、と私は思います。

〔7〕**フィラレート**　〈観念のうちに指摘することができる第四の種類の一致として私があげた実在的存在についていえば、それはいかなる公理も私たちにもたらすことができません。というのも、神だけを除き、私たちの外の諸存在に関する論証的認識すら私たちはもっていないからです。〉

テオフィル　「私は現実存在する」というこの命題は、他のいかなる命題によっても証明されえない命題、すなわち直接的真理なので、究極的な明証性をもっていると、常に言うことができます。そして、「私は思考する、ゆえに、私は有る」と言うことは、厳密にいえば、思考によって現実存在を証明することではありません。「思考する」と「思考しつつ有る」は同じことなのですから。「私は思考しつつ有る」[280]と言えば、「私は有る」とすでに言っているわけです。けれども、あなたがこの命題を公理の数に入れまいとするのは、それなりの理由があります。というのも、それは、事実の命題・直接的経験に基づく命題であって、必然性が諸観念の直接的一致のうちに見られるような、必然的命題ではないからです。反対に、「私」と「現実存在」というこの二つの名辞〔項〕がどのように結びついているのか、言いかえれば、なぜ私が現実存在するのかを見るのは神のみです。しかし、公理をより一般的に、直接的真理もしくは証明できない真理とと

275——原文では pour [y] éviter les erreurs。［　］の部分は編者による訂正箇所。(A)

276——次のような事実に依拠する検算法。すなわち、(i) 二つの数を任意の与えられた数で割ったときの余りがaとbで、この二つの数の積と、aとbの積をそれぞれ先の任意の数で割るならば、余りは同じになる。(ii) ある数と、その数の各桁の数字の和をともに9で割ると、それぞれの余りは（もしあれば）同じになる。(R & B) cf. GP VI, 490f.; *Dialogus de connexione inter res et verba* (GP VII, 190f.). (Cassirer)

277——cf. Cantor, *Gesch. der Math.* iii, 105ff.; Couturat, *La logique de Leibniz*, Appendice III. (Cassirer)

278——cf. *Responsio ad Dn. Nic. Fatii Duillierii imputationes. Acta Erud., mai* 1700, p. 208. (A)

279——本書第1部の訳注68参照。

280——Je suis pensant. R & B は、I am thinking と英訳。

れば、「私は有る」というこの命題はひとつの公理であると言えます。いずれにせよ、それは原初的真理、あるいは、「複雑ナ名辞［項］ノウチデ最初ニ認識サレルモノノ一ツ」であることは確信できますし、言い換えればそれは、最初に知られる陳述のひとつであり、私たちの認識の自然的秩序のうちで理解されるものです。というのも、その命題が人間にとって生得的であるにしても、その命題を明白に形成しようとは一度も思わなかったということもありうるからです。

［8］フィラレート　《公理は私たちの認識の他の諸部分にあまり影響を与えない、と私はずっと思っていました。しかしあなたは、私の誤りを正してくれました。自同的なもののひとつの重要な用法を示すことさえしてくださったからです。でもこの点について私が心に抱いたことを、また申し上げるのをお許しください。というのも、あなたの説明は、他の人々を誤りから抜け出させることにも役立つかもしれないからです。》［8］〈「すべての推論はすでに知られ認められたものから（ex praecognis et praeconcessis）生ずる」というのは、スコラ派の有名な規則です。この規則は、これらの公準は他のものよりも前に精神に認識される真理であり、私たちの認識の他の諸部分は公理に依存する真理である、とみなしているように思われます。〉［9］《私は、これらの公理が最初に認識されるものではないことを、（第1部1章で）示したと思います。子供は、私が見せる鞭が自分の味わったことのある砂糖ではないことを、あなたの気に入っているどんな公理よりもずっと早く認識するからです。ところであなたは、個々の認識つまり事実の経験と、普遍的・必然的認識の原理とを区別しました（そして後者の場合には、公理に頼らなければならないことを、私は認めます）。また、偶然的秩序と自然的秩序をも区別しました。》

テオフィル　私はさらに付け加え、自然的秩序においては、「あるものはそれがあるところのものである」と言うことは、「それは他のあるものではない」と言うことよりも先である、と申しました。[281] というのも、ここで問題なのは、異なる人において互いに異なるような、私たちの発見の叙述ではなく、真理の、常に同一であるような連結と自然的秩序であるからです。しかし、子供が見るのは事実にすぎない、というあなたのご指摘は、さらに考察するに値します。（あなた自身が少し前に認められたように、）[282] 感覚の経験は、錯覚のあらゆる危険を免れているような、絶対に確実な真理を与えてはくれないのですから。というのも、形而上学的に可能な虚構をつくってもよければ、子供が手に負えないときにその子を罰するために、砂糖が知覚できない仕方で鞭に変わることもありうるからです。ちょうど、私たちにとって、よい行ないをずっとしていれば、［その者に報いるために］[283] クリスマス・イヴに水がぶどう酒に変わるようにです。しかしいずれにせよ、鞭が与える苦痛は砂糖がもたらす快さには決してならない（とあなたは言うでしょう）。私なら、子供がそれについて明確な命題をつくることを思い付くのは、存在するものが同時に存在しない、と真に言うことはできない、というあの公理に気付くのと同じくらい遅い、と答えます。とはいえ、子供は、快さと苦痛の違いにも、明確に知覚することと知覚しないことの違いにも、十分に気づきうるでしょう。

【10】フィラレート 〈けれども、公準と同じくそれ自身で明証的な他の多くの真理があります。たとえば、「一たす二は三に等しい」は、「全体は一緒になったその全部分に等しい」というあの公理と同じくらい明証的な命題です。〉

テオフィル 「一たす二は三である」と言うことは、三という名辞［項］の定義にすぎず、したがって、「一たす二は三に等しい」と言うことは、事物はそれ自身に等しいと言うことである、とどれほどあなたにお伝えしようと繰り返し[284]たか、あなたはお忘れになったようです。「全体は一緒になったその全部分に等しい」という公理についていえば、ユー

281――A VI-6, 82.（R & B）
282――A VI-6, 373.（R & B）
283――［　］の部分は編者による訂正箇所。（A）
284――A VI-6, 409.（R & B）

クリッドはそれを明確には用いていません。さらに、この公理には限定が必要です。というのも、それらの諸部分はそれ自身共通部分をもってはならない、と付け加えねばならないからです。つまり、七と八は一二の部分であるとはいえ、それらの合計は一二より大きくなってしまうからです。人間の上半身と胴体を一緒にすれば、人間よりも大きなものになります。胸部が両者に共通だからです。しかし、ユークリッドは、「全体はその部分よりも大きい」と言っており、これには疑わしい点はありません。[285] そして、「身体は胴体よりも大きい」と言うことがユークリッドの公理と異なるのは、この公理の場合は厳密さが必要であることに限られるという点だけです。けれども、実例をあげて示し具体的にすることによって、叡知的なものが可感的なものにもなるのです。というのも、「これこれの全体はそのこれこれの部分よりも大きい」と言うことは、実際「全体はその部分よりも大きい」という命題であるからですが、ただその表現の仕方が、何らかの彩りや付加によって強調されているのです。たとえば、ABと言う者はAと言っているのです。したがって、その点で異なる真理として、公理と実例をここで対立させるべきではなく、公理が実例に具体化され、実例を真にするとみなすべきです。明証性が実例自身のうちに認められず、実例の肯定は普遍的命題からのひとつの帰結であって単にその包摂ではないような場合は、話は別です。そしてこのことは、公理に関してもまた起こりうることです。

フィラレート　私たちの有能な著者はここで次のように言っています。（事実的ではない）[286]〈他のすべての認識が、生得的でそれ自身明証的な一般原理に依存すると主張する人々に、「二たす二は四である」ことを証明するためにどんな原理が必要であるのか問いたいものだ、と。というのも、〉（彼によれば）〈この種の命題の真理は、いかなる証明の助けもなしに認識されるからです。〉あなたはこれについて何とおっしゃるのでしょうか。

285 ――cf.『原論』*Stoikheia (Elementa)*, I. Ax. 9.（A）

286 ――この括弧の部分はライプニッツによる付加。（R & B）

テオフィル　すっかり用意して待っていましたと申しあげたいほどです。「二たす二は四である」ということは、まったく直接的な真理であるわけではありません。「四は三たす一を意味する」と仮定してもです。それゆえ、それを以下のように論証することができます。[287]

定義　①二は、一たす一である。
②三は、二たす一である。
③四は、三たす一である。

公理　等しいものを互いに置き換えても等しいままである。

論証　二たす二は、二たす一たす一である（定義①より）。
二たす一たす一は、三たす一である（定義②より）。
三たす一は、四である（定義③より）。

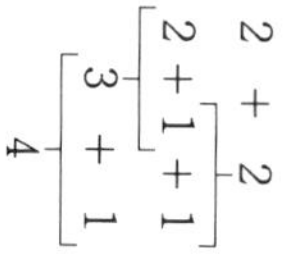

それゆえ（公理より）、
二たす二は、四である。これが論証されるべきことであった。

「二たす二は、二たす一たす一である」と言う代わりに、「二たす二は、二たす一たす一に等しい」と私は置くこともできました。他のものについても同様です。しかし、いっそう早く処理するために、いたるところでそれを暗黙裡に了解することができるのです。そしてこれは、「事物はそれ自身に等しい」、あるいは、同一であるものは等しい」ことを意味す

287——「2＋2＝4 は直接的真理ではなく、論証される」というライプニッツのロック批判は、ゴークロジャーによると、単にロックの真理・証明観を批判しているだけでなく、その前提をなすデカルトの真理・証明観を批判しているという（Stephen Gaukroger, *Cartesian Logic. An Essay on Descartes's Conception of Logic*. Oxford 1989, pp. 89ff.）。ロックは次のように主張する。「賛美される公準は私たちの他のすべての認識の原理・根底ではない。というのも、公準と同じくらいそれ自身明証的な他の多くの真理があり、公準より前に知られるものがたくさんあれば、公準は、私たちが他のすべての真理を演繹する原理ではありえないからである。」〈一たす二は三に等しい〉も〈全体は一緒になったその全部分に等しい〉も、「同じように絶対確実に、すべて自明性という同じ理由から知る」のであって、「〈全体はその全部分に等しい〉を知った後は、知らない前よりいっそうよく、あるいはいっそう確実に〈一たす二は三に等しい〉を知るというのでもない。」（Essay, 4·7·10: p. 596f.）これに対しライプニッツは、三つの定義とひとつの公理（同一のものは互いに置換されうる［これは後に「ライプニッツの法則」と呼ばれる。cf. たとえば、Norman Kretzmann, 'History of Semantics,' in P. Edwards [ed.], *The Encyclopedia of Philosophy*, New York 1967, Vol. 7, p. 382］）によって〈二たす二は四である〉が論証されうる、と批判する。だが、この論証が示しているのは、論証の知識はそれを知る前よりも〈2＋2＝4〉の真理を確実にするということでもないし、2＋2＝4 が自明ではなく、より自明な原理から演繹されうるということでさえない。この点ではロックの言う通り、自明な命題はみな等しい程度の自明性をもっている。つまり、「論証は……必要ではないとしても、真理が公理と定義に依存していることを論証は示している」とフィラレートが譲歩しているように、論証が関わるのは自明性の問題ではなく、真理の問題である。真理を知るのはそれが自明であるからとはいえ、命題の自明性

が論証に依存するのではない。そうではなく、2+2=4が真であるのは、三つの定義（2=1+1、3=2+1、4=3+1）が真であり、かつ〈同一のものは互いに置換されうる〉という公理が妥当してはじめて、真理は論証に依存するのである。ライプニッツが問題にするのは真理の体系的連関である。

ところで、ロック（およびデカルト）にとって、真理が自明なものであれば、それを論証することはできない。なぜなら、論証するためにはより自明なものによらねばならないが、自明な真理とはもともと最も自明だからである。したがって、ロックにとってある自明な真理は他の真理とは無関係な独立的真理であることが前提されている。この考え方は明らかにデカルトの影響下にある。デカルトによれば、認識は直観もしくは演繹によって到達される（『精神指導の規則』4, AT X, 372）。それゆえ、認識に至るには三段論法のような推論の規則は必要ない（『規則』14, AT X, 439f.）。直観がひとつの命題の最も直接的で判明な把握ないし二つの命題間の必然的結合の把握であるのに対して、演繹は多くの命題間の関係の把握である。ひとつの明晰・判明な観念についての真理の把握であるかぎりにおいて直観が瞬間において働くのに対して、多くの関係を順次たどっていく演繹には記憶や想像力が必要である（cf.『規則』3, AT X, 370）。だが、記憶の役割がなくなるほど速く最初の項から最後の項に移行できれば、そうした演繹は直観に近くなり（『規則』7）、最終的には二つの項の関係の把握に還元される。それに対して、幾何学的公理のような自明で不可疑の事柄、最も基本的な真理が問題である場合には、その把握は演繹によるのではなくもっぱら直観による。後にコギトへと収斂するこうした直観は、他のあらゆるものから独立に把握される。「直観とは、純粋な注意している精神による把握であり、……理性の光のみから生まれる……不可疑の把握である。」（『規則』3, AT X, 368）言い換えれば、直観とは思考とその対象（心的・志向的対象であれ実在的対象であれ）との一致の把握である。デカルトにとって、こうした直観によって把握される認識が真理のモデルであり、それは最も明晰・判明であるため説明することができず、またその必要もないとされる。したがって、推論には積極的役割はあまり認められておらず、せいぜい前提と結論との必然的結合が直観的・瞬間的に把握されれば、推論は最も直観に近い確実性を保持できるにすぎない。というのは、直観がまさに認識そのものであるのに対して、推論自身は知識をもたらすことのない、知識に至る手段（これはデカルトのみならず、ラムス派・後期スコラ派に共通の論理学理解であった。cf. Gaukroger, op. cit., p. 48）にすぎないとみなされていたからである。「デカルトは証明について、古くからの見方に従った姿を教えた。証明とは我々の眼から物差しを取り出してくる一つの手段である。そして、証明においてなされるべきことは、形式的過程を一つずつゆっくりチェックしてゆくことではなくて、証明全体を何度となく見渡しながらその速度を速めてゆくことによって、最後には全体が頭の中でいっぺんに認識され、その知覚の明証性が確立されることなのである。」（Ian Hacking, *Why does Language Matter to Philosophy*, Cambridge 1975, p. 162: イアン・ハッキング『言語はなぜ哲学の問題になるのか』伊藤訳、一九八九年、勁草書房、二五四頁）

これに対して、ライプニッツはまったく異なった推論・証明観をもっていた。「デカルトが証明と真理は無関係だと考えた」のに対して、「ライプニッツは真理は証明によって構成されると考えた」（Ian Hacking, 'Proof and Eternal Truths: Descartes and Leibniz', in Gaukroger, S. [ed.], *Descartes Philosophy, Mathematics and Physics*, Brighton 1980, p. 172）。言い換えれば、「ライプニッツは、数学的証明が内容の問題ではなく形式の問題であり、一連の文の間の形式的関係によって構成されるものであることを理解した、我我の時代の最初の哲学者であった。それゆえ、ユークリッドとアルキメデスとが千年にわたって学的論証のモデルを与えていたとしても、それらの結果得られるものが文からなるという考えは、一七世紀になってはじめて登場したのである。そしてライプニッツの天才にもかかわらず、それは二〇世紀の始めまで公けに認められることはなかった。」（Ian Hacking, *Why does Language Matter to Philosophy*, p. 162: 伊藤訳、二五三―四頁）

ライプニッツにとって推論・演繹とは発見の方法である。それはデカルトのように直観をモデルに考えられているのではなく、計算・記号的認識として考えられている。「計算とは記号による操作にほかならないからである。そして記号による操作とは、単に量に関するものばかりではなく、他のあらゆる推論にも適用されるのである。」（GM IV, 462: A II-1, 414）そして「われわれの推論を正す唯一の手段は、誤りを目で見ただけでわかるように、数学者の計算と同様に推論を感覚的にすることである。」（C, p. 173）推論を数学的計算とみなす考え方はホッブズと同じであるが（cf. T. Hobbes, *Elements of Philosophy (De Corpore)*, English Works Vol. 1, p. 3）、ライプニッツはホッブズのように経験的な算術や幾何学を計算のモデルとはせずに、より抽象的な代数学をモデルとする。そのため、デカルトやホッブズのようにすでに知られ確立されている真理や観念を伝達することではなく、思考の働きや言語・記号の操作を支配する規則を定式化することが推論・演繹の主要な役割とされる。公理と定義が確立されれば、感覚的な記号操作としての計算には直観や思考そのものが必要とされず、それは盲目的・機械的に行なわれる。「われわれのあらゆる推論は記号の結合と代置にほかならず、その記号が言葉であろうと、符号であろうと、さらには形像（イメージ）であろうと」（GP VII, 31）構わないからである。だが、推論・計算の各々の段階はデカルトのように決して短縮されない。なぜなら、中間的段階・中間的プロセス自身が新たな知識・真理へと向かうからである。ライプニッツにとっては、あらゆる真理は証明されなければならない。証明とは公理と定義によって自同的命題に至ることだからである。それが有限回のステップで済むか否かは別として、その証明・論証の形式自体は同じである。（詳細は次を参照。Y. Belaval, *Leibniz critique de Descartes*, Paris 1960, chap. 1）

る、もうひとつの公理に基づいているのです。

フィラレート 《この論証は、結論があまりに周知なので、それほど必要ではないとしても、真理がどれほど定義と公理とに依存しているかを示すのには役立ちます。したがって、公理の有用性に対して提起されるいくつもの反論に、あなたがどう答えられるかは予想できます。数えきれないほど多数の原理があることになろう、と人は反論するのです。しかしそれは、何らかの公理の助けによって定義から生じる系を、原理のうちに含める場合です。そして、定義や観念は数えきれない以上、この意味で原理もまた数えきれないことになるでしょう。これは、論証できない原理は自同的公理であると、あなたに従って仮定するとしてもそうでしょう。例をあげることによってもまた、原理は無数になります。しかし、実際「AはAである」や「BはBである」というのは、さまざまに装われた同一の原理であるとみなすことができます。》

テオフィル さらに、明証性のうちにある、程度のあの差異を考えると、原理と呼ばれるこれらすべての真理、論証できない第一の公理にきわめて近いためにそれ自身明証的とみなされている真理は、互いにまったく独立しており、互いに他からいかなる光も証明も受け入れることができない、というあなたの有名な著者の主張に私は同意できません。というのも、それらは、公理自身か公理に最も近い他の真理に還元できるからです。たとえば、「二たす二は四である」というあの真理についてはご覧に入れました。また、ロベルヴァル氏がユークリッドの公理の数を、ときとしてそのあるものを他のものに還元することによってどのように減少させたかは、先ほどお話ししました。[288]

[11] フィラレート 私たちの討議のきっかけを与えてくれたあの賢明な著述家は、〈公準が有用性をもつ〉ことに

288――本書第4部7章1節（A VI-6, 407）参照。(A)

289――cf.『原論』*Stoikheia (Elementa)*, I, Ax. 5. (A)

290――cf. *De sphaera et cylindro*, Hypothèse III (ed. D. Rivaltus, 1615, p. 7). (A)

291――cf. GP VII, 198. (Cassirer)

同意しています。しかし、〈学問を確立するために有用というよりも、むしろ頑固な人たちの口をつぐませるのに有用である〉、と彼は思っています。〈そのような一般的公理のうえに築かれて、公理なしでも同様にしっかり支えられるとは示しえないような学問を、何か示してもらえたら幸いだ〉、と彼は言っています。

テオフィル　幾何学は、確かにそのような学問のひとつです。ユークリッド[289]は、論証のなかで公理をはっきり用いています。そして、「二つの同質的な大きさは、一方が他方より大きくも小さくもないならば等しい」というあの公理は、曲線の大きさに関するユークリッドとアルキメデス[290]の論証の基礎です。アルキメデスは、ユークリッドが必要としなかった公理を用いました。たとえば、「各々が常に同じ側に凹状になっている二本の線は、他方を包む方が大きい」、という公理です。また幾何学においては、自同的な公理、たとえば矛盾の原理、すなわち不合理に訴える論証の原理、なしですますことはできないでしょう。そして、論証可能である他の諸公理に関しては、一般的に言えば、それなしですますことも、自同的なものと定義から直接結論を引き出すこともできるでしょう。しかし、常に始メカラ（ab ovo）やり直さなければならないとすれば、論証が冗長になり、際限のない繰り返しに陥るために、恐ろしい混乱が生ずるでしょう。それに対して、すでに論証された中間的命題を仮定すれば、容易により遠くまで進めます。そして、すでに認識された真理をこのように仮定することは、公理に関してとりわけ有用です。というのも、公理はとてもしばしば言及されるので、幾何学者はそれを、たえず引用なしに用いなければならないからです。したがって、必ずしも余白に引用されているとは見えないかもしれないといって、公理が用いられていないと思えば、誤りになるでしょう。

フィラレート　しかし、彼は〈神学の例〉を反論しているのです。〈あの聖なる宗教の認識が私たちのところにやって来たのは〉、（私たちの著者によれば）〈啓示からであり、その助けがなければ、公準はその宗教を私たちに決して認識させることはできなかったでしょう。それゆえ、光は、事物そのものから、あるいは、神の誤ることなき誠実から直接、私たちのところにやって来るのです。〉

テオフィル[291]　それはあたかも、「医学は経験に基づいているので、理性はそこで何の役にもたたない」、と言ってしまうようなものです。魂の真の医学であるキリスト教神学は啓示に基づいており、啓示は経験に対応しています。しかし、それを完全な体系に作りあげるためには、それに自然神学を付け加えなければなりません。自然神学は、永遠な理性の公理から導き出されるものです。啓示の確実さが神の誠実に基づくことをあなたは承認されていますが、誠実は神の属性であるというその原理そのものが、自然神学からとられた公準ではないでしょうか。

フィラレート　私たちの著者が望んでいるのは、〈認識を獲得する手段とそれを教える手段とを区別すること、あるいは、教えることと伝達することとを区別することです。学院が建立され、他人の発見した学問を教えるための教授が任命されると、その教授たちは、学生の精神に学問を刻み込むために、また、何らかの個別的真理を公理という手段によって学生に納得させるために、公準を用いました。それに対して、個別的真理は、最初の発見者が一般的公準なしに真理を見出すのに役立ちました。〉

テオフィル　そのいわゆる手順を、個別的真理の何らかの例によって正当化していただければよかったのですが。しかし、事柄をよく考察すれば、学問の確立においてその手順が実行されているとは思われないでしょう。そして、発見者が個別的真理しか見出さないとすれば、彼は半分だけの発見者にすぎません。ピュタゴラスが、辺が3、4、5である三角形は、斜辺の平方は他の二辺の平方［の和］に等しい（すなわち、9＋16は25）という特性をもつことに気づいただけだったとしたら、それによって彼は、すべての直角三角形を包括し幾何学者の間で公準になった、あの偉大な真理の発見者であったでしょうか。なるほど、偶然に見つけた一例が、しばしば、才知に富む人が一般的真理を探求することを思い付く契機となりましょう。しかし、その真理を見つけることは、やはりたいてい困難な問題です。そのうえ、この発見の道は、最善なものではなく、順序と方法に従ってことを行なう人々に最も用いられているのでもありません。彼らは、より良い方法が行き詰まった場合しかそれを採用しないのです。それはちょうど、ある人たちが、アルキメデスは放物線状に

292――Hippocrates (B.C. 460–375). 古代の最も著名な医者。彼のものとされる著作の中に『箴言集』8巻がある。(Brunschwig)

切った木片を測ることによって放物線の求積法を見つけたのであり、彼はその個別的経験によって一般的真理を見出すことができた、と考えたのと同じです。しかし、この偉大な人物の洞察力を知っている人なら、そのような助けなどアルキメデスには必要なかったことがよく分ります。けれども、個別的真理から出発するこの経験的な道は、あらゆる発見の契機にはなったとしても、その発見をもたらすのに十分なものではなかったでしょう。発見者自身は、公準や一般的真理に到達できたとき、それらを確認して大いに喜んだのであり、そうでなければ、彼らの発見はきわめて不完全なものであったでしょう。それゆえ、スコラ派や教授たちに帰しうる唯一のものは、公準や他の一般的真理を集めて整理したことでした。そしてそれがもっと入念によく吟味して、さらにいっそう行なわれていたらよかったのですが。そうであれば、学問はこれほどに分散しても混乱してもいなかったでしょう。さらに、私は、学問を教えるために用いられる方法と、学問を見つけることを促す方法の間に、しばしば違いがあることを認めています。しかし、それは問題の点ではありません。私がすでに指摘したように、ときには偶然が発見に契機を与えてきたのです。そのような契機に着目し、その記憶を後世に保存していたら（これはきわめて有益であったでしょうし）、その細部は技術の歴史の非常に注目すべき部分を成していたことでしょう。でもそれは、技術の体系を作り上げるのには適していなかったでしょう。またときとして発見者は、長い回り道をしてではあっても、合理的な仕方で真理へと前進してきました。思うに、重要な事例においては、著者たちが自分の試みの足跡を著作のなかで率直に記そうとしていたら、世の中の役に立っていたでしょう。しかし、学問の体系がそのような基準に従ってつくられねばならないとすれば、それはあたかも、完成した家のなかに、建築家がそれを建てるのに必要としたすべての足場をとっておきたいと思うようなものです。優れた「教える方法」とはみな、学問がその方法の道に従って確実に見出されうるような方法です。そしてその際、方法が経験的なものではないとすれば、つまり真理が理由をとおして、すなわち諸観念から導き出される証明によって教えられるとすれば、●292 それはつねに、公理・定理・規範および他のそのような一般的命題によってのことでしょう。真理が、ヒポクラテスの『箴言』のようにアフォリズムである場合は別問題です。つまりその場合の真理とは、一般的なあるいは少なくともたいていは真であるような、事実の真理なのです。これは観察によって得られるか経験に基づいており、完全に説得力のある理由をもってはいません。でもそれはここで問題とすべきことではありません。というのも、それらの真理は、観念の連結によって認識されるのではないのですから。

フィラレート　私たちの才知にとむ著者が、〈公準の必要が生じたと考えるのは次のようにしてです。〈スコラ派は、討論を人々の才能の試金石としてしまったので、論争の場にとどまり最後に発言した[293]者に勝利を宣告しました。しかし、自説をまげぬ人を説得する手段をもたらすためには、〈公準を立てなければならなかったのです。〉

テオフィル　なるほど、哲学の学派は、医学や化学・数学の学派のように理論に実践を結び付けて最も巧く発言した者よりもむしろ、とりわけ道徳《モラル》においては最も善いことをした者に賞を授けるべきだったでしょう。けれども、形而上学的な題材のように、言説自身が人間の才能を知らせることのできる結果であり、しかもときにはそれが唯一の結果で傑作である、というような諸問題がある以上、人の才能を討論における成功によって判断することは、場合によっては正しかったのです。宗教改革の初期に、プロテスタントは論敵に質疑や討論を挑み、その討論での成功が往々にして人々を改革に賛成するよう決定づけた、ということさえ知られています。また、話す技法や、論拠を生みそれに説得力を与える技法、そしてこう呼んでよければ、論争術というものが、国務会議や軍法会議、裁判所や医師の診察、あるいは会話においてさえ、どれほど多くのことをなしうるかも周知のことです。そしてそのような場合には、〔私たちは〕この手段に頼り、事実の代わりに言葉で満足せざるをえないのです。というのはまさに、その際問題になっているのは未来の出来事や事実であり、結果から真理を学ぶのでは遅すぎるからです。したがって討論の技法、つまり理由（私はここで、権威や実例を引き合いに出すことを理由に含めていますが）によって闘う技法は、きわめて有力で重要なものです。しかし、あいにくそれは正しく秩序づけられておらず、そのためしばしば結論にまったく到達しないとか、うまく到達しないことにもなるのです。そうい

293——Locke: had the last word. Coste: parlait le dernier. ライプニッツはコスト訳に倣う。(R & B)

294——Isaac Casaubon (1559–1614). ジュネーヴへ逃れた新教徒フランス人の家に生まれた、著名なギリシア学者。ギリシア古典の校訂多数。スカリゲルとの文通がある。ジュネーヴ、モンペリエの各大学でギリシア語教授の職を務めたのち、リヨンに移る。「ナントの勅令」以後、アンリ四世の招きでパリに赴き、約一〇年間（1600–1610）同地に住み、ユグノーの重要人物となる。アンリ四世の暗殺後、新旧両教会の争いを避けてロンドンに渡る。翌年帰化。ロンドンにて没。その息子 Méric Florent-Étienne Casaubon (1599–1671) は一六一一年以降父とともにロンドンに住む。カトリックに中傷された父のアポロジーを書き、それが注目されてチャールズ一世の庇護を受け、カンタベリーの高位聖職者となる。清教徒革命でチャールズ一世が処刑されてのちは極貧の生活。クロムウェルから条件付きの年金支給の申し出があったが、これを拒否。次いでスウェーデン女王クリスティーナからも大学のポストが提供されたが、これも断り、スチュアート王朝再興に尽くすことを第一義とした。ラングリーは、ライプニッツのバーネット宛書簡 (GP III, 192) の参照を指示。

うわけで、私は、私たちに関係のある神学者たちの質疑について論評し、目につく欠陥と、それに用いうる救済策を示そうと何度も思いました。国務に関する協議においては、最大の権力を有する者がしっかりした精神をもっていなければ、権威と雄弁が真理に対立する場合でも、それらが通常は優位を占めてしまうものです。要するに、討議や討論の技法は、完全につくり直す必要があるでしょう。最後に発言する者の優位ということについて言えば、そのようなものは、打ち解けた会話のなかにしかほとんどありません。というのも、会議において投票や票決は、地位の低い者から始めるにせよ地位の高い者から始めるにせよ、順序に従って行なわれるからです。なるほど、始めたり終わらせたり、すなわち、提議したり結論を下したりすることは、通常議長に属することがらです。しかし、議長は票決の多さに従って結論を下すのです。また、アカデミックな討論においては、最後に発言するのは口頭試問受験者、つまり学位論文提出者であり、彼には論争の場が、確定した慣例によってほぼ常に残されています。問題は試すことであり、やり込めることではありません。そうでなければ、彼を敵として扱うことになるでしょう。それに真実を言えば、そうした論争において真理はほとんど問題ではないのです。時が変われば同じ壇上で反対の説が主張されたりもするのです。カゾボン●294はソルボンヌの広間を見せられ、「これが何世紀もの間討論が行なわれてきた場所です」、と言われたとき、「[それで]どんな結論に到達したのですか」、と答えたそうです。

フィラレート 〈けれども、討論が三段論法の無限の連続に陥らないためには、討論が果てしなく続くことは避けたかったし、共に熟達した二人の論争者の間に決着をつける手段を与えたかったのです。この手段とは、大部分がそれ自身で明証的であるような、ある一般的命題を導入することでした。そしてこの命題は、すべての人が完全な同意をもって受け入れるような性質であり、真理の一般的尺度とみなされるべきで、また（討論者が他の原理を提出しないかぎり）、その彼方には進むことができず双方が従わざるをえないような、原理の代わりとなるべきものでした。したがって、このような公準は、討論において否定されえず問題を限定する原理という名前を得たために、〉（あの著者によれば）〈それが、認識の源泉および学問の基礎と誤ってみなされてきたのです。〉

テオフィル 〈公準が、討論においてそのように用いられていればよかったのですが。何かが決定されたでしょうから、文句のつけようもないでしょう。論争、すなわち異議を唱えられた真理を明証的で議論の余地のない真理に還元するのに優ることがありえましょうか。それは、真理を論証的な仕方で確定することではないでしょうか。そして真理を確定することによって討論を終わらせるこれらの原理が、同時に認識の源泉であることを、誰が疑いうるでしょう。というのも、推論が正しいかぎり、それを書斎で黙ってしようが、演壇から公けに示そうが、かまわないからです。またこれらの原理が、公理というよりもむしろ要請であるとしても、要請というものをユークリッドのようにではなくアリストテレスのように解して[295]、それを証明する機会が来るまで容認したい仮定とするなら、これらの原理は、他のすべての問題が少数の命題に還元される手段として、相変らず有益でしょう。ですから、称賛に値するものが、何か分らない偏見のために非難されるのを見て、私はこの上なく驚いています。きわめて学識ある人でさえ、注意していなければ偏見に陥りやすいことが、あの著者の例からもよく分ります。アカデミックな討論でまったく別のことが行なわれているのも不幸なことです。一般的公理を確立する代わりに、[空疎で][296]あまり考え抜かれていない区別によって、公理を弱めるあらんかぎりのことがなされているのです。そして、一定の哲学的な諸規則が好んで用いられます。この規則は厚い書物につめこまれたりするとはいえ、あまり確実なものでも決定的なものでもなく、討論者は嬉々として規則を細かく区別するあまり、それらの規則の効力を失わせているのです。これは討論を終わらせる手段ではなく、討論を際限なくして論敵をついにはうんざりさせる手段です。まるで論敵を暗い場所に連れていき、そこで人知れず盲滅法に殴るようなものです。このような方策は、あるテーゼを主張する任を負った学位論文提出者(Respondentes)にとって、すばらしいものです。それは、彼らを不死身にするウルカヌスの楯であり、オルクス[297]のかぶと(Orci Galea)、つまり彼らを見えなくするプルートーンのかぶとです。それでもなお捕まえられるとすれば、彼らがよほどの無器用か不運であるにちがいありません。なるほど、例外を有する

295――『分析論後書』*Analytica Posteriora*, I, 76b23f.(R & B)

296――原語は vagues。写字生は vaines とする。(A)

297――Orcus は古代ギリシアのプルートーンと同一視される古代ローマの地獄の神。(Brunschwig)

298――[ ]の部分は編者による訂正箇所。(A)

299――elle. R & B は it と英訳し、trouble (peine) と truth (vérité) のどちらを指すのであろうか、と注記。

300――Locke: the rational part of mankind not corrupted by education. コストによる変更。(R & B)

規則というものがあります。とりわけ、法律におけるように、多くの状況が関係するような問題の場合です。しかし、規則の用法を確実なものにするためには、その例外は数においても意味においてもできるだけ確定されていなければなりません。その際、例外がそれ自身さらなる例外、すなわち複例外（replications）をもち、またその複例外が重例外（duplications）をもつ等々のこともありますが、結局、これらすべての例外とさらなる例外が正しく確定されて規則と結びつき、普遍性を完成しなければなりません。これについては、法律学がとても注目すべき例を与えてくれます。しかし、例外とさらなる例外をもつこの種の規則を、アカデミックな討論に導入すべきだとすれば、ペンを手にもち、双方の言うことを議事録をとるように記録しながらつねに討論しなければならないでしょう。そしてこのようなことは他でも、たとえば、ときおり区別が混じるようないくつもの三段論法［や前三段論法・前前三段論法］[298]を用いて、初めから終りまで形式的に討論する場合も必要でしょう。このような場合には、世界で最もよい記憶力の人も混乱してしまうはずです。しかし人は、真理［労］[299]に対して報いがないと、真理を発見するために形式的な三段論法を十分に推し進めたり記録したりする労を少しもとろうとはしません。またそうしたくても、区別が排除されていなかったり、よりよい仕方で定められていなければ、終りに達することさえないでしょう。

フィラレート　〈けれども、〉あの著者が指摘しているように、〈確かに、スコラ派の方法は、詭弁家の口をも封じるために、学院の外の会話にも導入されそこに有害な結果を招いてしまいました。というのも、中間観念がありさえすれば、公準の助けなしに、公準を提示する前に観念の連結を見ることができ、誠実で素直な人々にとってはそれで十分だからです。しかし、スコラ派の方法は、人々が自己矛盾に陥ったり確立された原理と闘うにいたるまで、明証的な真理に反対し抵抗することを容認し奨励したのですから、彼らが学院では栄光の原因であり徳とみなされていることを、通常の会話に用いて恥じないのも驚くべきことではありません。あの著者は、世界の他の部分にくまなく散らばり、教育によって損なわれていない理性的な人々[300]は、真理を愛することをなりわいとし宗教や自然を研究して一生を暮らすような人たちがそのような方法に従ってきたとは信じられないだろう、と付け加えています。どれほどこのような教育の仕方が、真理への愛や真理の真摯な探求から若い人々の精神を逸らせ、かえってこの世に何らかの、あるいは少なくとも固執するに値するような真理が実際にあるかどうか疑わせがちであることについては、ここでは検討しない〉（と彼は言っています）。〈しかし、堅く信ずるところによれば（と彼は付け加えます）、ペリパトス派の哲学が学院に入ることを認められ、討論の技法以外のものを世に教えずに幾世紀もの間君臨したところ以外には、これらの公準が学問の基礎であるとも、事物の認識を前進させるための重要な助けであるとも、考えられもしなかった〉、と。

テオフィル　あの有能な著者はスコラ派だけが公準を形成する傾向がある、と主張しています。けれどもそれは、人類の一般的でとても理にかなった本能なのです。あらゆる国で用いられている諺を見ればお分りでしょう。諺とは通常、世間が認めている公準にすぎません。けれども、判断力のある人たちが何か真理に反していると私たちに思われるようなことを述べている場合には、彼らの見解よりも表現により多くの欠陥があるのではないか、と公平に考えなければなりません。このことは、あの著者においてもここで確認されることです。私は、彼を公準に反対するよう駆り立てる動機が、少し分り始めています。つまりそれは、学院におけるような修練が問題ではない通常の談話において、実際に、納得して譲歩しようとする前に難癖をつけることなのです。しかもたいていの場合、人はまさに進んで分りきった大前提を削除し省略三段論法で満足してしまいます。それどころか、しばしば、諸前提の連結を表現しなくても精神がその連結を十分に理解するかぎり、諸前提を形成することさえせず、単なる中名辞（medius terminus）や中間観念をおきさえすればよいとするのです。このような連結が議論の余地のない場合には、それで十分うまくいきます。しかし、あなたもお認めになるでしょうが、そのような連結をあまりに早く仮定しすぎてそこから誤謬推理が生じるのですから、簡潔さや手際よさを選ぶよりも、表現することで確実さを期した方が、たいていの場合はよいでしょう。けれども、あの著者は、公準に対して抱いている先入見のために、真理の確立に際しての公準の有用性をまったく放棄しており、公準が会話の混乱を助長して

301——Petronius, *Satyricon* I.（A. Brunschwig）
302——cf. Aristoteles, *Politica*, IV, 2, 1289a39.（A）
303——cf. *Principia* II, §§1, 4.（Langley）

いるとまで思っています。なるほど、アカデミックな訓練に慣れている若者たちは、その訓練に少し専心するあまり、訓練がもつべき認識という最も大きな成果を当の訓練から引き出すことには十分気を配らないので、世間においてそれからなかなか解放されないのです。さらに、彼らの悪弊のひとつは、真理が彼らに完全に明白なものとなるまで、決して真理に従おうとしないということです。誠実さや礼儀正しささえもが、彼らをどうしようもない者とし悪い評判をたてるそんな極端さを求めるべきでないとしたのに、です。また、これは文人がしばしば染まる悪習であることを認めなければなりません。けれども、誤りは、真理を公準に還元しようとすることにではなく、時宜に適わず必要でもないのにそうしようとすることにあるのです。というのも、人間精神は多くのことを一挙に見て取るからであり、人間精神に自分の歩む一歩ごとに立ち止り、自分の思考するすべてのことを表現するように強制しようとしたのでは、精神はたまったものではないからです。それはまさに、商人や宿の主人と勘定をするとき、より確実にするために、指で全部数えるよう強制しようとするようなものです。そんなことを要求するには、愚かか気まぐれでなければならないでしょう。[301]実際、ペトロニウスが、「青年ハ学校デキワメテ愚鈍ニナル (adolescentes in scholis stultissimos fieri)」、といみじくも言ったように、若者は知恵のまなびやであるはずの場所で、愚鈍[302]にそしてときには無思慮にさえなる、とときどき思います。つまり、「最善ナルモノノ堕落ハ最悪ナリ (corruptio optimi pessima)」。しかし、さらにしばしば若者は、自惚れが強く、喧嘩早く、頭が混乱して、気まぐれで、うるさくなってしまいますが、これは、若者が師としている人の気質にしばしば左右されます。さらに、会話のうちには明晰さの過大の要求よりももっと大きな誤りがある、と私は思います。というのも、人は通常、反対の悪習に陥っており、十分な明晰さを与えることも要求することもしないからです。誤りの一方が煩わしいものだとすれば、他方は有害で危険なものです。

【12】フィラレート　〈公準が偽りで曖昧で不確実な概念に結び付けられると、公準の有用性もまた往々にして有害 [で危険] なものになります。というのも、そうした場合に公準は、私たちの誤謬を[303]いっそう強固なものにするのに役立つだけでなく、矛盾を証明するのにさえ役立つからです。たとえば、デカルトとともに、自分が物体と呼ぶものの観念を延長でしかないものとして形づくる者は、空虚がないこと、すなわち物体のない空間がないことを、「有るものは有る」というあの公準によって容易に論証することができます。というのも、彼は自分自身の観念を知っており、その観念はそれ

があるところのものであって他の観念ではないことを知っているからです。したがって、彼にとって延長・物体・空間というのは同一のものを意味する三つの言葉であるために、「空間は物体である」と言うことは、彼にとって「物体は物体である」と言うことと同じく真なのです。〔13〕しかし、物体とは延長のある固体を意味するとする別の者は、同じようにして、「空間が物体でない」と言うことは、「ひとつのものが有ると同時に有らぬことはできない」というあの公準によって証明されうるいかなる命題とも同じく確実である、と結論づけるでしょう。〉

テオフィル　〈公準の誤った使用のために公準の使用一般を非難すべきではありません。いかなる真理も、虚偽と結びつけば誤った結論や矛盾した結論さえ導きうるというあの不都合を免れません。そして、〔あなたの〕その例においては、誤謬や矛盾の原因とされているあの自同的な公理などほとんど必要ないのです。それは、定義から、「空間は物体である」あるいは「空間は物体でない」という結論を導く人たちの議論を形式的に並べれば、明らかとなります。さらに、「物体は延長しており固体的である。それゆえ、拡がり（l'Extension）すなわち延長するもの（l'Étendu）は物体ではなく、延長は物体的なものではない」、という推断には何か無理なところさえあります。というのも、私が先に指摘したことですが[304]、事物に何も付け加えたりはしない、観念の余計な表現があるからです。それはあたかも、ある人が「Triquetrum〔三角状のもの〕によって私は三辺をもつ三角形を理解している」と言い、そこから「すべての三辺形が三角形であるとはかぎらない」と結論づけるようなものです。したがって、デカルト派の人は、延長する固体の観念はそうした同じ本性をもっている、すなわち余計なものが含まれている、と言うこともできるでしょう。実際、延長するもの[305]を何か実体的なものとみなせば、延長するものすべてが固体的ということになる、もしくは、延長するものすべてが物体的ということになるからです。空

304——A VI-6, 363, 408.（R & B）

305——原語は l'étendue。R & B は、この l'étendue（extendedness）を l'étendu（extended thing）と読む。この文に出てくる三つの étendue についても同様。GP では l'étendu。ここでは三つの étendue を étendu（延長するもの）と読む。Cassirer は étendue を三つともそのまま Ausdehnung（延長）とする。E & H は最初と最後の étendue を Ausgedehnte（延長するもの）とし、二番目の étendue を Ausdehnung（延長）としている。

306——本書第2部4章参照。（Langley）

307——*Unicum opticae, catoptricae et dioptricae principium*（*Acta Erud.*, juin 1682, pp. 185–190）.（A, Brunschwig, Langley）

308——*Dioptrica nova*（1692）, Pt. II, ch. 1.（A）本書第2部の訳注64参照。

309——cf.『動力学試論』*Specimen dynamicum*（Leibniz, *Hauptschriften* I, 271ff.）.（Cassirer）

310——on se sert des principes identiques pour prouver des propositions. Locke: these principles are made use of in the probation of propositions.「自同的 identiques」はライプニッツによる付加。（cf. R & B）

虚についていえば、デカルト派の人には、彼のもつ観念ないしいわゆる観念から、彼のもつ観念が正しいとしても空虚などと存在しないと結論づける権利があるでしょう。しかし他の人の場合は、その人のもつ観念からただちに空虚がありうることを結論づけるわけにはいき[306]ません。たとえば、実際、私はデカルト派の見解に賛成してはおりませんが、それでも空虚が存在しないと思っているからです。そして、[あなたの]その例のなかでは、公準の誤った使用よりもむしろ観念のさらに誤った使用がなされていると思います。

[15] フィラレート 〈言辞的命題のなかで公準のどんな使用をおこなおうとしても、公準は、私たちの外に現実存在する実体について、いささかの認識も私たちにもたらしえない〉、と少なくとも思われます。

テオフィル 私はまったく違う見解をもっています。たとえば、自然は最短の道をたどる、あるいは少なくとも最も確定された道をたどる、というあの公準だけでも、光学・反射光学・屈折光学のほとんど全体、つまり、光の作用[307]において私たちの外で起こっていることの全体を説明するのに十分です。このことを私はかつて示したことがありますし、それに対してモリヌークス氏[308]は、非常にすぐれた書物である彼の『屈折光学』のなかで大いに賛同してくれました。[309]

フィラレート[310] けれども、〈「人間」や「徳」のような複合的観念を意味する言葉のある命題を証明するために自同的原理を用いる場合、その使用はきわめて危険で、人々に虚偽を明白な真理と思わせたり受け入れさせたりする〉、と言われています。〈それは、同じ名辞が保持される場合、そうした名辞が意味する観念が異なっていても、命題は同じ事物に関わっている、と人々が思っているからであると言われています。したがって、人々が通常行なっているように言葉を事物とみなせば、こうした公準は普通、矛盾した命題を証明するのに役立つのです。〉

テオフィル 名辞の誤った使用や曖昧さに帰せられるべきことのために、哀れな公準を非難するのは何と不当なことでしょう。同じ論拠で三段論法も非難されることになるでしょう。名辞が曖昧なときには誤った結論が下されるのですから。でも、それは三段論法のせいではありません。なぜなら、その場合実際には四つの名辞があることになり、これは三段論法の規則に反しているからです。同じ論拠によって算術家や代数学者の計算も非難されることになるでしょう。なぜなら、Vの代わりにXをおいたり、うっかりaをbとみなしたりすれば、それから誤った結論や矛盾した結論が導かれることにもなるからです。

【19】**フィラレート**　〈私たちが明晰かつ判明な観念をもっているときには、公準はほとんど無用であると少なくとも私は思うのですが。公準はそのときまったく何の有用性ももたないとまで主張する他の人たちもおり[311]、そうした場合その種の公準がなければ真理と虚偽を識別できないような者はみな、公準の助けがあっても真偽を識別できないであろう、と彼らは言明しています。私たちの著者は、ある者が人間であるか否かを決定するのに公準は役に立たないことを（【16】【17】で）示してさえいます。〉

テオフィル　真理がきわめて単純かつ明証的で、また自同的なものや定義に近いものであるとすれば、そうした真理を自同的なものや定義から導き出すために公準をあからさまに用いる必要はほとんどありません。というのも、精神は公準を潜在的に用いており、中断なく一挙にその結論に達しているからです。しかし、公理やすでに知られている定理がなければ、数学者は前進するのに大きな困難を覚えることでしょう。というのも、長い推論においてはときどき立ち止って、いわば道の真ん中に里程標[312]を自分のために立てるのが良いからです。それは、他の人たちに道を示すのにも役立つでしょう。さもなければ、そうした長い道はあまりにも辿るのが厄介なものになるでしょうし、自分のいる場所以外の何ものも識別したり判別したりできなければ、その道は錯然として暗いものとさえ思われるでしょう。それは、海底も岸も星も見えないような闇夜に羅針盤なしで海の上を進むようなものです。［あるいは、[313]］木も丘も小川もない広大な荒野を歩くようなものです。それはまた、数珠のような区別もなく、より大きな玉とかより大きな環とかの区別もなく、ピエ、トワーズ、ペルシュ等々を示しうる他の区分もない、連なった何百という互いに同じような環からなる、長さを測るための鎖のようなものです。ところで、多における統一を愛好する精神[314]は、いくつかの推理を結び合わせて、中間的な結論を形づく

311――ロック自身は there is little need, or no use at all of these maxims when... と主張してはいるが、「他の人たち others」の言うことには言及していない。(R & B)

312――colonnes miliaires. この miliaires が GP と Brunschwig では militaires。A に従う。

313――［　］の部分は編者による訂正箇所。(A)

314――L'Esprit qui aime l'unité dans la multitude. R & B は、which could mean 'a mind which likes unity in multiplicity' と注記。

315――GP では quantité de loix, des Digestes であるが、A ではヴィルギュルが削除されて quantité de loix des Digestes となっている。Brunschwig は quantité de lois, de Digestes と読む。

316――cf. *Digesta* 44, 7, 1. 25. (A)

317――cf. *Digesta* 50, 17, 1. 206. (A)

318――ヴォルムスの司教 Burkard (965–1025) の名に由来する法律上のアフォリズム。Burkard は法律家、教会法学者として絶大な権威をもっていた。(Brunschwig) cf.『法学を学びかつ教えるための新方法』*Nova methodus*, II, §24 (A VI-1, 308–310). (A) ラングリーはライプニッツのケストナー Kestner 宛書簡 (Dutens IV, Pt. 3, p. 264) の参照を指示。

319――Du Cange の辞書によると、fallentia はローマの市民法の法典の表現で、「規則中の例外」を意味する。

320――編者は Jurisconsulte のあとに［Paul］を挿入しているが、ライプニッツの草稿では Jurisconsulte... であり、人名は記されていない。GP と Brunschwig では「パウルス」の部分は「……」。A も Brunschwig も注で、この「法律家」を Paul とする。三世紀前半のローマ法学者 Julius Paulus のことか。cf. *Digesta* 50, 17, 1. 1. (A, Brunschwig)

ります。そして、それが公準や定理の有用性なのです。この手段によって、喜び・解明・記憶・応用が増大し、繰り返しが減少します。ある解析学者が、「斜辺の平方は直角を挟む二辺の平方〔の和〕に等しい」および「相似な三角形の対応する辺は比例している」、という二つの定理の証明はその定理が含む諸観念の連結によって導かれるのだから、定理の代わりに観念自身をおけば容易に定理なしですますことができると考えて、この二つの幾何学的公準を仮定せずに計算を行ないたいと思うならば、ひどい見当違いを犯していることに気付くでしょう。けれども、そうした公準の役に立つ使用は数学的諸学問の範囲内にだけ限られているとお考えにならないで、それが法律学においても劣るわけではないと思っていただきたい。法律学をより扱い易いものにし、法律学の広大な大海をいわば地理学的な海図で見渡す主要な手段のうちのひとつは、多くの個別的な判決をより一般的な原理に還元することです。たとえば、『ローマ法学説彙纂（Digestes）』のなかの多くの法律[315]や、「事実ニ関ワル（in factum）[316]」と呼ばれるような種類の多くの訴訟ないし抗弁が、「誰モ他人ノ損害カラ利益ヲ得テハナラナイ（ne quis alterius damno fiat locupletior）[317]」、すなわち「誰も他人が被る損害から利益を得てはならない」という公準に依存している、ということが分るでしょう。けれども、それはもう少し精確に表現すべきでしょう。確かに、法律の諸規則の間にはなすべき重大な区別があります。私は良い規則のことを言っているのであって、法学者たちによって導入されたある曖昧で不明瞭な法格言（brocardia）[318]のことを言っているのではありません。もっとも、そうした規則も改善すれば良い有用なものになりうるでしょうが、〔目下のところ〕逆に無限の区別によって（cum suis fallentiis〔ソレ自身ノ例外トトモニ〕）[319]紛糾に役立っているにすぎません。ところで、良い規則とはアフォリズム〔格言〕か公準かのいずれかです。そして、私は公準を公理だけでなく定理も含むものと解しています。アフォリズムとはア・プリオリな理性によってではなく帰納と観察によって形づくられ、学識ある人たちが現行法を検討して作り上げたものです。もしそれがアフォリズムであれば、法の諸規則について語っている『ローマ法学説彙纂』の項目のなかにある、〔パウルスという〕法律家[320]の次のような文言がそれにあたります。すなわち、「規則カラ法ガ定メラレルノデハナク、現ニアル法カラ規則ガ作ラレル（non ex regula jus sumi, sed ex jure quod est, regulam fieri.）」つまり、よりよく記憶するために、規則はすでに知られている法から引き出されるが、法はそうした規則のうえには定められない。しかし、まさに法そのものを構成し、訴訟・抗弁・再抗弁等々を形成する基礎的公準があります。これは、それが純粋理性によって教えられ国家の恣意的権力に由来するのでない場合には、自然法を構成します。そして、私が先ほどお話しした、損害を与える利益を禁ずる規則はこの種のものです。また、例外がまれであり、したがって普遍的なものとみなされるような規則もあります。ユスティニアヌス帝[321]の『法学提要（Institutiones）』の規則――『訴訟について』と題された部分の第二節――はこの種のものです。それが述べているのは、物体的なものが問題である場合、訴訟者は所有者であってはならないということです。ただし、皇帝が『ローマ法学説彙纂』のなかに記載されていると述べるただひとつの場合は別としてですが、人はそうしたものをまだ探している最中です。確かに、ある人たちは、「ヒトツノ場合ハ別トシテ（sane uno casu）」のかわりに「複数ノ場合ハ別トシテ（sane non uno）」と読んでいます。また、ひとつの事例からときにはいくつもの事例を作り出[322]すことができます。医者の間では、『先駆者（Prodromus）』という著作を私たちにもたらし、新しいセンネルトゥス（Sennertus）、つまり新しい発見や学説に適合した医学説を期待させてくれた故バルナー[323]氏が、次のように主張しています。すなわち、医者たちが医療行為の説のなかで通常遵守しているやり方とは、人体の諸部分の順序や他の順序に従って一度にひとつの病気を扱い次に他の病気を扱うようにして治療する技術を説明することであって、多くの病気や症状に共通する、実際の医療行為の普遍的処方を与えることなどではなかったというのです。そしてそのために医者たちは延々と繰り返しを行なうはめに陥っているのだ、と彼は主張しています。したがって、彼に従えば、センネルトゥス［の説］の四分の三は省略できるでしょうし、医学という学問は一般的命題によって、それもとりわけアリストテレスの「第一ノ普遍（*καθόλου πρῶτον*）[324]」が合致する諸命題、つまり可逆的な命題かそれに近い命題によって、非常に簡略化できるでしょう。彼が、医学の推論に基づく分野でとりわけ処方に関してこの方法を推奨しているのは正しいと私は思います。しかし、医学が経験的であるかぎり、普遍的命題を形づくることはそれほど容易で

321――cf. *Institutiones*, 4, 6, §2.（A）
322――Daniel Sennert（1572–1637）. ドイツの著名な医者。ヴィッテンベルク大学教授（1602–1637）。パラケルススの影響を受ける。古代の人々、アリストテレス、ガレノスの教説と錬金術師たちの教説を結びつけようとした。主な著作として *Hypomnemata physica*（1636）、*Epitome scientiae naturalis*（1618）がある。（cf. Brunschwig）
323――Jacques Barner（1641–1686）. 医者。ファン・ヘルモントの弟子。*Prodromus Sennerti novi, seu delineatio novi medicinae systematis*（1674）の著者。（Brunschwig）
324――*Analytica Posteriora* II, 99a34–5.（R & B）

325――原文では l'experience [y] a authorisez。［　］の部分は編者による訂正箇所。（A）

も確実でもありません。さらに、個々の病気にはふつう合併症があります。病気というものは、それぞれ独自の記述を要する植物や動物に似て、いわば実体を模倣しているのです。すなわち、病気とは存在の様態ないし仕方であって、私たちが物体や実体的事物について述べたことがそれにあてはまります。たとえば、金や水銀と同様に四日熱は究明しにくいものだといった具合です。ですから、普遍的処方にもかかわらず、諸々の種類の病気において治療の方法と、多くの症候や諸原因の併合に適用できる治療薬を探し、とりわけ、経験によって保証される治療薬を集めるのは良いことです。センネルトゥスはそれを十分にはしませんでした。というのも、彼が出している処方箋の内容は、しばしば、経験によって保証されるよりも思イ付キニヨル（ex ingenio）当て推量で形づくられている、と学識ある人たちが指摘してきたからです。自分の言動にもっと確信をもつためには、彼には経験による保証が必要でした。それゆえ、最善なことは二つの道を結び付け、医学のように微妙で重要な問題においては繰り返しをいとわないことであろう、と私は思います。医学に欠けているのは、私見では、私たちが法律学のなかにあまりにも多くもっているもの、すなわち、個別的事例の書物やすでに観察されている事柄の目録です。というのも、法律家たちの書物はその千分の一でも私たちに十分でしょうが、医学に関しては十分に詳しい観察が私たちにさらに千倍あっても多すぎることはないだろうと思うからです。要は、法律学というのは、法律や慣習によって明確に示されてはいないことに関して、完全に理性に基づいているということです。なぜなら、それらは、法律または法律がなければ自然法から、理性によって常に導き出すことができるからです。そして、各国の法律は有限で確定されているか、あるいはそうなりえます。それに対して、医学において経験的原理すなわち観察は、自然が私たちに中途半端にしか認識させないものを解読する機会をもっと理性にもたらすのに多すぎるということはありえないでしょう。さらにまた、あなたが話しておられる学識ある著者が〔16〕と〔17〕で）述べているような仕方で公理を用いる人など、私はひとりも知りません。それはまるで、誰かが次のように述べることによって、「黒人は人間である」ということを子供に論証するために「有るものは有る」という原理を用いているかのようです。すなわち、「黒人は理性的魂をもっている。ところで、理性的魂と人間とは同じものである。したがって、黒人が理性的魂をもちしかも人間でないとすれば、〝有るものは有る〟が偽になるか、あるいは〝ひとつの同じものが有ると同時に有らぬ〟ことになるであろう」、と。こうした公準はここではまったく場違いであり、直接には推論に関与しておらず、また推論で何も前進させることもないため、そうした公準を用いずに次のように推論することで皆が満足するからです。すなわち、「黒人は理性的魂をもっている。理性的魂をもつ者は皆人間である。それゆえ、黒人は人間である」、と。そして、理性的魂が私たちにまったく現われていない場合には理性的魂など存在しない、という先入観をもった人が、生まれたばかりの子供や痴愚者は人間という種に属していないという結論を下すことになっても（そして実際、あの著者は、それを否定するきわめて理性的な人たちと話しをしたことがあると報告していますが）、私は、「ひとつの［同じ］[326]ものが有りかつ有らぬことはできない」という公準の誤った使用が彼ら[327]を誤らせたとは思いません。そうした推論をする際、彼ら[328]はその公準について考えてさえいない、と私は思います。彼らの[329]誤謬の源泉は、あの著者の原理の拡張にあるのでしょう。彼は、魂のうちには魂が自覚しない何ものかがあることを否定しているのです。これらの人々はそれに対して、他人が魂を明確に知覚しない場合魂そのものを否定するまでになるでしょう。

8章——取るに足らない命題について

フィラレート　理性的な人々は、私たちが論じてきたような仕方で自同的な公理を用いないように気をつけている、と私は思っています。[330]［2］ですから、純粋に自同的なそれらの公準は、スコラ哲学者でさえそう呼んでいるように、取るに足らない命題あるいは無価値な（nugatoriae）[331]命題にすぎないように思われます。もし自同的なものを介した換位の論

326——［　］の部分は編者による訂正箇所。（A）
327——R & B は les を him と読む。
328——R & B は ils を he と読む。
329——R & B は leur を his と読む。
330——ここまで、ライプニッツによる付加。（R & B）
331——ou nugatoriae はライプニッツによる付加。（R & B）

332——本書第4部2章1節参照。ラングリーは第4部6章2節の参照を指示。
333——R & B は［3］を指示していない。内容的には2節のこと。
334——原文では ...aucune instruction. Si ce n'est... となっているが、ここは意味がつながりにくいので、コストの文を補い、Si の前のポアン（.）をヴィルギュル（,）と読む。
335——Proclus, *In primum Euclidis elementorum*.（A）

証、[332]というあなたの驚くべき例が、何ものかを軽視するようになる際に、私を慎重にさせなかったとすれば、そのように思われると言うことで満足することなどはないでしょう。けれども、そうした命題がまったく取るに足らないと言明するために持ち出される理由を、あなたに申し上げることにします。それは、［3］[333]そうした命題が、ある人の陥っている背理をその人に示すためにときどき役立つ以外は、いかなる知識も含んでいないことが、一目で分るということです[334]。

テオフィル　あなたはそれが何の役にも立たないとお思いですか。ある命題を背理に還元することはその命題の矛盾を論証することである、とはお認めになりませんか。確かに、同じものを同時に否定しかつ肯定してはならないとある人に言っても、何も教示することにはならないと私は思います。しかし、その人がそれを考えずに行なっているということを推理の力によって示せば、何かをその人に教示することになるのです。私の意見では、常に間接帰謬法的論証すなわち背理に還元する論証なしですませ、直示的と呼ばれる〔直接的〕論証によってすべてを証明するのは困難であると思います。幾何学者たちはその点に非常に興味をもち、多くの経験をつんできました。プロクロス[335]は、ユークリッドよりも後の古代のある幾何学者たちが、ユークリッドの論証よりも直接的である（と思われた）論証を見出したのを見て、ときどきそれを指摘しています。しかし、この古代の注釈家の沈黙は、それが必ずしも常に行なわれたわけではないことを十分に示しています。

［3］**フィラレート**　あまり苦労せずに、しかしまたほとんど役にも立たない無数の命題を形づくりうることは、少なくとも承認していただけるでしょう。というのも、たとえば、「牡蠣は牡蠣である」と指摘することや、それを否定すること、つまり「牡蠣は牡蠣でない」と言うことは誤りであると指摘することは、取るに足らないことではないでしょうか。これについて私たちの著者は、揶揄して次のように言っています。すなわち、その牡蠣からあるときは主語を、またあるときは属性ないし「述語」をつくる人は、〈まさしく一方の手から他方の手へ牡蠣を投げて遊んでいる猿のようなものであって、それは、あれらの命題が人間の知性を満足させうるのとまったく同じだけ猿の飢えを満足させうるだろう〉、と。

テオフィル　機知も判断力も優れたあの著者が、命題をそんなふうに使う人たちに反対の意見を述べているのはまったくもってもっともだと思います。でも、自同的命題を有益なものにするためにはそれをどのように用いるべきか、あなたは十分ご存じです。つまり、確立したい他の諸真理が推理と定義によって自同的なものに還元されるのを示すことによってなのです。

【4】**フィラレート**　それは認めます。そしてそれが、〈取るに足らないように思われ多くの場合実際そうであるような命題[336]〉に対してなおさら適用されうることは、よく分ります。〈そうした命題においては、「鉛は金属である」と言う場合のように、複雑観念の一部がその観念の対象について肯定されています[337]。これらの名辞の意味を認識し、「鉛」が非常に重く溶けやすく展性のある物体を意味することを知っている人の精神のうちには、「金属」と言うことによっていくつもの単純観念をひとつひとつ数え上げる代わりに一挙に指示するという有用性があるだけです。【5】「すべての金は可融性がある」と言う場合のように、定義の一部が定義される名辞について肯定される場合も——「金」が黄色く重く可融性と展性のある物体として定義されていると仮定してのことですが——同じことがあてはまります。また、「三角形は三つの辺をもつ」とか、「人間は動物である」とか、「儀仗馬（フランス古語 palefroy）はいななく動物である」と言う場合も同じです。これは言葉を定義するのに役立つのであって、定義を超えた何かを学ぶために役立つのではありません。しかし、「人間は神の概念をもっている」とか「阿片は人間を熟睡させる」と言われれば、それによって私たちは何かを学ぶのです。〉

テオフィル　まったく自同的である命題について私が述べたことに加えて、あの半ば自同的であるものにも特有の有用性があることが見出されるでしょう。たとえば、「賢い人間は常に人間である」というのは、彼が不可謬ではないことや、彼が死すべきものであること等々を知らせています。誰かが危険に直面してピストルの弾丸が必要であり、［弾丸を

336——ロックはそうした命題がすべて取るに足らないものである（trifling）ことを仄めかしている、とR & Bは注記。

337——est affirmée de l'objet de cette idée. Locke: is predicated of the name of the whole. (R & B)

338——紀元前一世紀のラテン語著作家 Publilius Syrus の詩。セネカが何度も引用。cf. *Consolatio a Marcia*, IX, 5; *De tranquillitate animi*, XI, 8. (Brunschwig); *Dialogues*, VI ix, 5 et IX ii, 8. (A)

339——Terentius, *Heautontimorumenos*, 77 からの自由な引用。(Brunschwig, A)

340——cf. *Digesta*, 50, 17, 1.55; 1.155, §1 et 39, 2, 1.26. (A)

作る」型はもっていてもそれに流し込む鉛がないとします。友人が彼に、「あなたが財布のなかにもっている銀貨が溶けやすいことを思い出しなさい」、と言うとします。この友人は、彼に銀の性質を教えているのではなく、この差し迫った必要に際してピストルの弾丸を得るために銀から作ることのできる用途を彼に思い至らせるわけです。道徳的真理や著作家の最も美しい警句の大部分はこの種のものです。それらはたいてい何も教えはしませんが、人の知っていることに折よく思い至らせるのです。ラテン悲劇のあの短長六脚詩句

Cuivis potest accidere, quod cuiquam potest,[338]

は、優美さは及びませんが、「ひとりに起こりうることは誰にも起こりうる」、と表現することができるでしょう。これは、「人間的ナモノハ何モ私タチニトッテ無縁ナモノトミナシテハナラナイ (quod nihil humani a nobis alienum putare debemus[339])」、という人間の境涯を私たちに想起させるだけです。qui jure suo ulitur, nemini facit injuriam[340] (自分の権利を行使する人は誰にも損害を与えない) という法律家のあの規則は、取るに足らないもののように思われます。けれども、それは場合によってはとてもすぐれた用途をもっており、必要なものをまさに考えさせるのです。たとえば、ある人が法令と慣習によって許容されているかぎりの高さまで家を建て、そのため隣人から眺望の一部を奪った場合、この隣人があえて訴えるなら、法律のその同じ規則によってただちに隣人に償いをすることになるでしょう。それに、「阿片は眠りを催させる」と述べる命題のような事実命題ないし経験 [命題] は、純粋理性の真理よりもずっと遠くまで私たちを連れていきます。純粋理性の真理の方は、私たちの判明な観念のうちにあるものの彼方に私たちを行かせることは決してできません。「すべての人間は神の概念をもっている」というあの命題についていえば、「概念」というものが観念を意味している場合、それは理性の命題なのです。というのも、私の考えでは、神の観念はすべての人に生得的であるからです。しかし、この「概念」というものが現実に思考される観念を意味するとすれば、それは事実命題であって、人類の歴史に属しています。[7] 最後に、「三角形は三つの辺をもつ」という命題は、思うほど自同的ではありません。というのも、多角形は同じ数の角と辺とをもつはずであることを知るためには、多少注意しなければならないからです。そしてまた、多角形が閉じていると仮定さ

れていなければ、辺は角よりもひとつ数が多いことになるでしょう。

[9] フィラレート 〈実体に関して形づくられる一般的命題は、もしそれらが確実であるならば、大部分が取るに足らないものであるように思われます。そして、実体・人間・動物・形相・魂・植物的・感覚的・理性的[341]という言葉の意味を知っている者は、それからいくつもの疑いない、しかし無益な命題を形づくるでしょう。とくに魂についてはそうした命題が形づくられ、魂が実際に何であるかを知らずに、しばしば魂について語られています。形而上学やスコラ神学やある種の自然学[342]の書物のなかに、その種の無数の命題・推論・結論を誰でも見出すことができるでしょうが、それを読んでも、神・精神・物体について、それらの書物に目を通す前に知っていた以上のことを学びはしないでしょう。〉

テオフィル 確かに、形而上学の概説や普通に見うけられるそのような類の他の書物は、言葉しか教えません。たとえば、形而上学は存在一般の学であり、その原理とそれより生ずる変状とを説明するとか、存在の原理は本質と現実存在であるとか、変状は原初的すなわち一・真・善であるか、派生的すなわち同と異[343]・単純なものと複合的なもの等々であると言い、それらの名辞の各々について語るとき曖昧な概念と言葉のうえの区別しか与えないならば、それはまさに学という名称を濫用することです。けれども、(グロティウス[344]が非常に重視している) スアレス[345]のようなより深遠なスコラ学者を正当に評価するには、彼らの著作がときに重要な議論を含んでいることを認めなければなりません。たとえば、連続について、無限について、偶然性について、抽象的なものの実在性について、個体化の原理について、形相の起源と形相間の空虚[346]について、魂とその能力について、被造物との神の協働について等々、そのうえさらに道徳《モラル》においては、意志の本性について、正義の原理について、といったことです。要するに、これらの鉱滓のなかにはまだ金があるけれども、それを利

341——substance, homme, animal, forme, âme, végétative, sensitive, raisonnable. GP・Brunschwig は âme の次のヴィルギュル（,）を欠くので、「実体・人間・動物・形相・植物的魂・感覚的魂・理性的魂」となる。

342——Physique. R & B は natural philosophy と英訳。

343——[le] divers の le を写字生は削除。(A)

344——Hugo Grotius (1583–1645). オランダ名 Huig de Groot。オランダの著名な法学者、歴史家、政治家。自然法学派の創始者の一人。自然権思想を個人間の問題だけでなく国家間の問題についても展開し、国際法学の樹立に貢献した。cf. *Opera omnia theologica* (1679), IV, pp. 206, a. 50, 621, a. 54; Epistolae ad Gallos, epist. 154; ad Joa. Cordesium, p. 335. (Langley)

345——Francisco Suarez (1548–1617). スペインの著名な神学者、法哲学者。グラナダで生まれる。サラマンカ大学で哲学を修め、ローマ、アルカラ、サラマンカ、コインブラなどで神学を講じる。スコラ派の指導的神学者となり、新スコラ派の祖となる。またイエズス会学派の真の創立者として、同会の神学者のうちで最重要。主著は *Disputationes metaphysicae* (1597)。

346——本書第3部の訳注162参照。

用できるのは見識ある人たちだけであることは認めなければなりません。そして、良いものはあちこちにある以上、若者に無益な言葉の山を背負わせるのは、あらゆるもののうちで最も貴重なもの、すなわち時間を無駄にすることでしょう。それに、実体に関する確実で知られるに値する一般的命題が、私たちにまったく欠けているわけではありません。あの学識ある著者が、自ら進んでにせよ部分的に他の人たちに従ってにせよ説いた、神や魂に関する偉大で美しい諸真理があります。私たちもまた、おそらくそれに何かを付け加えたでしょう。そして、物体に関する一般的認識については、アリストテレスが後世に残した認識に、たくさんの重要なものが［付け加えられてきました］[347]。また、自然学はその一般的部分でさえ、かつてそうであったよりもいっそう実在的になったと言わなければなりません。実在的な形而上学については、私たちはそれをほとんど確立し始めています。そして私たちは、理性に基づきつつ経験によって確証されるような、実体一般に属する重要な諸真理を見出しつつあるのです。私も魂と精神に関する一般的認識に多少は貢献したと思います。そのような形而上学とは、アリストテレスが求めていたものです。それは、彼において *Ζητουμένη* と呼ばれる学、すなわち望まれる学であり、あるいは彼が探していた学なのです[348]。それは他の理論的な諸学に対して、幸福の学がそれに必要な技術に対するような関係、建築家が職人に対するような関係をもっていなければなりません。そういうわけで、アリストテレスは、他の諸学は最も一般的な学としての形而上学に依存しており、他の諸学は自らの原理を形而上学から借りてこなければならず、そうした原理は形而上学において論証されると言ったのです。したがって、真の道徳は形而上学に対して、実践が理論に対するような関係をもっていることを知らなければなりません。なぜなら、精神の認識、そしてとくに神と魂についての認識が、実体一般の教説に依存しているからであり、そうした認識が正義と徳に対して正当な拡がりを与えて

347 ——a ajouté. 写字生は ajoute とする。GP・Brunschwig では ajoute。
348 ——*Metaphysica*, I, 2, 982a4–b10; VII, 1, 1028b2–7.（A. Brunschwig）

いるのです。というのも、他のところで指摘したように、[349]摂理も来世も存在しないとすれば、賢者は徳の実践においてもっと限られることになるからです。彼は何でも自分の現在の満足にしか結び付けないでしょうから。そして、ソクラテスや皇帝マルクス・アウレリウス[350]やエピクテートスや他の古代の人たちにおいてすでに現われているそうした満足でさえ、宇宙の秩序と調和が私たちに開示するあの美しく偉大な、限りない未来にまで[351]広がる展望がなければ、必ずしもさほどよく基礎づけられはしないでしょう。そうでなければ、魂の平穏は強いられた忍従と呼ばれるものでしかないでしょう。したがって、理論的なものと実践的なものという二つの部分を含む自然神学は、実在的形而上学も最も完全な道徳《モラル》もともに含んでいる、と言うことができます。

〔12〕**フィラレート**　〈取るに足らないものや単に言葉上のものからは遠く隔たった認識が確かにあります。しかし、単に言葉上のものというのは、二つの抽象的なものが互いに肯定されるような認識であるように思われます。たとえば、「節約は質素である」とか、「感謝は正義である」という場合です。そして、これらの命題や他の命題が一瞥してときには[352]どれほどもっともらしく見えようとも、しかしそれらの力に迫る[353]ならば、私たちは、そうしたものはみな名辞の意味以外のものを伴っていないことに気づくのです。〉

テオフィル　しかし、名辞の意味すなわち定義は、自同的公理と結びついて、あらゆる論証の原理を表現します。そして、そうした定義は観念とその可能性とを同時に知らせることができるため、定義に依存するものが必ずしも単に言葉上のものであるとはかぎらない、ということは明白です。「感謝は正義である」、あるいはむしろ「正義の一部である」という例についていえば、それは軽視すべきではありません。というのも、それは、actio ingrati〔恩知ラズ者ヘノ訴エ〕[354]と呼

349——cf. *Codex juris gentium diplomaticus*, 1693, préface I, §13 (Dutens, IV, Pt. 3, p. 296). (A, Cassirer) R & B は A VI-6, 423、Langley は GP IV, 292 を挙げる。

350——『自省録』*Eis heauton* の著者マルクス・アウレリウス Marcus Aurelius Antonius (B.C. 121-80)

351——アカデミー版のみ jusques の前にヴィルギュル（,）があり、他の版にはない。そのため jusques 以下は、R & B では vues に、他の版では ouvrir につながる。

352——quelquefois はライプニッツによる付加。(R & B)

353——Locke: press them. Coste: presser la signification. Leibniz: presser la force. (R & B)

354——cf. *Cod. Justin*. 8, 56, 1, 8 and 10. (Langley)

355——本書第3部8章1節（A VI-6, 333）. (A, R & B)

356——ロックが12節で暗に言おうとしているのは、二つの抽象的名辞を結びつけるいかなる命題も同一命題だということである。13節で言及されている類-種の属性は抽象的名辞には関わらない。(R & B)

357——notre はコストによる付加。(R & B)

358——ライプニッツの草稿には、このあとに次の文が書かれていた。「しかし、自国から外へ出たことのなかったシャムの亡き王は、他のことで誠実な人と思われていたフランスの大使が、ヨーロッパでは水がときに非常に堅くなるので、大砲をその上に置いても沈むことはなく、そのため橋や船や他の支えがなくてもそれを川の対岸まで渡すことができるという話をして、自分をだまそうとしたのだと思った。」第4部15章5節参照。

ばれるもの、すなわち、忘恩の徒に対して行ないうる告訴が法廷でより考慮されるべきであることを知らせているからです。ローマ人たちは、自由民つまり解放奴隷に対するこうした訴えを受理していましたし、今日でも贈与の取り消しに関してはそうした訴えが起きるはずです。それに、私は他のところで[355]すでに述べましたが、抽象的な観念もまた、類を種に帰属させることができるように、その一方を他方に帰属させることができます[356]。たとえば、「持続は連続性である」とか、「徳は習態である」、と言うような場合です。しかし、普遍的正義はひとつの徳であるだけでなく、倫理的徳の全体ですらあるのです。

9章——私たちの[357]現実存在に関して私たちのもつ認識について

【1】**フィラレート** 〈私たちはこれまで、事物の本質だけを考察してきました。そして私たちの精神は、抽象によってしかその本質を認識しないので、私たちの知性のうちにある存在以外のあらゆる個別的存在を本質から分離してしまい、本質は、いかなる実在的存在についての認識も私たちにまったく与えないのです。そして、私たちが確実な認識をもちうるような普遍的命題は、現実存在には関わりません。さらにまた、ある命題によって、ある類や種に属する個体に何らかのものを属させるときはいつも、同じものが類や種一般に属しているとしても、その命題は確実ではないでしょうが、そうした命題は現実存在にのみ関わり、個別的に現実存在する事物における偶有的連結だけを認識させるのです。たとえば、「これこれの人は学識がある」、と言うような場合です。〉

テオフィル まさにそのとおりです。哲学者たちもまたこの意味で、本質に属するものと現実存在に属するものとを非常にしばしば区別し、偶有的もしくは偶然的なものすべてを現実存在に関わらせているのです。私たちが経験によって初めて知る普遍的命題は、もしかしたら偶有的なものでもあるかもしれないかどうかさえ、たいていは知られていません。私たちの経験は限られているからです。たとえば、水が凍ることのない国で、水は常に液体状にあるという命題が形づくられても、この命題は本質的なものではありません。それはより寒い国に行けば分ることです[358]。けれども、偶有的なものをもっと狭い意味で解すことができます。したがって、偶有的なものと本質的なものとのいわば中間があるのです。そしてこの中間とは自然的なもの、すなわち、必ずしも事物に属しているのではないけれども、何も妨げるものがなければ、自ずとその事物に適合するものです。したがって、液体であることは確かに水にとって本質的ではないとはいえ、水にとって少なくとも自然的であると主張する人がいてもよいでしょう。繰り返すと、そう主張することはできるでしょうが、にもかかわらず、それは論証された事柄ではないのです。もし月に住民がいたら、凍っていることが水にとって自然的である、と言う権利が少なからずあると思う理由もおそらくあるでしょう。しかし、自然的なものがそれほど疑わしくない、別の事例があります。たとえば、光線は、それを反射する何らかの表面にたまたまぶつからなければ、同じ媒質のなかでは常に直進する、という場合です。なお、アリストテレスは偶有的な事物の源泉を質料に帰するのが常です。[359]しかしその場合、「質料」を第二質料、すなわち、物体の堆積ないし塊と解さなければなりません。

[2] フィラレート　私がすでに指摘したように、[360]『知性論』を書いたイギリスの優れた著者によれば、〈私たちは、私たちの存在を直観によって、神の存在を論証によって、他の事物の存在を感覚によって認識します。〉［そして、あなたがそれにとても賛同されたことを私は覚えています。］[361]〈[3] ところで、私たちの存在を私たち自身に認識させるこの直観は、証明することもできず、また証明する必要もない完全な明証性をもって、私たちに自分の存在を認識させるのです。したがって、私がすべての事物を疑おうとするときでさえ、当の疑いそのものが、私が私の存在を疑うことを許さないのです。要するに、私たちはこの点について、想像しうる最高度の確実性をもっているのです。〉

テオフィル　そのことすべてについて、私はまったく同感です。そして、私は次のことを付け加えます。すなわ

359——*Metaphysica*, E, 1027a8–15.（R & B）
360——本書第4部3章21節。（Langley）
361——［　］の部分は編者による訂正箇所。（A）R & B は A VI-6, 387 の参照を指示。
362——cf. A VI-6, 367.（R & B）
363——de Dieu. ロックは普通、a God の現実存在ないし存在について語るが、コストは常に冠詞を落としている。（R & B）
364——intelligence. Locke: perception. Coste: intelligence.（R & B）
365——Locke: it is an evident demonstration, that from eternity there has been something.「数学的」は『知性論』にはない。コストによる変更。（R & B）

ち、私たちの存在と私たちの思考についての直接的な意識表象が、ア・ポステリオリな、あるいは事実の第一真理すなわち第一の経験を与えてくれるのです。このことは、自同的命題がア・プリオリな、あるいは理性の第一真理すなわち第一の知識を含んでいるのと同様です。[362] どちらも、証明することはできず、直接的と呼ぶことができます。前者は、知性とその対象の間に直接性があるからであり、後者は、主語と述語の間に直接性があるからです。

10章――神[363]の存在に関して私たちのもつ認識について

【1】フィラレート 〈神は、私たちの魂に美しくなる諸能力を授けることによって、ご自身の証《あかし》を余すところなく残されました。というのも、感覚と知性[364]と理性とが、神の存在の明らかな証拠を私たちにもたらしてくれるからです。〉

テオフィル 神は、神を認識するのに適した諸能力を魂に与えただけでなく、神を印す文字をも魂に刻印しました。ただし、これらの文字を魂が意識表象するためには諸能力が必要です。しかし、生得的な観念や真理について、私は神の観念や神の存在の真理もそのうちに数えていますが、私たちの間で議論したことを繰り返すつもりはありません。それよりも本題に入りましょう。

フィラレート 〈さて、神の存在は、理性によって最も容易に証明される真理であり、もし私が間違っていなければ、その明証性は数学的論証の明証性と等しいとはいえ、それでも注意を必要とします。さしあたり必要なのは、私たち自身と、疑いえない私たち自身の存在について反省を行なうことだけです。【2】したがって、各人は、自分が現実に存在する何らかのものであり、それゆえ実在的な存在者がある、ということを認識していると私は思います。自分自身の存在を疑いうるような人がいるとすれば、私はそのような人にお話ししているのではない、とはっきり言っておきます。【3】私たちはまた、単純な直観的認識によって、純粋な無が実在的な存在者を産出できないことを知っています。ここから数学的明証性をもって、何らかのものが永遠の昔から存在してきたということが帰結します。[365] 始まりをもつものはみな、何か他のものによって産出されたはずですから。【4】ところで、自分の存在を他のものから引き出すすべての存在者は、自分のもつすべてのものと自分のあらゆる能力をも当の他のものから引き出すのです。それゆえ、すべての存在者の永遠の源泉はまた、それらのあらゆる力能の原理でもあり、したがってこの永遠の存在者は[366]全能でもあるはずです。【5】さらに、人間は、自分自身のうちに認識を見出します。それゆえ、ある知的な存在者がいるのです。ところで、認識や知覚をまったく欠いた事物が知的な存在者を産出するのは不可能であり、感覚のない物質が自らのうちに感覚を産出するなどというのは、感覚のない物質という観念に反しています。それゆえ、諸物の源泉は知的なものであり、知的な存在者は永遠の昔から存在してきたのです。【6】きわめて力能がありきわめて知的な永遠の存在者こそ、「神」と呼ばれるものです。人間は、認識と知恵をもつ唯一の存在者であるとはいえ、それでも単なる偶然によって形づくられてきたものであり、宇宙の残余のすべてを導いているのは、この同じ盲目的で認識を欠く原理であると仮定するほどに無分別な人がいれば、私はキケロのあのきわめて堅固な強い語調の戒め（『法律について』第二巻）を時間をかけて検討するようお薦めします。彼は次のように言っています[367]。確かに、何人《なんぴと》[368]も、自分のなかには知性と理性があるけれども、［天と］この広大な全宇宙を支配するような理知的存在などまったくないと考えるほど、愚かにも高慢であってはならないであろう、と。これまで私が述べてきたことから、私たちは自分の外にある何か他の事物についてよりも神［の存在］[369]について、より確実な認識を有していることが、明らかに帰結するのです。〉

テオフィル　その論証に反することを言わなければならないのは本当に心底残念ですが、ただ、その論証の空白を満たす機会を差し上げたい一心で申し上げます。それは主に、何ものかが永遠の昔から存在してきた、とあなたが結論づけておられる（［3］）点に対してです。そこには曖昧さがあると思います。もしそれが、何も存在しなかった時間など決

366——Toutpuissant. Locke: the most powerful. Coste: Toutpuissant.（R & B）
367——Cicero, *De legibus*, II, ch. 7, §16.（A）
368——et que cependant il n'y a aucune intelligence qui gouverne tout ce vaste Univers. Locke: but yet in all the universe beside, there is no such thing. コストによる変更。（R & B）
369——［　］の部分は編者による訂正箇所。（A）
370——原文は、qui ne fasse voir en même tems。米山訳は「示す」とし、R & B、Langley、E & H、Cassirer は「示さない」とする。
371——原語は meilleur。写字生は plus grand とする。（A）
372——原文では ［et］ cela me fait croire。写字生は et を書き落とす。（A）

してなかったという意味なら、それには同意します。それは、まったく数学的な推理によって、先行する諸命題から実際出てくることです。というのも、無は存在を産出することができない以上、もしかつて何もなかったのであれば、ずっと何もなかったでしょうから。それゆえ、私たち自身さえ存在しないことになりますが、それは経験の第一真理に反しています。しかしその結論がただちに示しているのは、何らかのものが永遠の昔から存在してきたと言うことで、あなたが永遠なものを理解されているということです。けれども、あなたがこれまで主張されてきたことから、常に何らかのものが存在してきたとしても、常にある一定のものが存在してきた、すなわち永遠の存在者があるということにはなりません。というのも、私は他の事物によって産出され、その事物もまた別の事物によって産出された、と反対者なら言うだろうからです。さらに、ある人たちは（エピクロス派がアトムを認めたように）永遠の存在者を認めるとしても、だからといってそれだけが他のすべてのものの唯一の源泉であるようなひとつの永遠の存在者を容認せざるをえない、とは思わないでしょう。というのも、彼らは、存在を賦与するものは、事物の他の諸性質や力能をも与えることは認めるとしても、唯一のものが他のものに存在を賦与することは認めず、各事物には他の多くの事物が協力しなければならないとさえ言うでしょうから。したがって、私たちはそれだけで、すべての力能のひとつの源泉に到達することはないのです。けれども、そのようなひとつの源泉があり、しかも宇宙は知恵によって支配されていると思うことはきわめて理にかなっています。しかし、物質が感覚をもつことができると信じる人々は、物質が感覚を産出することは不可能でないと思いたくなるでしょう。少なくとも、それがまったくできないことを同時に示す[370]ような証明を提示するのは困難でしょう。さて、私たちの思考が思考する存在者に由来するとして、論証をそこなうことなく、それが神にちがいないということを認めうるのでしょうか。

【7】フィラレート　私がこの論証を借用した優秀な人物が、その論証を完成できると信じていますので、彼にやってもらいましょう。これ［より大きな］[371]ほど公けに寄与するものはないでしょうから。あなた自身、それを望んでおられる。［そして］[372]それで〈あなたが、ある人たちのように、無神論者の口をふさぐためには私たちのうちにある神の観念の存在にすべてを基づかせるべきであるなどと思っておられない〉ことが分ります。〈そうすべきであるという人たちは、このお気に入りの発見にあまりにも強く執着するあまり、神の存在に対する他のすべての論証を退けさえしたり、少なくともそれらの論証が弱々しいものや誤りであるかのようにそれらの論証を弱めようとしたり、用いるのを禁ずることまでするの

です。もっとも、それは実際には、賢明な人が逆らう［ことができる］[373]とは思えないほどに明晰にかつ説得的な仕方で、私たち自身の存在と宇宙の可感的な部分との考察によりあの至高の存在者の存在を私たちに示すような証明なのですが。〉

テオフィル　私は、生得的観念、とりわけ神の生得的観念を支持する者ではありますが、神の観念から引き出されるデカルト派の諸論証が完全であるとは思いません。デカルト氏[374]がカンタベリーの大司教アンセルムスから借用した論証は、確かにきわめて美しくきわめて巧妙ではあるけれども、まだ満たすべき空隙があることを、私は他のところで（『ライプツィヒ学報』[375]や『トレヴー紀要』[376]のなかで）詳しく示しておきました。当時確かに最も有能な人物の一人であったこの著名な大司教は、神の働きに訴えることなく、神自身の概念からア・プリオリに神の存在を証明する手段を見出したと自負していますが、それももっともなことです[377]。彼の力強い議論はだいたい次のとおりです。

> 神は最も大なるもの、あるいは（デカルトの言うように）存在者のうちで最も完全なものである。言いかえれば、至高の大いさと完全性とをもち、自らのうちにそのすべての段階を包含する存在である。これが神の概念である。さて、この［神という］概念から次のようにして現実存在が生じる。すなわち、現実存在することは、現実存在しないことよりもより以上の何らかのものである。あるいは、現実存在はその大いさや完全性にひとつの段階を付け加える。そして、デカルト氏が表明するように、現実存在はそれ自身ひとつの完全性である。それゆえ、大いさや完全性のこの段階、あるいは現実存在のうちに存するこの完全性は、まったき大いさ・まったき完全性を有する、この至高の存在のうちにある。さもないと、その存在[378]は何らかの段階を欠くことになり、それは彼の定義に反するからである。したがって、この至高の存在は現実存在する［ということになる］。

373――写字生は doive とするが、これは誤り。（A）
374――*Meditatio* V; *Principia* I, 14.（A）
375――『認識、真理、観念についての省察』（一六八四年一一月）。（A, R & B, Brunschwig）R & B は A VI-6, 292f. の参照を指示。
376――*Extrait d'une lettre... touchant la démonstration cartésienne de l'existence de Dieu par le R. P. Lamy, Bénédictin*, septembre 1701, pp. 203–207.（A）
377――*Proslogion* ch. 2.（R & B）
378――lui. R & B は he would be lacking in some degree と英訳し、he を使っているが、この he に関しては「あるいは it」と注記。

スコラ哲学者たちは、天使的博士[379]さえ例外でなく、この議論を軽視してそれを誤謬推理とみなしました。この点で彼らは大きな誤りを犯したのであり、ラ・フレーシュのイエズス会の学院でスコラ哲学をかなり長い間研究したデカルト氏が、この議論を復活させたのもきわめて当然だったのです。それは誤謬推理ではありませんが、その議論に数学的な明証性を与えるためにはまだ証明すべきことを前提している、不完全な[380]論証です。［つまり］まったき大いさ・まったき完全性を有する存在、というこの観念は可能であり矛盾を含んでいないということが暗黙のうちに仮定されているからです。ですから、この指摘によって、まさにすでにあることが、すなわち、神は可能であるならば現実存在する、これは神だけの特権である、ということが証明されるのです[381]。いかなる存在者[382]の可能性も、とりわけ神の可能性は、誰かがその反対を証明するまでは前提する権利があります。したがって、この形而上学的な議論は、説得力のある道徳的結論をすでに与えてくれているのであり、その結論は、私たちの認識の現在の状態に従って、神は現実存在すると判断しまたそれに応じて行為しなければならないということを示しています。とはいえ、学識ある人々が、厳密な数学的明証性をもった論証を完成することが望まれるでしょう。私は、それに役立ちうることを、他のところで述べたつもりです[383]。デカルト氏[384]の別の議論、すなわち神の観念が私たちの魂のうちにあり、その観念はその元のものに由来したに違いないということによって神の現実存在を証明しようとする議論は、さらに説得力の少ないものです。というのも、第一にこの証明は、先の議論同様、そのような観念が私たちのうちにある、すなわち神は可能であると仮定する欠陥をもっているからです。神について語る際、私たちは自分の言うことを知っており、したがって、私たちはその［神の］観念をもっている、とデカルト氏の挙げていることは、当てにならない［見せかけだけの］指標だからです。たとえば、力学的な永久運動について語る際、私たちは自分

379——Thomas Aquinas, *Summa theologiae*, I, qu. 2. a. 1. ad 2.（A, Cassirer）

380——AとR & Bは「不完全な」。GP、Brunschwig、Cassirer、E & Hでは「完全な」。コンテクストからはAとR & Bが正当であろう。

381——『モナドロジー』四五節参照。（Cassirer）

382——ライプニッツは神を含めてすべての事物にÊtreという言葉を用いているが、それがesseに当たるのかensに当たるのかはあまりはっきりしない。Êtreには「存在者」という訳語を原則としてあてたが、明らかに神のことを言っている場合は「存在」とした。もっとも、ドゥンス・スコトゥス、スアレス以降の「存在の一義性」が浸透した背景を考え合わせると、すべて「存在者」という意味合いを含んでいるのかもしれないが。

383——*Extrait d'une lettre touchant la démonstration cartésienne de l'existence de Dieu* (*Mémoires de Trévoux*, sépt. 1701, p. 203).（A）ラングリーはライプニッツのジャクロ宛書簡（GP III, 442）、コンリング宛書簡（GP I, 188）、エックハルト宛書簡（GP I, 212）の参照を指示。

384——*Meditatio*, III.（A）

が何を言っているのか分りますが、にもかかわらず、そのような運動は不可能なものであり、したがってその観念は、見かけにおいてもちうるにすぎないからです。そして第二に、まさにこの証明は、私たちが神の観念をもっているならば、神の観念はその元のものに由来するのでなければならない、ということを十分に証明していません。しかし今は、それに拘泥するつもりはありません。生得的な神の観念が私たちのうちにあると認める以上、そのような観念があるかどうかに疑義をさしはさむことができるなどと言うべきではない、とあなたはおっしゃるでしょう。しかし、私は、まったく観念だけに基づく厳密な論証に関してしかこのような疑いを許容しません。というのも、神の観念と現実存在は、他の理由から十分に確認されるからです。また、観念が私たちのうちにどのようにあるのか、私が示した[385]ことをあなたは覚えておれるでしょう。つまり、観念は、必ずしも常に意識表象されているのではなく、いつでも自分自身の深みから引き出して意識表象できるというような仕方であるのです。そしてこれは、私が神の観念について考えていることでもあります。神の可能性と現実存在は、いくつもの仕方で論証されると私は思います。そして予定調和も、反論しえない新たな手段を与えてくれます。それどころか、神の現実存在を証明するために用いられてきたほとんどすべての手段は正しいものであり、より完全にすれば役立ちうると思います。事物の秩序から引き出される手段は無視すべきであるなどとはまったく思っていません。

【9】フィラレート 〈思考する存在者が、思考せずあらゆる感覚や認識を欠く存在者、物質がそうであるかもしれないような存在者に起因しうるかどうか〉、というこの問題を少し考えてみる頃合かもしれません。〈**【10】** 物質の一部分が、自分自身では何も産出できず、自分に運動を与えることもできないのは、十分に明白ですらあります。それゆえ、そ

385——A VI-6, 76-80.（R & B）

386——原語は un cone。GP、Brunschwig、Cassirer、E & H では脱落。

387——長さの旧単位で、一ピエは約三二四ミリ、一プースは 1/12 ピエ（約二七ミリ）、一リーニュは 1/12 プース（約二・二五ミリ）。フュルチエールによると、Pied de Rois は一二プースで、古代ローマに由来し、当時ヨーロッパでは Pied de Leyden, pied Rhenan など各都市で同じ尺度とされていた。

388——原文では l'on [peut] espérer。写字生は peut を pense とする。（A）

389——［　］の部分は編者による訂正箇所。（A）

390——qui existe comme. Locke: neither is there any such thing existing as. コストによる変更。（R & B）

391——『知性新論』の最初の草稿では finis となっていたが、ライプニッツ自身が写しに基づいて infinis に修正。（A）Locke: finite.（R & B）

の運動は、永遠であるか、またはより力能のある存在者によりその物質に伝えられるか、でなければなりません。この運動が永遠であるとしても、認識を産み出したりはとにかくできないでしょう。物質をいわば精神化するために、思いのまま微小な部分に分割し、あなたの欲するあらゆる形状とあらゆる運動をその物質に与え、それから直径が一グライの百万分の一にすぎないような球・立方体・円錐[386]・角柱・円柱などを作ってごらんなさい。一グライとは一リーニュの十分の一、一リーニュとは一プースの十分の一、一プースとは科学的尺度としての一ピエの十分の一[387]、一ピエとは振り子の一幅の三分の一の長さであり、四五度の幅で振り子は一秒に一回振動します。どんなに小さくても物質のこのような微小部分は、それに相応しい大きさの他の物体に対して、直径一プースまたは一ピエの物体が互いに作用する場合とは別の仕方で作用することはないでしょう。そして、一定の形状や一定の運動をもった粗大な物質部分を寄せ集めることによって感覚・思考・認識を産出するということは、この世に存在する物質の最小の部分を用いる場合と、同じくらい正当に期待〔できる〕[388]ことです。物質の最小の部分も、粗大な部分とまさしく同じように、互いにぶつかり合い、押し合い、抵抗し合っています。そしてこれが、物質の最小部分にできる〔すべての〕[389]ことです。しかし物質が、〉《直接的に何の機構もなく、つまり形状や運動の助けなしに、》〈自分の内部から感覚・知覚・認識を引き出せるならば、その場合には、それは物質ならびに物質の有するすべての部分から分離できない特有性であるはずです。これに次のことを付け加えてもいいでしょう。すなわち、私たちが物質について有している一般的で種的な観念によって、私たちは、物質が数的にただひとつのものであるかのように語るよう仕向けられているとはいえ、正確には、すべての物質が個体的な事物であるわけではありません。つまり、私たちの認識する、あるいは私たちの考えうる物質的存在者、もしくは単一の物体として存在する[390]ようなものではありません。したがって、物質が永遠で最初の思考する存在者であるとすれば、唯一の永遠・無限で思考する存在者があるのではなく、互いに独立し、限られた力と別々の思考をもった、無数の永遠・〉無限[391]で〈思考する存在者があることになるでしょう。したがって、それらは、自然のうちに認められるあの秩序、あの調和、あの美を決して産出できないでしょう。ここから必然的に、最初の永遠の存在者は物質ではありえないことになります。〉あの有名な著者の先の論証に満足された以上に、当の著者から取り出したこの推論に、あなたが満足してくださるといいのですが。

テオフィル　この推論はこの上なくしっかりしており、また厳密であるだけでなく深遠でその著者にふさわしい、と私は思います。どんなに小さな物質部分の集成や変様も、表象を産出することはできない、という彼の見解にはまったく同意します。それは、粗大な部分が（明白に分るように）表象を与えることができず、かつまた、小さな部分ではすべてが大きな部分で起こりうることに応じているからです。著者はここで、物質に関するもうひとつの重要な指摘を行なっています。すなわち、物質を数的にただひとつのものとみなしてはならない、あるいは（私のいつもの言い方では）、真の完全なモナド[392]すなわち「一」とみなしてはならない、という指摘です。物質は無数の存在者の集まりにすぎないのですから。この点で、この優れた著者は、私の学説に到達するには、わずかあと一歩が必要でした。というのも、実際、私はこれらの無限な存在者すべてに表象を与えているからです。つまりその各々は、その存在者が受動的で有機的身体を賦与されるために必要とするものと一緒に、魂（あるいはその各々を真の「一」にさせる類比的な何らかの能動的原理）を賦与された、いわばひとつの動物のようなものなのです。ところで、これらの存在者は、能動的であると同様に受動的であるその本性（すなわち、それの有する非物質的なところと物質的なところ）を、一般的な至高の原因から受け取りました。そうでなければ、著者がとてもうまく指摘しておられるように、それらは互いに独立であるために、自然のうちに認められるあの秩序、あの調和、あの美を決して作り出すことができないだろうからです。しかし、実践的な確実性しかもっていないと思われるこの議論は、私が導入した新しい種類の調和、すなわち予定調和によって、まったく形而上学的な必然性にいたります。というのも、それらの魂は各々が、自分の外で起こることを自分自身の仕方で表出し、他の個別的存在者からの影響をいささかもこうむることができず、あるいはむしろ、自己の本性というそれ自身の根底からその表出を引き出さねばならないために、必然的に各々の魂は、その本性（すなわち、外にあるものの表出に対するその内的理由）をある普遍的な原因から受け取ったにちがいないか

392——本書序文の訳注52、第1部の訳注23、27参照。

393——ベールの『歴史批評辞典』、「ロラリウス」の項。（A, R & B, Brunschwig）本書序文の訳注53、第1部の訳注19参照。

394——ロック『人間知性論』第4部10章13節、およびそれに先立つ10節は、「物質」と「思考」の関係、「思考する物質（Thinking Matter）」の問題を暗示し、スティリングフリートら保守派の激しい抗議を惹き起こした。その議論は一八世紀を通して続き、ロックは「ソッツィーニ派」「理神論者」「無神論者」とまで攻撃されることもあった。ロック自身は「物質は思考を産み出せない」（10節）としながらも、人間の認識の限界づけの立場から「われわれは物質と思考の観念をもっているが、たぶん、ある単なる物質的な存在者が思考するか否かを知ることは決してできないだろう」（第4部3章6節）、とも述べている。つまり、神が思考する力能や機能を物質に与えたかもしれないと想定できるため、ロックは物質が思考する可能性を全面的に否定はしていないのである。（J. W. Yolton, *Thinking Matter. Materialism in Eighteenth-Century Britain*, Minneapolis 1983, pp. 3, 14ff.）ロックとスティリングフリートとの論争については、本書序文の訳注83参照。

395——un certain Amas particulier de matière. Locke: some certain system of matter. コストによる変更。（R & B）

396——communiquer. Locke: give. コストによる変更。（R & B）

らです。これらの存在者は皆この普遍的原因に依存しており、この原因のためにお互いに他のものに完全に一致し対応するようになるのです。これは、無限の認識と力がなければ不可能であり、とりわけ機械と理性的魂の作用との自発的な一致に関しては、きわめて大いなるわざこそがなしうることなのです。そのためある高名な著作家[393]は、そのすばらしい『歴史批評辞典』のなかでそれに異議を唱え、それは可能なあらゆる知恵を超えているのではないか、といわば疑いました。神の知恵さえそのような結果に対して大きすぎるとは思われない、と彼は言っていたからです。でも彼は、私たちが神の完全性についてもちうる弱い考え方が、これほどくっきりと際立たされたことは一度もなかったことは少なくとも認めました。

[12] フィラレート　あなたのお考えがわが著者の考えにそのように一致するとは、嬉しいかぎりです。願わくば、私が、この点に関する彼の推論の残りをさらに申し上げることをお許しいただきたい。〈第一に、彼は、他のすべての理知的な存在者が依存する（そして他のすべての存在者がより強い理由で依存する）思考する存在者が物質的であるか否か、検討しています。[13] 思考する存在者は物質的でありうる[394]、という異論を彼はあげています。しかしそれに対して、たとえそうだとしても、それは無限の知と力を有する永遠の存在者であるということで十分である、と彼は応じてもいます。さらに、思考と物質が分離されうるとすれば、物質が永遠に存在することは、思考する存在者が永遠に存在することの帰結ではなくなるでしょう。[14] 神を物質的なものとする人々は、物質の各部分が思考すると思っているかどうか、さらに問われるでしょう。その場合には、物質の微小部分と同じ数の神々が存在することになるでしょう。しかし、物質の各々の部分が思考しないとすれば、思考しない諸部分から構成される思考する存在者がさらに［また］あることになってしまいます。これについてはすでに反駁しました。[15] 物質のある原子だけが思考し、他の諸部分はそれと等しく永遠ではあっても思考しないとすれば、それは、根拠モナク、物質の一部分が他の部分より無限に優れていて、永遠でない思考する存在者を産出する、と言うことです。[16] 永遠で物質的な思考する存在者が、諸部分が思考しないような物質のある特定の集まり[395]であるとすれば、私たちは、すでに反駁したことに戻ってしまいます。というのも、物質の諸部分をいくら寄せ集めても、それから得られるのは新しい位置関係だけで、この位置関係は物質の諸部分に認識を伝える[396]ことができないからです。[17] その集まりは、静止していても運動していても構いません。静止しているとすれば、それは作用を欠く物塊にす

ぎず、ひとつの原子に優る特権をもってはいません。運動しているとすれば、それを他の諸部分から区別する[397]この運動が思考を生み出すはずなので、そのようなすべての思考は、偶然的で制限されたものになるでしょう。各部分は、それ自身では思考を欠き、その運動を規制するものを何ももたないからです。したがって、単なる盲目的物質においてと同様に、自由も選択も知恵もないでしょう。**【18】** 物質は少なくとも神と同じく永遠である、と思う人もいるでしょう。でも、どうしてかは言わないのです。彼らが認めている思考する存在者の産出は、それほど完全ではない物質の産出よりも、ずっと困難です。そして〉（著者は言います）〈私たちが通俗的な諸観念から少し遠ざかって自分の精神を飛翔させ、事物の本性について私たちのなしうる最も深い検討をしてみようとするならば、おそらく私たちは、どのようにして物質が、あの第一の永遠の存在者の力能によって初めてつくられることができたのか、そして存在しはじめたのか、不完全な仕方ではあっても、考えるにいたることができるでしょう。しかし同時に、精神に存在を与えるということは、あの永遠で無限な力能による、さらにとても理解しがたいはたらきであるということが分るでしょう。しかし〉（彼は付け加えます）〈それは世の現今の哲学が基づいている諸概念から私をあまりにも遠ざけてしまうでしょうから、私がそれらからとても遠く離れてしまうこと、言いかえれば、文法が許すかぎり、一般に認められている見解が根本においてこの独自の見解に反するかどうか探求することは、許されないでしょう。さらに言えば、とりわけ、一般に受け入れられている教説が、私の意図に十分かなっているこの辺りで[398]そのような議論に深入りするのは間違っているでしょう。その教説は、どんな「実体」[399]であれ、ひとたび実体の無からの創造や始まりが認められれば、創造者自身を除き、他のすべての実体の創造を同じ容易さで想定できるのは、疑いえないこととしているからです。〉

397——qui le distingue d'autres parties はライプニッツによる付加。（R & B）

398——原文では dans cet endroit de la terre であるが、de la terre はコストによる付加。R & B は in this place ［on the earth］と英訳。R & B によれば、ロックは明らかに「私の本のこの辺りで in this place in my book」と言おうとしている。（R & B）

399——ロックの原文、コスト訳、アカデミー版では SUBSTANCE、ゲルハルト版では隔字体、ブランシュヴィック版ではイタリック。

テオフィル　あの学識ある著者の深遠な思考の一端をお話しくださって、本当にうれしく思います。彼はあまりに細心な慎重さのために、深遠な思考の全体を提示できなかったのです。彼がそれを明示せず、私たちの好奇心をそそった後そこで私たちを放置してしまうのでは、非常に残念です。請け合いますが、この種の謎の下には[400]、何らかの美しく重要なものが隠されていると私は思います。大文字の「実体」〔という言葉〕は、彼が物質の産出を偶有性の産出のように考えていることを、推測させるかもしれません。偶有性は、容易に無から引き出すことができます。そして、世の中で、あるいは地上のこの場所で現今基礎づけられている哲学から彼独自の思考を区別する際、彼はプラトン主義者を念頭においていたのではないか、と思います。彼らは、物質を偶有性のように、何か逃げ去るもの・束の間のものとみなし、精神や魂についてはまったく別の観念をもっていました。

【19】フィラレート　最後に、無から事物がつくられる創造というものは考えられないからといって否定する人々に対しても、あの著者は、魂と身体の結合の理由に関するあなたの発見を知る前の著述で、〈彼らは、どのようにして意志的な運動が魂の意志によって身体のうちに産出されるのかを理解しなくても、経験によって納得しそれを信じている〉、と反論しています。〈また、魂は、新しい運動を産出できないので、動物精気の新しい一定傾向を産出するにすぎない、と答える人たちに対して、彼は正しく反論し、どちらも同様に考えられない、と断じています。[401]この機会をとらえて彼が付け加えていることほどすばらしい指摘はありません。神のなしうることを、私たちの理解しうることに限ろうと欲することは、私たちの理解力に無限の拡がりを与えるか、または、神自身を有限にすることである、というのです。〉

テオフィル　魂と身体の結合に関する困難は今や一掃されていると思いますが、他のところにはまだ困難が残って

400 ——R & B は under this rather enigmatic passage と英訳。アカデミー版の四四一頁から四四二頁にかけて引用されているように、ロックは、物質はいかにしてはじめに創造されたかに関する理論を彼がもっていたことを仄めかしており、この点がライプニッツの興味をそそった。一七〇四年にライプニッツはマシャム夫人に書簡をしたためて（GP III, 364）、ロックに問題の解明を頼んでほしい旨懇請したが、彼女が書簡を受け取ったときにはすでにロックは亡くなっており、しかも彼女は、ロックが当の問題について論じるのを聞いたことがあるかどうか思い出せなかった。ライプニッツの考えていたことを満足させるには遅すぎたけれども、幸いなことにコストが、ロックの考えていたことを調べて、『人間知性論』の仏訳第二版（1729）の第4部10章18節に付した脚注でそれについて説明した。神は空間のある領域を相互に不可入的なものにすることによってのみ物質を創造したのであろうというニュートンの考えに、ロックが遠回しに言及していることを、コストはニュートン自身から聞いていたのである。(R & B)

401 ——cf. *Specimen dynamicum* (Leibniz, *Hauptschriften* I, 266, 280); *Monadologie*, §80. (Cassirer)

います。私は、すべてのモナドがその起源を神から受けいれ、神に依存していることを、予定調和によってア・ポステリオリに示しました。けれども、それがどのようにしてなのか、詳しく理解することはできないでしょう。そして根本においては、スコラ哲学者たちがきわめてよく分っていたように、モナドの保持とは連続的創造[402]にほかならないのです。

11章——他の事物の存在に関して私たちのもつ認識について

〔1〕**フィラレート** 〈さて、神の存在のみが私たちの存在と必然的な連結をもっているのですから、何らかのものの存在を、私たちがその事物についてもちうる観念によって証明することはできません。これは、ある人の肖像画が当人のこの世での存在を証明[403]しないのと同様です。〔2〕けれども、私が感覚作用によって、この紙のうえの白や黒についてもつ確実性は、私の手の動きについての確実性と同じくらい大きいものです。そしてこれは、私たちの存在と神の存在についての認識に劣るにすぎません。〔3〕この確実性は、認識という名に値するものです。というのも、誰であろうと自分が見たり感じたりする事物の存在を確信しないほど、真底懐疑的ではありえない、と思うからです。少なくとも、自分の懐疑をそれほどまで推し進めうる人は、私といかなる論争も交わしはしないでしょう。私が彼の説に反対して何を言おうと、決して彼はそれを確信することができないからです。可感的事物の知覚は、〔4〕私たちの感覚を触発する外的原因によってうみだされます。というのも、私たちは、感覚器官がなければそれらの知覚を獲得しないからです。しかし、感覚

402——cf. GP VI, 556–8; *Essais de Théodicée*, §§382, 385, 391–3; *Monadologie*, §47. (Langley)

403——Locke: evidences. Coste: démontre. Leibniz: prouve. (R & B)

404——Locke: and the brisk acting of some objects without me. Coste: et l'impression vive de quelques objets hors de moi. Leibniz: de cette impression vive. (R & B)

405——Quelques-unes de ces perceptions. Locke: many of those ideas.

406——sensation actuelle はロックの欄外の要約に基づく表現。(R & B)

407——claires, et évidentes. Locke: very plain and clear. コストによる変更。(R & B)

器官だけで十分であるとすれば、それらの感覚器官は知覚を絶えずうみだしていることになるでしょう。[5] さらに、私はときおり、自分の精神のうちで知覚が生みだされるのを避けられないことを経験します。たとえば、日光が入りうるような場所で目を開けている場合の、光の知覚がそうです。それに対して、私は、自分の記憶のうちにある諸観念なら避けることができます。それゆえ、私が抵抗できないような効力をもつ、その生き生きとした印象には[404]、何らかの外的原因がなければなりません。[6] このような知覚のいくつか[405]は、私たちのうちで苦とともにうみだされます。とはいえ、その後私たちはいささかの不快感もなくそれを想起します。また、数学的な論証も感覚に依存しないとはいえ、図形を用いて論証を検討することは、私たちの視覚の明証性を明らかにするのに大いに役立ち、またそのような検討によって、論証自身の確実性に近い確実性が視覚に与えられるように思われます。[7] また、私たちの諸感覚は、多くの場合互いに他の感覚の証言となっています。火を見ている者は、それについて疑うとしても、それを感じることができます。またこれを書くことによって、私は自分が紙の外観を変えることができ、どんな新しい観念をその紙は精神に提示するか前もって言うことができる、ということが分ります。しかしそれらの文字が書かれてしまえば、私は、あるとおりの文字を見ないようにすることはもはやできません。そのうえ、それらの文字を見れば、他の人も同じ音を発音するでしょう。[8] それらはすべて長い夢にすぎないと思う人がいるなら、望みどおり、私が次のように答えるのを夢見てもいいはずです。感覚の証言に基づく私たちの確実性は、私たちの本性が許容し、私たちの状態が必要とするのと同じだけ完全である、と。ろうそくが燃えているのを見て、〔触って〕炎の熱を体験してみる者は、指を引っ込めなければ火傷を負いますが、自分の行動を規制するためにより大きな確実性を求めたりはしないでしょう。もしこの夢見る人がそうしないのなら〔指を引っ込めなければ〕、目覚めることになるでしょう。ですから、快や苦と同じくらい確実であるこのような確信で、私たちには十分です。事物の認識についても存在についても、快や苦という二つのものを超えては、いかなる関心も私たちはもたないのです。[9] しかし、私たちの現実の感覚[406]の彼方には、認識というものはありません。それは真らしさにすぎません。たとえば、世の中に人々がいる、と私が思うような場合です。私は今、ただ一人書斎にいて、誰も〔他の人を〕見ていないのに、そう思うことにはきわめて高い蓋然性があるのです。[10] したがって、万事について論証を期待し、論証しえないかぎり明晰で明証的な[407]真理に従って行動しないなどというのは馬鹿げています。そのように振る舞おうとする人は、ごく近いうちに

死ぬことのほかには、何も確信をもてないでしょう。〉

テオフィル　先の私たちの議論のなかで、[408]可感的事物の真理は、それらの事物の連結によって証明されるということを、私はすでに指摘しておきました。そのような連結は、たとえその理由が明らかでない場合でさえ、理性に基づく知的な真理と、可感的事物自身における恒常的な観察に依存しています。そしてこれらの理由や観察は、私たちの関心との関連で、将来について判断する手段を私たちに与えてくれますし、その成功は私たちの合理的判断に対応しているので、［私たちは］それらの対象についてのより大きな確実性を求めることももつことさえもできないのです。さらにまた、夢でさえ説明することができ、夢と他の現象との連結がごくわずかであると言うことができるのです。しかしながら、認識や確実性という呼び名を、現実的な感覚の彼方に広げることができる、と私は思います。というのも、一種の確実性と私がみなしている、明晰性や明証性というものは、現実的な感覚の彼方に及んでいるからです。誰も見えないときに、世の中に人々がいるかどうかを真底疑うことは、確かに馬鹿げたことでしょう。真底疑うというのは、実践に関して疑うということです。そして、確実性は、実践に関して疑うことが馬鹿げたことであるような、真理の認識と解することができるでしょう。そしてそれは、ときにはさらにより一般的に解することができ、疑うことが強く非難されて当然であるような場合にも適用されます。ところが一方明証性は、明白な確実性でしょう。つまり、観念間に見られる連結のために疑うことができないような場合です。確実性のこの定義に従えば、コンスタンティノープルがこの世にあり、コンスタンティヌスやアレクサンドロス大王やユリウス・カエサルが生きた、ということを私たちは確信します。なるほど、アルデンヌ地方[409]のある農夫は、情報不足のため当然それを疑うかもしれません。しかし、学者や上流の人は、精神がひどく錯乱しているので

408――本書第4部2章14節（A VI-6, 374f.）および6章（A VI-6, 392）参照。（R & B）ラングリーは、*De modo distinguendi phaenomena realia ab imaginariis*（GP VII, 319f.）の参照を指示。

409――ベルギーの一地方。ナムールから12㎞南。ポルセリーヌや陶器の産地。

410――原語はbouteilles。Brunschwigはbulles（泡）のことであると注記。

411――infiniment plus. Locke: exceedingly much more. コストによる変更。

412――A VI-6, 360.（R & B）

413――R & Bはleをlesの誤りと解してthemと英訳。R & Bに従う。

414――La plûpart. Locke: many. コストによる変更。（R & B）

なければ、そうすることはないでしょう。

[11] フィラレート 〈私たちは実際、過ぎ去った多くの事物を記憶によって確信しています。しかし、それらがまだ存続しているのかどうかについて、私たちは確実に判断することはできません。昨日私は、水と、その水のうえに形づくられた[410]泡のうえのいくつかの美しい色を見ました。今私は、それらの泡もあの水も存在したことを[411]確信していますが、水や泡が現に今存在しているかをもはや確実に認識してはいません。もっとも、水の存在はきわめて確からしいものです。というのは、水は持続するのに対して、泡は消えてしまうことが観察されてきたためです。[12] 最後に、私たちは、私たち自身と神を除けば、啓示によってしか他の霊を認識せず、それについては信仰の確実性しか有していません。〉

テオフィル 記憶がときとして私たちを欺くことは、すでに指摘したとおりです[412]。ですから、記憶がどれほど生き生きとしているか、記憶が私たちの知っている事物とどれほど緊密な連結をもっているかによって、私たちは記憶を信用したりしなかったりするのです。また、主要な点については確信をもっていても、それに付随する詳細については疑うことが私たちにはしばしばありうるものです。私は、ある人を知っていたのを覚えています。というのも、彼の姿も彼の声も新しいものではない、と私は感じるからです。そして、この二つの指標は、そのうちの片方だけよりも、私にとってよりよい保証ですが、どこで彼に会ったのかは思い出せないのです。けれども、稀なこととはいえ、生身の人物に会う前に、その人を夢で見るようなことが起こります。ある有名な宮廷の令嬢が、のちに自分が結婚する相手と婚約の式が行なわれる広間を夢で見て、それらを彼女の友人たちに物語ったという証言を聞いたことがあります。それも、その男性やその場所を見て知る前にそうしたというのです。それは、ある不思議な予感か何かのせいにされました。しかし、偶然がそうした結果をうみだすことも可能[413]です。というのは、そのようなことが起こるのはかなり稀であるうえに、夢のなかの像は少し曖昧であるために、その像を他の何らかのものにあとで関係づける自由がより多くあるからです。

[13] フィラレート 〈二種類の命題がある〉、と結論しましょう。〈一方の命題は、たとえば「象が現実存在する」という命題のように、個別的であって、現実存在に関わります。他方の命題は、たとえば「人間は神に従うべきである」という命題のように、一般的であって、諸観念の依存関係に関わります。[14] このような一般的で確実な命題の大部[414]分は永遠真理という名称をもち、それらはすべて実際にそのようなものなのです。つまり、それらが永遠真理であるというの

は、それらがどこかで永遠の昔から[415]現実に形づくられた命題であるとか、常に[416]存在しているある範型に従って精神のうちに刻みこまれている[417]命題であるからというのではなく、そのための能力と手段を賦与された被造物が自己の思考を諸観念の考察に向ければこれらの命題の真理を見出すであろう、と私たちが確信しているためなのです。〉

テオフィル　あなたの区別は、事実の命題と理性の命題に関する私の区別に帰着するように思われます[418]。事実の命題もある意味では一般的になりえますが、それは帰納や観察によってです。したがって、それは、どんな水銀も火の力で蒸発するのが観察される場合のように、類似した事実が多数であることにすぎません。そこには必然性が見られないので、それは完全な一般性ではありません。理性の一般的命題は必然的なものです。もっとも、理性もまた、絶対的に一般的ではなく確からしいにすぎないような命題をもたらします。たとえば、ある観念は、より厳密な探求によってその反対が発見されるまでは可能である、と私たちが仮定するような場合です。最後に、混合的な命題があります。これは、その諸前提のうちいくつかが事実や観察に由来し、他のものが必然的命題であるような前提から導かれるものです。そのようなものには、地球や、天体の運行に関する、たくさんの地理学的・天文学的な結論があり、それらは旅行者や天文学者の観察と、幾何学や算術の定理との結合から生まれます。しかし、論理学者の[419]［規則］によれば、結論は最も弱い前提に従っており、諸前提よりも大きな確実性をもつことはできないのですから、このような混合的な命題は、観察に属する確実性と一般性しかもちません。永遠真理についていえば、根底においては、それらはみな条件的である[420]ことを[421]［考慮］しなければなりません。実際それらが言っているのは、「これこれのものが措定されれば、しかじかである」ということです。たとえば、「三つの辺をもつすべての図形はまた三つの角をもつであろう」と私が言う場合、三つの辺のある図形がある

415――de toute éternité はコストによる付加。（R & B）
416――toujours はコストによる付加。（R & B）
417――gravée. Locke: imprinted. コストによる変更。（R & B）
418――cf. *Animadversiones* I, 4. GP, IV 356（Cassirer）
419――la Règle. 写字生は l'usage とする。（A） GP、Brunschwig、E & H では l'usage。
420――ライプニッツは本書において、観念の生得性・真理の証明等によって人間の認識の基礎づけ・正当化を可能なかぎり試みるのだが、その基礎づけの最も根源的な場面のひとつである「永遠真理がみな条件的である」ということは、そうした基礎づけそのものが完結しないということが暗示されているのかもしれない。このような問題意識が顕在化し、公理体系という発想が生まれるには、あと二世紀（あるいは少なくとも次のカント、ランベルトの時代）を待たねばならないが。ライプニッツはそうした発想の一歩手前まで来ていながら、その一歩が実現していないようである。たとえば、それは非ユークリッド幾何学に対する考え方などに認められよう。ライプニッツは非ユークリッド幾何学を思いつかなかったが、ランベルト（およびカント）は初めてそれに肯定的評価を与えた。（G. Martin, *Immanuel Kant*, Berlin 1969, pp. 19–24: G・マルチン『カント』門脇訳・一九七五年・岩波書店、二一―二七頁など参照）
421――considérer. 写字生は observer とする。（A） GP、Brunschwig、E & H では observer。

と仮定すれば、その同じ図形は三つの角をもつであろう、ということ以外のことを言っているのではありません。私は、「その同じ」、と言いました。そしてこの点こそ、根底においては条件的であるけれども、条件なしに陳述されうる定言的命題が、仮言的と呼ばれる命題と異なっている点です。仮言的命題とは、たとえば次のようなものです。すなわち、「ある図形が三つの辺をもつならば、その内角［の和］は二直角に等しい」。ここで、前件命題（すなわち、その図形は三つの辺をもつ）[422]と後件命題（すなわち、三辺をもつ図形の内角［の和］は二直角に等しい）は、同一の主語をもっていないことが分ります。それに対して、先の［定言的命題の］場合には、「その図形は三つの辺をもっている」という前件命題と、「当の図形は三つの角をもっている」という後件命題は、同一の主語をもっていました。とはいえ、仮言的なものも、その名辞を少し変えることによって、しばしば定言的なものに変形することができます。たとえば、先の仮言的命題のかわりに、「三つの辺をもつすべての図形の内角［の和］は二直角に等しい」、と言えばよいわけです。スコラ哲学者たちは、彼らが呼ぶところの、「主語ノ一貫性（constantia subjecti）」について、すなわち、ある主語についてつくられる命題は、その主語が存在しないとすればいかにして実在的真理をもちうるか、ということについてかなり論争しました。実のところ、その真理は条件的なものにすぎず、主語が存在しない場合でも、その主語はそのような［存在する］ものとして見出される、ということをその真理は述べているのです。しかし、その結合は何に基づくのか、とさらに問われるでしょう。そこには、欺くことのない実在性があるのですから。答えは、その結合は諸観念の連結に［基づいて］[423]いる、ということになるでしょう。しかし、それに応えて、いかなる精神も存在しないとすれば、それらの観念はどこにあり、その場合何が、永遠真理のこの確実性の実在的根拠になるのか、と問われるでしょう。この問いが私たちを、真理の究極的な根拠、すなわち、あの至高で普遍的な精

422——la figure est de trois côtez. GP、Brunschwig、E & H には est がない。
423——［　］の部分は編者による訂正箇所。（A）

神へと最終的に導くのです。この精神は存在しないわけにはいかず、実を言えば、その知性は永遠真理の領域なのです。これは、聖アウグスティヌスが承認し、きわめて鮮烈な仕方で表現していることです。[424]そしてこの精神に頼る必要などないと思わないためには、それらの必然的真理が現実存在そのものの決定理由と規制原理を含んでいる、要するに、宇宙の諸法則を含んでいる、ということを考慮しなければなりません。したがって、これらの必然的真理は偶然的存在者の現実存在に先立つ以上、必然的真理は必然的実体の現実存在に基づいているはずです。これこそ、私が、私たちの魂のうちに命題という形式においてではなく、源泉として刻印されている、諸観念と諸真理の原型を見出すところです。そしてその源泉から、個々の機会に適用されて現実の陳述が生まれるのです。[425]

12章——［私たちの認識[426]］を増大させる手段について[427]

［1］**フィラレート**　私たちは、私たちの有する認識の種類について話してまいりました。さてこれからは、〈認識を増大させる手段、すなわち真理を見つける手段〉に向かいましょう。〈公準はあらゆる認識の基礎であり、個々の学は各々、一定のすでに知られたもの（praecognita）に基づいているというのが、学者の間で受けいれられている見解です。［2］数学がそのすばらしい成功によってこの方法を奨励しているように見えることは、認めております。そして、あなたはそれをかなり拠り所としてこられた。しかし、数学での成功に諸観念の連結をとおして役立ったのは、初めに措定された

424——cf. *De libero arbitrio*, II, III–XV; *De vera religione*, XXX–XXXI (A); *Soliloquia* II (Cassirer); *De Beata Vita*, ch. 7; *De trinitate*, X, 7 (Langley).
ライプニッツは、真理の究極的な根拠を永遠真理の領域としての神の知性とし、アウグスティヌスを引き合いに出しているが、たとえば『自由意志論』第2巻では次のように言われている。「それゆえ、不変的に真なるこれらすべてを含む不変の真理があることを、君は決して否定しないだろう。そしてその不変の真理を、自分のものとか君のものとか、または誰かのものということはできないだろう。それはむしろ、不変的に真なるものを識別するすべての人にたいして、驚くべく隠れた、しかも公共の光のように共通に現前し、かつ自らを分け与える、というべきである。……」（12章）「……実際、この真理は、真かつ善なるすべてのものをわれわれに示すのである。そして、人々は自分の能力に応じてそれを知解し、その中から一つまた多くを選んで享受の対象とする。人々は進んで見、見て喜ぼうとするものを太陽の光の中で選ぶ。彼らの中には、太陽ほど見て喜ばしいものはないというほど、頑固な目をそなえた人もいるだろうが、もっと弱い目の喜ぶほかのものをも照らすのである。これと同じく、精神のつよく鋭いまなざしは、確実な理性をもって多くの真なる不変の真理を見るとき、すべてのものを照らす真理そのものへ自らを向けるのである。……この真理に服するとき、そこにわれわれの自由がある。そして、真理はわれわれを死から、すなわち罪のさまから解放する神ご自身である。……」（13章）「ところで、君は次のことを承認した。すなわち、われわれの精神の上にあるものを私が示すならば、さらにそれより上のものがない限り、君はそれを神であると告白しよう、ということである。そこで私は君の承認を受け入れ、それから、精神の上にあるものを示せばそれで十分だと述べた。なぜなら、もしそれ以上にすぐれたものがあるならば、それは神にほかならず、もしないとすれば、真理それ自身が

すでに神だからである。それゆえ、そのようなものがあるにせよないにせよ、神が存在することを君は否定できないのである。……」（15章）（De libero Arbitrio, in *Œuvres de Saint Augustin* 6, Paris 1976, Desclée, pp. 334-7, 340-3, 346-9; アウグスティヌス『自由意志』泉訳、アウグスティヌス著作集3・初期哲学論集3所収、一一三頁、一一六―七頁、一二〇―一頁）

425 ――cf. *Monadologie*, §43.（Cassirer）

426 ――nostre Connoissance. 写字生は nos Connoissances とする。（A） GP、Brunschwig、E & H、Cassirer では複数形。

427 ――Locke: Of the improvement of our knowledge. ロックは improve を increase の意味で使っている。「手段 moyens de...」を挿入したのはコスト。（R & B）

二、三の一般的公準というよりも、むしろ観念ではないのかどうか、まだ人は疑っています。子供は、自分の身体が小指より大きいことを認識しますが、それは、「全体は部分より大きい」というあの公理によってではありません。認識は個別的な命題［特称命題］から始まったのです。しかしそのあと、一般概念を用いて、混乱させるたくさんの個別的観念という重荷から記憶を解放しようとしたのです。もし言語がとても不完全であるために、全体や部分という関係的名辞がないとすれば、身体が指よりも大きいことは認識できないのでしょうか。少なくとも、あの著者の論拠を代弁するとこうなります。もっとも、あなたがすでに言われたことに応じてそれに対してこれから何をお答えになりうるか、何となく分りますが。〉

テオフィル　またしても攻撃なさろうとするほど、なぜあなたは公準に対して嫌悪を抱いておられるのか、私には分りません。あなたも承認されているように、公準がたくさんの個別的観念という重荷から記憶を解放するのに役立つとすれば、それに他の用途がないとしても、公準はきわめて有益であるはずです。しかし、公準が個別的観念から生まれるのではないことを申し添えておきます。というのも、公準は個々の諸事例からの帰納によって見出されるのではないからです。一〇は九よりも大きいこと、身体は指よりも大きいこと、家は大きすぎて戸から逃げ出すことができないこと、を認識している者は、これらの個別的な命題の各々を同一の一般的理由によって認識しているのです。この一般的理由とは、いわば、個別的な命題のなかに混じり合いそれによって色づけられているようなものです。ちょうど、色のついた線画を見るとき、色がどうであれ、プロポーションや配置はまさに線によって決定されているように。ところでこの共通の理由は、抽象的で切り離された仕方でただちに認識されるわけではないにしても、いわば暗黙に認識される公理そのものです。〔個々の〕事例はその真理を混じり合った公理から引き出しますが、公理は〔個々の〕事例のうちに根拠をもっているのではありません。そして、それらの個別的真理に共通するこの理由はすべての人間の精神のうちにある以上、それが浸透している者の言語のうちに全体や部分という言葉が見出される必要がないのはお分りでしょう。

【4】フィラレート　〈しかし、公理を装って仮定を権威づけるのは危険ではないでしょうか。ある人は、いく人かの古代の哲学者[428]に従って、すべては物質であると仮定するでしょう。他の人はポレモン[429]とともに、世界は神であると仮定し、第三の人[430]は、太陽は最高の神であるということが事実だと主張するでしょう。このようなことが認められれば、私たちはどんな宗教をもつことになるのか、考えてみてください。だから確かに、原理を検討せずに受け入れることは、それも道徳《モラル》に関わる場合はそれほどに危険なのです。というのも、幸福になるためには徳で十分であると主張するアンティステネス[431]の生活よりも、むしろ、身体の快楽を至福とするアリスティッポス[432]の生活に似たような別の生活を期待する人もいるでしょうから。また、正と不正、正直と不正直は、ただ法によってのみ決定され、自然によって決定されるのではない、ということを原理として立てるアルケラオス[433]は、おそらく、人間のはからいに先立つ責務を認める人たちとは別の、道徳的善悪の尺度をもつことでしょう。【5】それゆえ、諸原理は確実でなければなりません。【6】しかし、この確実性は、諸観念の比較のみに由来するのです。したがって、私たちは他の原理を必要とはしません。そしてこのただひとつの規則に従えば、私たちは自分の精神を他人の思いのままに従わせるときよりも遠くまで進むでしょう。〉

テオフィル　根拠モナク仮定される原理に対して言えること、また言うべきことを、あなたが公準すなわち明証的原理に対して向けておられるのは驚きです。諸学において予メ認識サレテイルモノ（praecognita）、すなわち、学を基礎づけ

428——アカデミー版はレウキッポス、デモクリトス、エピクロスの名を挙げる。

429——Polemon (B. C. 340–273). クセノクラテス（B. C. c. 396–c. 314）の後を継いでプラトンのアカデメイアの学頭となる。ストア主義の成立に少なからず影響を与えた。(Brunschwig) cf. Stobaeus, *Eclogae physicae*, livre I, ch. 1, ecl. 29, 62.（A）

430——cf. Pherekydes (H. Diels, *Fragmente der Vorsokratiker*, 7 (71), A 9).（A）

431——前四五五年頃生まれる。ソクラテスの弟子。キュニク学派の祖。論理的な面では、定義を否定して、判断の主語に、主語と違った一般的述語を与えることはできない、とした。たとえば、「人間は人間である」としか言えない、と。プラトンのイデア論を批判して、「私は馬を見るが、馬なるものを見ない」と言った。前三六〇年頃没。cf. *Diogenes Laertius*, VI, 11.（A）

432——前四三五年頃アフリカの北岸キュレネに生まれる。ソクラテスの弟子で、キュレネ学派の祖。ソクラテスの幸福主義とソフィストの感覚主義から影響を受けた快楽説を唱えた。(cf. Brunschwig) cf. *Diogenes Laertius*, II, 90.（A）

433——前五世紀のイオニアの哲学者。アナクサゴラスの弟子。師と同じ説をとったが、精神と物質の混合物を仮定して両者の二元的対立を弱め、この混合物から濃化、希化によって温と冷が生じるとした。ソクラテスの師だったとも言われる。cf. *Diogenes Laertius*, II, 4, 16.（Brunschwig）cf. H. Diels, op. cit., 60 (47), A 1.（A）

るのに役立つ先行的認識を求める場合、求められているのは認識されている原理であって、真理であることが認識されていない［命題の］恣意的な措定ではありません。アリストテレスでさえそれについては、下位の従属的な学はその原理を、原理が論証されている他の上位の学から借りてくる、と解しています[434]。ただし、諸学のうちの第一の学、すなわち私たちが形而上学と呼んでいる学は例外です。アリストテレスによれば、形而上学は他の学に何も求めず、かえって他の学にそれが必要とする原理を与えてくれるものです。また彼が、弟子は師を信じるべきである（δεῖ πιστεύειν τὸν μανθάνοντα）[435]、と言うとき、彼が言っているのは、上位の諸学をまだ教わっていない間は単に一時的にそうすべきであるということです。したがって、それは暫定的なことにすぎません。このようにして、根拠のない原理[436]を受け入れることから遠ざかるのです。これに対して、確実性が完全ではない原理でさえ、論証によってしかそれを当てにしなければ、それなりに役立ちうると付け加えなければなりません。というのも、このような場合、結論はすべて単に条件的なものにすぎず、その原理が真であると仮定してはじめて価値があるとはいえ、それでも、その連結自身とそれらの条件的陳述は少なくとも論証されるからです。したがって、読者や学生がその条件について知らされ、誤謬を犯す危険がまったくないような、そうした仕方で書かれた多くの著作を私たちが所有することは、きわめて望ましいことでしょう。そして、仮定が他のところで立証されるのに応じてはじめて、実際の行動がそのような結論によって規制されるのです。この方法はまたそれ自身、仮定や仮説を検証するのにもしばしば役立ちます。すなわち、そうした仮定や仮説から、真理であることが他の理由から知られているような多くの結論が生じる場合です。そしてときとして、これによって、仮説の真理を論証するに足る完全な逆向きの手順が与えられるのです。コンリング氏[437]は、職業は医者ですが、おそらく数学以外のあらゆる種類の学識につうじた有能な

434——*Metaphysica*, Γ, 1005a18–36.（R & B）

435——*Sophistici Elenchi*, 2, 165b3.（A. Brunschwig）

436——原語は principes gratuits。4節の欄外の要約でコストはロックの precarious principles を訳すために principes gratuits を使う。（R & B）

437——Hermann Conring（1610–1681）. ドイツの医者、法学者、神学者、歴史家、哲学者。ヘルムシュテットの自然学、医学、政治学の教授。ブラウンシュヴァイク公の顧問やスウェーデン王の侍医を務めたこともある。哲学ではアリストテレス主義者（ペリパトス派）であった。ライプニッツの最初のパトロンであったヨハン・クリスチャン・フォン・ボイネブルク（1622–1672）の師であり友人であった。一六六八年、ボイネブルクはコンリングにライプニッツの論文『法学を学びかつ教えるための新方法』の写しを送り、これが機縁となってライプニッツとコンリングとの間に文通が始まった。この文通は法学、哲学、数学を論議の対象として一六七九年まで断続的に続いた（cf. A II-1, passim; Loemker, pp. 186ff.）。「分析」についてのコンリングの誤解は、一六七九年二月のライプニッツの書簡（A II-1, 457f.）で訂正されている。ライプニッツは、罰というものを抑止力とか矯正力と捉える理論は自由意志を前提しないという考え方をコンリングに帰している。（R & B）Brunschwig は、ライプニッツがコンリング宛に書いた一六七八年一月の書簡と一六七九年二月の書簡の参照を指示。

人物です。彼は、ある友人[438]に手紙を書きました。この友人というのは、論証的手順やアリストテレスの『分析論後書』を説明しようとしていた著名なペリパトス派の哲学者ウィオトゥス[439]の著作を、ヘルムシュタットで再版する仕事をしていました。この手紙は、付録としてその著作に添えられました。そのなかでコンリング氏がパッポス[440]を非難しているのは、パッポスが、解析は未知のものを見出すのに当の未知のものを仮定しており、それから推断によって既知の真理へと進む、と述べているためです。これは、偽りから真理を結論づけることはできない、と教える論理学に反している（と彼は言うのです）。しかし、解析には定義や他の可逆的命題が用いられており、それらは逆向きの手順を行なう手段や総合的論証を見出す手段を与えてくれることを、私はあとで彼に知らせてあげました[441]。そして、たとえば自然学におけるように、この逆向きの手順が論証的でない場合でさえ、やはり大きな確からしさをもつこともあるのです。仮説がなければ厄介で互いにまったく独立している多くの現象を、仮説が容易に説明するような場合です[442]。実をいえば、諸原理の原理というものは、いわば観念と経験を正しく用いることである、と私は思います。しかし、それを掘り下げれば、観念に関するかぎりそれは、自同的な公理によって諸々の定義を連結することにほかならない、ということに気づくでしょう。けれども、このような究極的な分析にいたるのは、必ずしも容易なことではありません。幾何学者、少なくとも古代の幾何学者が、それを

438 ——A. Frolingius. (A)

439 ——Bartolomeo Viotti. 一六世紀の哲学者、医者。*De demonstratione lib.* V, ed. A. Frolingius, 1661. (A. Brunschwig)

440 ——Pappos (Pappus) 四世紀（年代には諸説あるが）アレクサンドリアの大幾何学者。(Brunschwig) 主著『数学集成』*Synagoge* 第7巻のはじめに「解析と総合」に関する詳しい記述がある。パッポスは「解析」と「総合」を次のように定義する。
「さて、解析は求められていることから、あたかもそれが確かめられているかのように見なし、順々に［それから］従うものを通して、総合の結果として確かめられている事柄まで行く途である。一方、解析においては、われわれは求められていることを成し遂げられているように仮定し、それが何から従って来るかを調べ、そしてさらに、出て来たものの前のものを調べ、こうして遡行をおこない既に知られている事柄にわれわれが達するか、もしくは第一原理の状態を得るまでおこなって行く。そしてこのような方法を、逆向きの解法（*ἀνάπαλιν λύσις*）のようにとり、解析とわれわれは呼んでいるのである。

他方の総合においては、手順を逆にして、解析において最後に残されたものをすでになされているとし、それからそこでは前提であったものを帰結とする自然の順序によって、それらを互いに連結して、われわれはついに求められているものの構成（作図）に到達する。そしてこれをわれわれは総合と呼んでいるのである。

ところで解析に種類は二つある。一方は真であることを求めるものであり、これは理論的と呼ばれ、他方は提起された［問題の解を］与えるものであって、問題的なものと呼ばれる。①さて、理論的な種類においては、われわれは求められているものを、存在し、真理であると仮定し、それから仮定によって順に［それから］従う事柄を通して、それらを真で、かつ存在するものとみなし、確かめられたあるものまで行く。(a)もし確かめられたものが真ならば、求められていたものも真であり、そして証明は解析の逆となるであろうし、(b)われわれがたまたま偽の確かめられているものに達した時には、求められているものも偽であろう。②他方、問題的な種類においては、問題を知られているものと仮定し、それから真であるとして順に［それから］従うものを通して、確かめられているものまで行く。(a)もし得られたものが可能なもの、あるいは得られるもの、すなわち数学に携わるものたちが与えられた、と呼ぶものであるなら、問題もまた可能であり、そして再び証明は解析の逆となるであろう。(b)もし確かめられているものが不可能であるものにわれわれが到達する場合には、問題もまた不可能であろう。」(Sir Thomas Heath, *A History of Greek Mathematics*, New York 1981, Vol. II, pp. 400f. [repr. 1921], cf. T・L・ヒース『ギリシア数学史』Ⅱ、平田・菊地・大沼訳、一九六〇年、三六九頁。訳文は佐々木力氏のもの［マホーニィ『歴史における数学』三八―三九頁］を用いた。)

441 ——アカデミー版は、一六七九年二月（?）のライプニッツのコンリング宛書簡（A

II-1, 456–458）を挙げる。
442——カッシーラーは、一六七八年一月三日付のライプニッツのコンリング宛書簡（GP I, 187ff.）の参照を指示。

達成しようとどれほど躍起になったとしても、彼らには、まだそれをなしえなかったのです。『人間知性論』の有名な著者が、人が思うよりもいささか難しい、この探求を成し遂げたとすれば、幾何学者たちを大いに喜ばせたことでしょう。たとえば、ユークリッドは、二本の直線はただ一度しか交わりえない、ということに帰着する事柄を公理のうちに含めました。[443]感覚の経験から得られる想像力では、私たちは、二本の直線が一度よりも多く交わることを思い描けません。しかし、学問が基づいてしかるべきなのは想像力ではありません。もしそのような想像力が判明な諸観念の連結を与えると信じている人が誰かいるなら、その者は、真理の源泉について十分に知ってはおらず、他の先なる命題によって論証される非常に多くの命題を直接的なものとみなしているのです。これは、ユークリッドの誤りを指摘してきた多くの人々が、十分に考察しなかった事柄です。この種のイメージは錯然とした観念にすぎず、そうした手段によってしか直線を認識しない人は、そこから何も論証できないでしょう。そういうわけで、ユークリッドは、直線の判明に表出された観念、すなわち直線の定義を欠いていたために（というのも、彼がさしあたり与えている定義は曖昧で、論証において役立っていないからです）[444]、定義のかわりとなり論証において彼が用いている、二つの公理に〔頼ら〕[445]ざるをえなかったのです。一方は、二本の直線は共通な部分をまったくもたない[446]というものであり、他方は、二本の直線は空間を囲まない[447]というものです。アルキメデス[448]は、直線とは二点間の最短の線であると述べることによって、一種の直線の定義を与えました。しかし、彼は、（論証において、私がいましがた言及した二つの公理に基づく、ユークリッドの原理のような原理を用いているために）それらの公理が語っている性状は彼が定義した線にあてはまる、ということを暗黙のうちに仮定しています。したがって、あなたがご友人とともに、古代の人々がこの幾何学という学に要求した、定義と公理による論証の厳密性を求めず、観念の一致や不一致という口実のもとに、イ

443——cf. *Stoikheia (Elementa)*, I, Def. 4.（A）
444——cf. *In Euclidis πρῶτα*（GM V,185).（Cassirer）
445——recourir. 写字生は revenir とする。（A）GP、Brunschwig、E & H では revenir。
446——*Stoikheia (Elementa)*, I, ed. Clavius: Ax. 10.（A）
447——Ibid., Ax. 14.（A）
448——*De sphaera et cylindro*, Hypothese I.（A）

メージが私たちに語ることを幾何学において受け入れることは許されてきたし今なお許されていると思っていらっしゃるなら（多くの人たちは知識の不足のためにそう判断するだろうと思いますが）[449]、ありふれた実用的な幾何学だけを気にかけているような人々をそれで満足させることはできても、実用［的な幾何学］を改良するのにも役立つ、幾何学という学を手に入れたいと望んでいる人々[450]を満足させることはできないと申し上げたい。そしてもし古代の人々がそのような見解をもち、この点についてそれほど厳しくなかったとすれば、思うに、彼らはほとんど前進することはなかったでしょうし、経験的な幾何学しか私たちに残さなかったことでしょう。エジプト人の幾何学は明らかにそうしたものだったし、中国人の幾何学は今なおそうしたものだと思われます。経験的な幾何学のみでは、幾何学によって見出した自然学や力学の最も美しい認識を、私たちはもつことができなかったでしょう。そのような認識は、私たちの幾何学を知らないところでは知られていないものです。また、感覚とその像《イメージ》とに従えば誤謬に陥るようにも見えます。たとえば、厳密な幾何学を教わらなかった人は皆、想像力に基づいて、連続的に接近する二本の線はついには交わるはずだということを、疑いえない真理と受けとってしまうように見うけられるといった場合がほぼそうです。それに対して幾何学者たちは、彼らが漸近線と呼んでいるある線においてその反対の事例を与えています。さらにそれ以外にも、観想に関して私が幾何学のうちで最も評価しているものも、私たちはもつことができなかったでしょう。すなわち、幾何学は永遠真理の真の源泉と、その必然性を私たちに理解させる手段の真の源泉を垣間見せるということです。それは、感覚的な像の錯然とした観念が判明に示すことのできないようなものです。とはいえユークリッドは、その明証性が像によって錯然としか見られないような、ある一定の公理で満足せざるをえなかった、とあなたは言われるでしょう。彼がそのような公理で満足したことは認めますが、しかし、そ

449——je crois [que]... の［　］の部分は編者による訂正箇所。（A）
450——ceux qui [en] veulent avoir... の［　］の部分は編者による訂正箇所。（A）

うした本性をもった少数の、彼に最も単純と思われた真理で満足し、そしてそこから、他のあまり厳密でない人ならば論証なしに確実とみなしてしまうような他の真理を演繹した方が、多くの真理を論証されないままにしておいたり、さらに悪いことには、気分しだいで厳密さをゆるめる範囲を広げる自由を人々に残しておくよりも、ずっとよかったでしょう。ですからお分りのように、あなたがご友人とともに、真理の真の源泉としての諸観念の連結について述べられたことには説明が必要なのです。もしあなたがこの連結を錯然と見ることで満足したいのであれば、論証の厳密性を弱めることになります。そして、ユークリッドは、定義と少数の公理にすべてを還元することによって、比類ないほどうまいやり方をしたのです。諸観念のこの連結が判明に洞察されまた表出されることをお望みならば、あなたは、私が要求しているように、定義や自同的な公理に頼らざるをえないでしょう。またときには、完全な解析に到達することが困難である場合には、ユークリッドやアルキメデスがそうしたように、それほど原初的でない公理で満足せざるをえないでしょう。その方が、あなたが彼らの手段を用いてすでに見出すことのできる、いくつかのすばらしい発見を見落としたり遅らせたりするよりも良いでしょう。実際、すでに先に申しましたように、もし古代の人々が、自分の使わざるをえなかった公理の論証を終えるまでは前に進もうとしなかったら、私たちはまったく幾何学（私はこれを論証的な学と解しています）を有していなかっただろう、と思います。

［7］フィラレート　〈諸観念の判明に認識された連結が何であるのか、分り始めてきました。そして、その場合には公理が必要であることもよく分ります。また、諸観念を検討することが問題である場合、私たちが探求する際に従う方法が、どうして数学者の例を範としなければならないのかもよく分ります。数学者は、ごく明晰でごくやさしいある一定の基礎〉、《つまり公理と定義にほかならないもの》〈から、少しずつだんだんと推論の連続的な連鎖によって、当初は人間の能力を超えているように思われる真理を発見し論証することへと進んでいくのです。証明を見つける技法や、中間観念を見分けてそれを整理するために彼らが考え出したあれらの驚嘆すべき方法こそ、きわめてすばらしくまた思いがけない諸発見をうみだしてきたものです。しかし、大きさに属する観念だけでなく他の諸観念にも役立つような何らかの類似した方法が、やがて考案されえないかどうかについては、私は決定しようとは思いません。少なくとも、他の諸観念が数学者にとってありふれた方法に従って検討されれば、それらの観念は、おそらく私たちが思い描くよりもずっと遠くへ、

私たちの思考を導くことでしょう。【8】そしてそれは、何度か申しましたように、とりわけ道徳《モラル》においてなされうるでしょう。〉

テオフィル　おっしゃるとおりだと思います。私はずっと以前から、あなたの透察を実現したいと思ってきました。

【9】フィラレート　〈物体の認識[451]については、正反対の道をとらなければなりません。というのも、私たちは、物体の実在的本質の観念をまったくもっていないために、経験に頼らざるをえないからです。【10】けれども、合理的で規則正しい経験に慣れた人は、他の人に比べて、物体のまだ知られていない特有性に関してより正しく推測できるということを、私は否定するわけではありません。しかし、それは判断や臆見であって、認識や確実なことではないのです。このため、自然学を学問にするのは私たちの手に余るように思えます。けれども、経験と記述的な観察は、私たちの身体の健康と生活の便宜に関しては役立ちうるものです。〉

テオフィル　自然学全体が、私たちにとって完全な学には決してならないことは同意します。しかしそれでも、何らかの自然学的な学問をもつことはできるでしょうし、すでに私たちはその実例をもってさえいます。たとえば、磁気学はそのような学問とみなせます。というのも、経験に基づくごくわずかな前提から、私たちの見るところ理性が予期させるとおりに、実際に生じる数多くの現象を、確実な導出によって論証できるからです。私たちは、すべての経験を説明しようなどと望むべきではありません。幾何学者たちさえ、彼らの公理のすべてをまだ証明したわけではないからです。しかし、彼らが、少数の理性的原理から多数の定理を演繹することで満足しているのと同様に、自然学者たちは、いくつか

451——corps. Locke: substantial beings. (R & B)

の経験的原理によって多くの現象を説明し、実際にそれらを予見することができさえすれば、またそれで十分なのです。〉

[11] **フィラレート** 〈私たちの能力は、物体の内的な構造を私たちに識別させるように態勢づけられていないのですから、私たちの能力が私たちに神の存在を発見させ、私たちの義務や特に永遠に関する最大の関心事について教えてくれるのに足る私たち自身についての十分に偉大な認識を発見させるならば、それで十分であると判断しなければなりません。そして、そこから当然次のように結論してもよいと思います。すなわち、道徳は本来の学であり、人類一般の大問題であるが、同様にまた他方では自然のさまざまな部分に関わるさまざまな技法は個々人に配分されたものである、と。たとえば、鉄の使用について無知であることが、ありあまるほど豊富なあらゆる種類の資源に恵まれた自然がありながら、アメリカという国に生活の便宜の大部分が欠けている原因であると言えます。したがって、私は、自然についての学問を軽んじるどころではありません。[12] この研究がしかるべく進められれば、これまでのすべての営為にもまして、人類により大きな効用をもたらす、と私は思います。印刷術を発明した人、羅針盤の利用を発見した人、キナ樹皮の効能を知らしめた人、これらの人たちは、学校や病院の創設者や、大金を投じて建てられたこのうえなき慈善の他の記念建造物の創設者にもまして、認識の普及や生活に役立つ便宜の前進に貢献してきたのであり、より多くの人々を墓から救ってきたのです。〉

テオフィル これ以上に私の意にかなう意見はありえないでしょう。真の道徳《モラル》や信仰心は、諸技術を磨くように私たちを駆り立てるはずであって、ある無為の静寂主義者《キエティスト》たち[452]の怠惰を支持などはしません。そして、少し前に言いましたように[453]、より善い政策[454]は、いつの日か、現在よりもずっとよい医学へと私たちを導くことができるでしょう。それは、徳への関心に次いで、いくら勧めてもすぎることのないものです。

[13] **フィラレート** 〈私は、経験を奨励しているとはいえ、蓋然的な仮説を軽んじているわけではありません。蓋然的な仮説は新たな発見をもたらすことができ、少なくとも記憶にとって大きな助けとなります。しかし、私たちの精神はあまりにも急ぎがちであり、多くの現象にそうした仮説を適用するのに必要な労と時間をさかず、何らかの浅薄な推測

452——本書序文の訳注73参照。
453——A VI-6, 426ff.（R & B）
454——原語は police。R & B は policies と英訳、Cassirer は Staatkunst と独訳。

で満足しがちなのです。〉

テオフィル　諸現象の原因や真の仮説を発見する技法とは、いわば謎解きの技法のようなものであり、そこでは才知に富む臆測がしばしば道を非常に短縮してくれます。ベーコン卿[455]は、実験の技法を原則へと仕上げることをはじめました。そしてボイル閣下[456]は、その技法を実行に移す優れた才能をもっていました。しかし、経験を用いる技法と、経験から結論を引き出す技法とを結合させなければ、王のように大金を投じようとも、鋭い洞察力をもった人がすぐに発見しうることにも到達できないでしょう。デカルト氏[457]は確かにそのような鋭い洞察力をもった人物であり、英国の大法官の方法に関する手紙のひとつで、同様の指摘をしています。また、スピノザ[458]（彼がよいことを言っているときには、私は彼を引用するのにやぶさかではありません）は、英国王立協会の秘書官であった故オルデンブルク氏[459]への手紙のひとつで、ボイル氏の著作について類似した考察をしています。それはこの明敏なユダヤ人の遺著のなかに印刷されています。ボイル氏は、実のところ、原理とみなしうる結論以外のいかなる結論も無数のすばらしい実験から引き出さないよう、いささかあまりに長くとどまりすぎています。その結論とは、自然のなかではすべてが機械的に生じるというもので、理性だけによって確実とされうるような原理であって、どれほど多数のものをそろえようとも実験によっては確実とされえないような原理です[460]。

【14】フィラレート　〈一定の名称をもつ明晰・判明な観念を確定したあと、私たちの認識を広げる主要な手段は、隔たった諸観念の結合あるいは両立不可能を私たちに示すことのできる、中間観念を見つける技法です[461]。少なくとも公準は、それを与えるのに役立ちません。ある人が、直角の正確な観念をもっていないと仮定しましょう。その人は、直角三角形について何かを論証しようと苦心しても無駄でしょう[462]。そして、どんな公準を使おうと、直角をはさむ二辺の二乗が

455――Francis Bacon (1561–1626). イギリスの政治家、哲学者。ジェームズ一世のもとで大法官となった。彼が人々に及ぼした影響力で最も顕著なものは、たとえば『新機関』*Novum organum*（1620）に見られるような科学的研究遂行のための企てに由来する。

R & Bは、ライプニッツがここでデカルトやスピノザに言及しているのは適切ではないと注記。すなわち、デカルトが一六三二年五月一〇日付のメルセンヌ宛書簡で述べているのは、デカルトが「恒星の位置を決定する原因」を探求していること、そうした探求は「いやしくも人間が物質的事物について到達しうる最高かつ最も完全な学」への鍵となるであろうということ、もし誰かが「いかなる議論も仮説もなしに……ベーコンの方法に従って天体現象の記述」をしてくれるならば、デカルトの試みに大いに役立つであろうということ、しかし誰かがそれを行なうという現実的な期待はもちえず、いずれにしても望まれる学は「人間精神の到達範囲を超えている」ということである。また、スピノザが一六六二年四月のオルデンブルク宛書簡で言っているのは、「すべての触覚的性質はただ運動、形、その他の機械的状態に依存する」ことをボイルは実験によって証明しようとしているが、これは「すでにベーコンと後にはデカルトによって十分に、そして十分すぎるほどに証明された」のであるから、ボイルの試みは不必要だということである。このように**R & B**によれば、デカルトもスピノザも、ここで引用されている書簡では必ずしもライプニッツが言うような指摘をしているわけではない。

456――本書序文の訳注**40**および第3部の訳注135参照。

457――**A**と**Cassirer**はデカルトの一六三二年五月一〇日付メルセンヌ宛書簡（AT I, 251）を、**Brunschwig**は一六三〇年一一月二三日付の同じくメルセンヌ宛書簡（AT I, 195–196）をそれぞれ挙げる。

斜辺の二乗に等しいことを、その公準の助けによって首尾よく証明するのは困難でしょう。人間は、数学［的真理］[463]をより明晰[464]に見ることがまったくなくても、それらの公理を長いあいだ熟考することはできるでしょう。〉

テオフィル　公理を適用するものがなければ、公理を熟考しても何の役にも立ちません。公理は、諸観念を連結するのにしばしば役立ちます。たとえば、相似な二次元の拡がりおよび三次元の拡がりは、それに対応する一次元の拡がりの二乗および三乗の比をもっている[465]、というあの公準はきわめて有益です。そしてたとえば、円の場合、ヒポクラテスの[466]月形の求積法がその公準からすぐに出てきます。すなわち、それらの二つの図形の与えられた位置が許す場合、それらの一方を他方へ適用することにその公準を結び付ければよいのです。それらの既知の比較［つまりそれらの対応する線の大きさの比較］が、求積に対してさらなる解明を約束しているからです。

458——本書第1部の訳注50参照。

459——Heinrich［英国名 Henry］Oldenburg (c. 1620–1677). ドイツの外交官であったが、一〇年間ヨーロッパを歩き回ったのち、一六五三年にブレーメンの領事館代表としてイギリスに赴き、当地に居を定めた。ボイルや彼の学者仲間たちの知遇を得て、一六五〇年代後半には、王立協会の創立会員となり、またその書記のひとりとなった。この書記という立場で彼はヨーロッパ中の学者・科学者と精力的に文通を続け、パリのメルセンヌと同様、情報交換機関として学問的共同体のために尽力した。オルデンブルクが創刊・編集し、かつ健筆を揮った王立協会の『哲学会報』*Philosophical Transactions* (1665–) は、彼の私的な企てとして始められたものである (cf. *The Correspondence of Henry Oldenburg*, Madison and London, 1965–, II, pp. 209f., 405)。これとほぼ同じ頃、『学術雑誌』*Journal des savants* のイギリス通信員を務めることも承諾した (cf. op. cit., p. 320)。自分自身が情報交換機関となる計画をもっていたライプニッツは (A I–2, 16f.)、一六七〇年オルデンブルクに手紙を書き、一六七三年のイギリス訪問の際彼と会っている。彼らの文通はオルデンブルクが亡くなるまで続いた (cf. A II–1; III–1)。(R & B)

460——一六六一年の末に書かれたスピノザのオルデンブルク宛書簡 (*Opera posthuma*, 1677, lettre 6, p. 410) 参照。(A)

461——R & B は次の文から［15］とする。

462——cf. R. Boyle, *A Physico-chemical Essay, containing an experiment... touching the different parts and redintegration of salt-petre* (1661). (A)

463——［　］の部分は編者による訂正箇所。(A)

464——plus claire dans. Locke: one jot more of. コストによる変更。

465——この部分の訳し方は Cassirer と E & H に従う。

466——ヒポクラテスは前五世紀のギリシアの幾何学者。キオスに生まれる。円の求積法の問題を研究。(Brunschwig) cf. Cantor, *Vorles. über die Gesch. der Mathematik* I, 192f. (Cassirer)

ヒポクラテスは幾種類かの「月形の平方化」の方法を示した。エウデモスによれば、ヒポクラテスはまず、円に内接する正方形の辺上に外側に向かって描かれた半円によって、円の外側にできる月形を平方化した。図1において、ACは円に内接する正方形の一辺、ABは対角線、AECはAC上にACを直径として描かれた半円。

さて、

$$AB^2 = 2AC^2$$

また円（したがって半円）の比はその直径の平方の比に等しい。

したがって、　（半円ACB）＝2（半円AEC）

ゆえに、　（四分円AFCD）＝（半円AEC）

共通の部分である弓形AFCを引けば、

（月形AECF）＝△ADC

注目すべきは、ヒポクラテスが円の面積の比はその直径の平方の比に等しいことを証明し、その後これを使って、相似な円の弓形の比はそれらの底辺の平方の比に等しいことを証明した点である。図2において、直径上の弓形は相似な二つの小さい弓形の和に等しい。両者に斜線部分を加えると、月形が三角形に等しいことが分る。(Heath, op. cit., pp. 183–200: cf. 前掲邦訳、九八—一〇七頁)

図1

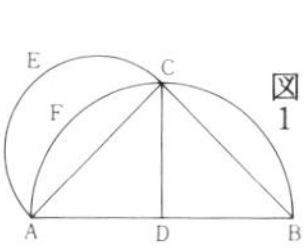

図2

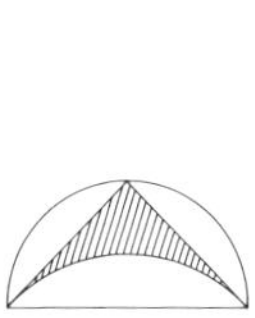

13章——私たちの認識に関する他の考察

[1] **フィラレート** 〈私たちの認識は、他の点におけると同様に、完全に必然的でもないし完全に意志的でもないという点で、視覚にかなり似ている〉ということを付け加えておくのもまたおそらく適切なことでしょう。〈光のなかで目を開ければ、見ずにはいられませんが、ある一定の対象の方へ視覚を向けることはできます。[2] また、そうした対象をより注意して考察することもあまり注意しないで考察することもできます。したがって、その能力がひとたび適用されれば、認識を決定することは意志には依存しません。これは、人間が自分に見えるものを見ないわけにはいかないのと同様です。けれども、人は、自分の諸能力を学ぶためにそれらをしかるべく用いなければならないのです。〉

テオフィル 私たちは、この点についてはさきに論じました。●467 そして、現在の状態においてあれこれの感覚をもつことは人間には依存しないけれども、後にそれをもったりもたなかったりするように準備するのは人間に依存している、ということを明らかにしました。したがって、見解は間接的な仕方でしか意志的ではありません。

14章——判断について

[1] **フィラレート** 〈確実な認識が欠けているために自分を導くものが何もなければ、人間はその生活の大部分の行動において非決定に陥るでしょう。[2] しばしば、蓋然性という単なる薄明かりで満足しなければなりません。[3] そして、それを利用する能力が判断です。人はしばしばやむをえず判断で満足しますが、それはしばしば勤勉・忍耐・熟練が欠如しているためです。[4] 判断は、同意もしくは不同意と呼ばれます。そして、何かを推定するとき、すなわち何かを証明する前に真とみなすとき、判断が生じるのです。それが事物の実在に適合してなされれば、それは正しい判断にな

ります。〉

テオフィル　判断するということは、原因についての何らかの認識に従って賛否を述べる際必ずなされる行為のことである、と言う人たちもいます。また、判断はあまり不確実であってはならないという理由で、判断を臆見から区別する人たちさえいるでしょう。しかし私は、言葉の使い方について誰も非難するつもりはありません。あなたが、判断を蓋然的な見解とみなすことはさしつかえないのです。法律家たちの術語である「推定」についていえば、彼らの正しい用法は、「推定」と「臆測」とを区別しています。「推定」は「臆測」以上のものであって、反証が現われるまでは暫定的に真理とみなされるべきものです。それに対して、状況証拠や臆測は、しばしば他の臆測と比較考量されなければなりません。そういうわけで、他人にお金を借りたことを認める者は、すでにそれを返したことを示すか、その借金が他の何らかの理由で相殺されていることを示さないかぎり、それを返済しなければならないと推定されるのです。それゆえ、この意味で「推定する」というのは、証明する前に受け入れることではなく、こんなことは断じて許されません、反証を待つ間暫定的にしかし根拠をもって受け入れることなのです。

15章——蓋然性について

【1】**フィラレート**　〈論証が諸観念の連結を示すとすれば、蓋然性というのは、いかなる不変的な結合も認められ

ないような論拠に基づいている、[468]［諸観念の］そうした連結の現れにほかなりません。［2］同意には、確信から臆測・疑い・不信にいたるまで、いくつもの程度があります。［3］確実性がある場合には、推論のすべての部分に直観があり、各部分が推論の連結を示しています。しかし、私を信じさせるものは、何か外部のものです。［4］ところで、蓋然性は、私たちの知っているものとの一致に基づいているか、あるいは、それを知っている人たちの証言に基づいています。〉

テオフィル　私がむしろ主張したいのは、蓋然性は確からしさ、あるいは真理との一致に常に基づいているということです。そしてまた、他人の証言というのも、手の届く範囲の事実に関して、真なるものがそれ自身に対して通常もっているようなもののひとつです。それゆえ、蓋然的なものと真なるものの類似性は、事物自身に由来するか、何か外的なものに由来する、と言うことができます。修辞学者たちは二種類の拠点をあげています。一方は人工的な拠点であり、推論によって事物から導かれるものです。他方は非人工的な拠点で[469]あり、人間の証言なり、おそらくまた事物自身の証言なりの、明白な証言にのみ基づいているものです。しかし、混合的な拠点もあります。というのも、証言自身が、人工的な拠点を形成するのに役立つ事実を与えてくれることもあるからです。

［5］フィラレート　〈私たちが、自分の知っているものに近いものがまったくないようなものを容易に信じないのは、それが真なるものとの類似性を欠いているからです。たとえば、ある大使がシャムの王様に、[470]「私共の国では、冬になると水がきわめて硬くなるので、象が沈んだりもせずその上を歩くことができます」と語ったとき、王様は、「これまで私は、そなたが誠実な人間だと信じてきたが、今そなたは嘘をついている」、と言ったということです。［6］しかし、他人の証言によって事実の蓋然性が高まりうるとしても、他人の臆見は、それ自身では蓋然性の真の根拠とみなされては

468——fondée sur. Locke: by the intervention of. (R & B)

469——R & B は les artificiels, les inartificiels を artful ones, artless ones と英訳し、アリストテレスの *Rhetorica* I, 1355b36 の参照を指示。該当箇所でアリストテレスは次のように述べている。「もろもろの立証のうち、或るものは非技術的であり、或るものは技術的である。そして非技術的なものと私の言うのは、われわれによって獲得されたものではなくて、前以て存していたもののことである。例えば証人、拷問、契約書等々であるが、技術的なものと言うのは方法によって、またわれわれによって構成されることのできるもののことである。従ってこれらのうち一方のものは使用し、他方のものは発見しなければならないということになる。」（岩波書店刊、『アリストテレス全集』16、一〇頁）

470——cf. A VI-6. 433. (A)

なりません。というのも、人々の間には認識よりも多くの誤謬があるからです。もし、私たちが知っていて高く評価している人たちの信条が同意の正当な根拠であるとすれば、人々は、日本では異教徒、トルコではマホメット教徒、スペインでは教皇派、オランダではカルヴァン派[471]、スウェーデンではルター派であって当然だ、ということになるでしょう。〉

テオフィル　人々の証言は、彼らの臆見よりも疑いなくずっと重みがあります。また裁判では証言に対してより多くの注意が払われます。けれども、裁判官はときおり、いわゆる軽信［していないこと］の宣誓をさせたり、尋問において証人は、しばしば自分の見たことだけでなく判断したことも、同時にその判断の理由も尋ねられることで聞き出され、それにふさわしい注意が払われたりするのも周知のことです。裁判官はまた、各分野の専門家の見解や意見に多くの敬意を払います。個人の場合も、問題が自分自身で検討すべきでないようなものであるかぎりは、やはり同様にそうせざるをえません。したがって、子供や、この点で子供よりもよい状態にあるわけではないような人は、かなりの地位にいるとしても、国の宗教に何も悪いものを認めないかぎり、またよりよいものがあるかどうかを探求する立場にないかぎりは、国の宗教に従わざるをえないのです。小姓の養育係は、自分がどの党派に属していても、それぞれの若者が［自分が属すと］公言する信条をもつ人たちの通う教会に行かせるべきでしょう。信仰の問題における「多数による論証」[472]について、ニコル

471——Calvinistes en Hollande. Locke: Protestants in England.（R & B）

472——おそらくライプニッツはここ（A VI-6, 458）と20章17節（op. cit., 518）で、ピエール・ジュリューが *Vrai système* の中で主張した論証に言及しているのであろう。この論証をニコルは *De l'unité de l'Église* で、ペリソン Paul Pellisson-Fontanier（1624–1693）は *Réflexions sur les différends de la religion* II（1687）で、またベールは『歴史批評辞典』の「アリウス」と「ニコル」の項でそれぞれ攻撃した。ジュリューによれば、「ギリシア人、ラテン人、プロテスタント、アビシニア人、アルメニア人、ネストリウス派、ロシア人等々」の主要なキリスト教共同体は、普遍的教会を構成しており、彼らが同意している教義はキリスト教信仰の本質的で不謬の真理を表現している。「というのも、神は、大規模なキリスト教徒の団体が甚だしい誤謬に陥り長きにわたってそれに固執するのを許すことはありえないからである。少なくとも、われわれが経験によって導かれているのであれば、そのようなことは起こらなかった以上ありうると考えるべきではない。」これに対してニコルは次のように答えた。すなわち、あらゆる教義の中で最も普遍的かつ永続的に受け入れられている教義は、「カトリック教会が唯一の共同体であり、あらゆる異端的宗派はそこから排除される」ということである。どの共同体も「カトリック教会であると主張してきたが……それと同時に、そのような教会はひとつしかないことに同意してきた」。ジュリューが、「信用を保持してきたと彼の考えるすべての宗派をカトリック教会へとまとめあげる新しい体系」を提示して「驚くべき無謬」をしでかした点で、彼には罪がある。ニコルはそう批判した。（R & B）

氏[473]と他の人たちとの討論を参照することができます。そこではときとして、一方はそれをあまりにも尊重し、他方はそれについて十分に考慮していません。他にも同様の先入見があり、人々はそれによって、きわめて安易に議論からのがれているのでしょう。これこそ、テルトゥリアヌス[474]がそのために記した論考で「妨訴抗弁」[475]と呼んでいるものです。彼が用いているのは、（テルトゥリアヌスにとって知らない言葉ではなかった）古代の法律家の用語であり、彼らはそれを、多くの種類の異質で先行的な抗弁ないし異議申し立てと解していました。しかしそれは今日では、法律で定められた時間内になされなかった他人の請求の却下を主張する際の時効としか解されていません。そういうわけで、ローマ教会の側もプロテスタント教会の側もともに、正当な推定[476]というようなものを公けにすることができたのです。たとえば、ある点に関して両者が互いに相手の改革を非難することができる、と思われてきました。たとえば、プロテスタントの多くが聖職者を任命する旧来の形式を捨てた場合や、ローマ・カトリックが旧約聖書の古い宗規を変更した場合のように。私は、後者については、モーの司教[477]と書面で頻繁に交わした討論のなかで十分明らかに示しておきました。数日前に来た便りによれば、彼は先ごろ亡くなったようです。こうした非難はこのように相互的ですから、改革というのはこのような［信仰の］問題において誤謬の何らかの嫌疑を与えるとはいえ、誤謬の確実な証拠ではないのです。

473——Pierre Nicole (1625–1695). フランスの神学者、哲学者。ジャンセニストの指導者。アルノーやパスカルと親交があった。彼の *Préjugés légitimes contre les Calvinistes* (1671) はフランスのカルヴァン主義者ピエール・ジュリュー Pierre Jurieu (1637–1713) の反発を買い、ジュリューは *Préjugés légitimes contre le Papisme* (1685) を書いた。さらにジュリューが *Vrai système de l'Église* (1686) を出版すると、ニコルは *De l'unité de l'Église* (1687) をもって応えている (A VI-6, 518)。ライプニッツはパリ滞在中、アルノーのところでニコルと数回顔を合わせて言葉を交わす機会があったが、ニコルともアルノーとも宗教問題については何も話さなかったという (A I-4,352)。(R & B)

474——Tertullianus (c. 155–c. 230). キリスト教の護教家、神学者。主著は *De praescriptione haereticorum*。(Brunschwig) アカデミー版も同書を挙げる。

475——Prescriptions. R & B の巻末の注によれば、ローマ法において prescription は、「相手の拠って立つ根拠を必然的に切り崩すような前提を根拠にして、相手の主張を聴くのを拒否し、それによって尋問を簡略化することを意味した。このような仕方でテルトゥリアヌスは」彼の *De praescriptione haereticorum* の中で「異端に対処している」(*Catholic Encyclopedia*, 'Tertullian')。

476——cf. P. Nicole, *Préjugés légitimes contre les calvinistes* (1671); P. Jurieu, *Préjugés légitimes contre le papisme* (1685). (A)

477——フランスの聖職者・神学者ボシュエ Jacques Bénigne Bossuet (1627–1704) を指す。ディジョンの司法官の家に生まれ、パリで神学を学んだのち、メッツで司教座聖堂参事会員となる。一六六九年コンドンの司教となるが、翌年ルイ一四世の王太子養育官に任ぜられ、司教の座を辞す。王太子教育のために、聖書に基づく政治論を講じ、世界史は神の摂理の展開であるとするキリスト教史観に立脚して『世界史論』*Discours sur l'Histoire universelle* (1681) を著わす。一六八一年にモーの司教に任ぜられ、フランス聖職者会議で活躍。ガリカン教会の自由と独立を主張し、教皇権至上主義者の教説は拒絶したが、「教皇座ソレ自体 *sedes* と教皇座ニアル者 *sedens* とを区別」（エメ＝ジョルジュ・マルティモール『ガリカニスム——フランスにおける国家と教会——』朝倉・羽賀共訳、白水社、文庫クセジュ、一一一頁）して、教皇座の永遠性は肯定した。ローマ・カトリック教会の絶対的無謬性の擁護に努め、ルイ一四世による「ナントの勅令」廃止 (1685) を支持し、一六八八年には『プロテスタント教会変異史』*Histoire des Variations des Églises protestantes* を出版してプロテスタンティズムを批判する一方、フェヌロンらの静寂主義（本書序文の訳注73参照）と論戦を交えるなど、「モーの鷲 l'Aigle de Meaux」の名をほしいままにした。雄弁家・説教家としても名高く、国家の要人や名家の人々の死に際してしばしば追悼演説を行なった。モーにて没。ライプニッツがここで言及しているボシュエとの往復書簡は、まず一六九一年から九四年まで交わされ、数年間の中断を経て、一七〇二年まで続いた。その主題は教会統合である。ライプニッツが教会統合計画に関心をもち始めたのは、彼がマインツの宮廷で職を得て、外交的活動に携わるようになった時期であるが、この計画に積極的に関わるのは、ハノーファーに活動の拠点を移してからのことである。皇帝レオポルト一世の庇護下にあったカトリックの司教スピノラ、ロックムの僧院長モラーヌス、カトリックへの改宗者ペリソンらと交流を深めながら、ライプニッツは、モービュイッソン女子大修道院長の秘書ブリノン夫人の仲介で、ボシュエと本格的に文通するようになる（本書第4部の訳注696参照）。ライプニッツがボシュエの参画を望んだのは、ローマ教皇に対する相対的独立性を保持してきたガリカニスムが、教会統合計画を進展させるための格好の手がかりになりうると思われたからであった。
この往復書簡、言い換えれば論争の主な争点は、公会議それもとくにトリエント公会議（本書第4部の訳注700参照）である。ライプニッツは、プロテスタントをローマ・カトリック教会へと再統合するに際してトリエントでの決議を留保することが可能であると考えて、トリエント公会議の公会議としての世界性・普遍性に疑念を表明したが、これに対して、ボシュエは終始一貫、教会の不可謬性および公会議の権威を主張する。ボシュエにとって、トリエント公会議への服従を伴わぬいかなる恭順も、うわべだけのものであり無益なものでしかなかった（Jean Baruzi, *Leibniz et l'organisation religieuse de la terre d'après des documents inédits*, Paris 1907 [réimp. 1975], p. 328）。ライプニッツは一七〇五年一二月一四日付のトマス・バーネット宛書簡で、この論争を振り返って、「ペリソン氏の死後、モーの司教は文通の継続を望みながらも、あまりに断定的な口調になり、私が自分の良心と真理を裏切ることなしには見過ごせないような教説を主張して、物事を度が過ぎるほどに推し進めようとしていました。そのため私は、力強く毅然たる態度で司教に答え、司教と同じくらい高飛車な口調になりました。」（GP III, 303-304）と述べている。この論争の詳細については次の文献参照。François Gaquère, *Le dialogue irénique Bossuet-Leibniz——La réunion des Églises en échec (1691–1702)*, Paris 1966; W. J. Sparrow Simpson, *A Study of Bossuet*, London 1937.

478——原語は apparence。ライプニッツは vraisemblance という語も使うが、R & B は、「vraisemblance と apparence のどちらかをライプニッツが選択するに際して、その選択を左右したものが何であったかは分からない。しかしそれは意味の違いではなかったように思われる。」と述べ、第4部20章16節のフィラレートの発言に対するテオフィルの発言（A VI-6, 517）で apparent と vraisemblable がともに使われていることは、ライプニッツにとってそれらが同義語であることを暗示している、と指摘する。

479——n'opèrent point en cela.『知性論』では、operate no farther on the mind。(R & B)

480——『知性論』2節から取られた一節。(R & B)

481——ou d'application à loisir はライプニッツによる付加。(R & B)

16章——同意の程度について

【1】フィラレート 〈同意の程度についていえば、私たちのもっている蓋然性の基礎は、その点では、私たちがそこに見出すような、あるいは検討した際そこに見出したような、確からしさ[478]の程度を超えてはまったく作用しない[479]、ということに注意しなければなりません。というのも、同意は、精神を説得してきた諸理由を現実に視ることに必ずしも基づいているわけではないと認めねばならないからです。また驚くべき記憶をもっている人たちでさえ、自分にある見解を抱かせたすべての論拠を常に把持することは、きわめて困難でしょう。そうしたすべての論拠があれば、ときにはただひとつの問題で一冊の書物を満たすこともできるでしょう[480]。そういう人たちは、いちど真剣かつ入念に事柄を精査し、いわば清算をしてしまえば十分なのです。【2】そうでなければ、人々はひどく懐疑的になるか、たえず意見を変えるかしなければならず、記憶や専念する暇[481]がないため完全には即座に答えられない議論を、つい最近問題を検討してしまって提起する

どんな人にも屈服しなければならないでしょう。［3］人々はそのためにしばしば誤謬に固執するということを認めねばなりません。しかし、誤りは、自分の記憶に頼ることにではなく、以前にまずい判断をしたということにあるのです。というのも、他の仕方では考えなかったと指摘することが、しばしば人々にとって検討や理由のかわりとなっているからです。しかし通常、自分の意見を検討することの少ない人ほどそれに強く執着するものです。〉《それでも、自分が見たものに対する執着は賞賛に値するとはいえ、信じたものに対する執着は必ずしもそうとはかぎりません。[482] なぜなら、すべてを覆しうるような何らかの考察を見逃してきたかもしれないからです。》〈そして、自分が［何らかの］意見をもっている問題に関する［賛否］いずれの側の立証もすべて集めるだけの暇と忍耐と手段をもち、それらの立証を比較して、より詳しい教えのために知るべきものなどもはや何も残っていないほど確実に結論を出しうる人など、おそらくこの世にひとりもいないでしょう。しかし、私たちの生活や私たちの最大の関心事に対する気遣いは、少しの猶予も許さないでしょうから、私たちの判断は、私たちが確実な認識に至りえないような点に基づいて決定される、ということはまったく必然的なのです。〉

テオフィル　あなたがいま話されたことは、まったく正しく確固としたことばかりです。けれども、ある場合には、人々は、何らかの重要な見解へと自分を導いた諸理由の、文書による要約を（備忘録の形式で）とっておくことが望ましいでしょう。あとでしばしば自分自身や他人に対してその見解の正しさを立証しなければなりません。さらに、裁判においては、下されてしまった判決を撤回することや、結審について再審を行なうことは通常容認されていない――さもなければ、絶えず不安でいなければならず、それは過ぎ去ったことの資料を常に保存するわけにはいかないのでなおさら耐え

482――ここではvuとcruとの対比であるが、『知性論』ではknowledgeとprobabilityとの対比。(R & B)

483――cf. Paulus, *Sententiae Lib.* I. Tit. vii. 1; *Digesta Lib.* XLII. Tit. i, 33. (Langley)

484――cf. *Digesta Lib.* XLII. Tit. i. 1. (Langley)

485――violent. Locke: insolent and imperious. (R & B)

難いでしょう——とはいえ、それにもかかわらず、ときには、新たな知見に基づいて裁判に訴え、判決を下されてしまったことに対して、いわゆる「原状ノ回復（restitutio in integrum）」[483]を獲得することさえ許されています。そしてまた同様に、私たち自身の問題、とりわけ取り掛かることも引き下がることもまだ可能であり、実行を延期したり慎重に行動しても害がないような、きわめて重要な件においては、蓋然性に基づく私たちの精神の判断は、法律家たちの言うような「既判事項[484]（res judicata）」とみなされるべきでは断じてありません。すなわち、新しい重要な反対の理由が提起されるときでさえ推論を見直す必要がないとするほど確定されている、と思うべきではありません。しかし、熟慮する時間がもはやない場合は、下された判断に、それがあたかも無謬であるのと同じくらい決然と従わなければなりません。もっとも、必ずしも同じくらい厳密にというわけではありませんが。

［4］**フィラレート**　〈それゆえ、人間は、判断に際して誤謬に身をさらすことも、同じ側面から事物を眺めることができない場合にさまざまな見解をいだくことも、同じく避けえないのですから、さまざまな臆見のなかにあっても相互の平和と人類の務めとを保持すべきです。他の人に向かって、私たちの反論に従って根深い臆見を速やかに変えるべきであるなどと要求すべきではありません。とりわけ、自分の相手は利害や野心、あるいは他の何らかの個人的な動機によって動いていると思われるならなおさらです。そして、自分の見解に従わねばならないよう他人に強制したがる人たちは、たいてい事象をよく検討してはいません。というのも、疑いから脱するほど十分深く議論に立ち入った人たちは非常に少数であり、他人を非難する理由などほとんど見出さないので、そのような人たちから何か強圧的[485]なものを覚悟する必要などないからです。〉

テオフィル　実際、人間において最も非難されてよいのは、その臆見ではなく、自分と別の仕方で判断するには愚かか悪意があるかでなければならないかのように、他人の臆見を非難するという向こう見ずな判断です。このような情念や憎悪に燃え、世間にそれらを撒き散らしている者たちの態度は、支配することを好み対立を許容できない傲慢で不公正な精神の結果なのです。それは、他人の臆見を非難する十分な理由がしばしば実際にないということではなく、非難する場合には公正な精神と人間の弱さへの思いやりをもって行なうべきであるということです。確かに、風紀に対してや敬虔さの遵守に対して影響を与えるような悪しき教説には、用心する権利があります。しかし、それらの教説を正当な証拠もなく人々に帰して中傷してはいけません。公正さが人々を寛大に扱うよう求めるとすれば、敬虔さは、彼らの教義が有害である場合にはその悪しき効果をしかるべき所で指摘するよう命じます。たとえば、完全に賢く善良で正しい神の摂理に反する教義や、魂が神の正義の働きを受け入れることを可能にする魂の不死性に反する教義に対してです。道徳《モラル》や公共の秩序に関する他の危険な説については言うまでもありません。私は、こうした理論的な臆見は実際には人が思うほど影響を与えない、と優れた善意ある人たちが主張しているのを知っています。また、そのような説によって自分にふさわしからぬ行ないに決して導かれたりしない、優れた性格をもった人々がいることも知っています。さらに、思弁によってそのような誤謬に陥った人たちは、普通の人たちが染まりがちな悪徳からは生来より離れているのが常であり、自分がいわばその指導者である学派の品位に配慮してもいます。たとえば、エピクロスとスピノザはそのまったく模範的な生涯をおくった、と言うことができます。しかし、こうした分別はその弟子や模倣者にはたいていあてはまりません。彼らは、監視する摂理や脅迫的な未来といった煩わしい心配から自分が免れていると思い込み、野蛮な情念の手綱を弛め、他人を惑わせ堕落させることに意を注いでいます。もし彼らが野心にかられいささか粗暴な性格をもっていれば、自分の楽しみや出世のために世界の至るところに火をつけることもしかねないでしょう。私は、死ぬまでこうした性格だった人たちを知っています。また、似たような諸説が、他の人々を指導し国務を左右するような高い地位の人たちの精神に徐々にしのび込み、流行の書物のなかに紛れ込んで、ヨーロッパを脅かしている全般的な革命へとすべてのものを向け、財産や生命にもまして祖国や公益への愛や子孫への配慮を優先していた古代ギリシア・ローマ人の高邁な心情の世界のうちにはまだ残っているものに対する破壊をなしとげようとしている、とさえ私は思います。このような「公共精神」[486]と英国人たちが呼ぶ

486 ――原語は Ces publiks spirits。R & B は This public spirit と英訳。

487 ――自分の名を後世に残すことだけが目的でエペソスの神殿に火を放った人物（前三五六年）。(Brunschwig)

488 ――cf. J. B. Poquelin-Molière, *Don Juan, ou le Festin de Pierre* (1665). (A. Cassirer)

489 ――ヘルムシュテットの Georg Calixtus (1586-1656) の教説を支持する人々を指す。カリクストゥス（本名カリセン Georg Callisen）はドイツのプロテスタント神学者。一六一六年、ヘルムシュテット大学の神学教授となる。ルター派、カルヴァン派、ローマ・カトリック教会の間の対立を和解に導くために努力した。この点で彼はライプニッツの先駆者であった。

490 ――opposition. GP、Brunschwig、E & H では opinion（「説」）。

ものは極端に衰えており、もはや流行してはいません。それは、自然的理性自身が私たちに教えているような、善き道徳《モラル》や真の宗教によって支持されなくなれば、ますます消えてなくなってしまうでしょう。支配することを始めた、反対の性格の持ち主のうちで最良の者も、「名誉」と彼らが呼ぶもの以外の原理をもはやもってはいません。しかし、彼らにとって、「誠実な人」や「名誉を重んじる人」の徴というのは、彼らが下劣と思うようなことをしないことにすぎません。たとえ誰かが、自分の偉大さを示すために、あるいは気まぐれに、大量の血を流したとしても、すべてをさかさまにひっくり返してしまえば、それは何とも思われないでしょう。そして、古代のヘロストラトス[487]のような人や、『石像の宴』のドン・ジュアン[488]のような人までが英雄とみなされてしまうでしょう。祖国への愛は公然と嘲笑され、公益を気遣う人たちは愚弄されます。善意ある人が後世はどうなるのかをうんぬんすれば、「そのときはそのときさ」という答えが返されるのです。しかし、他人に降りかかると思っている悪をこのような人たち自身が経験することになるかもしれません。悪しき結果が見え始めている精神のこの流行性の病からまだ回復するならば、そのような悪はおそらく防げるでしょう。しかし、病がますます昂じれば、それから生じるにちがいない革命自身によって摂理は人々を正すでしょう。というのも、何が起こるかもしれないとはいえ、結局はすべてが一般に最善へと常に向かうだろうからです。ただしそれは、自分の悪しき行動によって善に貢献さえした人たちを罰することがなければ、起こるはずもなく起こりえないでしょうが。有害な諸説についての考察、ならびにそれらを非難する権利についての考察が私を逸脱させてしまいましたが、本題に戻りましょう。さて、神学においては検閲が他の分野よりもずっと遠くまで及びます。そして、自分の正統性を主張する人たちは反対者をしばしば非難します。しかもそうした人たちに対しては、その党派内でさえ、反対者から混淆主義者[489]と呼ばれる人たちが対立しています。その結果、こうした対立[490]によって同じ党派内の厳格な人々と寛容な人々の間に内乱が生じたのです。けれども、別の説を奉じる人たちに対して永遠の救済を拒むことは神の権利を侵害することですから、非難する者のうち最も賢明な人たちは、それを迷える魂が陥ると彼らに思われる危険とのみ解して、神の個々の慈悲を役立てることができないほど劣悪ではないような人を神の慈悲に委ね、自分自身はそれほど危険な状態にあるそうした人を救い出すために、考えうるあらゆる努力をしなければならない、と思っているのです。他人の危険をこのように判断するこうした人々が、適切な検討のあとそうした見解に到達し、彼らの迷妄を解く手段がないとすれば、彼らが穏やかな方策だけを用いているかぎり、彼らの振る舞いを非難することはできないでしょう。しかし、彼らがそれ以上進むやいなや、公正さの法則を犯すことになります。というのも、他の人々も、彼らと同じように確信していれば、自分の見解を主張する権利や、その見解が重要であると思われる場合はそれを広めたりさえする権利を等しくもっている、と考えるべきだからです。容認すべきではない罪を教唆するような説は除外しなければなりません。そのような説を主張する人が自分でそれから抜けられないとしても、厳格な方策によってそれを当然根絶してもよいのです。有毒な虫を、たとえ罪がないとしても殺してもよいのと同様です。しかし、私が言っているのは党派を根絶することについてであって、人間を根絶することについてではありません。人間が害を与えたり独断的意見を説くのを妨げることはできるのですから。

[5] フィラレート 〈同意の根拠と程度に話を戻せば、命題[491]には二種類あることに注目すべきです。一方は事実に関する命題で、観察に依存するため、人間の証言に基づきうるものです。他方は思弁に関する命題[492]で、私たちの感覚では発見できないものに関わるため、そのような証言ができないものです。[6] 個々の事実が私たちの恒常的な観察や他人の一様な報告に適合する場合、私たちはそれが確実な認識である場合と同じように確固としてそれに依拠するのです。またそうした事実が、知りうるかぎり、あらゆる時代のあらゆる人の証言に適合する場合には、それは第一のそして最高の程度の蓋然性です。たとえば、火が暖め、鉄が水の底に沈む[493]といったことです。このような基礎のうえに立てられる私たちの信念は、確信にまで高まります。[7] 第二に、すべての歴史家が、誰それは公共の利益よりも私的利益を選んだと報告しています。そして、それは大部分の人の習性であることが常に観察されてきた以上、私がこのような歴史に対して与えている同意はひとつの信頼というものです。[8] 第三に、賛成するものも反対するものも事物の本性のうちには何もない

491——les propositions. Locke: propositions we receive upon inducements of probability. (R & B)

492——ロックが記した欄外の要約（Probability is neither of matter of fact or speculation. Essay, p. 661）に基づく。（R & B）

493——Locke: fire warmed a man... iron sunk in water.（R & B）

場合、疑念のない人々の証言によって確認される事実、たとえば、ユリウス・カエサルが生存していたことなどは、確固たる信念をもって受け入れられるのです。[494]【9】しかし、証言が自然の通常の経過に反したり、証言が互いに矛盾するときは、蓋然性の程度は無限に変わりうるようになり、[495]ここから、信念・[496]臆測・疑い・不確実・[497]不信と私たちが呼びわける程度が生じるのです。正しい判断を形成し、私たちの同意を蓋然性の程度に比例させるために、正確さが必要とされるのは、まさにここにおいてです。〉

テオフィル　法律家たちは、証明・推定・臆測・状況証拠を扱う際、その主題について多くの有益なことを語り、注目すべき詳細に至りました。彼らは、証明の必要のない周知の事実から始めます。その後、彼らは完全な証明、もしくはそうしたものとみなされる証明を扱います。少なくとも民事訴訟においては、それに基づいて判決が下されます。しかし刑事訴訟においてはより慎重に行なわれることが時としてあります。そして、そこにおいては十分である以上の証明や、とりわけ、［犯罪構成］事実の本性に応じて罪体（corpus delicti）と呼ばれるものを求めることは間違いではありません。それゆえ証明には、十分である以上の証明があり、また通常の十分な証明もあるのです。次に、推定というものがあり、これは、反対のことが証明されないかぎり暫定的に完全な証明とみなされるものです。（厳密にいえば、）半ば十分である以上の証明もあり、これを拠り所とする者には、その不十分さを補うべく宣誓することが許されています（これが補充ノ誓イ（juramentum suppletorium）です）。また、半ば十分であるよりも劣る他の証明があり、この場合は逆に、［犯罪構成］事実を否認する者に対して身の証しをたてるために宣誓が許可されます（これが身ノ証シノ誓イ（juramentum purgationis）です）。これ以外には、臆測や状況証拠の多くの程度があります。特に刑事訴訟においては、拷問（拷問自体には判決文によって示される程度がいくつかあり

494——ロックが記した欄外の要約（Fair testimony, and the nature of the thing indifferent, produces also confident belief. Essay, p. 662）に基づく。（R & B）
495——ロックが記した欄外の要約（Experiences and testimonies clashing, infinitely vary the degrees of probability. Essay, p. 663）に基づく。（R & B）
496——ロックはこの後に guess を入れる。コストによる削除。（R & B）
497——ロックはこの後に disbelief を入れる。コストによる削除。（R & B）

ます）を用いることになるような（拷問ノタメノ　ad torturam）状況証拠や、拷問の器具を示して拷問にとりかかるつもりであるかのような準備をすることで十分であるような（恐レサセルタメノ　ad terrendum）状況証拠があります。容疑者を逮捕するための（捕獲ノタメノ　ad capturam）状況証拠や、こっそりと秘密裡に情報を集めるための（取調ベノタメノ　ad inquirendum）状況証拠があります。そして、これらの差異は、他の類似した場合においてもまた役立ちます。裁判における訴訟手続きの形式全体が、実際、法律問題に適用された一種の論理学にほかなりません。医者もまた、症状や症候の多くの程度や差異[498]を認めている、と見ることができます。当代の数学者たちは、賭の機会での偶然を推算することを始めました。[499]彼らにそのきっかけを与えたのは、明敏な精神をもった人物で、賭事好きであり哲学者でもあったシュヴァリエ・ド・メレでした。彼の『楽しみ』や他の著作は出版されています。彼は、賭がこれこれの状態で中断された場合、その賭［の取り分］がいくらになるのかを知るために、賭け金の分配に関する問題を提起したのです。それで彼は、こうした問題を少し調べるよう友人のパスカル氏[500]に勧めました。この問題は評判になり、ホイヘンス氏[501]が『賭ニツイテ（de Alea）』［賭ニオケル計算ニツイテ］という論考を書くきっかけとなりました。他の学者たちもそれに加わりました。いくつかの原理が確立され、それらはまた、デ・ウィット総督[502]が終身年金に関するオランダ語で出版した小論のなかで使われました。頼りとされた根拠というのは、プロスタパイレシス[503]つまり、いくつかの等しく容認できる仮定の間の算術平均をとることに帰着します。そして、わが農民たちは、彼らの自然数学に従ってずっと前からそれを用いてきたのです。たとえば、何らかの相続財産や土地を売却すべきとき、彼らは三組の評価人をつくります。こうした組はニーダーザクセン語ではSchurzenと呼ばれ、各々の組が問題の財産の評価をします。そこで、ある組は一〇〇〇エキュの価値があると評価し、別の組は一四〇〇エキュ、第三の組

498——R & B は many differences of degree と英訳。

499——Antoine Gombault, Chevalier de Méré (1607–1684). パリのオネットム・リベルタン、賭博師。*Des agréments* (1677) を含めて数冊の *Discours* を書いた。パスカルと親交があり、一六五四年頃パスカルに、賭け金の配分の原理として終わっていないゲームのプレーヤーそれぞれの相対的な勝ち目の計算について質問した。ライプニッツによれば、「メレは偉大な賭博師で、配分の計算を試みたのは彼がはじめてであった。フェルマやパスカルやホイヘンスが勝ち目に関する見事な研究を行なうようになったのも、そうした試みがあったからである。ロベルヴァルはこの研究をまったく理解できなかったし、理解しようともしなかった」(GP IV, 570; Loemker, p. 584)。議論の対象となっているのは二つのケースである。ひとつは、メレが解決することのできたもので、ある人が勝つためには、たとえば二つのダイスの一定数の振出しにおいて一組の6を得なければならないとした場合、その勝ち目はどれくらいか、というもの。もうひとつは、一定数の点を最初に貯えた人が勝つゲームで、ゲームのある一定の段階でそれぞれのプレーヤーが勝つチャンスはどれくらいか、というもの。パスカルとフェルマは、一六五四年に互いに交わした書簡の中で、いくつかのケースについては解答を与えた。ホイヘンスの『賭における計算について』*De ratiociniis in ludo aleae* (1657) は他のさまざまなケースについて答えている。ライプニッツはパリ滞在中に、メレのことや賭け金配分の問題に関して多少聞いてはいたが (Couturat, p. 575)、すべての事情を知ったのは一六九六年になってからであったらしい (cf. Loemker, p. 472)。(R & B)
メレは、パスカルに宛てた有名な手紙では、パスカルの無限小を否定して、これにガッサンディの原子を対置している。デカルトに対しては、物質＝延長という自然学の原理を批判。反デカルト、親ガッサンディの立場は一貫していたようだ。

cf. *Les Agréments* (1677); *Oeuvres complètes* (1692). (A) cf. *Réponse aux réflexions contenues dans la seconde Édition du Dictionnaire Critique de M. Bayle* (GP IV, 570). (Langley)

一種の伝説によると、「確率論」はパスカルが二つの問題（「取り分の問題」と「骰子の問題」）を解き、それからフェルマに手紙を書いた一六五四年に誕生した。問題そのものはそれ以前のルネッサンス期から考えられてきたもので、この話の詳細は必ずしも正確ではないものの、一六六〇年前後の十年間に確率論が誕生したのは事実である。パリで「賭」の議論に接したホイヘンスは（パスカル、フェルマの解法とは独立に）一六五六年『賭における計算について』を書き、それは翌一六五七年に出版された。確率を他の領域へ最初に適用したのもパスカルであり、それは神の存在に関する「賭の議論」、いわゆる「パスカルの賭」として知られている。これが出版されるのは一六七〇年であるが、すでに一六六二年には『ポール・ロワイヤル論理学』のうちにその概要が含まれていた。一方、ライプニッツは独立に、法律問題において確率［蓋然性］を考えており、そして『結合法論』を書いていた（I. Hacking, *The Emergence of Probability*, p. 11）。また一六六〇年代後半、オランダでは財政上の問題、とくに年金の利率に関して確率が考えられ、「人生の長さ」の計算が試みられた。イギリスでも一六六二年、ロンドンの商人グラントが同様の書物を出版した。こうした確率論誕生の事情をライプニッツのこの叙述は伝えている。「ライプニッツは称賛すべき証人である。彼は確率論にまじめな正式の貢献を何らなさなかったが、この主題に持続的で深い関心をもっていた。それどころか、彼は蓋然性［確率論］の最初の哲学者であった。」（Hacking, op. cit., p. 57）ハッキングによると、このように一七世紀半ばにいわば突然出現した確率論は二面的である。一方は統計的であり、偶然の過程の確率論的法則に関わるものであった。他方は認識論的で、統計的背景をまったく欠いた命題を信じる際の合理的程度を評価することに向けられたものであった（Hacking, op. cit., p. 12）。こうした二面性は蓋然性の二つの起源に由来する。古代・中世においては、「臆見（opinio）」は「知識（scientia）」から区別され、それよりも劣ったものと位置づけられていたが、蓋然性はそうした「臆見」に属していた。「知識」が必然的な論証から得られるのに対して、「臆見」は権威や古代の書物や証言によって是認されて確からしいにすぎなかった。こうした序列はルネッサンスで崩れ始め、「臆見」を支持する「徴」（これは第一性質ではなく第二性質にすぎない）という概念が医学や錬金術などの低い次元の科学で登場し、ルネッサンスの終りには「徴」は「証拠」の概念に変化した。権威や証言が外的であるのに対して、徴は自然の証言であり内的であるとされた。つまり、自然を読むための徴は事物に属する証拠である。一七世紀に至ると、臆見に関する古い蓋然性は認識論的な確率論となり、自然の与える徴に関わる蓋然性は統計的な確率論となった。ライプニッツは蓋然性・確率に深い関心を抱きつづけ「新しい種類の論理学」を切望したが、彼自身は、蓋然的な臆見よりも必然的な認識を優先する古い枠組みに留まっていたため、帰納を旨とする確率論に全面的には踏み込めなかったのかもしれない。「ライプニッツ哲学は認識の古いカテゴリーの最後の絶望的な弁明のひとつである。……ライプニッツにとって認識というカテゴリーは神聖なものである。真理は究極的には論証である。」（Hacking, op. cit., p. 185）必然的な知（scientia）という理念が放棄されるまでは、帰納は問題になりえなかったのであろう。「みずからより古い絶対的な記号［徴］を《いきあたりばったりに》見抜いていた認識は、蓋然的なものの認識によって一歩一歩と築かれる記号の網にとってかわられた。」（M. Foucault, *Les mots et les choses*, Paris 1966, p. 74：邦訳、八五頁）詳細は Hacking, op. cit. 参照。

500――B. Pascal, *Traité du triangle arithmétique* (1665) en appendice: *Usage du triangle arithmétique pour déterminer les partys* (ed. Brunschwicg et Boutroux, III, 1908, pp. 478–498). (A)

501――Ch. Huygens,『賭における計算について』*De ratiociniis in ludo aleae*, 1657 (édité à la fin du livre V des *Exercitationes mathematicae* de F. Van Schooten, 1657). (A)

502――J. De Witt, *Waerdije van Lijf-renten naar proportie van Los-renten* (1671). (A) デ・ウィットについては、本書第4部の訳注123参照。

503――ラングリーの脚注によれば、prosthaphaeresis（προσθαφαίρεσις）は a previous subtraction であり、「相対的価値に応じて見積もられた現存する諸仮定の算術的平均値をとる必要のある蓋然性の程度を確かめるための根本的原理」を意味する。

は一五〇〇エキュの価値があると評価するとすれば、これら三つの評価額の合計は三九〇〇エキュになります。三つの組がありましたので、それらの三分の一をとれば一三〇〇エキュになり、これが求められていた平均価格になります。あるいは、同じことですが、各評価額の三分の一の合計になります。これは、「等シイモノカラ等シイモノガ出テクル（aequalibus aequalia）」、つまり、等しい仮定を等しく考慮〔して引き出〕すべし、という公理です。しかし、仮定が等しくない場合は、それらは相互に比較されます。たとえば、二つのさいころで、一方の人は和が7になれば勝ちになり、他方の人は9になれば勝ちとすれば、彼らの勝つ見込みは互いにどの程度の比率になるのでしょう。後者の勝つ見込みは前者のそれの三分の二にすぎない、と私は申しあげたい。というのも、前者は二つのさいころで7をだすのに、1と6か2と5か3と4という三とおりの仕方がありますが、後者が二つのさいころで9をだすには、3と6か4と5をだすという二とおりの仕方しかないからです。そして、これらすべての目の出方は等しく可能です。それゆえ、等しい可能性の数としてのそれらの見込みは、3対2または1対$\frac{2}{3}$のようになるでしょう。私は、蓋然性の程度をあつかう新しい種類の論理学[504]が必要になるであろう、といく度か申し上げました。アリストテレスが『トピカ』のなかで少しもそれをしていないからです。彼は、本当らしさを相互に計ったりその上に確固とした判断を形づくったりするのに必要な秤を私たちに与えることに尽力もせず、一般的論拠に従って配置されたいくつかの通俗的な諸規則を秩序づけることで満足してしまったのです。それらの規則は、話しを誇張したりもっともらしさを与えるのが問題であるような場合には役立つかもしれませんが。このような問題をあつかってみたい人は、運まかせのゲーム[505]に関する研究を追うとよいでしょう。そして一般に、有能な数学者が、あらゆる種類のゲーム〔賭〕について詳細で正しく論証された大著を書いてくれるといいのですが。それは、発見の技法を

504——ハッキングによると、ライプニッツが期待した「新しい種類の論理学」は一九二〇年頃まで眠ったままで、一九二〇年代にジェフリズとケインズが再興し、その後カルナップが引き継いだという（Hacking, op. cit., p. 134）。

505——ライプニッツは「諸々のゲームを数学的に取り扱う包括的研究」を構想していた。まず「数に依存するすべてのゲーム」、次に「バックガモン、チェッカー、そしてとくにチェスといった位置にも関わるゲーム」、さらには「ビリヤードやテニスのような運動に関わるゲーム」などである。「〈この要点は何か〉と問われれば、発見の術を完成させることだと私は答える」（GP III, 667ff.）とライプニッツは言う。彼自身さまざまなタイプのゲームについてその分析の概要を書いている（cf. Couturat, pp. 568ff.; Dutens V, pp. 203ff.）。（R & B）

506——カッシーラーは、ライプニッツのレモン宛書簡（GP III, 668）と Couturat, pp. 568f. の参照を指示。

507——カエサレア Caesarea のプロコピオス Prokopios。六世紀ビザンティンの歴史家（Brunschwig）。アカデミー版は、著書として *Guerre des Goths et Anecdotes* (trad. lat. de H. Grotius, 1655) を挙げる。

508——Louis Aubery du Maurier. *Mémoires pour servir à l'histoire de la Hollande* (1680) の著者。彼の父バンジャマン Benjamin はオランダ大使を務めた。(Brunschwig) アカデミー版は *Mémoires*, p. 431 に見られるグロティウスの死に関する一節——ベールが『歴史批評辞典』の「グロティウス」の項でこれを論駁——を例として挙げる。

改善するのに大いに役立つでしょう。人間精神がより鮮やかに現われるのは、最も真面目な問題のなかというよりも、遊び《ゲーム》においてなのですから。[506]

〔10〕**フィラレート** 〈英国の法律が守っている規則は、証人によって本物と認められた証書の写しはよい証拠であるが、写しの写しは、それが最も信用できる証人によってどれほど確認されても、裁判では証拠と決して認められない、というものです。私は、この賢明な用心を非難する人をいまだかつて聞いたことがありません。そこから少なくとも次の観察を引き出すことができます。すなわち、事物自身のうちにある本源の真理から証言が遠ざかれば遠ざかるほど、証言の力は弱まるということです。それに対して、ある人々の間ではまったく反対のことが行なわれており、臆見は古くなるにつれて力を獲得するのです。千年前にそれを最初に保証した者と同時代の理性的な人には確からしいとまったく思われなかったものが、いく人もの人がその証言について報告してきたがために、今は確実なものとみなされているのです。〉

テオフィル 歴史の分野の批評家たちは、事柄の同時代の証人に大いに敬意を払います。けれども、同時代人でさえ、信用するに値するのは主に公けの出来事についてだけです。しかしながら、同時代人が、動機・秘密・隠れた原因〔策略〕や、たとえば、毒殺や暗殺というような議論の余地のある事柄を語る場合は、少なくとも多くの人たちが何を信じていたかが知られます。プロコピオス[507]がヴァンダル族とゴート族に対するベリサリウスの戦いについて語るとき、彼は非常に信頼に値します。しかし、彼がその『逸話』のなかで皇后テオドラに対してひどい悪口を言い立てている場合は、信じたければ信ずべし、ということです。一般に、風刺というものを信じるのはきわめて慎重でなければなりません。現代においてもそうした風刺の出版を私たちは目にしますが、それらはいかなる本当らしさにも反しているにもかかわらず、無知な人々はそれらを貪るように鵜呑みにしてきました。そして、おそらくいつか次のように言うことになるでしょう。すなわち、「もし何らかの本当らしい根拠がなかったとすれば、こんなものを当時あえて出版しえたのだろうか」、と。しかし、いつかそう言うとすれば、それは、きわめてまずい判断をすることになるでしょう。けれども、世人は風刺に染まる傾向があります。その一例だけをあげれば、息子の方の故デュ・モーリエ氏[508]は、何とも不可解な奇矯さから、数年前に出版された回顧録のなかで、フランス駐在のスウェーデン大使である比類なき人物フーゴー・グロティウスに対して、あるまったく根拠のない事柄を公けにしてしまったのです。何かは分りませんが、彼の父親がこの著名な友人ついて抱いていた記憶におそらく彼の気に障るものが何かあったのでしょう。しかも、この偉大な人物の交渉や手紙がその事柄とは反対のことを十分明らかに示しているにもかかわらず[509]、多くの著作家たちが競ってそれを繰り返すのを私は見てきました。歴史においては作り話を書くことさえまかり通っています。最新の『クロムウェル伝[510]』の著者は、題材をおもしろくするためには、この有能な王位簒奪者の私生活を語る際、彼をフランスに旅行させてしまい、自分があたかも世話人よろしくクロムウェルに従ってパリの宿屋についていったかのように書くことが許されると信じていたのです[511]。けれども、事情に通じたキャリントン[512]という人物が書いて、クロムウェルの息子のリチャードがまだ護民官をしていたときに彼に捧げられた『評伝クロムウェル』によれば、クロムウェルはイギリス諸島を一度も出たことがなかったようです。何よりも、詳細についてはあまり当てにはなりません。戦闘に関する正しい報告などほとんど私たちはもっていません。ティトゥス・リウィウスの叙述の大部分は、クウィントゥス・クルティウスの叙述と同様に想像によるもののようです。必要とされるのは、双方からの正確で学識ある人々による報告です。こうした人々なら、スウェーデン王カール・グスタフのもとですでに勲功をたて、先ごろはリヴォニアの総督としてリガを防衛した、ダールベルク伯爵[513]がこの君主の［軍事］行動と戦闘について刻ませた会戦図に類似した地図[514]さえ作成することでしょう。けれども、どこかの君主や大臣の言葉に基づいて、すぐれた歴史家をただちにけなすべきではありません。そうした君主や大臣というのは、何らかの折、あるいは自分の意に沿わない何らかのテーマや、実際におそらく何かの誤りがあるようなテーマについては、歴史家に声を荒げて反対するものです。カール五世は、スライダン[515]のものを何か読ませようとしたときには、[516]「私にあの嘘つきを持ってこい」、と言っていたそうです。また、その当時かなり重用されたサクソン人の貴族カルロヴィッツは、スライダンの歴史によって自分が

509 ——H. Grotius, *Epistolae quotquot reperiri potuerunt* (1687). (A)

510 ——G. Leti, *La vie d'O. Cromwell* (1694). これは A. Raguenet の作品 *Histoire d'O. Cromwell* (1691) を小説風に手直ししたもの。(A) Gregorio Leti (1630–1701) はイタリアの歴史家でプロテスタント。(Brunschwig)

511 ——cf. Jas. Heath, *Flagellum, or the Life and Death, Birth and Burial of Oliver, the late Usurper*. (Langley)

512 ——S. Carrington, *The History of the Live and Death of his most Serene Highness, Oliver* (1659). (A)

513 ——le Comte de Dahlberg (1625–1703). スウェーデンの技師、要塞の指揮官。(Brunschwig)

514 ——cf. S. Pufendorf, *Histoire du regne de Charles-Gustave* (1697). (A)

515 ——Johannes Sleidanus (1506–1556), *De statu religionis et reipublicae Carolo V Caesare commentarii* (1555). (Cassirer)

516 ——cf. M. Dresser, *Isagoges historicae pars I* (1589), p. 625. (A)

古代の歴史についてもっていたすべてのよき見解が精神のなかで破壊されてしまう、と言っていたそうです。私の申し上げたいのは、［けれども］そうしたことは、精通した人たちの精神のうちでスライダンの歴史の権威を失墜させるには何の力ももたないであろう、ということです。スライダンの歴史というのは、その大部分が、国会および議会の公式の議事録や君主によって公認された文書の連なりなのです。また、それについてほんの少しでも疑念が残っているとしても、それは、私の著名な友人であった故フォン・ゼッケンドルフ氏[517]が記したすぐれた歴史によって一掃されたばかりです（とはいえ、私は、悪しき習慣によってザクセン地方で認められていた、その表題の「ルター主義」という名称に反対せずにはいられません）。この歴史において大部分の事柄は、著者が自由に使えたザクセンの古文書からとられた無数の書類の抜粋によって裏付けられています。その書物のなかではモーの司教[518]が攻撃されており、私は彼にそれを一部送りましたが、彼はその書物がおそろしく冗長だと答えてきただけでした。しかし私は、それは同じような調子で二倍あってもよかったと思います。詳しければ詳しいほど、それはより多く批判にさらされていたはずです。批判するにはその箇所を選びさえすればよいのですから。またさらに、ずっと大きなもので評価されている歴史書もあります。それに、自分自身の時代よりも昔について記している著者は、報告している事柄が他の理由から本当らしい場合、必ずしも軽視されるわけではありません。またときには、そうした著者がより古い著者の作品からの断片を保存していることもあります。たとえば、バンベルクのスウィベルト司教[519]、この人は後にクレメンス二世という名で教皇になりましたが、彼がどの一族の出であるのかについては疑いがもたれてきました。ブラウンシュヴァイク［家］の歴史を記した、一四世紀に生きた無名の著作家[520]がその一族の名をあげていましたが、私たちの歴史に精通している人たちはそのことを考慮しようとしませんでした。しかし、私は、それ以上に古いまだ

517――Veit Ludwig von Seckendorf (1626–1692). ドイツの学者、政治家。法律、歴史、教会改革に関する著書が数冊ある。そのうち最も重要なものは、ライプニッツがここで言及している *Commentarius historicus et apologeticus de Lutheranismo* (1688)。ライプニッツは一六八二年に初めて彼に手紙を書いた。彼らは、ゼッケンドルフが亡くなるまで、主として政治、歴史、教会改革について定期的に文通した（A I-3~9; II-1; Loemker, p. 275）。（R & B）ラングリーは、ライプニッツのボシュエ宛書簡（Foucher de Careil, *Oeuvres de Leibniz* I, p. 288, 275）およびDutens V, p. 90, 93, 566. の参照を指示。

518――アカデミー版は、参照すべき文献として一六九二年三月二六日付のボシュエのライプニッツ宛書簡（Klopp VII, p. 194）を挙げる。

519――Suibert（またはSwidger）。ザクセン出身の人物。教皇在位一〇四六―一〇四七年。

520――cf. Leibniz, *Scriptores Rerum Brunsvicensium*, I (1707). (A) (Brunschwig)

印刷されていない年代記[521]を手に入れました。そこでは、同じことがより詳しい付随的事情とともに記されております。それによると、スウィベルト司教は（ヴォルフェンビュッテルから遠くない）ホルンブルクの自由所有地の古くからの領主一族の出であり、その領地は最後の所有者によってハルバーシュタットの大聖堂に寄進されたようです。

【11】フィラレート 〈私の指摘によって歴史の権威と有用性を貶めようとしたと思われるのは不本意です。私たちが説得力ある明証性をもって、私たちの有する有用な真理の大部分を受け取るのは、まさにこの源泉からなのです。私は、古代について私たちに残されている記録文書よりも尊重すべきものは何もないと思います。私たちはそれを、より多く、より損なわれずにもちたいものです。しかし、どんな写しも、その最初の元のものの確実性を凌駕できないこと[522]は常に真実です。〉

テオフィル ある事実の典拠として古代のただ一人の著作家しかいない場合、確かにその著作家の言を写した者たちは、それにいかなる重みを付け加えることもないですし、あるいはむしろ彼らを気にもとめるべきではないのです。彼らの言っていることは、それがハーパックス・レゴメノン（*ἅπαξ λεγομένων*）、すなわち「たった一度だけ言われたこと」のなかに入っている場合と、まさにまったく同様に扱われるべきなのです。メナージュ氏は、それに関する書物を著わそうとしました。そして今日でさえ、無数の三文文士は（たとえば）ボルセック[523]の悪口を繰り返していますが、分別のある人はそれを鸚鵡のひなの鳴き声ほどにも重んじません。法律家ら[524]は『歴史の信頼性について（de fide historica）[525]』を書きましたが、この問題はより入念な探求に値するでしょう。これらの方々の何人かは寛大すぎたのです。遠い古代については、最も知れ渡っている事実のいくつかは疑わしいものです。学識ある人たちが、ロムルスがローマの都の最初の建設者であったか

521——cf. Leibniz, *Scriptores*, p. 577. (A)

522——Locke: that no probability can arise higher than its first original. (R & B)

523——Jérôme Bolsec. 一六世紀の誹謗文書作家。カルヴァンやテオドール・ド・ベーズ Théodore de Bèze の生涯と学説に関する誹謗文書を書いた。(Brunschwig) *Histoire de la Vie, Moeurs, Actes, Doctrines, Constance et Mort de Jean Calvin, jadis ministre de Genève* (1577); *Histoire de la Vie, Moeurs, Doctrines et Deportements de Théodore de Bèze, dit Spectable, grand ministre de Genève*. (Cassirer) ベールは『歴史批評辞典』の「カルヴァン」と「ベーズ」の項でボルセックを厳しく批評。(A)

524——アカデミー版は、J. Eisenhart, *De fide historica* (1679) を一例として挙げる。

525——おそらくヘルムシュテットの法学教授 Johannes Eisenhart (1643-1707) の *De fide historica commentarius* (1679) に言及しているのであろう。アイゼンハルトは一六七七年にライプニッツと文通を始め (A I-2, 262ff.)、この文通は一七〇二年まで断続的に続いた。一六七九年二（?）月のライプニッツの書簡 (A I-2, 426ff.) は歴史の信頼性の問題を論じることにあてられている。(R & B)

526——前四世紀後半のギリシアの歴史家。

527——R & B は、黄金に対するローマ人の相反する態度についてのライプニッツの批評は、次の二つの事柄によって説明がつく、と注記。①「紀元前一〇六年にトゥールーズの寺院が Q. S. Cepio によって略奪され……有名なラテン語の格言 habet aurum Tolosanum（彼はトゥールーズの黄金をもつ）が生まれたが、これは暗に不正利得を指している」(Encyc. Brit., 'Toulouse')。②「カミルスは……秤から黄金を取り上げて従者たちに与え、そのあとで、黄金ではなく鉄によって町を救うのがローマ人の慣習なのだと言って、ゴ

ール人に自分たちの秤と分銅をもって去れと命じた」(Plutarch's Lives, 'Camillus')。(R & B)

528——cf. Leibniz, *Accessiones historicae* (1698), Pt. II, *Gesta Treverorum*, ch. 1–3. (A)

529——Johannes Trithemius (1452–1516). ドイツの歴史家。フランク族の起源についての著作がある。(Brunschwig) アカデミー版は彼の著作として、***Compendium... de origine regum et genis Francorum*** (1515) を挙げる。

530——Johann Thurmaier (1466–1534). 通称 Aventinus。***Annalium Boiorum, libri VIII*** (1580). (A)

531——Peter Albinus (1534–1598). ***Novae Saxonum historiae progymnasmata*** (1585); ***Meisznische Land-und Berg-Chronica*** (1589–1590). (A)

532——Sifrid (Suffrid) Petri (1527–1597). *De Frisiorum antiquitate* (1590). (A)

533——cf. Adelzreiter, *Annales Boicae gentis* (1710). (河野訳、九頁参照) カエサル『ガリア戦記』参照。

534——Saxo Grammaticus. 一二世紀末のデンマークの歴史家。(Brunschwig) ***Danorum regum heroumque historiae*** (1514). (A)

535——古代スカンディナヴィア人の伝説集。(Brunschwig)

536——Vincent Kadlubek (Kadlubko, Kodlubko) (1161–1223). ポーランドの歴史家。(Brunschwig) *Historia polonica* (1612). (A) なお、「ポーランドの最初の……」の部分は、Aでは ce que Kadlubko premier historien polonnois nous debite plaisamment d'un de leur Rois... であるが、GP、Brunschwig ではこれと少し異なり、ce que dit Kadlubko, premier historien polonnois, d'un de leur rois.... となっている。

537——*Historiai* II, 159. (A)

どうかを疑ったのも理由があります。キュロス［王］の死については論争があり、またヘロドトスとクテシアス[526]の間の対立は、アッシリア人・バビロニア人・ペルシア人の歴史に関する疑いを広めました。ネブカドネザルの話やユデトの話、そして『エステル記』のアハシュエロスの話さえ大きな困難をともなっています。ローマ人がトゥールーズの黄金[527]について語るとき、カミルスによるガリア人の敗北について彼ら自身物語っているのとくい違っています。とりわけ、民族の固有で私的な歴史が、きわめて古い元の文書から取り出されてもおらず、公けの歴史に十分に一致してもいない場合、その歴史は信頼できません。そういうわけで、ゲルマン人・ガリア人・イギリス人・スコットランド人・ポーランド人および他の人々の大昔の王について私たちに語られていることが、勝手にでっち上げられた作り話とみなされているのは当然のことです。ニヌスの息子で、トリーア［トレヴ］の建設者であるというあのトレベータ[528]や、ブリトン人あるいはブリテン人の始祖であるというあのブルートゥスの実在性は、［騎士物語の主人公であるガウラの］アマディスと同じくらいのことなのです。何人かの寓話作家からとられた話、トリテミウス[529]、アウェンティヌス[530]そしてさらにアルビヌス[531]やスフリドゥス・ペトリ[532]らが、フランク人・ボイイ人[533]・サクソン人・フリジア人の大昔の君主について無遠慮に弁じたてた話、そしてまた、サクソ・グラマティクス[534]や『エッダ』[535]が北方の国々の遠い昔について私たちに語っていることは、ポーランドの最初の歴史家カドウベク[536]が私たちに伝えている、ユリウス・カエサルの女婿である大昔のポーランド王の一人についてのおもしろい記事以上に権威をもつことはできないでしょう。しかし、異なった諸民族の歴史が、一方が他方を写した様子もない場合に互いに一致しているとき、それは真理の大きな証拠なのです。ヘロドトス[537]と旧約聖書の歴史の間にある、多くの事柄についての一致はそうしたものです。たとえば、ヘロドトスが、エジプトの王とパレスティナのシリア人、すなわちユダヤ人との間のメギドの戦いについて述べている場合がそうです。私たちがもっている、ヘブライ人の聖書[538]の報告によれば、ヨシヤ王はそこで致命傷を負ったのです。また、アラビア、ペルシア、トルコの歴史家と、ギリシア、ローマおよび他の西洋の歴史家との一致は、事実を探求している者たちを満足させます。また、古代から残っている古銭とか銘刻とかが、古代から私たちにまで伝わっている書物、実を言えば写しの写しであるような書物の正しさを証拠立てるときも同様です。私たちに中国の歴史がさらに何を教えてくれるのか、いつ私たちはそれについて判断できるよりよい状態になるのか、そしてそれはどこまで固有の信憑性をもつことになるのか、これらは今後のことです。歴史の有用性は主に次のことにあります。起源を認識することから得られる満足、他人から賞賛されて当然であった人たちの真価を認めること、歴史的批判の確立、とりわけ、啓示の基礎を［含んでいる］聖なる歴史における批判の確立、そして（君主や権力の系譜や権利はまださておき）事例が私たちに与えてくれる有益な教訓、こういったことです。私は、古代についてきわめて小さな取るに足らぬことまで子細に調べることを軽蔑したりはしません。というのも、ときには、批評家がそこから引き出す認識が、より重要な事柄に役立ちうるからです。たとえば、衣服や仕立ての技術の全歴史を書くことにさえ異存はありません。それにはヘブライ人の祭司の法衣から、あるいは、もしお望みならば最初の夫婦が楽園から出たときに神が与えた毛皮から、当代の髪飾りやスカートの襞飾り（Falt-blats）まで含め、さらに古代の彫刻やまたここ数世紀の間に描かれた絵画から得られるすべてのものをそれに付け加えるのです。もし望む人がいれば、幼年期から六三歳までに身に付けたすべての衣服を着た像の描かれた、前世紀のアウクスブルクのある人物の回顧録をお見せしましょう。また、誰だったかが言うことには、すばらしい古美術品の大変な通人であった故ドーモン公爵[539]は似たような逸品をもっていたそうです。このような知識は、

538——『列王紀』Ⅳ、23・29。(A)

539——Louis Marie Victor d'Aumont (1632–1704). 碑文・文芸アカデミーの会員。(Brunschwig)

540——スイスの医者 Theodore Zwinger (1533–1588) が出版 (1586–1587) した百科全書的著作。一六三一年に Laurent Beyerling が *Magnum theatrum vitae humanae* という表題で再刊。(Brunschwig) 本書第4部21章1節のテオフィルの発言参照。

541——Aでは l'existence et la nature であるが、GP、Brunschwig、E & H では l'existence de la nature と et が de になっている。米山訳はAに従う。

542——Locke: that the colour and shining of bodies, is in them nothing but the different arrangement and refraction of their minute and insensible parts. (R & B)

何か他の用途は別にしても、本物の遺物をそうでないものから区別するのにはおそらく役立つかもしれません。それに、人間は遊んでも構わないのですから、この種の仕事で気晴らしをすることは、本分を損なわないかぎり、よりいっそうさしつかえないでしょう。しかし、歴史から最も有益なものを引き出すことにとりわけ専念する人々がいることを、私は切望いたします。最も有益なものというのは、たとえば、徳の並外れた例であるとか、生活の便利さについての観察であるとか、政治や戦争の策略といったものです。そして、そうした事柄やきわめて重要な他のいくつかのものだけを記載する、一種の普遍的歴史をとりわけ書いてもらいたいと思います。というのも、ときには、学問的でよく書かれており、著者の目的にまさにぴったりで、そのジャンルでは卓越しているにもかかわらず、有益な教訓を何も含んでいないような[540]大きな歴史書を読むことがあるからです。私がここで解している有益な教訓というのは、『人生ノ舞台（Theatrum vitae humanae）』とか他のそうした選集を満たしているような単なる教訓ではなく、必要なときに誰でもが思いつくわけではない技術や知識のことです。また、旅行記からこの種の無数の利用できる事柄を抜き出し、それをテーマの順に並べればいいと思います。しかし、なすべき有益なことがこんなに残されているのに、ほとんど常に、すでになされたことやまったく無駄なこと、あるいは少なくとも最も重要でないことに、人々が暇をつぶしているのは驚くべきことです。もっと落ち着いた時代に、世間一般がそうしたことに取り組むようになるまでは、私には打つ手が皆目分りません。

〔12〕**フィラレート**　本題からそれてしまわれましたが、おもしろくためになるものでした。〈けれども今度は、事実の蓋然性から、感覚で捉えられないものに関する臆見の蓋然性に向かいましょう。それは、どんな証言も容れないものです。たとえば、精霊・天使・悪魔などの存在と本性[541]についてとか、この広大な宇宙の惑星や他の住みかにある物体的実体について、そして最後に、自然の作品の大部分の作用の仕方についてです。このようなものすべてについて私たちは臆測しかできず、そこでは類比が蓋然性の大原則となります。というのも、それらは確認することができないので、確立された真理に多少とも一致するかぎりにおいてはじめて、蓋然的であると見えうるにすぎないからです。二つの物体の激しい摩擦は熱や火さえも生み出し、透明な物体の〔光の〕屈折は色を現出させる[542]ため、火は知覚できない諸部分の激しい動きに存し、私たちにその起源の見えない色もまた同じような屈折に由来する、と私たちは判断します。そして、人間の観察下に入りうるような、創造のあらゆる部分には段階的な結合があり、部分の二つのものの間には著しい空隙がまったく

ないことを見出すので、私たちは、事物もまた少しずつ非可感的な段階を完全性へとのぼっている、と考える十分な理由があります。可感的なものと理性的なものがどこではじまるのか、生きているものの最下位の段階はどれであるのか、これらを言うのは容易ではありません。それはちょうど、正規の円錐のなかで量が増減するようなものです。ある人間とある野獣の間には極端な差異があります。しかし、ある人間とある動物の知性や能力を比較しようとすれば、私たちは、そこにごくわずかの差異しか認めないでしょう。したがって、かの人間の知性はかの動物の知性に比べてより明瞭であるか、あるいはより広い、とは容易に確信できないでしょう。それゆえ、人間からはじまって人間よりも下にある最下位の部分にいたる創造の諸部分間のこうした感じられないほどの段階を観察すれば、私たちは類比の規則によって、私たちの上にある事物や私たちの観察の圏外にある事物のうちにも同様の段階があることを確からしいとみなすのです。そして、この種の蓋然性は、合理的な仮説の大きな根拠なのです。〉

テオフィル　ホイヘンス氏[543]が、他の主要な惑星の状態は、太陽からの異なった距離が生むはずの違いを除けば、私たちの惑星の状態にかなり似ている、と『宇宙を観る人（Cosmotheoros）』のなかで判断しているのは、まさにこの類比に基づいてのことです。また、機知に富み学識豊かな『世界の複数性についての対話』を以前すでに出されたフォントネル氏[544]は、それについて気のきいたことを述べ、難しい題材を楽しくする術を見出しました。アルルカン[545]の月の国で〔のように〕[546]「すべてここと同じようなものだ」、とほとんど言ってもいいようです。確かに、（ただの衛星にすぎない）月は主要な惑星とはまったく別の仕方で判断されます。ケプラー[547]は、月の状態に関するみごとな虚構を含んだ小著を残しました。また、ある才長けたイギリス人[548]は、渡り鳥によって月[549]まで運ばれるという、自分の創作したあるスペイン人の〔旅行〕[550]を面白く描写

543——アカデミー版は『宇宙を観る人』*Cosmotheoros* (1698), pp. 32–46 の参照を指示。仏訳の表題は *De la pluralité des mondes* (1702)。(Brunschwig)

544——Bernard le Bovier de Fontenelle (1657–1757). フランスの科学者、作家。ピエール・コルネイユの甥。啓蒙主義の先駆者の一人。一六九七年彼は科学アカデミーの常任秘書となり、一七〇八年から二二年にかけてアカデミーの歴史を書いた（*Histoire de l'Académie des Sciences de Paris*）。ライプニッツとフォントネルとの個人的な交際と文通は一六九九年から始まる。フォントネルの仕事には、アカデミー会員の死去に際してその頌徳の追悼演説を行なうことも含まれていた。四二年間に六九人の頌徳文を書いている。ライプニッツは会員ではなかったが、フォントネルは一七一七年にライプニッツのために追悼演説を行なった。これが一八世紀におけるライプニッツ像を決定づけることになる。彼のライプニッツへの賛辞は Fontenelle, *Éloges des académiciens morts depuis 1699 jusqu'en 1717* と Dutens I に収められている。(R & B) アカデミー版のこの箇所で言及されているのは、*Entretiens sur la pluralité des mondes* (1686:『世界の複数性についての対話』赤木訳、一九九二年、工作舎)。

545——Nolant de Fatouville の喜劇 *Arlequin, empereur dans la lune*（一六八三年に匿名で出版）の主要登場人物。この作品のある諷刺的場面では人間の風俗のさまざまな特徴が列挙され、月の住人たちがそれについてあれこれ述べながら、「すべてはここと同じだ (C'est tout comme ici.)。」と口々に叫ぶ。(A. Brunschwig) ライプニッツはこれを基本的格率として採用し、「自然の事物に関する私の大原則は、月の皇帝アルルカンのそれ、……つまり、いつでもどこでもすべての事物はここと同様だということである。すなわち、自然は多い少ないに関して、また完全性の程度においてさまざまであるけれども、根本的には一様なのである。これが世界で最も単純で最も知的理解のできる哲学をもた

しました。その後このスペイン人を探しに行ったシラノ[551]については言うまでもありません。いく人かの想像力豊かな人たちは、来世を美しく描こうとして、至福な魂を世界から世界へと案内しています。私たちの想像力は、精霊たちのものとされうるような美しい営みの一部をそこに見出します。しかし、私たちの想像力がどれほどの努力を払おうと、私たちとそれらの精霊たちの間の大きな隔たりのため、また精霊たちが非常に多様であるために、首尾よく察知しうるかどうか、私は疑わしく思います。私たちが、デカルト氏[552]が私たちに期待させたような望遠鏡、つまり、私たちの家ほども大きくない諸部分を月面上で識別するための望遠鏡を発見するまで、私たちの地球とは異なる天体に何があるのかを確定することはできないでしょう。私たちの臆測は、私たちの［地球上の］物体の内的な諸部分についてはより有益でより［検証可能な[553]］ものでしょう。願わくば、多くの折に臆測が超えられれば、と思います。私は現時点ですでに、少なくとも、あなたが先ほど話された火の諸部分の激しい動きは、蓋然的でしかないもののうちに入れるべきではないと思います。可視的宇宙の諸部分の組成に関するデカルト氏の仮説が、その後なされた研究と発見によってきわめてわずかしか確証されなかったのは残念なことです。あるいは、デカルト氏があと五〇年長生きして、彼の時代の知識に基づいて与えた仮説と同じくらい巧みで、しかも現在の知識に基づく仮説を私たちに与えてくれなかったのは残念です。種の段階的な結合については、私たちは先の討論のなかでいくらか話しました[554]。そのおり私は、すでに哲学者たちが諸形相または諸々の種の間の空虚について推論している[555]、と指摘しておきました。自然のなかではすべてが徐々に生じ、飛躍によっては何も生じません。変化に関するこの規則は、私の連続性の法則の一部です。しかし、際立った表象を望む自然の美は、飛躍という外見を求め、いわば、現象における音楽的な抑揚を要求し、種を混ぜ合わせるのを楽しんでいるのです。したがって、どこか別の世界

らす。」(GP III, 343) と言う。(R & B)

546——［　］の部分は編者による訂正箇所。(A)

547——J. Kepler, *Somnium seu opus posthumum de astronomia lunari* (1634:『ケプラーの夢』渡辺ほか訳、一九七二年、講談社）。(A)

548——F. Godwin のこと。本書第3部6章22節のテオフィルの発言（A VI-6, 314）参照（第3部の訳注195参照）。

549——本書第2部の訳注307参照。

550——［　］の部分は編者による訂正箇所。(A)

551——cf. *Histoire comique*, p. 365, tome I (1699). (A) ラングリーは『弁神論』三四三節の参照を指示。シラノについては本書第2部の訳注307参照。

552——R & B は *Optics* IX の参照を指示。

553——vérifiables. 写字生は véritables とする。(A) GP・Brunschwig・E & H では véritables。

554——本書第3部6章12節のテオフィルの発言（A VI-6, 307）参照。(R & B)

555——「諸形相の間の空虚」については、本書第3部の訳注162参照。

では人間と獣の間に（それらの言葉をどんな意味に解するかによって）中間的な種があるかもしれず、また私たちを超える理性的動物がおそらくどこかにいるのでしょうが、私たちが地球においてもっている優越性を異論の余地なく私たちに与えるために、自然はそれらを私たちから隔ててよしとしたのです。私は、中間的な種についてお話しているのであって、獣に似ているような人間の個人をここで引き合いに出すつもりはありません。というのは、おそらくそれは能力の欠如ではなく、能力を行使することの障害であるからです。したがって、最も愚鈍な人間でさえ（何らかの病気や、あるいはそれに準ずる他の恒常的な欠如によって本性に反する状態にあるのではないかぎり）、すべての獣のうちで最も精神的なものよりも、比較できないほどより理性的でより教えやすい、と私は思います。もっとも、冗談まじりに反対のことがときには言われますけれども。なお付け加えると、類比の探求についてはまったく同意します。植物や虫・小動物、ならびに動物の比較解剖学が、ますますそれらをもたらしてくれるでしょう。とりわけ、顕微鏡をこれまで以上に用い続けるようになればそうでしょう。そして、より一般的な問題においては、私の次のような見解を見出されるでしょう。すなわち、モナドが至る所に遍在していること、モナドは際限なく持続すること、魂を伴っての動物の保存、単純な動物の死のようなある一定の状態では表象がほとんど判明ではないこと、精霊に帰すのが理にかなっているような身体、魂と身体の各々が他方に乱されることなく完全に自分自身の法則に従い、意志的なものと非意志的なものとの区別が必要ではないような、魂と身体との調和、こういったことについてです。これらすべての見解は、私たちが注目する事物の類比にまったく適合していること、私は私たちの観察を物質のある部分とかある種の作用とかに限ることなく、私たちの観察の彼方に広げているだけであるということ、そして違いというのは、大きなものと小さなもの、可感的なものと非可感的なものとの違いにすぎないということ、がお分りいただけるでしょう。

[13] フィラレート 〈けれども、経験が私たちに知らせる自然的事物の類比よりも、経験から隔たった奇妙な事実という反対の証言に私たちが従う場合もあります。というのも、超自然的な出来事が、自然の経過を変える力能を有する者の目的に適っている場合、そのような出来事がよく確認されれば、私たちにはそれを信じることを拒む理由がまったくないからです。それは奇蹟の場合であり、それ自身で信用を見出すば[556]かりでなく、そうした確証を必要とする他の真理にもまた信用を伝えるのです。**[14]** 最後に、他のあらゆる同意にまさる証言があります。それは啓示、すなわち、神の証言です。神は、欺くことも欺かれることもありえません。そして、私たちが啓示に与える同意は信仰と呼ばれます。信仰は、最も確実な認識と同じくらい完全に、あらゆる疑いを排除します。しかし肝要なのは、啓示が神的なものであることを確信すること、そして、私たちがその真の意味を理解していることを知ることです。そうでなければ、狂信の危険にさらされたり、誤った解釈という誤謬にさらされます。そして、啓示の存在と意味とが蓋然的でしかなければ、同意は、証拠のうちにある蓋然性以上の蓋然性をもちえないでしょう。しかし、それについてはあとでもっとお話しすることにしましょう。〉

テオフィル 神学者たちは、自然的同意をともなう「信じさせる理由」[557]（と彼らが呼んでいるもの）を、神の恩寵の結果である超自然的同意から区別しています。自然的同意というのは、「信じさせる理由」から生じるはずであり、その動機よりも大きな蓋然性をもつことはできません。信仰の分析に関しては、諸々の書物が特別に書かれてきましたが、それらは互いに完全に一致しているわけではありません。しかし、それについては後に論じるでしょ[558]うから、ふさわしい場所で

556 —— l'emporte. Locke: challenges. コストによる変更。（R & B）

557 —— R & B は、ライプニッツが使う motifs de crédibilité というフレーズを rational grounds for belief と英訳し、そのように訳す根拠として、ライプニッツが信じるということの理由を次のように「説明可能な explicable」理由と「説明不可能な inexplicable」理由に区別している点を挙げる。「説明可能な理由は平明な推論によって他者に提出されうる。しかし、説明不可能な理由は、われわれの内的感情の経験にのみ存する。われわれが他者に同じ仕方で同じことを感じるようにさせるやり方を見出せないならば、そうした内的感情を彼らに共有させることはできない。たとえば、ある人物とか絵画とか一四行詩とかシチュー等に見出す快・不快を他者に常に説明できるわけではない。……さて、自分自身のうちに内的神的な光あるいは何らかの真理を感じさせる光明を見出していると主張する人々は、説明不可能な理由に基づいている。そして私が思うに、プロテスタントのみならずローマ・カトリック教徒もこの光明に訴えている。というのは、信じることの動機ないし信じうるということ（彼らはその動機をこう呼ぶ）に加えて、すなわち、われわれの信条の説明可能な理由に加えて、……彼らは、完全な確信をもたらし神的な信条と呼ばれるものを生み出す天からの恩寵の光を求めているのである」（A I-6, 76）。cf. A VI-6, 493, 497, 510.（R & B）本書第4部の訳注499参照。詳細は次を参照。*Dictionnaire de Théologie Catholique*, Paris 1908, Vol. 3, pp. 2206ff., 2224ff.

558 —— 本書第4部20章17節のテオフィルの発言（A VI-6, 518f.）参照。

言うべきことを、ここで先走って話したいとは思いません。

17章——理性について

〔1〕 **フィラレート** 〈信仰について別に語るまえに、私たちは理由（raison）について論じましょう。理由は、あるときは明晰で真の原理を意味し、あるときはそれらの原理から演繹される結論を意味し、またあるときには原因とくに目的原因を意味します。ここでは、理性（raison）をある能力、人間がそれによって獣から区別されると想定され、明白に人間がその点で獣を凌ぐ能力、とみなします。〔2〕 私たちの認識を広げるためにも、私たちの意見[559]を規制するためにも、私たちにはそれが必要です。そしてよく考えてみると、それは二つの能力から成っています。すなわち、中間観念を見つけるための聡明さと、結論を導き出す能力つまり推論する能力です。〔3〕 そして、[560]私たちは、理性（raison）のうちに四つの段階を考えることができます。①論拠を発見すること。②論拠の結合を示すような順序に論拠を配置すること。③その結合を演繹の各々の部分のなかで自覚すること。④そこから結論を導き出すこと。そして、このような段階は、数学的論証のうちに認めることができます。〉

テオフィル 理由（raison）というのは、他のより知られていない真理と結びついて、私たちにその未知の真理に同意を与えるよう促す既知の真理のことです。しかし、それが特にすぐれて理由と呼ばれるのは、それが私たちの判断の原

559——opinion. Locke: assent.（R & B）
560——Locke: to make their connection... perceived; the third is the perceiving their connection; and the fourth, the making a right conclusion. コストによる変更。（R & B）

因であるだけでなく、真理自身の原因でもある場合であり、これはまたア・プリオリな理由とも呼ばれるものです。事物における原因は、真理における理由に対応しています。そういうわけで、原因自身が、それもとくに目的原因が、しばしば理由と呼ばれるのです。そして最後に、真理のこのような連結を自覚する能力、つまり推論する能力もまた理性（raison）と呼ばれるのです。あなたがここで使っていらっしゃるのはこの意味です。ところで、この世ではこの能力は実際人間だけに付与されており、この世の他の動物には現われていません。というのも、先にすでに示しておきましたように、[561]獣のなかに見られる理性の影というのは、同じ理由があるかどうかを認識などせずに、過去に似ているように見える場合にその似ている出来事を予期することにすぎないからです。人間でさえ、単に経験的でしかない場合にはまさに同じように行動しています。しかし、人間は、真理の連結を見るという意味で、獣を凌駕しています。しかもその連結というのは、それ自身が必然的で普遍的な真理を構成しています。これらの連結は、次のような場合、臆見を生み出すにすぎないときも必然的でさえあるのです。すなわち、厳密な探求のあと、［与エラレタ事実カラ］[562]判断しうるかぎりにおいて、どちらの側に優位な蓋然性があるのか論証しうる場合です。したがって、その場合、事物の真理の論証があるのではなく、慎重を期すにはどちらの側に与すべきかについての論証があるのです。理性というこの能力を分けて、発見と判断とを区別するかなり一般に受け入れられている見解に従い、そこに二つの部分を認めてもよい、と私は思います。あなたが［数学者］[563]の論証のうちに認めておられる四つの段階についていえば、通常第一の段階、すなわち論拠を発見する段階は、望ましいようには現われていない、と私は思います。それは総合というものであり、総合は解析なしに見出されたこともあるし、解析が省かれたこともあります。幾何学者たちはその論証において、証明すべき命題を最初に提起します。そして、論証にとり

561——cf. A VI-6, 50f., 271.（R & B）
562——［　］の部分は編者による訂正箇所。（A）
563——Mathématiciens. 写字生は Mathématiques とする。（A）GP、Brunschwig、E & H では Mathématiques（「数学」）。

かかるために、何らかの図形によって所与のものを例示します。これは特述(Ecthese)[564]と呼ばれているものです。そのあと、彼らは作図[565][準備]にとりかかり、証明するために必要な新たな線を引きます。そしてしばしば、この作図を見つけることに最大の技法が存しています。これがすむと、彼らは、特述において与えられていたものと、作図によってそれに付け加えられたものから帰結を導き出し、証明そのものを行ないます。そして、すでに知られているか論証されている真理をそのために用いて、結論に到達するのです。しかし、特述や作図なしですます場合もあります。

【4】フィラレート 〈三段論法は、理性の重要な道具であり、その能力を働かせる最も良い手段であると一般には考えられています。私としては、それが疑わしいと思います。というのも、それは論拠の結合をただひとつの事例で示すのにしか役立たず、それ以上ではないからです。しかし、精神は、三段論法がなくてもそうした結合を同じくらい容易に、そしておそらくよりよく見るのです。しかも三段論法の式や格の用い方を知っている人たちは、たいていは、師に対する暗黙の信仰によってその有用性を前提しているのであって、その理由を知的に理解してなどはいないのです。三段論法が必須のものであるとすれば、それが発明される以前には、誰ひとり理性によって何かを認識することなどまったくなかったことになるでしょう。そして、神は人間を二本足の被造物として造っておきながら、人間を理性的動物にする役はアリストテレスに任せたもうた、と言わなければならないでしょう。つまり[私が言いたいのは]、アリストテレスが、三つの命題を形づくる六〇以上の仕方のうちで確実なものは約一四しかないという三段論法の基礎についての検討に向かわせることのできた、あのごく少数の人たちのことです。しかし、神は、人類に対してもっと恵み深くあられたのです。神は、推論することのできる精神を人類に与えたのです。アリストテレスを貶めるためにこう言っているのではありませ

564——*ἔκθεσις*. なお、ヒースはユークリッドの「証明」・「命題」を次のように説明。「命題は最も完全な形式では次の六つの部分を含んでいた。① *πρότασις* すなわち一般的な用語による〈言明〉。② *ἔκθεσις* すなわち個々の与件——たとえば与えられた直線AB、二つの三角形ABCとDEF、および同様のもの——を述べる〈特述〉。これは一般的に図形において例証され、当の命題が作用するものを構成する。③ *διορισμός* すなわち〈定義〉または〈詳述〉。これは、なさねばならぬ、または証明せねばならぬ事柄を個々の与件によって再述するもので、われわれの観念を固定するのが目的である。④ *κατασκευή* すなわち〈作図〉または用いられる〈仕組み〉。これは、作図によって原図形に、証明が進みうるのに必要な何らかの付加をすることを含む。⑤ *ἀπόδειξις* すなわち〈証明〉そのもの。⑥ *συμπέρασμα* すなわち〈結論〉。これは言明にもどり証明されたりなされたりしたことを述べる。……個々の場合、これら正式の区分のいくつかはなくてもよいが、言明・証明・結論の三つは常に見出される。……」(Heath, op. cit., pp. 370f.; cf. 前掲邦訳、一七四—五頁)

565——原語は préparation。ユークリッドの証明の手順では「作図(*κατασκευή*)」であるので、préparation[準備]を「作図」とした。おそらく、*κατασκευή* というギリシア語に「準備」という意味もあるため préparation とされているのではないか。

ん。私は、アリストテレスを古代の最も偉大な人々の一人とみなしています。精神の広大な視野・緻密さ・洞察力において、また判断の力強さで、彼に匹敵する者はほとんどいませんでした。そして彼は、議論の形式に関するこの小さな体系[566]を発見したまさにそのことによって、すべてを否定して恥じない者たちに反対する学者に対して、大きな貢献をしたのです。しかしながら、それらの形式は、推論する唯一の手段でも最上の手段でもありません。アリストテレスは、それらを形式自身によってではなく、諸観念の明白な一致という根源的な道[567]によって見出したのです。そして、数学的論証において自然的な順序から得られる認識[568]は、どんな三段論法の助けがなくてもよりよく明らかになります。「推論する」というのは、中間観念のある一定の結合を前提しつつ、すでに真なるものと断言されたある命題から、他の真なる命題を導き出すことです。たとえば、「人間は来世で罰せられるであろう」ということから、「人間はこの世で[569]自分自身を決定できる」ということが推論されるでしょう。それは次のような連結になっています。

人間は罰せられるであろう。

そして、神は罰する者である。

それゆえ、罰は正しい。

それゆえ、罰せられる者には罪がある。

それゆえ、彼は別様にもなしえたであろう。

それゆえ、彼には自由がある。[570]

それゆえ要するに、彼は自分自身を決定する能力をもっている。

566――ce petit système はコストによる付加。（R & B）

567――la voye originale de. ロックはこの後に knowledge, i. e. by を挿入。（R & B）

568――Locke: knowledge gained thereby. 大部分はコストによる変更。ロックは同じ4節の後の箇所で the natural order を使う。

569――icy はライプニッツによる付加。（R & B）

570――原文では donc il [y] a liberté en luy。写字生は y を書き落とす。（A）

この連結は、込み入った五つか六つの三段論法がある場合よりも、もっとよく見えます。三段論法においては、観念が置き換えられ、繰り返され、技巧的な形式にはめ込まれてしまうでしょう。三段論法で中間観念が両極の観念に対してどんな結合をもっているのかを知ることが問題なのですが、それはいかなる三段論法も示しえないことです。一種の併置によってそのように位置づけられたそれらの観念を明確に知覚しうるのは精神であり、精神はそれ自身が視ることによってそれをなしうるのです。それでは、三段論法は何の役に立つのでしょう。それは、明々白々に一致する諸観念の一致を否定して恥じないスコラ哲学のうちで役立つのです[571]。その結果として人々は、真理を探求する場合や、真理を認識したいと心から思っている人にそれを教える場合は、自分では三段論法を決して使わないのです。また、

人間――動物――生きもの

すなわち、「人間は動物である」、そして「動物は生きものである」、それゆえ「人間は生きものである」、というこの順序の方が、三段論法の順序、

動物――生きもの
人間――動物
人間――生きもの[572]

すなわち、「動物は生きものである」、そして「人間は動物である」、それゆえ「人間は生きものである」、という順序よりもより自然であることも十分に明白です。なるほど、三段論法は、レトリックから借用された装飾のもつまばゆい輝きの下に隠された偽りを発見するのには役立ちます。そして私は、少なくとも、飾り立てた言説の下に隠蔽された詭弁を警戒するためには、三段論法は必要であるとかつては信じていました。しかし、厳密な検討のあと私は、推断の脈絡のなさを

571 ――Locke: or in teaching others to instruct willing learners. コストによる削除。(R & B)

572 ――Locke: animal-vivens-homo-animal. レイアウトの変更とHomme-vivant の付加はライプニッツによるもの。(R & B)

573 ――Locke: a man unskilful in syllogism. コストによる変更。(R & B)

574 ――Locke: better skilled in syllogism. コストによる変更。(R & B)

示すためには、推断が依存している諸観念を余分な観念から区別し、それらの観念を自然的な順序に並べさえすればよい、ということに気づきました。私は、三段論法の諸規則をまったく知らない者[573]で、論理学のあらゆる細部に精通した[574]他の人々が欺かれたような、長い技巧的でもっともらしい言説の弱さと誤った推論を即座に見破った人を知っています。そうした人を知らない読者はほとんどいないだろう、と私は思います。そうでなければ、王侯たちは、自分の王冠と威厳に関わる問題において、最も重要な議論に三段論法を必ず入れることでしょう。けれども、それを用いることは滑稽であると、誰もが思っています。アジアでも、アフリカでも、アメリカでも、ヨーロッパ人に従属していない民族の間では、それについて誰もほとんど耳にしたこともなかったのです。要するに、それらのスコラ的形式というのも、結局のところやはり誤りに導きやすいものなのです。また、人々がこのスコラ的方法によって沈黙させられることもめったになく、まして説得されたり負かされることなどさらに稀なことです。せいぜい人々が認めるのは、自分の論敵がより巧みであるということでしょうが、自分の理由の正しさについては確信したままです。また、三段論法のうちに虚偽の推論を含めることができるとすれば、虚偽は三段論法とは別の何らかの手段によって発見されねばなりません。けれども、私は、三段論法を拒絶すべきであるとか、知性の助けになりうる手段は何でも自らに禁ずべきであるなどとは思いません。眼鏡を必要とする目があります。しかしだからといって、眼鏡を使う人は、だれでも眼鏡がなければよく見ることができない、などと言うべきではありません。それは、技術に味方して自然をあまりに見くびることになるでしょう。その人にまったく反対のこと、つまり、眼鏡をあまりにも頻繁に、またはあまりにも早くから使いすぎた人が蒙った、その手段によって視力をとても鈍らせたためにその助けがなければもはや見ることができないようなことが起こっているのでないかぎり、おそらくその人は技術から恩恵を受けているのでしょうけれども。〉

テオフィル　三段論法には有用性がほとんどないというあなたの論議は、多くの確固としていてすぐれた指摘にみちています。そして、三段論法のスコラ的形式が世間ではほとんど用いられておらず、もしまじめに用いようとすれば、あまりに長くなり込み入ってしまうことは認めなければなりません。それにもかかわらず、三段論法の形式の発見は、人間精神の最もすばらしい発見のひとつであり、さらにそれどころか、最も重要なもののひとつであると私は思いますが、あなたはそれを本当だと思われませんか。それは一種の普遍数学なのであり、その重要性は十分には認識されていません。その用い方を知りうまく用いることさえできれば、そこには不可謬の術が含まれていると言うことができます。もっとも、そううまくは必ずしもできませんが。ところで、私は「形式にそった議論」というものを、学院で用いられているあのスコラ的な議論の仕方と解しているだけではなく、形式の力によって結論が出され何も付け加える必要がないようなすべての推論とも解しているわけです。したがって、連鎖式[575]や、反復を避けるような三段論法の他の連鎖、さらには正しく行なわれた計算、代数の計算や無限小の解析も、私はおおむね「形式にそった議論」に含めるでしょう。なぜなら、それらの推論の形式は予め論証されており、したがって誤らないことが確実であるからです。また、ユークリッドのほとんどの論証も、形式にそった議論に近いものです。というのも、彼が省略三段論法のように見えるものをつくる場合、省かれていて欠けているように見える命題は欄外の引用によって補われており、その命題がすでに論証されていることが分る手段が与えられているからです。つまりそれは、説得力を少しも損なうことなく議論を大いに短縮するものです。彼が用いているような、比の反転・複合・分割というのは、数学者たちや彼らが扱う題材に特有な、固有の議論形式の種類にすぎません。そして彼らは、[共通の][576]論理学の普遍的な形式の助けによって、それらの形式を論証しています。さらに、三段論法の形をとらない妥当な推断があることも知らなければなりません。それは、その名辞を少し変えなければいかなる三段論法によっても厳密には論証されえないものです。そして、名辞のまさにその変更自身が、三段論法の形をとらない推断をつくっているのです。それにはいくつもあり、とりわけ、「主格カラ斜格へ (a recto ad obliquum)」のようなものが含まれています。たとえば、「イエス・キリストが神である[ならば][577]、ゆえに、イエス・キリストの母は神の母である」というようなものです。[578]同じくまた、有能な論理学者が「関係の反転」と呼んだものもあります。[579]たとえば、「ダビデがソロ

575——各命題の述語が次の命題の主語となり、結論が最初の主語と最後の述語から成る一連の命題。(R & B) たとえば、「AはBである。BはCである。CはDである。故にAはDである。」というような累積的な推理の型。(Brunschwig)

576——[　]の部分は編者による訂正箇所。(A)

577——[　]の部分は編者による訂正箇所。(A)

578——cf. Joachim Jungius (1587–1657), *Logica Hamburgensis* (1638), Leibniz, *Hauptschriften* I, S. 33. (Cassirer)

579——「関係の反転」(inversion de relation) と呼んだ有能な論理学者」ということで、ライプニッツはおそらくユンギウスらのことを念頭においているのであろう。ユンギウスは *Logica Hamburgensis* (1638) で「関係の反転」を、「命題に含まれ、それ自体として意味をもつ諸部分の間に成り立つ同義性 [等値のもの] のなかで、関係の反転による同義性は、頻繁に見られるものである。この場合、一つの命題の主語は、他の命題の述語のうちに生じる部分であり、またその逆が言える。また、ある命題に含まれる述語の主要な部分は、他の命題に含まれる述語の主要な部分に対して、相関関係にあるような仕方で存する。」と定義し、「ダビデはソロモンの父であり、ソロモンはダビデの子である」や「キリストはすべての罪人を救い、すべての罪人はキリストによって救われた」という例を挙げている (Joachimi Jungii, *Logica Hamburgensis*, Edidit R. W. Meyer, Hamburg 1957, p. 89)。因みに、父と子というような相互的な交換関係に基づく推論、つまり「関係の反転による等値の導入」はすでにガレノスによって主張されたものであり (H. Scholz, *Geschichte der Logik*, Berlin 1931, S. 41: ショルツ『西洋論理学史』山下訳、一九六〇年、理想社、六二頁)、またムニャイによれば、この種の推論形式はユンギウスの発明ではなくすでに

モンの父であるならば、確かにソロモンはダビデの子である」というような推断です。そして、これらの推断は、普通の三段論法自身が依存している真理によってやはり論証されうるのです。また、三段論法には定言三段論法だけではなく仮言三段論法もあり、選言三段論法もそれに含まれます。そして、定言三段論法は単純なものか複合的なものである、と言うことができます。単純な定言三段論法というのは、普通に〔三段論法として〕考えられるもの、すなわち、格の式に従って数えられるもので、私は、四つの格はそれぞれ六つの式をもち、したがって全部で二四の式があることに気づきました。●[580] 第一格の通常の四つの式は、「すべての」・「何も…ない」・「ある」という記号の意味の結果にすぎません。そして、何も遺漏のないように私がそれに付け加える二つの式は、全称命題の特称化〔減量〕にすぎません。というのも、

すべてのBはCである。そして、すべてのAはBである。ゆえに、すべてのAはCである。

同じく、

いかなるBもCでない。すべてのAはBである。ゆえに、いかなるAもCでない。

スコラの論理学者にとって周知のもので、ユンギウスは新たに「関係の反転」に論理計算の役割を与えた点でスコラ論理学者と区別されるという (M. Mugnai, *Leibniz' Theory of Relation*, Studia Leibnitiana Supplementa 28, Stuttgart 1992, pp. 75f.)。ユンギウス（およびその弟子ヴァゲティウス）は、「関係の反転」による推論を証明できない単純な推論としたのに対して、ライプニッツは、それが通常の三段論法によってではないがより高次の論理によって証明されると考えた。なおユンギウスは『ハンブルク論理学』のなかで、古典的三段論法の主語‐述語の論理形式に収まらない関係の論理を、論理計算の観点から展開し（ショルツはユンギウスの非三段論法的推論を、①関係の反転による等値②複合形から単純形、単純形から複合形への推論③主格から斜格への単純推論④斜格推論、の四つに分類する）、ライプニッツに大きな影響を与えた。ライプニッツは彼をきわめて高く（ガリレオやケプラーと同列に）評価し、「……リューベックのヨアヒム・ユンギウスはドイツ本国でさえほとんど知られていない人物である。しかし、彼はたいへんな判断力と非常に開かれた精神の持ち主で、もし彼が世に知られ、世の援助を受けていたならば、彼以上に正当に、デカルト自身をも例外とすることなく、学問の大いなる再建を期待することができた人物を私は知らない。」(GP VII, 186: 本著作集第10巻、二八三―四頁）と述べている。「主格（の名辞をもつ命題）から斜格（の名辞をもつ命題）への単純推論」もユンギウスの『ハンブルク論理学』のなかで扱われ (p. 122f.)、「あらゆる円は図形である。ゆえに、円を描く人は図形を描く」という例が挙げられている。(cf. E. J. Ashworth, 'Joachim Jungius (1587–1657) and the Logic of Relations', in *Archiv für Geschichte der Philosophie*, Band. 49, Berlin 1967, pp. 72–85; W. Risse, *Die Logik der Neuzeit 1. Band*, Stuttgart 1964, pp. 521–530)

580——cf. *De arte combinatoria* (A VI-1, 184–185). (A, R & B) 本書第4部の訳注51参照。

という通常の二つの式から次の二つの付加的な式をつくることができるからです。

すべてのBはCである。すべてのAはBである。ゆえに、あるAはCである。

同じく、

いかなるBもCでない。すべてのAはBである。ゆえに、あるAはCでない。

というのも、特称化〔減量〕を論証したり、次のような推断を証明する必要はないからです。すなわち、

すべてのAはCである。ゆえに、あるAはCである。

同じく、

いかなるAもCでない。ゆえに、あるAはCでない。

もっとも、そうはいっても、それらは、第一格のすでに承認されている式と結びつけられる自同的命題によって論証することができます。それは次のようにしてです。

すべてのAはCである。あるAはAである。ゆえに、あるAはCである。

同じく、

いかなるAもCでない。あるAはAである。ゆえに、あるAはCでない。

したがって、第一格の二つの付加的な式は、その〔上述の〕格の最初の二つの通常の式から、特称化〔減量〕を介して論証されるのです。また特称化〔減量〕自身は、同じ格の他の二つの式から論証できます。[581] そして、第二格もまた、同じ仕方で二つの新しい式を獲得します。したがって、第一格と第二格は〔各々〕六つの式をもっているのです。第三格は、前から

581——ラングリーは、*Difficultates quadam logicae*（GP VII, 211–217）とライプニッツのブルゲ宛書簡（GP III, 557–570）の参照を指示。

582——les propriétés. R & B は properties と英訳し、propriétés は properties もしくは correctness の意味をもちうる、と注記。

583——phrases. 写字生は pensées（「思考」）とする。（A）GP、Brunschwig、E & H では pensées。

ずっと六つの式をもっています。第四格には五つの式が与えられてきましたが、同じ付加の原理によって第四格もまた六つの式をもっていることが見出されます。しかし、論理的な形式が、普通用いられている命題のあの順序を私たちに課しているわけではないことは知っておくべきです。そして、次のような別の配列の方がよいということでは、私はあなたと同じ意見です。すなわち、

すべてのAはBである。すべてのBはCである。ゆえに、すべてのAはCである。

それはとりわけ、そのような三段論法の連鎖である連鎖式の場合には明らかです。というのも、さらに、

すべてのAはCである。すべてのCはDである。ゆえに、すべてのAはDである。

というもうひとつの三段論法があるとすれば、それら二つの三段論法から、反復を避ける連鎖を次のようにしてつくることができるからです。すなわち、

すべてのAはBである。すべてのBはCである。すべてのCはDである。ゆえに、すべてのAはDである。

これにおいては、「すべてのAはCである」という不要な命題が無視されているのが分ります。二つの三段論法が要求するその同じ命題の、不要な反復が避けられているのです。というのも、その命題はもはや不要であって、連鎖の力がそれら二つの三段論法によって決定的に論証されたからには、当の同じ命題がなくても、その連鎖は完全で正しい形式の議論であるからです。より複合的な無数の他の連鎖がありますが、それは、より多くの単純な三段論法がそこに含まれているためばかりではなく、連鎖を構成する三段論法が互いにより異なっているためでもあります。というのも、そうした連鎖のなかには、単純な定言三段論法だけでなく連言三段論法も入れることができ、定言的なものだけでなく仮言的なものも、また完全な三段論法だけでなく、明証的と思われている命題が省かれている省略三段論法も入れることができるからです。そしてそれらはみな、三段論法の形をとらない推断や命題の置き換えと結び付いたり、精神の省略しようとする自然的な傾向によってとか小辞の使用のうちに部分的に見られる言語の特性●582によって、それらの命題を隠している多くの言い回しや●583［構文］と結び付けば、演説者の議論さえも含めたすべての議論を表現する推論の連鎖を形づくるでしょう。けれども、そうした議論は無味乾燥で装飾をはぎ取られて、「論理的形式」に還元されたものであり、スコラ的にではありませんが、その力を論理の法則に従って常に十分に認識することができるのです。論理の法則というのは、秩序づけられ

て書かれた良識の法則にほかならず、良識の法則であることには何ら変わりません。それは、地方の慣習法が書かれていない状態からはじめて成文化された場合、その成文化された法はまだ成文化されていなかった状態から区別されないのとほとんど同様です。ただ、ひとたび成文化され、一挙により容易に見渡すことができさえすれば、その法をさらに推進し適用するためのより多くの光がもたらされます。というのも、自然の良識は、〔論理学の〕技術の助けなしに何らかの推論の分析をするに際し、ときには推理の力に少し不安な面があるからです。たとえば、本当は正しいけれども通常はあまり使われない何らかの式を〔推論が含んでいる〕[584]のを見出すような場合です。

しかし、すべての複合的な議論は、それが実際には依存している単純な三段論法に常に還元されるべきであると主張して、そうした連鎖を用いることに反対し、自ら用いたがらないような論理学者は、私がすでに申し上げたことに従えば、何かを買う際商人に、指を折って数えるように、あるいは街の大時計が打つ時を数えるように、ひとつひとつ数を数えさせようとする人のようなものでしょう。その人が別の仕方で数えることができず、五たす三が八であることを指先でしか分からないとすれば、それはその人の愚かさを示しています。あるいは、そうした簡略化を知りながらそれを使いたがらず、他人が使うのも許容したがらないとすれば、その人の気まぐれの徴でしょう。またそれは、すべての推論は常に第一原理に還元されるべきであると主張して、公理やすでに論証された定理を用いたがらない人のようなものでしょう。第一原理は、それらの中間定理が実際に依存しているものであり[585]、そこにおいて諸観念の直接的な連結が見られるのですが。

論理的形式の有用性を、しかるべきと思われるような仕方で説明したので、あなたの考察に取りかかりましょ

584——qu'il enveloppe. 写字生は qui enveloppent とする。(A) GP、Brunschwig、E & H では qui enveloppent。

585——アカデミー版のみ dont の前にヴィルギュルがあり、R & B に従い dont の先行詞を principes ととる。

う。三段論法はただひとつの事例においてのみ論拠の結合を示すのにしか役立たないなどと、どうしてあなたが主張されるのか、私には分りません。精神が推理を常に容易に見通すということは、必ずしも認められることではありません。というのも、（少なくとも他人の推論においては）論証が見られないかぎりは、最初は疑われて当然であるような推理がときには見られるからです。通常、事例は推理の正しさを確認するために用いられます。しかし、それは必ずしも十分に確実なものではありません。もっとも、推理が妥当でなければ真［なるもの］と判明しないような事例を選ぶ技法はありますが。私は、正しい教導がなされている学院では、諸観念の明白な一致を恥ずかしくもなく否定することなど許されていないと思っていましたし、三段論法がそうした一致を示すために使われているようにも思われません。少なくとも、それが三段論法の唯一の主要な用法ではないのです。（著作家たちの誤謬推理を検討すれば）彼らが論理学の諸規則に違反していたことが、予想外に多く見つかるでしょう。そして私自身、誠実な人たちとの討論においてや文書による討論においてさえ、推論の混乱を解くために正しい形式で議論してはじめてお互いの理解が始まったということをときどき経験しています。重要な討議においてスコラ的な仕方で議論しようとすることは、確かに馬鹿げているでしょう。この形式の推論は煩雑で困ってしまうほど冗長ですし、それにまた、それは指を折って数えるようなものですから。しかしながら、人々が、生命や国家や救済に関わるようなきわめて重要な討議において、権威の重圧や華々しい雄弁、不適切に適用された事例、省かれた命題の明証性を誤って前提する省略三段論法、さらには間違いを含んだ推断によってさえも、しばしば惑わされることはまったく真実です。したがって、スコラの論理とは別のタイプのものですが、厳密な論理が、とりわけどちらの側に最大の本当らしさがあるのか決定するためには、実際必要になるでしょう。さらに言えば、一般の人々は技巧的な論理学のことなど何も知りませんが、それでもやはりうまく推論し、ときには論理学の訓練をした人よりもうまく推論することもあります。だからといってそれによって論理学が無用であると証明されるわけではありません。それは、読み書きを習ったこともなく、ペンや計算用コインの扱い方も知らないようなある人たちが、通常の場合うまく計算したり、さらには、計算を習ってはいても記号や徴［符号］に不注意であったり混乱しがちな他の人の間違いを直しさえするのが見られるからといって、技巧的な算術が無用であることが証明されないのと同様です。なるほど、三段論法も詭弁的になることがあります。しかし、そうしたものと認めるのには、三段論法自身の法則が役立つのです。また、三段論法は必ずしも人の意見を変えさせたり、説得力さえあるとはかぎりませんが、それは、当を得ない区別や不当に解された名辞の乱用のために、三段論法の使用が非常に冗長になり、最後まで追わなければならないとすれば耐え難いまでになってしまうからなのです。

ここで私に残されているのは、論理学者の形式がなくても明晰な推論の例として用いるためにあなたが提示された議論を考察し、補うことだけです。すなわち、次のような議論です。

神は人間を罰する。（これは前提された事実です。）

神は自分が罰する者を正しく罰する。（これは、論証されたものとみなしうる理性の真理です。）

ゆえに、神は人間を正しく罰する。（これは、［三段論法の形をとらない推理によって］[586]「主格カラ斜格へ（a recto ad obliquum）」広げられた、三段論法の推理です。）

ゆえに、人間は正しく罰せられる。（これは関係の反転ですが、明白であるため省かれます。）

ゆえに、人間には罪がある。（これは、実際には定義にすぎない「正しく罰せられる者には罪がある」という命題が省かれている省略三段論法です。）

ゆえに、人間は別様にもなしえたであろう。（「罪のある者は別様にもなしえた」という命題が省かれています。）

ゆえに、人間は自由であった。（「別様にもなしえた者は自由であった」というもうひとつの命題が省かれています。）

ゆえに、（「自由」の定義によって）彼は自分自身を決定する能力をもっていた。

これが、証明すべきことでした。私はここでさらに次のことを指摘しておきます。すなわち、この「ゆえに」自身が、暗黙裡に理解された命題（「自由である者は自分自身を決定する能力をもつ」）を実際含んでおり、名辞の反復を避けるのに役立ってい

586——par la conséquence asyllogistique. 写字生は asyllogistiquement（「非三段論法的に」）とする。(A) GP, Brunschwig, E & H では asyllogistiquement。

587——［　］の部分は編者による訂正箇所。(A)

588——Je croyois. Locke: I think I may truly say. (R & B)

589——原語は argument topique。cf. Aristoteles, *Topica*, 100a27f. (Langley)

590——Locke: Even if it convinces men of their errors, it fails our reason in... its hardest task. R & B はライプニッツの文章を尊重して、Still, even if syllogisms are useful for judgement, I doubt if they can be useful for invention と英訳。

る〔と言える〕[587]ことです。そしてこの意味で、抜けているものは何もなく、議論はこの点で完全なものとみなしうるでしょう。この推論は、論理学に完全に適合した三段論法の連鎖である、と見ることができます。というのも、この推論の内容について、私は今考察するつもりはないからです。それについては、指摘すべきことや求めるべき説明がおそらくあるでしょう。たとえば、人が別様にはなしえないときでも、神の前ではその人に罪がありうるような場合があります。たとえば、自分の隣人を助けることができない口実があるのを非常に嬉しく思うような場合です。結論として、私は、スコラ的な議論形式が通常不便で不十分なものであり扱いにくいことは認めます。しかし、同時に言っておきたいのは、真の論理学、すなわち、推理がそれ自身で明証的であるにせよ、予め論証されているにせよ、その内容に関して完全であり、推理の順序と力に関して明断であるような論理学に従って正しい形式で議論する技法ほど重要なものは何もないであろうということです。

〔5〕**フィラレート** 〈私は、三段論法は蓋然性においては、いっそう有用ではない、というよりむしろまったく有用でない、と思っていました。[588]というのは、三段論法はトポス的な議論[589]だけを追い求めるにすぎないからです。しかし、今私は、トポス的な議論自身のうちにある確実なもの、すなわちそこに見出される本当らしさを常にしっかりと証明しなければならないこと、ならびに、推理の力は形式に存していることが分っています。〔6〕けれども、三段論法は判断にとっては役立つとしても、三段論法が発見に役立ちうるかどうか、すなわち、論拠を見出したり新しい発見をしたりするのに役立ちうるかどうか、私は疑わしいと思います。[590]たとえば、ユークリッド『原論』の第一巻第四七命題の発見が通常の論理学の規則によるものであるとは思いません。というのも、人は初めに知って、そしてそれから三段論法の形式で証明できるものだからです。〉

テオフィル 三段論法というものを、さらに三段論法の連鎖や、私が形式にそった議論と呼んだもののすべてを含むもの、と理解すれば、それ自身明証的ではない認識は推理によって獲得され、推理が正しいのはしかるべき形式をもつときだけである、と言うことができます。〔直角三角形の〕斜辺を一辺とする正方形は他の二辺をそれぞれ一辺とする正方形の和に等しいという、あなたが言及された命題の論証において、大きな正方形を部分に切断し、二つの小さな正方形も同様にすれば、二つの小さな正方形の諸部分は大きな正方形のなかに過不足なく見出されうるのが分ります。これは正しい形式で等しさを証明することであり、諸部分の等しさも正しい形式の議論によって示されます。パッポス[591]によれば、古代の人々の解析とは、要求されるものを認められたものと仮定し、それから諸々の帰結を引き出して、所与のあるいは既知の何らかのものにいたるまで、進んでいくことでした。このためには、解析が辿った跡を総合的論証が逆向きに辿ることができるよう、命題は可逆的なものでなければならない、ということを私は指摘しておきました[592]。しかし、常に問題であるのは、推理を導き出すことです。けれども、ここで指摘しておいた方がいいのは、天文学や自然学の仮説のなかに、逆向きの手順は生じないということです。何しろ、［それに成功したとしてもその］結果が仮説の真理性を論証するわけではないのですから。なるほど、結果は仮説を蓋然的にはするでしょう。しかし、この蓋然性は、「真なるものが偽なるものから導出されうる[593]」と教える論理学の規則に違反するように思われるため、論理学的な諸規則は蓋然性の問題に完全には適用できない、と言われるかもしれません。それに対しては、真なるものが偽なるものから帰結することは可能であるとはいえ、それは必ずしも蓋然的ではない、と私は答えます。とりわけ、単純な仮説が多くの真理を説明する場合はそうで、これは稀であり、また容易に出会うことのないものです。カルダーノとともに、蓋然的なものの論理学は必然的真理の論理学とは別の推理を有している、と言うことができるでしょう。しかし、そのような推理の蓋然性自身は、必然的なものの論理学の推理によって論証されなければなりません。

【7】フィラレート　あなたは通常の論理学を弁護なさっているようですが、あなたが提起しておられることは、より高次の論理学に属しているのがよく分ります。その論理学[594]に対する通常の論理学の関係は、学識に対するABCの初歩のような関係にすぎません。このことは、〈賢[595]明なフッカー氏の一節を〉私に思い出させます。〈彼は、『教会組織論』と題された書物の第一巻第六節で次のように証言しています。「学識と推論術との真の助けをもたらすことができれば、そうした助けは教養ある時代とされている現代においてあまり知られてもいないしたいして考慮されてもいないが、その助けを用いる人々と現在の人々の間には、判断の堅固さに関して、現在の人々と痴愚者の間の違いほど大きな違いがあることになろう」、と。私たちの討論が、きわめて明敏な精神をもったこの偉大な人物の語る「技術のこの真の助け」を見出す機会を、誰かに与えられれば良いのだがと私は思[596]います。それは、家畜のように踏みならされた道を行く模倣者ではありません（模倣者ヨ、汝ラ卑シキ群レ imitatores servum pecus）。けれども、私はあえて申し上げますが、現代にはそのような判断

力をもち、とても広範な精神をもつ人々がいるので、彼らがそうした方向に自分の思考を向ける労をとれば、認識の前進のために新しい道を見出すことができるでしょう。〉

テオフィル　世人はそうした面をほとんど気にかけていないという、あなたと故フッカー氏のご指摘はもっともです。そうでなければ、それに成功しうる人がいるでしょうし、またいたと思います。けれども、私たちは今、数学だけでなく哲学からも大きな助けを得ていることを認めなければなりません。また、その点であなたの優れた友人の『人間知性論』は相当のものです。私たちは、そうした助けを利用する手段があるかどうか、見ることにしましょう。

[8] フィラレート　〈三段論法の規則のうちには明白な間違いがある〉、とかつては思っていたことも、あなたに申しあげなければなりません。しかし、私たちが一緒に討論して以来、あなたのお話によって私は躊躇してきました[597]。〈けれども、私の異議を述べておきましょう。三段論法のいかなる推論も、少なくともひとつの全称命題［普遍的命題］を含んでいなければ結論を出すことができない、と言われています。しかし、私たちの推論や私たちの認識の直接的対象は、個別的な事物しかないように思われます。認識は諸観念の一致と不一致にのみ基づいており、各々の観念は個別的な存在だけをもち、個々の事物を表現するにすぎません。[598]〉

591——Pappus, *Collectiones mathematicae*, trad. lat. de F. Commandino (1588), Livre VII, Préface. (A) 本書第4部の訳注440参照。

592——本書第4部12章6節のテオフィルの発言（A VI-6, 450）。(R & B)

593——原文は le vray peut estre tiré du faux。R & B、Langley、Cassirer は「導出されうる」とし、E & H と米山訳は「導出されえない」と否定形にしているが、後者は不適切と思われる。前件命題 p から後件命題 q を導出する条件文（含意）の真理値は次のようになる。

p	q	pならばq
真	真	真
真	偽	偽
偽	真	真
偽	偽	真

こうした（前件が偽である条件文も含めた）推理の形式はストアの論理学で発見され（cf. W. & M. Kneale, *The Development of Logic*, Oxford 1962, pp. 130f.）、また中世論理学では、「偽の命題から真の命題が導かれうる」は推断規則のひとつとみなされていた（cf. P. Boehner, *Medieval Logic*, Westport 1988 [repr. 1952] p. 61）。

594——Richard Hooker (1554–1600)。英国教会の神学者、法哲学者。オックスフォード大学教授（1579）。カトリシズムとカルヴィニズムの両者を斥けて英国教会の教義を擁護。cf. *Of the Lawes of Ecclesiasticall politie* (1616–17), liv. I, ch. 6, §3. (A)

595——Locke: speak. Coste: parler. Leibniz: croire. croire の意味については Fur を参照。

596——Horatius, *Epistolae* I, xix, 19. (A, Brunschwig) なお「模倣者ヨ」の原語 imitatores（複数呼格）は、GP、Brunschwig、E & H では imitatorum（複数属格）になっている。

597——proposition universelle. Locke: general proposition. (R & B)

598——Locke: and our knowledge... about other things, is only as they correspond with those our particular ideas. ロックが誤解されていることを示す。おそらくコスト訳のせいであろう。(R & B)

テオフィル　事物の類似性を考えているかぎり、あなたは事物以上の何かを考えているのです。普遍性は、まさにそこだけに存しているのです。普遍的真理を用いなければ、常にあなたは、私たちのどんな議論も［判明に］[599]提示できないでしょう。けれども、（形式に関して）単称命題が全称命題に含まれることは、指摘しておいてしかるべきです。というのも、なるほど使徒聖ペテロはただ一人しかいないけれども、にもかかわらず使徒聖ペテロであった者はすべてその師を知らぬと言った、と言うことができるからです。したがって、次の三段論法、すなわち、

聖ペテロはその師を知らぬと言った。
聖ペテロは弟子であった。
ゆえに、ある弟子はその師を知らぬと言った。

は、単称の［前提］[600]しかもたないけれども、全称肯定の前提をもつとみなされます。そしてその式は、第三格の Darapti ということになります。

フィラレート　さらにあなたに申し上げたかったのは、三段論法の前提を置き換えて、「すべてのAはBである。すべてのBはCである。ゆえに、すべてのAはCである。」と言う方が、「すべてのBはCである。すべてのAはBである。ゆえに、すべてのAはCである。」と言うよりも、望ましいように私には思われることです。しかし、あなたが言われたことからみて、あなたはそれに近いことを考えておられ、二つの言い方を同じ式に数えておられるようです。あなたが指摘されたように、通常の配列とは違う配列の方がいくつもの三段論法の連鎖をつくるにはふさわしいことは、やはり真実です。

599――［　］の部分は編者による訂正箇所。(A)
600――prémisses. 写字生は propositions とする。(A) GP、Brunschwig、E & H では propositions（「命題」）。
601――アリストテレスは大前提を先に置き、とくにペトルス・ラムスやガッサンディは小前提を先に置く。(Cassirer)
602――cf. *De arte combinatoria* (A VI-1, 183). (A)
603――『分析論前書』 *Analytica Priora* I. 25b32. (R & B)
604――「長方形とは……等しい」の原文は le rectangle est la figure dont tous les angles sont droits, or tous les angles droits sont égaux entre eux であるが、GP、Brunschwig、E & H では sont droits, or tous les angles の部分が脱落しているので、「長方形とはそのすべての直角が互いに等しい図形であり」となる。
605――原語は formalités。R & B は attributes、Cassirer は Wesensbestimmungen、E & H は Formal-begriffe と訳す。Langley は formalities と訳して、essence のことであると注記。ドゥンス・スコトゥスに由来する術語。

テオフィル　あなたのご意見にまったく同感です。けれども、第一格や第二格の大前提がそうであるように、全称命題から始める方がより教育的である、と思われてきたようです。そして、このような習慣をもっている演説者がまだいます。しかし、あなたが提案された順序の方が、連結はよく分ります。[601] アリストテレスが通常の配列をとるための特別な理由をもっていたかもしれないことについては、以前指摘したことがあります。[602] というのも、アリストテレスは、「AはBである」と言うかわりに、「BはAのうちにある」と言うのが慣いですから。[603] そして、このような陳述の仕方から、彼は、あなたが求めているまさにその連結を、一般に受け入れられた配列をとおして獲得するのです。つまり、アリストテレスは、「BはCである。AはBである。ゆえに、AはCである。」と言うかわりに、「CはBのうちにある。BはAのうちにある。ゆえに、CはAのうちにある」、というように陳述するでしょう。たとえば、「長方形は等角である（すなわち、等しい角をもつ）。正方形は長方形である。ゆえに、正方形は等角である」、と言うかわりに、アリストテレスは、命題を置き換えることなく、中名辞を真ん中の位置に保ちながら、命題の項［の順序］を逆にするような命題の陳述方式によって、次のように言うでしょう。「等角は長方形のうちにある。長方形は正方形のうちにある。ゆえに、等角は正方形のうちにある」、と。このような陳述方式は軽視すべきではありません。というのも、実際、述語は主語のうちにある、あるいは、述語の観念は主語の観念のうちに含まれているからです。たとえば、等角は長方形のうちにあります。というのも、長方形とはそのすべての角が直角である図形であり、ところで、すべての直角は互いに等しい[604]ため、それゆえ、長方形の観念のうちには、すべての角が等しい図形の観念がある、すなわち、等角の観念があるからです。通常の陳述方式は、どちらかといえば個物に関わるのに対して、アリストテレスの陳述方式は、観念あるいは普遍をむしろ考慮します。というのも、「すべての人間は動物である」と言うとき、私が意味するのは、すべての人間はすべての動物のうちに含まれているということですが、同時に私は、動物の観念が人間の観念のうちに含まれていることも理解しているからです。「動物」は「人間」よりも多くの個体を含んでいます。しかし、「人間」はより多くの観念、あるいはより多くの形相性[605]を含んでいます。一方はより多くの実例をもち、他方はより多くの度合いの実在性をもっています。一方はより大きな外延をもち、他方はより大きな内包をもっています。したがって、三段論法の教説全体が、de continente et contento、つまり「含むものと含まれるもの」の教説によって論証されうるであろう、と実際に言うことができるのです。「含むものと含まれるもの」という教説は、全体と部分の教説とは異なっています。というのも、全体は常に部分よりも大きいけれども、「含むものと含まれるもの」はときとして等しいからです。たとえば、それは可逆的な命題において生じることです。[606]

【9】**フィラレート** 私は、論理学についてかつてもっていたのとはまったく異なった観念を抱きはじめています。私は、論理学を学生の遊びとみなしていましたが、今ではあなたが考えておられるように、いわば一種の普遍数学があることが分りました。願わくば、論理学が今の状態からさらにそれ以上のものに発展し、ヘフッカー氏が語っていたように、人間を現在の状態よりもすぐれたものに高める理性の真の助けを私たちがそこに見出せるようになればいいのですが。[607]また、理性というのは、その拡がりがかなり制限されており、多くの場合私たちにとって役に立たないため、それだけいっそうそうした助けを必要とする能力なのです。というのは、①しばしば、私たちには観念自身が欠けているからです。【10】[608]そして次に、②観念はしばしば曖昧で不完全[609]であるからです。それに対して、数の場合のように、観念が明晰（かつ判明）であるときは、私たちは乗り越えがたい困難に出会うこともなく、いかなる矛盾にも陥りません。【11】[610]③またしばしば、困難は、私たちに中間観念が欠けていること[611]にも由来します。周知のように、人間の聡明さの大きな道具でありこの上ない証拠[612]である代数が発見される以前には、人々は、古代の数学者の多くの論証を驚異をもって見ていました。【12】また、④誤った原理に基礎をおくこともあります。これは私たちを困難に陥らせかねませんし、理性は解明するどころではなく混乱に拍車をかけてしまうのです。[613]【13】最後に、⑤意味の不確実な名辞が理性を惑わせます。〉

テオフィル あなたの思うほど観念、すなわち判明な観念が私たちに欠けているかどうか、私には分りません。錯然とした観念あるいはむしろ心像、あるいはお望みならば印象でもかまいませんが、そうした色・味等々のようなものについていえば、それらはそれ自身では判明であるいくつもの微小な観念の結果なのですが、私たちはそれを判明には自覚しないのです。私たちには、私たちよりも他の被造物にいっそうふさわしいそうした無数の観念が欠けているのです。しかし、そのような印象も、判明な表象がともなわれているのでなければ、理性に素材を与えてくれるためというよりも、本能をもたらしたり経験の観察を基礎づけたりするのに役立つのです。それゆえ、私たちを妨げるのは、主に、錯然とした観念のうちに隠されたあの判明な観念に関する、私たちの認識の欠陥です。また、私たちの感覚もしくは精神にすべてが判明に呈示されても、考察すべき事物が多すぎて、ときには私たちは混乱してしまいます。たとえば、私たちの目の前

606——cf.『数学の形而上学的基礎』*Initia rerum mathematicarum metaphysica* (Leibniz, *Hauptschriften* I, 56); *Specimen Geometriae luciferae* (GM VII, 261); Couturat, *La logique de Leibniz*, p. 305. (Cassirer)

607——原語は manquer。manquer に「役に立たない」という意味はないが、そう訳したのは、ロックの原文の他動詞 fail（「役に立たない」）と自動詞 fail（「欠けている」）を、コストはともに manquer と訳していて意味がよく分からなくなっているので、意味を明確化するため。

608——ライプニッツの草稿とその写しでは6。

609——obscures et imparfaites. ロックが記した欄外の要約に基づく。（R & B）

610——ライプニッツの草稿とその写しでは7。

611——ロックが記した欄外の要約に基づく。（R & B）

612——preuve. Locke: instance. コストによる変更。（R & B）

613——ou la raison embrouille... の ou は Brunschwig では où。GP と E & H は A と同様。R & B は and とする。

614——les fixer. R & B は les を「観念」ととり、「それを心にとどめておく」とする。

615——四次を超える方程式に一般解がないことが証明されたのはアーベル、ガロア以降のこと。（ブルバキ『数学史』村田・清水訳、一九七〇年、東京図書、九八—九九頁など参照）

に一〇〇〇発の砲弾が山積みになっている場合、その多数のものの数と［数学的］性質をよく理解するためには、それらをある形状に配列するのが非常に役立つことは明らかです。[614] ちょうどそうしたことは、多数のものについての判明な観念をもち、わざわざ何度も数える必要がないように並べておくために、倉庫で実践されています。数そのものについての学問において非常に大きな困難を生じさせるのも、同じく多数のものを考察しなければならないことです。というのも、簡潔なやり方を探しても、問題になっている場合に、自然の奥底に探しているものが見つかるかどうか分からないことがときとしてあるからです。たとえば、素数の概念以上に見たところ単純なものがあるでしょうか。すなわち、それは、一とそれ自身によってしか割り切れない整数の概念です。けれども、当の素数の平方根よりも小さなすべての素因数を試さなくても、確実に素数と認定するための明確で簡単な指標を、私たちはいまだに探しているところです。多くの計算をすることなくある数が素数でないことを教える指標は多くありますが、簡単で、ある数が素数であるときそれが素数であることを確実に教える指標が求められているのです。こうしたことがまた、代数学をまだきわめて不完全なものにしています。もっとも、代数学の用いる観念は単に数一般を意味しているにすぎない以上、それらの観念以上に知られているものは他に何もありませんが。というのも、（非常に限られた場合を除けば）四次を超えるどんな方程式についても[615]、その無理数根を導き出す手段がまだ人々に知られていないからです。また、二次・三次・四次方程式を一次方程式に還元したり、混合方程式[616]を純粋方程式に還元するために、ディオパントス[617]、シピオーネ［スキピオ］・デル・フェロ[618]、ルドヴィコ・フェラリ[619]らがそれぞれ用いた方法は、互いにまったく異なっているからです。すなわち、ある次数にあてはまる方法は、他の次数にあてはまる方法とは異なっているのです。というのも、それは次のようになっているからです。二次、すなわち二次方程式は、第二項を除くだけで一次に還元されます。三次、すなわち三次方程式は、未知数を部分に分割すれば幸いにも二次の方程式が得られるので解けたのです。そして、四次、すなわち四次方程式においては、方程式の両辺にあるものを付加すると両辺とも開平されるようになり、それができるためには、幸いにもまた、たまたま三次方程式しか必要としないのです。しかし、こうしたことはすべて、幸運ないし偶然と技法ないし方法との混合にすぎません。そして、この後の二つの次数では、解法が試みられても、それが成功するかどうか分りませんでした。したがって、五次方程式や六次方程式を扱う五次や六次の次数で成功するには、さらに何か別の技巧が必要となります。また、デカルト氏[620]は、四次で用いられた方法、つまり、その方程式を二つの別の二次方程式からできたものとみなす方法（しかしこの方法は結局のところ、ルドヴィコ・フェラリの方法以上のものを与えることはできません）が、六次でもまた成功するであろうと信じていましたが、それが正しいとは判明していません。このような困難が示しているのは、最も明晰で最も判明な観念でさえ、求められているすべてのことや、そうした観念から導き出しうるすべての［こと］を、私たちに必ずしも与えるわけではないということです。またそれは、代数学は発見の技法にはほど遠い[621]という判断に導きます。代数学自身がより一般的な技法［の助け］[622]を必要とするわけですから。むしろ、記号代数学一般、すなわち記号法は、想像力の重荷を取り除く点ですばらしい助けである、と言うことさ

616——混合方程式とは、その項が二つあるいはそれ以上の異なった累乗の未知数をもつもの、たとえば、$x^2+ax+b=0$ のような方程式であり、$x^2+b=c$ のような純粋方程式と対比される。二次方程式の一般的解法はユークリッドの『原論』とアレクサンドリアのディオパントスの『数論』*Arithmetica* の中で与えられている。ある種の三次方程式の解法は、シピオーネ・デル・フェロによって発見され、ニコロ・タルタリヤ Nicolo Tartaglia へと伝えられたか、あるいはタルタリヤによって再発見された。彼自身の説明によれば、秘密にすると誓いながらも今度はそれをカルダーノ Girolamo Cardano (1501-1576) に伝えた。カルダーノはそれを一般化し、彼の弟子フェラリが発見した四次方程式の解法と共に、*Ars magna* (1545) の中で公表した。フェラリの解法は、方程式の項が等号のいずれの側にも適切に配置され、ある数が両側に加えられたとき、それぞれの側が完全平方になるような当のある数を見つけることを含むものであった。この問題全体はヴィエト François Viète (1540-1603) によって著しい進展をみた。ヴィエトは、方程式の解法に貢献したことに加えて、数を表現するのに文字を使う慣習を導入し (A VI-6, 410, 489)、その表現法を「記号［種］計算」logistica speciosa と呼んで、一般化された数論の体系を構成するものと考えた。デカルトは古典的な幾何学全体を代数的な取扱いに従わせることによって、解析幾何学の基礎を据えた。方程式に関しては、デカルトは五次方程式、六次方程式、さらには任意の次数の方程式に適用されうる一般的手続きを発展させたと主張したが (La Géométrie III)、それは誤った主張であった。ライプニッツはこの主張を斥けて、デカルトの自慢話を批判した (Loemker, p. 223)。ライプニッツ自身は、パリ滞在中の一六七五年に高次方程式の解法に興味をもつようになり、「あらゆる方程式の根が……計算なしに数で得られる」(A III-1, 255, 272, 280, 333f.) 器械を考案した。(R & B) 本書第4部の訳注271参照。cf. D. J. Struit (ed.), *A Source*

Book in Mathematics 1200–1800, Princeton 1986, chap. II.

617——Diophantos. 四世紀アレクサンドリアの数学者。(Brunschwig) *Arithmeticorum, libri sex*, ed. P. Fermat (1670). (A)

618——Scipione del Ferro. ボローニャの数学教授。(Brunschwig)

619——Ludovico Ferrari (1522–1562). 数学者。カルダーノの弟子。(Brunschwig) cf. G. Cardano, *Ars magna*, ch. 11 et ch. 15, *Opera*, ed. de 1663, t. IV, pp. 249, 254. (A)

620——*La Géométrie* III (AT VI, pp. 476–484). (A)

621——ここにはデカルトの解析に対するライプニッツの批判が明確に見られる。古代の幾何学で用いられた解析の方法は、デカルトの幾何学的解析つまり代数学に（問題的解析のみ）採用された。デカルトは「総合」を、真理を発見する方法ではなく提示する方法だとみなして演繹と同一視し、総合ではなく「解析」こそが（形而上学においても）真理を発見する方法だと考えた（cf. AT IX-1, 121f.）。それに対してライプニッツは『普遍的総合と普遍的解析もしくは発見と判断の技法について』（訳文は伊豆蔵氏のものを一部変更して用いた〔『哲学アルス・コンビナトリア1』、哲学書房、一九八八年、五七—五九頁〕）で、「発見の起源があらわにされている場合が解析的な記述であり、それが隠蔽されている場合が総合的な記述であると考えている者は間違っている」（GP VII, 297）とデカルトを批判する。確かに解析は問題の解法を発見するものであるが、それは解析の有用性の限界にほかならない。つまり解析は与えられた問題の解法の発見に役立つにすぎず、それに対して、ライプニッツによれば新たな問題を発見してそれを解く方法こそ「総合」である。「あるものの利用法や応用法を発見するのは、より結合的つまり総合的なことである。これに対して、発見の課題が与えられた場合、すなわち目的が提示された場合に、そのための手段を発見することは、より解析的なことである。しかし、純粋な解析というのは稀なのであって、というのも、手段を探求する際には一般に、偶然のことであれ理性によってであれとにかくわれわれは他人あるいは自分自身によって既に以前に発見されている技法に出会うものであり、われわれはそうした技法を自身の記憶の中からであれ他人の報告の中からであれ、いわばあたかも一覧表あるいは目録の中から見つけ出した上でそれらを応用するのであるが、しかるにこれは総合的〔な手続き〕だからである。」（ibid.）デカルトとは異なりライプニッツにとって「総合とは、原理から始めて順序よく真理を通覧することでわれわれがある数列〔的生成規則〕を発見し、後になって提示される問題もそこから解決できるような、いわばある種の一覧表、あるいは場合によっては普遍的な形式〔公式〕をも構成する場合である。他方、解析とは、ただ提示された問題のためだけに、あたかもわれわれも他の者もそれ以前には何も発見していなかったかのようにして、原理へと遡行するものである。総合を行なうことのほうがより重要であるが、それはその努力が恒久的な価値をもつのに対して、個別的な問題のために解析を始める際にはわれわれはすでに以前になされたことを行なうことになる場合が多いからである。……」（GP VII, 296f.）総合とは、知識を体系的に秩序づけ、そうした蓄積から新たな問題、新たな秩序をもたらして知識の拡張を目指すものである（S. Gaukroger, *Cartesian Logic*, Oxford 1989, p. 89）。ここでライプニッツのいう「記号代数学一般すなわち記号法」あるいは「結合法」（GP VII, 297）とは、ヴィエトやデカルトの記号代数をその一部として含むより一般的な学として構想された（C, p. 531; GP VII, 297; cf. La, p. 1017）。詳細は次を参照。Y. Belaval, *Leibniz critique de Descartes*, Paris 1960, chap. III; F. Duchesneau, *Leibniz et la méthode de la science*, Paris 1993, chap. I; A. Robinet, 'Sens et rôle philosophique de la Spécieuse (SP^3): La symbolique du calcul différentiel et intégral', in *Studia Leibnitiana Sonderheft* 14, Stuttgart 1986, pp. 48–63; J. Ritter [Hrsg.], *Historisches Wörterbuch der Philosophie*, Darmstadt 1971, Bd. 1, SS. 232–248. など。

622——〔　〕の部分は編者による訂正箇所。(A)

えできます。ディオパントスの『数論』や、アポロニオス[623]やパッポス[624]の幾何学の書物を見れば、古代の人々が何かそのようなものをもっていたことは疑いないでしょう。ヴィエト[625]は、求められているものだけでなく与えられた数もまた一般的な記号で表現することによって、記号法を拡張しました。彼は、ユークリッドが推論においてすでに行なっていたことを計算において行なったのです。さらに、デカルトは、線を方程式で表現することによって、そうした計算の適用を幾何学に広げました。けれども、現代代数学の発見のあとでさえ、疑いなく優れた幾何学者で、私もパリで知り合いになったことのあるブイヨー氏[626]（イスマエル・ブリアルドゥス）は、螺線に関するアルキメデスの論証をただ驚きをもって見るばかりで、どうしてこの偉大な人物が円の大きさの計測にそのような線［螺線］への接線を用いることに思い至ったのか、理解することができませんでした。サン・ヴァンサンのグレゴワール神父[627]は、アルキメデスがそれに到達したのは螺線と放物線の類似によってであると判断して、そのわけを見抜いたようです。しかし、この方式は個別的なものにすぎません。それに対して、私が発見し、公表して[628]成功をおさめた、差の方式で行なう新しい無限小計算は、一般的な方式を与えています。それによれば、螺線を用いたあの発見など、曲線の長さの計測について以前に見出されたほとんどすべてのものと同様、児戯にすぎず、最も簡単な試みにすぎないのです。この新しい計算が優れている理由は、デカルト氏[629]がその『幾何学』から排除した諸問題において、この計算は想像力の重荷を取り除いてくれることでもあります。デカルト氏は、そうした問題はたいてい力学的考察[630]にいたるという口実で排除したのですが、実際には、彼の計算にふさわしくなかったからなのです。曖昧な名辞［や誤った原理[631]］から生ずる誤謬についていうと、それを避けることは私たちしだいです。

14[632] **フィラレート**　理性が適用できず、その必要もなく、理性よりも直視の方がまさっているような場合もありま

623——『円錐曲線論』*Conicorum libri.* (A)

624——『数学集成』*Collectiones mathematicae.* (A)

625——『方程式の再検討および改良について』*De aequationum recognitione et emendatione, Opera* (1646). (A)

626——Ismael Boulliau (Boulliaud, Bouillaud, Bullialdus) (1605–1694). フランスの数学者、天文学者。渦巻線に関する論考がある。彼はローマ・カトリックの司祭であったにもかかわらず、ガリレオに対する有罪判決が出た後に地動説を弁護して、デカルトを驚かせた（一六三四年四月のメルセンヌ宛書簡）。ライプニッツは彼を、「きわめて頑固で、年配者に特有の、古代人の意見に固執し現代人の言うことには耳を傾けたがらない」(Dutens VI, Pt. 1, p. 333) 人物と見ていた。一七〇五年のヨハン・ベルヌーイ宛書簡でライプニッツは、ホイヘンスが回転楕円体の表面積を発見したとき「それを理解した人はほとんどいなかったし、ブイヨーは信じようともしなかった」(GM III, 772) と述べている。(R & B) アカデミー版は彼の著書として、*De lineis spiralibus demonstrationes* (1657) を挙げる。

627——Grégoire de Saint-Vincent (1584–1667). フランドルの幾何学者。(Brunschwig) *Opus geometricum quadraturae circuli et sectionum coni* (1647), p. 664. (A)

628——*Nova Methodus pro Maximis et Minimis* (Acta Erud. oct. 1684: 本著作集第2巻所収). (A) *Historia et origo calculi Differentialis* (GM V, 392–410: 同第3巻所収). (Langley)

629——Descartes, *La Géomètrie* I (AT VI, 388–390). (A)

630——原語は le méchanique。R & B はこれを mechanical considerations と英訳し、mechanical という概念は数学では「有限な有理数の代数的形式の方程式では表現できな

す。〈それは直観的認識の場合であり、そこでは真理や観念の連結が直接的に見られます。疑いえない公準の認識はそのようなものです。またそれは、天使が今もっている明証性の程度であり、完成に達した正しい人々の精神が来たるべき状態で、現在私たちの知性の及ばぬ無数のものについてもつ明証性の程度であると、私は考えたくなりました。**15** しかし、中間観念に基づく論証は、推論による認識[633]を与えます。というのは、中間観念と両端の観念との連結は必然的であり、その連結は明証的真理を併置すること[634]によって見られるからです。この併置というのは、一オーヌ[635]の尺度を併置してあるときはシーツに適用しあるときは他のものに適用して、それらが等しいことを示すのに似ています。**16** しかし、その連結が蓋然的なものにすぎないとすれば、その判断は臆見を与えるにすぎません[636]。〉

テオフィル　神だけは、直観的認識しかもたないという特権を有しています。また至福な魂や精霊は、私たちよりも比較にならぬほど直観的な認識をもっており、私たちが推理の力で時間と労を注いだあとはじめて見出すことを、しばしば一目で見てしまいます。とはいえ、至福な魂が私たちのような粗雑な身体からどれほど離れているとしても、さらにまた精霊がどれほど高度であるとしても、彼らも自分自身の道で困難に出会うはずです。そうでなければ、発見する喜びもなくなってしまいます。発見の喜びは、最大の喜びのひとつです。ですから彼らには、まったく、あるいは一時的に隠

い曲線に適用され、超越的（Transcendental）の意」（OED）と注記し、さらに次のように説明している。デカルトの『幾何学』Ⅱでの区別に従えば、「幾何学」は「厳密で正確なもの」であり、「力学は……そうではない。螺線、円積曲線（quadratrix）およびそれに類する曲線は……実に力学にのみ属しており、私がここに含まれるべきだと考えるもののうちには数えられない。というのも、それらは相互に厳密に測定できるいかなる関係ももたない二つの別々の運動によって記述されると考えられるからである」。ライプニッツは、求積法の問題は「冪指数の未知な方程式に還元される」ことを発見し、結果として生じる解析は「あらゆる次数を超えた方程式を使用する」がゆえに、その解析を超越的と呼び、さらに「デカルトが幾何学的と呼ぶ」線を「代数的」と呼んだ（*Der Briefwechsel von Gottfried Wilhelm Leibniz mit Mathematikern*, hrsg. C. I. Gerhardt, 1899, p. 409)。ライプニッツは自分の微積分法の発明について説明する際に、（三人称を用いて）こう述べている。すなわち、幾何学のより発達した部分つまりアルキメデス的部分は、デカルトによって「力学的」と呼ばれ、彼の学問体系から排除されたが、「しかし今やライプニッツの計算法によって幾何学全体が解析的計算に従うことになり、デカルトが力学的と呼んだ超越的な線もまた、dx、ddx 等々の差やこれらの差の逆である和をxの関数と考えることによって適当な方程式に還元される」（GM V, 394）と。(R & B)

631——［　］の部分は編者による訂正箇所。（A）

632——この番号はライプニッツの草稿に基づくもの。GP、Brunschwig、E & H にはない。

633——原語は connoissance raisonnée。Locke: rational knowledge. Coste: connoissance raisonnée.

634——une juxta-position d'evidence. ロックのフレーズと合致しない。この一文は主として18節に基づくもの。(R & B)

635——長さの旧単位で、約一・一八八メートル。

636——Locke: never amounts to knowledge. (R & B)

されている無数の真理があろうこと、そしてそうした真理に到達するには推理や論証に、あるいはしばしば臆測にすらよらねばならないことをとにかく認めなければなりません。

フィラレート　《それゆえ、そのような精霊は、単に私たちよりも完全な動物にすぎません。あなたが、月の国王［アルルカン］[637]のように、「すべてここと同じだ」、と言われたのと同じようなものです。》

テオフィル　私がそう言うのは、まったく同じということではなく、事物の根底に関してです。というのも、完全性の種類と程度は無限に異なっているからです。けれども、私は、根底はどこでも同じです。これは、私にとって根本的な公準であり、私の哲学全体を支配しているものです。そして、私は、未知の事物や錯然と知られている事物を、私たちに判明に知られている事物のような仕方でのみ考えています。これが、私の哲学をきわめて容易なものにしており、また、そうしなければならないとさえ思っています。しかし、この哲学がその資質において[638]最も単純だとしても、その現われ方においてはまた最も豊かなのです。というのは、自然はそうした現われ方を無限に多様にすることができるからです。自然がまた、想像しうるかぎりの豊富さと秩序と誉れをもってそうしているように。そういうわけで、どんなに高度な精霊も、自分を超えた無数の精霊がいないようなものはない、と私は思います。けれども、私たちは実に多くの理知的存在者よりもきわめて劣っているとはいえ、私たちが異論の余地なく最高位を占めているこの地球では、明らさまには支配されないという特権をもっています。私たちが陥っている無知にもかかわらず、とにかく、私たち自身を超えるものを何も見ないという喜びをもっています。そして、私たちが自惚れているとしても、ローマでの第二位の地位よりも小さな村での第一位の地位を占めることをむしろよしとした、カエサルのように判断することはできるでしょう。いずれにせよ、私はここでそうした精霊の自然的な認識についてだけお話ししているのであって、至福直観についてお話ししているのでも、神がそれらの精霊に許し与えようとする超自然的な光についてお話ししているのでもありません。

637——写字生は削除。アルルカンについては本書第4部16章12節のテオフィルの発言（A VI-6, 472）参照。（A）

638——原語は dans le fonds。GP と E & H は A と同様であるが、Brunschwig は dans le fond とする。R & B では in resources。

【19】フィラレート 〈人は各々、心の中で、あるいは他人に対して理性を用いている以上、人々が他人を自分の見解に引き入れるために、あるいは少なくとも、反対を制するような一種の敬意を他人に抱かせておくために、通常用いている四種類の論証について少し考察しておくことは無駄ではないでしょう。第一の論証は、「畏敬ニ訴エル論証 (argumentum ad verecundiam)」と呼んでもよいものです。これは、学識・地位・権力その他によって権威を獲得した人々の見解を援用する場合です。というのも、他の人がその見解にただちに従わないときには、自惚れすぎと非難されたり、さらには傲慢とみなされたりしがちだからです。**【20】** 第二に、「無知ニ訴エル論証 (argumentum ad ignorantiam)」があります。これは、論敵に論拠を認めるよう、あるいはよりよい論拠を提出するよう要求することです。**【21】** 第三に、「人ニ訴エル論証 (argumentum ad hominem)」があります。これは、人をその人自身が言ったことで困らせる場合です。**【22】** 最後に、「判断力ニ訴エル論証 (argumentum ad judicium)」があります。これは、認識や蓋然知の源泉の何かひとつから引き出された論拠を用いることにあります。そして、四つの論証すべてのうち、これだけが私たちを前進させ教えるものです。というのも、敬意から私があえて反対しないとしても、あるいは私が言うべきよりよいことを何ももっていないとしても、あるいは私が矛盾したことを言うとしても、だからといってあなたが正しいということにはなりません。私が控えめで無知で誤っているかもしれませんが、同じくあなたも誤っているかもしれないのです。〉

テオフィル 確かに、言うのがよいことと信じるのが正しいこととを区別しなければなりません。けれども、真理の大部分は堂々と支持できる以上、隠さなければならない見解に対しては何らかの偏見があります。「無知ニ訴エル論証」は、反対のことが証明されるまでひとつの見解に従うことが理にかなっているような推定がある場合は正しいものです。「人ニ訴エル論証」のもっている効果は、どちらかの人の主張が誤っていることを示したり、相手をどのように解しても相手が間違っていることを示したりすることです。他にも用いられている論証を示すこともできるでしょう。たとえば、「眩暈ニ訴エル (ad vertiginem) 論証」と呼んでもよいような論証で、次のように推論する場合です。すなわち、「もしこの証明が承認されなければ、私たちは、問題の点に関して確実性に到達する手段をまったくもたず、それは不条理とみなされる。」この論証は、ある場合には正しいものです。たとえば、「何ものもあると同時にあらぬということはありえない」とか、「私たち自身が存在する」というような、原初的で直接的な真理を誰かが否定しようとする場合です。というのも、そうしたことを否定しようとする者が正しいとすれば、何についてであれ認識する手段がまったくなくなってしまうからです。しかし、ある一定の原理を考え出し、それがなければある認められた教説の全体系が崩れてしまうという理由で、それを支持しようとする場合、論証は決定的なものではありません。というのも、私たちの認識を支えるために必要なものと、私たちの認められた教説や実践の基礎として役立つものを、区別しなければならないからです。ときには法律家において、同じ罪に問われた他の者の証言に基づく、いわゆる魔術師に対する断罪や拷問を正当化するために、似たような推論が用いられてきました。というのも、「この論証が崩れたら、われわれはどのようにして彼らの罪を立証するのか」、と言われたからです。またときとして、刑事事件において確信を得ることがより困難な事実については、より些細な証拠でも十分とみなしうる、とある著作家たちは主張しています。しかし、それは正しい理由にはなりません。それが示しているのは、ただ、より注意深くなければならないということであって、もっと軽々しく信じるべきであるなどということではありません。ただし、たとえば大逆罪の場合のような極端に危険な犯罪については例外です。そこではこうした考察は、人を断罪するためではなく、人が害をなすのを妨げることに重点がおかれています。したがって、法律と慣習法が認める判決においては、有罪と無罪の間にではなく、有罪宣告と無罪釈放の間に中間がありうるのです。しばらくまえからドイツでは、悪貨の鋳造[639]を正当化するために、似たような論証が用いられてきました。というのも、定められた規準に従わなければならないとすれば、損失なしに貨幣を鋳造することなどできない（と言われていた）からです。それゆえ、混ぜ物をして貨幣の質を落とすことは許容されるべきである、と。しかし、偽造をよりうまく予防するためには、単に重さを低下させるべきであって、混ぜ物で貨幣の純度つまり純分の比率を低下させるべきではないということは別にしても、「そうした貨幣の鋳造を」実行することは必要であるとみなされていますが、そんなことはまったく必要ではありません。というのも、鉱山ももたず金の延べ棒をもつ機会もない人たちに、貨幣の鋳造を強制するような、神の命令も人の法もないからで

639 ——ライプニッツが抱いていた貨幣鋳造への関心の根底には、鉱山技師および政治家としての責務がある。ブラウンシュヴァイク家はハルツ山中に銀山をもっていて、明らかにほかの所で発行された同額の貨幣よりも本来的価値の高い貨幣を発行していた。ライプニッツは鋳造貨幣の価値低下の一般的傾向を予見し、一六八八年頃から数年間、通貨改革の運動をドイツで行なった。(e.g. A I-5, 47ff., 103f, 126ff., 598; I-6, 261ff. cf. GP III, 201)（R & B）

640 ——ライプニッツによる付加。（R & B）

641 ——Locke: we cannot... derive. コストによる変更。（R & B）

す。そして、貨幣で金儲けをするということは、自然に貨幣の質の低下をもたらす悪しき慣行です。しかし、ではどのようにして貨幣を鋳造するわれわれの大権を行使するのか（と彼らは問います）。答えは簡単です。すなわち、貨幣に極印を打つことがあなたにとって重要であると思うならば、たとえ少々損失があっても、少量のよいお金を鋳造することで満足すべきです。劣悪な貨幣を世の中に氾濫させる必要も権利もあなたにはないのです。

［23］**フィラレート**　〈私たちの理性と他の人々の関係については少しお話ししましたので、私たちの理性と神の関係についていくらか付け加えておきましょう。[640] それは、私たちに、理性に反するものと理性を超えたものの区別を促します。第一の種類のものは、私たちの明晰・判明な観念と両立しえないようなすべてのものです。第二の種類のものとは、その真理性や蓋然性が、感覚作用や反省から理性の助けによって演繹しうるとは私たちに分からないような[641]すべての見解です。したがって、神が複数存在することは理性に反しており、死者の復活は理性を超えています。〉

テオフィル　「理性を超えているもの」というあなたの定義に関しては、少なくともあなたが、その定義をそうした言い回しの一般に受けいれられた用法に結びつけておっしゃるなら、指摘すべきことがあります。というのも、その定義の下し方では、それは一方では極端すぎますし、他方ではもの足りない、と私には思われるからです。その定義に従えば、私たちが知らないものや、現状において私たちが知ることのできないものはすべて、理性を超えていることになります。たとえば、これこれの恒星は太陽よりも大きいとか小さいとか、ヴェスヴィオス火山がこれこれの年に噴火するとか、そうした事実の認識は私たちを超えています。でもそれは、それらの事実が理性を超えているからではなく、感覚を超えているからです。というのも、私たちがより完全な諸器官をもち、周囲の状況についてより多くの情報を得るなら、そうしたことについてきわめてよく判断できるでしょうから。私たちの現在の能力を超えているにしても、理性全体を超えているわけではないような困難もあります。たとえば、主の祈りを唱えながら手にペンももたずに、日食の詳細について計算できる天文学者などこの世にはいません。けれども、そうしたことが児戯にすぎないような精霊もおそらくいるでしょう。したがって、事実についてより十分な情報とより完全な器官をもち、精神がより高められていると仮定すれば、こうしたことはすべて、理性の助けによって知りうること、獲得できることになるでしょう。

フィラレート　私の定義は私たちの感覚作用や反省だけでなく、他のすべての可能な被造的精神のものをも含んでいると解せば、そうした反論はなくなります。

テオフィル　そのように解されるなら、もっともです。でも別の難点が残るでしょう。あなたの定義[642]によれば、理性を超えているものが何もなくなってしまうことです。というのは、神はどんな真理であろうと、感覚作用と反省によって学ぶ手段を常に与えうるでしょうから。たとえば、実際、最大の神秘も神の証言によって私たちに知られるものとなります。その証言は、私たちの宗教がそれに基づいている「信じさせる理由」によって認められています。そして、それらの理由は、疑いなく感覚作用と反省に依存しているのです。それゆえ、問題は事実の存在ないし命題の真理が、理性の用いる諸原理から、すなわち感覚作用と反省から、あるいはむしろ外感と内感から演繹されうるかどうかではなく、被造的精神がその事実の「いかに」、あるいはその真理のア・プリオリな理由を認識できるかどうかであるように私には思われます。したがって、「理性を超えている」ものは、確かに学ぶことができるにしても、被造的な理性がどれほど偉大にされ高められようとも、被造的な理性の方式と力によっては理解しえない、と言うことができるでしょう。それを事実として宣することが神のみに属しているように、それを知的に理解することは神のみに残しておかれたことなのです[643]。

〔24〕[644] **フィラレート**　すぐれた考察だと思います。まさにそのように私の定義を解していただきたいものです。〈理性と信仰を対立させる語り方は、隆盛をきわめているとはいえ、不適切である〉という私の見解をも、あなたのご高察が補強してくださいます。〈というのも、私たちが何を信じるべきであるのかを確かめるのは、理性によってですから。信仰とはゆるぎない同意であり、しかるべく導かれた同意は、正しい理由に基づいてはじめて与えられうるのです。したがって、信じる理由を何ももたずに信じている者は、自分の空想を愛しているのかもしれませんが、本当のところは、真理を探してもおらず主なる神にしかるべき恭順の意を表してもいないのです。主は、その者を豊かにせんと授けた諸能力を用いて、誤謬から身を守ることを望んでおられるのです。そうしないのなら、その者が正しい道にいるのは偶然によってであり、悪しき道にいるのは自らの過ちのためであって、その者は神に対して責任があるのです。〉

テオフィル　信仰が理性に基づいているというあなたの主張に対して、私は心から賛同いたします。そうでなければ、どうして私たちは、コーランやバラモン教の古い書物よりも聖書を好むのでしょう。私たちの神学者たちや他の学識ある人々も、そのことを十分に承認してきたのであり、だからこそ、私たちは、キリスト教の真理に関するかくも美しい著作や、異教徒ならびに古代・現代の他の不信心者に対して主張されたきわめて多くのすばらしい証拠をもつようになったのです。したがって、賢明な人々は、信仰が問題であるときに理由や証拠を気にかける必要などないと主張した人たちを、常に不審の眼で見てきました。そんなことは、実際不可能なことです。「信じること」が、お題目を唱えることや復唱すること、そして何の苦もなく軽諾することを意味するのでないかぎりは。そうしたことは多くの人々がなし、また何よりもいくつかの国の特徴になってさえいます。そういうわけで、私がすでに指摘したと思いますが[645]、先のラテラノ公会議[646]はレオ十世のもとで、一五・一六世紀のいく人かのアリストテレス学派の哲学者にいみじくも反対したのです。彼らは、二つの対立する真理を主張しようとしたのです。一方は哲学的真理、他方は神学的真理です。そして彼らの名残は、（故ノーデ氏[647]の書簡や『ノーデアーナ』から分るように）その後まだ長く尾を引いていました。また、非常に類似した論争が、かつてヘルムシュテットにおいて、ダニエル・ホフマン[648]という神学者とコルネリウス・マルティニ[649]という哲学者の間で起こりました。けれども哲学者は哲学と啓示を調停し、それに対して神学者は哲学の有用性を拒絶しようとした、という違いがありました。しかし、かの地の大学の創立者であった[650]ユリウス公爵は、哲学に対して賛意を宣しました。[651]なるほど、当代において最も地位の高いある人物[652]は、信仰の問題においては、明らかに見るためには目をえぐりださなければならないと言

642——vostre définition. GP、Brunschwig、E & H では nostre définition（「私たちの定義」）。

643——cf. *Théodicée, Discours prélim.*, §§2, 5, 23, 56; 本書序文; *Annotatiunculae subitanae ad Tolandi librum, De christianismo mysteriis carente* (Dutens V, p. 142–143). (Langley)

644——この番号はライプニッツの草稿に基づくもの。GP、Brunschwig、E & H にはない。R & B は「理性と信仰を対立させる……」の前にこれを置く。

645——cf. *Considérations sur la doctrine d'un Esprit Universel unique* (GP VI, 529f.) (Cassirer); *Essais de Théodicée, Discours prélim.*, §§7, 8, 11. (Langley)

646——一五一二—一五一七年。(A. Brunschwig)

647——Gabriel Naudé (1600–1653). フランスの著名な碩学。マザランの司書。*Epistolae* (1667); *Naudeana* (1701). 後者は彼の会話に材を得た逸話集（一七〇三年にピエール・ベールが再版を出す）。(Brunschwig, A)

648——Daniel Hoffmann (1538–1611). ドイツのルター派神学者。ヘルムシュテット大学の倫理学教授（1576）、神学教授（1578）。三段論法は信仰の領域でその場所を有するかどうかという問題についての論考がある（Brunschwig）。人文主義者と論争。

649——Cornelius Martini (1567–1621). アリストテレス的伝統を受け継ぐ哲学者。アントワープで論理学を教えた。(Brunschwig)

650——アカデミー版は、むしろ息子 Heinrich Julius の方であると注記。

651——cf. *Essais de Théodicée, Discours prélim.*, §13. (Langley)

652——スウェーデンのクリスティナ女王のこと。(A. Brunschwig) ライプニッツがここで触れている彼女の発言については *Essais de Théodicée, Discours prélim.*, §38 参照。(A) クリスティナ Christina (1626–1689) はその治世の前半は著名な学問の後援者であり、彼女の招きでデカルト（彼の健康がスウェーデンの宮廷生活の厳しさに耐えるのは三か月がやっとであった）、グロティウス、イサーク・フォス、コメニウス、プーフェンドルフらがストックホルムを訪れた。一六五四年クリスティナはローマ・カトリック教会に帰依するために退位し（改宗は五五年）、六八年以降ローマに定住する。彼女は八九年二月に重病にかかり、彼女の崇拝者 Azzolini 枢機卿への書簡を携えてローマに向かう途上にあったライプニッツはひどく狼狽したという（A I-5, 682）。彼女は四月一九日に息をひきとり、ほどなくして Azzolini もまたこの世を去ったため、ライプニッツは二人のどちらにも会えなかった。(R & B)

っていました。またテルトゥリアヌス[653]はどこかで次のように言っていました。「これは、不可能であるがゆえに真である。それは、不条理であるがゆえに信じなければならない」、と。しかし、このような仕方で自分の考えを述べる人々の意図はよいものだとしても、とにかく表現は過激であり害をおよぼすかもしれません。聖パウロ[654]は、神の知恵は人の前では愚かであると言うとき、より適切に語っています。人間は、ごく限られたものである自分の経験に従ってしか事物を判断せず、それに合致しないものはすべて不条理に見えるからです[655]。しかし、このような判断はきわめて軽率なものです。というのも、誰かが私たちに語ってくれても、私たちには［同じく］不条理に思えるような、自然的な事象がまさに無数にあるからです。ちょうどシャムの王様[656]には、氷が川を覆ってしまうと言われても不条理に思えたのと同様です。しかし、自然そのものの秩序は、形而上学的必然性をもつことなく、神の意志にのみ基づいています。したがって、神は、恩寵というより高次の理由によって、自然の秩序を変えることも可能なのです。しかしながら、そこに至ってもよいのは神自身の証言にのみ由来しうる十分な論拠に基づいている場合だけです。神の証言がまちがいなく確かめられたときには、それに完全に従わねばなりません。

18章 信仰と理性ならびにそれらの別個の限界について

【1】**フィラレート**　けれども、一般に承認されている語り口にならい、ある意味において信仰と理性を区別するのを許すことにしましょう。しかしながら、〈その意味を十分明瞭に説明し、それら二つのものの境界を確立する〉[657]のは正当なことです。〈というのも、そうした境界の不確実性が、確かに世の中に大きな討議をうみだしてきたのであり、おそらく大きな混乱の原因にさえなってきたからです。少なくとも、そうした境界が確定されるまでは、討議しても無駄なことは明らかです。なぜなら、信仰について討議するさい理性を使わなければならないからです[658]。【2】各宗派は、何らかの助けを引き出せる[659]と考えるかぎり喜んで理性を用いる、と私は思います。けれども、理性が役に立たない[660]となるや、それは信仰の問題であり理性を超えている、という叫びが上がります。しかし、反対者を論駁しようとするとき、反対者もそ

の同じ逃げ口上を用いることができるわけです。同じような場合になぜその逃げ口上を用いることが許されていないのかが示されなければ。私は、ここで理性とは、私たちが自分の自然的能力を用いて獲得した、すなわち感覚作用と反省によって獲得した認識[661]から導き出される、そうした命題の確実性あるいは蓋然性の発見である、と仮定します。そして、信仰とは、啓示に基づく命題、すなわち神の尋常ならざる伝達、神によって人間に知らされる伝達に基づく命題に与えられる同意である、と仮定します。【3】しかし、神によって霊感を受けた人間は、どんな新しい単純観念も他の人々に伝達することはできません。というのは、その者は、習慣によって言葉や記号に結び付けられてきた単純観念やその結合を私たちのうちに呼び起こすような、言葉や他の記号しか用いないからです。聖パウロ[662]が第三天に昇ったときどんな新しい観念を受けとったとしても、彼がそれについて言いえたことのすべてはただ、「それは目が見ず、耳が聞かず、人の心に入ってきたこともなかったようなものである」ということでした。かりに木星に六つの感覚を備えた被造物がいて、神が私たちのうちのある人にその第六感覚の諸観念を超自然的な仕方で与えたとしても、その人は、それらの観念を言葉によって他の人々の精神のうちに生じさせることはできないでしょう。それゆえ、本源的啓示と伝承的啓示とを区別しなければなりません。前者は、神が精神に対して直接的に与える刻印であり、それに対して私たちは何の限界も定めることができません。後者は、通常の伝達方式によってはじめて私たちにやって来るもので、新しい単純観念を与えることはできないでしょう。【4】なるほど、理性によって発見されうる真理も、神が幾何学の定理を人間に伝達しようとしたかのように、伝承的啓示によって私たちに伝達されるかもしれません[663]。しかしそれは、私たちがその定理について諸観念の連結から導き出される論証をもつ場合に匹敵するほどの確実性をもってはいないでしょう。それはまた、ノア[664]が大洪水についてもってい

653——*De Carne Chrisiti*, ch. 5.（A, Brunschwig）
654——『コリントの信徒への第一の手紙』1, 20。（A, Brunschwig）
655——原語は aussi。写字生は書き落とす。（A）
656——A VI-6, 433 に収められているライプニッツの草稿参照。（A）
657——Locke: the unsettled nature of these boundaries may possibly have been the cause. コストによる変更。（R & B）
658——puis qu'il... foy はライプニッツによる付加。（R & B）
659——「と考える」はライプニッツによる付加。（R & B）
660——manquer. ロックの原文の fail は他動詞なのでそれに従う。コストはそれを manquer（「理性がそれに失敗する」）と訳した。
661——connoissances. Locke: ideas.（R & B）
662——『コリントの信徒への第一の手紙』2, 9。（A, Brunschwig）
663——Locke: may be discovered, and conveyed down from revelation. コストによる変更。（R & B）
664——『創世記』九。（A）

た認識は、私たちがモーセの書からそれについて獲得する認識よりも確実[665]であったのと同様です。そして、モーセがそれを実際に書くところや、モーセが自分の霊感を証明する奇蹟をなすのを見た者の確信が、私たちの確信よりも大きかったのと同様です。[5]ですから、啓示は、理性の明晰な明証性に反することはできない[666]のです。というのは、啓示が直接的で本源的である場合でさえ、私たちはその啓示を神に帰すことにおいて思い違いをしておらず、その意味を理解しているということを、明証的に知らなければならないからです。そして、その明証性は、私たちの直観的認識の明証性よりも大きい[667]ことは決してありえません。したがって、命題がそうした直接的認識に矛盾して対立していれば、いかなる命題も神的啓示として受け入れることはできないでしょう。そうでなければ、世の中には真理と偽りの違いも、信用できるものと信用できないものとのいかなる尺度も残らないことになるでしょう。そして、次のようなもの、すなわち、かりに真と受け入れられれば、私たちの認識の基礎を覆し私たちのすべての能力を無効にしてしまうにちがいないようなものが、私たちの存在の恵深い造物主たる神に由来するなどとは考えられません。[6]そして、啓示を間接的に、つまり口から口への伝承なり文書によってしか受けとっていない者たちには、それについて確信をもつためには理性がよりいっそう必要です。[7]けれども、私たちの自然的能力が発見しうることを超えているような事物が信仰の本来の問題であることは、やはり真実です。たとえば、［神に］反逆した天使の堕落や死者の復活などです。〔9〕まさにそうした問題では、もっぱら啓示にだけ耳を傾けなければなりません[668]。そして、蓋然的命題に関してさえ[669]、明証的な啓示は蓋然性に反して私たちを決定するでしょう。〉

テオフィル　あなたが信仰を、「信じさせる理由[670]」（と呼ばれるもの）に基づくものとだけ解して、精神を信仰へと直接

665——et... inspiration はライプニッツによる付加。(R & B)
666——ロックが記した欄外の要約に基づく。(R & B)
667——Locke: so great, as.（R & B）
668——ロックが記した欄外の要約に基づく。(R & B)
669——R & B は、même の位置が間違っているとして、コスト訳（même contre la probabilité）に倣って even against probability と英訳。
670——本書第4部の訳注557参照。

671——［　］の部分は編者による訂正箇所。(A)
672——Fausto Sozzini (1539–1604) の信奉者。理神論者やユニテリアンの先駆者。ソッツィーニ派は三位一体の教義やキリストの神性という教義を否定した。さらに彼らは、ライプニッツによれば、「きわめて低級な神観しかもたず、明らかに神を特定の位置につなぎとめ、人間の自由意志と矛盾するとして神の先見を否定する。そして魂に関しては、身体と共に自然に死ぬであろうが恩寵によって保存されると信じている」(A I-6, 160)。彼はこれらの意見を、とくにソッツィーニ派の Christoph Stegmann (c. 1598–1646) の草稿 ***Metaphysica repurgata*** から引き出した。ライプニッツは一六七〇年頃この草稿をボイネブルク男爵の蔵書の中に見つけたのである (A I-6, 159f.)。ライプニッ

に決定する内的恩寵から信仰を引き離すならば、あなたのおっしゃることはみな、議論の余地がありません。［というのも、[671] そうした理由に依存する判断よりも明証的な、多くの判断があることは認めなければならないからです。ある人々は、その点で他の人々よりも進んでいます。さらに、そうした理由を決して認識することもなく、よく考えたこともなく、したがって、蓋然性の理由とみなされうるものさえもたない人が多いのです。けれども、聖霊の内的恩寵がそれを超自然的な仕方で直接に補うのであり、これこそ、神学者たちが神的信仰と厳密に呼んでいるものなのです。なるほど、神は信じさせようとするものが理性に基づいているときしか、この信仰を決して与えはしません。そうでなければ、神は、真理を認識する能力を破壊し、狂信への道を開いてしまうことになります。しかし、この神的信仰をもつ者すべてがその理由を知っている必要はありませんし、それを常に眼前のものとする必要はなおさらありません。そうでなければ、単純な人や愚かな人は、少なくとも今日、真の信仰をもってはいないでしょうし、最も教養ある人々も、それが最も必要になるかもしれないときに、それをもたないことになるでしょう。というのも、誰も信じる理由を常に想起することなどできないからです。神学における理性の有用性の問題は、ソッツィーニ派の人々[672]と、一般的な意味でカトリックと呼びうる人々の間でも、カルヴァン派［の人々］と福音主義派［の人々］[673]の間でも、きわめて活発に論議されたものです。福音主義派というのは、ドイツではむしろ、多くの人々[674]が不適切ながらルター派と呼んでいる人々に与えられている名前です。私は、ソッツィーニ派のシュテークマンという人[675]（この人は、ソッツィーニ派に対して反論を書いたヨシュア・シュテークマン[676]とは別人です）の形而上学的論考をかつて読んだ記憶がありますが、私の知るかぎりそれはまだ出版されていません。他方、ザクセンの神学者ケスラー[677]は、論理学的論考やあからさまにソッツィーニ派に反対する他のいくつかの哲学的教説を書いています。概して、ソ

ツは一七〇四年から一七一〇年にかけてのある時期にシュテークマンの草稿を再び入手したようであり、この頃それに対する論駁をライプニッツは書いている（s. N. Jolley, *An unpublished Leibniz MS on metaphysics*, *Studia Leibnitiana* VII, 1975, pp. 161ff.）。ソッツィーニ主義はとくに一七世紀のポーランド、オランダ、イギリスにおいて勢力をもち、ニュートンやアルミニウス派も含めてロックの仲間の幾人かに少なからず影響を与えた。（R & B）

673 ——les Réformés et les Evangéliques. ライプニッツはこれらの名称があまりにもセクト主義の色合いが強いと考えてそれらを容認しなかった。ライプニッツの反対にもかかわらず、カルヴァン派の人々とルター派の人々をそれぞれ表すものとして一般に知られるようになった。（R & B）

674 ——本書第4部16章10節のテオフィルの発言（A VI-6, 468）参照。（A）

675 ——Christoph Stegmann, *Metaphysica repurgata* (1635). ライプニッツは、スティリングフリートとロックの論争について論じた文章の中でもこの形而上学の草稿に言及し、「それは私をほとんど満足させなかった」と述べている（A VI-6, 17）。cf. *Essais de Théodicée, Discours prélim.*, §16. (Langley)

676 ——Josua Stegmann (1588–1632), *Photinianismus, hoc est succincta refutatio errorum Photinianorum* (1626). (A) ソッツィーニ派は四世紀の異端と類比的な名称で photiniens とも呼ばれた。(Brunschwig)

677 ——Andreas Kessler (1595–1643). ドイツの神学者。ソッツィーニ派の自然学、形而上学、論理学を吟味・検討する著作を書いた。(Brunschwig) アカデミー版は、*Logicae Photinianae examen* (1621) を挙げる。cf. *Essais de Théodicée, Discours prélim.*, §16. (Langley)

ッツィーニ派の人々は、自然の秩序に適合しないすべてのものを、その不可能性を完全に証明できない場合でさえ、あまりにもはやく放棄してしまうと言えましょう。しかし、彼らの反対者たちもときとして極端に走り、神秘を矛盾すれすれにまで推し進めてしまいます。その点で、彼らは擁護しようとしている真理を損なっています。私は、オノレ・ファブリ神父[678]の『神学大全』のなかで、かつて次のことに気づいて驚いたことがあります。ファブリ神父は他の点では彼の修道会のうちで最も学識ある人物のひとりですが、神的な事象では（他のいく人かの神学者と同様に）、「第三のものと同じものは相互に同じである」というあの大原理を否定しているのです。これは、論敵に知らず知らずに勝ちをゆずり、すべての推論から確実性をことごとく取り去ることです。むしろその原理は、神的な事象において誤って適用されている、と言わなければなりません。その同じ著者[679]は、彼の『哲学』のなかでは、スコトゥス派[680]が被造物のなかにおく潜勢的区別を斥けています。なぜなら、彼が言うには、その区別は矛盾の原理を覆してしまうからだそうです。そして、神のうちではそうした区別を認めなければならないと反論されると、彼は信仰がそれを命じている、と答えるのです。しかし、それがなければいかなる信条［も］肯定や否定も無意味になってしまうあの原理を覆すようなものを、何であれ、信仰はどうして命ずることができるのでしょう。それゆえ、必然的に、同時に真である二つの命題が完全に矛盾するようなことがあってはならないのです。そして、AとCが同じものでないならば、Aと同じものであるBは、Cと同じものであるBとは別のものとみなさなければなりません。ジュネーヴそしてその後デーヴェンターの大学教授であったニコラウス・ヴェデリウス[681]は、『理性的神学（Rationale Theologicum）』と題された書物[682]をかつて出版しました。それに対して、（テューリンゲンの福音主義的な大学である）イエナの大学教授であったヨハン・ムゼーウスは、同じ主題に関して、『神学における理性の有用性について』とい

678——Honoré Fabri (c. 1606–1688). フランスのイエズス会の科学者、哲学者、神学者。フランスの諸大学で教職を経験した後、聖ピエトロ大聖堂の聴罪師——告解の秘蹟を授ける聖職者——としてローマに赴いた。彼は、ハーヴェイとは独立に血液の循環を発見し、またデカルトの運動の法則に反対する立場で著作を書いた。ライプニッツによれば、ファブリは「彼の修道会の中で最も才気あふれる学究的で普遍的な精神の持ち主の一人であったが、真の分析の方法が欠如していた。彼はまったく騎士気取りで証明を続けた」(*Leibniz Selections*, ed. Philip P. Wiener, New York 1951, p. 54)。ライプニッツはファブリの *Physica* (1669) や関連著作を一六七〇年代のはじめに研究し、それらについて論評している (A VI-2, 186ff.)。彼らは当時書簡を交わしていたようで、ファブリに宛てたライプニッツの長い書簡の草稿——反デカルト的な運動理論を含む——が現存している (A II-1, 185ff., 286ff.)。(R & B) アカデミー版は脚注で *Summula theologica* (1669) を挙げる。一六四六年に Petrus Mosnierus の偽名で *Philosophie* を公刊。(Brunschwig) cf. *Essais de Théodicée*, §348; *Hypoth. phys. nova*, §§ 56, 59 (GP IV, 208, 214, 216). (Langley)

679——H. Fabri, *Philosophiae tomus primus*, 1646, en appendice *Controv.* I et XX, pp. 4 sq. et 47. (A)

680——Johannes Duns Scotus (c. 1265–1308) の学説の信奉者。一七世紀という時代にスコトゥス派はフランシスコ修道会の支持を得て、ヨーロッパの諸大学で最も勢力をもつ哲学の学派を形成した。ドゥンス・スコトゥスは、「潜勢的区別」という概念を導入するに際して、次のように説明している。すなわち、「そうした区別をそれ自身の内にもつ」ある事物は、「事物と事物をもつのではなく、潜勢的にあるいは卓絶的にいわば二つの実在を有するひとつの事物なのである。というのは、いずれの実在もその事物の内

う別の書物で対抗しました。私は、かつてそれらについて研究し[683]、主要な論争が枝葉末節の問題によって紛糾しているのを指摘したのを覚えています。たとえば、神学的結論が何であるのかを問う場合や、その結論はそれを構成する名辞によって判断すべきか、それともそれを証明する方策によって判断すべきかを問う場合、したがって、ある同じ結論についての知は、それを証明するのにどんな方策が使われようとも同じである、とオッカム[684]が言っているのは正しかったか否かを問うような場合です。そして、他の多くのずっと重要ではなく、ただ名辞にだけ関わるような些細なことに人は気を取られています。けれども、ムゼーウス自身としては、論理的必然性をもっているために必然的である理性原理、すなわち、その反対が矛盾を含む原理は、神学において使用すべきであり使用して差しつかえない、と認めていました。しかし、彼が、ただ自然学的必然性（すなわち、自然のなかに起こることからの帰納に基づく、あるいは、いわば神の設定[685]したものである自然法則に基づく必然性）からのみ必然的であるようなものは、神秘的教義や奇蹟に対する信仰を反駁するのに十分である、ということを否定したのは正当なことでした。なぜなら、事物の通常の成り行きを変えることは神しだいであるからです。まさにそういうわけで、自然の秩序に従えば、同一の人物が母であると同時に処女ではありえないことや、人体が感覚で捉えられないようなことはありえないと確信できます。けれども、そのいずれのこととの反対も、神にとっては可能なのです。ヴェデリウスも、この区別は認めているようです。しかしときには、ある原理が論理的に必然的であるのか、それとも単に自然学的にのみ必然的であるのかについて討議されます。個的本質が増やされないとき、自存するもの[686]は増やすことができるかどうかに関する、ソッツィーニ派[687]との論争はそういう種類のものです。また、ひとつの物体はひとつの場所にしかありえないかどうかに関する、ツヴィングリ派との論争もそういうものです。ところで、論理的必然性が論証されないときはい

にあるので、あたかも別個の事物であるかのようにそういう実在の内にある固有性は、いずれの実在にも属するからである」(*Opus oxoniense* I. ii. 7) と。この区別は——スコトゥス派の「形相的区別」と同じであるように見える——三位一体の位格の間で適用されるが、きわめて多くのより現世的な哲学的諸問題を解決するためにも引き合いに出される。(R & B)

681 ——Nicolaus Vedelius, ***Rationale theologicum*** (1628). (A) cf. *Essais de Théodicée*, §820, 67. (Langley)

682 ——Johann Musaeus (1613–1681), *De usu principiorum rationis et philosophiae* (1665). (A)

683 ——cf. A VI-1, 532. (A)

684 ——William Ockham(Occam) (1270–1347), *Quodlibeta*, V, qu. 1. (A, R & B, Brunschwig)

685 ——institution. R & B は institution と英訳し、次のように注記。institution は何かが制令によって意図的に設けられていることをとくに強調する意味を帯びており、institution と nature とはきわめて対照的であって、ライプニッツが、自然の諸法則は「いわば」神の定めた制度から生じると言う場合、彼はささやかな論理上のジョークを述べている、と。

686 ——la subsistence. GP、Brunschwig、E & H では la substance（「実体」）。

687 ——スイスの宗教改革者 Ulrich Zwingli (1484–1531) を支持する人々。彼は聖餐論に関して、パンとぶどう酒にはいかなる意味でもキリストの肉と血は実在しないと主張して実在説を否定し、ルターと袂を分かった。

つも、命題のなかには自然学的必然性しか仮定することができないことは認めなければなりません。しかし、私がいましがたお話しした著者たちが十分には検討しなかった問題が残っているように思われます。それは次のようなものです。すなわち、一方には聖書のテキストの文字どおりの意味があり、他方には論理的不可能性、あるいは少なくとも承認された自然学的不可能性の大きな本当らしさがあるとすれば、文字どおりの意味を捨てることと哲学的原理を捨てることでは、どちらがより合理的なのかという問題です。確かに、字義を離れることに異論の余地のないような箇所があります。たとえば、聖書が神に手を与えたり、怒りや後悔や他の人間的な感情を神に帰したりするところです。そうでなければ、神人同形論者や、英国のある狂信家たちの側に立たなければならないでしょう。彼らは、イエス・キリストがヘロデ〔王〕を狐という名で呼んだとき、ヘロデは実際に狐に変身した、と信じていました。解釈の諸規則がはたらくのはここです。でもそれらの規則が、哲学的な準則を支持するために、文字どおりの意味に反するものを何ももたらさず、さらに文字どおりの意味が、神に何らかの不完全性を帰したり、敬虔さの実践に何らかの危険をともなわせるようなものを何も含んでいないとすれば、その意味に従う方がより確かであり、より合理的でさえあるのです。私がさきほど言及した二人の著者たち[688]は、ケッカーマン[689]の企図についても討議しています。それは、かつてライムンドゥス・ルルス[690]も行なおうとしたような、三位一体を理性によって論証しようとするものです。しかし、ムゼーウス[691]は、改革派の著者の論証が適切で正しいものであったならば、言うべきことは何もなかったであろうこと、そして彼[692]はこの点に関して、聖霊の光が哲学によって灯されうると正しく主張していたであろうことを、十分公平に認めています。彼らはまた、あの有名な問題についても議論しています。すなわち、旧約聖書や新約聖書の啓示を知らずに自然な信心の情を抱いて死んだ人々は、それによって救わ

688——J. Musaeus, op. cit., livre I, ch. 23; N. Vedelius, op. cit., livre I, ch. 15. (A)

689——Berthold Keckermann (1573–1609). ドイツの碩学。*Systema SS. theologiae* (1607), livre I, ch. 3. (A) cf. *Essais de Théodicée*, §59. (Cassirer)

690——Raimundus Lullus (1235–1315). cf. *Disputatio fidei et intellectus*, Pt. II. (A)

691——J. Musaeus, op. cit., Disp. prior et livre III, ch. 8–11. (A)

692——R & B はこの「彼」を Vedelius ととる。

693——Titus Flavius Clemens (c. 150–c. 215). ギリシアの神学者。オリゲネスの師。キリスト教とギリシアの哲学者たちの説く道徳との諸関係を強調した。（教文館『キリスト教大事典』; Brunschwig) *Stromate*, I, 4 et 5; VI, 5 et 17; VII, 2. (A)

694——Justinus (89–167). キリスト教に改宗した哲学者。キリスト教が異教的哲学の完全な実現であることを示そうと試みた。(Brunschwig) *Apologie* I, 7; *Apologie* II, 7 et 10. (A)

695——Johannes Chrysostomos (344–407). 最も著名な教父の一人。異教の雄弁術教師リバニオス (Libanios) の弟子。(Brunschwig) 雄弁のため死後六世紀頃より、黄金の口のヨハネと讃えられた。（教文館『キリスト教大事典』）*Homil. 33 in Act. Apost.* (A)

696——Paul Pellisson-Fontanier (1624–1693). フランスの歴史家、宗教論争家。一六六六年からルイ一四世の宮廷歴史家となる。一六七〇年に彼はカルヴァン主義からローマ・

れえたか、自己の罪の許しを得られたか、という問題です。アレクサンドリアのクレメンス、[693]殉教者ユスティノス、[694]聖クリュソストモスら[695]は、ある点ではそうした見解に傾いていたことが知られています。また、ローマ教会の多くのすぐれた博士の方々は、強情ではないプロテスタントの人々を断罪することなどなく、異教徒を救おうとさえしてきたのであり、私がさきほど話したような人々は痛悔、すなわち慈善の愛に基づく悔悛の行為によって救われたかもしれないとすすんで主張してきたことを、私はかつてペリソン氏[696]にお知らせしました。慈善の愛によって、なにものにもまして神への愛が生まれることになります。なぜなら、神の完全性が神ご自身をこのうえなく愛すべきものとしているのですから。その結果次には、人はすすんで、心から神の意志と一致し、神とよりよく結びつくために神の完全性を模倣しようとするようになるのです。そうした気持ちでいる人たちに神が恩寵を拒絶しないことが正しいと思われるからです。そして私は、エラスムス[697]やルドヴィコ・ヴィヴェス[698]については言うまでもありませんが、当時のきわめて有名なポルトガルの学者であった、ディエゴ・パイヴァ・デ・アンドラーダ[699]の見解を紹介しました。彼は、トリエントの公会議[700]に出席した神学者の一人で、その見解を認めない者は神を最高度に残酷なものにしてしまう、とまで言っていました(トイウノモ、彼ガ言ウニハ、サラニヒドイ残酷サハアリエナイノダカラ neque enim, inquit, immanitas deterior ulla esse potest)。ペリソン氏は、パリでその本[701]を見つけるのに苦労

カトリックに改宗し、反プロテスタンティズムの著述を始めた。著書『宗教紛争に関する考察』*Réflexions sur les différends de la religion* (1686–92) は、彼の論争的著作の中で最も重要なものである。一六九〇年、モービュイッソン女子大修道院長ルイーズ・オランディーヌ――彼女自身改宗者であった――は、自分の妹ゾフィー王妃とハノーファーの宮廷をカトリックに改宗させようと執拗に試みている時期に、ペリソンの『考察』を一冊ゾフィーに送った。ゾフィーは、それをライプニッツに渡して評価を求め、ライプニッツのコメントをペリソンに送った (A I-6, 75ff.)。それに対してペリソンは、女子大修道院長の秘書マリー・ド・ブリノンを通じて返答した (A I-6, 83ff.)。これを機にライプニッツとペリソンの間で文通が始まり、主として教会の再統合の企てが論じられた。この文通はペリソンの死まで続く。一六九〇年ライプニッツは「ディエゴ・パイヴァ・デ・アンドラーダの見解」をペリソンに紹介し、パイヴァの著書 *Explicationes orthodoxae* (1564) に興味をもったペリソンは、結局ソルボンヌの図書館でひとつの写しを見つけ出した (A I-6, 82, 124)。一六九一年にブリノンはボシュエを彼らの論議にうまく誘い入れ (A I-7, 132, 156ff., 176)、ペリソンの死後、教会再統合の問題は主にライプニッツとボシュエの間で論じられる。(R & B) 本書第4部の訳注477参照。cf. Dutens I, 678ff. (Cassirer)

697 ――*Opus familiarium colloquiorum* (1566), *Convivium religiosum*, p. 151. (A)

698 ――Juan Luis Vives (1492–1540). スペインの哲学者、人文主義者。エラスムスの友人。(Brunschwig) cf. *De Civitate Dei libri XXII* (1570), livre 18, ch. 47. (A)

699 ――Diego Payva de Andrade (1528–1575). *Explicationes orthodoxae* (1564), p. 291. (A) cf. Dutens I, p. 34. (Cassirer); *Essais de Théodicée*, §96. (Langley)

700 ――一五四五年一二月一三日、イタリアに近いドイツの町トリエントの聖堂で開会され、一五六三年一二月四日に終了したカトリック教会の公会議。宗教改革との対抗上、教義の確定がローマ・カトリック教会にとって緊要な課題となったことが、その開催の直接の理由であった。この会議における重要な決定事項としては、教会が是認する聖書の読み方を聖書解釈の唯一の規準にしたこと、聖書と教会の伝統(traditio)とを等価なものとみなしたこと、聖餐に関して化体説(transsubstantiatio)の教義を確認したことなどが挙げられる。この公会議によって近代カトリック教会の基礎が形作られたと同時に、ローマ・カトリック教会が閉鎖的性格を強めていくことにもなった。というのも、会議における投票権は司教にのみ与えられ、いっさいの決議は教皇の批准を要する純然たるカトリック的会議であり、さらに実質的にはイタリア・スペイン主導型の会議であったからである。そうした閉鎖的性格のゆえに、プロテスタントはこの公会議には出席しなかった。ライプニッツがボシュエとの往復書簡でたびたび問題にしたのは、この公会議の普遍性・世界性である。本書第4部の訳注477参照。

701 ――一六九〇年一一月一日付のペリソンのライプニッツ宛書簡(A I-6, 123f.)参照。(A)

されました。これは、当時高く評価されていた著作家も次の時代にはしばしば無視されてしまうことを示しています。そういうわけで、かなりの人たちはアンドラーダの反対者であるケムニッツ[702]をより所としてしかアンドラーダを引用しないと、ベール[703]氏が思うことにもなったのです。それも無理からぬことでしょう。しかし私としては、引用する前に彼のものを読みました。ケムニッツとの論争は、彼をドイツで有名にしました。というのも、彼はイエズス会士に味方してあの著者を攻撃したからです。彼の書物のうちには、この名高い修道会の起源に関するいくつかの詳細な事実が見出されます。いく人かのプロテスタントの人たちは、私がいましがたお話しした問題について彼と同意見の人たちをアンドラーダ派と[さえ][704]呼んでいるのを、私は指摘したことがあります。検閲官の許可を受けて、その同じ原理に基づいてアリストテレスの救いについて特に書き著わした著作家たちがいました。異教徒の救いに関する、コッリオ[705]のラテン語の書物や、ラ・モット・ル・ヴァイエ[706]氏のフランス語の書物もよく知られています。しかし、フランチェスコ・プッチ[707]とかいう人には行き過ぎがありました。聖アウグスティヌス[708]は、学殖豊かで明敏な人でしたけれども、もう一方の極に走ってしまい、洗礼を受けずに死んだ子供は断罪されるとしました。スコラ哲学者たちが彼に与さなかったのは正しかったように思われます。けれども、他の点では有能であった人たち[709]や、非常に優れてはいてもこの点に関しては少々人間嫌いのところがあったいく人かの人たちは、この教父の教説を復興させようとし、おそらくそれを強調しすぎました。そして、こうした態度が、あまりにも熱心な多くの学者先生と中国のイエズス会宣教師たち[710]との間の論争[711]に、何らかの影響を与えたかもしれません。イエズス会宣教師たちは、古代の中国人は当時の真の宗教と真の聖人をもっていたのであって、孔子の教えのなかに偶像崇拝や無神論はまったくないということを示唆していました。きわめて大きな国のひとつを理解もせずに断罪するこ

702——Martin Chemnitz (1522–1586). ドイツのルター派神学者。メランヒトンの弟子。*Examen Concilii Tridentini* (1585) の著者。(Brunschwig) cf. *Essais de Théodicée, Discours prélim.*, §67. (Langley)

703——『歴史批評辞典』、「アンドラーダ Andrada」の項参照。(A)

704——[ ]の部分は編者による訂正箇所。(A)

705——Francesco Collio (1640 没). イタリアの神学者。*De animabus paganorum* (1622–1623[1633?]). (A)

706——François de la Mothe le Vayer (1588–1672). フランスのリベルタン思想家。モンテーニュの思想をうけつぎ、諸国および諸時代の道徳を比較対照して、懐疑こそ唯一の正しい精神的態度だとした。ガブリエル・ノーデの親友。デカルトの書簡にも言及がある（一六三〇年五月六日付、一〇月のメルセンヌ宛書簡）。*De la vertu des paiens* (1642); *Cinq dialogues* (1673). (A)

707——Francesco Pucci. 一六世紀イタリアの神学者。*De Christi servatoris efficacitate in omnibus et singulis hominibus quatenus homines sunt* (1592) の著者。(Brunschwig) アカデミー版も同書を挙げる。

708——*De peccatorum meritis et remissione*, livre I, ch. 25; livre III, ch. 4; *De peccato originali*, ch. 19. (A) R & B は、*De gratia Christi*, ch. 19 の参照を指示。アウグスティヌスは『キリストの恩寵と原罪について』第19章で次のように述べている。「しかし、ペラギウスが幼児の洗礼の問題そのものにおいて教皇庁の司教の審問にいたるまで欺こうとしたやり方に注意深く注目せよ。実際、彼はローマの故インノケンティウス教皇へ手紙を送ったが、それは生前の教皇のもとには届かず、聖ゾシムス教皇に手渡され、そしてそれから私たちに伝えられた。その手紙で彼は、幼児に対し洗礼の

とを望まなかったローマの方が、より正しかったように思われます。神が人間よりも人間好きなのは幸いかな、です。厳格な見解によって自分の熱意を示さねばならないと思って、自分たちと同意見でなければ原罪を信じることができないと考える人たちを私は知っています。しかし、まさにその点で彼らは間違っているのです。だからといって、異教徒や通常の救済手段を欠く他の者たちに救いを与える人たちは、自然の力だけに頼らねばならないということにはなりません（もっとも、おそらく教父のいく人か[712]はそう考えていたでしょうが）。神はそのような者たちに痛悔という行為を呼び起こす恩寵を与える際、最期の瞬間においてでしかないとしても、ともかく死のまえに、明示的な仕方であれ秘められた仕方であれ、いずれにせよ超自然的な仕方で、信仰のすべての光と救いのために必要な愛のすべての熱情をもまた与えるのである、と主張することができるからです。改革派の信者は、まさにそのようにしてツヴィングリの見解をヴェデリウス[713]に従って説明しています。ツヴィングリは、異教徒の有徳な人々の救いというこの点については、ローマ教会の博士たちがなしえたのと同じくらい率直でした。またその教説は、だからといって、ペラギウス派[714]の人たちや半ペラギウス派の人たちの独特の教説とは何の共通点もありません。ツヴィングリが彼らとはまったく違っていたことは知られています。そして、ペラギウス

秘蹟を拒絶したり、そのいく人かにキリストの贖罪以外に天国を約束したりするために、ある人たちから非難されていると表明している。しかし、そうした反論は、彼が主張しようとするような仕方で彼らに対して向けられているのではない。というのも、彼らは幼児への洗礼の秘蹟を否定してもおらず、そのいく人かにキリストの贖罪以外に天国を約束してもいないからである。したがって、非難されているという苦情を提示するために、彼は自分自身の教義を傷つけずに、自分に対する非難に答えることができるのだ。ところで、彼ら［ペラギウスとカエレスティウス］に対する非難とは、洗礼を受けない幼児は最初の人間の有罪宣告を免れず、彼らに伝わってきた原罪は［魂の］生まれ変わりによって一掃されねばならないと認めるのを彼らが拒むことである。彼らの主張は、幼児は天国を手に入れるためにのみ洗礼を受けねばならないということであり、それではあたかも、天国以外は、永遠の死が、主の肉と血に与らなければ永遠の生命をもちえない者たちの唯一の可能な運命ではないかのようである。……」(De Gratia Christi et de Peccato originali, in *Œuvres de Saint Augustin* 22, Paris 1975, Desclée, pp. 192f.)

709——cf. *Essais de Théodicée*, §§92–93. (A) カッシーラーは、ポール・ロワイヤルの神学者、とくにパスカルを指しているのであろうと注記。

710——イエズス会は、聖フランシスコ・ザビエルが開いた道に従って、一五八二年中国に伝道本部を設立し、一六〇一年から北京に拠点を定めた。当初から彼らは西洋の科学や数学を説き、中国人の支持を得ようと努めた。また、儒教や祖先崇拝に対しては寛容な態度をとった。他の修道会の宣教師たちによる批判は、中国の典礼に関する論争を引き起こし、ローマ教皇の委員会は一六九七年から一七〇四年にかけてその問題を検討して懐柔的な立場をとったが、一七四二年の最終的解決はイエズス会にとっては不利なものであった。(R & B) 本書第3部の訳注375参照。詳細は次を参照。後藤末雄『中国思想のフランス西漸1』東洋文庫144（一九六九年、平凡社）。V. Pinot, *La Chine et la Formation de l'Esprit philosophique en France (1640–1740)*, Genève 1971 (réimp. 1932); Étiemble, *L'Europe chinoise I*, Paris 1988 など。

711——典礼（rites）と言葉［用語］（termes）についての論争。(A)

712——cf. A VI-6, 500. (A)

713——*Rationale theologicum* (1628), livre I, ch. 9. (A)

714——ペラギウス Pelagius（五世紀）の教説の信奉者。ペラギウスは、「アダムの堕落はその子孫を巻き込むものではないとしてカトリックの原罪の教義を否定し、人間の意志は神の恩寵という助けなしにもそれ自身で善でありうると主張した」(OED)。「半ペラギウス主義者は、神の恩寵の助けは必要であるが、意志が神へと向かう最初の方向づけは人間自身の選択の結果であると考える」(Tindal, quoted in OED)。(R & B)

派とは反対に、信仰をもつ者すべてに超自然的恩寵があることが教えられており（この点では、おそらくパジョン氏[715]の信奉者を除けば、承認されている三つの［新教］宗派は一致しています）、洗礼を受ける子供に信仰、あるいは少なくともそれに似た情動が認められさえしています。ですから、キリスト教のうちで通常の仕方で教育されるという幸運に恵まれなかった善き意志をもった人々に対しても同様に、少なくとも死の間際に、信仰を認めることは、それほどおかしくはありません。しかし、最も賢明な策は、これほど少ししか知られていない点については何も確定せず、神は善意と正義に満ちていないことは何もなしえない、と一般的に判断して満足することです。「不確実ナコトニツイテ論争スルヨリモ、隠レテイルコトニツイテ疑ウ方ガヨイ（melius est dubitare de occultis quam litigare de incertis）。」（アウグスティヌス『創世記逐語講解』第8巻第5章）

19章――狂信について

［1］フィラレート　《すべての神学者ならびに聖アウグスティヌス自身が、先のくだりに表明されている準則に常に従っていてくれればよかったのですが。》〈しかし、人々は、独断的な精神が真理への熱情の徴であると信じています。けれども、これはまったく逆です。人は、真理が何であるのかを知らせる論拠を検討したいと思うかぎりにおいてしか、真理を本当に愛したりはしません。そして、性急に判断を下すようなときは、いつもあまり真摯でない動機に駆られているものです。［2］支配したいという意向もやはりそうしたありふれた動機のひとつであり、自分自身の夢想に対するある種の自己満足もそのひとつです。そしてこちらは、狂信を生みだすものです。［3］狂信というのは、理性に基づいていないのに直接的啓示があると思い込む人たちの欠陥に対して与えられる名称です。［4］そして、理性は自然的啓示であり、自然的啓示の作者は自然の作者と同様に神であると言いうる以上、啓示は超自然的理性である、すなわち[716]、神から直

715――Claude Pajon (1625–1684). フランスのプロテスタント神学者。自然界の推移や人間の精神生活に神が直接的に特別に介入することを否定する宗派を創立した。(R & B) *Examen du livre qui a pour titre 'Préjugés légitimes contre les Calvinistes'*（1673）の著者。(A. Brunschwig)

716――une raison surnaturelle, c'est à dire はライプニッツによる付加。(R & B)

717――Locke: to receive the remote light of an invisible star.（R & B）

718――Si c'est dans la vue de. コスト訳にはこの後に la vérité de がある。R & B はライプニッツによる削除を誤りとして、If it is in the seeing of the truth of the proposition と英訳。

719――［　］の部分は編者による訂正箇所。(A)

接流出した知らせという新しい資源によって拡大された理性である、と言うこともできるでしょう。しかし、そうした知らせは、私たちがそれらを識別する手段を有していることを前提しています。その手段とは、まさに理性自身のことです。ですから、啓示に場所をあけるために理性を締め出そうとすることは、木星の衛星を望遠鏡でもっとよく見るために[717]自ら目をえぐり取ってしまうようなものでしょう。[5] 狂信の起源は次のことにあります。すなわち、推論が冗長で骨が折れ、しかも必ずしも常に好ましい結果になるとはかぎらないのに比べて、直接的啓示がより容易で簡潔であることです。いつの時代でも、献身と混じり合った憂鬱が自惚れと結びつき、その結果、自分は神に対して、他の人々とはまったく別の親密な関係をもっている、と信じ込んだ人々が見られました。彼らは、神がそうした親密な関係を自分に約束したと思っており、自分は他の人々よりも選ばれた神の民であると信じているのです。[6] 彼らの空想は天啓になり、神的権威となります。そして、彼らの企図は天の誤ることなき指図であって、それには従わねばなりません。[7] こうした見解は大きな結果をもたらし、大きな悪の原因となってきました。というのも、人間が自分自身の衝動に従い、神的権威に関する見解が私たちの傾向によって支持されるとき、人間はいっそう烈しく行動するからです。[8] 人間をそこから抜け出させるのは困難なことです。というのは、この「論拠のない確実さ」と称せられるものは、虚栄心をくすぐり異常なものに対する愛を助長するからです。狂信者たちは、自分の見解を「見ること」や「感ずること」にたとえます。彼らは、私たちが真昼の太陽の光を見るように神の光を見るのであり、それを彼らに示す理性の微光を必要とはしません。[9] 彼らは、自分が確信しているがゆえに確信しており、彼らの信念は強いがゆえに正しい、というのです。というのも、これこそ彼らの比喩的な言語が帰するところだからです。[10] しかし、命題の知覚と啓示の知覚という二つの知覚があるのですから[718]、明晰さがどこにあるのかについて彼らに問うことができます。それが命題［の真理］を「見ること」にあるとすれば、啓示など何の役に立つでしょう。それゆえ、明晰さは啓示の「感覚」のうちにあるのでなければなりません。しかしどのようにして彼らは、啓示するのが神であることを知りうるのでしょう。そして、啓示の「感覚」が鬼火ではないことを知りうるのでしょう。すなわち、「自分が固く信じるがゆえにそれは啓示であり、啓示であるがゆえに自分はそれを信じる」、という循環の周りを彼らに［たえず］[719]堂々巡りさせる鬼火ではないことを。[11] 想像を導きとすることにもまして、誤謬に陥れうるものが何かあるでしょうか。[12] 聖パウロは、キリスト教徒を迫害していたとき、大いなる熱意をもっていましたが、それでもやはり彼は誤っていました。悪魔が殉教者をもっていたことは知られています。[720]強く信じ込むことで十分であるとすれば、サタンのつくる幻影と、聖霊からの霊感を区別することができないでしょう。【14】それゆえ、啓示の真理を知らせるのは理性なのです。【15】そして、私たちの信条がその証拠を与えるのだとすれば、それは、私がいましがたお話しした循環になってしまいます。神の啓示を受けた聖なる人々は、内的な光の真理を彼らに確信させる外的な徴をもっていました。モーセは、薮が燃えつきずに燃えるのを見、[721]薮のなかから声を聞きました。そして、神は、兄弟たちを救い出すためにモーセをエジプトに遣わされたとき、モーセにその使命をさらに確信させるために、杖を蛇に変える[722]という奇蹟を用いたのです。ギデオンは、ミデアン人の支配からイスラエルの民を解放するために、天使によって送られました。けれども、ギデオンは、その使命が神から与えられたものであることを確信するために、徴を求めた[723]のです。【16】とはいえ、神がときおり人間の精神を照らしてある重要な[724]真理を理解させたり、聖霊の直接的な影響力と援助によって、しかもいかなる異常な徴も伴わずに、人々を善き行動へと導くことを、私は否定したりはしません。しかし、こうした場合にも私たちは、そうした照明を判断するための誤りない二つの規則である、理性と聖書とをもっています。というのも、照明がそうした規則と合致すれば、[725]その照明を、おそらくそれは直接的啓示ではないとはいえ、神から与えられた霊感とみなしても、私たちには少なくとも何の危険もないからです。〉

テオフィル　「狂信（Enthousiasme）」というのは、初めはよい名称でした。「詭弁（sophisme）」が本来は知恵の行使を示しているのと同様に、「狂信」[727]は、私たちのなかに神がいることを意味しています。「私タチノウチニ神ガオラレル（Est Deus in nobis.）」[726]。また、ソクラテスは、ある神もしくはダイモーンが自分に内的警告を与えてくれる、と主張していました。したがって、狂信というのは、ある神的本能ということになるでしょう。しかし、人々が自分の情念を神的なものと認め、自分の空想や夢そして自分の怒りまでも何か神的なものと［みなした］[728]ため、狂信は、それに襲われた者たちのうちに[729]想定される、何か神的なものの力による精神の錯乱を意味しはじめました。というのも、予言者や巫女は、ウェルギリウスの作品にあるキュメのシビュラのように、彼らの神が彼らの心をとらえるときには、精神の離脱状態を呈していたか

720——l'on... Martyrs はライプニッツによる付加。(R & B) R & B はこの文章から［13］とする。
721——『出エジプト記』3, 2°. (A. Brunschwig)
722——『出エジプト記』7, 15°. (A. Brunschwig)
723——『士師記』4, 17°. (A. Brunschwig)
724——importantes はライプニッツによる付加。(R & B)
725——du moins はライプニッツによる付加。(R & B)
726——Ovidius,『暦』*Fasti*, VI. 5. (A. Brunschwig)

らです。以来、狂信というのは、自分たちの衝動が神に由来すると根拠もなく信じている人たちのこととされてきました。同じ詩人の作品のなかで、ニススは、何か分らぬ、自分が友人とともに死ぬことになる危険な企てへの衝動に駆り立てられるのを感じて、もっともな疑いに満ちた次のような言葉で、その企てを友人に提案するのです。すなわち、

エウリュアルスヨ、コノ熱火ヲワレワレノ心ニ注ギ入レルノハハタシテ神々ナノダロウカ。

ソレトモ、各々ニトッテ自分自身ノ恐ルベキ欲望ガ神トナルノデアロウカ。[730]

彼は、それでもやはりこの本能に従いました。その本能が神から来るのか、名声への不幸な欲望から来るのかは分らないまま。しかし、もし彼が成功していたとすれば、他日必ずやそれによって自らを権威づけ、自分が何か神的な力に駆り立てられていたと思ったことでしょう。今日の狂信者たちも、自分を照らす教義を自分も神から受け取っていると信じています。クエーカー教徒はそう思い込んでいますし、彼らの最初の体系的な著作家であるバークリ[731]は、彼らは自分自身のうちに、それ自身によって知られるある光を見出していると主張しています。[732] しかし、何も見えるようにしないものを、どうして光と呼ぶのでしょう。私は、火花を見たり、もっと輝くものさえも見るような、精神のあの態勢をもった人々がいるのは知っています。しかし、彼らの精神が過熱したとき生ずる物体的な光というそのイメージは、精神に何ら光をもたらしません。ある愚かな人たちは、想像力が昂じると、彼らが以前にはもっていなかった考えを抱いたりします。彼らの見解からすればすばらしいもの、あるいは少なくともきわめて生き生きしたものについて、彼らは語ることができるよう

727 ――Platon,『饗宴』*Symposion*, 202e (A);『ソクラテスの弁明』*Apologia Socratis*, 31c-d, 40a-c (Brunschwig).
728 ――[ ]の部分は編者による訂正箇所。(A)
729 ――Vergilius, *Aeneis*, VI, 45-50. (A. Brunschwig)
730 ――Vergilius, *Aeneis*, IX, 184f. (A. Brunschwig)
731 ――Robert Barclay (1648-1690). スコットランドのクェーカー教徒。クェーカー派の最も重要な神学者の一人。(Brunschwig) *Theologiae vere christianae Apologia* (1676), *Thesis quinta et sexta*, pp. 88f. (A)
732 ――ライプニッツのバーネット宛書簡 (GP III, 184) 参照。(Langley)

になります。彼らは自分自身に感嘆し、霊感とみなされるようなその豊饒さで他人を感嘆させるのです。こうした資質は、主に、情念がかき立てる強い想像力と、預言書の語り口をよく留めた良い記憶力に起因しています。彼らは、預言書を読んだり他の人たちがそれについて話すのを聞いたりして、預言書に精通しているのです。アントワネット・ド・ブリニョン[733]は、自分の神的使命の証拠として、自分の話したり書いたりする才能を引き合いに出していました。また、自己の神的使命の証拠を、疲れることも言葉を使い尽くすこともなく、ほとんど一日中大声で話したり祈ったりできる才能に基づかせている妄想家を私は知っています。苦行を行なった後や悲しい状態の後、うっとりさせるような魂の平安と慰めを経験する人たちがいます。彼らはそれがあまりに甘美だと思うため、それは聖霊のなせるわざであると信じています。神の偉大さと善意に関する考察や、神の意志の実現、ならびに徳の実践のなかに見出される満足が、神の恩寵のひとつ、それも最も大きな恩寵のひとつであることは確かに真実です。しかし、それは、多くのこうした良き人々が主張するような、新しい超自然的助力を必要とする恩寵では必ずしもありません。それほど昔のことではありませんが、他のいかなる点についてもきわめて賢明でしたが、自分はイエス・キリストに話しかけ、まったく特別な仕方でイエス・キリストの妻であると、子供のときから信じていた娘[734]がいました。噂によると、彼女の母が少し狂信に染まっていたようですが、娘は早くからそうなり始め、さらにいっそうひどくなりました。彼女の満足と喜びは言うに言われぬものであり、彼女の賢明さはその振る舞いに現われ、彼女の精神はその話から明らかでした。けれども事態は昂じて、彼女はわれらの主に宛てられた手紙を受け取り、自分がそれを受け取ったように封印して、ときには適切で常に理にかなっているように思われる返事をそえて送り返すまでにいたったのです。しかし、騒ぎをあまりに大きくするのを恐れて、結局彼女はそうした手紙を

733――Antoinette de Bourignon (1616–1680). フランス（フランドル）の神秘家。彼女は魔術の疑いが晴れたのち生地リールを離れ、アムステルダムに赴きそこに居を定めた。当地で彼女は大評判となり、年老いたコメニウスの心をとらえて一派をなした。R & B によれば、彼女の著作――一九巻本（1679–86）で出版された――は、「彼女はありふれたタイプの神秘家であり、大胆で粘り強い主張をした点でのみ際立っていた」（*Encyc. Brit.*）ことを暗示している。ライプニッツは同情的な好奇心をもって彼女の後半生を見守った（A I-3, 355ff., 462f.）。（R & B）cf. *Réflexion sur l'esprit sectaire* (1697), Dutens I.p. 740. (Cassirer)

734――リューネブルク出身の貴婦人 Rosamunde von der Asseburg（c. 1672–1712）を指す。ゾフィー王女は、ハノーファーの宮廷にいたロザムンデの姉から初めて彼女のことを聞き、のちに彼女に会い嬉しく思ったという。一六九一年ゾフィーはロザムンデの予見力や神秘的な能力についてライプニッツに意見を求め、以後、予言、想像力、出生前に受ける影響について活発な文通を続けた（A I-7, 30ff.）。ライプニッツは、そうした諸現象は自然的な説明ができると結論し、偏狭な神学者たちが主張するように彼女を処罰するのではなく、珍しい骨董品のように慈しむべきだと忠告した（A I-7, 190）。（R & B）

受け取るのを止めました。スペインであれば、彼女はもう一人の聖テレサ[735]になっていたことでしょう。しかし、似たような幻想をもったすべての人が同じ振る舞いをするわけではありません。宗派をつくって騒動を起こそうとさえする人たちもいます。英国にはその奇妙な証拠がありました[736]。そうした人たちが誠意から行動している場合、彼らを引き戻すのは困難です。ときには、彼らのすべての企てが失敗することで誤りが正されることもありますが、しばしばそれでは遅すぎます。少し前に死んだ妄想家は、自分がとても高齢でありしかも健康であるのだから、自分は不死であると信じていました。彼は、つい先ごろ出版されたある英国人の書物[737]を読んでいたわけでもないにもかかわらず、ずっと以前からほとんど同じ見解をもっていました（その英国人というのは、イエス・キリストは真の信仰者を身体的な死から免れさせるために再来した、と信じさせようとしていました）。しかし、その妄想家は、自分が死にかかっていると感じたとき、どんな宗教にも疑いを抱くまでになりました。というのは、どんな宗教も彼の空想に合致しなかったからです。クウィリヌス・クールマン[738]というシレジア人は、学識に富み知性ある人でしたが、後に、二種類の等しく危険な幻想に染まりました。一方は狂信者の幻想であり、他方は錬金術師の幻想です。そして彼は、英国やオランダさらにはコンスタンチノープルでまで評判になりました。ついには、女王ソフィアの治世のモスクワに行って政府に反対するある陰謀に加担しようなどという大それた気を起こしたため、彼

735――一六世紀スペインの神秘家。『形而上学叙説』三二節（本著作集第8巻八五頁）、『新説』一四節（同、二〇二頁）などでも言及されている。

736――ラングリーによれば、ライプニッツはここで「独立教会派」を考えている。

737――英国の法律家 John Asgill (1659–1738) の著書 ***An argument proving, that according to the covenant of eternal life revealed in the Scriptures, man may be translated from hence into that eternal life, without passing through death...*** (1700) を指す。この書は大筋において、贖罪の教義を英国法の諸原則によって解釈したものであるが、アスジルは前置きとして、「ある人間の生死は別の人間の生死の原因ではないので、事例の多数性が事態を変えるわけではない」と主張する。ライプニッツは一七〇二年に書いたゾフィー・シャルロッテ王妃宛書簡で、アスジルのこのような議論は「帰納の不確実性」に基づいているがそれを「少々拡張しすぎている」と述べている (Loemker, pp. 550f.)。(R & B)

738――Quirinus Kuhlmann (1651–1689). ヤコプ・ベーメの影響を受けた神霊主義者。(Brunschwig) ベールの『歴史批評辞典』、「クールマン」の項参照。(A)

は火刑に処せられました。ですから、彼は、自分の説いたことを確信した人間として死んだわけではありません。またこれらの人々の間の不和は、彼らの内的証言と称するものが神的なものではなく、それを正当化するためには他の徴が必要であることを、彼らに納得させもするはずです。たとえば、ラバディストたち[739]とアントワネット嬢は一致していませんし、ウイリアム・ペン[740]はドイツへの旅行——その報告は出版されました——の際、その証言に基づく人たちの間に一種の相互理解を打ち立てる目的をもっていたようでしたが、成功しなかったようです。確かに、善き人々が相互に理解し協力して行動することが望ましいのです。それ以外には何も、人類をより善くより幸福にすることはできないでしょう。しかし、彼ら自身が善き人々、つまり、正しい行ないをなし、その上従順で理性的な人々のうちに本当に数えられなければなりません。それに対して、今日信心家と呼ばれている人たちは、厳格で横柄で頑固であるとまったく責められすぎています。彼らの不和は、少なくとも、彼らの内的証言はそれが信じられるために外的な確証を必要としている、ということを示しています。預言者とか霊感を受けた者とかみなされるに値するためには、彼らは奇蹟を行なわなければならないでしょう。けれども、そのような霊感がその証拠を伴っている場合もあるでしょう。それは、霊感が、ある驚くべき認識、いかなる外的な助けもなければ、それを獲得した人の力を超えているような認識、に関する重要な発見によって精神を真に照明する場合でしょう。〔たとえば、〕ラウジッツの有名な靴屋ヤコプ・ベーメ[741]の場合です。彼の著作は、「チュートンの哲学者」という名前でドイツ語から他の諸言語に翻訳され、実際、そうした身分の人にしては偉大ですばらしいものをもっています。もしそのヤコプ・ベーメが、ある人たちが確信していたように、あるいは福音史家聖ヨハネの名誉を賛える

739——Jean de Labadie（1610–1674）の信奉者。ラバディはブール（ギュイエンヌ）に生まれ、フランスのイエズス会士、次いでオラトリオ修道会士となったが、ある時期ジャンセニスムにひかれ、さらに一六五〇年頃モントーバンにおいてカルヴァン派プロテスタントに改宗した。聖書はただ直接的な魂の霊感によってのみ理解されうるとする極端な敬虔主義を教え広めた。ミデルブルグの牧師となり（1666）、プロテスタンティスムを原始キリスト教の形態に立ち戻らせようとした。しかし、その神秘主義的傾向を理由として、オランダの教会会議によって職を降ろされた。アルトナにて没。けれども labadisme は一七三二年まで生き延びた。アカデミー版は、Anne-Marie Schurmann と Pierre Yvon de Montauban を指すと注記。

740——William Penn（1644–1718）. クェーカー教徒。ペンシルヴァニア植民地の創設者。彼は一六七七年にオランダとドイツに旅行し、その旅行についての報告を一六九四年に出版した。(Brunschwig) この報告の表題は、*An account of W. Penns travails in Holland and Germany, anno 1677*. (A)

741——ベーメに対するライプニッツの評価については、ライプニッツの *Fried. Sim. Loefler* 宛書簡（Dutens V, p. 409）参照。(Cassirer)

彼ハ尽キルコトナキ宝ヲモチ、
小枝カラ金ヲツクリ
小石カラ宝石ヲツクッタ。[742]

という賛歌の語るところを私たちが信じるなら、聖ヨハネのように金をつくることができたとすれば、この驚くべき靴屋をさらに信ずるに足るものとする何らかの理由もあったでしょう。そして、ハンブルクのフランス人技師ベルトラン・ラ・コスト[743]が、彼の『円の求積について』という著作をアントワネット・ブリニョン嬢に捧げた際表明しているように（その著作のなかで彼は、「アントワネット」と「ベルトラン」をほのめかすのに、彼女のことを神学のA、自分のことを数学のBと呼んでいます）、彼が彼女から受けたと信じた学問における光を実際に彼女から授けられたとしても、人は何と言うべきか分らなかったでしょう。しかし、この種の著しい成功の例はまったく見られませんし、そのような人々によって成功した非常に詳しい予言もまた見あたりません。善良なるコメニウスが『闇のなかの光（Lux in tenebris）』[744]という彼の著作のなかで公表した、ポニアトヴィアやドラビティウスおよび他の人たちの予言は、皇帝の相続地における騒ぎを煽りました。しかし、それを信じた人たちにとっては不運なことに、そうした予言は誤りと判明しました。トランシルヴァニア公ラコツキイ[745]は、ドラビティウスによってポーランド進攻に駆り立てられました。彼はそこで軍隊を失い、結局それによって彼は自分の国と生命をともに失う結果となりました。そして、あわれなドラビティウス[746]は、かなり後に、八〇の齢［をこえて］[747]、皇帝の命によって結局

742——出典は、宗教詩人 Adam de Saint-Victor（c.1110–c.1180）の *Séquences, De S. Jean l'Évangéliste*, 28–30。(A)

743——一七世紀の冒険家、見神者。フランス人。ブランデンブルク公の軍隊に入り、一六六三年まで砲兵大佐として仕えた。次にハンブルクに居を定め、円の求積法の解法を求めることを決意。当時著名だったブリニョンがハンブルクにやってきた際に、積極的に会って彼女への賛嘆の念を示し、数学や求積法の考え方を話したが、通ぜず、苛立ち、怒った。(XIXe Larousse) *Scheda de inventa quadratura circuli* (1663); *Démonstration de la quadrature du cercle* (1666).

744——*Lux in tenebris* (1657). (A) この著作には、とりわけポーランドの幻想家 Christine Poniatovia［Poniatowska］(1610–1644) とボヘミアの幻想家 Drabez［Drabitius］(1587–1671) が告げた啓示が収められていた。Ragozky とは Georges［Georg］II Rakoczy (1621–1660) のことである。彼は一六五七年ポーランドに対抗してスウェーデンと同盟を結び、かくして、トランシルヴァニアを支配していたトルコと仲たがいする結果となった。(Brunschwig)

745——一六五八年一〇月一二日に退位し、一六六〇年六月二六日に死亡。(A)

746——一六七一年七月一六日 Presbourg にて処刑される。(A)

747——［　］の部分は編者による訂正箇所。(A)

首をはねられました。けれども、ハンガリーの現在山積する混乱状況のなかで、あのような予言を時宜をわきまえずに復活させようとしている人たちが現にいることは疑いありません。そうした人たちは、あのような予言者と称する者たちは自分たちの時代の出来事について語っているのだ、ということを考えようともしないのです。そういう復活をもくろむことで彼らは、ブリュッセルの砲撃のあとアントワネット嬢の著作からの一節を含むビラを発行した人たちと、ほとんど同じことをすることになるでしょう。アントワネット嬢は、（私の記憶が正しければ）ブリュッセルが燃えているのを見る夢を見たがために、その街に行くことを望みませんでした。しかし、その砲撃が起こったのは、彼女の死後だいぶたってからです。私は、ナイメーヘンの和約によって終結した戦争[748]の間フランスに行って、コメニウスが公表した予言に基づきモントジエ氏[749]やポンポンヌ氏[750]にしつこく主張した人を知っています。もしその人が私たちの時代と似たような時代にその提案をすることができたならば、彼は自分自身が霊感を受けたと信じたでしょう（と私は思います）。このことが示しているのは、そうした妄想は根拠が薄弱であるだけでなく、また危険でもあるということです。歴史は、誤った予言やまちがって理解された予言の悪しき結果に満ちています。たとえば、それは、ライプツィヒの有名な大学教授であった故ヤコプ・トマジウス氏[751]がしばらく前に公刊した、『偶然的未来ニ関スル善キ人ノ義務ニツイテ（De officio viri boni circa futura contingentia）』という学問的で的確な論文のなかに見ることができます。けれども、確かに、そうした思い込みはときには良い結果を生むこともありますし、大いなる事柄に役立つこともあります。というのも、神は、真理を確立したり維持したりするために誤謬を利用できるからです。しかしだからといって、私たちは良い目的のためには善意の欺瞞を安易に利用してもよいとは、私は思いません。そして、宗教の教義についていえば、私たちは新しい啓示を必要としているわけではありません。

748 ——オランダ戦争（1672–78）のこと。（Brunschwig）

749 ——Charles de Sainte-Maure Montausier (1610–1690). ルイ一四世の王太子の養育官。すぐれた軍事的能力を示し、フロンドの乱では王に常に忠実。ランブイエ館の常連。

750 ——Simon Arnauld de Pomponne (1616–1699). パリに生まれる。スウェーデン大使、オランダ大使を経て、ルイ一四世の下でフランスの外務大臣を務めた。アルノー・ダンディの息子で、アントワーヌ・アルノーの甥。一六七二年ライプニッツはポンポンヌの招きでパリに赴き、北西ヨーロッパ攻撃の野心を抱くルイ一四世を思い止まらせるための秘密外交に携わろうとした。しかしライプニッツは成功しなかった。アルノーからポンポンヌに宛てた紹介状をライプニッツはもっていたけれども、ライプニッツが実際にポンポンヌに会ったかどうかは疑わしい。北西ヨーロッパの戦争を終結させたナイメーヘン条約はポンポンヌの一大功績であったが、条約締結の数週間後にポンポンヌは失脚した（A I-2, 525f.）。フォンテーヌブローにて没。（cf. R & B）

751 ——Jacob Thomasius (1622–1684). ライプツィヒの修辞学、法学の教授。Christian Thomasius の父。ライプニッツの師であり、彼の学士論文 *De principio individui* を指導した。ライプニッツはトマジウスを高く評価し、主として哲学的諸問題について一六七二年まで積極的に文通を続けた（A II-1; Loemker, pp. 93ff.）。（R & B）ここで言及されている作品は、*De officio hominis circa notitiam futurorum contingentium* (1664)。（A）cf. GP I,7f.（Cassirer）

752 ——Locke: Of wrong assent, or error. コストによる削除。（R & B）

753 ——Il faut [bien] que les hommes se trompent souvent. [　] の部分は編者による訂正箇所。（A）

私たちが従わねばならない、救済をもたらす諸規則が私たちに提示されるならば、それを提示する者が何ら奇蹟を行なわないとしても、それで十分なのです。そして、イエス・キリストは奇蹟を行なうことができたとはいえ、それでもやはり、彼が徳とか、自然的理性や予言者たちによってすでに教えられていたことだけを説いていたときには、徴を求めるあの邪な者たちを満足させるために奇蹟を行なうことを、ときには拒んだのです。

20章——誤謬について●752

【1】**フィラレート**　真理を私たちに認識させたり推測させたりするすべての手段については十分お話ししましたので、〈さらに私たちの誤謬やまちがった判断についてもいくらか述べることにしましょう。人間はしばしば誤りに陥るものです。●753人々の間にはあれほど多くの対立があるからです。その理由は次の四つに還元することができます。①証拠の欠如。②証拠を利用する能力の不足。③証拠を利用する意志の欠如。④蓋然性の誤った規則。【2】私が証拠の欠如と言う場合、手段や機会があれば見出されうるような証拠をも含めています。しかし、それらはたいていの場合欠けています。生きる糧を探すことに一生を過ごしている人々の状態はそういうものです。彼らは世の中で起こっていることをほとんど知らず、それは、いつも同じ道を行く荷馬がその地方の地図に習熟しえないのと同様です。彼らには、語学・読書・交際・自然の観察・専門的な実験が必要でしょう。【3】ところで、それらがみな彼らの状態に適していない以上、人々の大半を幸福や悲惨に導くのは盲目的偶然だけである、と私たちは言うべきでしょうか。彼らは、永遠の幸福や不幸に関してさえ、国の世論や公認の指導者に身を委ねなければならないのでしょうか。あるいは、人は他の国ではなくむしろある国に生まれたがために永遠に不幸になるのでしょうか。けれども、自分の生きる糧をまかなう心配に忙殺されるあまり、自分の魂について考えたり、宗教に関することを学んだりするための余分の時間がまったくない人などひとりもいないことは認めなければなりません。あまり重要でないことに熱中するのと同じくらいそうしたことに専心していれば。〉

テオフィル　人々は必ずしも自ら学ぶ状態にはないとしましょう。また、人々は難しい真理を探求するために自分の家族の生計をたてる心配を放棄することなど賢明にもできないため、自らの社会において認められた見解に従わねばならない、としましょう。それでも真の宗教をもちながら、その証拠をもってはいない人々においては、内的な恩寵が「信じさせる理由」の欠如を補うであろう、と判断すべきでしょう。そして、すでに申し上げたように、[754]愛は、私たちにさらに次のように判断させるのです。すなわち、神は、最も危険な誤謬の深い闇のなかで育った善き意志をもった人たちのために、おそらく私たちには分らない仕方にせよ、神の善意と正義とが要求するすべてをなす、ということです。ローマ教会では、救済の助力を欠かぬよう特別に蘇らされた人たちの話が賛意をもって受け入れられています。しかし、神は、それほど大きな奇蹟を必要とせずに、聖霊の内的働きによって魂を救済することができるのです。そして、人類にとって好ましくまた慰めになるのは、神の恩寵の状態に入るためには善き意志、もちろん誠実でまじめな意志しか必要ないということです。自然的なあるいは超自然的ないかなる善も神から来る以上、人はこの善き意志さえも神の恩寵なしにはもたないことを、私は認めます。しかし、とにかく、そうした意志だけが必要であって、神がより容易でより合理的な条件を求めうることはありえない、ということで十分なのです。

【4】**フィラレート**　〈十分ゆとりある暮らしをして、自分たちの疑念を晴らすのに適したあらゆる富に恵まれながら、巧みな工夫にあふれた妨害によってそれからそらされている人々がいます。そうした妨害が何であるか気づくのはきわめて容易ですが、この場でそれを示す必要はないでしょう。【5】私はむしろ、いわば自分の手元にある証拠を利用する能力を欠き、推理の長い連なりを記憶にとどめておくことも、すべての事情を比較考量することもできないような人たちについてお話ししたいと思います。人々のなかには、ただひとつの三段論法［しか扱えないほど］の者や、二つの三段論法だ

754――本書第4部18章（A VI-6, 502）参照。（R & B）

755――『知性論』ではWestminster-Hallとなっており、ロンドンが例として引かれているが、コスト訳では舞台がパリに変えられている。（R & B）

けの者がいます。そのような不完全性が魂自身の自然的差異に起因するのか、〔身体〕器官の自然的差異に起因するのか、それとも自然的能力をみがく訓練の不足によるのか、ここはそれを決定する場ではありません。ここでは、その不完全性は明らかに存在するものであり、それに気づくためには、宮殿[755]や取引所から施療院や精神病院に行きさえすればよい、ということで私たちには十分です。〉

テオフィル　窮地にあるのは貧しい人たちだけではありません。彼らにも増して多くのものを欠いている富める人たちもいます。というのは、そうした富める人たちはあまりにも求めすぎて、自ら進んで一種の貧窮に陥っており、そのために重要な考察にとりかかることができないからです。例がここでは重要です。人々は自分の仲間の例に従おうと努力します。偏屈と見られたくないならばそうせざるをえないのです。そしてそのために容易に人々がお互いに似たようになってしまうのです。理性と慣習とを同時に満足させるのは非常に難しいことです。能力を欠いているような人についていえば、そうした人はおそらく思ったよりも少ないでしょう。良識は、それに勤勉さが伴っていれば、敏速さを必要としないすべてのことを十分行なうことができる、と私は思います。私が良識を前提とするのは、あなたは精神病院に収容された人たちに対して真理の探求を求めたりはしないであろう、と思うからです。確かに、そうした人たちのうちの多くは、もし私たちが手立てを知っていれば、回復できるでしょう。私たちの魂の間にどんな本源的な差異があるにしても（私は実際それがあると思いますが）、それでも間違いなくどんな魂も、しかるべく導かれれば他の魂と同じくらい（ただしおそらくそれほど速くはないとはいえ）前進できるでしょう。

〔6〕フィラレート　〈意志だけを欠いているような別の種類の人々がいます。彼らは快楽にひどく執着したり、自分の財産に関することにたえず没頭したり、また一般に怠惰や怠慢であったり、勉学や省察を特に嫌悪したりするため、真理をまじめに考えることができないのです。いかなる不公正さももたない探求は、自分たちの先入観や意図に最も適した見解の味方をしないであろう、と恐れている人たちさえいます。周知のように、悪い知らせをもたらすと思われる手紙を読もうとしない人たちがいますし、多くの人々は、ずっと知らずにいたいことを知るのではないかと恐れて、自分の収支勘定をしたり資産の状態を調べたりするのを避けています。大きな収入があってもそれをすべて身体の備えにつぎ込んで、知性を完成させる手段については考えもしない人たちがいます。彼らは、いつも清潔できらびやかな身なりで現われ

ることにたいへん気をつかっていますが、自分の魂が先入観や誤謬のみすぼらしいぼろをまとっており、裸体つまり無知がその間から見えていても平気なのです。来たるべき状態についてもつべき関心については言うまでもなく、この世で送る生活において知っておくべきことについても彼らはなおざりにしています。そして、権力や権威を自分の生まれや財産に付随するものとみなしているような人たちが、非常にしばしば、認識において自分を凌ぐとはいえ自分よりも劣った身分の人々に、権力や権威を無頓着に譲ってしまうのは奇妙なことです。というのも、盲目の者は目の見える者によって導かれねばならず、さもないと穴に落ちてしまうからです。知性の隷属状態よりも悪い隷属状態はありません。〉

テオフィル　人々が自分の真の利害について不注意であることの証拠としては、私たちの最大の善のひとつである健康に役立つことを認識したり実践したりすることに、人々がほとんど無頓着なことよりも明白な証拠はありません。そして、地位の高い人たちは、他の人たちと同じくらい、あるいはそれ以上にこのような不注意の悪い結果を強く感じているとはいえ、改めてはいません。信仰に関することについていえば、多くの人たちは、自分たちをそうした議論に巻き込むかもしれないような思考を悪魔の誘惑とみなしています。彼らは、それに打ち勝つにはまったく別のものに精神を向けるよりも良い仕方はありえないと思っています。ひたすら快楽を愛好する人々や何らかの仕事に没頭する人々は、他の事柄をなおざりにしがちです。賭事をする人や狩りをする人、大酒飲みや放蕩者、そしてつまらぬものに熱中している者でさえ、訴訟をおこしたり高い地位の人々に話しかけたりする労をとらなければ、自分の財産と幸福を失うことでしょう。皇帝ホノリウス[756]のような人たちもいます。彼は、ローマの陥落の知らせを聞いたとき、それがローマという名をした自分の雌鳥のことだと思い、そしてそれは、［ローマの陥落を知った際[757]］その真実よりも彼を悲しませた［ということです］。権力をも

756——Flavius Honorius (384–423). 西ローマ帝国最初の皇帝。父テオドシウス一世の死後、彼が西ローマ帝国を、兄アルカディウスが東ローマ帝国を統治した。初めミラノに、のちもっぱらラヴェンナに居住。ゴート王アラリクス一世によるローマ略奪は四一〇年。以後帝国は衰退の道を早める。cf. G. B. Egnazio, *De Caesaribus libri III* (1516), livre I. (A)

757——［　］の部分は編者による訂正箇所。(A)

758——cf. Suetonius, *De vita Caesarum, Augustus* 101, 4. (A)

759——ロックが欄外に記した8—10節の要約 (First, Doubtful Propositions taken for Principles. [Essay, p. 711]) に基づく。(R & B)

760——un Urim et Thummim. ユダヤの大祭司が身につけていた胸飾り。託宣として使われた。(Brunschwig)『出エジプト記』28、30参照。

761——ヴィッテンベルクないしスウェーデンから広まった神学を信奉するこの人物は、コストによる創作。『知性論』の Romanist と transubstantiation に代えて、コストは luthérien と consubstantiation を使う。ライプニッツはコスト訳を踏襲。(R & B)

762——ラングリーは、ルター派を指すと注記。

つ人々は、それに見合った認識をもってほしいものです。とはいえ、学問・技術・歴史・言語の詳細な知識がないとしても、しっかりとして経験豊かな判断と、重要かつ一般的な事柄の認識、要するに[758]「主要ナコト」の認識をもてばそれで十分かもしれません。そして、皇帝アウグストゥスが、「統治要覧（Breviarium Imperii）」と呼んでいた、国家の力と必要なものとに関する概要をもっていたように、人々は、自分自身にとって最も重要であるものにもし気を配るつもりであれば、「知恵ノ手引キ（Enchiridion Sapientiae）」と呼んでもいいような、人間の利害に関する概要をもつことができるでしょう。

[7] フィラレート 〈最後に、私たちの誤謬の大部分は、蓋然性に関して採用される誤った尺度に起因します。明白な理由があるにもかかわらず判断を停止してしまったり、反対の蓋然性があるにもかかわらず判断を下してしまったりすることによってです。そうした誤った尺度は、①原理として採用された疑わしい命題[759]、②広く受け入れられている仮説、③優勢な情念ないし傾向、④権威、といったものです。**[8]** 私たちは通常、自分が異論の余地のない原理とみなしているものとの一致によって真理を判定します。そして、そのために私たちは、そうした原理に対立する、もしくは対立するように思われる場合には、他人の証言や自分の感覚の証言でさえ軽んずることになるのです。しかし、それほどの確信をもってそれを信頼する前に、最高の厳密さをもってそうした原理を検討しなければならないでしょう。**[9]** 子供たちは、両親や乳母や教師やその他周囲の者から教え込まれる命題[760]を受け入れます。そして、そのような命題が根付いてしまうと、それは神がご自身で魂のなかにおかれたウリムとトンミムのような聖なるものとされるのです。**[10]** このような内的託宣に反するものは容認しがたいのですが、きわめて大きな不合理もその内的託宣に一致していれば消化されるのです。これは、まったく対立する見解を信仰箇条のように固く信じているさまざまな人々のうちに認められるひどい頑固さに現われています。とはいえ、多くの場合そうした見解というのは等しく不合理なものですが。良識はあるものの、ヴィッテンベルクやスウェーデンで教えられているような「自分たちの宗派のなかで信じられていることを信じるべきである」というあの準則を確信している人のことを考えてみれば、その人は実体共存の教説を容易に受け入れて、ひとつの同じものが肉であると同時にパンであると信じる傾向にあるのではないでしょうか[761]。〉

テオフィル あなたは、聖体の秘蹟においてわれらの主の身体が実在することを認める福音主義派の人々[762]の見解について、十分に通じてはおられないように思われます。彼らは、パンとぶどう酒と、イエス・キリストの肉と血との実体共存を言おうとしているのでもないし、ましてひとつの同じものが肉であると同時にパンであると言おうとしているのでもない、といく度となく説明しています。彼らの説いているのはただ、人は目に見える象徴を受け取ることによって、救い主キリストの身体を目に見えない超自然的な仕方で受け取るということであって、その身体がパンのなかに含まれているということではありません。さらに、彼らの解している「現前」というのは、場所的ないしは、いわば空間的なもの[763]ではないのです。つまり、現前する物体の諸次元によって決定されるものではありません。したがって、感覚がそれに対してもちだしうる反対はみな、彼らには関わりないことなのです。そして、理性から引き出されうる不都合もまた彼らには関係ないことを示すために、彼らは、物体の実体というものによって彼らが解しているものは延長や次元のうちにはない、と言明しています。彼らは、イエス・キリストの栄光の身体が、通常のそして場所的な現前ではあるけれども、それがある崇高な場所における状態にふさわしいある現前を保持していることを難なく認めています。しかし、そうした現前というのは、ここで問題とされている秘蹟の現前だとか、キリストが教会を司る際のその奇蹟的現前とはまったく異なります。この奇蹟的現前が意味しているのは、キリストは神のように至る所にいるのではなく、いたい所にだけいるということです。これは、いちばん穏健な人たちの見解です。したがって、彼らの教説の不合理さを示すためには、物体の本質全体が延長ともっぱら延長によって測られるものにのみ存することを論証しなければならないでしょう。私の知るかぎり、まだ誰もそれを果たしてはいません。そしてこうした困難[764]は、フランス教会やベルギー教会の信仰箇条に従う新教徒にとっても、アウクスブルク派とヘルヴェチア派という二つの信仰箇条の人々からなっていたサンドミエルシュ会議[765]の宣言、すなわちザクセンの信仰箇条に合致しておりトリエント公会議のために定められた宣言にとっても少なからず関わり

763——原語は spatiale。R & B は spatial と英訳し、ライプニッツが使っている spatiale は一九世紀になってようやく標準的フランス語となった、と注記。

764——以下（A VI-6, 514, ll. 2-9）独訳に従って、regarder（「……に関わりがある」）の補語を「フランス教会やベルギー教会の信仰箇条に従う新教徒」・「サンドミエルシュ会議の宣言」・「トルン協議にやってきた新教徒の信仰告白」・「カルヴァンやベーズの揺るぎない教説」の四つの言葉としたが、R & B と米山訳は、suivre（「……に従う」）の補語を「フランス教会やベルギー教会の信仰箇条」・「サンドミエルシュ会議の宣言」・「トルン協議にやってきた新教徒の信仰告白」・「カルヴァンやベーズの揺るぎない教説」の四つの言葉とする。

765——さまざまな宗教的党派の間に同意が成立する場を見出そうとして、一五七〇年に催された。（Brunschwig）

があります。また、ポーランド王ウラディスラスの権威のもとに召集されたトルン協議[766]にやってきた新教徒の信仰告白にとっても、そして、象徴はその表現しているものを実際にもたらし、私たちはイエス・キリストの身体と血の実体そのものにあずかることになると、この上なくはっきりと力強く表明したカルヴァンやベーズ[767]の揺るぎない教説にとっても同様に関わりあることです。そしてカルヴァン[768]は、思考や印しという比喩的な関与とか信仰の一致に満足する人たちを反駁した後、場所的な境界の限定や次元の拡散に関わるすべてのことを避けている限り、そうした関与の実在性について十分強力なことなど何も言えないため、彼がサインしてもやぶさか[769]でないような実在性を確定することはできないであろう、と付け加えています。したがって、彼の教説は根本においてはメランヒトン[770]の教説だけでなく、（カルヴァン[771]自身が手紙のひとつでそうみなしているように）ルターの教説とさえ同じであったように思われます。唯一の違いは、ルターが象徴の知覚というひとつの条件で満足するのに対して、カルヴァンは、値しないものの関与を排除するために信仰という条件をも要求することです。そして、カルヴァンは彼の著作の多くの箇所ばかりか、それについてふれる必要のない私的な手紙においてさえそうした実在的な交わり〔陪餐〕についてきわめて積極的に発言しているのを見ても、そこに策略めいた意図を疑う理由はまったくないと私は思います。

【11】**フィラレート**　《そうした方々について私が通俗的見解に従って語っていたとすれば、お詫びいたします。英国国教会のとても学殖豊かな神学者たちが、その実在的関与を支持していたことについて言及したことを今思い出しました。でも、確定された原理から広く受け入れられている仮説の方へ移りましょう。》〈それが仮説にすぎないことを認めている人たちは、それでもやはりしばしば、それをほとんど確実な原理であるように熱心に擁護し、反対の蓋然性について

766——トルン Torun はポーランドのヴィスツラ河にのぞむ都市。一六四五年ポーランド王ウラディスラス七世の要請により当地で開催された。

767——Théodore de Bèze (1519–1605). ヴェズレーに生まれる。カルヴァンの弟子、友人。*Abraham sacrifiant* (1553) など、聖書中の悲劇を劇化し、信仰の助けとした。ジュネーヴにて没。

768——cf.『キリスト教綱要』J. Calvin, *Instiutio*, livre IV, ch. XVII. (A)

769——原語は dans le fonds であるが、Brunschwig に従って dans le fond と読む。そうしないと意味がとりにくい。fonds と fond が混同されているように思われる。GP と E & H では dans le fonds。

770——Philippe Schwartzerde (1497–1560). 通称 Melanchton。ルターの弟子、友人。人文主義者、神学者。(Brunschwig)

771——J. Calvin, *Epistolae atque responsa*, ed. de 1667, lettre de J. Calvin à M. Schalingius du 25 mars 1557, pp. 112–114. (A)

は軽視するものです。学識ある教授にとって、自分の権威が自分の仮説を拒む新参者によって一瞬にして覆されるのを見ることは耐えられないでしょう。三〇年とか四〇年にわたって信じられている彼の権威とは、多くの夜を徹した仕事によって獲得され、たくさんのギリシア語とラテン語によって支えられ、一般的伝統と堂々たるあごひげとによって固められたものなのです。彼の仮説の誤りを彼に納得させるために使用しうるあらゆる議論が彼の精神に勝ることがほとんどできないのは、［イソップの寓話にある］北風が旅人にコートを無理やり脱がせようとした努力がかえって、その風が強く吹くほどコートをいっそうしっかりと離さないようにさせてしまったのと同じことです。〉

テオフィル　実際、コペルニクス派の人たちは、仮説は仮説として認めてもなお論敵が激しい熱意をもって主張するということを、経験しました。また、デカルト派の人たちは、彼らの有溝粒子[772]と第二元素[773]の小球を、あたかもユークリッドの定理であるかのように断固として擁護しています。私たちの仮説に対する熱情とは、私たち自身の体面を重んじるための情念の結果にすぎないように思われます。確かに、ガリレオを断罪した人たちは、地球の静止が仮説以上のものであると信じていました。というのも、彼らはそれが聖書や理性に適合すると判定したからです。しかしその後、理性は少なくとももはやそれを支持しないことに人々は気づきました。そして聖書に関しては、サン・ピエトロ寺院の聴罪司祭ですぐれた神学者・哲学者であるファブリ神父[774]、有名な光学器械製作者のエウスタキオ・ディヴィーニ[775]の観測の弁明をすらローマで出版したほどの人物が、聖書の文言を太陽の真の運動に言及するものと理解することは仮の理解にすぎないのであって、もしコペルニクスの説の正しさが立証されるようになれば、そうした文言をウェルギリウスの

772——particules cannelées. R & B は striated particles と英訳。世界についてのデカルトの説明では、空虚な空間はありえず、空間のどの区域もある種の物質で満たされていなければならない。第二元素の球体の間にある小さな空間は、第一元素を構成している光る粉末で出来た有溝粒子によって占められている。デカルトによれば、これらの粒子は細長くてその長さは不定であり、三角形で横断面には溝があって（互いに接する三つの円に囲まれて出来る図形に類似）、「かたつむりの殻のように螺線状になっている」（『哲学原理』第三部九〇節）。(R & B)

773——デカルトによれば、物質のさまざまな形は、神が延長を寸分たがわず相等しい微小部分に分割してそれらを動かし始めることによって生じたと仮定されうる（『哲学原理』第三部四六節）。その所産が三つの基礎的な物質の形であり、これらのうち第二のものは微小球体に存し天の構成要素をなしている、とデカルトは仮定した（『哲学原理』第三部五二節）。(R & B) 本書序文（本著作集第4巻二七頁［A VI-6, 57］）参照。

774——H. Fabri (Eustachius De Divinis), *Septempedanus*... (1661), p. 49. (A)

775——Eustachio Divini (c. 1620–c. 1695). イタリアの機械技師、光学機器商、天文学者。顕微鏡や望遠鏡のレンズを製造。*Brevis annotatio in Systema Saturnium Christiani Hugenii* (1660) と題する小論——土星に関するホイヘンスの理論への論駁を試みたもの——の著者として有名であるが、しかし彼はラテン語の専門家ではなく、おそらくその執筆にはほとんど関与していない。本当の著者はイエズス会士オノレ・ファブリではなかったかと考えられる。ホイヘンスはこれに対する返答として *Brevis assertio systematis Saturnii sui* (1660) を書き、デイヴィーニはそれを受けてさらに *Septempedanus pro sua annotatione in syst. Saturn. Ch. Hugenii, adversum ejus assertionem* (1661) を出版した。(Langley)

陸ト町トハ遠ザカル（Terraeque urbesque recedunt.）[776]

という一節と同様に説明しても問題はないであろう、と率直に明言しました。けれども、イタリアやスペインだけでなく皇帝が代々世襲してきた地域においてさえ、コペルニクスの学説はそれでもなお弾圧され続けています。これらの国々にとってそれは大きな損失です。そうした国々の精神は、理性的で哲学的な自由をもし享受していれば[777]、きわめてすばらしい発見へと達することもできるでしょう。

【12】フィラレート　〈優勢な情念は、あなたのおっしゃるように、実際、人が仮説に対して抱く愛の源泉であるように思われます。しかし、情念はそれよりもずっと遠くにまで及びます。この世で一番大きな蓋然性も、吝嗇家や野心家に自分の不正を認めさせるのには何の役にも立たないでしょう。また、恋する男はひとたまりもなく恋人に騙されるでしょう。まさしく、私たちは自分の欲するものをたやすく信じてしまうというのが本当なのです。そして、ウェルギリウスの言によれば、

恋スル者タチハ自ラ幻想ヲ紡ギ出ス（qui amant ipsi sibi somnia fingunt.）[778]

ものなのです。これは、最も明白な蓋然性でもそれが私たちの情念や先入見に脅威を与える場合には、そうした蓋然性を回避する二つの手段が使われることを示しています。**【13】**第一の手段は、人が私たちを反駁する議論のなかに何らかの詭

776 ——Vergilius, *Aeneis* III, 72. (A. Brunschwig)

777 ——ライプニッツの最初の草稿では raisonnable en philosophant となっていたが、修正者がこれを raisonnable et philosophique と直した。アカデミー版は修正者に倣っているが、R & B はライプニッツの最初の草稿に従って、if only they had a reasonable amount of freedom in philosophizing と英訳。（R & B）

778 ——*Bucolica* VIII, 108. (A. Brunschwig)

弁の使用が隠されているかもしれない、と考えることです。〔14〕第二は、私たちに好機や学識があるか、あるいは論敵を打ち負かす論拠を見出すのに必要な助けがあれば、私たちは論敵を打ち負かすための同じくらい良いかさらに良い論拠さえも打ち出しうる、と想定することです。〔15〕説得に抵抗するこうした手段は、ときにはよいものですが、問題が十分に説明されすべてが整然と考慮されているような場合には、詭弁でもあります。というのも、そのようなことが果たされた後には、何よりも、どちらの側により蓋然性があるのかを認識する手段があるからです。そういうわけで、動物は原子の偶然的な符合によって形成されたというよりも、むしろ理知的な作用者が指導した運動によって形成された、ということを疑う余地はまったくありません。それはちょうど、知的な言説を形づくる印刷文字が注意深い人によって組まれたのか雑然たる混ぜ合わせによって集められたのかについて、いささかも疑いを抱くような人などいないのと同様です。それゆえ、そうした場合には、私たちの同意を留保するしないが私たちしだいであるというわけにはいかないと思います。しかし、蓋然性がそれほど明白でない場合は、私たちは同意を留保することができますし、私たちの傾向に最もよく合致するより弱い証拠にさえ満足することができます。〔16〕実を言えば、蓋然性が少ないと見える側に人が傾くことはできない、と私には思われます。表象も認識も同意も任意のものではありません。それはちょうど、私の精神が二つの観念に向けられているとき、それらの観念の一致を見るのも見ないのも私しだいではないのと同様です。けれども、私たちは、探求の進展を自ら進んで止めることができます。そうでなければ、無知や誤謬はいかなる場合も罪ではありえないことになってしまうでしょう。私たちが自分の自由を行使するのはこの点なのです。なるほど、いかなる利害も関係していない場合には、人は普通の見解や最初に来る説を受け入れます。しかし、私たちの幸福や不幸に関わるような問題では、精神は蓋然

779 ——c'est à dire... l'attention はライプニッツによる付加。(R & B)
780 ——本書第2部21章(A VI-6, 182)参照。(R & B)
781 ——l'Autorité mal entendue. Authority はロックの欄外の要約に記されているが、mal entendue はライプニッツによる付加。(R & B)
782 ——d'autres... rendent はライプニッツによる付加。(R & B)

性を測ろうとより真剣に努力します。そしてそのような場合、つまり、私たちが注意している場合[779]、二つの選択肢の間にまったく明白な違いがあるとすれば、私たちは自分の好きな側を自由に選択して決めるわけにはいかず、私たちの同意を決定するのは最大の蓋然性であろうと思います。〉

テオフィル　根本的にはあなたと同意見です[780]。私たちは先の討論のなかで自由について語った際、その点については十分に話し合いました。その際私が指摘したのは、私たちは自分の信じたいものを信じるのでは決してなく、むしろ私たちに最も本当らしく見えるものを信じるのであって、そしてそれにもかかわらず、不快な対象から注意をそらせて私たちの気に入る別の対象に専心することによって、私たちは自分の信じたいものを間接的に自分に信じさせることができるということです。その結果、さらに気に入った側の理由を考えれば、私たちは結局それを最も確からしいものと信じるようになるのです。私たちがまったく関心をもっておらず軽微な理由に基づいて受け入れているような意見については、そうしたことが起こります。というのは、それに対立するものにほとんどまったく注意を払わない場合、私たちの気に入るように述べられる意見は、私たちの知覚のうちにまったく支持するもののない対立した見解よりもまさっているか、どちら側にも多くの理由があるかのように同等である、と私たちは思うからです。というのも、〇と一、あるいは二と三の間の差異は九と一〇の間の差異と同じ大きさなのですが、私たちはそこに優位性を認め、正しい判断をするにはさらに検討が必要なことなど考えず、全然そうする気にもならないからです。

【17】フィラレート　〈私が指摘しようと思う、蓋然性に関する最後の誤った尺度は、誤って理解された権威です[781]。これは、他のすべてを合わせたよりも多くの人々を無知と誤謬にとどめるものです。友人や同業の仲間とか、党派や国とかで受け入れられている見解以外には、自分たちの所説の根拠をなんらもたないような人々が、どれほど多く見うけられることでしょう。そうした教説は畏敬すべき古代のお墨付きを得てしまっており、いく世紀も前からの通行証をもって私のところにやって来たのであって、他の人たちもそれに従っています[782]。そういうわけで、私はそれを受け入れれば誤謬から保護されるということです。そのような規則に従って自分の見解を選んだのでは、コインを投げて裏か表かで自分の見解を決めても、根拠は同じようなものです。そして、すべての人が誤謬に陥りやすいだけでなく、もし学者や党派の指導者を動かす隠れた動機を見ることができるとすれば、私たちは真理への純粋な愛とはまったく別のものをしばしば見出す

であろう、と私は思います。少なくとも、このような根拠に従っても受け入れることのできないほど不合理な見解はないということは確実です。支持者をもったことのない誤謬などほとんどない[783]のですから。〉

テオフィル　けれども、多くの場合権威に従わざるをえないことは認めなければなりません。聖アウグスティヌス[784]は『信の効用について（De utilitate credendi）』というとてもすばらしい本を著わしており、それはこの問題に関して読むに値するものです。そして世間一般に受け入れられている見解について言うと、それは、法律家たちの間で「推定」と呼ばれているものをもたらすものにどこか似たところをそれ自身に対してもっています。証拠がなければそうした見解に必ずしも従う必要はないとはいえ、反対の証拠をもたなければ他人の精神内の見解を破壊する権限もまたありません。何ものも理由なく変えることは許されていないのです。亡くなったニコル氏[785]が教会に関する著作を出版して以来、ひとつの説に対して多数の賛同者がいるという、「多数から導かれる論証」についてはかなり議論されてきました。しかし、この論証から導きうるすべてのことは、理由を承認するのが問題であって事実を証明するのが問題ではない場合には、私がさきほど申し上げたことにのみ帰着せざるをえません。そして、百頭の馬は一頭の馬よりも多くのものを引っ張ることができるとはいえ、一頭の馬よりも速く走るわけではないように、百人の人を一人の人と比較する場合も同じことです。彼らはよりまっすぐに進むことはできないでしょうが、より有効に働くでしょう。より正しく判断することはできないでしょうが、当の判断が行使されうるときには、より多くの素材をもたらすことができるでしょう。「多クノ目ハヒトツノ目ヨリモ多ク見ル（plus vident oculi quam oculus）」、ということわざの表わしているのはこのことです。これは集会において観察されることです。集会では、一人や二人ではおそらく見逃してしまうかもしれないような、実に多数の考察が議題にのぼります。し

783——Locke: there is no error to be named.（R & B）
784——*De utilitate credendi ad Honoratum* (391). (A) cf. Leibniz, *Hauptschriften* I, S. 47.（Cassirer）
785——*De l'unité de l'église* (1687). (A)

786 ——des plus appuyés. Brunschwig のみ les plus appuyés とするが、おそらく誤植であろう。

787 ——Henry Holden (1576–1665). ローマ・カトリック教会の聖職者（イギリス人）。ソルボンヌを卒業し、そこの神学教授に任ぜられた。一六五二年パリで出版された彼の *Divinae fidei analysis* は、カトリックの信仰箇条を簡潔に示したもの。その後パリやケルンで再版が出された。(Langley) アカデミー版は参照箇所として *Divinae fidei analysis*, ed. de 1685, p. 203 を挙げる。cf. Dutens I, p. 564, 595. (Cassirer)

788 ——ゴール系の修道士。四五〇年頃没。四三四年に書かれた彼の *Adversus profanas omnium novitates Haereticorum Commonitorium* は、あらゆる宗教上教義上の革新に反対して伝統の権威を精力的に主張したもの。この小論の第2章では、正統性についての有名な三つの基準 'Quod semper, quod ubique, quod ab omnibus creditum est（いつでも、どこでも、まただれによっても信じられるもの）' が提示されている。(Langley) cf. *Commonitoria duo* (1631), ch. 2. (A) cf. Dutens I, p. 564, 582. (Cassirer)

789 ——*De la perpétuité de la foi* (1669), tom. I, livre I, ch. 8–12. (A) アルノーについては本書第4部の訳注253参照。

790 ——Jacques Gretser (1561–1625). 哲学者、神学者。(Brunschwig) J. Gretser, *Analyse de la foy*: non identifié (cf. I, 6 p. 182). (A) cf. Dutens I, p. 564. (Cassirer)

791 ——原文は Mais [ou] l'éclaircissement... となっており、［　］の部分は編者による訂正箇所。(A)

かし、そうしたすべての考察に基づいて結論を下すに際して、それらを整理して慎重に考える任にあたる有能な人がひとりもいなければ、最善の策を選べぬ恐れがしばしばあります。そういうわけで、ローマ派の思慮深い何人か[786]の神学者たちは、教会の権威、すなわち、最も高位の人たちの権威や多数の人々によって最も支持されている人たちの権威が推論の分野では確実たりえないことを見て取り、それを伝統という名のもとでの事実の単なる証言だけに制限しました。これはヘンリー・ホールデン[787]というイギリス人の見解でした。彼はソルボンヌの博士で、『信仰の分析』と題する本を著わしました。そのなかで彼は、レリナのヴィンケンティウス[788]の『警告（Commonitorium）』の原理によれば、教会のなかで新しい決定を下すことはできず、公会議に集まる司教らのなしうるのはただ彼らの司教区で［教会の］教説が広く受け入れられている事実を証言することだけである、と主張しています。この原理は、一般論にとどまるかぎりはもっともらしいものです。しかし、本論に入ると、異なった国々では異なった見解が久しい以前から広く受け入れられてきたことが分ります。そしてまた同じ国のなかでも、目立たない変化に反対するアルノー氏[789]の議論にもかかわらず、意見は白から黒へとすっかり変わってきました。そのうえ、しばしば［司教は］証言するだけにとどまらず、おせっかいにも判断しようとしてきました。それはまた、根本的には、バヴァリアの学識あるイエズス会士で、彼の属する修道会の神学者たちに称賛された、先の本とは別の『信仰の分析』の著者であるグレッチャー[790]の見解でもあります。その見解とは、教会は聖霊の助けが約束されれば、新しい信仰箇条をつくることによって論争に判決を下しうるというものです。けれどもたいていは、とりわけフランスでは、教会はすでに確立された教説を単に解明するだけであるかのように、人はその説を歪曲しようとしています。しかし、解明というのは[791]、すでに受け入れられている表明であるか、または受け入れられている教説から導かれると思われる新たな表明です。第一の場合は実際にはほとんど起こりませんし、第二の場合は、打ち立てられる新しい表明は、新しい信仰箇条のほかに何でありうるのでしょうか。けれども、私は、宗教に関しては古代を軽視してもよいとは思いません。それどころか、神はこれまで、救いの教説に対立するあらゆる誤謬から真に全キリスト教会的な公会議を守ってきた、と言うことができるとさえ私は思っています。しかし、党派的な先入観は異常なものです。私は、人々がある見解を、自分の修道会で受け入れられているというただそれだけのために、あるいは、問題が宗教や国民の利害にほとんど関連がなくても、ただ単に自分の嫌いな宗教や国に属する人の見解に対立しているというそれだけの理由のためにさえ、熱心に抱くのを見たことがあります。おそらく彼らは、自分たちの熱情の源が実はそこであることを知らなかったのでしょう。しかし、彼らは、ある人がこれこれのものを書いたことを最初に耳にするとすぐ図書館をくまなく探しまわり、その人を反駁する材料を見つけるのに自分の動物精気を使い尽くすことを、私は承知しています。それはまた、大学で学位論文の公開審査に臨み、論敵より抜きんでようとする人たちによってもしばしば行なわれていることです。しかし、プロテスタントの間にさえある宗派の信条集[792]に規定されていて、しばしば宣誓のうえ受け入れなければならない教説について私たちはどう言うべきでしょうか。ある人たちは、私たちの場合その宣誓が意味しているのは、そうした書物や文集が聖書に負いつつ含んでいるものを信奉すると公言する義務だけである、と信じています。それに対して、他の人たちはそれに異を唱えています。そしてまた、ローマ派の諸修道会にあっては、彼らの教会で確立された教説に満足せず、教える者たちに対してより狭い限界を定めています。（私が間違っていなければ、）イエズス会総会長のクラウディウス・アクワヴィヴァ[793]がイエズス会の学院で教えることを禁じた諸命題がその証拠です。（ついでに言えば、）公会議・ローマ教皇・司教・修道院

792——原語は les livres symboliques。**R & B** は symbolic books と英訳し、**OED** に引用された *Chambers's Encyclopaedia* の記述を援用して Creeds や Confessions と同じものを意味する語句であると注記。

793——Claudius [Claudio] Aquaviva (1543–1615). イエズス会第五代総会長。イエズス会の海外伝道を促進させ、とくに日本への布教に力を注ぎ、天正遣欧使節を優遇。同会の内的生活の強化にも努め、彼の ***Ratio studiorum*** (1599) は一八世紀末まで全欧のカトリック教育制度の基礎となった。（教文館『キリスト教大事典』）アカデミー版は ***Ratio studiorum*** を脚注で挙げる。

794——ライプニッツによる付加。(R & B)

795——Locke: no thought. no opinion. Coste: point d'opinion ni aucune pensée positive. Leibniz: point d'opinion positive. (R & B)

長・教授団が判定し非難した命題の体系的な集成をつくるとよいでしょう。それは教会史にとって役立つことでしょう。あるひとつの説を教えることと受け入れることを区別することができます。この世のいかなる宣誓もいかなる禁止も、同じ見解にとどまるよう人に強制することなどできません。というのも、見解というのは本来意志的なものではないからです。しかし、危険なものとみなされる教説を教えることは、自分の良心によってそうするよう強いられていると感じるのでなければ、それを差し控えることができますし、また差し控えるべきです。そしてその場合、教える任にあるとすれば、率直に自分の意を表明してその地位を退かなければなりません。けれどもそれは、静かに離れることを強いるかもしれないような、はなはだしい危険に身をさらさずにそうすることができると仮定しての上ですが。ほかに、社会の権利と個人の権利とを一致させる他の手段はほとんどなさそうです。社会は自分が悪いと判定するものを妨げなければならないのに対して、個人は自分の良心が要求する義務を免れることができないのです。

〔18〕フィラレート　〈社会と個人の間にあるだけでなく、異なった宗派の公けの見解の間にさえあるこの対立は、避けられない悪です[794]。しかししばしば、まさにこうした対立はうわべだけのものにすぎず、言葉使い上のものでしかないのです。私は、人類を正当に評価するために、誤謬に陥っている人たちはふつうに想定されるほど多くはない、とも言わなければなりません。そうした人たちが真理を信奉していると私が思っているからではなく、実際、あれほど騒ぎまわる教説について彼らはなんの積極的な見解[795]もまったくもっていないからなのです。そしてまた、彼らは問題になっている事柄について何も検討せず、最も表面的な考えさえ心に抱かず、自分がそのために戦っている大義など検討もしない兵士のように、自分たちの党派にしがみつく決心をするからです。もしある人が宗教を真剣にいささかも考慮していないことがその人の生活によって示されるとしても、その人にとっては、自分を支援してくれる人たちに推奨されるように、共通の見解を支持する用意のある手と言葉とがあれば十分なのです。〉

テオフィル　あなたが人類に下された正当な評価も、人類に対する称賛になってはいません。人は私利私欲で自分の見解を偽るよりも、それに誠実に従う方がまだ許せることでしょう。けれどもおそらく、あなたがほのめかしているように思われるよりも多くの誠実さが人の行為のうちにはあります。というのも、人は理由の認識がまったくなくても、自分がかつてその権威を認めた他の人たちの判断に、全般的に、そしてときには盲目的に、けれどもしばしば誠実に従うことによって、黙従的信仰に到達したかもしれないからです。確かに、人がそこに見出すそうした服従は利害のためかもしれません。しかし、それでも結局は見解が形成されるのです。ローマ教会では、人々はほとんどこの黙従的信仰で満足しています。というのは、絶対的に根本的なものと判断され、手段ノ必然性ニヨッテ（necessitate medii）必然的とみなされるような、つまり、それを信じることが救いの絶対に必要な条件であるような、啓示による信仰箇条を彼らはおそらく何らもっていないからです。そして、彼らの信仰箇条はみな、掟ノ必然性ニヨッテ（necessitate praecepti）必然的であるのです。すなわち、教会に服従して、そこで［いわば神にかわって］[796]示されることに注ぐべき全注意を注ぐべきであるとローマ教会で教えられているような、いわゆる必然性によって必然的なのです。そしてそれはすべて、背けば魂の死をもたらす大罪に処せられるものとして命じられています。しかし、その教会の最も学識ある博士たちによると、こうした必然性は分別をもってよく教えを聞くことだけを要求しているにすぎず、同意を絶対的に強制しているのではありません。けれども、ベッラルミーノ枢機卿[797]でさえ、確立された権威に従う幼子のごときあの信仰よりもすぐれたものは何もないと信じていました。そして彼は、ある瀕死の人が、

私は教会の信じるすべてを信じ
教会は私が信じるすべてを信じる

とたびたび繰り返していたのが聞かれたというその循環によって、悪魔を払いのけた賢明さを賞賛をこめて語っていま

796——写字生が書き落とす。(A) GP、Brunschwig、E&Hでは欠落。

797——Roberto Francesco Romolo Bellarmino (1542–1621). イタリアのカトリック神学者、教会博士。歴代教皇の神学顧問を務めた。その主著『異端駁論』*Disputationes de Controversiis Christianae Fidei adversus hujus temporis Haereticos*（1586–93）は、プロテスタンティズムに対して攻撃を加え、ローマ教会の立場を組織的かつ明確に弁護したもの。ガリレオ事件では理解ある態度を示した。（教文館『キリスト教大事典』）cf. *De arte bene moriendi* (1620), II, ch. 9. (A)

798——ここまでライプニッツによる付加。(R & B)

799——原語はla Morale。ロックはEthicksとする。

800——[qui] roule sur les idées et les mots のquiを写字生は書き落とす。(A)

801——avec tout le soin possible. Locke: duly. コストによる変更。(R & B)

802——celle qu'on a vues のcelleをcellesと読む。A、GP、E&Hではcelle、Brunschwig、Costeではcelles。vuesが女性複数なので、文法的にはcellesの方が正しく、une Logique et une Critiqueを指していることになる。

す。

21章——諸学の区分について

［1］**フィラレート**　いよいよ私たちも行程の終りに到達しました。知性のすべての作用が明らかにされました。私たちの意図は、私たちの認識の細部そのものに立ち入ることではありません。けれども、終りにする前に、〈諸学の区分〉を考察することによってそれの一般的な概観をしておくのがおそらく適切でしょう。[798]〈およそ人間知性の範囲内に入りうるすべてとは、事物それ自身の本性か、第二には、自分の目的とくに幸福に向かう作用者としての人間か、第三には、認識を獲得して伝達する手段か、です。そこで、学問は三種類に区分されるのです。［2］第一の学問は自然学もしくは自然哲学です。これは、物体ならびに数・形状のような物体の変状だけでなく、精神・神ご自身・天使をも含んでいます。［3］第二の学問は実践哲学もしくは道徳学です。[799]これは、善い有用な事物を手に入れる手段を教えるとともに、真理の認識だけでなく正しいことの実践をも目指すものです。［4］最後に第三の学問は、論理学もしくは記号の認識です。というのも、ロゴス（λόγος）は言葉《パロール》を意味しているからです。私たちの思考を私たち自身が使うべく記録するためにも、相互に私たちの思考を伝達し合えるためにも、私たちには私たちの観念の記号が必要です。そしておそらく、観念と言葉に関わる[800]この最後の種類の学問を判明にしかもできるかぎり入念に[801]考察すれば、私たちは、これまで考えられてきたもの[802]とは別の論理学と批評学を手にするでしょう。そして、自然学・道徳学・論理学というこれら三つの種類は、いわば知的世界の相互にまったく分離した別個の三つの大きな領域のようなものです。〉

テオフィル　この区分は、古代の人々の間ですでに有名なものでした。というのも、あなたと同じく古代の人々も、論理学のなかに言葉《パロール》に関わることや私たちの思考の説明に関わることのすべて、すなわち語ル術（Artes dicendi）を含めていたからです。けれども、そこには問題があります。というのも、推論・判断・発見の学問は、言葉の語源や語用の知識とはまったく異なっているように思われるからです。言葉の語源や語用の知識は何か不確定的で恣意的なものです。さらに、辞書から明らかであるように、学問そのもののなかに入り込まなければ言葉を説明することはできませんし、また逆に、名辞の定義を同時に与えなければ学問を論じることができないでしょう。しかし、諸学のこの区分のうちにある主要な困難とは、各々の分野[803]が全体を呑み込んでいるように思われることです。第一に、道徳学と論理学は、自然学をあなたが今おっしゃったほど広く解せば、自然学の対象になります。というのも、精神すなわち知性と意志をもった実体について語り、その知性を完全に説明する場合、あなたはそこに論理学全体を持ち込むことになるからです。そして、精神に関する教説のなかで意志に属するものを説明するとすれば、善と悪・至福と悲惨について語らなければならないでしょうし、その教説を十分に推し進めて実践哲学全体を持ち込むかどうかはあなたしだいです。その代わり、すべては、私たちの幸福に役立つものとして実践哲学のなかに含まれうるでしょう。ご承知のように、神学が実践的な学問とみなされているのは当然のことです。法律学や医学もまた同様です。したがって、理性が自らに定める目的に役立つようなあらゆる手段を十分に説明したいのであれば、人間の幸福や私たちの善悪に関する教説は、そうしたすべての認識を呑み込むことになるでしょう。ツヴィンガー[804]が、その『人生の秩序だった舞台』のなかにすべてのものを含めたのはそういうわけです。それをバイアリングは、アルファベット順に並べることによってその作品を台無しにしてしまいましたが。そしてまた、アルファベット順になった辞書によってあらゆる問題を扱う場合には、（あなたが古代の人々とともに論理学、すなわち論証的なもののうちにおいている）言語に関する教説が、今度[805]は逆に他の二つの学問の領分を奪うことになるでしょう。それゆえ、知識の総体にはあなたの三つの大きな領域があり、それらは互いに他のものの権利を常に侵害しているため、絶えず争っているのです。唯名論者たちは、真理と同じだけ多くの別個の学問があり、真理は人がそれを配列するに従って全体をあとから

803——原語はparti。GPとE & Hでもpartiであるが、Brunschwigではpartie。Brunschwigに従う。

804——Th. Zwinger, *Theatrum vitae humanae* (1586–87). J. Zwinger による再版は一六〇四年、L. Beyerlinck による再版（*Magnum theatrum vitae humanae*）は一六三一年。(A)

805——Voilà donc vos trois grandes provinces de l'Encyclopédie. R & B はこの provinces de l'Encyclopédie を provinces of the realm of knowledge と英訳し、provinces de l'Encyclopédie は今日的な意味での encyclopedia ではないと注記。

構成すると信じてきました。他の人たちは、私たちの認識の総体を、恣意的な境界線によってしかカレドニア海・大西洋・エチオピア海・インド洋に分割されないひとかたまりの大洋にたとえています。ひとつの同じ真理が、それが含む名辞に従って、またそれが依存する中間名辞や原因に従ってさえ、そしてそれがもちうる帰結や結果に従って、異なった場所におかれうることがよくあります。単純な定言的命題は二つの名辞しかもちませんが、仮言的命題は四つの名辞をもつことができます。複合的な陳述については言うまでもありません。忘れがたい出来事は、世界史の年代記にも、それが起こった国の「個々の」[806]歴史にも、それに関わった人の伝記にもおかれうるのです。何らかの道徳的なすばらしい教訓や軍事的戦略、あるいは生活の便利さや人々の健康に役立つ技術にとって有用な何らかの発見がそこで問題となるとき、その同じ出来事をそれに関わる学問や技術に関連させれば有益でしょう。そしてさらに、それについてはそうした学問の二つの局面、すなわち、学問の実際の発展を物語るための学科の歴史においてと、実例をつうじて先の役立つ技術を確認したり説明したりする規則において、言及することさえできるでしょう。たとえば、ヒメネス枢機卿[807]の生涯のなかでとても適切に語られている、あるムーア人の女性がただすったただけで彼のほとんど望みのない消耗熱を治したという話は、医学理論のなかの消耗熱に関する章にも、運動を含んだ医学的な食餌療法を扱うところにも当然述べられてよいものです。そして、その所見はその病気の原因を発見するのにさらに役立つでしょう。しかし、それはまた、治療薬を見つける技術に関わる医学的な論理学のなかや、いかにして治療薬[808]が人間に認識されるようになったか、そしてそれが多くの場合経験だけに頼る療法家や藪医者の助けによってであることを示すためには、医学の歴史のなかでも語られてよいでしょう。ベヴェロヴィキウス[809]が医者でない著作家からすべての引用をとっている、彼の『古代医学について』という気の利いた著作は、

806――［　］の部分は編者による訂正箇所。(A)

807――Francisco Ximenes [Jimenes] de Cisneros (1436–1517). スペインのフランシスコ会士、枢機卿、政治家。カスティリア女王イサベラの聴罪司祭（1492）、トレド大司教（1495）。スペイン教会の基礎を築く。cf. E. Fléchir, *Histoire du Cardinal Ximenes* (1693) p. 127. 同書は A. Gomez de Castro, *De rebus gestis a Francisco Ximenio* (1569), livre II. に基づくもの。(A)

808――「そしてそれが……によってであること」の部分は、アカデミー版では Et que… というように前の文と切れて新しい文になっているが、意がとりにくいので、他の諸版に従い文を切らない。

809――J. van Beverwijck (1594–1647). 通称 Beverovicius。オランダの医者。(Brunschwig) cf. *Idea medicinae veterum* (1637). (A. Brunschwig)

もし現代の著作家まで含んでいたら、さらにいっそうすばらしい作品になっていたでしょう。ここから、ひとつの同じ真理は、それがもちうる異なった諸関係に従って多くの場所をもちうることが分ります。それで、蔵書[810]を整理する人たちが、ある書物をどこにおくべきか分らなくなることもとてもしばしば起こります。二つか三つの等しくふさわしい場所のうちで決心がつかないからです。しかし、今は一般的な原理についてだけお話しし、個別的な事実や歴史・言語のことは別にしておきましょう。私は、あらゆる学問的真理の二つの主要な配列を認めています。各々にはその長所があり、両者は結び付ける価値があるでしょう。一方は総合的で理論的なものです。これは、数学者が行なうように、真理を証明の順に並べるものです。したがって、各命題はそれが依存する命題の後に来ることになります。他方の配列は解析的で実践的なものです。これは、人類の目標すなわち善、そのきわみは至福である善から始まり、そうした善を獲得したり反対の悪を避けたりするのに役立つ手段を順を追って探すものです。そして、これら二つの方法は、一般的に百科全書のなかで用いられ、またある人たちはそれらを個別的な学問のなかで用いてきました。というのも、ユークリッドが学問として総合的に扱った幾何学でさえ、他の人たちは技術として扱ってきたからです。しかしながら後者の形式においても幾何学を論証的に扱うことができるでしょうし、それは技術がどのように発見されるのかさえ示すことになるでしょう。たとえば、ある人があらゆる種類の平面図形の大きさを測ろうと思い、直線で囲まれた図形から始めて、そのような図形は三角形に分割することができ、各三角形は平行四辺形の半分であって、平行四辺形は計測しやすい長方形に還元できることに気づくような場合です。しかし、そうした二つの配列を同時に用いて百科全書を書く場合には、反復を避けるために参照という方策を用いることができるでしょう。これら二つの配列に、名辞による第三の配列を付け加えなければなりません。こ

810――クリスチャン・トマジウスの言によれば、ライプニッツは「生ける蔵書」(Bodemann, p. 336) であった。彼は四〇年間にわたって司書の活動もしている。一六七六年にハノーファーに赴いたのは、とりわけブラウンシュヴァイク公ヨハン・フリードリッヒの司書としてであり、彼は亡くなるまでその地位にあった。一六九〇年には、ドイツの最も優れた図書館のひとつであったヴォルフェンビュッテルの Bibliotheca Augusta の館長にも就任し、包括的な著者目録の作成を取り計らったのみならず（A I-6, 52, 55ff.）、蔵書を収めるための新しい建物の立案と建設を監督した。（R & B）

れは、実際には一種の目録にすぎず、すべての人々[811]が共有するであろうある範疇に従って名辞を並べる体系的なものであるか、学者の間で受け入れられている言語に従うアルファベット順のものであるかです。ところで、名辞が十分に注目に値する仕方で入っているすべての命題を見つけて集めるためには、そうした目録が必要でしょう。というのも、真理がその起源に従って、もしくはその有用性に従って並べられている先の二つの手順によれば、同一の名辞に関わる諸真理を一緒に見出すことはできないであろうからです。たとえば、ユークリッドがある角を二等分する仕方を教えている場合、それに角を三等分する手段を付け加えることはできませんでした。なぜなら、そうするためには、その段階ではまだ説明できない円錐曲線について語らなければならなかったでしょうから。しかし、目録は、同じ主題に関する重要な命題がある場所を指示することができ、また指示すべきです。そしてまだ私たちには、幾何学のためのそうした目録が欠けています。それは、発見さえも容易にしてその学問を進展させるのに大いに役立つことでしょう。というのも、それは記憶の負担を軽減し、すでに完全に見出されているものを再び探す労を私たちにしばしば省いてくれるからです。そして、こうした目録はまた、推論の技術があまり力をもたない他の諸学問においてはなおさら役立つでしょうし、とりわけ医学においてはことのほか必要になるでしょう。しかし、こうした目録をつくることは少なからぬ技術を要するでしょう。ところで、私はこうした三つの配列を考察して、それらが、あなたが復活させた古代の区分に対応しているのは好奇心をそそることだと思います。その区分とは、学問ないし哲学を理論的なもの・実践的なもの・論証的なものに、あるいは、自然学・道徳学・論理学に分けるものです。というのも、総合的配列は理論的なものに対応し、解析的［分析的］配列は実践的なものに対応し、名辞に従う目録の配列は論理学に対応しているからです。したがって、それらの配列について私がいま

811――「人々」の原語はnations。GP、Brunschwig、E & Hではnotions（「概念」）。

説明したようにこの古代の区分を解せば、つまり、別個の学問としてではなく、反復されるにふさわしいと判断されるかぎりでの同じ真理のさまざまな配置と解せば、古代の区分というのは非常に都合のよいものです。学科や職業による学問の世俗の区分[812]もあります。それは大学や蔵書の整理において用いられています[813]。ドラウディウス[814]とその仕事を継承したリペニウス[815]は、書物の最善ではないにしても最も詳しいカタログを私たちに残しています。彼らは、ゲスナー[816]のまったく体系的な学説彙纂の方法に従うというよりも、神学・法学・医学・哲学という（いわゆる）四学科に従って（ほとんど本屋のように）題材の大きな区分を用いることで満足し、その後、書物の表題に入っている主要な名辞のアルファベットの順に各学科の本を並べました。それは、彼ら二人の著者の負担を軽減しました。彼らは書物を見る必要も書物が扱う題材を理解する必要もなかったからです。しかしそれは、同様の意味をもつ他の本への参照がついていなければ、他の人々にとってはあまり役立ちません。というのも、彼らが犯した多くの誤りは別にしても、しばしば同じものが異なった名称で呼ばれるということが見られるからです。たとえば、「法的考察（observationes juris）」・「雑集（miscellanea）」・「雑録（conjectanea）」・「選文集（electa）」・「勅裁半歳集（semestria）」・「称賛すべき判断（probabila）」・「名言集（benedicta）」、その他多くの同様の略表題のような場合です。法律家のこうした書物はローマ法の論集を意味しているにすぎません。そういうわけで、題材の体系的な配列が疑いなく最良のものであり、それに名辞や著者の非常に詳しいアルファベット順の索引を付け加えることができます。四つの学科に従う広く受け入れられている世俗の区分は軽視すべきではありません。神学は、永遠の幸福とそれに関係するすべてを、魂と良心に依存するかぎりにおいて扱います。それはいわば、内的ナ裁キ（forum internum）[817]にかけてしかるべきと言われるものに関わる法律学のようなものであり、眼に見えない実体や知性体に与るものです。法律学は統治と

812——原語は une division civile des sciences。R & B は an administrative way of dividing the sciences と英訳。

813——cf. *Idea Leibnitiana Bibliothecae Publicae secundum classes scientiarum ordinandae* (Dutens V, pp. 209–214); *Représentation à S. A. S. le Duc de Wolfenbuttel, pour l'encourager à l'entretien de sa Bibliothèque* (ibid., pp. 207–208); Guhrauer, *Leibnitz's Deutsche Schriften* II, 470–472. (Langley)

814——Georg Draud (c. 1572–c. 1635). ドイツの碩学、書誌学者。彼の *Bibliotheca classica sive catalogus officinalis, in quo singuli singularum facultatum ac professionum libri secundum artes et ordine alphabetico recensentur* (1611) は、出版された書物に関しては当時最も完全な図書目録であった。(Langley)

815——Martin Lipenius (1630–1682). ドイツの書誌学者。*Bibliotheca realis juridica* (1679); *Bibliotheca realis medica* (1679); *Bibliotheca realis philosophica* (1682); *Bibliotheca realis theologica* (1685). (Langley, Cassirer)

816——Conrad Gesner (1516–1565). 百科全書的な多面的作家。とくに医者、博物学者として知られる。(Brunschwig) 博識のゆえに「ドイツのプリニウス」と呼ばれる。(Langley) *Pandectarum sive partitionum universalium, libri* XXI (1548–49). (A)

817——中世の著作家たちは、forum externum（外部の法廷）すなわち教会ないし国家の外的な法廷との対比で、forum internum（内面の法廷）と forum conscientiae（良心の法廷［裁き］）について互換的に語っている。因みにホッブズは、「自然法は、内面の法廷において義務づける。いいかえれば、それらは、それらが行なわれるべきだという意欲をもつように拘束するのである。しかし、必ずしもつねに、外部の法廷において、すなわち、自然法が行為に移されるように拘束するものではない。」（『リヴァイアサン』第

一部一五章、水田洋・田中浩訳、河出書房刊、一〇六頁）と述べている。（R & B）

法を対象とし、その目的は外的なものや可感的なものによって促進されるかぎりでの人間の幸福です。しかし、それは主に精神の本性に依存するものにだけ関わり、物体的事物の細部に深く立ち入ることはありません。物体的事物を手段として用いるためにその本性は当然のことと前提されています。したがって、それは人体の健康・強さ・完全性に関わる重要な点を初めから免れており、その仕事は医学という学科に割り当てられています。ある人たちは、経済に関する学科を他の学科に付け加えることができると信じてきましたが、それももっともです。この学科は、数学的技法や機械的技術、ならびに人間の生存の細部や生活の便に関わるすべてを含んでおり、農業と建築術もそれに含まれるでしょう。しかし、哲学という学科には、上級のものと呼ばれる三学科のなかに含まれないすべてのものが委ねられます。つまり、そうしたものについてはやり方がかなり不十分だったのです。というのも、それは、この第四の学科に属する人たちに、他の諸学科を教える人たちがなしうるような実践による改良手段を与えなかったからです。したがって、おそらく数学は除いても、哲学という学科は単に他の諸学科への序論とみなされるにすぎません。そういうわけですから、若い人たちがそこで歴史や話す技術を学ぶこと、そして、神の法や人間の法から独立した自然神学や自然法学の基礎のいくつかを、形而上学あるいは精神学[818]・道徳学[819]・政治学という題名のもとに学ぶことが望まれているのです。若い医者に役立つようにいささかの自然学も〔付け加わりますが〕。これは、学問を教える学者の集団と職業に従った学問の世俗的な区分です。自分の論述によってではなく別の仕方で公けのために働く人たちや、学識が正しく評価されさえすれば、真の学者によって導かれるはずであるような人たちの職業については言うまでもありません。また、より高度な手工芸においてさえ、知は作業と強く結びついてきましたし、よりいっそう結びつくことができるでしょう。たとえば、実際それらは医学において、かつて（医者

818——本書序文の訳注55参照。

819——原語はMorale。R & Bはethicsと英訳。

が外科医でも薬剤師でもあった）古代の人々においてだけでなく、今日でもとりわけ化学者[820]にあっては、一緒に結びついています。実践と理論とのこの結びつきはまた、戦争において見うけられますし、実習と呼ばれることを教える人たちの間にも、画家・彫刻家・音楽家にも、他の何種類かの巨匠（Virtuosi）にも見られます。そして、こうしたあらゆる専門的職業や技術の原理だけでなく、さらには手仕事でさえその原理が哲学者によって、あるいは何らかの他の学科の学者のところでかもしれませんが、実際的に教えられるとすれば、そうした学者は真に人類の教師ということになるでしょう。しかし多くの局面において、文芸の現状と若者の教育の現状、したがって政策の現状を変えなければならないでしょう。人間がここ一、二世紀のうちに認識においてどれほど前進したか、そして比較できぬほど遠くまで進みいっそう幸福になることが人間にとってどれほど容易であるかを考えると、私は、もっと平穏な時代に、[821]神が人類の善のために蘇らせるかもしれない偉大な王のもとで、何らかの著しい改善が達成される希望を失ってはいません。

820——ここに言う「化学者Chymistes」とは、「身体の状態と機能は健康な場合にも病気の場合にも当時の化学の学説によって説明され、病的な状態は発酵障害や体液の興奮等等に起因するのであり、治療もそれに応じてなされる」（OED, 'chemiatric'）と信じていた開業医たちを指す。（R & B）

821——ラングリーは、とくにライプニッツとロシアのピョートル大帝との交流に注目し、次の文献を挙げる。Foucher de Careil, *Oeuvres de Leibniz*, 7, pp. 395–598（二人の往復書簡）; W. Guerrier, *Leibniz in seinen Beziehungen zu Russland und Peter dem Grossen* (1873); Foucher de Careil, *Leibniz et Pierre le Grand* (1873).

『人間知性新論』再考への一視点――コスト訳の介在

ライプニッツが『人間知性論』(1690)の思想内容に深く接したのは、ピエール・コスト(1668–1747)の仏訳初版(1700)を通してである。しかも、哲学の分野ではラテン語が共通語の地位をフランス語に譲りつつある状況のなかで、ライプニッツはロック哲学に対する批評をフランス語で書くのが賢明と考え、コスト訳に依拠して『知性新論』を執筆した(●1)。実際、アカデミー版ライプニッツ著作集に徴するかぎり、フィラレートの発言の大部分はコスト訳の抜粋である。このようにライプニッツと『知性論』との間にはコスト訳が介在しており、そのことが、『知性新論』に独特の性格を刻印している。

コストは南仏セヴェンヌ地方の町ユゼスに生まれ、牧師を志してジュネーヴ大学に進む。だが、「ナントの勅令」廃止(1685)によりプロテスタントに対する弾圧が強化されたため、亡命を余儀なくされた。「カトリック一色のフランス」(P・ベール)を追われてスイスやオランダの大学を転々としたのち、アムステルダムで牧師補に任ぜられ、さらにある印刷所の校正係を経て九七年に渡英、オーツのマシャム家の家庭教師となる。マシャム夫人――ケンブリッジのプラトン主義者レイフ・カドワースの娘ダマリス――は、ロックのかつての恋人である。ロックはすでにイギリスの学界の中心人物であったが、ロンドンを離れてマシャム邸で晩年を過ごしていた。活発な思想交流の場を得たコストは、とりわけロックの著作の翻訳を通じて、イギリス思想の大陸への普及に大きく貢献する(●2)。

『知性論』のコスト訳はロック自身の校閲を経たものであり、版を重ね、権威ある翻訳として読まれた。たとえば、コンディヤック『人間認識起源論』(1746)には『知性論』からの数多くの引用が見られるが、『知性新論』と同様、それらの引用はコスト訳に依拠したものである。英語を解さぬコンディヤック(●3)が『知性論』に対する応答の書を著わそうとすれば、仏訳の存在意義はいかばかりであったか、想像に難くない。「一七〇〇年に私が出した仏訳によって『知性論』はオランダ、フランス、イタリア、ドイツにも知られ、イギリスにおいてもこれらの国々でもおしなべて高い評価を受けてきた」(●4)。コストが仏訳第二版(1729)の冒頭に記した一節である。この表現もいちがいに誇張とは言えまい。『知性論』の仏訳の刊行は、『知性論』に対する大陸からの応答を引き出す決定的な契機となったという意

1――GP III. 392.

2――Cf. John Hampton, Les Traducteurs françaises de Locke au XVIIIe siècle, *Revue de Littérature comparée*, 29, Paris 1955 ; Gabriel Bonno, Locke et son traducteur français Pierre Coste : Avec huit lettres inédits de Pierre Coste à Locke, *Revue de Littérature comparée*, 33, Paris 1959.

3――このことはコンディヤック自身が以下の箇所で述べている。『人間認識起源論』、第一部第五章一四、第二部第一章一五五原注(古茂田宏訳、岩波文庫上、二二七頁、同文庫下、一九五頁)。なお『人間認識起源論』に見られる『知性論』からの引用がコスト訳に依拠したものである点については、同文庫上、二五三頁(訳注一)参照。

4――*Essai philosophique concernant l'entendement humain* par M. Locke, traduit de l'anglois par M. Coste, cinquième édition revue et corrigée, Amsterdam et Leibzig 1755.Epître dédicatoire au Duc de Sheffield, p. 2 (édité par Emilienne Naert, Paris 1983).

味で、当代西欧の思想的動向を画する出来事の一つであった。

イギリスのロック、フランスからの亡命者コスト、ドイツのライプニッツ。彼らは確かに一七世紀末西欧の思想空間を共有していた。だが、そうした同時代的連関網は各々の営為を個別に方向づけていた思想的ベクトルと交錯している。例を挙げよう。

コストが『知性論』の仏訳に際して遭遇した障害のひとつに、ロックの革新的な用語法がある。ロックは『知性論』第2部27章9節で、人間が人格的に同一であるゆえんを「意識consciousness」に帰した。英語には一七世紀前半から conscience と consciousness の二つの言葉があり、後者の consciousness は、とくにカドワースやロックによって反省的な知覚を意味する認識論的術語として用いられるようになる。そうした背景をもつ上述箇所の consciousness をコストは *con-science* と仏訳した。すでにルイ・ドゥ・ラ・フォルジュやマルブランシュがフランス語の conscience の新しい用法を示してはいたが、この言葉は「良心」という道徳的意味を色濃く帯びていたからであろう、コストはイタリック体とハイフンを用いて言葉の新しい用法を強調し、さらには長い脚注で訳語の選定について釈明するなど、最大限の工夫を施した（●5）。

『知性論』での consciousness の初出箇所は、実はここではなく、第1部4章20節である。この語は第2部1章11節、19節でも使われているが、19節の consciousness の定義を含めて、コストはいずれの場合も conscience を当てることはせず、《persuasion où l'on est intérieurement》や《sentiment intérieur》等の迂言法を用いて困難を巧みに避けていた。しかし、パルマンティエによれば、第2部27章はもはや妥協策を許さない。そこでは consciousness は、人格性という回避できない新たなカテゴリーの基礎として現れているからである（●6）。第2部27章の consciousness を前にしたコストの困惑もそこにあった。

では、ライプニッツの場合はどうか。「三十年戦争」がもたらした物心両面にわたるドイツの後進的状況という不利な条件を背負いながらも、ライプニッツは先行諸思想を貪欲に吸収する。カドワースやロックが先鞭をつけた consciousness の哲学的用法と、consciousness に相当するフランス語の conscience の新しい用法は、ライプニッツにとって決して疎遠なものではなかった。『形而上学叙説』（1686）は conscience という術語を用いてはいないが、ライプニッツのアルノー宛書簡は「思考」や「記憶」などとの連関で conscience への言及を含んでいる（●7）。

5——Catherine Glyn-Davies, *Conscience as consciousness : the idea of self-awareness in French philosophical writings from Descartes to Diderot*, Oxford 1990, pp. 27-28.

6——Marc Parmentier, *Introduction à l'Essai sur l'entendement humain de Locke*, Paris 1999, pp. 270-271. コストが第2部27章以前に訳語の conscience を用いていないという事情は、仏訳第五版でも変りはない。初版とは異なり、第五版では訳語選択の根拠をマルブランシュの用例（conscience=sentiment intérieur［『真理の探求』第3巻2部7章Ⅰ］）に求めているにもかかわらずである。コストのためらいは、ひとつには、ロックの consciousness とマルブランシュの conscience ないし sentiment intérieur との概念的相違そのものに起因するのではないか（Cf. Parmentier, op. cit., pp. 271-272）。

7——*Identité et différence*, le chapitre II, XXVII, Of Idendity and Diversity de l'*Essay concerning Human Understanding*, L'invention de la conscience, présentation, traduction et commentaire, par É. Balibar, Paris 1998, p. 27. 一六八七年一〇月九日付アルノー宛書簡（本著作集第8巻三五八、三八二頁）参照。

ライプニッツはロックの使うconsciousness（コスト訳のcon-science）を、『知性新論』の該当箇所でイタリック体もハイフンも使わずにconscienceと表記し、そのあとに英語のconsciousnessと自分の造語consciositéを併記して付け加えている（●8）。ところが、ライプニッツが「序文」以外の修正作業を委ねたアカデミー・フランセーズの会員アルフォンス・デ・ヴィニョル（●9）は、このライプニッツの造語に噛みついた。ヴィニョルは、少なくとも自国で使われる術語としてconsciositéを認めるフランス人は皆無だろうと指摘する。ヴィニョルの感覚では、conscienceというフランス語でさえconsciousnessに対応するものではなかった（●10）。ライプニッツは造語のconsciositéの使用をやめてconscienceを使うようにはなるが、『知性新論』では時としてconsciositéを使い（●11）、もっとぎこちないconsciencicositéという別形も使う（●12）。ヴィニョルから不適切との指摘を受けたにもかかわらず、またフランス語のconscienceの新しい用法に精通していたにもかかわらず、ライプニッツは個体存在の内的作用の析出において、ある意味で独自の発想法を貫いたのである。

『知性新論』には「意識」概念をめぐるそうした交錯が読み取れる（●13）。けれどもこれはほんの一断面にすぎない。『知性論』にコスト訳と『知性新論』を重ねてみると、『知性論』で使われているmindについても興味深い問題が潜んでいる。たとえば、『知性新論』第1部1章5節でフィラレートは、「もし何らかの個別的命題が生得的だと言えるなら、それと同じ理由で、合理的な命題や精神が合理的とみなしうる命題はすべて、魂のなかにすでに刻まれていると主張しうる」と述べている。ここに言う「精神（esprit）」と「魂（âme）」は、『知性論』ではいずれもmindである。ライプニッツはコスト訳を踏襲しており、コスト訳のâmeないしespritを通して『知性論』のmindに接していたことになるが、コストによる訳語の使い分けの理由は定かではなく、二つの訳語は同義語として使われているように見える。

âmeにしてもespritにしても、それぞれ多義性をもつ言葉ではあったが、リシュレの『フランス語辞典』（1680）はâmeの項でもespritの項でも「思考する実体（Substance qui pense）」と記述し、フュルティエールの『汎用辞典』（1727）と『アカデミー・フランセーズ辞典』（1694）は、espritの説明を「生ける非物体的実体（Substance vivante & incorporelle）」という記述で始めている。これらの記述は、言葉の哲学的用法の全貌を解き明かすものとは言えないにせよ、âmeとespritを同義語として使うかぎり、これら

8――A VI-6, 235.
9――A VI-6, Introduction ; Davies, op. cit., p. 49.
10――Davies, op. cit., p.50.
11――A VI-6, 65, 235 ff., 242.
12――A VI-6, 245.
13――この思想的交錯の分析については、岡部英男氏の作成による「意識」に関する訳注（本著作集第4巻二八二頁）から少なからず示唆を得た。

の語が「実体」を含意していたことを物語る。

コストによるmindの訳語選択を規定していた基盤についてさらに言えば、想定可能と思われるのはデカルトの用語法である。espritはラテン語ではmens、âmeはanimaであった。デカルトはanimaの両義性——栄養を摂取するための原理と思考するための原理——を避けて、思考するものをとくにmensと呼ぶことを好んだが、mensを、animaの部分ではなく、思考するところのanima全体とみなしてもいる(●14)。かくてmens(esprit)とanima(âme)は同義語となる(●15)。デカルトにおいてmensは本来の意味の「実体」である神とは区別された被造物ではあるが、やはり「実体」である。ところで、ライプニッツが『知性新論』でコスト訳に倣ってespritとâmeを使う場合、根底にはライプニッツ固有の発想があった。すなわち、âmeは必ずしも人間の「魂」ではなく、人間の「魂」を指すのは「理性的魂(âme raisonnable)」であり、これは「精神(esprit)」と互換的に使われる。それにライプニッツにおいてâmeもespritも「実体」である。しかしロックがmindと呼ぶ思考する能力は「実体」ではない。実体的魂にはsoulとかspiritが当てられる(●16)。『知性論』では「実体」の自存性は「観念」の背後に色褪せている。ロックはthinking thingというデカルト的表現を執拗に使うけれども、それは、実体論的立場から非実体的なmindとその「作用(operations)」の立場への移行を行うためであった(●17)。そうした方向性をもつmindをコストが仏訳したとき、一種の意味変容が生じ、ライプニッツは言わば《デカルト化》されたロック哲学と相対したのではないか。

このようにライプニッツはコスト訳をあるいは踏襲し、あるいはコスト訳を変更して独自の語句を使う。『知性論』の英語の語句をコストが仏訳した段階で、意味が不可避的にずれてしまっている場合があり、その語句を、ドイツ語を母語とするライプニッツが読むわけである。コスト訳によってロック哲学はライプニッツには以前にもまして身近なものになったであろうが、思想伝達と他者理解に何らかの偏りが生じたとしても不思議ではない。しかしながら、コスト訳を媒介とした思想伝達と他者理解にバイアスがあるにしても、否むしろバイアスがあるからこそ、近代西欧哲学の根幹に関わるゆたかな問題群が『知性新論』に胚胎したと言えるのではないか。ライプニッツが精髄を挙げて試みたロック哲学との想像上の対話『知性新論』は、今日のわれわれが再考すべき問題を幾重にも孕んだ書である。

（福島清紀）

14——白水社刊、増補版デカルト著作集2、四三一—四三二頁（『省察』、「第五答弁」）参照。

15——この点については、谷川多佳子『デカルト研究——理性の境界と周縁』（岩波書店、一九九五年）、一四三—一四四頁参照。

16——Balibar, op. cit., p. 41.コストはmindだけでなくsoulをもâmeと訳し、またmindとspiritのいずれをもespritと訳した（Balibar,op.cit.,p.220）。しかもコスト訳のespritは『知性論』ではunderstandingであったりする。ロックがunderstandingとmindをしばしば互換的に用いているからかもしれない。「事象記述の平明な方法」を旨とする『知性論』に用語法の体系的一貫性を期待するのは当を得たことではあるまいが、フランス語の語彙では正確に対応しえないロックの発想は、その用語法の揺れと相俟ってコストを悩ませたはずである。

17——Balibar, op. cit., p. 220.

観念と記号的認識

ライプニッツの『人間知性新論』はロックの『人間知性論』に触発されて書かれた架空の対話篇である。フィラレート（ロック）とテオフィル（ライプニッツ）という架空の人物に託されて議論が展開され、ロックの『知性論』の順を追ってライプニッツは自らの考えを述べていく。本書が生まれた最大の理由は、ライプニッツとロックとの対話が実現しなかったことであろう。意見を交換し論争を行なう当時の（あるいはライプニッツの）通常の手段は手紙によるものであったが（ライプニッツがアルノーをはじめ、マルブランシュ、ピエール・ベール、クラーク、ブーヴェ等々まさに世界中のきわめて多くの人物と文通したことは周知のとおりである）、ロックとの対話は実現しなかった。ライプニッツは接触を試みたが、ロックは応じなかった(●1)。もし対話が実現していたら、ライプニッツとロックの往復書簡集は生まれても本書は生まれなかったかもしれない。ライプニッツがロックを（架空の）論争相手に選んだ理由としては、ロックのライプニッツとはまったく異なるもののきわめて健全な考え方に、ライプニッツ自身がロックの『知性論』出版以前(●2)から強い関心を抱いていたことと、おそらくロックの知名度が挙げられよう。当時ロックはヨーロッパ中に名を轟かせ大きな影響力をもっていた(●3)のに対して、『弁神論』の出版以前のライプニッツの名を知る人ははるかに少なかったに違いない(●4)。ロックの『知性論』の初版は一六九〇年に出版されたが、英語に堪能でなかったライプニッツにとって大部の著作全体を検討することは容易な作業ではなかった。だが一七〇〇年にピエール・コストによって『知性論』の仏訳(●5)が出版され、ロックの『知性論』はヨーロッパ人が容易に読みうるものとなった結果、ロックの思想はライプニッツの射程に入り本格的な検討が試みられたのが本書である。『人間知性新論』は『弁神論』とともにライプニッツの大部の著作ではあるものの、著者の全思想を述べる体系的主著とは言えず、むしろ緩く結びついた論述の集成と言う方が適切であろう(●6)。もっとも本書の内容は多岐にわたり（その内容の豊かさは群を抜いており、確かに体系的著作とは言えないものの、ライプニッツの生涯の書とは言えよう）ここで簡単に要約するのは困難であるが、それが認識の問題に関わることは言うまでもない。認識についてはすでに『観念とは何か』や『認識、真理、観念についての省察』、『形而上学叙説』などで概略が述べられており、本書においても大筋において変更はない。ただライプニッツの認識理

1——ロックは通常は自分自身に対する批判に率直に耳を傾ける人だったが、なぜかライプニッツに対しては態度が違っていた。ライプニッツが自分の学説を十分に理解していないと信じていたため、バーネットらがライプニッツの学識と人格を請け合ったにもかかわらず、意見交換を求めるライプニッツの提案に結局答えなかった。（A. VI-6. Introduction; H. Aarsleff, 'Leibniz on Locke on Language' in *From Locke to Saussure*, Minneapolis, 1982, pp. 49ff.）

2——ロック自身が書きフランス語に訳されて一六八八年に出版された『知性論』の概要（ル・クレールの Bibliothèque Universelle のなかで出版された）をとおして、ライプニッツはロックの『知性論』の大要を知っていた。（Roger Ariew and Daniel Garber (ed. & trasl.), G. W. Leibniz, *Philosophical Essays*, Indianapolis, 1989, p. 291; cf. C. G. Davies, *Conscience as consciousness: the idea of self-awareness in French philosophical writings from Descartes to Diderot*, Oxford, 1990, pp. 22ff.）

3——一七世紀の終りから一八世紀におけるロックの影響力については次のものに詳しい。ポール・アザール『ヨーロッパ精神の危機』（野沢訳、一九七三年、法政大学出版局）第3部第1章、二九八—三一〇頁。R. Hutchison, *Locke in France 1688–1734*, Oxford, 1991; J. W. Yolton, *Thinking Matter. Materialism in Eighteenth-Century Britain*, Minneapolis, 1983; J. W. Yolton, *Locke and French Materialism*, Oxford, 1991. など。

4——『人間知性新論』は一七〇三年にはほぼ完成していたが、ロックの死（一七〇四年）によって出版は断念され、一七六五年ラスペが公刊するまで世人の目には触れなかった。もしその公刊がもっと早まっていたなら、一八世紀フランス思想へのロックの影響はもっと小さかったかもしれない。

5——ライプニッツはロックに対して、正確にはコストという忠実で正確な翻訳者をも

論が形而上学的背景を含めてより詳細に述べられている。基本的な立場については、ライプニッツは自分自身とロックをプラトンとアリストテレスになぞらえている（序文・上巻一三頁）。プラトン‐アウグスティヌスに由来する認識の基礎づけ・正当化をめざす方向がライプニッツの立場であり、アリストテレス‐トマスに由来する経験主義的認識論、脱存在論的な意識現象論（●7）がロックの立場と言えるだろう。ではライプニッツの認識の考え方とはどのようなものか。

『知性新論』は〈生得的概念〉、〈観念〉、〈言葉〉、〈認識〉という順序で論じられるが、第4部5章には「神は記号をまったく必要としない」（二八一頁）と言われ、認識に記号を必要とするか否かが神的認識と人間的認識を隔てる指標とされている。ここには、神の知と人間の知は多義的に語られるべきか一義的に語られるべきかという古くからの問題が関わり、それに対するライプニッツの態度を認めることができる。ライプニッツの認識理論を特徴づける概念としては、「記号」のほか「観念」、そして両者を結ぶ「表出」を挙げることができるが、これら三つのものを追いつつライプニッツにおける人間的認識の位相と特質を見てみよう。

①デカルトとは別の途　プラトンに由来する超越的なイデアは、アウグスティヌスによってキリスト教的に受容され、神の精神の内のラティオとして神の精神の内に位置づけられた。トマスにおいてもイデアという言葉は神の精神の内の範型を指し示すために神にのみ帰されていた（●8）。それに対してデカルトは、観念を思考様態として「私の内に」（AT. VII. 37）、人間精神の内に位置づけた（●9）。その結果、神が創造の際モデルとする範型としての神的観念と、創造の際不完全にのみ実現された範型あるいは人間の観念との関係という問題が生じた。マリオンおよびゴークロジャーによると（●10）、デカルトは当時支配的であったスアレスの考え方に反対したという。スアレスの教説はトマスのアナロギアの教説、すなわち神と創造（および被造物）とを異なる多義的なものとしつつ、両者をアナロギアという微妙な関係によって橋渡しし関係づける教説の修正版であった。他方スアレスはドゥンス・スコトゥスの存在の一義性の教説を受け入れ出発点とし

ったロックに対して羨望を禁じえなかった。コストの翻訳する姿勢はきわめて慎重で自信なげであり、「評価に値するとはいえ目立たないこの若者が、来たる世紀全体にわたって、彼の母国語であるフランス語の哲学思想の方向に影響を与える役割を演ずることになったのは、…歴史の小さな皮肉の一つである。」（C. G. Davies, op. cit. p. 25.）コストの仏訳の読者であったライプニッツはコストを賛え、次のように言っている。「あのような［コストのような］翻訳者を確実に見つけられたら、私は、非常に遅く学んだ言語［＝フランス語］よりも、むしろラテン語かドイツ語で書くであろう。」（A. VI-6. 47; Davies, op. cit. p. 49）筆者による「意識」に関する訳注（上巻二八二―二八三頁）を参照。

6――cf. Roger Ariew and Daniel Garber (ed. & trasl.), G. W. Leibniz, *Philosophical Essays*, Introduction, p. X, Indianapolis, 1989.

7――cf. J. W. Yolton, 'Idea and Knowledge in Seventeenth-Century Philosophy,' in *Journal of the History of Philosophy*, Vol. XIII, 1975, pp. 145–165.

8――Augustinus, *De deversis quaetionibus LXXXIII*, q. 46, *de ideis*., Thomas Aquinas, *Summa theologiae* I, 15, 1.

9――その結果、近代的な「意識」概念も成立した。筆者による「観念」および「意識」に関する訳注（上巻一一〇―一一一頁、二八二―二八三頁、下巻四八―四九頁）を参照。詳しくは、G. Rodis-Lewis, 'L' arrière-plan platonicien du débat sur les idées: de Descartes à Leibniz,' in *Idées et vérités éternelles chez Descartes et ses successeurs*, Paris, 1985, pp. 19–38, 拙論「一七世紀の「観念」論争――観念とは何か」東京音楽大学研究紀要第一七集、一九九三年。

10――J. -L. Marion, *Sur la théologie blanche de Descartes*, Paris, 1981, Livre I; S. Gaukroger, *Cartesian Logic*, Oxford, 1989, pp. 60ff.

たために、アナロギアの果たす役割は限られその存在論的前提が認識論的局面に推移した。つまり、永遠真理に関する人間の知と神の知とを、スアレスは類比的にではなくいわば一義的に捉えた。これにデカルトは反対してそれを多義的なものとし、永遠真理が神にとってと人間にとって同じであるとは言えないとした。それに対してライプニッツはまったく逆の立場、「失われたアナロギア」を回復する立場をとる。ライプニッツにとって、永遠真理は神にとっても人間にとってもある意味で同一でなければならない。「神のもつ観念と私たちのもつ観念の間には、完全性と拡がりに関して無限の差異があるとはいえ、その同一の関係において一致する」（4部5章一八二頁）からである。確かに、ライプニッツも神の内なる観念と人間のもつ観念とをまったく同じものとは考えないが、前者は後者の「原型」（一七七頁）であり両者の間には共通の関係性が保たれている。「観念の自然の…秩序は、天使や人間やすべての知的存在者一般に共通」（一五頁）であり、「神や天使を含めて私たちにとって共通」（一八二頁）だからである。神と人とのこうした共通性は、まず人間の能力としての観念の局面つまり認識の場面に現われ、次いでそれを表現する普遍言語（アダムの言語）（●11）の場面へと続く。

②観念と表出（＝記号的認識）　ライプニッツにおいて「観念」は「概念」や「表出」とは区別され、実際の思考を産出する態勢ないし能力として捉えられている。ライプニッツにとって思考作用とは事物を表出することであり、その際観念が表出される対象として働くのに対して思考作用の結果形成される像が表出ないし概念である。「観念とは概念の形相である。」（Grua, II. 512）。もっとも人間のもつ観念自身が神的観念を何らかの仕方で表現してもいるので、人間の魂の能力としての観念は実際の認識を導く対象ないし範型としての役割とともに表現的役割も果たしている。ただ人間の内なる観念が表出される際は、記号が必然的な媒介とされる（cf. GP. VII. 205）（●12）。ライプニッツにおいて表出はきわめて包括的な範囲をもつためさまざまな局面が考えられるが、少なくとも表出するものと表出されるものとは別もので、両者の間に類似性は必要なくある種の類比関係が維持されればよいとされる。そして表出の際一方は他方の代わりとなってそれを代示し喚起するいわば記号の役割を果たすことになる（●13）。ライプニッツは記号にきわめて大きな重要性を認め、人間は何らかの記号の助けなしには「何ものも判明に思考できないし推論もできない」（GP. VII. 191）と考えている。記号を必然的な媒介と

11——「アダムの言語」については訳注（二二一―二二三頁）に記した。

12——cf. S. Krämer, *Berechenbare Vernunft. Kalkül und Rationalismus im 17. Jahrhundert*, Berlin, 1991, pp. 220ff.

13——3部6章の訳注参照（七八頁）。なお「表出」については次を参照。K. D. Duts, 'Schlüsselbegriffe einer Zeichentheorie bei G. W. Leibniz: analysis und synthesis, expressio und repraesentatio,' in K. D. Duts/L. Kaczmarek (Hrsg.), *Rekonstruktion und Interpretation*, Tübingen, 1985, pp. 259–310. など。

するということは、事象の全体を一挙に同時に直観できない人間知性の能力の限界のためであり、これは記憶を排除した直観を認識の理想とするデカルトの場合とは対照的である(●14)。観念と表出との関係でいえば、記号の必用性とは観念や思考を表現する表出と観念自身とが峻別されていることにほかならない。「われわれは円について思考し証明し認識する。その際われわれは思考された本質をもつのだが、それは部分的にである。もし円の本質をすべて同時に思考するとすれば、われわれは円の観念《イデア》をもつであろうが。複雑な事物の観念をもつことは、ひとり神だけに属している。」(A. VI-3. 463) 人間はたいていの場合観念を直観的（直接的・瞬間的）に把握することはできず、記号の媒介によって非直観的（間接的・継起的）に把握しうるにすぎない。神のような直観的知性（三〇九頁参照）ではなく論証的知性である人間精神にとって、記号は、直接的には把握できない観念を名としていわば固定し、複雑な事象の代わりとなってそれを単純化しつつ記憶として喚起する機能を果たしている(●15)。記号的ないし盲目的思考は人間的認識のモデルであり、そうしたものとしての表出とは、神の内の観念から人間の内の観念を区別しつつ、同時に両者が一定の関係性《アナロギア》を保つことによって後者が前者によって基礎づけられるという二重の機能を果たすと言えよう。

③記号的認識の方向性（仮説的方法） こうした盲目的な記号的思考について『形而上学叙説』二四節には、「人間の認識の大部分は錯然としているかあるいは仮定的であるにすぎない」(GP. IV. 450) と言われていた。仮定的認識とは、千角形を考える場合のように直観されず、不可能な概念を考える仕方と同様にただ知っていると仮定してのことである。それゆえ、仮定的認識は決して決定的なものではなく暫定的な認識にすぎない。つまりそれを決定的なものにするには、認識の対象を判明に直観するという人間の実践が（たとえ終りのない無限の活動であっても）要求されるのである。このように仮定的な記号的認識は人間を実践へと誘い、人は自らの概念・仮説が可能か不可能か、有効か否か確かめなければならない（こうした方法論については4部12章・17章で概略が述べられている）(●16)。こうした実践的活動は人間のいわば責任であり、それによって人は神の観念・意図を推し量る。つまりそれの最善たる理由を求めつつ自ら最善と思われる事柄をなさねばならない。認識は常に実践を伴い、それはまた記号的思考によっている。こうした活動によって人間の認識は絶えず更なる認識・新たな認識へと進むのであり、ライプニッツはそこに進歩を見る。

14——『精神指導の規則』7 (AT. X. 388)。詳細は「証明」に関する訳注（二〇四—二〇五頁）に記しておいた。

15——cf. M. Dascal, *La sémiologie de Leibniz*, Paris, 1978, pp. 206–210.

16——詳しくは次を参照。F. Duchesneau, *Leibniz et la méthode de la science*, Paris, 1993, chap. III, IV.

このゆえにライプニッツは、最終の第4部21章で諸学の区分が論じられる際、自然学（理論的学）・道徳学（実践的学）・論理学（記号学）という三つの別個の学問領域があるとするロックの主張に対して、各々の分野が全体を呑み込んでいると反論するのである。ライプニッツによれば、それらは「別個の学問としてではなく…同じ真理のさまざまな配置」（三五六頁）にほかならない。すなわち、第一のものは総合的で理論的な配列であり、第二のものは解析的で実践的な配列であり、第三のものは名辞による配列すなわち一種の目録である。そしてこれらの結晶としての百科全書をライプニッツは生涯にわたって構想したのである。

（岡部英男）

必然的～ 16, *200, 246*
普遍的～ *131, 183-193, 229, 301f*
理性の～ *225, 246*
盲人 aveugle 145-149
モナド monades 24, 101, 277, *242*
モラリスト Moralistes 243, *149*

ヤ

唯名論者 Nominalistes 199, *80, 352*
有機体 corps organique 29, 171, 277ff, *58, 82, 86, 238*
夢 songe 21, 106, 118f, 179ff, 253, *150, 243*
様態 mode
幾何学的～ *77, 110*
混合～ 158, 174, 252-257, 322, *51, 53f*
自然学的～ *77*
数学的～ *41*
単純～ 159-170, 173f, 178f, 252f, *100*
道徳的～ *115*
複合～ *77, 98, 100, 109, 115*
様態化(変様) modification 38ff, 43, 121, 165, 174, 253, *159*
欲望 désir 184-187, 213f, 223-231, 234f
寄せ集め(寄せ集まり) agrégation, aggregatum 159, 270, *86*
予先形成 préformation 70
欲求 appétition 149, 197, 220
喜び joie 80, 82, 85, 87, 190, 221, 240
ヨーロッパ, ヨーロッパ人 Europe, européen 94, *73, 268*

ラ

ラムス派 Ramistes *123*
力能(可能態) puissance 112, 137-140, 192-257, 268f, 321, *99*
能動的～, 受動的～ 193-196, *163*
理性 raison *286-316*
永遠な～ *207*
健全な～ 98
至高の～ 27, 271, *163*
自然的～ *269, 335*
純粋な～ 131
理由(論拠) raison, sujet 205, 244, 276, *40, 134, 148, 249f*
ア・プリオリな～ 28, *287, 314*
叡知的～ *189*
決定～ *248*
流動性 fluidité 32, 132, 166, 265
量 quantité 39, 173, *105, 164*
輪廻 métempsycose, transmigration 29, 57, 100, 279, 289
類 genre 39f, *14, 34-39, 46f, 54, 60f, 78f, 229*
類似性 ressemblance, similitude 139, 153f, *14, 32, 38f, 43, 80, 173*
類比 analogie 149, *16, 281f, 284f*
ルター派 Luthériens *319*
霊(精霊) génie 28, 262, 282, 289, *37, 58, 62, 160, 283f, 309*
歴史 histoire *51, 275, 278f, 281*
錬金術師 Alchimistes *48, 64, 104, 331*
連結 connexion 139, 272, *125, 163, 170, 191, 193*
連合 association 328-331
連鎖式 sorites *292, 295*
連続体 continu, continuum 163, 167, 172, 269, *168, 226*
連続律 loi de la continuité 26, 32, *58, 164, 283*
論証 démonstration
間接帰誤謬法的～ *223*
数学的～ 317, *145f, 164, 168, 243, 286-289*
四種類の～ *311*
～の技法 245, *146f, 168, 258*
論理学 logique 16, 84, *37, 103f, 134-141, 146, 195, 252, 272, 292, 296-300, 304, 351f, 355*

不完全意欲 velléité 184, 212
福音主義派 Evangéliques *319*
符合→協働
舞台での神々 dieux de théatre *163*
物質 matière
　延長と～との区別 134, 166
　～と思考 34, 37f, 40, 44f, 52, *157f*, *161*, *236-240*
　～と物体 *106*
　～の可知的変様 41
　～の原質料的原理 *106*
物体(身体) corps
　均質な～，不均質な～ *56*, *82*, *86*
　生命のある～ *73*, *86*
　魂と～との調和(対応) 21, 24, 66, 120ff, 291
　微細な(高度な)～ 29, 279, *65*
部分 partie 23, 30, 101, 112, 163, 175-178, 194, *250*
部分ノ外ナル部分 partes extra partes 177
普遍性 universalité *302*
普遍的文法 grammaire universelle *51*
プリスキアヌス主義者 Priscillianistes *69*
プロスタパイレシス prosthaphérèse *272*
プロテスタント Protestans 156, *210*, *264*, *323f*, *348*
プロレープシス prolepse 14
分析(解析) analyse 58, 126, 188, 216ff, 251, 273, 314, *15*, *43*, *142ff*, *164*, *192*, *252*, *287*, *300*
　無限小～ *172*, *292*
ヘブライ語(人) Hébreux 169, 297, *85f*, *96*, *280*
ペラギウス派 Pélagiens *325*
変化 changement 18, 43, 163, 168, 193, 263, 276, *45*, *161*
変状 affection 67
変態 transformation 279
法(掟，法則) loi 56, 84, 90, 292f, 303-307, *115*
法学 jurisprudence 16, *165*, *213*, *219ff*, *353*, *356*
法ノ推定 praesumtio juris 302
方法 méthode *144*, *209*, *248*, *255*
補助定理(レンマ) lemmes *145*
ポテンティア potentia 193
本質 essence
　実在的～ *39f*, *63*, *77ff*, *95*, *104*, *107f*, *178*, *185*, *187*, *190*, *256*
　名目的～ *39f*, *45*, *52f*, *108*, *181*, *185*
本能 instinct 63, 75, 81-84, 92f, 99, 107, 188, *114*, *304*, *329*

マ

未来 avenir 118, 238f, *228*
無 rien, néant *233*, *240f*
無限 infini 23, 27, 123, 165f, 171, 175-178, 270, 319, *34*, *156*, *162*, *226*, *237*
　～級数 *154*
　カテゴレマティックな～ 175
　サンカテゴレマティックな～ 175
無際限 indéfini 165, 170
無差別(非決定) indifférence 25, 120, 189, 231f
　均衡的～ 25, 230
無神論 athéisme 102, *233*, *324*
矛盾律(矛盾の原理)→原理
無知 ignorance 80, 244, *170-175*
名辞 terme 40, 77, *174*, *352-356*
　一般的～ *14f*, *32*, *185*
　単純な～ *43*
　抽象的な～，具体的な～ 259, *93*
　道徳的～ *95*
　比喩的な～ *113*
明晰 claire 23, 58, 147, 308ff
　～判明 91, 261, *218*, *258*, *304*, *313*
命題 proposition *125*, *181ff*
　一般的～ *209*, *220*, *226f*, *245f*
　可換的～ *187*, *252*
　仮言的～ *247*
　個別的～ *245*, *249*, *302*
　事実(の)～ *200*, *246*, *270*
　自同的～ 72, *64*, *195*, *231*
　定言的～ *247*

獲得された～ 67
感覚的～ *148ff, 153, 170*
経験的～ 318
現実的～ 77, *126*
錯然とした～ 81, 84
習慣的～ *126f*
生得的～ 66f, 78, 102, 151, 157
抽象的な～ 102
直観的な～ *93, 132, 140-145, 150, 170, 231, 309, 318*
判明な～ 75
普遍的・必然的～ *201*
無限の～ *239*
論証的～ *130, 141, 150, 170, 200*
眠り sommeil 24, 29, 114, 118f, 179f
能力 faculté, puissance 36-39, 41, 45, 68, 138, 193, 198f, 208
時間指示～ 47
裸の～ 112, 152, 230, *159*
服従の～ *159*

ハ

白痴 idiots, imbécile 79, 155f, *30, 66, 180, 319*
場所 lieu 27, 128ff, 134, 163f, 177, 238, 263, 275f, 323, *34*
発見 invention *142, 209, 274, 287, 299, 308*
～の技法 *142, 306*
話す自信 parrhèse, parrhesia 256
破門 excommunication 307
範型 modèle *53, 63, 79, 95, 98, 115*
反射光学 catoptrique *213*
反省 réflexion 18, 20f, 37, 70, 77, 104f, 113, 123f, 142f, 179, 198, 250f, 270, 282, *313f*
判断 jugement 143, 153, 237-248, *260f, 287*
範疇 prédicament *36, 86, 104f*
～系列 *46*
反転 inversion *292, 298*
万物同気 *σύμπνοια παντα* 23
判明 distinct 58, 88, 90f, 147, 261, 308-320, *218, 258, 304, 313*
比較 comparaison 153, *62, 126*
光 lumière 18, 188
自然の(自然的な)～ 75, 81, 84, 88, 93, 95
秘教的 acroamatique 13, 316
微小生物 insecte 187, *73, 284*
被造物(神に造られたもの) créature 43, 209, 220, 265, *57, 170, 226*
理性的～ 93, 103
必然性 nécessité 15, 69, 200-205, *50, 193, 200, 246, 254*
形而上学的～ 200, *238, 316*
自然学的～ *321*
絶対的～ 200, 205
盲目的～ 59
論理的～ *321*
否定 négation *182*
百科全書 encyclopédie *354*
ピュタゴラス派 Pythagoriciens 280
ビュリダンのロバ âne de Buridan 120
表現 représentation 110
表出 expression 110, 250, 290, *189, 238*
表象 perception
感覚できない(非可感的)～ 26, 197, 212, 292, 296
錯然とした～ 95, 189, 198, *162, 189*
植物の～ 149f
生命と～ 54, 56, *111, 161*
直接的で内的な～ 284, 287
動物の～ 143, 149f
裸の～ 198
微小～ 22-25, 28, 120, 143, 181, 187, 219, 228
～と意識表象との区別 143
非両立性 incompatibilité 130, *191, 258*
不安 inquiétude 25, 184-191, 212-215, 219-225, 241
不可入性 impénétrabilité 127-130, 133, 193, *107, 197*
不可能性 impossibilité 100, *322*

人間～ 157, *282, 351*
秩序 ordre
自然の～ 37, 43, 130, 296, *15, 61, 197, 201f*
分析的～ 251
知的理解 intellection 198
注意(注意力) attention 21, 74, 78, 91, 100, 115, 119, 179f, 244
中国，中国人 Chine, Chinois 74, 144, 148, *13, 18, 69, 83, 96, 119, 183f, 254, 280, 324*
抽象 abstraction 27, 41, 112, 154, 259, *34f, 37, 159, 229*
調和 harmonie, accord 21, 228, 291, *228*
予定～ 54, 66, 263, 268, 291, *59, 87, 151, 159, 161, 165, 173, 236, 238, 242*
直観 intuition *132, 148, 231*
ツヴィングリ派 Zwingliens *321*
罪 péché, crime 92, 254, 292, 303, *270, 312, 323*
定義 définition
因果的～ 227, *39ff*
実在的～ *40-43, 64, 66, 109*
名目的～ 227, 304, *39-48, 64ff, 85, 109*
抵抗 résistance 127-130, 193
デカルト派 Cartésiens 21, 25, 45, 52-56, 117, 132-135, 139, 195, 268, *43, 141, 216f, 234f, 342*
哲学 philosophie
現代の～ 95, *197*
実践～ *351f*
真の～ 52
ペリパトス派の～ *104, 106, 214*
点 point 147, 167
天使 ange 29, 265, 298, *15, 182, 281, 318, 351*
～に結合した微細な身体 29, *65*
同意 assentiment, consentement 61, 93, *260, 262, 265-286, 344*
普遍的～ 62
同一性 identité 100, 275-299, *125f, 163f, 195*
自然学的～ 284-288
実在的～ 284-288, 295f
道徳的(人格的)～ 280-288, 290, 294-298
同質性 homogénéité 40
道徳(倫理学) morale
宗教と～の目的 38, *160*
～と形而上学 *227f*
～と微小表象 120
論証的な学問としての～ 80f
透入 pénétration 72, 276
動物(獣) animal, bête
自動機械としての～ 54, 150
～の魂 29, 41, 45, 54, 116f, 150, 278, 282
～の認識 16
～の表象と思考 143
理性的～ 282, *37, 61, 74f, 107, 171, 186f*
動物精気 esprits animaux *241*
徳 vertu 92f, 104, 216, 218, 223, 236, 245, 247, 303-306, *84, 228*
特述 ecthèse *288*
独断論者 dogmatique *151*
どこ性 ubiété 264f
トポス topiques *123f, 195*

ナ

名(名称，名前) nom 75, 253f, 311-316, *36-87, 95-99, 108-116, 178, 188*
内的証言 témoignage interne *332*
内包 intension 177
ナイメーヘンの和約 paix de Nimwègue *334*
謎 énigme *104, 241*
虹 arc-en-ciel 159, 261, *164, 174*
二分法 dichotomie 225, *37*
人間 homme
～という種 *62f, 66, 74*
～と動物(獣) 16ff, 150, 154f, 198, 331, *52, 57, 93, 282, 284, 286f, 303*
～の社会性 *12*
～の自由 199-248
～の定義 *66, 107f, 116, 177-181, 186f*
～の同一性 278, 298
認識(知識) connaissance *122-358*

世界 monde
叡知的(な)～ *73, 172, 174, 351*
観念的～ *50*
現実存在する～ *50*
～霊魂 *105*
絶対(絶対的なもの) absolu 43, 170, 175f, 273
摂理 providence *228, 268f*
善 bien 182, 203, 213-216, 220, 227, 233f, 237, 243-246, *165*
来たるべき～ 239f, 242
真の～ 88, 217, 223
先在 préexistence 67, 287f, 297
全体 tout 101, 166
無限な～ 176ff
像(イメージ，心像) image 16, 140, 147, 150, 157, 204, 241, 318ff
想起(想起説) réminiscence 64, 105f, 179f
プラトン主義者たちの～ 20, 67, 79
総合 synthèse *144, 252, 287*
総称普通名詞 nom appelatif *14f, 33f*
創造 création 257, *241f, 282*
想像力(形象的想像) imagination 17, 153, 156, 318, 320, 331, *70, 98, 152, 253*
属性 attribut 39, 175f, 253, 259, 269, *62*
第一存在者の諸～ 175
ソッツィーニ派 Sociniens *319ff*
ソフィスト Sophistes *103, 149*
存在(者) être, existence 18, 23, 77, 100, 102, 113, 176, 259, 263, *112, 157f, 183, 226, 233-239*
概念的～ *36*
完全に充足した～ *158*
実在的～ 199, 320
実体的～ *41, 64, 86, 98, 109*
自由な～ 205
純粋数学の～ 112
絶対的～ 43
道徳的～ *36*
不可分な～ *73*
不完全な～ 54
有限～ 114, 261
寄せ集めによる～ 159, 270
理性によってつくられた～ 271
存在性 entité 159, *94*

タ

多 multitude *73, 79, 164*
対応 correspondance 120, 291, *159, 173*
対象 objet 14, 18, 20, 110, 327, *43, 182f*
代数(学) algèbre 176, 215, *164, 166, 198f, 304f*
記号～ *198, 306*
態勢 disposition 19, 70, 75, 78, 105, 112, 120, 124, 150, 152, 232
対蹠人(対蹠地) Antipodes 248, *174*
タブラ・ラサ(白板) tablette vide, tabula rasa 18, 26, 52, 69, 105, 110f
魂 âme
～と身体との結合 54, 121f, 145, 197, 203, 263f, 279f, *73, 105, 161f, 165, 173, 241*
～の非物質性 38, 42, 45f, 121, 282, *160, 165*
～の不死性 28, 38, 42, 45f, 57, 82, 222, *165, 268*
～は常に思考している 21, 27, 114-124, 264
～は常に身体に結びついている 28, 117, 122, 171, 264, 279, *58f, 117*
知(知識，学問) science 16, 78, *127, 220, 226, 250, 254, 351-358*
論証的～ 16, 78, 81, 259, *50, 127*
知恵 sagesse *101, 115*
力 force 56, 128, 193, 256, 268
知性 entendement
意識表象する力能としての～ 198
神の～ *182*
原初的～ 158
自由なき～，～なき自由 245
～と意志 198-200, 207, *352*
～の観念 136

自由思想家 esprits forts 28
集積→集まり
重力 gravitation, pesanteur 34, 41, 129
述語 prédicat 39, 258f, *41, 125, 142, 303*
受動 passion 195, 249f, 256, 269
準則(公準) maxime 72ff, 79, *145, 193-222, 248f, 309*
証明 preuve 37f, 63, 69, 72, 107, *68, 141, 151, 271*
ア・プリオリな〜 261, *234*
省略三段論法 enthymème 64, 73, 214, 292, 297
神学 théologie 16, 53, *16, 207, 269, 352, 356*
自然〜 16, *87, 165, 207, 228, 357*
スコラ〜 *226*
信仰 foi 34, 37, *95, 160, 245, 285, 314*
〜と理性 *314-335*
信じさせる理由 motifs de crédibilité *285, 314, 318, 336*
神秘 mystère 34, 87, *314, 321*
真理 vérité 15f, 205, 223, 234, 304, 322, *84, 122-130, 181-209, 218, 255, 286f, 354*
一般的〜 15, *183, 209*
永遠〜 15, 69, 164, 170, 271, *176, 245-248, 254*
感覚的〜 73
偶然的〜 201, 205, *132, 176*
形而上学的〜 *183*
原初的(直接的)〜 58, *132, 140f, 201, 311*
個別的(特殊的)〜 15, 74, *183, 209*
事実の〜 58, 61, 65, *132, 152, 231*
実在的〜 *247*
実践の〜 81, 83
自同的〜 80, *132, 134, 218*
神学的〜 *315*
数学的(幾何学的)〜 *152, 177*
精神的〜 *183*
生得的(な)〜 19, 70, 73, 75f, 78f, 83f, 87f, 93, 98ff, 104, 123, 152, *231*
知的な〜 *244*
哲学的〜 *315*
必然的(普遍的)〜 15f, 18, 58, 62, 65f, 68ff, 77, 92, 150, 154, 176, 178, 198, *300*
理性の〜 65, 80, *132, 140, 152, 231, 287*
推断(推論の一貫性, 帰結) conséquence 17, 242
三段論法の形をとらない〜 *292f*
推論 raisonnement 58, 100, 113, 115, 130, 155, 163, *131, 141, 144, 147f, 288f, 295f*
数 nombre 71, 76, 101, 103, 134, 138, 154, 169, 172ff, 194, 251, 313, 317, 325, *46, 100, 145, 198f, 304f*
数学 mathématique 16, 27, 84, *41, 130f, 145f, 210, 248, 272, 289, 301*
普遍〜 *291, 304*
スコトゥス派 Scotistes *320*
スコラ派 école 14, 45, 112, 130, 152, 196, 199, 220, 257, 264f, 270, 276, *71, 78, 93, 159, 193, 209f, 213f, 222, 290*
ストア派 Stoiciens 14, 190, 200, 237
スピノザ主義者 Spinosistes 58
贅語法 pléonasme *48*
性質 qualité 40, 43, 158, 177, 256, 259f, *30, 46, 77*
可感的(感覚的)〜 23, 25, 127, 140, 188, 194, 261, 309f, *41, 46, 48, 98, 146, 154, 164, 177, 188f*
欠如的〜 137
第一〜 138ff, *163, 188*
第二〜 138f, *163, 188, 191*
静寂主義者 Quietistes 30, *257*
聖書 Bible 86, 95, *20, 96, 123, 264, 279, 314, 322*
精神 esprit 18-21, 27, 37f, 52, 64-70, 74-80, 84, 105, 123f, 154f, 165, 175f, 182, 193f, 196-209, 224-231, 235, 252f, 256-264, 267-272, 281, 294-298, 310, 321f, 326, *15, 50, 53-59, 117, 122, 132, 172, 177, 218, 227ff, 240, 244, 317, 351f, 357*
精神学 pneumatique 26, *87, 357*
生命(生) vie 40, 54, 277, *35, 55, 73, 111, 160*
聖霊 Saint Esprit 102, *319, 322, 328, 330, 336, 347*

言葉(言葉《パロール》) mot, parole *12–119, 173, 181, 185, 317*
　～と観念 *30f*
　～の誤用 314
コナトゥス conatus 197, 257
誤謬 erreur *335–351*
固有名詞 nom propre *14f, 32f, 85*
コーラン Alcoran 86, *314*
根 racine
　虚～ 176
　無理数～ *305*

サ

差異(性) différence, diversité 28, 110, 275–299, *34, 60, 83–86, 125, 163, 195*
最小 minimum 172
最初ニ認識サレルモノ primum cognitum *201*
作図 construction géométrique *154–157*
錯然 confus 21f, 70, 75, 84, 147, 308–320
作用 opération 32–37, 142, 262f
算術 arithmétique 77, 85, *46, 272, 297*
三段論法 syllogisme *134–139, 148, 213, 217, 288–304*
三位一体 trinité *322*
死 mort 24, 29, 116, *284, 331*
強いずに傾ける incliner (pencher) sans nécessiter 120, 203ff, 234
自我(私) moi 281–287, 291, *200*
時間 temps 27, 39, 112, 134, 164, 167–170, 177f, 239, 274f, 296, *34, 232*
磁気学 magnétologie *256*
思考 pensée 20, 37–45, 60, 74, 78f, 100, 110–124, 142, 151, 179ff, 195, 202ff, 207f, 248ff, 252, 255, 262, 271, *50f, 157f, 178, 200*
　錯然とした～ 217, 228
　生得的な～ 78
　判明な～ 217
　盲目的な～ 215, 218, 308, 316, *14, 184*
志向的形象 espèce intentionelle 36, *104*
自然 nature 26, 66, 78, 82, 86f, 89, 95, 110, 220, *58, 61ff, 79ff, 84, 172, 217, 258, 283*
自然学 physique 26, 28, 71, 120, 205, *77, 107, 148, 164, 171, 226f, 351f, 355*
自然法 droit naturel 87, *219, 221*
持続 durée 18, 167–171, 175, 194, 251, *229*
実在性 réalité 158, 164, 171, 322, *31, 175–181, 247, 303*
実体 substance 18, 21, 38–44, 67, 104f, 112, 118, 158f, 164f, 181, 249–271, 278, 282–299, 323, *36f, 40, 54–87, 93–98, 109, 112–116, 157–161, 164, 177, 185–188, 240f, 356*
　原初的～ 54
　単純～ 24, 28, 150, 158f, 253, 270
　非物質的(精神的)～ 37f, 41, 47, 56, 260, *158f, 161*
　物体的(物質的)～ 38, 41, 260
実念論者 Réalistes 199, *80*
質料 matière 39f, 269, *230*
　第一～ 112, 265, *106, 159*
　第二～ 137, 265, *230*
辞典 dictionnaire 53, *118f, 352*
事物(事象) chose
　可感的～ 309, *97, 110, 151f, 242*
　観念的な～ *124*
　実体的～ 112, 253, 323
　非物体的～ *53*
尺度 mesure 160, 169
種(スペキエス) espèce 28, 276, *14, 33–39, 51–63, 68f, 71, 74, 77–86, 111, 116, 118, 178f, 185ff, 229, 283f*
　自然学的な～ *39, 60–63, 71, 83ff*
　名目的な～ *85, 181*
　論理学的な(最下位の)～ 309, *39, 56, 60, 82ff, 185ff*
自由 liberté 38, 41, 120, 192–252, *344f*
自由意志 franc arbitre, libre arbitre 200, 202, 208, 228f
習慣(習態) habitude 19, 79, 93, 105, 246, 255, *93*
集合体→寄せ集め

229, 256ff
傾向(傾向性) inclination, tendance 19, 112, 115, 189, 191, 196, 217, 220, 224, 228f, 257, 270, *105*
計算 calcul
代数の～ *292*
無限小～ *308*
啓示 révélation 46, 63, *157, 207, 285, 317f, 326ff, 334*
形而上学 métaphysique 16, 248, 277, *148, 165, 226ff, 251, 357*
形相 forme 112, *58, 78, 226*
～ノ空虚 *58, 283*
実体的～ 328, *56, 71ff, 104f*
結果 effet, résultat 112, 154, 256, 271, 273, 313, 321, *80, 189*
決疑論者 Casuistes 243
決定 détermination 163, 167, 203ff, 231ff, *73*
非可感的な～ 189
結論 conclusion, conclusio 73, *246, 251, 258, 288*
混成された～ 73
神学的～ *321*
中間的な～ *218*
権威 autorité 243, *345f*
牽引(牽引力) traction 32, 129, 131
原因 cause 113, 139, 144f, 256, 273, 310, *40, 61, 151, 161, 189, 242f, 257f, 286*
機会～ *162*
作用～ 257, 273, *172*
物質を超えた～ 268, *238f*
目的～(目的因) 58, 257, *172, 286*
原型 archétype 320f, 326f, *177*
言語 langage, langue *12–31, 97, 100*
アダムの～ *22*
人工的～ *13, 18*
堅固さ fermeté 129, 132
原子 atome 21, 27, 32, 45, 52, 57, 112, 132, 138, 166, 261, 276, *34, 105, 164, 233, 239, 344*
幻視(見神) vision 181, *160*
現実存在 existence 136, 169ff, 251, 263, 276, 320f, 323f, 326, *37, 43, 50, 77, 115, 126, 149–158, 200, 229–236, 239–247*
現実態 acte 112, 117, 150, *45*
現実化 actuation 193
現象 phénomène 46, 150, 159, 249, *47, 61, 72, 110, 151f, 174*
元素(基本要素) élément 261, *86*
第二～ 27, *342*
顕微鏡 microscope 261f, *284*
原理 principe 14, 72ff, 82f, 107, 147, 207, 276f, *206f, 212, 221, 227, 251, 321, 339*
活動～ *73, 238*
原質料的～ *106*
個体化の～ 276, *34, 226*
実践的～ 62, 80–99
自同的～ 91, *217f*
思弁的～ 62f, 99–107
生得的(な)～ 50–84, 91f, 99–107, *193, 203*
生命の～ 277
矛盾の～(矛盾律) 63, 73f, 91, *134ff, 207, 320*
公会議 concile *67, 347*
全キリスト教会的な～ *348*
トリエントの～ *323, 340*
ラテラノ～ *315*
光学 optique 147, *217*
公教的 exotérique 316
幸福(至福) bonheur 220, 226f, 234f, 245ff, *344*
公準→準則
公理 axiome 58, *131, 193–222, 249f, 252–259, 296*
原初的(ならざる)～ 61, *195*
～の論証 61, 107, 194, *144ff, 193f*
自同的な～ 99, *195, 201, 222f, 228, 252*
ユークリッドの諸～ 99, 107, *253ff*
語源 étymologie *16, 97*
個体 individu 24, 28, 276ff, 282, 288ff, *14, 34f, 55, 62, 164, 185, 303*
固体性 solidité 37f, 114, 127–135, 138, 251, 263, *65, 79, 106, 216*

慣性 inertie 129f, 193, *107*
完全性 perfection 24, 40, 166, 203, 227f, 231, 234, 237f, 249f, *58f*, *234f*, *239*, *282*, *310*
観念 idée 109-331
曖昧で錯然とした～ 110, 125, 138, 188, 308-320, *154-163*, *172*, *177-192*, *304*
一般的～ 39, *34*
感覚的～ *189*, *191*
～の可能性 320-324, 327f
原初的～ 251, *116*
個別的～ *35*, *249*
十全な～ 58, 324
純粋～ 65, 124, 135, *176*
真で実在的な～ 58, 320-324
真なる～，偽なる～ 135, 327f
生得的～ 18, 52, 60, 73, 75ff, 95, 104f, 123
単純～ 38f, 124-150, 194, 253, 308, 311f, 315, 321, 323f, 326, *31*, *38*, *40-49*, *52*, *99f*, *115*, *118*, *170*, *176*, *185*
知的～ 18, 70f, 77, *176*
中間～ *142*, *153*, *173*, *213f*, *255*, *258*, *289*, *309*
抽象的～ 74, *35*, *37ff*, *42*, *65*, *93*, *185*, *229*
明晰判明な～ 58, 110, 134, 147, 196, 308-320, 325, *58*, *164*, *172*, *191*, *195*, *218*, *225*, *253*, *258*, *304*, *313*
感応力(影響，影響力) influence 24, 57, 145, 203, 249, 265, *34*, *73*, *238*
記憶 mémoire 19, 21f, 24, 64, 66f, 105, 151, 293, 331, *126f*, *130*, *245*, *249*, *276*
～術 244
機械 machine 44, 189, 284, *73*, *86*, *159*, *239*
幾何学 géométrie 65, 77, 89, 93, 325, *77*, *109ff*, *142-146*, *152-157*, *172*, *174*, *193f*, *207*, *223*, *252-256*, *287*, *354f*
機構 mécanisme 150, 205, 262
記号(文字) caractère 65f, 78, 215f, 241, 252, *14*, *183f*, *306-308*
普遍～ *183*
記号法 caractéristique *200*, *306-308*
奇蹟 miracle 36, 43-46, *160f*, *285*, *321*, *328*, *332*, *335f*
基体 substratum 258
規定 dénomination
外的～ 272, 276, *186ff*
内的～ 112, *186ff*
帰納 induction 15, 69, 76, 176, *246*, *249*
希薄化 raréfaction 72, 130, 133
逆向きの手順 retour *251*
求心力 vertu centripète 36, 138
教会 église 315, *95*, *263*, *340*, *346f*
英国国教会 288, *341*
ローマ～ 281, *67*, *69*, *264*, *323*, *325*, *350*
共可能的 compossible 322, *58*
凝集 cohésion 32, 132, 265ff, *164*
狂信 enthousiasme *175*, *319*, *326-335*
強制 contrainte 204
共存 coexistence 163, 263, *125*, *163*, *188*, *196*
協働(符合) concours 153, *126*
虚構 fiction 27, 112, 118, 291, *202*
拠点(議論) argument, argumenta *123*, *262*, *311*, *346*
キリスト教徒 Chrétiens 72, 94, 307, *197*, *327*
苦(苦痛) douleur 136, 139, 182-192, 218ff, 224, 226ff, 240f, 249
空間 espace 26, 40, 112, 129, 133ff, 159-178, 264, 269, *215f*
空気状媒質 véhicule aërien *105*
空虚(真空) vide 27, 30, 32, 52, 57, 110, 133, 166, 171, *57f*, *104*, *164*, *216f*, *283*
偶然(性) contingence, hazard 204, 229, *209*, *226*
偶有性 accident 164f, 259f, 267f, 322, *14*, *17*, *93f*, *112*, *159*, *176*, *241*
クエーカー教徒 Trembleurs *329*
屈折光学 dioptrique *217*
駆動力 impétuosité 39, 129f, 188
区別(弁別) distinction 275, 315, *61*, *320*
経験 expérience 14-18, 21, 61, 65, 69, 76, 112, 123, 126, 220, 325f, 331, *40f*, *46*, *79*, *97*, *147f*, *152*, *163f*, *192*, *197*, *200ff*, *207*, *227*,

円(の求積法) cercle, quadrature du 90, *142, 154*
大きさ grandeur 43f, 276, 320, *34, 163, 188*
オウム返し psittacisme 216, 222
オリゲネス主義者 Origénistes 297
恩寵 grâce 29, 46, 217, *101, 285, 316, 319, 323, 325, 330, 336*

カ

快(快楽) plaisir 18, 136, 182-192, 217, 224-228, 235, 237f, 249
外延 extension 177
懐疑 doute *152, 242*
回教徒 Mahométans 86
懐疑論者 Sceptiques 41, 54, *151f*
解析→分析
蓋然性 probabilité 46, 222, 243, 247, *149, 151, 160, 192, 261-264, 271-285, 287, 300, 318f, 339-350*
　～を算定する技法 245, *149*
概念(知見) notion, conception
　一般的～ 100, *35, 249*
　共通～ 14, 62, 92
　形而上学的～ 248
　数学的～ 248
　生得的～ 49-107
　通俗的～ 248
　反省的～ *31*
　明晰判明な～ 261
乖離性(乖離的なもの) disparates *133f*
化学者 Chymistes *55*
確実性(確実さ) certitude 61ff, 70, 87, 222, 248, *130f, 145, 150, 152, 176, 184f, 230, 238, 242-247, 251, 262*
　形而上学的～ *193*
　事実の～ *191*
　実際[実践]的～ 46, *192, 238*
賭(ゲーム) jeu *272ff*
仮説 hypothèse 44, 263, *161, 165, 173, 251f, 257, 282, 300, 341f*
硬さ dureté 32, 129-132, 167-172
形(形状, 形像) figure 18, 39, 43f, 135f, 138, 147f, 161ff, 173f, 194, 204, 276f, 317f, *34, 74f, 100, 116, 162, 184, 188*
塊(物塊) masse 32, 44, 131, 137, 158, 250, *48, 73*
仮定(想定) supposition 278, *212*
可動性 mobilité 138, 251, 263
カトリック Catholiques *319*
可能(可能的なもの) possible 100, 164, 170, 322f, 328, *58, 123*
神 Dieu
　～の意志 92, 171, *189, 316, 323, 330*
　～の叡知(知恵) 44, 201, 233, *163, 316*
　～の完全性 24, 58, 233, *59, 234, 239, 323*
　～の観念 63, 90, 101-104, 269f, *225, 231, 233-236*
　～の国 29
　～の充溢的な「どこ性」 265
　～の正義 222, 297, *268, 336*
　～の誠実 *207f*
　～の摂理 284, *268*
　～の存在 46, 82, 86, 101, 171, 178, 205, *161, 170, 231, 242, 257*
　～の力 34, 40, 42f, 46, 284, *163*
　～のみが無媒介的な外的対象 110
　世界外知性体(超世界的知性体)としての～ *105*
カルヴァン派 Réformés *319, 341*
カルロヴィッツの和約 300
換位 conversion *136-139, 222*
感覚(感覚作用) sens, sensation, sentiment
　外的～ 60, 179, *170*
　～と反省 20, 251, 253, *314, 317*
　～に由来する観念 70
　～の経験 61, 176, *202, 253*
　～の証言 *243*
　共通～ 135
関係(連関) rapport, relation 25, 28, 112, 139, 141, 153, 158, 194, 208, 271-308, 321f, *50-54, 105, 125ff, 162f, 182, 195, 292*

【事項索引】

アカデミー版巻末の索引を幾分簡略化し，同版本文に出てくる主要な事項に限定した（イタリックは下巻の頁数)。

ア

愛 amour, charité 58, 86f, 183f, *113*
　現世欲と呼ばれる～ 183
　慈愛という(慈善の)～ 183, *323*
　無私の～ 184
アヴェロエス主義者 Averroistes 30
アウグスブルク派 Augustane *340*
悪 mal 182, 216f, 227f
アサッシン派 Assassins 222
集まり(集積) amas 270, *86*, *158*, *238f*
アフォリズム aphorisme *88*, *209*, *219*
アルケー archée 56
アルファベット alphabet 148
アルルカン Arlequin *86*, *282*, *310*
アレゴリー allégorie *167*
イエズス会 Jesuites *149*, *235*, *324*
生きた鏡 miroir vivant 250
意見(臆見) opinion 92f, 98f, 302-306, *52*, *84*, *148f*, *256*, *262f*, *270*, *287*
意志 volonté 37, 95, 197-215, 220-229, 231, 234, 244, *226*, *352*
意識(意識性) conscience, consciosité, conscienciosité 41, 282-296
意識表象 apperception 20-24, 74f, 78, 150, 181, 197f, 288, 295
意志作用 volition 197f, 204, 224f
依存 dépendance 203
位置 situation 154
一様 uniforme 58, 112
　～性 27, 54
一 un, unité, unum 113, 266, *158*, *176*, *226*, *238*
　～と多 *164*
　実在的な～ *158*
　ソレ自身ニヨル～ *72f*, *86*
一性(統一性) unité 18, 136, 140, 159, 250, *72f*, *86f*
　実体的～ 54, 58, 269, 271, 278, *41*
一致，不一致 convenance, disconvenance 153, 198, *124f*, *132*, *145*, *153*, *173*, *175*, *181*, *184*, *191*, *195*, *200*, *253*, *289*, *301*, *344*
一般性 généralité *38*, *246*
意味(意味表示) signification 198, 312f, *17-31*, *94f*, *181-184*
色 couleur 139, 141, 147, 261f, 309, *46ff*, *52*, *80*, *100*, *115*, *148*, *164*, *189*, *192*, *281*, *304*
印象(刻印) impression 23, 106, 114, 118-121, 125, 150, 152, 157, 192, 203, 227-232, 330f
隠蔽された余剰性 obreption 322
隠喩 métaphore 145, 316, *18*, *25*
引力 attraction 36, 43, 138
宇宙 univers 23, 27f, 58, 110, 166, 171, 265, *34*, *57f*, *170*, *172*, *228*, *233*, *248*, *283*
運動 mouvement 21, 25ff, 30-32, 38ff, 56, 114f, 121f, 129f, 135-142, 167-170, 193-197, 200-205, 248-251, 255, 263-268, *44*, *55*, *161*, *189*
　～の転移 196, 267
　～の法則 26, 167, 205, 268
　根源的第一～ 220
　微小な～ 188
　目に見えない～ 115
永遠 éternité 151, 170, 178, 227, 319, *239*
延長 étendue 39, 43, 57, 101, 133ff, 138, 162f, 167, 173, 194, 251, 267, *55*, *65*, *79*, *103*, *160f*, *216*, *340*
延長体(延長するもの) étendu 162, *216*
エンテレケイア entéléchie 54, 193, 196, 249, 257, 269, *72*
エンドクサ endoxe *149*

ホフマン(ダニエル) Hofmann, Daniel *315*
ホメロス Homer *101*
ボーリウス Bohlius *89*
ポルクス Pollux 117
ボルジア(フランソワ・ド) Borgia, François de 218
ボルセック Bolsec *278*
ホールデン(ヘンリー) Holden, Henry *347*
ポレモン Polemon *250*
ポンポンヌ Pomponne *334*

マ

マイヤー(ゲルハルト) Meier, Gerhard *29*
マウロリコ Maurolyco *174*
マシャム Masham 50
マホメット Mahomet 222
マリオット Mariotte 127, *61*
マリノス Marinus *196*
マルティニ(コルネリウス) Martini, Cornelius *315*
ムゼーウス(ヨハン) Musaeus, Johannes *320–322*
ムートン Mouton 161
メナージュ Ménage *68*, *74*, *278*
メランヒトン Melanchton *341*
メレ(シュヴァリエ・ド) Méré, Chevalier de *272*
モア(ヘンリー) More, Henry 56, 288, *105*
モーセ Moïse 300, *318*, *328*
モリヌークス Molineux 145f, *217*
モントジエ Montausier *334*

ヤ

ユークリッド Euklid 16, 89f, 99, 107, *131*, *146f*, *165*, *194–198*, *203–207*, *212*, *223*, *253ff*, *292*, *299*, *308*, *342*, *354f*
ユスティニアヌス Justinien *220*
ユスティノス Justinus *323*
ユデト Judith *279*
ヨシヤ Josias *280*
ヨハネ Johannes *332f*

ラ

ラケル Rachel 213
ラ・コスト(ベルトラン) La Coste, Bertrand *333*
ラコツキイ Ragozky *333*
ラベ Labbé *19*
ラムス(ペトルス)[ピエール・ド・ラ・ラメ] Ramus *138*
ラ・モット・ル・ヴェイエ La Mothe le Vayer *324*
ラ・ルーベール(シモン・ド) La Loubère, Simon de 42
リウィウス(ティトゥス) Livius, Titus *276*
リケトゥス Licetus *75*
リチャード一世 Richard I 222
リペニウス Lipenius *356*
リュシマコス Lysimachus 311
ルートウィヒ(寛厚王) Ludwig (Louis) *19*
ルカヌス Lucanus 153
ルキアノス Lucien *101*
ルキウス Lucius 280, 282
ルター Luther *341*
ルドルフ Ludolphe 76
ルルス(ライムンドゥス) Lullus, Raimundus *322*
レアンドル Leandre 240
レイネシウス Reinesius *96*
レーウェンフック Leewenhöeck *70*
レオ十世 Leon X *315*
レギウス Regius *72*
レッシウス Lessius 164
レムニウス(レヴィヌス) Lemnius, Levinus *180*
ロアン(公爵) Rohan 148
ロオー Rohaut 268
ロベルヴァル Roberval 107, *194*, *196*, *206*
ロムルス Romulus *278*
ロラリウス Rorarius 53

パッポス Pappus *252, 300, 308*
ハーバート(チャーベリーの) Herbert 91
ハム Cham 280
バラーム Balaam *76*
バルナー Barner *220*
ピサーニ(オッタヴィオ) Pisani, Ottavio 330
ヒポクラテス(キオスの) Hippocrates *259*
ヒポクラテス(コスの) Hippocrates 23, *209*
ヒメネス(枢機卿) Ximenez *353*
ピュタゴラス Pythagoras 100, *104, 208*
ビュリダン Buridan 120
ピラト Pilatus 279
ファブリ(オノレ) Fabry, Honoré *320, 342*
ファブリキウス Fabricius 102
ブイヨー(イスマエル・ブリアルドゥス) Bouillaud *308*
フィリッポス Philippe 230
ブーウール Bouhours 153
フェラリ(ルドヴィコ) Ferrari, Lodovico *306*
フェロ(シピオーネ・デル) Ferro, Scipione del *306*
フォン・ゼッケンドルフ Von Seckendorf *277*
フォントネル Fontenelle *282*
フーシェ Foucher *151f*
フッカー Hooker *300f*, *304*
プッチ(フランチェスコ) Pucci, Francesco *324*
プーフェンドルフ(ザムエル) Puffendorf, Samuel *167*
フラキウス Flacius *20*
フラッド Flud 46
ブラティーニ Buratini 161
プラトン Platon 13f, 53f, 87, 188, 295, *105, 107f, 116, 147*
プリニウス Plinius 54
ブリニョン(アントワネット・ド) Bourignon, Antoinette de *330–334*
ブルクノルス Brugnolus 106
プルタルコス Plutarque *101*
プルートーン Pluton *212*
ブルートゥス Brutus *33*
フレニクル Frenicle *117*
プロクロス Proclus 107, *147, 193f, 223*
プロコピオス Procope *101, 275*
フロモンドゥス Fromondus 269
ベヴェロヴィキウス Beverovicius *353*
ベーコン Bacon *258*
ベーズ Beze *341*
ベーダ Beda *20*
ペテロ Petrus *302*
ペトラルカ Petrarca *101*
ペトリ(スフリドゥス) Petri, Siffridus *279*
ペトロニウス Petronius *215*
ベーメ(ヤコプ) Böhme, Jakob *22, 332*
ヘラクレス Hercules 18, 305, *81*
ベッラルミーノ(枢機卿) Bellarmin *350*
ヘリオガバルス Heliogabale 279
ベリサリウス Belisarius *275*
ペリソン Pelisson *323*
ベール Bayle 53, *324*
ベルニエ Bernier 50
ヘルモント(フランシスクス・メルクリウス・ファン) Helmont, Franciscus Mercurius van 56, 279, 289
ヘルリヌス Herlinus *132*
ヘロデ Herode *322*
ヘロドトス Herodote *101, 112, 279*
ペン(ウィリアム) Penn, William *332*
ボーアン Bauhins *33*
ホイヘンス Huygens 161, *67, 272, 282*
ボイル Boyle 21, *48, 258*
ボシャール Bochart *28*
ボシュエ(モーの司教) Bossuet *264, 277*
ボッカチオ Boccaccio *101*
ホッブズ Hobbes 90, 330, *12, 181*
ポティオス Photius *101*
ポティス Photis 280
ポニアトヴィア Poniatovia *333*
ボニファティウス Bonifatius *175*
ボノスス Bonosus 305
ホノリウス Honorius *338*

スティリングフリート(ウスター主教) Stillingfleet 34, 37-40
ストラウキウス Strauchius *89*
ストラボン Strabon *69, 101*
スピノザ Spinoza *258, 268*
スライダン Sleidan 117, *276f*
スリューズ Sluse (Slusius) *196*
セト Seth 279
セレノス Serenus *196*
センネルトゥス Sennertus *220*
ソクラテス Sokrates 65, 188, 279, 287, 289, 295, *228, 328*
ソロモン Salomon 171, *169, 292f*
ソロン Solon *49*

タ

ダビデ David *292f*
タキトゥス Tacitus 87
ダニエル Daniel 311
ダルガルヌス(ゲオルギウス) Dalgarnus, Georgius *18*
ダールベルク Dahlberg *276*
タレス(ミレトスの) Thales *194*
ダンテ Dante *101*
ツヴィンガー Zwinger *352*
ツヴィングリ Zwingli *325*
ディヴィーニ(エウスタキオ) Divini, Eustachio *342*
ディオゲネス Diogenes *108*
ディオスコリデス Dioscorides *96*
ディオパントス Diophantus *306f*
ディグビー(卿) Digby 72
デ・ウィット De Wit *157, 272*
デカルト Descartes 50-54, 60, 129, 140, 165, 264, 309, 330, *72, 141, 196, 215, 234f, 283, 306-308*
デザルグ Desargues 144
テセウス Theseus 277
デプレオー Des Preaux 94
デモクリトス Demokritos 45, 52-54, 323, *34*
デュ・モーリエ Du Maurier *275*
テルトゥリアヌス Tertullian *264, 316*
テレサ Teresa *331*
トゥルピウス Tulpius 281
トマジウス(ヤコブ) Thomasius, Jacob *334*
トマス・アクィナス（アクイノ生まれの大博士，天使博士) Thomas d'Aquin 265, *379*
ドミニス(マルコ・アントニオ・デ) Dominis, Marcus Antonius de *174*
ドーモン(公爵) le Duc d'Aumont *280*
ドラウディウス Draudius *356*
ドラビティウス Drabitius *333*
トリチェッリ Torricelli 133
トリテミウス Trithemius *279*
トレベータ Trebeta 469, *279*

ナ

ニコル Nicole *263f*
ニスス Nisus *329*
ニスロン Niceron 313
ニータルト Nithard *20*
ニヌス Ninus *279*
ニュートン Newton 34, 41
ネストル Nestor 287-289
ネブカドネザル Nabuchodonosor(Nebukadnezar) 311, *279*
ノア Noa *317*
ノーデ Naudé *315*

ハ

バイアリング Beyerling *352*
バウムガルテン Baumgarten 85f
パウルス Paulus *219*
パウロ Paulus 14, 85, 164, 213, *316f*, *327*
バークリ Barclay *329*
パジョン Pajon *325*
パスカル Pascal *272*

カ

カイン Caīn 280
カエサル(ユリウス) Caesar 312, *244, 271, 279, 310*
カサーティ Casati 196
カジミエシュ(ヤン) Casimir, Jean *69*
カストル Castor 117
カゾボン Casaubon *211*
ガッサンディ Gassendi 45, 52f, 151
カドウベク Kadlubko (Kadlubek) *279*
カドモン Caedmon *20*
カドワース Cudworth 50
カミルス Camillus *279*
ガリレオ Galileo 274, *342*
カルヴァン Calvin *341*
カルダーノ Cardano 56, *300*
カルプ(ハンス) Kalb, Hans *75*
ガレノス Galien *136–138*
カンパネルラ Campanella 56
キケロ Cicero 216, 305, *177, 232*
ギデオン Gideon *328*
キャリントン Carrington *276*
キュロス Cyrus *279*
クテシアス Ctesias *279*
クラヴィウス Clavius *154*
クラウベルク Clauberg *29*
グリーヴズ Greaves 160
グリマルディ Grimaldi 119
クリュソストモス Chrysostomus *323*
クルティウス(クウィントゥス) Curtius, Quintus *276*
クールマン(クウィリヌス) Kuhlmann, Quirin *331*
グレゴワール Gregoire *308*
グレッチャー Gretser *347*
クレメンス(アレクサンドリアの) Clemens *323*
クレメンス二世 Clemens II *277*
グロティウス Grotius *226, 275*
クロムウェル Cromwel *276*
ゲスナー Gesner *356*
ケスラー Kesler *319*
ケッカーマン Kekermann *322*
ケプラー Kepler 129, *107, 282*
ケベス Cebes *167*
ケムニッツ Chemnitz *324*
ゲーリケ Gherike 133, 164
ゲール(マルタン) Guerre, Martin *35*
ケルクリング Kerkring *69*
孔子 Confutius *324*
コッリオ Collio *324*
ゴビアン Gobien 104
コペルニクス Copernicus *149, 342f*
コメニウス Comenius *197, 333*
ゴリウス Golius *13*
ゴロピウス・ベカーヌス Goropius Becanus *29*
コンウェイ(伯爵夫人) Connaway (Conway) 56
コンリング Conring *252*

サ

サクソ・グラマティクス Saxo Grammaticus *279*
シェウベリウス Scheubelius *131*
シェーンベルク(ウルリッヒ) Schönberg, Ulrich 106
シビュラ(キュメの) Sibylle *328*
シャルルマーニュ Charlemagne 300
スウィベルト Suibert
→クレメンス二世 Clemens II
シュテークマン(クリストフ) Stegmann, Christoph *319*
シュテークマン(ヨシュア) Stegmann, Josua *319*
シラノ Cyrano (シラノ・ド・ベルジュラック Cyrano de Bergerac) 262, *124, 283*
シルター Schilter *20, 29*
スアレス Suarez *226*
スカリゲル (ユリウス) Scaliger, Julius Cäsar 14, 106
スカリゲル (ヨセフ) Scaliger, Joseph Justus 90, 106

【人名索引】

アカデミー版本文に出てくる主要な人名に限定し，原語は原則的に同版巻末の表記に従った（イタリックは下巻の頁数）。

ア

アウェンティヌス Aventinus *279*
アウグスティヌス Augustinus 279, *140*, *248*, *324*, *326*, *346*
アウグスト August *64*
アウグストゥス Augustus *33*, *339*
アウレリウス(マルクス) Aurelius, Marcus *228*
アクワヴィヴァ(クラウディウス) Acquaviva, Claudio *348*
アハシュエロス Assuerus (Ahasverus) *279*
アブラハム Abraham 169
アプレイウス Apuleius 280
アダム Adam 289, 312, *67*, *69*, *76*, *186f*
アポロニオス Apollonius 107, *127*, *147*, *194*, *308*
アリオ Alliot *75*
アリオスト Ariosto *124*
アリスティッポス Aristippe *250*
アリステイデス Aristide *115*
アリストテレス Aristoteles 13f, 29, 71, 93, 169, 193, 201, 237, *44f*, *107*, *116*, *146f*, *149*, *197*, *212*, *220*, *227*, *230*, *251f*, *274*, *288f*, *303*, *324*
アルキメデス Archimedes 89, *146f*, *154*, *207ff*, *253*, *255*, *308*
アルケラオス Archelaus *250*
アルディ Hardy *196*
アルノー Arnauld *194*, *347*
アルビヌス Albinus *279*
アルベルトゥス・マグヌス Albertus Magnus 324
アルミニウス Arminius 62
アレクサンドロス大王 Alexandre le Grand 230, 237, 311, *32*, *244*
アンセルムス Anselme *234*
アンティステネス Antisthenes *250*
アンドラーダ(ディエゴ・パイヴァ・デ) Andrada *323f*
イエス・キリスト Jesus Christ 29, *67*, *85*, *186*, *292*, *322*, *331*, *335*, *339ff*
イカロス Ikarus *174*
イスマエル Ismael 279f
ヴァイゲル(エアハルト) Weigel, Erhard *167*
ヴァラ(ロレンツォ) Valla, Lorenzo *146*
ヴィヴェス(ルドヴィコ) Vives, Ludovicus *323*
ヴィエト Viète *199*, *308*
ウィオトゥス Viottus *252*
ウィットセン Witsen 102
ウィルギリウス Virgilius *175*
ウィルキンズ Wilkins *18*
ヴィンケンティウス Vincent *347*
ヴェデリウス(ニコラウス) Vedelius (Wedel), Nicolaus *320f*, *325*
ウェルギリウス Vergilius 305, *69*, *328*, *342f*
ヴォー Veau → カルプ Kalb
ウラディスラス Uladislas *341*
ウラニア・ヴィーナス Venus Uranie *113*
エウセビオス Eusebius *101*
エウポルボス Euphorbus 100
エピクテートス Epictète *228*
エピクロス Epicure 32, 132, *138*, *151*, *268*
エピスコピウス Episcopius 199
エベンビタル(イブン・エル・ベイタル) Ebenbitar *96*
エラスムス Erasmus *323*
エロ Hero 240
オッカム Ockham (Occam) *321*
オトフリート Otfrid *20*
オルデンブルク(伯爵) Oldenburg, Graf Anton Günther von 300
オルデンブルク Oldenburg, Heinrich *258*

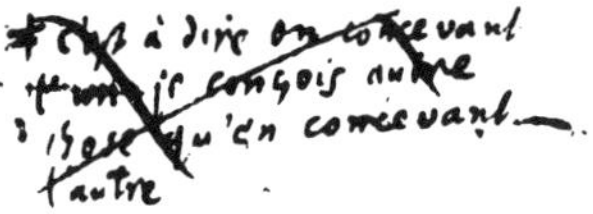
c'est à dire on concevant
je congois autre
chose qu'en concevant
l'autre

訳者紹介

谷川多佳子

〔TANIGAWA, Takako〕一九四八年、東京に生まれる。パリ第一大学大学院修了。現在、筑波大学名誉教授。著書に『デカルト研究』（岩波書店）、『主体と空間の表象』（法政大学出版局）、『貢献する心』（共著、工作舎）、訳書にデカルト『方法序説』『情念論』（岩波文庫）、ディディ＝ユベルマン『ヒステリーの発明』（共訳、みすず書房）、『ライプニッツ著作集』第II期1巻『哲学書簡』（共訳、工作舎）など。

福島清紀

〔FUKUSHIMA, Kiyonori〕一九四九年、島根県に生まれる。一九八〇年法政大学人文科学研究科博士課程満期退学。元富山国際大学教授。著書に『寛容とは何か』（工作舎）、『災害に向きあう』『正義とは』（共著、岩波書店）、訳書に『ライプニッツ著作集』第II期2巻『法学・神学・歴史学』「ボシュエとの往復書簡」（工作舎）、ヴォルテール『寛容論』（解説、光文社古典新訳文庫）など。

岡部英男

〔OKABE, Hideo〕一九五五年、長野県に生まれる。一九八八年早稲田大学大学院文学研究科博士課程修了。現在、東京音楽大学専任講師。著書に『ライプニッツ読本』（共著、法政大学出版局）など。訳書にブーヴレス『合理性とシニシズム』（共訳、法政大学出版局）、ベラヴァル『ライプニッツのデカルト批判』上下（共訳、法政大学出版局）など。

Gottfried Wilhelm Leibniz
Opera omnia I
5
Epistemologia

ライプニッツ著作集 第I期
5 認識論『人間知性新論』下

発行日――一九九五年七月一〇日初版　二〇一八年一一月一〇日新装版
著者――ゴットフリート・ヴィルヘルム・ライプニッツ
監修――下村寅太郎＋山本 信＋中村幸四郎＋原 亨吉
翻訳――谷川多佳子＋福島清紀＋岡部英男
造本――杉浦康平＋谷村彰彦＋赤崎正一＋宮城安総＋小倉佐知子
制作協力――西山孝司
印刷・製本――株式会社精興社
発行者――十川治江
発行――工作舎　editorial corporation for human becoming
〒169-0072　東京都新宿区大久保2-4-12　新宿ラムダックスビル12F
phone：03-5155-8940　fax: 03-5155-8941
url：www.kousakusha.co.jp　e-mail：saturn@kousakusha.co.jp
ISBN 978-4-87502-499-6

9 後期哲学
本体●9,500円

西谷裕作・米山 優・佐々木能章●訳

ライプニッツ哲学のエッセンス「モナドロジー」をはじめ、ニュートンの代弁者クラークとの最晩年の論争まで、自然学と不可分の思想を編成。「理性に基づく自然と恩寵の原理」ほか。

10 中国学・地質学・普遍学
本体●8,500円

山下正男・谷本 勉・小林道夫・松田 毅●訳

イエズス会神父から得た「最新中国情報」、易のシステムに自ら創案した2進法を重ね合せた論考、普遍学へのプログラム、近代地質学の嚆矢となった「プロトガイア」など。

第Ⅱ期 全3巻
監修●酒井 潔＋佐々木能章
A5判上製

1 哲学書簡——知の綺羅星たちとの交歓
本体●8,000円

山内志朗・増山浩人・伊豆藏好美・上野 修・町田 一・朝倉友海・根無一信・清水高志・梅野宏樹・谷川多佳子・池田真治・谷川雅子・大西光宏・橋本由美子・山田弘明●訳

スピノザ、ホッブズら1300人もの哲学者・数学者・神学者、さらには政治家や貴婦人たちと手紙を交わしていたライプニッツ。バロックの哲人の思想形成プロセスや喜怒哀楽を甦らせる。

2 法学・神学・歴史学——共通善を求めて
本体●8,000円

酒井 潔・長綱啓典・町田 一・川添美央子・津崎良典・佐々木能章・清水洋貴・福島清紀・枝村祥平・今野諒子●訳

正義とは？　幸福とは？　史実とは？　世界を善き方向に変えるために生涯宮廷顧問官として活躍した哲人。宗教的平和などについての省察、歴史学の方法論など、社会へのまなざしを追う。

3 技術・医学・社会システム——豊饒な社会の実現に向けて
本体●9,000円

佐々木能章・稲岡大志・大西光弘・池田真治・長綱啓典・松田 毅・酒井 潔・中山純一・津崎良典・高田博行・林 友宏・山根雄一郎・上野ふき・藤井良彦●訳

「理論を伴う実践」を生涯のモットーとしたライプニッツ。ハルツ鉱山開発、計算機発明から保険・年金システム、アカデミー計画まで、多方面にわたる提言が、300年の時空を超えて明かされる。

ライプニッツの普遍計画——バロックの天才の生涯
A5判上製／本体●5,340円

E・J・エイトン●著　渡辺正雄+原 純夫+佐柳文夫●訳

17世紀のドイツの哲学者にして数学者。歴史学、神学に通じ、政治家、外交官としても活躍した天才の生涯を丹念に描く。微積分の発見、二進法の考案、計算器の発明と多彩な業績も紹介。

ライプニッツ術——モナドは世界を編集する
A5判上製／本体●3,800円

佐々木能章●著

動乱期のヨーロッパ政治にかかわりながら、記号論理学や微積分法の創始などを成し遂げたバロックの天才。溢れでる創造力の秘密に「発想術」「私の存在術」などの視座から迫る。

ライプニッツ著作集

バロックの哲人――ars inveniendi［発見術］の全容

第I期【新装版】全10巻

監修●下村寅太郎＋山本 信＋中村幸四郎＋原 亨吉
A5判上製

1 論理学

本体●10,000円

澤口昭聿●訳

ライプニッツ生涯の企画書といわれる「結合法論」、「普遍的記号法の原理」「概念と真理の解析についての一般的研究」など、普遍学構想の基盤となる記号論理学の形成過程を追う。

2 数学論・数学

本体●12,000円

原 亨吉・佐々木 力・三浦伸夫・馬場 郁・斎藤 憲・安藤正人・倉田 隆●訳

「普遍数学」の思想的背景から微積分学の創始、ホイヘンスやニュートンとの交渉まで、数学精神のダイナミズムを編む。「数学の形而上学的基礎」「無限算へのアプローチ」など。

3 数学・自然学

本体●17,000円

原 亨吉・横山雅彦・三浦伸夫・馬場 郁・倉田 隆・西 敬尚・長島秀男●訳

幾何学、代数学にわたる主要業績をはじめ、デカルトを超える動力学の形成プロセス、光学などの自然学論考を集める。「すべての数を1と0によって表わす驚くべき表記法」ほか。

4 認識論『人間知性新論』上

本体●8,500円

谷川多佳子・福島清紀・岡部英男●訳

イギリス経験論の主柱、ジョン・ロックに対して、生得観念、無意識をもって反攻を開始する。第1部「生得観念について」、第2部「観念について」。

5 認識論『人間知性新論』下

本体●9,500円

谷川多佳子・福島清紀・岡部英男●訳

ロックの代弁者フィラレートとライプニッツの代弁者テオフィルの対話は、いよいよ認識論的確証の佳境に入る。第3部「言葉について」、第4部「認識について」。

6 宗教哲学『弁神論』上

本体●8,200円

佐々木能章●訳

ライプニッツの聡明な弟子にして有力な庇護者ゾフィ・シャルロッテの追想のために刊行された一書。神の善性、人間の自由、悪の起源についての論証。

7 宗教哲学『弁神論』下

本体●8,200円

佐々木能章●訳

「なぜ神はこの世界に悪の侵入を許したのか？」――当時の流行思想家ピエール・ベールの懐疑論を予定説をもって論駁。別冊ラテン語文「弁神論」も収録。

8 前期哲学

本体●9,000円

西谷裕作・竹田篤司・米山 優・佐々木能章・酒井 潔●訳

「表出」の哲学を開示した「形而上学叙説」、「アルノーとの往復書簡」を軸に、1702年までの小品を収録。「認識、真理、観念についての省察」、「唯一の普遍的精神の説についての考察」など。